U0922138

中国思想通史

【第一卷】

侯外庐 赵纪彬 杜国庠 著

人民出版社

《人民文库》出版前言

人民出版社是党的第一家出版机构，始创于1921年9月，重建于1950年12月，伴随着党的历史、新中国的发展、改革开放的巨变一路走来，成为新中国出版业的见证和缩影！

“指示新潮底趋向，测定潮势底迟速”，这十四个大字就赫然写在人民出版社创设通告上，成为办社宗旨。在不同的历史时期，出版宗旨的表述也许有所不同，但宗旨的精髓却始终未变！无论是在传播马列、宣传真理方面，还是在繁荣学术、探索未来方面，人民版图书都秉承这一宗旨。几十年来，特别是新中国成立以来，人民出版社出版了大批为世人所公认的精品力作。有的图书眼光犀利，独具卓识；有的图书取材宏富，考索赅博；有的图书大题小做，简明精悍。它们引领着当时的思想、理论、学术潮流，一版再版，不仅在当时享誉图书界，即使在今天，仍然具有重要影响。

为挖掘人民出版社蕴藏的丰富出版资源，在广泛征求相关专家学者和老一辈出版家意见的基础上，我社决定从历年出版的2万多种作品中（包括我社副牌东方出版社和曾作为我社副牌的三联书店出版的图书），精选出一批在当时产生过历史作用，在当下仍具思想性、原创性、学术性以及珍贵史料价值的优秀作品，汇聚成《人民文库》，以满足广大读者的阅读收藏需求，积累传承优秀文化。

《人民文库》第一批以20世纪80年代末以前出版的图书为主，

分为以下类别：（1）马克思主义理论，（2）中共党史及党史资料，（3）人文科学（包括撰著、译著），（4）人物，（5）文化。首批出版100余种，准备用两年时间出齐。此后，我们还将根据读者需求，精选出20世纪90年代以来的优秀作品陆续出版。

由于文库入选作品出版于不同年代，一方面为满足当代读者特别是年轻读者的阅读需要，在保证质量的前提下，我们将原来的繁体字、竖排本改为简体字、横排本；另一方面，为尽可能保留原书风貌，对于有些入选文库作品的版式、编排，姑仍其旧。这样做，也许有“偷懒”之嫌，但却是我们让读者在不影响阅读的情况下，体味优秀作品恒久价值的一片用心。

在社会主义文化大发展大繁荣的今天，作为公益性出版单位，我们深知人民出版社在坚持社会主义文化前进方向，为人民多出书、出好书所担当的社会责任。我们将从新的历史起点出发，再创人民出版社的辉煌。

《人民文库》编委会

再版说明

侯外庐先生主编的《中国思想通史》是一部系统完整且具特色的关于中国思想史的著作，共五卷六册，二百六十万字。

20世纪40年代初，侯外庐先生对中国古代社会史的研究告一段落，决定写一部中国古代思想史，将社会史与思想史结合起来。1942年他写成《中国古代思想学说史》，这是他研究中国思想史的第一个成果。

侯外庐先生接着研究中国近代社会与思想史，20世纪40年代写成《中国近代思想学说史》。

1946年春季，侯外庐先生与杜国庠、陈家康、赵纪彬先生一起拟订了关于写作《中国思想通史》的计划。1947年6月，《中国思想通史》第一卷出版，作者为侯外庐、杜国庠、赵纪彬先生。1949年《中国思想通史》第一卷、二卷、三卷在上海由生活·读书·新知三联书店出版，除原有作者外，增加了邱汉生先生。

1957年侯外庐先生在几位年轻助手的协助下，对《中国思想通史》第一、二、三卷加以修订和增补，由人民出版社出版。

《中国思想通史》第五卷，脱胎于侯外庐先生《近代中国思想学说史》，其中的第一、二编，即17世纪至19世纪中叶部分，于1955年经补充修订，单独成书，名《中国早期启蒙思想史》，1956年8月由人民出版社出版，后改名《中国思想史》第五卷。

《中国思想史》第四卷于1957年开始撰述，1960年上半年由人民出版社出版，记述从隋唐至宋明时期思想史，上下两册，共96万字。除侯外庐先生外，参加撰述者有：赵纪彬、邱汉生、白寿彝、杨荣国、杨向圭、韩国磐诸先生,以及诸青(这是五位青年学人的集体名字,他们是:李学勤、杨超、林英、何兆武、张岂之)。

《中国思想通史》从写作、出版、修订、再版,历时较长,正值时代和社会的激变时期。在这个时期,侯外庐先生等前辈学者在生活动荡中,承受各种压力,坚持学术研究,完成了卷帙大质量高的著作。新中国建立以后,《中国思想通史》改由人民出版社出版,并多次再版,受到读者和学术界欢迎。2008 年正当我国改革开放 30 周年之际,学术文化研究备受重视,人民出版社决定改版重印《中国思想通史》,这既可告慰于前辈学人在天之灵,也对后来者则是有益的鼓励和鞭策。更加重要的是,向国内外学者贡献一部经过数十年检验的有价值的新版学术著作。

侯外庐先生等主编的《中国思想通史》,是 20 世纪中国马克思主义史学的重要组成部分。这部著作力求将中国社会史和思想史的研究熔为一炉,本着历史与逻辑相统一的精神,对中国思想史的内涵、演进、特色等进行了系统的分析和论述。希望读者阅读时能对每卷的"绪论"予以关注。侯外庐先生对于中国古代社会史有独到的见解,由此入手去解剖中国思想的演变历史,力求触及思想史的实质,供学术界参考。

《中国思想通史》的学术价值还在于,侯外庐先生等发掘并解析了一批以往被研究者忽视的思想家,如嵇康、吕才、刘知几、刘禹锡、柳宗元、王安石、黄震、马端临、王艮、何心隐、方以智等。其中有些人物虽然早已为人熟知,但并不是被视为思想家而列于史册。侯外庐先生用"异端"一词指称上述思想家。他所说"异端"是指追求理性觉醒、独立思考、有创新价值的思想,与维护神学与专制的"正宗"思想相对。

我们从《中国思想通史》中还可以看到,作者们继承了中国传统的学术研究方法,特别是清代乾嘉朴学的实证方法,将此作为从整体上对思想史进行分析的马克思主义方法的补充,以达到二者的圆融统一,体现了作者们高深的国学修养。侯外庐先生对王国维史学方法有过精深的研究；杜国庠对墨家思想和逻辑有独到的见解；赵纪彬先生对章太炎的学术研究方法有系统的论述；邱汉生先生精于古史考证，并长于义理发挥。他们的这些优点结合起来，人们从《中国思想通史》中可以看到，其中对于思想家生平的详尽论述与某些疑点的考证，对一些思想史文献版本的研究，或者关于某一思想文献中字与词的考释，力求做到有根有据。因为考辨详实，有的学人说，《中国思想通史》可以作为比较系统的关于中国思想史的资料来读，这正是它久销不衰的原因之一。

众所皆知，任何一部学术著作放在历史长河中去考察，都有其历史的局限性和不足，正因为如此，才有学术和文化的进步。我们应当以历史发展的观点来阅读侯外庐先生主编的《中国思想通史》，将继承和创新结合起来。

张岂之

2008年4月

目　录

中编　孔 墨 显 学

下编　战国百家争鸣的学术

序

这部《中国思想通史》是综合了哲学思想、逻辑思想和社会思想在一起编著的,所涉及的范围比较广泛;它论述的内容,由于着重了基础、上层建筑和意识形态的说明,又比较复杂。因此,我们的研究是试探性的,二十余年来我们对这门科学虽然曾用了些工夫,但不敢说对中国民族丰富的遗产做出了科学的总结。

这部著作的编写,一方面在很大的范围内是属于开荒的工作,特别是对唯物主义的优良传统应给予足够的注意,另一方面在不少的论题上必须对过去唯心主义的研究给予批判,因此,有关重要的问题不得不在新的史料发现与旧的史料厘订方面做必要的征引和考核,特别在论证中更须反复探讨,以期根据充分,理由充足。

这部书共分五卷。第一、二、三、五卷是就解放前写的《中国思想通史》和《中国近代思想学说史》的一部分增订修改而成;第四卷是 1959 年才编写成的。第一卷属于古代,上自殷代,下至战国;第二、三卷属于中世纪的前期,上自汉代,下至南北朝;第四卷属于中世纪的后期,上自隋、唐,下至明末;第五卷属于封建解体过程中的一段,即自 17 世纪至清中叶 19 世纪 40 年代(曾单独以《中国早期启蒙思想史》一书分开出版)。至于近代思想史,则另有计划编写。

自由讨论是可贵的,我们十二分希望本书能得到史学和哲学工作者的批评。

中国科学院历史研究所的同志们对本书的编写修订提出不少宝贵

的意见，杨超、李学勤、张岂之、林英和何兆武等青年同志在编写中做了很多帮助的工作，这里衷心地表示感谢！

侯外庐

1961年12月

上　　编

中国古代思想绪论

第 一 章

中国古代社会和古代思想

第一节　中国古代社会及其亚细亚的特点

“古代”这一名词,从历史科学的严格意义讲来,仅指特定的阶段,即文明确立和国家成立以后的奴隶制社会,不是指常识上一般所说的古时的意思。

古代奴隶制社会的产生有各种不同的路径,如经典著作中所指的希腊的古代、罗马的古代、日耳曼的古代、亚细亚的古代。它们或以“古典的古代”与“东方的古代”来区别,或以早期的奴隶制与发达的奴隶制来区别。

讲到这里,就涉及“亚细亚的生产方式”一问题了。

“生产方式”一语原文为 Produktionweise,在《资本论》中指特殊的生产资料与特殊的劳动力的结合关系,它决定一个社会=经济构成的全性质。“亚细亚生产方式”又指什么呢? 下面只把著者研究这一问题的结论写出来,详论已见于侯外庐著《中国古代社会史论》一书了。

按“古典的”与“亚细亚的”,在经典著作里的排列法,是没有一定次序的,有时前者在后,有时后者在前。据《资本论》"在古代亚细亚的、古典的诸生产方式之下"一语的含义讲来,写法是可以这样的:亚细亚的古典的古代。从古代社会产生的路径而言,各式古代的文明小孩,在其出生时也有区别,马克思说:

> "有营养不良的小孩,也有早熟的小孩,也有发育不健全的小孩。在古代氏族中属于此类范畴者甚多;惟希腊人为发育正常的小孩。"(参看《政治经济学批判》,人民出版社版,页173。着重点是引者加的。)

主要应该研究这一点:生产资料的所有者和直接生产者的关系(这里的关系就指生产方式)把全社会的构成显示出来。不管形态是否混合,马克思既然指明亚细亚的生产方式把社会构成显示出来,那么"构成"(formation)便显然是古代的,这就不必要说成它是过渡期了。因为"土地所有形态,和一定的生产方式内的其他一切所有形态一样,它的合理的论据,是生产方式本身"(参看《资本论》第三卷,人民出版社版,页812)。

因此,氏族公社的解体过程和到文明社会的路径是多样的,即使是同一的经济形态,也有各种现象上的差别。问题在于分析那些具体路径顺着什么轨迹运行,像《反杜林论》中所举的"应当别论"的一些问题。

我们知道,《资本论》中所说的埃及也好,亚洲也好,由公社的解体过程所产生的特殊的国家,如像马克思所讲的"收取贡纳的国家"或"东方专制君主的国家",其特点显然不能从分配所得形态或政治形态来了解,它们背后的秘密仍然是"生产方式本身"。这样的国家的形成,在历史上所走的路程是前行的,比希腊、罗马的历史差不多早了一千年。因此,我们可以说有以下几点特点:

(一)在社会发展史中,亚细亚的生产方式所支配的古代东方社会构成,比"古典的古代"早走了若干世纪(近年来苏联学者特定为早期的原始奴隶制)。

（二）这种前行史是不是说它的“构成”是一种特殊的，是在古典的、封建的、近代的三种构成以外，是东方专有的“构成”呢？我的答复是否定的。

（三）然而它究竟是什么呢？我的答复是：因为它的具体的实际的情况，如热带、河流、黄土地带、四周种族繁荣林立、宗教等等，形成了一个范畴，那便是“早熟的”文明“小孩”。

（四）这是不是像柯瓦列夫的变种理论呢？不是的。古代文明的路径有好多种，它不过是各种路径里面的一种具体路径罢了。这里，让我们来仔细研究一下为什么用“古典的”这个名词。所谓“古典的”只代表通例形态的希腊、罗马，但古代除了“古典的”之外，还有非“古典的”形态，所以说有“古典的古代”、“亚细亚的古代”。马克思说：

> “这种自耕农民自由的小土地所有制，当作支配的通例形态，一方面在‘古典的古代’最繁荣时期，形成社会的经济基础；在另一方面，又在近代诸国，当作封建土地所有权解体所引起的各种形态中的一种。英格兰的‘尧曼里’（自耕农民）、瑞典的农民阶级、法兰西和西部日耳曼的农民，都属于这一类。在这里，我们没有说明殖民地，因为在殖民地，独立农民是在别一种条件之下发展的。”（参看《资本论》第三卷，人民出版社版，页1053。着重点是引者加的。）

这样看来，不论在古代或在近代都有个别的情况，在通例的“古典的古代”以外，显然有亚细亚的古代，在通例的近代以外，也显然有殖民地（甚至像帝俄那样）。

因此，亚细亚的生产方式实在是“古代”的一种路径。这不是著者闭门造车。我们拿马克思、恩格斯著作中常见的词语，像“古代东方”、“从古代印度到爱尔兰”，或“古代亚细亚”等看来，觉得并没有曲解。马克思甚至说：“第二个形态，即古代的公社财产及国家财产。这是多数种族因特殊契约或征服关系集中于城市而产生的，在这种场合，奴隶制度依然存在。”（参看《德意志意识形态》，群益出版社版，页148。）

（五）然而为什么没有在别的社会构成中指出特别的路径，只是指出了古代的两种并立的路径呢？答复这个问题，需要仔细研究一下马克思在《资本主义生产以前各形态》中所说明的如下一段：

“典型的古代的历史，这是城市的历史，不过是建立在土地所有制和农业之上的城市的历史；亚细亚的历史，这是一种城市和乡村不分的统一（在这里，大城市只能看作王公的营垒，看作在经济制度上一种真正的赘疣）；在中世纪（日耳曼时代），农村本身是历史的出发点，历史的进一步发展，后来便在城市和乡村对立的形态中进行；现代史，这是城市关系渗进乡村，而不是像在古代那样，乡村关系渗进城市。”（人民出版社版，页15。）

除了研究上面的引文为什么特举古代而外，我们还须知道，在各个历史发展的阶段，都有着具体的历史路径，马克思主义正教导我们要对这样的不同路径作具体分析。例如研究封建解体的过程，除了注意西欧而外，还要另外着眼于东欧各国以及东方殖民地的路径。就是在西欧，也还有不同的特点。像佛兰克王国、东歌德和罗马的结合、撒克逊王国等，这其中的典型是佛兰克王国。所以，上面引文关于中世纪的历史，在以农村本身为历史的出发点的说明里面，特别注明了“日耳曼时代”。同样的，我们研究古代文明社会的发生，在“古典的古代”而外，也就不能不着眼于亚细亚的古代。

由此，我们就知道，为什么“古典的”和“亚细亚的”位置序列可以随便前后安置，为什么“亚细亚的”和“古典的”生产方式可以在古代“生产物的向商品转化，扮演着从属的角色”这一论题之下一并说明，又为什么在《反杜林论》里特别说明“从印度到爱尔兰”古代文明路径的不同。

（六）不论哪一个“古代”都有过渡阶段，却不是某一个古代代表过渡期。它们都是由于土地所有形态的变革，才成为文明国家。照马克思、恩格斯著作所说的，古代东方国家的发生是采取了土地为国家所有的路径，一开始便是大土地所有制，这不能不说是“早熟”。在土地国有制之下的技术条件,铁还没有出现便进行“千耦其耘”劳动力的奴役制,换言之,在青铜器时代便进到文明社会,这不但是早熟,而且在历史上也的确先行了一个时期。这并不是合理和不合理的区别,种差和变种的区别,却是像《反杜林论》所指出的,一个多少着重在传习的力量,一个是分期变革的。前者是“东方的古代”,后者是“古典的古代”。后者在土地制度上由小生产再变化成为大生产的情况是这样:

> “小土地所有制,创造出了一个半身处在社会外面的野蛮阶级,他们不但未曾脱离原始社会形态的粗野情形,而且还要忍受一切文明国家的痛苦和穷困。大土地所有制,则在农村(那是劳动力的自然能力所赖以收容的最后场所,在那里,它是当做国民生活力更新的准备基金贮藏着)把这种劳动力根本破坏。”(参看《资本论》第三卷,人民出版社版,页1062。据《家庭、私有制和国家的起源》中说,这种破坏,后来便产生了作为农奴的过渡形态——隶农制。)

亚细亚的生产方式所支配的路径便不同了。《反杜林论》里所说的东方的王侯也好,希腊的王公也好,都有他们由公共职能转化为个人权力的理由,除了对外战争之外,便是公共职能由于传习更加独立起来。不过在希腊,王公土地所有的邑地是例外,不久便归消灭,在东方却得到合法性的发展。为了明白这一传习的作用,我们再引《资本论》的一段话:

> “在原始的未发达的状态下(这种社会生产关系及其相适应的生产方式,就是用这个状态作基础的),传习必定有极重要的作用。又很明白,在这里和在其他各处一样,社会支配者的利害关系,要使现状当成法律,并由习惯和传习使一定的限制当做法律的限制,固定下来。……只要当做现存状态基础不断的再生产,以及与现存状态相照应的关系之不断的再生产,一经在时间的推进中,采得调节的支配形态,这个结果就会发出来的。并且这种调节与支配,也是每一种生产方式不可缺少的要素,如果它要取得社会的

稳定性，而脱却它的偶然性或无定性，换言之，生产方式要取得社会的稳定性，相对地脱却它的偶然性或无定性，只有取得这个形态，才能做到。但是在生产过程中以及它相应的社会关系陷在停滞状态中时，要取得这个形态，只有凭同一生产方式单纯的反复的再生产。假使它是长期的继续下去的，它就会当做习惯和传习固定下来，最后，也当作成文的法律神圣化起来。”（参看《资本论》第三卷，人民出版社版，页1035—1036。）

“维新”的历史更是这样，但也的确像上引文所说：“这种发展还要依存于环境的利益，生来的种族性质等等。”（参看上书，页1036。）

因此，据著者的研究，古代东方国家走进文明社会的路径，便依存于这些传习等等，再把它固定化起来。这个转变可以叫做“古代的维新制度”，亚细亚生产方式就是这样地支配社会的构成。

照以上所讲的东方古代路径的特点看来，灌溉和热带等自然环境是亚细亚古代“早熟”的自然条件。氏族公社的保留以及转化成为土地所有者氏族王侯（古称“公族”），是它的“维新”的路径，土地国有而没有私有地域化的所有形态，是它的因袭的传习，征服了周围部落的俘获，是它的家族奴隶劳动力的源泉。生产方式的本义既然是特殊的劳动力和特殊的生产资料的结合关系，所以亚细亚生产方式便是：

氏族贵族所有的生产资料和家族奴隶的劳动力二者间的结合关系，这个关系支配着东方古代的社会构成，它和“古典的古代”是同一个历史阶段的两种不同路径。

亚细亚生产方式的第一要素——土地所有形态，上面已经说明了，现在再讨论一下另外一个要素——劳动力。照恩格斯说，古代东方是家内奴隶制，但是这里却要明白，所谓家内的并非指不事生产的仆役，而是指家族的集团。例如《家庭、私有制和国家的起源》说：

“他们并未达到完全的奴隶制——既非古代的劳动奴隶制，又非东方的家内奴隶制。”（参看人民出版社版，页151。）

上面两个社会既然都是完全的奴隶制，那么两者都不过是路径间题罢了。所以《自然辩证法》说：

> “在东方，家族奴隶制是特殊的，即是，在这里，奴隶不是直接地形成生产的基础，而仅是间接的氏族的成员。”（参看《自然辩证法》，神州国光社版，页279。）

根据中国古文献，这是很适合的。族人分赐的制度，正是集团的氏族奴隶制，它的单位不是个人，而是所谓“家室”，或所谓“社”、“书社”。

还有，我们也应当了解什么叫做“城市和农村不可分割的统一体”，“大城市只能看作王公的营垒，看作在真正意义上只是经济制度的赘疣”。

在“古典的古代”是这样的：“文明使一切已经确立的分业加强、增剧，尤其是更激成了城市和农村的对立，……如古代，都市握有农村的经济支配权。”“城市使氏族制趋于没落，代之而兴的是以地域为单位的国民。”（参看《家庭、私有制和国家的起源》，人民出版社版，页159、110。）

亚细亚的古代的趋向却不一样，氏族遗制保存在文明社会里。两种氏族纽带约束着私有制的发展，不但土地是国有形态（公室贵族的国有以及世室贵族的“书社”所有），生产者也是国有形态（和希腊略为不同的是，奴隶买卖不常见）。在上的氏族贵族掌握着城市，在下的氏族奴隶住在农村，两种氏族纽带结成一种密切的关系，却不容易和土地联结，这样形成了城市和农村特殊的统一。此外，在奴隶之外，生产者也有公社之下的自由农民，他们的地位是很低的。由于氏族纽带的约束，所以诸侯营垒的大城市形成经济制度的赘疣。土地既然不能变成私有，地域单位就很难成立，这种城市的基础实在是不稳固的，动不动就要迁移，像中国古代的“迁国”。

亚细亚生产方式既然是古代的社会构成，为什么在马克思、恩格斯著作里又把公社制度和东方封建制联系在一起来讲呢？例如《资本论》曾说到，印度的公社，在英国殖民地政策伸进印度之后，才开始破

坏。这一点,是和“马克”保存在日耳曼,“米尔”保存在俄国同样。不过亚细亚的保存古制更加浓厚一些罢了。例如《资本论》说:

“在古代土地共有制过渡到独立自耕农以后,这种共有制的遗迹,还在波兰和罗马尼亚等处保留下来。这种遗迹,在此等国家成了借口,来完成向低级地租形态的转移。”(参看人民出版社版,页1048。)

在中国后来的郡县制度下,也是把氏族公社的单位保存下来,产生了中世纪乡党族居的自耕农制。早川二郎的“贡纳论”并无精彩之处,但是它对于中古亚细亚的封建的说明却可以供参考:

“由于未成熟(不如说早熟),遂使公社的土地所有形态,通过奴隶所有者的构成之全时期而能不被奴隶制度所破坏(何谓全时期,早川没有说明),得以延续残存于封建制度之下。更因为公社土地所有形态之残存,使公社内不致树立(西方的)农奴制度。”(早川二郎:《古代社会史》,参看中译本,页118—119。)

所以,“不管政治上有怎样多的风云”,公社的生活,却始终停滞下来,不管“亚细亚诸国之不断的盛衰兴亡与王朝更迭”,公社却始终保障了农业与手工业的结合,把社会束缚在“限定了的小天地”之内,时常照同一方式再生产出来,像蜘蛛结网一样。这里已经牵涉到东方社会的中古不变性的问题,应在中国中古社会史里去详细讨论。

最后,我们关于亚细亚生产方式,大体上已经有了明晰的概念,即它所支配的社会构成是“早熟”和“维新”的古代东方国家,它和“古典的”虽然出现有先后,但是在本质上却属于同一类型,只是路径有些差别。

如果我们用“家族、私有、国家”三项来做文明路径的指标,那么,“古典的古代”是从家族到私产再到国家,国家代替了家族;“亚细亚的古代”是由家族到国家,国家混合在家族里面,叫做“社稷”。因此,前者是新陈代谢,新的冲破了旧的,这是革命的路线;后者却是新陈纠葛,旧的拖住了新的,这是维新的路线。前者是人惟求新,器亦求新;后者却是“人惟求旧,器惟求新”。前者是市民的世界,后者是君子的世界。我们如果依据马克思所说亚里士多德的“人是政治的动物”的命题,指人是城市的动物,把“人类”这个概念抽象化做“市民”;那么,根据和亚里士多德同样有伟大的学说地位的荀子的“人之道即君子之道”的命题——他说:“人域是,士君子也;外是,民也”(《荀子·礼论》),我们就有理由说荀子把“人类”这个概念抽象化做“国中君子”。

其次,我们在下面要概括地说明中国国家起源以及奴隶社会的发展的问题。

殷、周之际,诚如王国维所说的,是一个变革期,他甚至拿城市文明为标志来研究这个时期。城市与农村的分裂是阶级社会分工的总表现。在中国古代史上,据卜辞金文来研究,这一分裂大抵开始于殷末或周人东下之时。卜辞是殷代的文字,有“封”字、“邑”字、“鄙”字。古封、邦一字,国、城一义,野、鄙则为农村。在殷代,国家已有萌芽,在周人东下之时,也有所谓“封邑”。封与作同,即分疆界作城市。但卜辞中没有关于国家成立的详细材料。周初的文献才显示出作邦肇国的大量材料,例如“文王肇国在西土”、“文王作邦”、“帝作邦作对”、“作邑于丰”、“宅斯镐京”等。

大规模作城的是周公。当时经营洛邑或作东国洛是历史发展的主要关键,《周书》尚存《洛诰》一文。

在周公封国的时代,不是后世所谓的“封建”,而是指古代如罗马式的殖民。鲁、卫、齐、晋的公族带上了联盟的氏族,到征服了的旧部落土地上,“有俶(始)其城”,“城彼东方”罢了。

今将新发现的金文《宜侯夨毁》的宝贵史料引在下面:

“惟四月辰在丁未,王省珷王成王伐商图,遂省东国图。王位于宜宗社南向。王令虔侯夨曰:‘繇!侯于宜;……锡土,厥川三百□,厥□百又廿,厥□邑卅又五,□□百又卌。锡在宜王人□又七生(姓)。锡郑七伯,厥畀□又五十夫。锡宜庶人六百又六十夫。’……”(见罗福颐:《近年新发现铜器群铭文集录》)

由于氏族制的存在，城市并未形成经济的堡垒，并未坚固地地域化起来，而是“宗子维城”、“公侯干城”一类的政治堡垒。周代有著名的“迁国”，“迁国”即另筑城市。春秋时代，土地所有制向下转移，逐渐破坏了国有制，产生了所谓“二都耦国”、“一国三公”、“尾大不掉”（指在一国之内筑许多城）的现象。为了保存公族统治的旧制，孔子有堕三都之举，而《公羊传》则说“凡城之志皆讥也”，这是“张公室”的政治主张。

战国时代的郡县制，是向地域性转化的城市制，即所谓“人以群居为郡”和“悬而不离之谓县”。西周以至春秋的城市，是“诸侯的营垒”，它表现于对外族的贸易的所在地，“表现于宗教的政治所在地”，所以经济上的意义没有如“古典的”城市发达。到了郡县制形成过程中，商业城市才大量出现，战国之末就有了齐、秦、三晋的大商业城市，出入商贾。

有城市即有农村，这是文明期的指标。古文献上农村叫做鄙野。都与鄙对称，国（城）与野对称。“君子居国中”（《孟子》），“域斯域、君子也”（《荀子》，域即国字）；小人狎于野，域外即是被统治阶级所住的地方，小人即“四鄙之萌人”（《墨子》）。

我们知道，到了文明期，胜利者通过战争才能消化了战败的氏族成员，作为俘虏，从事生产。“在氏族制时代，战争的结果，虽可把部落破坏，但决不能把它征服。氏族制度没有容纳统治与奴役关系的任何余地，这是它可贵的地方，亦是它受限制的所在。”（恩格斯：《家庭、私有制和国家的起源》，参看人民出版社版，页 152。着重点是引者加的）过去学人对此多不经意，故有栽植历史的错误。商代万方（部落）林立，灭国之盛，于周始见，这说明了在经济上没有分业的基础，就不可能在成熟条件之下使用俘获的劳动力，这点被王国维说出一线痕迹来：

“周之克殷，灭国五十，又其遗民或迁之雒邑，或分之鲁、卫诸国；而殷人所伐，不过韦、顾、昆吾，且豕韦之后，仍为商伯，昆吾虽亡，而己姓之国，仍存于商、周之世。书多士曰：‘夏迪简在王庭，

有服在百僚'，当属事实。故夏、殷间政治与文物之变革，不似殷、周间之剧烈矣。"（《殷周制度论》）

殷代难以灭国而周代大量灭国之史料可以和《家庭、私有制和国家的起源》的原则加以比对，由此便可判断周代制度的发展。

卜辞中记载因战争而杀戮的人数很多，而讲俘获的人数不过几十人。帝乙帝辛时的骨文才有俘人达一千五百七十人的记载（见《战后平津新获甲骨集》双 212）。周金记载就大有区别，常言俘获达几千人。

这是劳动力的特征，即通过族人家室的关系间接参加生产，所以一开始便是"千耦其耘"。

至于生产资料所有形式的特征呢？在周代是土地国有制，即氏族贵族的所有制。王侯是贵者同时是富者，富贵是不分的。土地所有制形式是以"最高的所有者或唯一的所有者之姿态"出现的，在法律上没有私产，其所得形态是"贡纳的样式"。本来奴隶社会的财富计算法，据恩格斯的指示，是以所得做标准的，在中国古代更为显明。例如"曾孙田之"，不在于土地的大小，而在于所得的"千万斯箱"，这就形成"公食贡"的样式。

这样的劳动力与生产资料的结合关系，就是支配中国古代奴隶社会的生产方式了。到了战国时代，虽然土地财富的所有形式下降，劳动力分散，但是这种形势是在所谓乱臣贼子变制的条件下，形成了严重的阶级的斗争，始终没有产生彻底的私有制。

从这里，我们再研究政治法律。殷器有鼎彝尊爵，卜辞里也出现了这些字。但从这些神器，除了知道对祖宗一元神的祭享权而外，看不出礼器代表政权的概念，也看不出礼器象征专政的概念。殷人群饮，酒醴是不会专有的。到了周代，"器"才"求新"。"新"的意义是指什么呢？即彝器表现一种政权的形式。这种"尊""彝""鼎""爵"在原来仅表示所获物如黍稷与酒食的盛器，后来由于超社会成员的权力逐渐集中在个人身上，它们便象征着神圣的政权，因而尊爵之称，转化为贵者的尊称，所谓"天之尊爵"（《孟子·公孙丑》上）。"尊""彝"只有贵族专享，故尊彝成了政权的代数符号。如果殷人群饮,即是乱制,下诰杀无赦!周公时代就把这种制度合法化。所谓周公作礼就是由宗庙的礼器固定化做氏族专政的宗礼,“礼不下庶人,刑不上大夫”,刑之所加便谓之“非彝”。这样看来,礼器就是所获物与支配权二者的合一体,由人格的物化转变而为物化了的人格,换言之,尊爵就是富贵不分的公室子孙的专政形式。过去很少人把礼器的意义明白地指出来,著者认为礼器也者是周代氏族贵族专政的成文法。后来争夺礼器与争夺政权同等看待,所谓“问鼎”即抢政权之谓。“道”就是这样藏于“器”中,什么形而上和形而下者,都是玄谈。古代文明的实质,乃是“器惟求新”的专政。

明白了礼器的意义,就可以明白中国古代为什么没有产生梭伦变法的革命,为什么后来法家才在私有制出现的时代,主张平等形式的法制,以之反抗礼制(礼所以别贵贱)。法家都是阶级斗争中的悲剧人物。因为礼和法是不同的统治阶级的工具,“礼”是旧贵族专政的法权形式,即区别贵贱尊卑上下的法度;“法”是国民阶级(贵族、自由民、手工业者)的统治人民的政权形式。由礼到法的转变具有一系列的斗争,一方面,从晋铸刑鼎、郑作刑书以来,所谓弃礼用法就遭受公族的反对,说这样就破坏了上下之别,贵贱之度,长幼之序;另一方面,法家刑公族以为法,废公族以立威。这不是指阶级斗争和政权斗争的历史吗?韩非子所谓法家与重(贵)人不两立的愤慨话,是有时代的现实意义的。

上面说明的“器惟求新”的器,是指社会阶级分化以来统治者对被统治者的政权形式。现在要问:什么叫做“人惟求旧”呢?

著者以为“周因于殷礼”,并不指周人因袭殷人的全盘制度。在“其命维新”方面讲来,周人改变了殷人的制度,应该说,文王以至周公更加完成了国家制度。而人物呢?还是因袭着殷代的氏族遗制,所以说“人惟求旧”。旧人就是被氏族血缘纽带所束缚着的人。殷末的制度并不是没有变化的,周人灭殷,依靠殷人前徒倒戈,还有殷人拿上殷器去献媚于周人的。如果我们根据伐殷时周人骂殷王不用老成人的史料看来，倒戈者可能是氏族内部的反革新者。后来管、蔡叛变，殷人还可能“反鄙我周邦”，周公东征还认为是一个“大艰”哩！所以，殷、周之际，殷人也可能产生社会变革，不独周人而已。宋国的存在，并不是偶然的。

所谓“旧人”，是指氏族的联盟体。周朝统治者是姬姓、姜姓、己姓、姒姓、任姓等族的联盟，执行古代专政的“维新”任务——“受土受民”，土地的国有，民萌奴隶的世享（如“殷民世享”）。周人殖民，是根据“周索”的，康诰、鲁诰就是表示法权的授予。这班“旧人”，在春秋时代还掌握着政权，在“张公室”名义下，延长命运。孔子在春秋末还主张“故旧不遗”，孟子在战国时代还说进贤要谨防“卑逾尊，疏逾戚”。

中国历史一开始便走了一条曲折的道路，保存了旧人物，使“旧的拖住新的”，以致一系列的旧生产方式遗留到后世，形成束缚历史发展的力量。

这就叫做古代的“维新”社会以及“亲亲”的宗法政治。

中国古代文明社会的出现比西洋早了约一千年，在青铜器时代还没有铁的生产，就成立城市=国家。这原因在于：（一）有黄土地区的自然条件；（二）有四围繁盛的人口部落（劳动力源泉）；（三）由于灌溉等而产生了公共的职能；所以文明可能在温室似的环境之下长成，而有异于自然生长的希腊文明。

因了早熟，没有来得及清算氏族制度，反而在它的废址之上，建立了城市=国家，也即是“诸侯的营垒，经济上的赘疣”，或者是“公族国家”。所谓“封建”也者即以殖民的形式来“封树”出“国”“野”的经界，绝没有如古人所渲染的那一套封建大一统的情况。郡县制之所以代替了“封建”，是因为公族国家的城市，转化为经济的城市；在政治权力意义上讲，公族专政转化为显族（不完全典型的国民阶级）专政，历史文献中称作“私肥于公”。到秦代统一，才开始进入以农村为出发点的封建社会，汉武帝的“法度”才用法律形式把封建制固定起来。至于封建化的过程，是漫长而多曲折的，这问题将在第二卷第一章说明。

第二节　中国古代思想发展的诸阶段

中国古代思想，依照一般的分期法，有西周、春秋、战国的三个阶段。这大体上是没有问题的。但我们的研究，却不在于叙述货色，陈列古董，而在于说明思想的生成和发展的所以然。我们认为，由殷、周之际古代思想的起源，经过西周"学在官府"之学，以至东迁前后的思想，是中国古代思想的第一阶段；由东迁以后的思想以至搢绅先生的儒学，是中国古代思想的第二阶段；由孔、墨显学对儒学的批判，经过百家并鸣之学，以至周、秦之际的思想，是中国古代思想的第三阶段。

这里，我们的入手处，是根据古人对思想史的批判来开始的。但我们并不是随意引用，而是依据了一个原则。这原则就是每到了历史发展的划期关头，就有学人出来做综合各派思想而考竟源流的研究，他们相对地可以说出些思想脉络。例如古代，战国末年有《庄子·天下篇》、《荀子·非十二子篇》和《解蔽篇》、《韩非子·显学篇》，以及汉初的《商君书·开塞篇》、《史记》的"六家要旨"；同样，又如初期启蒙时代，明、清之际有黄宗羲、全祖望的《宋元学案》、《明儒学案》；乾、嘉汉学结束时期有江藩的《汉学师承记》、汪中的文化思想发展史的著作；清末民初之际有章炳麟、梁启超的中国学术史试作的诸论著。这些总结性的著作，说明了在新旧社会交替之际，本着一定时代条件之下的有限的认识，企图综合前人思想的源流演化，而做一些承先启后的工作。如果历史上没有划时代的变化，则这些综合学术的史论，就不会出现。

然而，我们也并非完全依据这些著作，主要在于把这样的文献作为证件，再用科学方法来进行解剖。

中国古代思想的综合史料很多，首先择录一段荀子的《议兵篇》：

"有以德兼人者，有以力兼人者，有以'富'兼人者。彼贵我名声，……欲为我民，……得地而权弥重，兼人而兵俞(愈)强，是以德兼人者也。……彼畏我威，劫我埶(势)，故民虽有离心，不敢有畔虑；若是则戎甲俞众，奉养必费，是故得地而权弥轻，兼人而兵俞弱，是以力兼人者也。……用贫求富，用饥求饱，……委之财货以富之，立良有司以接之，已期三年，然后民可信也；是故得地而权弥轻，兼人而国俞贫，是以‘富’兼人者也。”

孟子在战国中叶有“以德行仁者王，以力假仁者霸”之说，荀子在战国末在王霸分期之外有“以富兼人”之论，由此就明白战国时代已经具有发展的奴隶制的“显族”的要素。西周之“德”（天人合一的论理），是通过政治的折射，即通过氏族贵族的统治而反映出的意识形态。春秋时代的“霸”（以力兼人的理论），是通过公权的强化，来调和氏族贵族与国民阶级，而抑制“民畔”或“盗跖”的一种意识形态。战国的财“富”在货币的进军中有了极大变化，现实的社会矛盾是“得地（土地）而权弥轻，兼人而国愈贫”，这就说明了土地私有的发展，国民阶级的优越地位。

荀子暗示了三个阶段，但他的批判侧重在战国。由于私有财富的发展，荀子知道国民阶级的“积习”，这是进步的方法论。所谓“积习”和“注错”（见《荀子·荣辱篇》）暗示了社会分工的意义，由社会的分工而批判一派学说，可能把握住思想的一个侧面。他说：

“凡人之患，蔽于一曲而暗于大理。……百家异说……私其所积，唯恐闻其恶也，倚其所私以观异术，唯恐闻其美也。”（《荀子·解蔽篇》）

荀子虽然不知道依据阶级立场去分析一派学说，但他的理论是涉及这个范围的。“积习”指农工商贾的地位，由一定地位才成了习俗，“私”指拥护此“积习”的一种自我成见，因此，荀子说：“欲为蔽，恶为蔽，始为蔽，终为蔽，远为蔽，近为蔽，博为蔽，浅为蔽，古为蔽，今为蔽，凡万物异则莫不相为蔽，此心术之公患也。”（《荀子·解蔽篇》）这“蔽”字，即近人所谓着色眼镜。因为“私其所积”，“倚其所私”，故有学术观点的角度。他批判各派学者的角度，在名词上固然看不到阶级的“积习”，而角度的性质却包含着此项积习。例如《解蔽篇》批评各家的“蔽”而不“知”的道理，即暗示了国民阶级由于多种多样的生活立场，而有多种多样的思想表现，不像西周时代的那种道德思想了。

我们再举《商君书·开塞篇》的例子如下：

“天地设而民生之。……其道亲亲而爱私，亲亲则别，爱私则险（即“氏所以别贵贱”）。民众而以别险为务则民乱。当此时也，民务胜而力征。务胜则争，力征则讼；讼而无正，则莫得其性（生）也，故贤者立中正设无私而民说仁。当此时也，亲亲废，上贤立矣。凡仁者以爱为务，而贤者以相出为道。民众而无制，久而相出为道，则有乱。故圣人承之，作为土地货财男女之分。分定而无制，不可，故立禁；禁立而莫之司，不可，故立官；官设而莫之一，不可，故立君。既立君则上贤废，而贵贵立矣。然则上世亲亲而爱私，中世上贤而说仁，下世贵贵而尊官。上贤者以道相出也，而立君者使贤无用也。亲亲者以私为道也，而中正者使私无行也。此三者非事相反也，民道弊而所重易也，世事变而行道异也。”

这是一段社会史兼思想史的综合批评。三个阶段的影子似指西周、春秋、战国。西周居于严密的土地国有制度之下，以“氏”来分别统治阶级和被统治阶级，即在城市享受礼的贵人和在农村处于奴役的野人，所以说“亲亲而爱私”。然而阶级矛盾正是所谓“亲亲则别，爱私则险，民众而以别险为务，则民乱”。春秋时代经界破坏，一方面既要维持氏族制，他方面又要适应自由民（国人）的要求。管仲、子产的惠人政治之所以处于两面夹攻的地位，正和“上贤而说仁”的调和思想是相适应的。他们的改良政策企图使“族大多宠”的旧贵族和新的财产私有者处于相对安定的境地，其理想是“贤者立中正而民说仁”。战国时代显族已经具有支配的地位，土地私有的国民富族正催促着以血族纽带为基础的土地国有制发生变化，因而贵者不能再以血族作标准了，而是拿财产作标准，这就是所谓“贵贵”；基于财产私有形态便有如希腊梭伦时代的公权制度的设立，所谓“尊官”。这时尽管氏族制仍然残存着，但是基本上已经转化为不完全典型的显族社会了。《开塞篇》说这一阶段的特征是："作为土地货财男女之分。分定而无制，不可，故立禁。禁立而莫之司，不可，故立官。官设而莫之一，不可，故立君。"这就是土地私有与公权制度以及法律相为联带的关系。

专门讲古代思想的变化的是《庄子·天下篇》。它把西周、春秋、战国的学术分为三个时代：

第一期："古之所谓道术者果恶乎在？曰无乎不在。曰神何由降，明何由出，圣有所生，王有所成，皆原于一。不离于宗谓之天人，不离于精谓之神人，不离于真谓之至人；以天为宗，以德为本，以道为门，兆于变化，谓之圣人。"

第二期："其明而在数度者，旧法世传之史，尚多有之。其在于《诗》、《书》、礼、乐者，邹鲁之士缙绅先生多能明之。《诗》以道志，《书》以道事，礼以道行（《易》与《春秋》，据马夷初先生说为注）。"

第三期："其数散于天下而设于中国者，百家之学时或称而道之。天下大乱，贤圣不明，道德不一，天下多得一察焉以自好。……判天地之美，析万物之理，察古人之全，寡能备于天地之美，称神明之容。……各为其所欲焉以自为方。……道术将为天下裂。"

《天下篇》的文献含有儒家的理想成分，如果把这些成分截断，来看其中的历史分析，那么我们可以发现出些思想发展的痕迹。西周是氏族贵族专政的社会，土地是国有的。这就是"周道亲亲"的社会道德所以产生的社会根源。所谓"亲亲"，乃氏族贵族的宗统的理论，在"亲亲"的社会组织之下，道术是宗教的，"以天为宗，以德为本"。天德关系的理论，正是《周书》、《诗经》（证以金文更信）的主要论旨。在春秋时代，国民阶级的贤智者，还不容于神明，因而"私门无著述"。畴官师儒担负了保存西周文物仪式的职责，他们仅是春秋时代过渡期思想的半观念家。到了战国，观念家与事业家分工，"显学"批判了搢绅先生的儒学，这才有"裂"的私学，所谓"学术下庶人"，才能"各为其所欲焉以自为方"。由此看来，中国古代思想史，可以说由圣王宗族而搢绅先生，复由搢绅先生而显学而诸子百家。

《汉书·艺文志》“诸子出于王官”之说,不合于历史,但中国古代思想由宗教的王官开始,则有史实可证。

这里,还必须指出,先秦诸子有关先秦思想发展的总结,是一定时代的有限度的批判研究,它可以作为我们总结文化遗产的参证,但不能作为我们研究的根据。

第 二 章

中国古代思想总论

第一节　西周官学是怎样发生的

研究古代中国思想的起源，首先要看社会分工发生以后权利和义务的关系是怎样发生的。

我们知道，文字与铁的应用，是由野蛮末期进入文明期的标志。铁这种东西在西周还没有产生，文字有殷代的卜辞，这是已发现的中国最早的文字。周人东下之时，《诗经》上也记载着“于时言言，于时语语”，即有文字记载之谓，这和殷人“有册有典”的文献可以互证。

殷人万事求卜，所尊的是祖宗一元神。一切“国之大事”，特别是“祀与戎”（祭祀和战争）这样的大事，都要通过宗教仪式以取得祖先神的承认。卜辞中有史字作[illegible]，象手持中，中即盛笔之器。据王国维考释，殷人无尊卑上下之职可考。史职有类于宗教的巫师卜师，与印度古代的巫师相当。史、事、吏三字是一字之分，殷人只有“史”，到了周人才有“事”，所谓“三有事”，而“吏”字则更为后起。所以，殷代的思想以宗教占主要地位。

我们翻遍卜辞,没有发现一个抽象的词,更没有一个关于道德智慧的术语。卜辞中的意识形态:第一,最重时间观念;第二,着重空间观念;第三,着重数量观念。时、空、数三种观念所以普及,是人类对自然斗争和部落间的战争所促成的。社会内部的权利义务观念还没有显明的标志。所以,卜辞中的祸、咎,利、不利,吉、不吉等字,是全体族员对自然与外族的宗教意识,还不是一般权利义务思想的表现。

殷帝王的名称,不是甲、乙、丙、丁时间的称呼,便是外(外丙)、匚 コ(报丙,报丁,即[丙丁])、上(上甲)等地域的称呼,或者是大、小等数量的称呼,此外就是祖示的称呼了。到了殷末,康、文、武三字虽然用于王名,但它们并没有如周人文、武、康三王名的道德观念,我们从这里仅可以看出道德的萌芽形态。

“卜”这一观念是求祖先神降命的意思。当人类对于自然的矛盾不能克服的时候,必然在意识上寻求安慰,使矛盾在宗教上求得解决。祖宗一元神的思想支配了殷人的世界观,这正是早期奴隶制时代父权确立的特征。西周金文中的王起始于文王,这说明了荀子责斥制造千古奇谈的人物,是有历史知识的。周人思想和殷人思想是不同的,在宗教意识上讲来,周人的“维新”在于帝和祖的分离,由一元神变为二元神。

首先我们要明白周代“学在官府”的历史性质。

西周自文王“肇国在西土”以后,社会才产生了第一次的分裂,这便是国、野或都、鄙的对立,用现代语来讲即城市与农村的分裂。在这种分裂之下,“城市——国家”的“宗子维城”制度便确立起来,城市统治了农村。

土地所有形式是“国有”的,也即是周氏族为首的联盟所公有的(公不是天下为公之义,乃是公子公孙的氏族贵族之义)。劳动力的形态主要是集团的或公社的,即以被征服的氏族(如殷民六族、七族,怀姓九宗)为单位,进行“千耦其耘”的大规模生产。

周代社会,保存着两种古老的制度,即城市和农村的两种氏族制度。这两种血族纽带，一方面形成了阶级的对抗，另一方面又形成了不可分离的统一，它们束缚着社会的发展，和希腊、罗马社会由地域单位代替了血缘单位、由国民代替了氏族不同。西周营国、封国基于这一结合关系，“东迁”也基于这一结合关系。如果是在土地私有制之下，氏族单位变成地域单位，那么便没有这个统一，“东迁”的迁国是不会迁移得动的，所谓东迁的周室“晋、郑是依”，便是依于氏族关系。

周代社会的特点，是古代奴隶制的，它的历史是阶级分裂以后的城市支配农村的历史，而形态则走着亚细亚的路径，没有全般经济意义的普遍分裂。这叫做“人格的物化”。至于讲到“物质的人格化”，氏族贵族和希腊、罗马的土地贵族是不同的，而是旧的人物（氏族）执行了新时代的社会任务。如果允许我们用类比推论的话，那么，这一路径正是古代社会“维新”的道路，其统治阶级登场的色彩是和近代维新人物在资本主义社会登场的色彩相类似的。周人保留了氏族组织的“宗子制度”，所谓“周虽旧邦，其命维新”。

因为统治阶级的演出者不是新的国民阶级，则社会内部便不可能发展出新的市民阶级，换言之，不是从经济的私有逐渐分化为剥削阶级和被剥削阶级，而是一开始就分裂为两个阶级（不具备复杂的内容）。这种直截了当的路径，影响了人类生产的发展以及思想的发展。

土地既然被氏族贵族公有制所支配着，国民阶级既然没有在历史上登场，则思想意识的生产，也当然不是国民式的，而是君子式的。具体地讲来，意识的生产只有在氏族贵族的范围内发展，不会走到民间；春秋末期所谓学术下民间的历史，已经是周道衰微的证件了。

这样看来，“土地国有”、宗法制度和学在官府既然是西周社会的三位一体的系统，那么，思想学术必然被“曾孙田之”与“宗子维城”的经济所决定，被“法礼足礼”的君子之道所支配。《天下篇》所讲的不离于宗的“天人”，不离于精的“神人”，不离于真的“至人”，以天为宗、以德为本的“圣人”，明于仁义礼乐的“君子”，便成了学术思想的创立者。明白了这种历史发展，我们才能知道西周的官学思想。

我们知道西洋古代社会的历史有一个变革阶段，即上面讲的由氏族单位而地域单位、由族人而国民的变革时期。梭伦变法就是这个变革的划时代的法典。但根据中国古代史的发展讲来，西周维新一直保留了过时的氏族制。夷、厉时代国人变乱和共伯和执政的历史，虽然表现出古代制度内部的变革运动——向地域性的富族（著者译为显族贵族）发展，以打破氏族制的枷锁；但是运动失败了，宣王“中兴”政策把这一运动消灭了，恢复了周公的遗制，仍依据西周维新的历史传统，在“古训是式”（《诗 · 烝民》）的范围内，来维持过时的社会制度，没有走通像希腊变法的路径。这便产生了后来变风变雅的“悲剧”思想以及法家的变法运动。

西周的思想史料并不太多，存世的金文是最可靠的，《周书》中仅有十五六篇是可靠的资料，《诗经》中的材料须考证年代，不能漫无次第地引用。存世的三《礼》乃是后人所撰写的，不能作为直接的依据；《乐经》散佚，留下的不多。至于《易经》一书，不论卦、爻、辞、传，都是战国以来的作品，不足据以论西周。辨伪这一门知识是研究古史的先决条件，如果忽视它，就要使我们枪法凌乱，前后矛盾。

第二节　春秋思想的特点

我们已经说过：周代文明社会，是开始于“乃穆考文王肇国在西土”（《周书 · 酒诰》）、“珷王嗣玟王作邦”（《大盂鼎》）的西周初叶（约在纪元前 12 世纪）。就扬弃了“官学”的氏族贵族的形式，进而作为国民阶级的“私学”形式而登场来讲，中国的古代思想，是发端于春秋末世与战国初年的孔、墨显学的对立（约在纪元前 5 世纪）。这就是说，严密语义的中国古代思想史，其正式的起点，要迟于其所反映的古代社会的成立约六七百年之久。由这六七百年中间所显示的国民思想的难产性、或由“官学”到“私学”进程的难以转化性，无疑问地是思想史研究上的一个重大疑难。这疑难之所以“重大”，首先是因为，依照着“古典的"古代希腊的路径来讲,梭伦变法与泰勒士开创伊奥尼亚学派,同在纪元前6世纪,即大体是相为先后的事情;一般慎重的思想史家,通认希腊国民思想的成立期为40年的岁月。但是,在中国古代,其学术下私人的进程,竟至酝酿了六七百年之久;以此与"古典的"希腊相对勘,确是一种异常特殊的现象。其次是因为,从很早以前,学人对于这件异常特殊的现象,虽曾有相当的注意,例如《庄子·天下篇》、《孟子·滕文公下》、《荀子·非十二子篇》所提的"世衰道微"说,刘向、刘歆父子及班固(《七略》、《汉书·艺文志》)所提的"诸子出于王官"说,《淮南子·要略》所提的"应世之急"说,其正误参半之处姑不具论,充其量只是对于春秋、战国之际诸子学说的"所以诞生"有所探究,而对于东周以前何以有畴人官学而无国民私学,亦即国民思想的晚出问题,则根本未尝论及。最后是因为,近代中国学者关于西周社会性质的问题,有以为西周是封建社会的,有以为它是奴隶社会的;但在封建制阶段或奴隶制阶段,何以尚不见"学术下于私人"的痕迹?似乎至今尚没有系统的说明。

这一重大疑难,在"西周封建"论者应如何解决,或能否解决,我们不拟涉及。如前所述,我们的任务是以"西周古代"为前提,对于国民思想晚成的问题,企图作一解答。

如大家所周知的,思想史系以社会史为基础而递变其形态。因此,思想史上的疑难就不能由思想的本身运动里求得解决,而只有从社会的历史发展里来剔抉其秘密。更具体地说,中国的国民思想之所以"晚出",是古代社会"早熟"的必然结果。此所谓"早熟",其实质即指这一点而言:中国古代文明起源的具体路径是"维新路径",即与"古典的"道路相区别的所谓"亚细亚的"道路。但是,作为"维新的"或"亚细亚的"中国古代社会,何以谓之"早熟"呢?上面我们已经从生产关系方面作了说明,现在再从生产力方面作一些说明。所谓"铁的发现是古代国家成立的前提",不但考古学家认为是古代社会发展的通则,也是经过对古代中央亚细亚及地中海沿岸国家形成过程的研究所证实了的定论;而“文王肇国”“作邦”的中国的古代国家起源,却先于“铁的发现”而完成。

“铁的发现”在中国古代究竟起于何时呢？关于这一问题,就地下的发掘来看,至今并未出现西周以前的任何铁器;且在卜辞与西周金文中亦未闻专家疑任何一字为“铁”字。郭宝钧依据地下发现的铁器氧化程度甚小,而断定西周无铁的分析,是可参考的。到了春秋、战国的文献里,“铁”字出现甚多。例如:

1.《诗·秦风》(陆侃如考定为由平王东迁至敬王十年的作品)有“驷驖”二字,所谓“驷驖孔阜,六辔在手。”(朱希祖说:“驖字为当时以铁形容马之黑色。”)

2.《墨子》书中有:“铁鏶”、“铁矢”、“铁锴”、“铁纂”、“铁钛”、“铁钜”、“铁校”、“铁锁”、“铁鏁”、“铁铋”等名。

3.《书·禹贡》(郭沫若考定为子思的作品)说:“华阳黑水惟梁州。……厥贡璆(镠)、铁、银、镂、砮、磬。”

4.《左传》昭二十九年,晋赵鞅“赋一鼓铁以铸刑鼎,著范宣子所为刑书焉。”(《孔子家语》卷九引作“赋一鼓钟”)

5.《孟子·滕文公上》说:“许子以釜甑爨,以铁耕乎？曰:然。”

6.《山海经·中山经》(廖平考定为邹衍或其门徒所作)说:“出铁之山,三千六百九十。”

7.《荀子》中有“铁釶”的记载。

8.《韩非子》中有“铁室”的记载。

9.《国策》有“铁幕”的记载。

10.《吕氏春秋》有“铁甲”、“铁杖”等记载。

11.《越绝书》有“铁鑸”、“铁剑”等记载。

12.《管子》书(罗根泽考定为战国至秦、汉时代的作品)有“美金(铜)以铸戈剑矛戟,试诸狗马;恶金(铁)以铸斤斧鉏夷锯欘,试诸土壤。”(按《国语》亦有此言。)

13.《史记·货殖列传》讲到邯郸郭纵、蜀卓氏、宛孔氏、曹邴氏等,均以冶铁致富。

14. 江淹《铜剑赞序》讲道:“古者以铜为兵。……春秋迄于战国,战国至于秦时,攻争纷乱,兵革互兴,铜既不充给,故以铁足之。铸铜既难,求铁甚易,是故铜兵转少,铁兵转多。……二汉之时,逾见其微。”

上引资料,时代上有先后,价值上有高低;其解释的可靠性,也有商量的余地;然据此而断定铁器是发现于春秋,而普及于战国,似无大过。

铁的发现上距古代国家的成立约五六百年,而与“私学”思想家的出现或所谓严密语义的中国思想史的发端,则相衔接。这决不是因缘凑巧、偶然相遇的两个孤立现象,二者之间应有其复杂的内在的必然关联。我们知道,生产力的发展,不能直接影响上层建筑;但生产力是革命的因素,因了铁的使用,显然改革了农业经营(如三圃制)和手工业生产(如《考工记》所记的),从而促使土地所有制形式进入了私有化的过程,促使阶级关系发生变化。意识形态也就不能不通过政治法律的折射,改变了它的面貌。这里分为几项来说明一下:

一、至目前为止,我们极少发现青铜质的劳动工具。如果青铜器主要限于鼎彝,而从未普遍使用于生产,则铁器的使用较诸石器或木器,便具有更高的生产力的价值。这就是说,在石器或木器的生产力阶段上,一般地讲来,难以冲破氏族制的束缚,因而不可能发生生产资料私有的所有形态,也不可能发生多种阶级关系;只有在铁器的生产力阶段上才具有改造生产方式所依据的技术条件。郭沫若据《小雅·甫田》、《小雅·大田》等春秋农事诗以证春秋土地私有制的发生(《青铜时代》《由周农事诗论到周代社会》),可以参考。据我们的研究,只有在春秋文献,例如《诗·大雅》的《瞻卬》、《桑柔》、《抑》,《小雅》的《正月》,《曹风》的《候人》,《魏风》的《伐檀》,《邶风》的《北门》等篇以及作为最古的私学著作的《论语》中,才看出了因土地私有而开始发生的向贫富两极端分化的社会内部的阶级分裂;反之,在土地公有的西周文献中,则绝无贫富对立的字句。我们在前面曾说周人的学在官府是以所有形态的土地关系的公有为原因,其一部分理由,亦与生产力处于低级阶段相关联。

二、在没有铁的生产力基础上,一般说来,古代社会好像便失去了成立的可能,但我们对于历史的复杂内容必须从具体的分析出发,《资本论》地租章里就指示给我们研究的方向。如黄河流域的黄土地带,其冲积地层的肥沃与松软,就成为西周没有铁器而能"肇国""作邦"来创出古代社会的特殊自然条件之一;其他如克商以后劳动力的大量获得等等,更不容忽视。在此等得天独厚的历史条件之下,周人通过了"周因于殷礼"的"损益"(能动的上层建筑的反作用)进程,使"小邦周"自己警惕着面临的"大艰",在诚惶诚恐的"敬德"与"孝思"等伦理观念下不断的努力中,终于形成了古代奴隶制社会。

三、没有铁的发现而周代酝酿出了古代社会,但是,在"手无寸铁"的条件之下出现的周代社会,毕竟是"先天不足"的古代社会。这就是说,周人一方面在尚未长成国民阶级的时期,就"早熟"地作为古代社会创造者而登场;另一方面就不能不保留着氏族组织的躯壳。然而,我们知道,这一套氏族组织的躯壳,并不是随便可以脱下的"外在形式",而是与周人创建古代社会的方法或道路等内部条件血肉相连的"形式"。我们前面所说中国古代社会创出上所遵从的"维新"路线或"亚细亚"道路,正是指周人所采取的方法或道路而言。在历史的发展中,新社会的创出者舍去"革命"而采取"维新"的道路,通常都是由于自身生产力的薄弱;周人当亦不在例外。

四、生产力薄弱的维新路线,在有关论述古代社会的经典著作上,特名之为亚细亚的,以与"古典的"相区别。二者的历史途径是彼此对比的,恩格斯有以下的分析:"我们在所有文明人民的历史初期所看到的不是'大土地所有者',……而是土地公有的氏族公社和农村公社。从印度到爱尔兰广大面积的土地财产的利用,起初正是由这种氏族公社和农村公社来进行的,这上面,耕地或是在公社名下共同耕种(第一种——引者注),或是把耕地分作各个小块,由公社在一定时期内分配给各个家庭去耕种(第二种——引者注)……。"(《反杜林论》,人民出版社版,页 180—181。)“在公社或国家是土地所有者的那种东方国家里,土人的语言中甚至没有‘地主’这样的字样。……只有土耳其人在其所征服的国家里,首次推行类似地主封建制度的东西。在希腊英雄时代,已经划分成许多等级,这种等级是以前长久的我们所不知道的历史的显然结果。在那里,土地完全是由独立农民耕种的,显贵的氏族的王公所有的较大邑地,是种例外,而且很快就消灭了。意大利(指古代罗马——引者注)之所以成为沃壤,主要是由于农民的劳动,当罗马共和国末期,巨大的地产(所谓 Latifundia,即大庄园),排斥小农而代以奴隶的时候,它们同时亦以畜牧代替了农业。”(参看《反杜林论》,人民出版社,页 181—182。可同时参看侯外庐《中国古代社会史论》第一章第四节有关引文的说明。)这里所说的“第一种途径”,正是西周的“维新路线”,其薄弱的表现,就在其没有像希腊、罗马那样,很快消灭氏族贵族所有的土地所有制。而“土地国有”,一方面是学在官府的基础,同时也是使学术不能下于私人的桎梏。打破这一桎梏的唯一关键在生产方式的改变,而春秋发现了铁,则显然是此种改变的主要的物质根据,同时也因了阶级分化出现了私学思想家,开始了严密语义的中国古代思想史。

其次,我们在研究春秋时代的思想的时候,又须从“维新的”古代社会分工与“贤人”晚出两方面作一些分析。

由于周人采取“维新”路线以创出古代社会,所以虽在“肇国”“作邦”过程里显示了古代城市国家的起源,但这里的城市国家与农村却仍然保持着“不可分裂的结合”。这是生产力不发达的基础上所规定了的社会分工不发达的标帜。以此为根据,便派生出了观念家与事业家“不可分裂的结合”。例如:据郭沫若在其杰作《金文丛考周官质疑》篇所统计,在大部分金文中出现的西周官吏,有如下的名目:卿事寮,大史寮,三左三右(左:大史、大祝、大卜;右:大宰、大宗、大士),作册,宰(内宰、外宰),大祝,司卜,冢司徒,司工,司寇,司马,司射,左右走马,左右虎臣,善夫(宰夫),小辅,鼓钟,里君,有司等等。其中,大祝、大宗、大卜等官,同时即为宗教的思想家。可知,“氏所以别贵贱”,同时派生的东西就是氏所以别智愚。在古代文献中,我们常见君子(贵族)与小人(鄙夫)的分类,而没有国民性的智愚分类,其秘密即渊源于此。这情形与走了“革命”路线的希腊古代,判然有别。

在希腊,自梭伦变法,城市国家确立,地域单位代替了氏族单位,因而国家行政机关代替了氏族宗教行政,国民阶级参与了国事。在“革命”的深度上讲来,氏族旧人类已经被清算,土地关系已由旧的公社所有,转化成新的私人所有。然而,这不是一个自然的生长史,而是一连串的斗争史。所以在国民阶级(自由民,起初占重要地位,后来被大地主贵族所战胜而渐趋没落)与氏族贵族的历史斗争中,产生了希腊“古典”古代的民主制。在这里和在中国“维新”的古代不同,观念家与事业家伴随着社会分工的发达,从氏族内部的统一中分化成独立的阶级。这种由事业家分离而独立发展其个性的观念家,便是希腊哲人或智者产生的历史根据。所以恩格斯指出,在古代希腊,既然旧的公社土地所有权已经崩坏,或至少早先的公社耕种制已经让位给各家族单位分种小块土地的制度,那么,基于这个生产方式的古典古代的大规模分工,便是希腊古代文化(艺术、科学、哲学)产生的摇篮。(参看《反杜林论》,人民出版社版,页185—186。)没有希腊自由民,就不会产生希腊古代悲剧艺术,这是千真万确的命题。

相应于“革命”与“维新”的不同,希腊古代的思想家谓之“智者”,而中国古代的思想家则谓之“贤人”。关于“智者”与“贤人”的异同,下面尚有详论。现在,我们只讲一下由于“维新”而使“贤人”晚出的历史途径与逻辑线索。

在卜辞中所称的“人”,还没有和氏族分立;西周人称“人”也仍有此遗迹。据《周书》、《雅》、《颂》及金文中所见的“人”字归纳,周时所谓“人”计有下述各义:(1)称氏族先王为“人”;(2)称王者为“人”;(3)称氏族贵族(君子)为“人”;(4)称在位的职官为“人”。与“人”相对的“民”字,则是古代劳动者(奴隶)的一般的代称。

其次，与“人”字为连类的“圣”字，始见于西周文献。考“圣”字本义，与“哲”字可以互训。称“圣”称“哲”，都是指配天的美德，而没有知能教养的意义；且“圣人”“圣王”之“圣”，“哲人”“哲王”之“哲”，也都是对于氏族贵族的先公先王所加的美德的专称，而从不用以形容一般国民性的道德。所以，“哲人”一词，在中国古代与希腊古代，名同而实异，若把它们混同起来看待，便容易产生抹杀“亚细亚的”“维新”的古代特点的错误。

最后，“圣贤”、“贤哲”成为合词，是后出的语汇。“贤”字在卜辞与金文中都未见过，最早出现“贤”字的，是《周书·君奭篇》、《诗·大雅·行苇篇》与《小雅·北山篇》。就其中上下文义诠释，初出的“贤”字，并没有德性的意味，而只是指在“巫术”及“射礼”方面的能手，或作技能优异者的代称，“技能”的领域，也只限于狩猎。狩猎中的“贤者”即指“善射者”。“贤”字的这一原始含义，在《石鼓文》、《墨子·尚贤篇》上下及更晚出的《仪礼·乡射礼》中，尚保存着它的痕迹。至于“贤”字之获得其国民性与道德性及其成为一般智能的代称而与“圣”“哲”相结合，在文献不足的限制之下，我们大体上可以判定那是春秋时代搢绅先生所创始的，到了春秋末世及战国初年的孔、墨显学方才完成。

上述“贤人”出现的历史途径，有两个最可注意的特点：(1)与智能一体相连的“贤人”，其出现的年代落后于古代社会的形成约四五百年之久。(2)晚出的“贤人”，在短短二百年中间，又失去了“智能”的独立性，而与配天文德的道德概念水乳交融。严格地说来，“智能”被“道德”所湮没。如果对于这两个特点加以深究，当大有助于对中国古代思想史的理解。

关于这两个有着内部逻辑的先后的特征，我们打算分几点予以解明：

第一，“贤人”是国民阶级的智能代表者。然而，如上所述，在西周“维新”的古代社会创出阶段上，不但没有出现国民阶级，反而推行了为氏族贵族服务的宗法制度。王国维说：

> “商人无嫡庶之制，故不能有宗法；借曰有之，不过合一族之人，奉其族之贵且贤者而宗之，其所宗之人，固非一定而不可易，如周之大宗小宗也。周人嫡庶之制，本为天子诸侯继统法而设，复以此制通之；大夫以下，则不为君统而为宗统，于是宗法生焉。”（《殷周制度论》）

在宗法制度之下，社会阶级的贵贱是以血族传统为标准，而不以智能为标准。在旧人执行新政的约束中，社会上推行着宗法制度，经济上推行着土地国有，政治上推行着“宗子维城”，于是便不能如希腊那样，出现国民阶级；因而，也不能出现作为国民智能代表的“贤人”。

第二，从旧人执行新政的“维新”观点出发，首先便约束着“智能”的发达。这是因为，氏族贵族的“维新”活动，虽然在客观上促进了新社会的成立，但是在主观上却自以为是挽救着旧社会的危机。所以，周人的文献上，从《大诰》起，就以“天命难保”云云的自我警觉，散布着挽救危机的思想。在以挽救危机为任务的“维新”意识中，便以伦常治道的人生智为唯一关心的问题，而无暇论究好像不着实际、不合实用的希腊智者所醉心的宇宙根源问题，以及认识自然与一般知识技能的问题。因而，如我们所已经指出的那样，周人在世界观方面并没有多大的成就，其所谓“天”与殷人所谓“帝”，字面虽有不同（其实周人亦习用“帝”字），实质上依然是“周因于殷礼”的人格至上神；其信“天”的说话，固不必论，即其怨骂“天”、怀疑“天”的说话，亦绝非出于无神论的否定态度，反而与殷人同样保持着有神论的传统。但是，我们从周初文献上却已经看出了道德起源的迹象，并且看见了在“维新”的配天文德里，就已经显出智能之从属于道德，由敬德孝思的氏族旧人兼理着智能的生产。正惟如此，所以指示智能的“贤”字，自始即与官制（巫贤）政制（射礼）相结合。此恰如城市国家与农村不可分裂即为生产力不发达的标帜一样，在氏族意识约束国民意识的“维新”思想特征里，也是智能不发达的标帜。

第三，春秋所开始的氏族组织解体，据文献所示，是一种由诸侯而大夫由大夫而陪臣的政权逐渐下移的运动。在这一运动的整个过程里，迄未出现完全的国民阶级以及灭王制坏礼法的人物，始终没有从氏族贵族外衣里完全解放出来。因而，在“维新”的桎梏里，通晓《诗》、《书》、礼、乐，依然未能成为国民阶级的职业，据《左传》记载，系一仍西周旧贯，表现为政治、宗教、学术的三位一体，几乎是“学在官府”的延续；并且，从思想内容上看，除了史墨、子产、晏婴等少数官吏而外，基本上不见国民意识的支配的痕迹。在当时，保存着西周文物思想的邹鲁搢绅先生，只是由贵族到贤人，或由官学到私学转化的过渡人物，其社会的职能则为充当公族的奴婢。章炳麟说：

> “一谓之儒，明其皆公族。儒之名盖出于需，需者云上于天，而儒亦知天文，识旱潦。……庄周言：‘儒者，冠圜冠者知天时，履句屦者知地形，缓佩玦者事至而断。’(《田子方篇》)……古之儒知天文占候，谓其多技。”(《国故论衡·原儒》)

这样，搢绅先生虽可能首创“贤”者的国民思想，由其“多技”，虽亦可扩张“贤”者的智能性，但在其为公族奴婢的屈服性里，却绝少可能发展“贤”者本来的含义，而使之生长为“智者”；反之，则有着绝大可能完成“贤”与“德”的结合，使“贤”与“圣”“哲”相接种，使之不成为“智者”而成为被道德性或人生智所渗透了的“贤人”。这样的“贤人”观念，到了春秋、战国之际，遂普遍地涌现于孔、墨的代表著作里。

第四，如上所述，西周时代没有“贤人”，春秋、战国之际“贤人”虽出而竟失去其智能的支配性，以至于“智能”被“道德”所湮没，而与“圣”“哲”字义为连类，这都是在“维新”的古代国民阶级晚出的产物。在这一点讲，孔子的“尊贤”与墨子的“尚贤”，也都是拖带着西周维新传统的国民性不完全的标帜。自然，在反氏族遗制上，墨子比孔子急进，所以到了后期墨家的《墨经》里，较富于“智者”色彩，道德论的“贤人作风”反退于副次的地位。

第五，严格说来，除了春秋金文，在存世的文献里，很少有直接资料可以反映春秋的代表思想，有的都是战国以至秦、汉人的作品，这里必须加以分析才能引用来说明春秋的思想。

原来，西周的文物，因犬戎入侵、周室逃亡，丧失殆尽。《史记》的《秦本纪》有一段戎族对于周代文明的批评，其词意虽涉及春秋，其态度则接近事实：

> “戎王使由余于秦，……秦缪公示以宫室积聚。由余曰：使鬼为之则劳神矣，使人为之亦苦民矣。缪公怪之，问曰：中国以《诗》、《书》、礼、乐法度为政，然尚时乱；今戎、夷无此，何以为治，不亦难乎？由余笑曰：此乃中国所以乱也。夫自上圣黄帝作为礼乐法度，身以先之，仅以小治；及其后世，日以骄淫，阻法度之威，以责督于下，下罢（疲）极，则以仁义怨望于上，上下交争怨而相篡弑，至于灭宗。”

从这里，我们可以看出戎族对待西周文明的态度和西周文明趋于变革的理由。

春秋时代的诸国，最先进的莫过于鲁、卫、晋、齐。这些国家的产生，都是由于西周盟族的殖民，其始都是“辟草莱”、“斩蓬蒿”，在落后部落的土地上营国建城（以“有俶其城”为主要王命）。西周在营城殖民的时候，那些原来的土族的文化是落后的，因此，统治的贵族都带了文物典册，进行所谓“疆以周索”的建国工作。所以春秋时代有“周礼尽在鲁矣”的慨叹。孔子也叹息着说：“齐一变至于鲁，鲁一变至于道。”

西周的文物典章，因为春秋诸国的内战（内部族战）与外战（外部氏族盟联战争）的影响，散失的也不少。但我们从现存文献来研究，不难看出，西周的支配思想在这时已经成了形式的具文、背诵古训的教条了。所谓《诗》、《书》、礼、乐的思想，在这时已经失去灵魂，成为好像礼拜仪式上宣读的“经文”。例如“礼”在西周是维新制度的神圣典章，是氏族君子所赖以统治人民的工具，“诗”在西周是统治阶级的思想的血脉；然而到了春秋，公子与富子争夺，富子大夫取得政权，“礼”便失去了基础，“诗”也不容作贵族夸耀的工具。“礼”不是成了贵族交际的礼貌仪式，就是成了冠婚丧祭的仪节；“诗”则流于各种各样的形式，如贵族交际场合中的门面词令，外交场合中的酬酢问答（赋诗，即背诵一首雅颂）等等。这样地，西周的文化，便变成了死教条。

然而，这一项讲究，并不是平常人所能胜任的，必须有传授的行帮才能给贵族装派头，所谓邹鲁搢绅先生之道《诗》、《书》、礼、乐，即后来名为儒者的职业，“四体不勤，五谷不分”，专门背诵古训。这正是《盐铁论》说的“儒者是往古而诽今也”。

我们不能用近代的眼光来非难古人。搢绅先生一方面因了社会的束缚，把西周的思想作为“儒术”而加以职业化；但另一方面他们在思想传统上则相对地保守着文化遗产，亦只有邹鲁这样的周公遗教可能存在的国度里，才没有将历史传统的文化斩断。儒者将西周文化形式化，正是春秋制度将西周王道形式化的照映。但在积极的一方面讲来，适应着生产的发展和科学的进步，在诸侯而大夫的过渡阶段，搢绅先生便成为战国不完全典型的显族时代的桥梁，因而，春秋的搢绅儒术也成为战国显学的过渡桥梁。学术下私人的运动乃适应于经济的国民化。因此，这时在思想领域内出现了一些无神论者和唯物主义者。

上面讲的是春秋思想的“具文”化及其保存西周文物的历史。这在《论语》的《乡党篇》里还有遗留的迹象。章学诚、章炳麟以来的畴官世儒之说，似当于春秋，因为事业家与观念家在这时尚未完全分裂，儒者的学术活动比西周的官学进了一步，即渐进而为世儒制度，并未完全独立起来。

事业家与观念家不能分工，还可以由春秋时代的贤大夫看出来。如鲁国的大夫臧文仲，晋国的大夫叔向，齐国的大夫晏婴，吴国的大夫季札，在《左传》中的记载里，都是维持西周制度氏族专政的学人。他们对于西周以来公族的没落，都寄予同情，但也只能发出不能挽救的慨叹。至于齐国大夫管仲、郑国大夫子产是兼政治家与思想家的，都实行“都鄙有章”的调和政策，一位被孔子称为仁者，一位被孔子称为惠人。子产一方面主张“礼”的宗法思想，一方面又主张“天道远，人道迩”，站在矛盾的夹缝里,“不得已而救世”!

此外,春秋的隐者,是值得重视的,但我们只知道《论语》中提到的几个人名,而不能知道他们的思想内容。他们似乎是没落的氏族贵族或公社农民,他们有变风变雅的传统思想,但在春秋时代是不容易出头的。

第三节　战国时代思想的发展及其衰微

子学时代应该是从春秋、战国之际孔子与墨子算起的,他们都生长在保存了西周文明的鲁国。自周室被犬戎驱逐得东迁以后,文物丧尽,惟有鲁国才有文化城的资格。因为鲁国在建立城市国家时,已经特别享受着“祝宗卜史、备物典策、官司彝器”(《左传·定公四年》),所以后来有“周礼尽在鲁”之说。

根据上面所说,邹鲁搢绅先生是初期思想家从事业家分离的行帮,他们传教的依据就是《诗》、《书》、礼、乐,《史记》所说“其语不经,搢绅不道”,就指这点。然而,从分工的本质意义上讲来,他们虽然“四体不勤,五谷不分”,有了专门的思想业务,但是还不能脱离氏族贵族的附庸地位,还没有彻底转化为思想家。

自孔、墨起,中国古代思想史才算真正地进入了划期的时代,即所谓“私”学。这里所走的路线类似宗教改革的途径,并非一下子天翻地覆,就可以推翻了搢绅先生的《诗》、《书》、礼、乐,相反地,他们正要在形式上依存于这个文物典章。所以孔、墨都是称道这一宗法的以至宗教形式的学人。

孔子是一位鲁国的没落大夫,曾做过委吏与乘田吏,并出任过司空、司寇。他在形式上更多地保存了所谓“君子儒”的成分,这是文献有征的。我们只要一翻《论语·乡党篇》,看怎样讲求一套形式礼仪,就可以明白。举凡饮食起居生死婚葬,都有一套规矩。甚至说:“以吾从大夫之后,不可徒行也,”连他走路都不是礼所允许的。《论语》中记载孔子言《诗》、《书》、礼、乐之处甚多。如"兴于诗、立于礼，成于乐"，"不学诗无以言，不学礼无以立"。史称孔子删《诗》、《书》，定礼、乐，就其"述而不作，信而好古"的精神看来，他的思想确是由周公的遗范蜕化而来的。

然而，他又不是如同搢绅先生完全以保存周制形式为职志，他把礼、乐更观念化了，并且从道德情操方面出发，把礼、乐发展成为一套有系统的思想，批判了礼、乐的形式，强调了其中思维的内容。他虽然依据了《诗》、《书》、礼、乐的全盘西周形式，但从积极的意义上讲来，他具有改良古代宗教的精神。

墨子少年时代"学儒者之业，受孔子之术"(《淮南子·要略》)。后来他放弃了搢绅先生的一套职业，做了儒者的叛徒。"以为其礼烦扰而不说，厚葬靡财而贫民，服伤生而害事"(同上)。他似乎不取于君子儒，而更走向变质的小人儒。但他并不是平地起家，他也是上称先王尧、舜、禹、汤、文、武的人，而且西周形式在他的三表里还作为"本之者"到处引申。他在形式上仅依据诗、书，而反对礼、乐，和孔子的全盘保存西周形式不同，可以说他是一半西周形式的保存者。

墨子家世不可确考。《吕氏春秋·贵义篇》说："翟度身而衣，量腹而食，比于宾萌，未敢求仕。"宾即客籍，萌即四鄙之萌人，与同书《爱类篇》所载墨子自称"北方之鄙人"相合，似希腊移民的被保护民，即自由民之一。又《墨子·贵义篇》载他自称"贱人"，与荀子斥他为"役夫之道"相合。又惠子说他"大巧，巧为輗，拙为鸢"(《韩非子·外储说左下》)。《墨子·鲁问篇》载他与公输比巧，说"子之为鹊也，不如匠之为车辖"。同时，他也为"贱人"辩护，以农夫自譬，《贵义篇》说："今农夫入其税于大人，大人为酒醴粢盛，以祭上帝鬼神，岂曰贱人之所为而不享哉?"这又似一个手艺工人或农夫。在他的书中讲来讲去，都讲些农、工、商、贾以及许多生产者的话，和他的出身不是毫无关系的。

不论他是那一阶级出身，他的理论是由小人儒变质而走向国民阶级的代表思想，则无可疑。

孔、墨二家起于春秋、战国之际(注意“之际”二字,如“殷、周之际”、“春秋、战国之际”、“明、清之际”、“清末民初之际”,治思想史者必须认识它们的特出处),在旧的缙绅先生所占居的废墟上,发展出“显学”。这“显学”支配了古代思想的主潮,非把它弄清楚不能进行研究。说到“显学”,并不是著者自我作古,有一系列的文献可作证明:

“有儒、墨之是非,以是其所非,而非其所是。”(《庄子·齐物论》)

“狶韦氏之囿,黄帝之圃,有虞氏之宫,汤、武之室,君子之人,若儒、墨者师,故以是非相整(挤)也,而况今之人乎?”(《庄子·知北游》)

“儒、墨乃始离跂攘臂乎桎梏之间,意(噫)、甚矣哉!”(《庄子·在宥》)

“世之显学,儒、墨也。儒之所至孔丘也,墨之所至墨翟也。”(《韩非子·显学》)

“孔、墨之弟子徒属,充满天下,皆以仁义之术教导于天下。”(《吕氏春秋·有度》)

“待孔子而后学,则世无儒、墨。”(《盐铁论·申韩》)

“总邹鲁之儒、墨,通先圣之遗教。”(《淮南子·氾论训》)

“周室衰而王道废,儒、墨乃始列道而议,分徒而讼。”(同上书,《俶真训》)

“儒家之宗,孔子也;墨家之祖,墨翟也。”(《论衡·案书篇》)

“人期贤知,不必孔、墨。”(同上)

“上自孔、墨之党,……教训必作垂文。”(同上书,《对作篇》)

其他文献尚多。所谓“充满天下之儒、墨”,“孔、墨毕起”,在起初时孔子有弟子七十人(《吕氏春秋》说三千人),墨子弟子有百八十人(《淮南子》),一说三百人(《墨子》)。后来“儒分为八,墨离为三”(《韩非子》),一直到汉,还有“山东儒、墨”之称。尤其韩非子公然揭出了“显学”,著为《显学篇》,说明了“取舍相反不同”的孔、墨学派,相互攻击，争取支配学术潮流的地位。所以，孔、墨二家学术主潮通过了战国秦、汉之际，是非相攻，没有间断。这使得其他学派如庄子、韩非，都不得不承认这一主潮形势，自感威胁，而对他们进行攻击。

我们要问什么原因使“显学”出生的呢？

什么叫做“显”呢？《孟子》书里有“显者”之称。显达的人物，称做“显于诸侯”。显者与达者是春秋以来的新名词。阮元《释达》一文说：“达之为义，春秋时甚重之，达之为义，学者亦多问之。”（《揅经室一集》卷一）例如“在邦必达，在家必达”；“赐也达，于从政乎何有？”“下学而上达”；“诵《诗》三百，授之以政，不达”（《论语》）。“不成章不达”（《孟子》）。著者按，“达”字的出现似早于“显”字，显字是达字的更明白的规定。“贤”字出现于春秋初叶，到了春秋末叶至战国时代所盛行的“礼贤”制度，逐渐冲破以“礼”为依据的贵族专政制度。显者、达者、贤者的出现表明自由民或“国人”参加了政治活动，因而参加了学术活动（竹帛下私人），以至于产生墨子所主张的贤者能者即富者贵者。这时不似西周的“周亲”氏族贵者恒贵了，而那些出身鄙贱的人也相对地能够舒展自己的才能，建立功业。所以，没有新的国民（古代的）活动，氏族贵族的解体现象就不能暴露；没有市民性的私人“下学而上达”于邦家并成了新的显贵者，学术就不会由氏族专政集团的手中下降于贤者头上。恩格斯曾经指出，古代奴隶社会创造出后代社会的一切经济的萌芽形态，同时古代的人类在大的方面也发现了后代社会的一切思想的萌芽因素。我们认为，这样的历史在中国古代应从孔、墨时代谈起。

我们企图从事于历史唯物主义的分析，不是如“诸子出于王官”（《汉书·艺文志》），“诸子之学皆出于救时之弊”（《淮南子·要略》）一类的望文生义的说明。但我们并不以此为满足。我们既然已经知道了显学是随着显达的国民阶级的出现而必然产生的果实，还应追问为什么在当时就可能产生显达的国民人物，来冲破以氏族血缘关系为标准而区别上下贵贱的礼制呢？如果仍然在“贵有常尊，贱有等威”的礼制之下,也没有“贱妨贵,远间亲,新间旧,小加大”逆礼的恐怖,便不能产生孔子“好勇疾贫,乱也”的理论和墨子所谓“官无常贵,民无终贱”的理论。

子路反问过孔子:“有民人焉,有社稷焉,何必读书,然后为学?”(书指周制)子路敢于提出了“民人”的野事,正是新的社会的课题。至于学稼学圃的樊迟、货殖的子贡,虽然因为从事小人之事而为孔子所不满,问题却是真实的。这说明不再是氏族贵族的礼制所统治的时代了。因为春秋中叶已经出现了铁器,战国孟子明言“以铁耕乎”,这是生产力发展的铁证。春秋时代由于商业的发展,有了往来于各国的富商,所谓“商不出则三宝绝”,到了战国,孟子明言“商贾出于王之市”。春秋时代铸币大量发展起来,货币的进军必然要动摇氏族制度的宝塔,这是恩格斯的名言。土地的所有制形式,正从“私”肥于“公”的下降,接近于土地私有的阶段。因此,“尽地力”之教,就使“礼堕而修耕战”。一句话讲来,分工的发达,分裂出了新阶级,由新阶级的分裂或国民阶级的出现,逐渐形成了显族,以至于产生了土地私有的显族制度,因而阶级斗争的变化决定了“显学”的形成。所谓诸子之学既然是“道术将为天下裂”,那么,这一意识的分裂,就形成“言之成理、持之有故”的学术,它反映了土地生产资料的分裂,反映了由氏族贵族的所有制转化而为地域化私有的多元所有制,以及工商业分工的发达。政治上既然“士无定主”,意识上也就冲破了礼的樊篱。所以墨子才说“下欲中国家百姓之利”,甚至于他主张非攻,理由是为了新的工商阶级的利益,而不再是如孔子的“张公室”了。非攻不是因了存小国之礼,而是因了“苟卫国有难,工商未尝不为患”!(《左传·定公八年》)这里我们可以这样说,没有私字号的私学,就没有显字号的显学。

明白了生产关系的变化和阶级地位的变化,我们才能了解由西周氏族专政的尊爵权力,到战国“陪臣执国命”的相对的共和,也才能了解百家争鸣的平民私学。以下我们就要说明战国私学怎样通过政治和法律的折射,反映了社会经济的变革。

一、显族制度之下所谓“礼贤”的相对民主制度——战国时代，随着分工的发展，搢绅先生的变形者——士，从贵族的樊篱（“学也禄在其中矣”）脱出，产生了子书所给的特殊名称，叫做“文学之士”。这一专门化的职业，已经不是管仲时代四民不杂居的情况了，例如“中牟之民，弃田圃而随文学者，邑之半”（《韩非子·外储说左上》）。这些文学之士，后来墨称“墨侠”，儒称“儒生”，各具特称，更走向派系的专门化道路。正如韩非子所说“利之所在民归之，名之所彰士死之”，所以社会居然有了称为“役夫之道”的墨侠，家奴出身的淳于髡，鄙家出身的子张，大盗出身的颜涿，大驵出身的段干木，暴者出身的子石，钜狡出身的索卢参，这些人都受到王公大人的厚礼待遇（《吕氏春秋》）。政权由诸侯而大夫，由大夫而陪臣，氏族束缚的鸿沟，渐形破坏。在氏族古制的神秘外衣里装潢着的中国古代社会，也就如韩非子所说，“礼（第一次的大分裂）堕而修耕战”。因此，到了战国，“文学之士”在各国的地位是很高的，能够做了“不治而议论”的“代议士”。

在这一点上，著者认为战国礼贤下士的风气，颇含着西洋古典古代社会的民主政治的意义。因为中国古代社会没有“显族”的典型，所以直到陪臣执政，氏族礼制大破坏的时候，才在过渡的时期产生了不完全典型的“共和”。

最著名的是例如魏文侯“礼贤”。当时有子夏、田子方、段干木、魏成子、翟角、吴起、李克、西门豹、乐羊、屈侯鲋、赵苍唐诸人，这些人不尽是大官，有的是专门来发表意见的。选定文学之士的标准，并不是按照礼的上下区别，而据李克说，应是“居视其所亲，富视其所与，达视其所举，穷视其所不为，贫视其所不取”（《史记·魏世家》）。这多少代表些古代的民意（市民的性质）。

其次如鲁缪公“礼贤”。当时有曾申、子思、公仪休、泄柳、申详、墨子、南宫边诸人。在这里儒、墨两派是特别活跃的，如《吕氏春秋》说，“儒、墨之弟子徒属，充满天下，皆以仁义之术教导于天下”（“有度”）。或如《淮南子》所说，“孔子……养徒三千，……言为文章，行为仪表；墨子服役者百八十人，皆可使赴火蹈刃”（《泰族训》）。“周室衰而王道废，儒、墨乃始列道而议，分徒而讼”（《俶真训》）。或如《史记》说，“七十子之徒散游诸侯，大者为师傅卿相，小者友教士大夫”。鲁缪公把“孔子贵公”“墨子贵兼”（《尸子》）的两派文化人兼礼，这可以看出时代的学术自由。韩非子的批评，自然有法家的立场，但颇能道出当时的风气：“儒以文乱法，侠以武犯禁，而人主兼礼之，此所以乱也。夫离法者罪，而诸先生以文学取；犯禁者诛，而群侠以私剑养。”（《五蠹》）战国时，鲁国儒生最著名，所谓“举国而儒服”（《庄子》），大约多是“不治而议论”的人。

特别使我们注意的是齐之“稷下”。《史记·田齐世家》说：“宣王喜文学游说之士，自如驺衍、淳于髡、田骈、接予、慎到、环渊之徒七十六人，皆赐列第为上大夫，不治而议论，是以齐稷下学士复盛，且数百千人。”大学者荀子也在“稷下”做过老师。在稷下学宫里，前辈称为“稷下先生”，普通称为“稷下学士”。所谓“不治而议论”，在我们看来，是不作行政官吏而参政的意思，和古典的古代的代议士相似。参以《新序》说的“齐有稷下先生喜议政事”，《史记·孟荀列传》说的“各著书言治乱之事，以干世主”，以及刘向《荀子叙录》所谓“咸作书刺世”等说，这种人物的地位是很显赫的。《盐铁论》曾提出稷下的人数，“齐宣王褒儒尊学，孟轲、淳于髡之徒受上大夫之禄，不任职而论国事，盖齐稷下先生千有余人。”稷下先生，见于书者有淳于髡、孟轲（？）、彭蒙、宋钘、尹文、慎到、接子、季真、田骈、环渊、王斗、兒说、荀况、驺衍、驺奭、田巴、鲁仲连。由他们的派别看来，“稷下”是“兼容并包”的，在那里战国各派大小学者都可以参加。到了后来“山东儒、墨，咸聚于江、淮之间，讲议集论。”（《盐铁论》）由此看来，这种相对的古代民主制度，和诸子之学的发展是不可分离的。

二、批判现实的优良传统——孟子所谓“圣王不作，诸侯放恣，处士横议”（《孟子·滕文公下》），正说明了古代社会产生共和的道理。有了这样的古代民主，才有诸子争鸣、百家立异的盛况。这即是荀子所谓“诸侯异政，百家异说，则必或是或非，或治或乱”(《荀子·解蔽》)。或《尸子》所谓“墨子贵兼，孔子贵公，皇子贵衷，田子贵均，列子贵虚、料子贵别囿，其学之相非也”(《尸子·广泽》)。

战国诸子虽然不知道新到来的社会是什么，然而都有他们自己的理想图案，所以他们中间有一个共同的倾向，即理想主义的特点。他们的思想都超出西周社会的宗教式的武断，都有所谓名学，有原之者，有本之者，有用之者。到了荀子，“本”、“原”、“用”之论更加显明。这是社会“再编制”时代的通例。他们穿着古衣裳，说着古言语，而企图说明未来世界的自己的憧憬与梦想。然而他们之间也有区别，并不是如康有为所谓“诸子皆托古改制”(《孔子改制考》卷四)。

他们对于天、地、人三方面，都有自己的世界观，而且通过他们的世界观，展开唯物主义和唯心主义的斗争。在天道观方面，儒家有“天命”，墨家有“天志”，老、庄有“自然”。在社会问题方面，儒家有周道，墨家有尚同，老、庄有小国寡民，法家有“今世”。在人道思想方面，儒家称仁义，墨家称兼爱，老、庄称真人，法家称利众。各家各有理想中的天、地、人，以迎接客观历史将出现的新世界。这种思想系统，便是他们的世界观。荀子对于诸子的批评也就是对其所谓“持之有故、言之成理”的世界观加以非难。他说“墨子蔽于用而不知文，宋子蔽于欲而不知得，慎子蔽于法而不知贤，申子蔽于势而不知知，惠子蔽于辞而不知实，庄子蔽于天而不知人。”(《荀子·解蔽》)

诸子还有一个最大的特征，就是对于现况的暴露与批评。孔子可以褒贬《春秋》。墨子批评“今王公大人，……至其国家之乱，社稷之危，则不知使能以治之。亲戚则使之，无故富贵，面目美好则使之。”(《墨子·尚贤中》)孟子可以斥责诸侯，例如他说“不仁哉梁惠王也”，又说“民之憔悴于虐政”。老子说“天下神器不可为也”，“圣人不仁，以百姓为刍狗”。韩非有《孤愤篇》，“当涂之人擅事要，则外内为之用矣。是以诸侯不因则事不应，故敌国为之讼。百官不因则业不进，故群臣为之用。郎中不因则不得近主，故左右为之匿。学士不因则养禄薄礼卑，故学士为之谈也。”他们的这种“无所顾虑的态度”，不但对于政治如此，而且对于人民都有一个共同的特点，即目击当时“上无道揆、下无法守”的“民困”，寄予或多或少的同情。从孔子所谓“百姓足，君孰与不足”一直到战国诸子的新民之说，无例外地坚持着忠实于自己的批判方法。诸子百家都企图解答墨子所谓“下原察百姓耳目之实”，他们的认识是不同的，但他们敢于接近现实，则是相同的。他们重视客观现实的态度，产生了各样的程度不等的治学方法，这是诸子有价值的传统之一。荀子说诸子有见于此、无见于彼，即对于方法论的批判。

这不是说他们的方法论没有局限性，恰恰相反，他们各自因了他们的阶级偏见，而各有他们在阶级观点方面的不可逾越性。率领服役的百数门徒的墨子横议天下，“后车数十乘，从者数百人”的孟子周游列国，并没有使他们超越他们的时代局限性。

然而时代的局限性并没有阻碍他们在大的方面洞察世界，对于人民表白自己的见解。不论他们所持的政治偏见与政治表白是怎样的狭隘，只要他们的方法论是忠实于自己的，我们就可能依据他们的思想证件，来论证他们思想的人民性；甚至他们虽然表示出对自己喜爱的贵族在没落的途程中如何地应该同情，但他们在客观上却又表现出他们所描写的贵族将无更好的命运。

三、世界观受着先王观的约束——先秦诸子自孔子以来多言先王，这是中国古代思想的特别的地方。中国的古文献《诗》、《书》保存了古代氏族的传说。这样的传说不是偶然的，它是反映着中国古代社会的公族制度的意识，到了春秋时代，搢绅先生更造出了许多先王，并开始把先王美化而为社会教条。所以沉重的氏族先王的传说压住了古代社会的发展，同时也压住了人类思维的发展。到了战国，诸子才各道自己的先王而非他人所道之先王，有类宗教改革之各道上帝而非他人所道之上帝。

因此称道先王的诸子思想，并非没有区别，正如韩非子所说“孔、墨俱道尧、舜，而取舍不同，皆自谓真尧、舜”，也并非没有是非的，正如庄子所说“有儒、墨之是非，以是其所非，而非其所是。”宗教改革时代有改良派马丁·路德，也就有农民民主主义者孟彩尔（参看恩格斯《德国农民战争》）。古代社会的思想家既然能够发现后代各种思想的萌芽形态，那么，我们也可以说，路德型与孟彩尔型，在诸子的先王观念中是有时代性质不同的两类概念的影子的。在著者看来，黄帝、尧、舜的出现，在当时是有一定的进步意义的。郭沫若也指出，“主要的目的就是在企图泯却各族的差别观，而在政治上求得中国的大一统”。但这其中也有区别，墨子采取了革命的方式，而“儒家把尧、舜时代粉饰得很庄严”，事实上却不“是对于氏族公产社会的乌托邦的景慕”，也不是一种革命的思想，而是改良的思想。不要以为先王观好像仅是远谈古人，实质上它是透过了政治主张和阶级观点的一种理论，因此，我们必须把诸子的这种理论概括地说明一下。

第一，儒家是比较现实的，所谓“先王以承天之道，以治人之情”，正指他们所说的“小康”。孔子虽然提到虚悬一格的尧、舜，但他因为夏、殷之礼不足征，就不能不说：“周监于二代，郁郁乎文哉，吾从周。”“甚矣吾衰也，久矣吾不复梦见周公。”（《论语》）“周公其盛矣乎！”（《荀子》引文）可见孔子主要是对于周代先王企图进行理论的维新，这就是他删《诗》、《书》，定礼、乐的宗教改革。把尧、舜和先王并起来提的是后来战国时代的孟子和荀子，但是他们已经把尧、舜摆在“小康”之中。例如孟子说：“尧、舜之道，不以仁政，不能平治天下，今有仁心仁闻，而民不被其泽，不可法于后世者，不行先王之道也！……率由旧章，遵先王之法而过者，未之有也。”（《孟子·离娄上》）荀子说：“一天下，财万物，长养人民，兼利天下，通达之属，莫不从服，……舜、禹是也。今夫仁人也，将何务哉？上则法舜、禹之制，下则法仲尼、子弓之义。……”（《荀子·非十二子》）“王者之等赋政事，财万物，所以养万民也。”（《荀子·王制》）但他也说：“欲观圣王之迹，则于其粲然者矣，后王是也。……欲知上世，则审周道；欲知周道，则审其人所贵君子。”（《荀子·非相》）

儒者称周道、先王的另一意义,是在于调和阶级矛盾,所谓“礼之用,和为贵,先王之道斯为美”(《论语·学而》)。因为“礼”之本是别贵贱的,但其用则是“和而不同”的,即是在不同的阶级地位上而调和矛盾的。后来荀子更说,“夫是之谓天德,王者之政也。听政之大分:以善至者待之以礼,以不善至者待之以刑。两者分别,则贤不肖不杂,是非不乱。贤不肖不杂则英杰至,是非不乱则国家治。”(《荀子·王制》)儒者固然理想化了三代王制,但周道周礼在春秋、战国时是可考的,夏、商先王却没有史迹遗存了。所以,荀子又说:“五帝之中无传政,非无善政也,久故也。禹、汤有传政,而不若周之察也,非无善政也,久故也。”(《荀子·非相》)他骂引用千世之上的传说而欺诬人的儒者,把他们叫做妄人。因此,儒者的理想不尽是乌托邦的思想,主要是企图在先王的形式中,灌注改良的新内容,以期上下阶级的调和。

第二,墨子和儒家不同。他把先王抬出来当做理想的“上同而下不比”的“政长”“贤者”来看待;把“天志”规定为“欲人之相爱相利而不欲人之相恶相贼”;把这个天下之法度交给治天下的圣人,名之曰“尚同”,或谓“壹同天下之义”;把鬼加以人格化“能赏贤而罚暴”。他主张按照他对先王的设计,把人类的不平等改变为平等,叫做“兼以易别”;他把宗教信仰的权利也弄成平等的,谁都可以对鬼神有祭祀的权利,这是人类的社会平等在天国的反射,贵族也就不能专有其祀了。这是墨子的市民世界观。

墨子理想中的先王都是观念的。例如,他非礼,就说“圣王不为礼”;他非乐,就说“圣王不为乐”;他主张“兼爱”,就引“先圣大王”之事,历述禹、汤、文、武实行兼爱的故事(见《兼爱》上中下三篇);他主张“交相利”,就说“圣人为政一国,一国可倍也,大之为政天下,天下可倍也。其倍之,非外取地也,因其国家,去其无用之费,足以倍之”(《节用上》)。他的“言必有三表”:“有本之者,有原之者,有用之者”,不但第一表服从于第二、三表,而且第二、三表反是第一表的规定,就是说凡不合于后二表的,第一表就失其所谓“本”了。所以“有本之者”是一个抽象物。他说:“于何本之？上本之于古者圣王之事。于何原之？下原察百姓耳目之实。于何用之？发以为刑政,观其中国家百姓人民之利。此所谓言有三表也。”(《非命上》)他的逻辑是这样的:“凡言凡动,合于三代圣王尧、舜、禹、汤、文、武者为之,凡言凡动,合于三代暴王桀、纣、幽、厉者舍之。”(《贵义》)因此,先王之事可以为本。这样看来,是他法先王呢,还是让先王法他这一位教主呢？先王既规定成为当代化的模范人格,那么他的天志客观上就是理想中民主主义化了的上帝。因此,我们说墨子是替古代“国民阶级”的人物来说话的。

墨子游说的国君,当然是氏族国家的一班旧贵族,他虽然站在他们的面前劝解,但客观上他的逻辑把他们描写成为没落的人物。因为在战国时,古代社会第一次的阶级分裂所产生的“礼”已经破坏了,公族与人民之间的阶级鸿沟正在由贫富的阶级区别来代替。墨子上托先王的“兼以易别”的理论是革命的,儒家上托先王的“维齐非齐”的理论是调和改良的,这两派的理论形成了平分春色的局势,所谓“儒、墨毕起”。

第三,道家也称道先王,其内容是和先王游戏。他们所托的先王都是尧、舜以前的人物,如黄帝。因为尧、舜本来是儒、墨所争取的假相或形式,在道家看来,尧、舜之庭,才有儒、墨之是非,如果假造出更古的奇谈中的人物,就不该有是非了吧？所以道家的先王观在认识论方面是诡辩的,而在自然天道方面(如《老子》)是进步的,含有一些唯物主义的因素。

第四,法家思想是彻底反先王观的。这种先王形式只有到了氏族制度衰微的时候,才能被否定(后期墨家也不坚持此一形式)。法家主张不别亲疏,就无所顾虑于宗教先王的传统形式。韩非子说:“今乃欲审尧、舜之道于三千岁之前,意者其不可必乎！无参验而必之者,愚也;弗能必而据之者,诬也。故明据先王必定尧、舜者,非愚则诬也。”(《显学》)法家之所以更倾向于唯物主义和进化观点,和他们反先王观的思想是分不开的。

我们知道了先王观在诸子思想中的宗教的死形式，就可以了解维新制度在中国古代社会是有怎样的束缚力，其反映于古人意识中是占有怎样的地位；也可以了解维新制度到了东方的显族时代，还不能剥去意识上的烙印。这也就知道“东方史更好像宗教史”，古代东方思想的神秘观念在襁褓时代就有了传习了。“诸子出于王官”之说，自然是不可信的，但诸子或多或少依据西周的传统思想，以先王形式的理想化作为推论的前提，则是没有问题的。我们以为这一理论影响甚大。黑格尔在《历史哲学》中说：“中国人的道德上的各种规律和自然法则一样，都是外部的实证命令，强制权利与强制义务，或则彼此之间的礼仪规律。……道德是国家的事务，并且是由政府官吏与法官执行的。”这话和中国古代学在官府的思想是有一定的关系的。

西周的《诗》、《书》文物制度所包含的思想，正因为到了最不神圣的阶段，才有被尊重的历史。凡是动摇了的信仰，到了危机时代，反而被人们所重视。自然，在这样的重视之中是有两条路线的斗争的，即推翻束缚和维护传统的斗争。西欧宗教改革时代的上帝，中国封建制破坏时代的孔教，都是例子，先王观也是这个道理。战国时代，“富子”上了舞台，所谓“诸侯力政，时君世主，好恶殊方”（《汉书·艺文志》），事实上，《诗》、《书》文物制度，已经不能维持它的传统信仰了，孟子就说“诸侯恶其害己也而皆去其（典）籍”（《万章下》）。尤其秦、楚二国更不把这种典籍看在眼里，秦人的《急就章》文字里，没有先王典章，而只充满了福利征战的语汇。因此，诸子虽然在形式上尊先王，但同时也“言无定术，行无常议”（《显学》），贵族诸侯虽然在形式上不敢公然反对周制，但同时也要礼贤下士，“兼听杂学缪行同异之辞”（同上）。诸子的意识已经“裂”成了多种多样的国民生活的“一察自好”了。

另一方面，通过了春秋以至战国，战争是频繁的，有对外即对北方氏族的战争，有诸侯间并吞的氏族战争，有内部公族间的内战。西周以第一项外战为显著；春秋二百余年间就有二百七十余次的第二项战争；到了战国兼并时代，争城夺地，杀人盈野，规模更大了。这其间的后果自然要产生恐慌，说得更坏一点，当如西洋古代第三世纪的危机——劳动力再生产不可能。所以通过春秋的“夺室”、“兼室”（争取奴隶家室），到了战国就要恐慌“寡人之民不加多”了。太史公说：

“田氏篡齐，三家分晋，并为战国，争于攻取，兵革更起，城邑数屠，因以饥馑疾疫焦苦。臣主共忧患，其察禨祥、候星气尤急！近世十二诸侯七国相王，言纵横者继踵；而皋唐、甘、石，因时务，论其书传，故其占验，凌杂米盐。”（《史记·天官书》）

因此，在战国末年的纵横家就特别盛行起来。所谓纵横家是策略主义者，政策=主义的特征，是后代“时务”、“维新”的老前辈。韩非子把纵横家骂得一钱不值，甚至过火地主张把以言谈为业的人一概禁绝。他们是顺应主义者，是没有是非的诡辩者。

阴阳五行家也正盛行于此时。《易传》作者道阴阳，把变易思想推而为不变哲学，企求在主观上安置自然律；唯心主义化了的五行之说大行，有一位邹衍成了当时的圣人。太史公说：

“是时独有邹衍明于五德之传，而散消息之分，以显诸侯。”（《史记·历书》）

邹衍派的五行思想，正反映了当时社会的危机。他们设置一套不动的天运论，《盐铁论》说：

“邹子疾晚世之儒、墨，……于是推大圣终始之运，以喻王公列士，中国名山通谷以至海外。”（《论邹》）

激变把统治者吓倒的时候，就产生了五德终始之说，贡献“终始之运”的安心丸。宗教的神秘的观念支配了崩溃期奴隶制的思想，中国也不是例外。

战国末年以至秦、汉之际，还产生了一种杂家。如《吕氏春秋》、《淮南鸿烈》，它们集合了各家的矛盾思想，汇为庞然无统的凑合物。吕不韦、刘安（淮南王）养客，并不像稷下先生不治而议论，而是调和他们各派的意见于一炉。这种折中主义在古代希腊的末世也同样作为思想倾向的特征出现过，其代表者即西塞罗。矛盾增加了，吓得统治者头昏脑涨的时候,就有折中说,提左携右,调和出一个中庸之道。

秦国之灭六国,犹之乎古代希腊之被征服于罗马。奴隶制晚年的思想成果,都没有了从前繁荣期的独立性。研究秦、汉之际的思想,不要忘记了它的历史性。

这也无怪乎荀子眼看无知的"沟瞀儒"横行,而"怀将圣之心,蒙佯狂之色,视天下以愚"(《尧问》)了!他痛斥"假今之世,饰邪说,文奸言,以枭乱天下"(《非十二子》)。《史记·孟荀列传》重视荀子反对邹衍的思想。刘向《校孙卿书叙录》也记载着荀子反对纵横家的一段重要史料:

"苏秦、张仪以邪道说诸侯,以大贵显。孙卿退而笑曰:夫不以其道进者,必不以其道亡。……孙卿……疾浊世之政,亡国乱君相属,不遂大道,而营乎巫祝,信禨祥;鄙儒小拘如庄周等,又滑稽乱俗;于是推儒墨道德之行事,兴坏序列,著数万言而卒。"

总结诸子百家的荀子思想已经显示出百家思想的结束,荀子就成为战国思潮总结的历史证件。

第三章

殷代的宗教思想

第一节 殷代世系的名号与古代思想探源

一

我们知道文字是由野蛮末期进入文明社会的指标之一。中国古代的文字,最早是殷代的卜辞,我们不能超过卜辞来无中生有。卜辞时代包括武丁至帝辛初年,据现存甲骨,其文字约有三千五百字左右。而研究此门文字学最有成绩的有王国维、郭沫若等学著,大体上,经他们的考释,如王国维所说,由文字可以探求制度了。

这里有三个问题,必须究明。

第一,殷代卜辞中有令"众"、"众人"黍或劦田的记载。这无疑地可以说明殷代有奴隶存在的现象,但殷代奴隶社会的构成是低级的。恩格斯说,奴隶现象早在野蛮中期就发生了,要知道,古代制度的潜移默化是很慢的,古人的千年过程比之今人不过十年八年。我们以为殷代奴隶社会的构成(formation)是以家长式的经济为主,大略相当于马克思讲的这样时代:"在家族制中潜伏着的奴隶制随着人口与欲望之增殖，随着对外交通之扩张（不管是战争也好，通商也好），才逐渐地发展起来。”（《德意志意识形态》，群益出版社版，页 148。）

第二，农业是发达的，卜黍、卜年是其证据。但牧畜或家园牧畜，还是殷代的产业基础之一。这里，有人会说，盘庚以前凡八迁，至盘庚即定居而不迁徙，似乎盘庚以下二百余年并没有游牧的生活了。其实不然，试观周人东下，公亶父定居于岐山之胥，已经“周原朊朊”，“筑室于兹”，但仍东迁，经过公刘、太王、王季，直至文王，才有了文明社会的条件；武王又由丰迁镐，到了周公，才可以说由渐变而突变，建立起古代文明制度。所以盘庚以后并无一定不迁之理。郭沫若曾破此疑问，他由殷王世系的研究，得知帝乙之世确曾迁沬，所谓殷这一地名，地在今沁阳，周人称之为衣，武王伐纣，由孟津渡河，即先攻此殷地。有迁移之事，至少可以断定殷末农业生产是与游牧牧畜业互相混合的。这里，还得究明财产的所有形态。“所有”这一概念在卜辞中没有显明的痕迹。“田”字之贞卜，只对祖宗之祐，故“受”只用作“受祐”的“受”，而没有像周金文所载的“受土”、“受民”（生产资料与劳动力之所有）。因此，殷代的生产关系的支配形式是家族制式的奴隶制。

第三，卜辞有“邑”字、“鄙”字，更有“大邑商”之明文，这指明城市和农村的对立已经形成。不过封邑、作邑，如“[illegible]”（封土），还是在低级阶段，即在封树界土的阶段，其封疆界的方法，乃是以树木作于田土之上；故城市与农村的分裂，还在国家成立的萌芽期，与周代太王、王季时代“作邦作对”的文明程度是相似的。而且所谓“邑”，开始并非一下子即能树起城市 = 国家的文明，如《马克思恩格斯通信集》说：

“像德尔希或阿格拉那样的城市全体，几乎是靠民兵生活的。当国王于某一期间出征战场时，城市即有随之迁移的必要。因此，这种城市，决不是而且也不能是巴黎的都市，不过是较原来的荒野设备得稍舒适一点之野营而已。”

这种城市古文献中叫做“京师”，农村叫做“京师之野”，城市是和军事组织分不开的。

由以上三方面主要论证讲来，前二者是论证劳动力与生产资料的结合关系——生产方式，后者是论证城市国家的起源，它们都是关键性的问题。据我们的研究，殷代可以与古巴比伦对比，而不能与希腊比较，即：

古代巴比伦在青铜时代，殷代也到了青铜器时代；古代巴比伦发明了图形文字，殷代也出现了图形文字；古代巴比伦在两河流域开始从事农耕，殷末也在黄土地带有了卜黍的记载；古代巴比伦牧畜的记载遗说很多，殷代牧畜业也为主要生产；古代巴比伦人和亚述人战争频繁，殷族也和当时的鬼方、土方等常有战争；古代巴比伦杀人的方法颇进步，殷代卜辞所载伐人的数量也多；古代巴比伦曾大伐犹太人，把他们当作俘虏，殷末卜辞也有俘获的记载；古代巴比伦有了历法，殷代的历法也进步。

二

现在我们要研究殷人的意识生产了。

殷代的世系称号，可以说是意识生产的最特征的符号。研究殷人的思想，除了人名，似没有更重要的文字可资凭证。

我们且根据卜辞所记的世系分做四期：自高祖夒以至王亥为第一期人物；自上甲至示癸为第二期人物；自大乙至小乙为第三期人物；自武丁以后为第四期人物。这里，参证各家的研究，先把殷代世系表列出（见下页）。

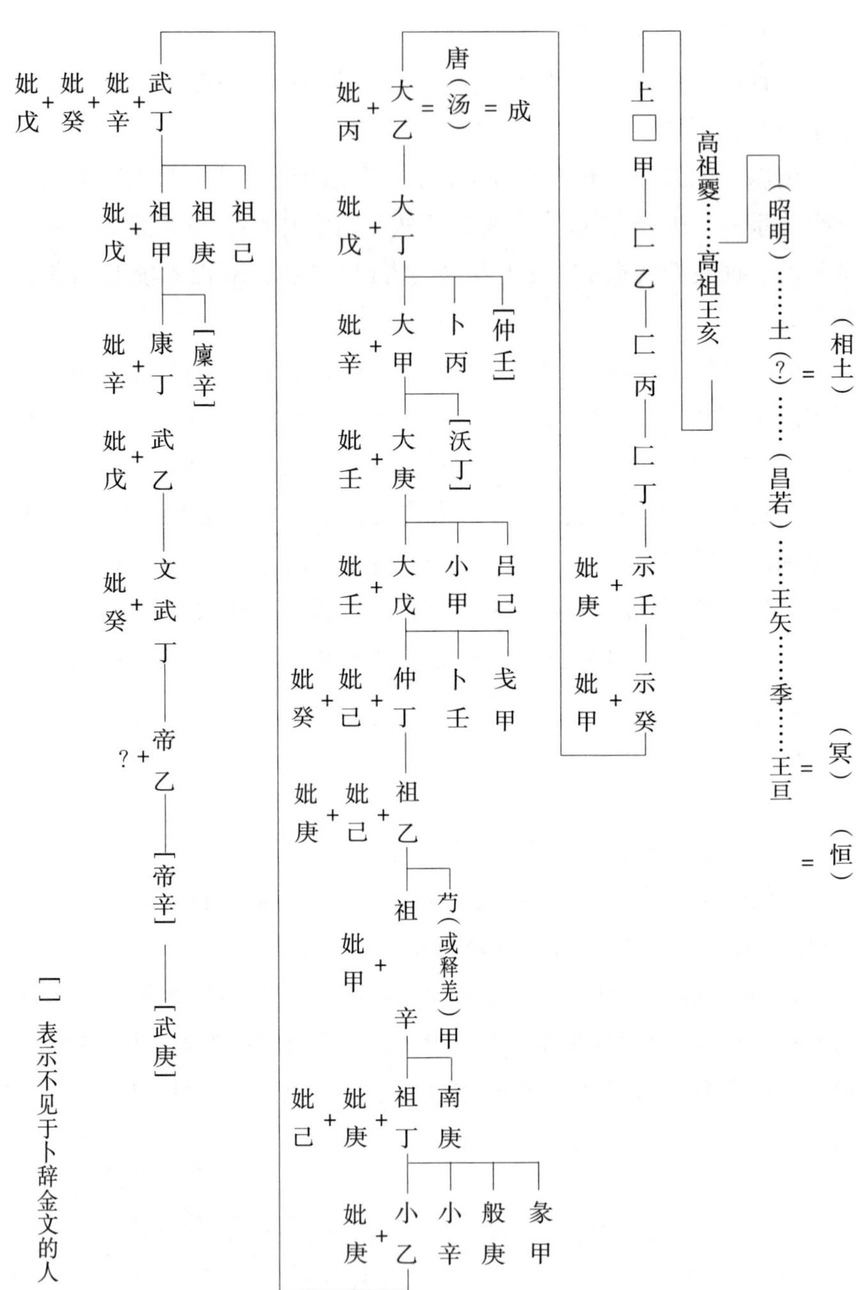
高祖夒
高祖王亥
（昭明）
土（？）
（相土）
（昌若）
王矢
季
王亘
（冥）
（恒）
上甲
匚乙
匚丙
匚丁
示壬
示癸
妣庚
妣甲
唐（汤）
成
大乙
妣丙
大丁
妣戊
大甲
卜丙
［仲壬］
妣辛
大庚
［沃丁］
妣壬
大戊
小甲
吕己
仲丁
卜壬
戋甲
妣癸
妣己
祖乙
妣庚
祖辛
芍（或释羌）甲
妣甲
祖丁
南庚
妣己
妣庚
小乙
小辛
般庚
象甲
武丁
妣辛
妣癸
妣戊
祖甲
祖庚
祖己
康丁
［廪辛］
武乙
文武丁
帝乙
？
［帝辛］
［武庚］
［ ］表示不见于卜辞金文的人

我们从此表来发现殷代的意识生产,就比较容易了。

一、王国维在《殷礼徵文》中,首先指出殷王以十干的日为名。这一条铁则,打破了三代谥法的传说,直至周人还沿袭此制。以日为名的殷制显示出什么意义呢？它说明时间观念的发现,是人类最初的意识生产。殷人自上甲微才入于有史时代,郭沫若说:“殷之先世,大抵自上甲以下入于有史时代,自上甲以上则为神话传说时代,此在殷时已然。观其祀典之有差异,即可判知。”(《卜辞通纂考释》,页七四。)事实上,殷之先世以日名,也是从上甲开始的。为什么有史时代开创者首要以日取名呢？牧人生活对于一定的气候测验是最重要的,尤其风日雨日对于畜群至关重要,在卜辞中尚保存风雨灾异的贞卜,以测吉凶祸福。同时,季节性的自然气候,对于耕植的生产,对于征战的“王事”,对于本族的繁殖,其关系也是很重要的。故殷先人之以日为名,反映了对于自然环境变化的把握,特别是对于时间概念的掌握。

二、殷人以日为名,在世系表上是起自上甲,而何时始用此类概念,则无可确考。王国维曾比较过殷人祀典之异同,他以为上甲至示癸六示合祭,似示癸以前不会使用此项抽象概念。他更断定唐(汤)以后才逐渐进化,用甲乙丙丁的名字才确定下来。据此,殷人之使用此项意识形态还不能够说在殷代全般如此,在各阶段是有区别的。

三、由第一期的人物看来,我们可以确定两种人物的观念。(1)表示“图腾”族帜的动物,如高祖夒(还有见于卜辞的蚰、虎、熊等)。这与殷人称其四围部落马方、龙方、林方、虎方等同样,自己对于祖先的族神,并不神秘,一直保存着部落图腾时代的孑遗。人名所用的字皆象形,一望而知。此外在卜辞中尚未考定的,还有羊羔形的人物,也似殷先王的名称。(2)表示气候明晦的原始测验,如季、王恒、昭明、昌若,他们都是根据月之盈亏而命名的,这证明在牧畜或农业庭园耕作时期,时间表象例如明晦的区别是十分重要的。至于相土之“土”字是与祖字示字属于一源,像生殖器之崇拜,还不能说有土地之意义。

四、由第二期的人物看来,上囲、匚、匲、匸四人,王国维断为上甲微、报乙、报丙、报丁。从这里,我们可以看出:(1)甲乙丙丁以日为名的原始形态,四人正相应于郭沫若说的数字之第一组(一二三三[四]),即甲乙丙丁居首的原始表示;(2)甲乙丙丁之所以加以□或匚 コ,王氏断为公共墓地的象形,还没有宗庙墠坛之制。示壬、示癸是最早以示称的人名,示即祖先神,且先妣之祭亦从示壬妻妣庚起,这说明到了氏族公社阶段,还遗留对偶婚的迹象。这时虽然有了历史,但都是后人追记的。在后人的意识回顾之中,留下了时间观念(甲乙丙丁)被确定的始基,留下了地域范围观念(□匚 コ)被确立的原形。

五、由第三期的人物看来,和前二期比较,有以下的不同诸点:(1)如象甲、芍甲,还冠以动物名号,犹存氏族标志的孑遗。(2)大丁、大甲、大庚、大戊、小甲、仲丁、小乙、小辛,都冠以“大”、“小”、“仲”等名称,表示数量观念的普遍化。若证以卜辞对于数字使用的规矩化,更可了然。(3)唐、戋甲、南庚、般庚的意义是这样:“唐”、“戋”、“南”、“般”都是象形的器物名。唐即成汤,书上传说,汤放桀,武功彪炳,为有殷一代划期的人物。“唐”字作，与庚字作相似,“庚”字郭沫若释为乐器,初断为钲,后疑为罄,似以后说为是。“唐”也是鼓属,像两边系鼓锤,以手持柄,摇动成声,“唐”“庚”之声以得。这种鼓类器相当后世什么器物,尚难判断,但可以知道,它与征战有关,征战用鼓,鼓励杀伐。大乙(天乙)名唐,正表示唐是最初扩大殷族武力的崇高人物。戋甲之“戋”从二戈,亦以武器命名,与唐相类。“南”、“般”都是祀祖所用,或为乐器,或为祭器。从而可知大乙以后殷人始强大,在部落氏族战争中,建立了庞大的氏族社会,以繁殖本族,故意识生产出现了“唐”、“戋”等原始的武力概念和最初礼器的概念,然“唐”、“戋”诸字还是原始的;“唐”字的道德皇大的意义,固然后起于周人,至于“芍”字之转为“警”、“敬”诸字,“般”字之转为磐石之安定义,就更后起了。

六、由第四期的人物看来,般庚为两面过渡人物。迁殷以后,殷人的生活比较入于相对的定居时期,人名出现了“武”字、“康”字、“文”字。“武”字从“戈”,乃是“唐”、“戋”二字的发展,并没有周武王的

“武”字的道德意义，仅象征征伐权力的宗教崇拜。“康”字，据郭沫若释，和“庚”字相类，不过康字多从“∷”，表示鼓声，与“彭”字之从“彡”相若。“⋮”皆以声取，故读作“康”、“彭”之声。至于“康”字转为道德义如周康王之“康”，则在卜辞中没有痕迹。末了，殷王系最后出现的人名的“文”字，字从“心”，从大“人”，作[illegible]。这是近于道德意义的字，也出现了含有思维（从“心”）的意义，这是个人权力超过族长公共职能的象征，殷末开始有文明，开始作邑，是和这一意识生产有必然的关联的。但是所谓“文”，尚没有如周文王之“文”字表示“允文”之德义。从这里，我们可以讲，殷代诸王的名称，没有道德字义的意识生产，即没有文明社会的权利义务的关系，直到殷末始出现了“文”字，作为“文”明的起点来做证件。周代诸王，如文、武、成、康，“文”、“武”、“康”皆继承殷末的文明，接受了殷人的思想意识，扩大而为道德概念。“成”字即“城”字，成王营邑，兴作了古代的大城，意识上表示着奠定之义。

七、殷代世王名字也有共同的特点，即祖先的崇祀意义。从高祖夒以来之祖、示、王、父、土诸字都具有这一意义。按祖、示、土诸字，皆像雄性的生殖器，后转为宗教一元神，所谓原始的族祖神。这一元神的殷世宗教，是最支配的意识，因而万事求卜，万事迷信于祖宗神的降福降祐。同时，宗祖之义从牡器[illegible]，是家父长父权制确立的标示，而族方之义从牝器之“匕”，则留有母权时代的遗制。此外，侯字之出现不是诸侯之“侯”，“侯”同“族”为一义。故卜辞中称某族或某侯是相同的，周族亦称周侯。侯、族皆从矢形，表示氏族首长的征战武功，故“侯”字始义同于“族”，也没有臣职之义。

八、殷末二王称帝。“帝”本指天上的祖宗神，到了文明时代，地下的王也称帝了，这表示族长地位具备了超出于社会的个人权力——公权，表示族员之间的阶级分化发展了，这时正当殷、周争天下之时，与武王时代的周人文明相差不至太远了。

以上八点，是我们研究殷世王名在意识生产上的结论。由此就可以了解殷人支配的思想还是氏族的宗教意识，更可以看出四个时期的演变,由图腾而家父长制而公权的建立,看出宗教意识的变化。应该指出,我们的说明是不完全的,有的仅是一种推论罢了。

殷先王名称之外,还有很多“贞人”的名字。他们是掌宗教意识的古代巫卜,万事只有他们才可以全般解决,他们是神的介绍人。这些人名也有与先王人名相似的,如彭、喜、争、旅都有武功义,旅、宁有氏族义,吏、尹有宗教长者义。这些人名的字义也还没有相当于道德与智能的符号。

第二节　殷代的科学和宗教

一

殷人的宗教思想,在上面已经有一概括的了解,道德观念在卜辞中没有痕迹。王国维批评殷先王失德,说“周之制度实皆为道德而设”,实在说来,殷人并没有表示权利义务的道德之创设,周代道德观念才从其制度中反映出来。卜辞中虽然有类似抽象概念的字样,但皆作具体的观念讲,如有一条卜辞出现“聖”字,郭沫若说:

> “‘聖’……当是贞字之异,从‘宀’、‘聑’声。……按古‘听’、‘声’、‘圣’乃一字,其字即作‘聖’。从‘口’、‘耳’会意,言口有所言,耳得之而为声。其得声之动作则为听,‘圣’、‘声’、‘听’均后起之字也。”(《卜辞通纂》,页137。)

卜辞中有接近于表示善恶好坏的字,例如“福”、“祐”、“尤”、“巷”、“保”、“咎”等字,但这些字都是迷信的产物。凡关于风雨、灾异、丰啬、征战诸事,殷人都求卜于一元的祖宗神,以测吉凶祸福。神降的正面是福是祐,神降的反面是祸是凶,神与求神者之间的关系谓之“受”,如说“受有祐”,“弗受有祐”。因此,自然与人类社会之间的关系,只有宗教意识的联系,其认识的网结点显示出没有社会分工的特征,仅把观念集体地投降于上帝神的支配。

“受”与“弗受”之间并没有权利与义务的关系,而是氏族整体的生产、生殖对于自然的关系。“利”字也出于卜辞中，如征战时贞卜利与不利，这和征伐时出现的“宁”字相同，都表示氏族集体生命的保持，而非权利之初字。周金“受土受民”之受字，就表示权利思想了。所谓“国之大事，在祀与戎”，正说明殷代宗教意识所重视的对象。

二

时历是殷人的重要发明。殷人所用之干支记日法，可以说是中国最古的科学生产。这一意识生产和殷人的农业生产是分不开的。殷人在当时是一个庞大的氏族联盟，比其他部落更进步。适应于农业生产，历法也就成了对自然征服的一种武器，它与文字的发明是有姊妹关系的。

按十干之字义，前四项甲乙丙丁为一组，出现在先。各家对于这些字义的解释不同，有的认为它们是象征鱼体形，有的认为它们是象征工具形。后六项为一组，出现在后，都象征征战所用武器形。从意识生产方面讲，后者和殷先王命名为武器的字义相应，其取义之所以和生产与征服的自然现象相关联，这是因为“国之大事在祀与戎”的整个集体意识，还没有表现出分工的形态。

十干为数之次序，用于时日则为一旬之日次；十二支与十干相配合，就成为以六旬为循环的记日法。据郭沫若考释，十二辰之名，“与巴比伦古十二宫颇相一致，初似为观察岁星而设，后乃用为日月合朔之标准点。”（《释支干》，见《甲骨文字研究》）

十二支的字义有农器形（“辰”），有尊器形（“酉”），甚至有穗形（“未”），这在造字上的确进了一步，无疑地它们是适应于农业耕植的发展而出现的，此其一。其二，“申”字有了联想的观念，后来“引申”之义，以至“神”、“申”之义，都由此出，这也是进步概念。这虽由对象界的具体事物出发（以一线联系二物），但从事物的表象关系形成联络的思想，却是无疑问的。其三，“申”既可与“神”假借，则“酉”也可与“醴”假借。卜辞中有豊、[illegible]二字，王国维释为盛玉之器，尚非“礼”字。

今按“酉”之借为“醴”为“礼”，甚为顺当。《诗》言“为酒为醴”，似周人的宗礼是从殷人的酒器转化而来。其四，由序列上讲，“亥”与“子”相连，“亥”、“子”二字都是虫兽之形，“亥”即王亥“亥”字，“子”与契（卨）同字（据郭释），犹重视氏族祖先的崇拜。其五，殷墟文字，大体都是单字象形体，观十二辰之字就可知晓。单字证其没有复杂的语言，象形证其对于现象界的事物观察的朴素；即有些复字体，它们也是两个以上的象形体配合而成，如“祀”字之从“示”从人跪形，如器具诸字从“手”作，这显示在意识上还崇拜身体器官，甚至重视了“手”，而缺少形而上的表象，这指示出感性的摄取与劳动的接触是特别重要的。

以上是关于干支概念的说明。更重要的是干支历法指示出颇为复杂的科学发明，其大要如下：

纪日法：

以干支纪日。

以当日为“今日”，当夜为“今夕”。

以一旬内之未来日为“昱”，以一旬外之未来日为“来”。

纪旬法：

以甲至癸之十日为一旬。

以日数系于旬末之癸日，或以日数系于本旬以内之某日。

纪月法：

小月为二十九日。

大月为三十日。

纪时法：

一年分为春、秋。

纪祀法：

以十二月为一祀，遇闰年则置十三月。

一祀又称一岁或一载。

以祀居纪时之末。

这与埃及的阴历相似。埃及人利用河水泛滥的周期性而发明了阴历,殷人既有农业,则时历之发明也是适应生产的进步而发明的。中国最早的纪时历法,在现今可靠的文献中只有殷代的材料,这是古代观念形态的最主要的发明,它虽然是和天体运动的神话想象相伴着,却是最早的合于科学的发现,所以我们研究中国思想史,应该首先提出这一意识生产。古代的科学不能脱离宗教气味,因此,纪时观念是和禋祀祖先的观念不能分离的,同时与干支观念相联结的天体,也和被崇拜的先祖是不能分离的。

三

卜辞的内容,据罗振玉统计,可分为祭、告、䢅、出入、渔猎、征伐、年、风雨、杂卜九项(《殷墟书契考释》卷下),其中以卜祭占第一位,渔猎次之;据有些人统计,分为卜祭、卜告、卜鬲、卜行止、卜田渔、卜征伐、卜年、卜霁、卜瘳、卜旬、杂卜十二类;据郭沫若统计分为干支、数字、世系、天象、食货、征伐、畋游、杂纂等类(《卜辞通纂》)。由我们看来,其中包含有经济的、政治的、军事的、社会的各种大事,而“国之大事,在祀与戎”。

这些大事都是所谓“王事”,都要求助于祖先神,也就是所谓“殷人尊神,率民以事神”。不要把“卜”看成轻举妄动,要知道这是先民的宪章,因为氏族家长制的进步的宗教,在观念上是表现于“后嗣逢长”。崇拜祖先的宗教形态,是由自然物类的图腾崇拜变革而来的,起始可以说是革命的。崔述说:“照此(《国语》)虽有帝喾之文,亦非以喾为始祖所自出之帝而禘之也”(《王政三大典考》),事实上或许这样,但帝喾在殷人意识中却是祖先神,所谓“非其族也,不在祀典”。殷人在当时是一个进步的氏族,万方还在图腾信仰的时候,殷人就有了祖先的宗教,依靠这种信仰的主观因素,殷人全族出征,常战胜了𢀛方、土方、马方等部落,因此,祖先神显然比动植物图腾的旗帜是更有力的观念武器。这样看来,“祀与戎”实在是一件事的两面,问题是在于保种延嗣和掠夺俘虏。

另一方面看,殷代社会保存着氏族整体的制度,在观念世界亦当然呈现出氏族整体的全能一元神。地下的一对天上的一,这是分工缺乏的意识的反映。先祖不是一般的上帝,而是先祖=上帝的宗教形态。这和古代埃及的奥西利斯之被崇拜为天神是相类似的。这又是落后的性质。

祖先一元神的宗教支配着殷人的思想,它在人类意识生活的过程中居于什么地位呢?

我们且就卜辞中所表现的联想性的字句,总括地作一研究:

人类蓄积了言语,进而使用联想或想象,企图对于事物实行抽象。他不仅单凭借感觉的能力而使对象物体验于主观,而且更会由于若干年代的祖先传授以及自己若干年月的记忆经历,使复杂多面的自然存在,反映而为公意所认可的抽象物。社会人类的实际生活以及他的实践的检证,经过了积累,把这些抽象的表象渐渐远离开自然对象界,成为一系列的思维运动,日趋于固定静止。这样,观念的东西和实在的东西就逐渐分家了。但,这时,观念的劳动与劳动的观念并不能分工,劳心劳力还在相结合的阶段。自然物在主观观念之中,附加了超自然物的神秘,逐渐离开自然物本身,而发生了一种支配人类的权威,因而在形式上,人类观念生产上反而好像发现了一种支配自然的权威。在这里,最初的知识是和宗教分不开的,人类对于认识的对象,也喜好用一般性的对象的认识去综合(联想的综合),所谓"愚而好自用"的意识。当他不能把握事物的实在联结点时,他却容易以全能的姿态自居,而囫囵地去把自然吞下去,要求一贯的解答。人类这时要求对自然生存的根源的了解,要求对自身运命的究竟的了解,同时经过自己反省,便拿宗教的观念解决一切。当事物支配人类而人类难以征服事物时,人类颠而倒之,把事物通过联想都以一个原因被支配于人类意识之下,这一个原因,就是殷代的一元祖先神——祖、示、帝、天,惟祖先神之命是"受"。

人类和自然不能分离,社会分工也尚未发达的时候,氏族制度束缚着的人类的思维过程也是不会分工的,其思维方法对自然是囫囵应付的。这是宗教寄托的所在,也是殷人意识的秘密。

殷代宗教意识的进步性,正如恩格斯所讲的:

“一切宗教,不是别的,正是在人们日常生活中支配着人们的那种外界力量在人们头脑中的幻想的反映,在这反映中,人间的力量,采取了非人间力量的形式。在历史的初期,这样被反映的,首先是自然的力量……可是很快的在自然的力量之外,出现了社会的力量,——与人相对立的社会力量,这种社会力量,在人看来,也和自然力量一样是异己的,并且最初也是同样的无从索解,它也像自然的力量一样,以同样的表面上的自然的必然性支配于人之上。最初仅仅反映自然界神秘力量的幻象,现在又获得了社会的属性,而成为历史力量的代表者。在更进一步的发展阶段上,许多神的自然属性与社会属性的整个综合体,转移于一个万能之神的身上,而这个神,又只是抽象的人的反映。”(《反杜林论》,人民出版社版,页333—334。着重点是引者所加。)

第 四 章

西周城市国家的意识形态

第一节　“周因于殷礼”的历史路径和政治思想的发生

周人翦殷是经过了长期的过程的。很久以来，周、殷两族的战争就十分频繁，卜辞也有“寇周”之句。殷族在当时是很强大的，直到武王伐纣，据史册所载，武王还是那样小心翼翼，不敢轻举。周之胜殷，主要是依靠殷人的前徒倒戈。周人进入殷地，最初并没有把殷人完全征服，仍然让一部分殷族自存，使管、蔡监督，后来管、蔡与殷人勾结叛周，周公在“大艰”的紧急关头，重伐殷人，才没有让殷人“反鄙我周邦”，最后才把殷族消化了，即所谓迁殷民于洛邑，把他们作为“啬夫”来统治。

所谓殷人前徒倒戈，在我们看来，倒戈者不是奴隶，而是殷末社会变革时的守旧派。纣这个人，春秋人早已说其“不善，不如此之甚”，荀子形容他是一个美男子、力士。他在殷末的国家成立时代，是有一番革新的可能的，他在战争中失败，也可能是由于守旧的族人反对他。史称伯夷、叔齐就曾向周人上过太平策，也有的向周人供奉自己祖先的典册，去献媚周人。在《诗·大雅》中，还保存了文王翦商的讨伐檄文，这篇文献充满着对殷人之挑拨离间，如说殷人“曾是掊克”（积聚财富），“侯作侯祝”（族人非难），又说“殷不用旧，虽无老成人，尚有典刑（型）”（废旧氏族贵族，损害殷先王的老规矩），“枝叶未有害，本实先拨”（推翻氏族制度）。这种宣传曾发生了效果，使殷族中的守旧人物投降周人。后来周人建国，在各方面都依靠了他们。

为什么要说明这段翻案的历史呢？

首先，我们要知道所谓“周因于殷礼”所因袭的是什么制度。按周人战胜殷人，以其社会的物质生产的水准来说，实在还没有具备消化一个庞大族人的条件，军事的成功，并不能保证统治战败者的政治上的成功，因此，周人必然要向殷代制度低头，尤其在胜利者的文明程度不如失败者的文明程度时，胜利者反而要在文化上向失败者学习（中国历史上北方民族之统治中国，也是如此）。于是周人也就不能不假设一些理由来接受殷人的宗教制度。《周书》中屡说殷先哲王，甚至尊崇殷先王的地位，并赞佩“惟殷先人，有册有典”，这正说明周人要学习殷人的传统。这里可以看出，在基本精神上，周人所学的是什么，明白地讲来，就是古旧的氏族宗教制度。

从文字上研究，卜辞到周金，是有明显的承继历程的。这种语言文字的传授，必然不仅限于形式，而且要影响于思维活动的内容。周人模仿殷人的文字，是一条捷径，而不是一条创造的途径，一方面便于文明的接受，而另一方面也束缚于所接受的文明而带有不彻底性。历史上凡学人语言的民族，总是“被死的所苦，又为活的发展不足所苦”（马克思：《资本论》初版序文语）。

然而周人却不是完全因袭殷人，据孔子说，是有所损益的。我们更要研究周人所损益的是哪些东西。

在前面二章，我们已经就经济与政治方面说明殷、周之际的变革，现在要进一步探求这一变化的轨迹。

王国维说，“殷、周间之大变革，自其表言之，不过一姓一家之兴亡与都邑之移转，自其里言之，则旧制度废而新制度兴，旧文化废而新文化兴。”(《殷周制度论》)这里，试据王氏的各方面的研究，分段来讲殷、周间的变革：

一、据史册所载，殷人灭国的事是罕见的，而杀伐的戎事却是常例。周人不然，王氏说：“《酒诰》云‘惟天降命肇我民’，天降命正与下文天降威相对为文。……天降命于君谓付以天下，君降命于民则谓全其生命。《多士》云‘昔朕来自奄，予大降尔四国民命’。……盖四国之民与武庚为乱，成王不杀而迁之，是重予以性命也。”(《观堂集林》卷一，《与友人论诗书中成语书》)这一断案，正确不易。周器中的俘虏人数最多有万三千八百十一人，且与马牛同列在一起(见《小盂鼎》)，所谓“重性命而不杀”者，意味着周人已懂得大规模地使用奴隶劳动力，这是周制比殷制所“益”的社会关系。

二、卜辞中没有“民”字；周人才重视了“民”。金文“民”字像刺目形，即奴隶的总称，所谓“作新民”的新义正指出不同于殷代的旧事物。王氏曾指出：周人典礼，“上自天子诸侯，下至大夫士止，民无与焉，所谓礼不下庶人是也。”他更指出：“《尚书》言治之意者则惟言庶民”。他引用《康诰》以下九篇之言“民”的地方，得出一个结论：“其所以祈天永命者，乃在德与民二字。……文、武、周公所以治天下之精义大法胥在于此。”(《殷周制度论》)这已经说到了关键处，因为在金文与《周书》中，受民享民，都是天命，其中的“受”字，已改变了卜辞“受”字的内容。周代“受”命的主要内容是“受民受疆土”(《大盂鼎》)，分析言之，即奴隶的所有与土地的所有。这更是对周制所“益”的社会关系。

三、殷代土地所有制没有明确的记载；周代受土之义就明确了。上文已指出受民和受土是并列的，金文也说，“相文武堇疆土”，《周书·梓材》更说，“皇天既付中国民越厥疆土于先王”。《吕刑》“有邦有土”的邦土二字甚至是连文的。国家的形成主要是在于城市与农村的分裂，也即是说“最初的大规模的分工，是城市与农村的分离”，故邦土连称，意味着土地所有的财产权是一个新要素。《洛诰》讲到邑，在邑上加了一“新”字,这正与“新民”之义的“新”具有同样的历史意义。这也是对周制所“益”的社会关系。

以上所指出的劳动力与生产资料的“新”关系,在所有制的形式上说,都是国有的,这关系名之曰奴隶制的“生产方式”。

马克思主义的历史科学指示我们,社会史必须从一般的规律去研究,又要从具体的规律去说明。东方文明的途径,应该特别重视:(1)因战争而产生的权力的提高;(2)族长传统的沿袭。从这些方面着手,我们更可看出周人损益殷制的特质。

一、因战争而产生的权力的提高,是有详细的历史记录的。周人东下以后,从灭崇到灭殷践奄,俘获很多,这说明,因分工扩大了消化奴隶劳动力的胃口,提高了族长的地位,发展了个人的权力,所谓“匍有四方”,“扰远能䜣”。王国维说:

> “殷时天子行幸田猎之地,见于卜辞者多至二百。虽周亦然(按应云,至周更然),以彝器言之,其言征伐:《禽彝》云“王伐许侯”,《大保殷》云“王伐录子”,《贞殷》云“贞从王伐梁”,《徣伯彝》云“徣伯从王伐叛荆”,《无曩殷》云“王伐南夷”,《唯叔鼎》云“唯叔从王南征”,《噩侯鼎》。云“王南征角□,惟还征在社,噩侯驭方纳□于王”,《宗周钟》云“南国服子敢陷虐我疆土,王䡴伐其至戮伐乃都,服子乃遣间来逆邵王,南夷东夷具见廿有六邦”,《兮甲盘》云“王初格伐猃允于畧𪊨”。……其余未见纪录者亦可知矣。”(《周时天子行幸征伐考》)

殷代的行幸田猎是与周代的征服相对应的。这样,战争开辟了文明社会广阔的发展道路,扩大了社会的分工。这又是周人比殷人更“益”的地方。

二、族长传统的沿袭,也是有明确记载的。因共同利益而委诸个别人身上的权力,增加了族长的宗教职能,由于农业与水利的工作和国家的公共事业不可分离,社会公仆才转化而为东方的王公诸侯。

水利灌溉的经营,是东方进入文明的一条自然路径。统治阶级的社会地位是和他的所谓“功德”的崇高成正比例扩大的,《诗》所谓“奕奕梁山,维禹甸之”,即此传说的性质。《大雅 · 泂酌》章把指挥灌溉经营的统治阶级尊称为“民之父母”,这正是“君之宗之”的条件:

“泂酌彼行潦,挹彼注兹,可以饙饎,岂弟君子,民之父母!”

“泂酌彼行潦,挹彼注兹,可以濯罍,岂弟君子,民之攸归!”

“泂酌彼行潦,挹彼注兹,可以濯溉,岂弟君子,民之攸塈!”

《诗 · 鲁颂》把族长的这种神秘地位推本于后稷:

“是生后稷,降之百福,黍稷重穋,稙稺菽麦,奄有下国,俾民稼穑,有稷有黍,有稻有秬,奄有下土,缵禹之绪。”(《闷宫》)

《周颂》中讲农业与文明的关系时,都涉及先王(族长)的统治身分,例如《天作》中所称的太王、文王;《思处》中所称的后稷;《噫嘻》中所称的成王;《载芟》和《良耜》中所泛称的“侯主侯伯”以及“古之人”等。

宗教职能的沿袭,怎样使作为阶级社会的统治者的族长的权力扩大了呢? 王国维说,“周人制度之大异于商者,一曰立子立嫡之制,由是而生宗法及丧服之制,并由是而有封建子弟之制,君天子臣诸侯之制。二曰庙数之制。三曰同姓不婚之制。此数者皆周之所以纲纪天下。”(《殷周制度论》)这些说法,已经涉及到周代统治者的权力问题了。

按殷人的宗教是祖帝一元神,与周人对先祖与上帝(天)的分立而又配合,是不同的。因此,上帝与天命的思想是周人的建国思想。王氏说商人无“封建”之事,实在说来,商人在“建邦”问题上还处在幼稚阶段。他说:“商人兄弟相及,……自开国之初,已无封建之事,矧在后世? 惟商末之微子、箕子,先儒以微、箕为二国名,然比干亦王子而无封,则微、箕之为国名,亦未可遽定也。是以殷之亡,仅有一微子以存商祀,而中原除宋以外更无一子姓之国,以商人兄弟相及之制推之,其效固应如是也。”(同上)

周初的制度显然和上面所讲的殷制不同,其重大的变革表现在:

“作新民”(《康诰》),所谓“子子孙孙永保民”,“以殷民世享”;政治上首创君臣之分等等。卜辞中称先王除通称祖帝而外,有通称“示”“后”之例。王氏“多后”之说可以参考,他释“后”字即“毓”字,像产子之形,如“王宾后祖乙”之例,即商人称先王为后之证。周人也因袭了这样的殷制,如《诗》、《书》所谓“三后在天”,“三后成功”。但是,周人在因袭之外,又有改革:周人不但重视族祖先王的继承,而且重视族长的统治权力,如周王改称天之子、天子,王国维说:

“自殷以前天子诸侯君臣之分未定也,故当夏后之世,而殷之王亥、王恒累叶称王,汤未放桀之时亦已称王。当商之末而周之文、武亦称王,盖诸侯之于天子,犹后世诸侯之于盟主,未有君臣之分也。周初亦然,于《牧誓》、《大诰》,皆称诸侯曰‘友邦君’,是君臣之分亦未全定也。逮克殷践奄,灭国数十,而新建之国皆其功臣昆弟甥舅,本周之臣子,而鲁、卫、晋、齐四国,又以王室至亲为东方大藩。夏、殷以来古国方之蔑矣,由是天子之尊,非复诸侯之长,而为诸侯之君。……此周初大一统之规模,实与其大居正之制度相待而成者也。”(《殷周制度论》)

因此,王在古代仅是氏族联盟的盟主,这在西洋古代历史也是这样的。周代“天子之尊”,除了盟长的形式依然存在外,其社会的职能,比殷王显然地扩大了,“天子”地位的确立,完成了由“个别的支配者达到支配者阶级”的历史,用古代话讲来,就是“维新”,即“亲亲而贵贵”。古代君臣的概念,不是如后代封建的名分,它仅表现“贵贱尊卑长幼”的性质,这一概念首先要弄清楚。

周代的宗法制度便是盟主而兼贵族的维新制度。王国维说:

“周人嫡庶之制本为天子诸侯继统法而设。……周初宗法,虽不可考,其见于七十子后学所述者,则《丧服·小记》曰:‘别子为祖,继别为宗,继祢者为小宗,有五世而迁之宗,其继高祖者也。是故祖迁于上,宗易于下,敬宗所以尊祖祢也’。……《大传》曰:‘君有合族之道’。其在……《大雅》之《行苇》,序曰:‘周家能内睦九族也’,其诗曰:‘戚戚兄弟,莫远具迩,或肆之筵,或授之几’。是即《周礼·大宗伯》所谓以饮食之礼亲宗族兄弟者,是天子之收族也。……天子诸侯虽无大宗之名,而有大宗之实。《笃公刘》之诗曰:‘食之饮之,君之宗之’,传曰:‘为之君,为之大宗也’。《板》之诗曰:‘大宗维翰’,传曰:‘王者天下之大宗’。又曰:‘宗子维城’,笺曰:‘王者之嫡子,谓之宗子’。……惟在天子诸侯,则宗统与君统合,故不必以宗名。”

“嫡庶者,尊尊之统也,由是而有宗法有服术,其效及于政治者,则为天位之前定,同姓诸侯之封建,天子之尊严。……商人继统之法,不合尊尊之义,其祭法又无远迩尊卑之分,则于亲亲尊尊二义皆无当也。周人以尊尊之义经亲亲之义而立嫡庶之制,又以亲亲之义经尊尊之义而立庙制,此其所以为‘文’也。”(《殷周制度论》)

周代的宗法制度,都是后人所追述的,尚无直接材料可资证明,但是君统与宗统相合、尊尊与亲亲相合,由此产生“氏所以别贵贱”或“刑不上大夫,礼不下庶人”之周礼精神,却合于历史的事实。

由此看来,关于“宗教的职能”,周人禘祖先王而外,产生敬天、尊上帝、配天命的宗教,这即是上帝与先王分离为二,复因先祖克配上帝的道理,二者又结成一体。关于这点,金文与《诗》、《书》中的史证是很多的。

周人的二元神宗教思想,反映了周代国家这一阶级统治工具的形式,宗庙和社稷是混合的,宗庙祀先祖,而社稷祀天帝。从祖社二者的并立看来,周人“损”了殷制的一半宗教,而又“益”了一半宗教,所“益”的东西正适应土地的国有与氏族贵族的专政。这在宗教上讲,其“社会的属性”更加因分工而增高,其“自然的属性”退居于次要地位。“宗法政治”的亲亲与尊尊的合一,富、贵的不分,就表现为政治的宗教化。

由于周人的政治宗教化,在思想意识上便产生了所谓“礼”。“礼”

是一种特别的政权形式,即所谓"礼不下庶人","礼所以别贵贱","礼者别贵贱序尊卑者也"。这一种制度,藏在尊爵彝器的神物之中,这种宗庙社稷的重器代替了古代法律,形成了统治者利用阶级分化而实行专政的制度;这种权利义务专及于一个阶级的形式,完全是为了周代氏族贵族而设的一套机械。礼器的名称的总概念叫做尊、彝、鼎、爵,所谓"唯名与器不可假人"就指贵族的专政,王国维《释彝篇》有此意而未得其所以然之理。我们说,在器谓之"尊"、"爵",在人谓之亲、贵。礼器之文为铭文,《书》谓之诰辞,《诗》谓之颂辞,其中所含的意识都表现出政治、道德、宗教三位一体的思想。《易传》把"道"和"器"区别为形上和形下,实在是臆说,其实"器"表示古代的专政制度,"道"表示统治者的权力思想。"道"、"器"一源,"道"更在"器"中。

据著者的研究,周公营洛邑以后,尊、爵、彝器的神物,才脱化出礼制。"神"、"礼"原来是从十二支中的"申"、"酉"变化而来的。"申"字之脱化为"神",金文中有明白的痕迹,如《克鼎》记载的"显孝于申","申"、"神"同字;"酉"字脱化为"醴",金文没有明文,但《诗》有"为酒为醴"的话,初"礼"字从"酉",非从"示"。卜辞中有"豊"字,王国维断为奉神之器,他说,到了后来"推之而奉神人之酒醴亦谓之醴,又推之而奉神人之事,通谓之礼。"(《观堂集林》卷六,《释礼》)按金文中没有发现"礼"字,但我们可以断定,礼的出现和尊爵的固定化或阶级专政的法制化是相适应的。商器有尊、爵,但其铭文只记祖妣,因此这种神物的特征还没有充分表现出来,周代尊、彝礼器上便铭记着专政所有权形式与统治权力的内容,尊、彝即变为权利义务的象征物,故尊、彝作为礼器之总名,就包括着政权形式的内容。

在《诗》、《书》中,"礼"字并不多见。《周颂·丰年》说,"为酒为醴,烝畀祖妣,以洽百礼,降福孔皆";《周书·洛诰》说,"王肇称殷礼,祀于新邑,咸秩无文";"惇宗将礼,称秩元祀,咸秩无文";"未定于宗礼,亦未克敉公功"。从以上四例看来,一指在丰收之后,夸扬所有权,感谢祖先,二指营洛邑的成功,三指周公诰伯禽受民受土之礼。这些都

是古代城市=国家的大典,因此,“神人之事”的宗礼便成为氏族宗子的专政观念。王国维说:

“所以祈天永命者,乃在德与民二字……故知周之制度典礼,实皆为道德而设,而制度典礼之专及大夫士以上者,亦皆为民而设也。周之制度典礼,乃道德之器械,……此之谓民彝。其有不由此者,谓之非彝。《康诰》曰:‘勿用非谋非彝’。《召诰》曰:‘其惟王勿以小民淫用非彝’。非彝者,礼之所去、刑之所加也。……故曰‘惟吊兹不于我政人得罪’,又曰‘乃其速由文王作罚’,其重民彝也如此。”(《殷周制度论》)

王氏以为殷、周之兴亡,在于“有德无德之兴亡,故克殷之后犹兢兢以德治为务”。实在讲来,在殷代并没有“德”字,周代才出现统治阶级的道德律。王氏颇为周公的专及制度(礼)做辩护,然并不否认周代制度典礼是道德之器械,而且仅专及于大夫士以上。由此,我们可以明白,由于制度典礼的专及,在学术思想上就必然形成贵族的一套专有意识,而缺乏国民的性质。

第二节　西周宗教思想和政治思想

上节我们已经说明了殷、周思想的变革途径。土地所有制是氏族贵族的公有(国有),国家是“宗子维城”的统治阶级的工具,政治是“宗法政治”的专政,法律是宗礼的专及形式,因而在思想方面,便成为“学在官府”,只有贵族文化,而无民间私学。

现在我们要研究周人的维新宗教了。

“天”在周人的思想中,是“帝”的一种变革,然而这种变革并不是祖先神“帝”的否定,而是“帝”的改良。《大雅·文王之什·文王章》是禋祀文王的诗,其中天帝是与文王分离的,同时先王又是与天帝相配的,例如:

“文王在上,于昭于天。周虽旧邦,其命维新。有周不显,帝命不时。文王陟降，在帝左右。”

（这文字的可靠性，不但与武王时代的《天亡𣪘》“文王监在上”相似，而且首先提出文王，与西周金文之以文王开始而无远古传说更相似）

周人因袭了殷人的文化，在“小邦”、“旧邦”的基础上，建立了王朝。周王朝开国采取了捷径，保存了古代的氏族组织，因而先王接受帝命而统治人民。这里我们应该首先把“文王维新”这一概念明确起来。所谓维新，乃是以旧形式灌注了新内容，周代的旧形式是殷人的氏族制度，而其新内容是“宗子维城”的古代制。

这是中国古史的一个关键，一切典章文明与思想意识都从这里出发。

殷代宗教的“帝”，指全族的祖先神。周人接受了这一传统，仍以祖先神为主，所以“周公既相成王，郊祀后稷以配天，宗祀文王于明堂以配上帝”（《史记·封禅书》）。这是维新了的宗教，即天、上帝被改良而为一般的主宰之神，而祖先神是所谓禘后稷而宗文王。这个二元性的分离是适应着国家形式的发展而产生的。

周代和希腊有点不同，其宗教基本上是上帝（天）与先王的二元神，原因是贵族君子以氏族曾孙的资格出现，所谓“郊社之礼所以事上帝也，宗庙之礼所以祀乎其先也”（《礼记·中庸》）。这虽是文王“于昭于天”、“在帝左右”之后人理论，但也符合西周时代的精神。

周人“宗庙社稷”二者对言，在它们的背后有二种神。宗庙社稷也指国家，周人在这个维新的国家中，建立了文化的官职，礼不下庶人。担任文化官职的是一些祝、宗、卜、史。“祝”的文化任务是代表祭者向神致辞，他必须有关于神的历史知识；“宗”的文化任务是管理宗庙祭礼的一切，他必须有关于氏族宗法的历史知识；“卜”的文化任务是掌管观兆的宗教事件（有的兼掌筮），他必须有关于吉凶祸福的一套知识；“史”的文化任务是掌管文书、观察天象，他必须有关于自然现象的知识。所谓“学在官府”的学，就是这班文化官吏所专有的。

政治宗教化是周代的支配思想。天、帝的一般神与氏族宗主的祖先神相配的宗教思想，指导着一切国家大事，连国家的成立，最初也是由于先王受命于上帝的。金文说的“受民受疆土”与“受有四方”之“受”，即受之于上帝之命。《诗经》有更多的史料，例如：

“济济多士(指氏族子孙)，秉文(王)之德，对越在天，骏奔走在庙。”(《清庙》)

“维天之命，于穆不已。于乎不显，文王之德之纯。假以溢(或训恤)我，我其收之。骏惠我文王，曾孙(宗主)笃之。”(《维天之命》)

“昊天有成命，二后(文王、武王)受之。”(《昊天有成命》)

“时迈其邦，昊天其子之，实右序有周。……怀柔百神，及河乔岳，允王维后。”(《时迈》)

“执竞武王，无竞维烈，丕显成、康，上帝是皇。”(《执竞》)

“思文后稷，克配彼天。立我烝民，莫匪尔极，贻我来牟(小麦)，帝命率育。无此疆尔界，陈常于时夏。”(《思文》)

“绥万邦，娄丰年，天命匪解(懈)。桓桓武王，保有厥士，于以四方，克定厥家。于昭于天，皇以间之。”(《桓》)

以上引文是《周颂》的主要文句，都讲到祖先神克配上帝神，才受命为王、为后、为皇。因此，周氏族的宗子要笃守这一传统。更明白的还有祖先神文王和上帝(天)同降来享祭祀的诗句：

“我将我享，维羊维牛，维天其右之；仪式刑文王之典，日靖四方，伊嘏(锡福)文王，既右飨之。”(《我将》)

“文王作邦”(《大盂鼎》)，“文王肇国在西土”(《酒诰》)，这是后王禋祀的根据，但中国古代神之所以不同于希腊神，是因为禋祀所由来的社会组织，氏族贵族的维新制度。因此，《周颂》虽然以天命、昊天(在《大雅》中称帝、上帝)或天，与文、武配祀，但祖先神是更重要的传统。这是适应于宗法制度而产生的，古代中国的“孝”字也是从这里产生出来的：

"于荐广牡,相予肆祀。假哉皇考,绥予孝子。宣哲维人,文、武维后,燕及皇天,克昌厥后。绥我眉寿,介以繁祉,既右烈考,亦右文母。"(《雝》)

"为酒为醴,烝畀祖妣,以洽百礼,降福孔皆"。(《丰年》)

"……于乎皇考,永世克孝。念兹皇祖,陟降庭止。……于乎皇王,继序思不忘。"(《闵予小子》)

这便是"宣哲维人"和"燕及皇天"的天人合一思想。中国古代初期没有国民阶级,因而产生这样天人合一的贵族思想。在中国可靠的古代文献中所讲的"人",是指维新的旧人物,本义上应该是"半旧不新"的人物(与半封建,半殖民地的半字相当)。所以思想传统也就有"半旧不新"的成分。上面所举的讲述旧邦维新的《大雅·文王》章,第一节讲的是新旧各半,第二、三节讲的是旧的成分,第四节以下讲的是新的成分。第一节已见上面所引,说明了文王克配上帝,和《大明》章所讲的相似:

"维此文王,小心翼翼,昭事上帝,聿怀多福,厥德不回,以受方国。天监在下,有命既集,文王初载,天作之合。……有命自天,命此文王,于周于京。"

《文王》第二节所讲的是氏族贵族的宗统,是殷朝的旧传统:

"亹亹文王,令闻不已,陈锡哉周,侯文王孙子。文王孙子,本支百世,凡周之士,不显亦世。世之不显,厥犹翼翼。思皇多士,生此王国,王国克生,维周之桢,济济多士,文王以宁。"

这与殷人对祖妣的崇拜,没有多大分别。然而,既说"其命维新",谁对谁降命,谁对谁受命呢?于是便产生了上帝和先祖的二元观以及天人合一的天命观。

如果上帝是和先祖统一,则帝早为殷人所有,何以又生此周代王国呢?又如果上帝和先祖毫不相涉,则殷先祖可以使殷族立国,周先祖也可以使周族立国,又何以使殷人"侯服于周"呢?所以,孔子读到"殷士肤敏,祼将于京",也不能不奇怪地大叹"大哉天命"。

这样看来,上帝和祖先神既不能不分裂为二,又不能不合之为一,分裂固然是维新,合一又何尝不是维新。因此,在周人形式理论上讲来就有道理了。逻辑是这样的:上帝与祖先神原是二而不可混为一的,殷之先祖从前可以"克配上帝",现在不同了,"上帝既命,侯于周服",这就证明殷人不知天人合一的道理。现在上帝不喜欢殷人,而喜欢周人了,因为上帝要命现在的周人作邑、作邦、营国,又要命宗子维城而统治农村,又要命"受民受疆土",即又要命土地国有与劳动力集中使用,这些都是周人受命不易的地方,只有"宣哲维人"才做天子。殷人既然不知道天命维新,在主观上努力与天命相合,那就无怪乎要退下历史舞台来。所以,"假哉天命",只有周人文王才知道的,于是周人的祖先神便克配上帝。

然而,凡是维新的路径,道理上总是矛盾百出,近代皇帝和国会并存,不但康、梁变法的"开明专制"讲不出科学,即世界有名的公法学者都难自圆其说,"天皇机关"说还要遭检举呢!

古代中国,既然不能摆脱氏族纽带,则祖先神的传统就非维持不可,然而时代又在变革之中,氏族制度显然又束缚着新社会。说顺时代而变吧,那"天命靡常",氏族制度便发生动摇;说不顺时代而变吧,那"天命维新",城市国家又不能出现。天命的道理真难呀!"天命不易"呀!《周颂》有和《文王章》相同的诗句:"敬之敬之,天维显思。命不易哉!无曰高高在上;陟降厥士,日监在兹!"(《敬之》)意思说,"小心呀小心,天道透明极了!命实在难保呀!你别说天高不管事,它才是日日临凡,察视我们呢!"

这反映了周代建国的艰难过程,一方面维持旧的,另一方面创造新的,两面都要,所以"不易",其间就赖于半新不旧的统治阶级保持着均衡,一方面受天命,另一方面尽"人事",因此,道德就出现了:

"无念尔祖,聿修厥德。永言配命,自求多福。殷之未丧师,克配上帝,宜鉴于殷,骏命不易。

"命之不易,无遏尔躬。宣昭义问(闻),有虞殷自天,上天之

载，无声无臭，仪刑文王，万邦作孚。”(《文王》)

这便是“明明在下，赫赫在上，天难忱斯，不易维王”(《大明》)的天人合一思想，比殷代的万事拜祖思想显然进了一大步。周代国家的产生在统治阶级意识上是合而分之，复分而合之，其政治思想也是合而分之，复分而合之。作者以为这是周初政治思想的出发点。

在“其命维新”的社会，周人基本上是信天命的，然而却也并不像殷人信祖先神那样完全无疑，所以，有“天命不易”、“天命靡常”的理论，《周书》讲的更明白些：

“天休于宁(文)王，兴我小邦周，宁王惟卜用，克绥受兹命。”(《大诰》)

“天命不僭。”(同上)

“闻于上帝，帝休，天乃大命文王。”(《康诰》)

“亦惟助王宅天命。”(同上)

“皇天既付中国民越厥疆土于先王。”(《梓材》)

“王来绍上帝，自服于土中。旦曰，其作大邑，其自时配皇天，毖祀于上下，其自时中乂。王厥有成命，治民今休。”(《召诰》)

受民受疆土，既然都是文王受命于皇天，那么天命只是先王与上帝的交涉了。然而，周人毕竟是翦殷而成立的城市国家，政权变易了，天命也要维新，单单靠“敬事上帝”(《立政》)的说法便难立足。因此，《周书》中在先王配天的道理中，又派生出：

“天命不易，天难谌。”(《君奭》)

“天不可信，我道维宁(文)王德延。天不庸释于文王受命。”(同上)

“天畏棐忱。”(《康诰》)

“惟命不于常。”(同上)

周人的天命论是奴隶主统治阶级的国家起源论，一方面是“天命不僭”，另一方面又是“天命不于常”，两面都有道理。郭沫若注意了这个矛盾，他的解释是这样的：“极端尊崇天的说话都是对待殷人或殷的旧时的属国说的,而有怀疑天的说话是周人对着自己说的。……周人之继承殷人的天的思想只是政策上的继承。”(《先秦天道观之进展》,见《青铜时代》,人民出版社版,页20)这个分析是新颖的。我们以为姑不论天命在《周颂》、上帝在《大雅》中毫无对殷人说话的样子,金文《天亡𣪘》更说,“衣祀于不显考文王,事熹上帝”,这说明一切都以天命为出发点,还不仅是政策而已。

如果我们用形式逻辑的公式来讲,周人的这一矛盾思想是一个两刀论法(Dilemma)。因为“僭”和“常”同时都是天命的规定,反对别人用这一套,维持自己用那一套。从历史意义上看,周人不信天命的思想是进步的,但是周人只进步到这一论断,因为维新和革命不同。新的有原则,旧的也有原则,旧的拖住新的。古人常说汤、武革命,就天“命”上讲来,周初文、武确在道德思想上“革”新了一部分。

郭沫若在其杰作《周彝中之传统思想考》(《金文丛考》)中作了很好的统计,按照他的统计,周人在金文里所表现的宗教思想是天命论,这里分为二元引在下面:

(一)关于周人维新的上帝神:

宇宙之上有至上神主宰,曰天,曰皇天,曰皇天王;亦曰帝,曰上帝,曰皇帝,曰皇上帝。

上帝能命〔先王〕,能锡人以福佑;有威可畏,祸乱自天而降。

帝之所在曰帝所,亦曰上,亦曰天。(郭氏皆根据金文而言,出处请看原书)

(二)关于周人继承殷人的祖先神:

人受生于天曰命。

死后其灵不灭曰严,亦谓之鬼,能降子孙以福佑。

父之严曰考,其配曰母。父以上曰祖,其配曰妣。远祖谓之高祖,统称之曰前文人。

周人维新思想是合而分之的,这与《周颂》、《周书》无异,但同时又是分而合之的,先王克配上帝,这也与《周颂》、《周书》无异。请看怎样分而合之：

受天之命以统治天下者谓之天子。

天子与天为配。

天子对上帝而言亦谓之下帝。

上帝对天子而言亦谓之上天子。

人民疆土乃天子之所有，受自天，亦受自先王。

敬严天威，尊法先王。

亯祀为王者之大事，其事有祀，有衣祀，有大礿，有大𡘳，有禘，有尝，有烝。（《周彝中之传统思想考》，别分为政治思想一节）

由以上的宝贵材料看来，周人的政治与宗教思想是天人合一的“其命维新”论，“执其两端”，僭、常皆休。

第三节　西周宗教思想和道德思想

上面我们曾研究过商代世王的称号，说明了商代四个时期名号的变迁，但在这些名号中没有含道德意义的字样。周人因袭了殷人的文字，自周金以文王开始以来，自称的名号中就有含道德意义的字样，这自称之名，并非谥法，已由顾亭林、王国维所证明。我们且将周文王以后的统治人物列后。（据《世本》，参看《周本纪》）

文王（昌）

武王（发）

成王（诵）

康王（钊）

昭王（瑕）

穆王（满）

恭王（伊扈，《史记·周本纪》作繄扈）

懿王（坚，《周本纪》作囏）

孝王（辟方）

夷王(燮)

厉王(胡)

共和(共伯和)

宣王(静)

幽王(宫湦,《周本纪》作湼,又本作生,作湦)

平王(宣臼)——东迁

桓王(林)

庄王(佗)

厘王(胡齐)——齐桓公霸

惠王(毋凉),(《周本纪》作阆)

襄王(郑)

顷王(壬臣)

匡王(班)

定王(瑜)

简王(夷)

灵王(泄心,《国语·晋语》韦解作大心)

景王(贵)

悼王(猛)

敬王(丐)

元王(仁,据《周本纪》,《世本》作贞王介在前)

定王(介,据《周本纪》,《世本》作元王赤在后)

哀王(去疾)

思王(叔袭)

考王(嵬)

威烈王(午)

安王(骄)

烈王(喜)

显王(扁)

慎靓王(定)

赧王(延,即王赧,《史记·索隐》引皇甫谧说名诞)

根据上表看来,周代世王以道德称呼为原则。我们知道,“文”、“武”二字,原非周代世王所专有,乃是因袭殷代世王的名号。但文王、武王的名字,在周代有了新的意义,例如文王的“文”字:

“秉文之德,对越在天。”(《周颂·清庙》)

“文王之德之纯。”(《维天·之命》)

“文王在上,于昭于天。”(《大雅·文王》)

“穆穆文王,于缉熙敬止。”(同上)

“乃穆考文王。”(《周书·酒诰》)

“乃单文祖德。”(《洛诰》)

由此看来,“文”字与敬字、昭字、穆字是相连的,周金与《周书》“前文人”的术语,也作前德人解,即所谓“允文”之义,与德字相同。

例如武王的“武”字:

“执竞武王,无竞为烈。”(《周颂·执竞》)

“于皇武王,无竞为烈。”(周颂·《武》)

“桓桓武王。”(周颂·《桓》)

由此看来,“武”字具有自强不息而功勋皇大之义。

例如成、康二王的“成”、“康”二字:

“自彼成、康,奄有四方,斤斤其明,钟鼓喤喤,磬筦将将,降福穰穰。降福简简,威仪反反,既醉既饱,福禄来反。”(《执竞》)

“昊天有成命,二后受之,成王不敢康,夙夜基命宥密,于缉熙,单厥心,肆其靖之。”(《昊天有成命》)

由此看来,“成”、“康”具有明昭靖绥的道德字义。又,“成”字与“城”字一义,故镐京名成周,成周即周城。成王又名“庸”,“庸”即“城”之始义,似“成”字由城国之基已立,后转为奠定之义。“康”字,更有竞竞守业的字义,所谓“福禄尔康”。

“昭”、“穆”字义更明白了。“昭”指明德,“穆”指厚德,见于诗、书者如“于昭于天”、“于穆不已”、“穆考”、“昭考”等,金文中的昭穆二字文义也和此相类似。

“恭”、“懿”、“孝”、“夷”、“厉”之见于文献者,都指各种“显德”,例如“嗣前人恭明德”;“我求懿德”;“永世克孝”;“夷”指平大之义,如“有夷之行”;“厉”指砥砺之义。其他诸王的名字也都含道德的意义,如元王名仁的“仁”字在齐桓公称霸以后才出现。

不仅见于殷、周帝王名者,可证道德为周代尚文之事,其见于字之起源者,更可证道德是在“作邦”以后的文献,这和经典著作的科学说明是若合符节的。

据各家考证,“德”字在周金中才出现,兹举二例如下:

“今余惟命汝盂绍𡿈敬雍德丕敏。”(《盂鼎》)

“宔静于犹盄悊厥德……”(《克鼎》)

据此,《诗书》中出现的“德”字,必甚真实。《周颂》有五个“德”字:

“秉文之德”

“文王之德之纯”

“丕显维德”

“我求懿德”

“示我显德行”

《大雅·文王之什》,“德”字很多,且择举如下:

“聿修厥德”

“厥德不回”

“其德克明”

“世德作求”

今文《周书》十六篇中,以“德”为克配上帝而受民受土的根据:

“惟乃丕显考文王,克明德慎罚。……闻于上帝,帝休。”(《康诰》)

“德裕乃身。”(同上)

"丕则敏德,用康乃心,顾乃德,远乃猷,裕乃以民宁。"(同上)

"聪听祖考之彝训,越小大德,小子惟一。"(《酒诰》)

"惟助成王德显。"(同上)

"肆王惟德用,……用择先王受命。"(《梓材》)

"惟不敬厥德,乃早坠厥命。"(《召诰》)

"宅新邑,肆惟王其疾敬德,王其德之用,祈天永命。"(同上)

"保受王威命明德。"(同上)

"乃单文祖德。"(《洛诰》)

"承叙万年,其永观朕子怀德。"(同上)

"天不可信,我道惟宁(文)王德延,天不庸释于文王受命。"(《君奭》)

"其汝克敬德,明我俊民。"(同上)

"惟我周王,灵承于旅,克堪用德,惟典神天,天惟式教我用休,简畀殷命,尹尔多方。"(《多方》)

"非我有周秉德不康宁,乃尔自速辜。"(同上)

"文王惟克厥宅心,……以克俊有德。……亦越武王,率惟敉功,不敢替厥义德,率惟谋,从容德,以并受此丕丕基。"(《立政》)

由此看来,"德"是先王能配上帝或昊天的理由,因而也是受命以"乂我受民"的理由。这是周代维新在思想史上的一大进步。

周人继承了氏族制度,故曾孙对于祖先神之禋祀同时又是极重要的典章,而且宗庙之制在周人是更严密的,上文所举的例子已经有扬文、武祖德或继序先王的"孝"字。"孝"字在卜辞中未曾见到,孝己之名只见于书上。周人才把德孝并称,德以对天,孝以对祖,《大雅》所谓"有孝有德"。周金常见文法,多"用亯用孝"和"亯孝"先祖之句,这是"帅型先王"的道律规范,例如《克鼎》说,"显孝于申(神)",《宗周钟》说,"祖孝先王……降余多福,余孝孙三寿惟利。"

《周书·康诰》有"不孝不友"之句,《酒诰》有"用孝养厥父母"之句,《文侯之命》有"追孝于前文人"之句,这些"孝"字都和周金文的

“孝”字类似。《周颂》也说：

“假哉皇考，绥予孝子。宣哲维人，文武维后，燕及皇天，克昌厥后。”（《雝》）

“……于乎皇考，永世克孝，……于乎皇王，继序思不忘。”（《闵予小子》）

《大雅》说：

“成王之孚，下土之式，永言孝思，孝思维则。媚兹一人，应侯顺德，永言孝思，昭哉嗣服。昭兹来许，绳其祖武，于万斯年，受天之祜。”（《下武》）

“遹追来孝。”（《文王有声》）

“威仪孔时，君子有孝子，孝子不匮，永锡尔类。”（《既醉》）

所谓“追孝”，“以孝以享”，指继序先王的德业。“孝”在道德上的规范是与“禘祖”之制的宗教相结合的，这道理犹之乎“德”在道德上的规范是与郊天之制的宗教相结合的。因此，孔子说“郊社之礼，禘尝之义”是治国的大道。“郁郁乎文哉”的周制，是在文明的道德范畴方面有根据的。

这里指出“有孝有德”的思想，只是说明一个贯通周代文明社会的道德纲领，在这纲领之下，周初新的道德概念出现甚多，如敬、穆、恭、懿等。惟“仁”字是在春秋时代才出现的，据上举周代世王表，东周元王名仁看来，推察“仁”字出现晚在东周后期，至早在齐桓公建立霸业以后。

到了文明社会才有权利与义务的分别，同时也才有依据此分别而形成的道德规范，周代道德律的出现是历史发展的必然结果。

为什么说“德”、“孝”是周代统治阶级的道德纲领呢？

这是由二元宗教神派生的道德律。周代社会已经不像过去那样，完全听命于祖先神的主宰，因为地上的现实社会发展了，这就迫使周代统治者在意识上作出能动性的道德规范。例如周公东征的《大诰》就不能不对“天”作出修改，而强调人事，对于“艰大，不可征”的殷人，对于邦君御事想违背卜的心理，就不能不有新的估计，如果单纯依靠天命，那么，周人既然可以代殷而王，殷人也可以再代周而起，因此，周公不能不有现实的手法，他说：

"天棐（非）忱（信）辞"

"越天棐（非）忱（信）"

"天命不易"

试看他的比喻，更是其他诰词所没有的：

"朕言艰日思。若考作室，即底法，厥子乃弗肯堂，矧肯构？厥父菑，厥子乃弗肯播，矧肯获？厥考翼其肯曰予有后，弗弃基？肆予曷敢不越卬，敉宁（文）王大命！"（《周书·大诰》）

"图功攸终"和"文王克绥受兹命"便不同了，所以基业不仅是天上的问题，乃是和作室、勤田亩一样，应该在地下解决。因而在观念上，周人的天人合一的宗教思想不得不延长到天人合一的伦理思想。否则，殷人也可以拿周人的天道反加诸周人之身。

正如《庄子·天下篇》所说，周人"以天为宗，以德为本"，在宗教观念上的敬天，在伦理观念上就延长而为敬德。同样地，在宗教的观念上的尊祖，在伦理观念上也就延长而为宗孝，也可以说"以祖为宗，以孝为本"。先祖克配上帝，是宗教的天人合一，而敬德与孝思，是使"先天的"天人合一，延长而为"后天的"天人合一，周氏族的"宗子"地位要求在伦理上发展当初的天命，这样才能"子子孙孙永保命"，"子子孙孙其帅型受兹命"。

这样看来，周代的伦理思想之所以以德、孝二字为其骨干，是因为嗣王欲求保天命，须使"先天的"配天与"后天的"配天相统一，尤其昭、穆以后社会发生危机的时候，这一思想更适合氏族贵族的阶级利益。周代氏族国家，在主观理想上原来是基于上帝神与先祖的授受来巩固其生产关系或为其生产关系服务，但在内部的阶级分化和对外战争的扩大的情况下，为了维持土地为氏族贵族所有，为了维持氏族贵族专政，那就必须在"大艰"的人事中寻求公理：德—天，孝—祖。

希腊哲人的道德观一开始便属于国民阶级的思想体系,更具体言之,属于国民资格出现的显族道德。周代的敬德思想属于先王体系,“元德”成立于先王,而继承于嗣王,故其内容是氏族曾孙的伦理观。特别在昭、穆之世以后,敬德的伦理思想和配天的宗教思想,表现为一种统一,同时孝祖的伦理思想也和宗祖的宗教思想又表现为另一种统一。周人在宗教与国家的结合方面是宗庙社稷的形式,因而在宗教和伦理的结合方面也是德——天和孝——祖的思想形态。

上节已经讲过,上帝神是一般神,祖先神是特别神。伦理上所产生的观念也是和宗教相应的,也有一般的观念,即“德”,也有特别的观念,即“孝”。如果说“德”以配命是城市国家的东方形态,则“孝思维则”又可以说是氏族制的维持在东方所具的特别形态。

“有孝有德”的道德纲领之所以不能和宗教分离,是由于周人宗法政治的限制。为了维持宗法的统治,故道德观念亦不能纯粹,而必须与宗教相混合。就思想的出发点而言,道德律和政治相结合,故道德只限于氏族贵族的君子人物,没有一般性的国民的道德观念。

第四节　西周统治阶级的政治颂诰思想及其内容

在宗法政治之下,西周贵族阶级的代表人物是公子公孙。古“公”字不是指公私之公,而指公族之公,故《墨子·经说上》有“贵者公”之训诂。公族宗子之所以维城,是因他们就是“国”的统治者,而“私”的观念仅指大夫立“家”,故到了后来大夫执政时代有“私肥于公”之说,而“张公室”的反动即指恢复宗子的权力。

贵族阶级的政治,主要是受民、享民、治民。

“受民”是金文与《周书》中常见的文法,即借口天命而把奴隶劳动者当作所有物来据为己有。下面是例证:

> “雩我其遹省先王受民受疆土”。(《大盂鼎》)
>
> “诞受厥命越厥邦厥民。”(《康诰》)

“肆王惟德用,和怿先后迷民,用怿先王受命。”(《梓材》)

“诞保文、武受民。……承保乃文祖受命民。”(《洛诰》)

“相我受民。……以乂我受民”。(《立政》)

“民”不是如希腊的可以买卖的交易品;在西周,“民”的授受完全是上帝与先王间的关系,故曰“有命”。

“享民”的意义指独占奴隶劳动者,道理是简单的,上帝喜欢先王文、武之德,“闻于上帝,帝休”,不喜欢别人,“天降丧”,故只有周人子孙才可以世享殷民,并“祈天永命”。下面是例证:

“乃以殷民世享”。(《康诰》)

“凡民惟曰不享,惟事其爽侮。”(《洛诰》)

“其大惇典殷献民”。(同上)

“予大降尔四国民命,……移尔遐逖,比事我宗多逊。”(《多士》)

金文在受民之后,便指出子孙世享,《书》也在受民之后,指出子孙永保民。因此,享民的政治,成了周公以后公开的教育。

“治民”更加重要。王国维说,“《尚书》言治之意者,惟言庶民。《康诰》以下九篇,周之经纶天下之道胥在焉,其书皆以民为言,《召诰》一篇言之尤为反复详尽。”(《殷周制度论》)治民所以是重要的政治思想,因为统治者做了民的主人。《多方》说:“天惟时求‘民主’”,“天惟五年须暇之子孙,诞作‘民主’”,这“民主”二字不是近代术语,而是奴隶主。做“民主”的自然必须有所谓“民彝”去统治被压迫阶级。这个统治的“治”在周金文中为“辥”字,王国维说:

“彝器多见辥字,……其字或作辥,或作辥,余谓此经典中乂艾之本字也。……经典作乂作艾,亦辥之假借。《书·君奭》之用乂厥辟,即《毛公鼎》之[illegible]辥厥辟也;《康诰》之用保乂民,《多士》《君奭》之保乂有殷,《康王之诰》之保乂王家,《诗·小雅》之保艾尔后,即《克鼎》、《宗妇敦》、《晋邦盦》之保辥也。……本义当训为治,从自从屰,……加从止,盖谓人有屰(罪屰),自以止之,故训

为治。”(《观堂集林》卷六,《释辥》上)

按王氏在别处说“从自者众也”,故治民之义便是管理众罪奴的意思。《康诰》说:“用保乂民”,“惟民其康乂”,“民情大可见,小人难保,往尽乃心,无康好逸豫,乃其乂民”;《召诰》说:“其惟王勿以小民淫用非彝,亦敢殄戮,用乂民,若有功”。所以治民是书诰中的重要思想。如果做“民”的作乱,那么,做“民主”的便要用“非彝”之法,大杀大戮,《书》例甚多,如:

“天惟与我民彝大泯乱,曰:乃其速由文王作罚,刑兹无赦!”(《康诰》)

“天非虐,惟民自速辜。……人无于水监,当于民监。……群饮,汝勿佚,尽执拘以归于周,予其杀!”(《酒诰》)

周氏族做了“民主”,别的族人如殷民七族、六族,怀姓九宗,便不是过去时代的族员了,而成为新的劳动力,如《竹书纪年》与《左传》所载的或被迁到洛邑筑城,或被编做城外的啬夫,或被鲁、卫、齐、晋族人带去殖民,这就叫做“作新民”。至于从前所俘获的黎民,则“靡有孑遗”了。

周人的政治更重在受土。金文中“受民受土”连文,《尚书》的记载也相似,受民的下文便是受疆土于先王,《大诰》更说“率宁(文)人有指疆土”。因为“有邦有土”正是国家的前提。《召诰》也说得明白:“王来绍上帝,自服于土中;旦曰,其作大邑,其自时配皇天。”《鲁颂》说,“锡之山川,土田附庸”,《左传》说“土田陪敦”,金文《召伯虎毁》说“仆墉土田”,所以,周人的城市建立系以土地生产资料的贵族独占为主要条件。城市既统治农村(野、鄙),那么,在政治思想上就必须把建立城市看作神圣的大事,因此《周书》对于营东国洛,《诗 · 大雅》、《小雅》对于营国的历史以及城市的性质,都用第一等的篇幅来记述。天命文、武为宗子作城,宗子就要帅型先王来掌握政权,其他氏族都没有资格,“罔堪顾之”,只有周族“惟典神天”,“宗子维城”或“王侯维翰”。

奴隶主必须积极地用上层建筑的一套体系来为奴隶制生产关系服

务,因此,《诗》、《书》都重视“宅”,例如《大雅》说“考卜维王,宅是镐京”,《洛诰》说“公不敢不敬天之休,来相宅,其作周匹休。”“宅”指什么意义呢?它意味着城市对农村的统治,实质上是政权形式,因而掌握政权形式的工作便叫做“宅乃事”,官吏叫做“三宅三俊”,居于城市的统治阶级叫做“宅人”,统治意识叫做“宅心”,请看典型的例子:

“亦越文王、武王克知三有宅心,灼见三有俊心,以敬事上帝,立民长伯。”(《周书·立政》)

“宅心”——支配阶级的统治意识,也有主要内容,那就是,第一要“用常人”,不让本族以外的人参政;第二要重武功(“武王率惟敉功”)。因此,重礼尚文只是周代政治的一面,“国之大事在祀与戎”才是周代政治的全貌。从文王起,周人就立基起业(“业”字金文,从“戈”作“[illegible]”),但武力征服的成果,必须依赖典章制度去巩固起来,因此说,“文王惟克厥宅心”,后王帅型先王,必须继承这种政治意识。

周代政治并没有后人所形容的那样讲道德,其实周人自始至终是崇尚武力的征服,从周人东下,灭殷践奄,以至征南土,伐猃狁,是一路杀下来的。所以《周颂·大武》还存有舞诗,颂扬先王的武功,其诗分六成:一成北出,二成灭商,三成四成南国是疆,五成分周公左召公右,六成复缀起来以表示崇拜。(参看王国维《周大武乐章考》)

由上面的研究看来,我们可以说周代的政治教育主要表现在两个字,一是“颂”,二是“诰”。

据《诗序》说,“颂”是“美盛德之形容,以其成功,告于神明者也。”《周颂》是禋祀先王的诗,其中多讲武功与农事,称颂先王在政治经济上的成功。这是后王歌颂先王的诗乐,由下而上之崇拜叫做“颂”。

“诰”谓训教,《书》之诸诰,金文之《盂鼎》,大抵说明天命、敬德、治民、营国的道理,训戒子孙与多方多士要服膺周先王的统治表率。这是统治阶级的大话,由上而下之谕戒叫做“诰”。

“颂”与“诰”又是崇拜与服从的教育形式,只有官府本身才掌握这种学识,所以说“学在官府”。

第 五 章

西周末至春秋时代的思想

第一节　诗句中所表现的西周社会的矛盾

西周的盛世，时间并不长久，昭王、穆王时代已经有军事上的大失败，昭王南征连生命都牺牲了。本来西周的维新史就其社会基础来说，没有经济的地域单位，这不能不说是先天不足。到了西周末年，由于军事的失败，周族就不能不率领族人东迁，牺牲地域而维持宗族，"迁国"本身就是周的社稷基础不稳固的末运。从周代社会的内部条件看来，由于经济的发展，阶级必然会趋于分化，市民必然会参与土地所有权的斗争，破产的公社成员和奴隶，必然会起而反抗周室统治阶级，因此，颂、诰的文化统治是不能长期维持的；国民阶级的觉醒将创造出新的文化。然而历史是曲折的，最初思想上的变化，是变风、变雅的诗歌。它正是由社会悲剧的真实矛盾，反映而为矛盾的真实悲剧。

从昭、穆二世到夷、厉时代，由于社会的阶级矛盾，已经暴露出危机。昭、穆二世已经没有周初社会的相对安定的程度了，"帅型先王"愈成为当时的目的，就愈表现出继承周初的创业更加艰难。到了夷、厉时代，周初维新制度的矛盾更呈现出来了，厉王的命运更惨，在“民不堪命”的环境中，为“国人”所流逐。

在《诗·大雅·板》章（厉王时代以后的诗）中，一位旧贵族的老诗人形容当时社会的矛盾，实在是可怕的，指出城市统治阶级成了孤家寡人，城市国家就要被破坏了：

“上帝板板（反常），下民卒瘅。出话不然，为犹（谋）不远。靡圣管管，不实于亶（信）。……

天之方虐，无然谑谑。……多将熇熇，不可救药！

天之方㤄（怒），无为夸毗。威仪卒迷，善人载尸。民之方殿屎（旧注呻吟），则莫我敢葵。丧乱蔑资，曾莫惠我师（众）！

天之牖民，如埙如篪，如璋如圭，如取如携。携无日益，牖民孔易。民之多辟，无自立辟！（意指不要以为取夺人民是容易的，现在不好了，人民甚邪，你还能自己先立邪道！）

价人维藩，大师维垣，大邦维屏，大宗维翰。怀德维宁，宗子维城；无俾城坏，无独斯畏！”

上帝既然变得那样反常，人民也就不听话了，因此，照诗人的逻辑讲来，周代王朝是“不可救药”的了。《桑柔》章更形容到社会因了不平，大乱将起，统治阶级就是造成大乱的祸首：

“四牡骙骙，旟旐有翩。乱生不夷（平），靡国不泯。民靡有黎，具祸以烬！于乎有哀，国步斯频！

国步灭资，天不我将（养）。靡所止疑，云徂何往？君子实维，秉心无竞，谁生厉阶，至今为梗！”

《抑》章更说到亡国的绝境：

“天方艰难，日丧厥国。取譬不远，昊天不忒。回遹（僻）其德，俾民大棘（困急）！”

厉王无道，在《国语》、《史记》中记之甚详。周代社会在这时显明地暴露出深刻化的阶级斗争。关键的问题是后来产生的所谓周室“共和”。顾亭林《日知录》否定“共和”为二相摄政之说，引《汲冢纪年》、

《吕氏春秋》、《庄子》，证明“共和”是共伯名和，共国在春秋时代尚存。王国维继承此说，证明“共和”十四年伯和干王位，其年宣王立。《诗经》有这样的话：

“天降丧乱，灭我立王。降此蟊贼，稼穑卒痒。哀恫中国，具赘卒荒！”（《大雅·桑柔》，厉王时代诗）

我们看《周颂》，知道周初社会的天帝降命是怎样地合乎文王、武王的要求，现在，天帝不同了，居然降下来的命是丧乱了。这诗明说“立王”，或指共伯和。诗中更讲到两个政权的彼此对立，赞一个政权为惠君、圣人、良人；骂一个政权为不顺、愚人、贪人败类：

“维此惠君，民人所瞻，秉心宣犹（谋），考慎其相；
维彼不顺，自独俾臧，自有肺肠，俾民卒狂。……
维此圣人，瞻言百里；
维彼愚人，覆狂以喜，匪言不能，胡斯畏忌。
维此良人，弗求弗迪；
维彼忍心，是顾是复，民之贪乱，宁为荼毒。……
维此良人，作为式谷（善）；
维彼不顺，征以中垢！”（《大雅·桑柔》）

《吕氏春秋》说“共伯和修其行，好贤仁，周厉之难，天子旷绝，而天下皆来请矣。”共伯和当是一个“惠君”，他之被灭，显系由于周室宗族的反动。

“共和”以后，宣王“中兴”。（凡历代“中兴”政策都含有复古的意味，太平天国以后的清室“中兴”就是好例）宣王中兴，开始是十分畏惧“天降丧乱”的，想做些“弗作先王忧”的大事，如金文《毛公鼎》所载宣王对于毛公厝的诰词，其中好多话是宣王自己的誓言：

“王若曰：父厝。丕显文、武，皇天弘厌厥德，配我有周，膺受大命。……肆皇天无斁，临保我有周，丕巩先王配命。敃天疾威，嗣余小子弗彶，邦将害吉？䨻䨻四方大纵不静，乌乎，惧！余小子冢湛于艰，永巩先王。……余非庸又昏，汝毋敢妄宁，虔夙夕惠我一人，雍我邦小大猷，毋折缄，告余先王若德。用卬邵皇天，绸缪大命，康能四国，欲我弗作先王忧！……以乃族敔王身。"

这是多么深长其意的"中兴"口吻。宣王中兴周室，在《诗·大雅·崧高》、《烝民》，《小雅·六月》、《采芑》（宣王时代诗）诸章，不少渲染的诗句，指出宣王仿照周初的营国筑城，绸缪了一番"古训"，指出如大功臣仲山甫"柔嘉维则，令仪令色，小心翼翼，古训是式"，"王命仲山甫，式是百辟，缵戎祖考，王躬是保。"（《烝民》）

《诗·崧高》记载申伯征谢，好像是按照周公东征作洛邑以及封卫、晋、鲁的遗训，来营国筑城的。由这里而言，宣王之称为"中兴"，在武功方面是有一定的理由的。诗句如下：

"亹亹申伯，王缵之事。于邑于谢，南国是式。……王命申伯，式是南邦，因是谢人，以作尔庸。王命召伯，彻申伯土田，王命傅御，迁其私人。申伯之功，召伯是营。有俶（始）其城，寝庙既成。……王命召伯，彻申伯土疆。……不显申伯，王之元舅，文武是宪。"

仲山甫征东，和申伯南征，记载是一致的：

"肃肃王命，仲山甫将之。邦国若否，仲山甫明之。……仲山甫出祖（祭），四牡业业，征夫捷捷，每怀靡及。……王命仲山甫，城彼东方（齐）。"（《烝民》）

如果我们按《诗序》所说，《韩奕》与《江汉》都是宣王时代的诗，那么征韩城（参看《日知录·韩城考》）与征江汉，和南征东伐一样，其目的都在于筑城：

"溥彼韩城，燕师所完。以先祖受命，因时百蛮。王锡韩侯，其追其貊（夷人），奄受北国，因以其伯，实墉实壑，实载实借。"（《韩奕》）

"江汉之浒，王命召虎，式辟四方，彻我疆土，匪疚匪棘，王国来极。于疆于理，至于南海。"（《江汉》）

《小雅》又记宣王伐猃狁和征荆蛮的事业，其"以匡王国"，"以定王国”的语气已经没有周初的气派，但俘获氏族奴隶却是周人的传统精神：

> “薄伐猃狁，至于太原（今平凉，见《日知录》）。文武吉甫，万邦为宪。”（《六月》）
>
> “蠢尔荆蛮，大邦为仇。方叔元老，克壮其犹。方叔率止，执讯获丑。”（《采芑》）

宣王的“中兴”政策，证以《小雅》记载的出兵远征的诗章，是企图利用扩大和外族战争的矛盾而和缓内部危机。这一政策，不但没有成功，而且反把内部危机扩大了。《小雅·鸿雁》，据《诗序》说，也是美宣王之诗，即使此诗的时代稍后，我们也由此可以看出，人民不安于“野”的劳动，不愿为贵族作城，并表现出阶级对抗的情况来了：

> “鸿雁于飞，肃肃其羽，之子于征，劬劳（痛苦）于野。爰及矜人，哀此鳏寡！
>
> 鸿雁于飞，集于中泽。之子于垣，百堵皆作。虽则劬劳，其究安宅。
>
> 鸿雁于飞，哀鸣嗷嗷。维此哲人，谓我劬劳，维彼愚人，谓我宣骄。”

《小雅·黄鸟》与《我行其野》二章，说到“复我邦家”，这“复我邦家”的话，正是氏族集团奴隶或公社在不能被“畜”或不能得到食物的时候，就企图逃亡：

> “此邦之人，不我肯谷，言旋言归，复我邦族。……不肯我明，复我诸兄。……不肯与处，复我诸父。”（《黄鸟》）
>
> “尔不我畜，复我邦家。”（《我行其野》）

《国语》、《史记》所载宣王的故事，可作旁证：

> “宣王即位，不籍千亩，虢文公谏曰：不可。夫民之大事在农，上帝之粢盛于是乎出，民之蕃庶于是乎生，事之供给于是乎在，财用蕃殖于是乎始，敦庞纯固于是乎成。……今天子欲修先王之绪，而弃其大功，匮神乏祀，而困民之财，将何以求福用民？王不听。”

(《国语·周语》)

在这样阶级剥削的情势之下,庶民便要逃亡。所以宣王又有"有亡荒阅"的大搜查,检查奴隶生产者的数目,所谓"料民":

"宣王既丧南国之师(《史记》说,败绩于姜戎),乃料民于太原。仲山父谏曰:民不可料也。古者不料民而知其少多。……王治农于籍,搜于农隙,耨获亦于籍,狝于既烝,狩于毕时,是皆习民数者也,又何料焉!……临政示少,诸侯避之,治民恶事,无以赋令。且无故而料民,天之所恶也,害于政而妨于后嗣。王卒料之。"(同上)

幽王以后,周代社会更矛盾百出了,最后,平王被犬戎赶得东迁。《小雅》与《国风》记述这一时代的诗句,更表现出思想上的大变化。

上面我们已详说宣王中兴前后的历史,究竟这是一段什么样的历史呢?在诗句中所表现的思想有什么变化呢?所谓"天降丧乱"的夷、厉时代,并不是用所谓"衰微"、"乱世"所能解释清楚的。这个危机是氏族贵族的没落,按历史的发展规律讲来,代之而兴的应该是土地私有的显族历史,应该是由氏族单位变革而为地域单位的历史。共伯和是否执行着变法任务,史无详载,未可臆度。但厉王毕竟是由于监民谤而被"国人"(自由民)所流逐的。这是一个社会斗争,当无疑义。

问题的关键是:在这一社会变动中,国民资格的显族是否出现于历史,古史材料甚不完全,然《诗经》中的这时代前后的作品给我们以许多启发。

西周社会的阶级是以血族的标准来区划的,这叫做"氏所以别贵贱"。然而由于私有制的发展,阶级起了变化,《小雅·十月之交》警觉着这一上下变动的局面,诗章前面是拿自然的变化来比喻的:

"日月吉凶,不用其行。四国无政,不用其良。彼月而食,则维其常,此日而食,于何不臧!

"烨烨震电,不宁不令。百川沸腾,山冢崒崩,高岸为谷,深谷为陵。哀今之人,胡憯莫惩!"

接着便说出阶级变化的具体事实：

“皇父孔圣，作都于向，择三有事（三卿），亶侯多藏（以富者为取）。不慭（不勉强）遗一老（旧贵族），俾守我王。择有车马，以居徂向（有车马的人俱往）。”

多藏货币和有车马的富人居然做了官，正所谓“深谷为陵”了。旧贵族感到“四方有羡，我独居忧”，正所谓“高岸为谷”了。

土地生产资料与劳动力的所有形态，在周初是“国有”的，但《大雅·瞻卬》却提出这样严重的问题：

“人有土田，女（汝）反有之。人有民人，女（汝）复夺之。此宜无罪，汝反收之，彼宜有罪，女复说（脱）之。”

土地和劳动力都可以私有、可以掠夺了。这虽然是部分的现象，但问题是严重的。因此，富贵贫贱的关系也有了变动：

“维昔之富，不如时；维今之疚，不如兹。彼疏斯粺，胡不自替，职兄（悦）斯引。”（《召旻》）

疏为粝，粺为精，二者是大有区别的，而今贫富之判别并不是如从前那样以血缘关系来做自明的标准了。在这样阶级关系变化之下，贵族君子也要与民争利了。所以说：

“如贾三倍，君子是识。”（《瞻卬》）

在周初，土地与劳动力都是国有的，所谓“普天之下，莫非王土，率土之滨，莫非王臣”。财富的绝对权力是和神的绝对权力相适应，现在居然由于财富权力的变动，第一次的阶级分野便被破坏了。一方面新兴的富人，显得“威仪不类”，另一方面旧氏族贵族感到了“人之云亡”。诗句是：

“天何以刺，何神不富？……不吊不祥，威仪不类。人之云亡，邦国殄瘁。”（同上）

同时，佌佌蔌蔌的社会贱人，居然有屋有谷，“富人”就更显得威风了。《小雅·正月》说：

“佌佌（小）彼有屋，蔌蔌（陋）方有谷。……哿矣富人，哀此茕独。”

从这些诗句所讲的财富和富人看来,已经暗示着从氏族单位到地域单位的转变倾向。在希腊社会,“货币的凯旋行军”,把氏族送到坟墓,因而产生了古典社会的国民之富(国民指古代的);中国古代社会既然走着维新路径,私有财富便是在氏族制度的破坏中逐渐发展起来的,这个不完全典型的私有财富,毕竟在厉王失国与宣王中兴之交发生出来。问题之没有解决,另当别论,但社会矛盾的增加是明显的。

在厉王以后的西周社会,是所谓王道衰微时代。变风、变雅暴露了奴隶制时代的矛盾。氏族贵族的剥削阶级的反动,显明地成了历史发展的桎梏:

“嗟尔君子,无恒安处。靖共尔位,正直是与。神之听之,式谷以女(汝)。

嗟尔君子,无恒安息。靖共尔位,好是正直。神之听之,介尔景福。”(《小雅·小明》)

这已经看出了氏族君子的没落。更严重的是,诗句从“王事”(生产与战争)方面道出了贵贱的鸿沟和阶级的对立,一方面统治阶级是怎样的享乐,另一方面被统治阶级是怎样困于劳役:

“或燕燕居息;或尽瘁事国。
或息偃在床;或不已于行。
或不知叫号;或惨惨劬劳。
或栖迟偃仰;或王事鞅掌。
或湛乐饮酒;或惨惨畏咎。
或出入风议;或靡事不为。”(《小雅·北山》)

《小雅·大东》曾说出了这个秘密,即西方(周人谓之西土)以姬姓为盟主的氏族贵族与东方(殷、奄诸族)亡国的诸氏族集团生产者,形成了对抗阶级。诗中所谓“私人”,当即前面所讲之“富人”,后来称为国人,相似于自由民,在悲剧的夹缝里可以“百僚是试”。诗章如下:

“小东大东(大小东国过去氏族),杼柚其空。纠纠葛屦,可以履霜。佻佻公子(在西土的贵族),行彼周行。既往既来,使我心疚!……

东人之子,职劳不来(慰惠);西人之子,粲粲衣服,舟人之子,熊罴是裘,私人之子,百僚是试。"

贵族阶级就是野人所养的君子或国中人或都人士,他们是这样的豪贵:

"彼都人士,狐裘黄黄,其容不改,出言有章。……

"彼都人士,台笠缁撮,彼君子女,绸直如发。……

"彼都人士,充耳琇实,彼君子女,谓之尹、吉(尹氏、姞氏)。……

"彼都人士,垂带而厉,彼君子女,卷发如虿。……

"匪伊垂之,带则有余,匪伊卷之,发则有旟。……"(《小雅·都人士》)

"《国风》中的材料更露骨,明白非难氏族贵族的坐食。

"不稼不穑,胡取禾三百廛兮。不狩不猎,胡瞻尔庭有县貆兮。彼君子兮,不素餐兮!"(《魏风》、《伐檀》)

阶级斗争的表现形式是城市支配着农村、而农村复对抗着城市的历史。西周社会,从厉王以至平王东迁,就在这个逐渐展开的阶级斗争中,引导入灭亡之途,所谓"不可救药"。

第二节　悲剧诗歌的思想性和人民性

希腊古代有史诗,这种史诗的产生是和氏族制度相联接的,在新社会降临的时候,史诗是一个先行的形式。史诗后来让位于悲剧艺术,它是适应着奴隶大生产制与显族土地所有制的矛盾而出现的,但同时也是雅典民主制度的产物,没有雅典市民,那伟大的悲剧艺术是难于出现的。

西周是维新的社会,文化被贵族所垄断。最初的史诗是《周颂》和

《大雅》的《文王》与《生民》,这史诗具有特别的形式,其中没有国民阶级的活动史料,仅有先王创业的史料。我们认为它是非常朴实逼真的,因为它是以“先王”代表了“生民”。

中国古代思想的花果,以诸子百家为代表。但它的先驱,不能说不是变风、变雅的诗篇。在厉王失国与宣王“中兴”的阶级斗争中,社会出现了变革运动,虽然“中兴”使这一运动流产,但问题的悲剧性却更加深了。

所谓悲剧,并不是个别人物所能解决的问题,而是在真正不能解决的矛盾中使旧的衰亡的一面导入灭亡之路的问题。悲剧思想常有歧路,它表现在这样的矛盾中,即一方面对于旧制度采取一定的保守态度,另一方面又对于民众的力量具有着一定的同情心。这是因为新阶级还没有典型地出现,而旧传统压住了历史的发展。

悲剧尽管有各种形式,其共同特点,在于具有社会的矛盾根源;而悲剧思想却主观上企图从命运中解救自己。从这意义讲来,变风、变雅无疑是先驱的悲剧诗歌。虽然思想为官府之学所独占,然而作歌者却离心于官府之学,不管他们是没落的贵族也好,新兴的“私人”和“国人”也好,都暴露了周初“王道”思想的矛盾,特别是天人的矛盾,因此,东迁前后开放出思想之花。到了春秋,西周文物丧失,但维持传统的霸者,“以力服人”,在“兴灭国继绝祀”的张公室政策之下,妨碍了社会的迅速发展,因而春秋时代既有搢绅先生所传授的六艺思想,又有暴露阶级矛盾的悲剧思想。所谓“《诗》亡然后《春秋》作”,应该是说“《诗》亡然后诸子出”。

中国古代社会的真实矛盾,产生了周代的悲剧思想,这是问题的中心。

(一)暴露现实的悲剧思想

东迁前后的变《风》、变《雅》无所顾忌地痛斥了腐朽的社会现实,这是这些诗篇的特点。关于暴露贵族生活的,已如上引,今再分别详述于下：

（甲）暴露社会的危机：

"瞻卬昊天，则不我惠。孔填不宁，降此大厉。邦靡有定，士民其瘵。蟊贼蟊疾，靡有夷届。罪罟不收，靡有夷瘳。"（《大雅·瞻卬》）

"旻天疾威，天笃降丧。瘨我饥馑，民卒流亡，我居圉卒荒。"（《召旻》）

"其在于今，兴迷乱于政。颠覆厥德，荒湛于酒。女（汝）虽湛乐从，弗念厥绍，罔敷求先王，克共明刑。"（《抑》）

"天生烝民，其命匪谌。靡不有初，鲜克有终！"（《荡》）

"无罪无辜，乱如此幠（大）。昊天已威，予慎无罪。昊天大幠，予慎无辜。"（《小雅·巧言》）

"国虽靡止，或圣或否，民虽靡朊，或哲或谋，或肃或艾。如彼泉流，无沦胥以败！"（《小旻》）

这显然是周初思想的反对物。诗句中不但很多命题是新的，而且很多批判是大胆的。它指出社会的危机只有导向没落或颠覆。

（乙）讽刺氏族贵族的没落：

"相彼投兔，尚或先之。行有死人，尚或墐之。君子秉心，维其忍之！心之忧矣，涕即陨之！"（《小雅·小弁》）

"抑此皇父，岂曰不时，胡为我作，不即我谋。彻我墙屋，田卒汙莱。曰予不戕，礼则然矣！"（《十月之交》）

"昊天不佣，降此鞠讻。昊天不惠，降此大戾。君子如届，俾民心阕。君子如夷，恶怒是违。

"不吊昊天，乱靡有定，式月斯生，俾民不宁。忧心如酲，谁秉国成（城），不自为政，卒劳百姓。"（《节南山》）

"君子屡盟（告神），乱是用长，君子信盗，乱是用暴。"（《巧言》）

"如何昊天，辟言不信。如彼行迈，则靡所臻。凡百君子，各敬尔身,胡不相畏,不畏于天!”

“戎成不退,饥成不遂。……凡百君子,莫肯用讯。听言则答,谮言则退。”(《雨无正》)

这些诗句暴露了氏族贵族统治阶级的一切行为都和人民的利益相反。这些贵族君子被形容为统治人民的凶恶人物!他们既然把人民剥削得不能生存,那么上帝也就不会救他们了。这就是说,地下的阶级矛盾,在意识上反映做上帝和统治者的矛盾了。

(丙)暴露战争中人民的痛苦:

“曰归曰归,岁亦莫止。靡室靡家,猃狁之故。不遑启居,猃狁之故。……

“昔我往矣,杨柳依依。今我来思,雨雪霏霏。行道迟迟,载渴载饥。我心伤悲,莫知我哀。”(《采薇》)

“召彼仆夫,谓之载矣。王事多难,维其棘矣。……忧心悄悄,仆夫况瘁。……王事多难,不遑启居。岂不怀归,畏此简书。”(《出车》)

“何草不黄,何日不行。何人不将,经营四方。何草不玄,何人不矜。哀我征夫,独为匪民!匪兕匪虎,率彼旷野。哀我征夫,朝夕不暇。”(《何草不黄》)

“王事靡盬,不能蓺稷黍。父母何怙,悠悠苍天,曷其有所!”(《唐风·鸨羽》)

西周社会劳动力的来源,主要依靠了对外战争的俘获,宣王“中兴”对东西南北的征伐就是率型先王的例证。然而,“王事”在国力衰微的时候,不但和缓不了内部矛盾,反而加深了人民的痛苦和劳动力的危机,以致贵族内部也有人以反对派的身份出而警告了,至于氏族奴隶,更发出“尔不我畜,复我邦家”的反抗呼声。

(丁)暴露劳动力的危机:

周代劳动力主要是集体族奴或公社农民的形式,所谓“载芟载柞,其耕泽泽。千耦其耘,徂隰徂畛”(《周颂·载芟》)。劳动力的单位是以家室计算,如"百室盈止",《春秋》记载的赐室、夺室、兼室等,即指劳动力的让渡与争取。劳动力的单位也以"书社"来计算,如春秋时记载着赐社若干。西周中叶以后,劳动力(奴隶)已到"民不堪命"的境地,所以说:

"邦靡有定,士民其瘵(病)。"(《大雅·瞻卬》)

"瘨我饥馑,民卒流亡。"(《召旻》)

"民亦劳止,汔可小康。……"(《民劳》)

"上帝板板,下民卒瘅。"(《板》)

"民靡有黎,具祸以烬!"(《桑柔》)

"绵蛮黄鸟,止于丘阿。道之云远,我劳如何。"(《小雅·绵蛮》)

这样的诗句甚多,暴露了劳动力的危机。所谓"周余黎民,靡有孑遗"(《云汉》),正指出周代社会的劳动力发生了问题(黎民为黎氏族族俘)。在这种危机之下,所谓"小民难保"等遗训,真正成了现实的问题,周初治民的诸诰,显得不灵了。结果是什么呢?诗句明白地说:

"民之罔极,职凉(信)善背。为民不利,如云不克。民之回遹(邪僻),职竞用力。……民之未戾(定),职盗为寇。……"(《桑柔》)

"民之靡盈,谁夙知而莫成。……回遹其德,俾民大棘(困、乱)"。(《抑》)

这不是说出了奴隶要暴动么?自然,在诗句中所表现的对待"民"的态度是不正确的,但客观上却说出"民"要铤而走险,例如有的诗句说"民各有心",有的说"民之多僻",有的更说"庶人之愚,亦职维疾",可见庶民在这时是大不安分的了。所以,在"降丧饥馑,斩伐四国"的时候,庶民也就敢于反对"作室"(为奴),例如:

"谓尔迁于王都,曰予未有室家,鼠思泣血,无言不疾。昔尔出居,谁从作尔室!"(《小雅·雨无正》)

直接生产者威胁了贵族君子的统治,这是基本矛盾!

(戊)暴露生产资料的破坏：

如果说“民卒流亡”是奴隶逃亡,那么“居(国中)圉(野鄙)卒荒”,便是对生产资料的破坏。因此,在“蟊贼内讧”的时候,连田野上的草都像水中的浮萍,生产力的衰落是严重的。甚至国家灭亡——所谓“邦溃”,也出现在诗句之中：

“如彼岁旱,草不溃茂,如彼栖苴。我相此邦,无不溃止!”(《大雅·召旻》)

“旱既太甚,涤涤山川(山无木,川无水)。旱魃为虐,如惔如焚。……祈年孔夙,方社不莫。昊天上帝,则不我虞(思度)。”(《云汉》)

这诗句不仅指出自然的灾害(旱),而更重要的指出连上帝也管不着国家的毁灭了。《周颂》里讲的是“绥万邦,屡丰年”,“万亿及秭,为酒为醴”;然而变雅却叹“日月告凶,不用其行”(《十月之交》),“昊天疾威,敷于下土”(《小旻》),“降此蟊贼,稼穑卒痒,哀恫中国,具赘卒荒”,“忧心殷殷,念我土宇。……自西徂东,靡所定处。多我觏痻,孔棘我圉”(《桑柔》)。

《小雅》中,如《楚茨》、《信南山》、《甫田》、《大田》诸章都是讲收获的盛况,好像《周颂》的《载芟》。各章的年代虽难以明确地考定,但似与《载芟》相接近,而与厉王时代的情况则相远。(研究《诗经》,以作品年代的考据为第一步,关于《诗》简“雅颂各得其所”的话是难信的,《日知录》已经指出,现存《诗经》反而是错简并陈,并未各得其所。我们拿《大雅·荡》来讲,首节好像和《板》相类,以下各节则是文王伐殷的誓词,显然是错简。古人文献保存甚难,惟其如此,才是真实材料,而《易经》编排得完整划一,反而有伪。)

不管生产力如何低落,“食我农夫”是传统的剥削关系,生产力愈降低,其“不稼不穑”而“素餐”的剥削程度更要利害,因此,更后的诗句说：

“硕鼠硕鼠,无食我黍。三岁贯女(汝),莫我肯顾。逝将去女

(汝),适彼乐土。乐土乐土,爰得我所。

硕鼠硕鼠,无食我麦。三岁贯女,莫我肯德。逝将去女,适彼乐国。乐国乐国,爰得我直。

硕鼠硕鼠,无食我苗。三岁贯女,莫我肯劳。逝将去女,适彼乐郊。乐郊乐郊,谁之永号?"(《魏风·硕鼠》)

(己)暴露社会阶级关系的变化

由于劳动力的危机和生产力的破坏,社会阶级关系也就要发生巨大的变动,没落的贵族君子不能不力田代食,而小人居然可以富人资格出现了。贵族的一部分没落者是这样:

"如彼溯风,亦孔之僾。民有肃心,荓云不逮。好是稼穑,力民代食。稼穑维宝,代食维好。"(《大雅·桑柔》)

反之,在诗人的世界观中,小人幸进,显得是太不体面的事情了。诗中有不少由阶级感情出发的悲伤调子,例如:

"不吊不祥,威仪不类,人之云亡,邦国殄瘁!天之降罔,维其优矣。人之云亡,心之忧矣。天之降罔,维其几矣。人之云亡,心之悲矣!"(《瞻卬》)

这便是所谓悲剧思想的歧路。诗句显然对于旧贵族寄存了相对的"正义心",以至于把旧贵族的没落说成人类的没落,把新兴阶级的人物说成"不类"。然而从客观上讲来,周初的维新人物,到王道衰微或"周道倭迟"之时,的确变了一个样子。这种世界观和方法论的矛盾,不但表现在古代诗歌之中,而且也表现在后世的文学作品之中,例如巴尔扎克主观上担心封建贵族的灭亡,但客观上却把他们描写为没有前途的挣扎者。因此,诗歌中所谓"人之云亡",当是"君子万年"的反面,"淑人君子"虽"自贻伊戚",而前途却是不可救药的。

《国风》中也有讽刺"威仪不类"小人的诗句,但这并不减少对阶级关系变化的暴露:

"维鹈在梁,不濡其翼。彼其之子,不称其服。"(《曹风·候人》)

自然，新兴阶级不像"彼都人士"那样惯于穿衣束带，所谓"威仪抑抑，德音秩秩"。然而，并不是所有诗句都从这样观点出发，在阶级关系变化的时候，有些诗句也把这一变化看做是自然的，例如：

"国虽靡止，或圣或否。民虽靡朊(多)，或哲或谋，或肃或艾。"(《小雅·小旻》)

这就不像殷顽民是那样绝对的至愚了。

(二)悲剧诗歌中所表现的进步的天道思想

在前章里我们已经知道，周人的"天人合一"思想，是从上帝神与祖先神的授受出发的，由此而产生了周初的"天命"观。到了周公时代，这种天命观有了一次变革，即一方面依然保留宗教的信仰，另一方面又补充了伦理思想——君子的德、孝观，"有德有孝，四方为则"。

然而变雅却违背了这一思想传统，它不但责难上帝神，而且一再怀疑祖先神。这种意识形态具有革命的因素，也具有唯物主义思想的萌芽形态，它在客观上可以说是周初思想的否定，也可以说是悲剧诗歌的实质。我们且把主要的诗句引在下面：

"天方艰难，曰丧厥国。"(《抑》)

"天降丧乱，灭我立王。降此蟊贼，稼穑卒痒，哀恫中国，具赘卒荒。"(《桑柔》)

"天降丧乱，饥馑荐臻。靡神不举，靡爱斯牲。圭璧既卒，宁莫我听。(怎样求神，神总不灵)

昊天上帝，宁俾我遁！"(《云汉》)

"瞻卬昊天，则不我惠。孔填不宁，降此大厉。邦靡有定，士民其瘵。"(《瞻卬》)

"旻天疾威，天笃降丧。……民卒流亡，我居圉卒荒。"(《召旻》)

"昊天疾威，敷于下土。"(《小雅·小旻》)

"浩浩昊天，不骏其德。降丧饥馑，斩伐四国。旻天疾威，弗

虑弗图。舍彼有罪，既伏其辜，若此无罪，沦胥以铺。"(《雨无正》)

"民今方殆，视天梦梦。既克有定，靡人弗胜。有皇上帝，伊谁云憎。"(《正月》)

"不吊昊天，乱靡有定。"

"昊天不惠，降此大戾。"

"天方荐瘥，丧乱弘多。"(《节南山》)

由此看来，上帝虽然在意识中没有被完全否定，但好像变样了，反常了。应该指出，这是怀疑上帝并接近于否定上帝的思想的表现。这样的坏上帝在逻辑上是应该骂的对象了。更应该指出，天命的反动，是社会危机的反映。我们试拿这些怀疑天命的思想，对比一下《周颂》与《大雅·文王》的天命观，便知道周初的上帝神是如何值得"以天为宗"，厉王以后的上帝神是如何应遭受人的攻击。在这里，诗歌把悲剧的主人翁升华而为悲剧的上帝。

宣王中兴，曾一度使上帝复活，但已经没有周初那样，凡大事必说天与上帝的授命了。试看《大雅》的《烝民》与《崧高》、《小雅》的《六月》与《采芑》的诗句，没有一句提到天命。若按周初的文法，一定是首先说"天命匪解"，"于昭于天"，"天既遐于猃狁之命"，"今王嗣受厥命"，"我有周佑命，将天明威，致王罚"。平王实在没有基本上"中兴"了周室。(《毛公鼎》有天命的话，应与诗人所纪的区别开来)

《崧高》与《烝民》曾偶尔提出"天"字，诗句如下：

"崧高维岳，骏极于天。维岳降神，生甫及申。维申及甫，维周之桢。"

"天生烝民，有物有则。民之秉彝，好是懿德。天监有周，昭假于天。保兹天子，生仲山甫。"

在这里所出现的"天"字，与周初的"天"字是不同的：一、周初天命的功用在逻辑上是全称，只要配天受命，命就一如人意。此处所讲的天命在逻辑上是特称，仅以降生佐王的大臣为天命。二、周初配天命的原则在逻辑上是特称，天命只与先王相合，降福曾孙。此处所讲的配天命的原则是全称，不但贵族可以配天，而且一般的人民也和天命有关了。这样看来，周初天命观已经对于现实让步了。且作《崧高》、《烝民》诗的人，显然是史官。它类似周初之颂体，而与当时变风、变雅的诗体风格都不相同，所以即以这改良了的天命观而言，还不能说它代表诗的一般趋势。

和上帝神同时连带的，便是先祖神，这是周初王道思想的中心所在，已如前章所论。天命思想的变革，一方面怀疑上帝与天，另一方面便要怀疑到先王了：

“不殄禋祀，自郊徂宫。上下奠瘗，靡神不宗。后稷不克，上帝不临。耗斁下土，宁丁我躬。”

“昊天上帝，则不我遗。胡不相畏，先祖于摧。”

“大命近止，靡瞻靡顾。群公先正，则不我助，父母先祖，胡宁忍予。”（《大雅·云汉》）

“藐藐昊天，无不克巩。无忝皇祖，式救尔后。”（《大雅·瞻卬》）

“四月维夏，六月徂暑。先祖匪人，胡宁忍予？”（《小雅·四月》）

“父母生我，胡俾我瘉？不自我先，不自我后。……忧心愈愈，是以有侮！”（《小雅·正月》）

诗章很明显地指出，后稷、先祖、皇祖、父母都不能锡子孙以福禄了，在大命告终的时候，祖先神对子孙没有一点援救。反之，人在不畏天的时候，也就要把先祖推翻了。

从天命方面讲，过去是“降福穰穰”，现在是“天降丧乱”，因此，传统的伦理观念也就要动摇了，敬德与孝思的伦理要遭受现实的打击了，因此：

“昔先王受命，有如召公，日辟国百里，今也日蹙国百里。于乎哀哉！维今之人，不尚有旧！”（《大雅·召旻》）

敬德和发国难财是反对的，所谓“如贾三倍，君子是识”，因此敬德离着贵族君子愈远了：

“抑抑威仪，维德之隅。人亦有言，靡哲不愚。庶人之愚，亦职维疾；哲人之愚，亦维斯戾。”(《抑》)

这是说统治阶级连道德的外表，也愚而不顾了。更严重的是，统治阶级的道德和淫乱是分不开的：

“其在于今，兴迷乱于政，颠覆厥德，荒湛于酒。”(同上)

“回遹其德，俾民大棘。”(同上)

有的诗句，为了挽救没落的阶级，拿“以德报德”的话来说道理，但这也是无效果的，因为作诗的人并不相信他的话可以生效，例如：

“无言不仇，无德不报。(只要有德，便不患“民各有心”了)”(同上)

“辟(君)尔为德，俾臧俾嘉。淑慎尔止，不愆于仪，不僭不贼，鲜不为则。投我以桃，报之以李。”(同上)

“温温恭人，维德之基。其维哲人，告之话言，顺德之行；其维愚人，覆谓我僭！”(同上)

城市国家诸侯的城市壁垒是贵族人士的屏翰。过去凡讲到城市都拿先王的道德作根据，现在却说到：城市虽在，贵族宗子如果没有道德来维持统治权，便将成为独夫，所以在“上帝板板”的一章里说：

“怀德维宁，宗子维城；无俾城坏，无独斯畏！”

在上面我们已经知道在宣王“中兴”时，天命观曾在现实面前改良了一次，同样地，“中兴”也使“德”字的内容发生了一些变化。

周初统治阶级的道德之所以是纯德(“文王之德之纯”)，乃是由于先王的德和上帝的意志相一致，例如“丕显考文王，克明德慎罚。……闻于上帝，帝休，天乃大命文王”，“弘于天，若德于乃身，不废在王命。”(《康诰》)然而“中兴”时代的道德观念却偏重于德的效果与仪式：

“申伯之德，柔惠且直，揉此万邦，闻于四国。”(《大雅 · 崧高》)

“仲山甫之德，柔嘉维则。令仪令色，小心翼翼。古训是式，

威仪是力。……柔则茹之，刚则吐之。维仲山甫，柔亦不茹，刚亦不吐，不侮矜寡，不畏强御。”(《烝民》)

这样讲来，德成了一种“古式”，把古式当做政策，以揉治万邦。而且道德也形式化了，主要是在讲威仪。阮元曾考证春秋时代才重视威仪，这话是对的。

复次，周初的文教德业，是统治阶级的宗法传授，仅宗子曾孙“秉文之德”，其属于特定的范围至为严格，例如“王惟德用和怿先后迷民，用怿先王受命”(《梓材》)。但中兴的道德观念却社会化了，例如：

“民之秉彝，好是懿德。”

“德輶(轻)如毛，民鲜克举之，我仪图之，维仲山甫举之。”(《烝民》)

这好像是矛盾的，然而“中兴”就是一个矛盾的缩影。晚清在最后迫于现实不得不承认立宪的时候，就有堂皇的天赋民权的诏文，可是同时又说愚民难信，先让五大臣出洋考察一下再说。历史的社会性质，前后不同，但传统精神是相似的。

“孝”的观念也有了改变，先王的大业好像并不是容易绍继起来的。例如：

“女(汝)虽湛乐从，弗念厥绍，罔敷求先王，克共明刑(型)。”(《抑》)

“哀哉为犹，匪先民是程，匪大犹是经。”(《小雅·小旻》)

这就不是如“孝思维则”的思想了。

东迁以后的诗就更悲观了，例如：

“我生之初，尚无为；我生之后，逢此百罹，尚寐无吪！”(《王风·兔爰》)

然而贵族统治阶级，越近没落，就越放肆起来，在《国风》中，这些公族的形象更被描绘得下流不堪了。至于“国人”(《国风》中已有“国人”出现)，如果他们有点财产，出门来摆摆仪式，那就被贵族们讪笑，什么“美无度，殊异乎公路，……异乎公行，……异乎公族”！贵族还是在精神胜利的陶醉中。

总之,悲剧诗歌暴露了社会矛盾,攻击了奴隶制度,怀疑了宗教与道德,在主观上虽然对于古式表示念念不忘,但在客观上却把古代制度描写成一幅没落的图景。这诗歌是历史的证件。这悲剧思想的“变”,支配了西周至春秋之交的思想潮流,先秦诸子就是从这里来发扬光大的。

末了,在材料的处理方面,必须声明一下:我们依据的《诗经》,正是年代难于确定的材料。陆侃如《诗三百篇的年代》一文定《颂》的年代大概是在前900年至前600年间,《二南》、《风》、《雅》的一部分年代是在前827年至前510年间,而大部分诗章难于确定出确切的年代。以上我们所引用的章句,或稍涉于过早之嫌,但大体上作为后人追记的史料看,在轮廓上是没有犯考据家的大忌的。

第三节　春秋时代的唯物主义思想

从上面所讲的诗歌里表现出的进步思想看来,西周至春秋之际也必有其他文献出现进步的理论,但可惜记载太不完全了。现在留下的史料只是《左传》、《国语》等战国时代作者的追记,而且其所追记的也仅是些断片,像管仲、子产的文献就没有办法知道了,今存《管子》一书是决不能据以论证管子的。

按照春秋时代的经济变化和阶级变化看,或按照其适应于生产技术的改革而出现的科学知识看,我们认为春秋时代出现唯物主义的哲学思想是合理的,特别是从五行自然史观方面来否定有神论的思想以及从人道的伦理观方面来否定天命的思想,因此,《左传》、《国语》的记载虽然不完全(大都是晋、郑两国的史料)或杂有战国时人的思想成分,但作为原始的素朴的唯物主义思想断片来处理,是合于思想发展的规律性的。我们也仅能限于这样的处理,而不能自由地随便上溯到殷、周之际,因为离开史料的真伪辨别来处理思想史是要出轨的。

我们认为五行说最早的记载，应该是《左传》、《国语》所记各条，至于《洪范》乃是战国的作品（详见下面讲子思、孟轲的思想），《尚书大传》所记武王伐纣时士卒的歌舞词更不可信。罗振玉曾误以为殷代有五方帝的祀典，郭沫若已经反驳过了（《金文丛考·金文所无考》）。据我们的考察，殷代已有四方的观念（自然知识），四方和四方所来的风都有特殊的名称：

	方名	风名
东	析	协
南	夹（或宊）	宊（或户）
西	朿（或彝）	彝（或朿）
北	尼	役（见《殷墟文字缀合》二六一、《殷契拾掇》二，一五八）

但没有"中"这一方。胡厚宣所举的"中商"（《商史论丛》初集，《论五方观念及中国称谓之起源》）似为"仲商"的误释，"中"和"仲"在卜辞里是截然不同的，所以殷代没有五方观念，自然更不会有五行学说。如果以五行的哲学起于殷代，那就不免于牵强附会了。

五行论之所以是古代素朴的唯物主义思想的断片，不但因为它还没有形成思想的体系，而且因为它还是和祀典的宗教形式和平共处的。就现有的记载看来，五行论大都是在君臣问答之中表现出来的，而且还不敢反对"礼"这一宗法思想，这样就束缚了思想的发展。因此，有的记载是这样的，一方面不敢否定神，另一方面却以五行的理论讽刺了神的尊严，例如《左传·昭公二十九年》的记载：

"（蔡墨）对曰：'……故有五行之官，是谓五官，实列受氏姓，封为上公，祀为贵神，社稷五祀，是尊是奉：木正曰句芒，火正曰祝融，金正曰蓐收，水正曰玄冥，土正曰后土。……少皞氏有四叔，曰重、曰该、曰脩、曰熙，实能金木及水，使重为句芒，该为蓐收，脩及熙为玄冥，世不失职，遂济穷桑，此其三祀也；颛顼氏有子曰犁，为祝融，共工氏有子曰句龙，为后土，此其二祀也。'"

有的记载虽然在表面上提出宗教的祖先神，然而在实质上是依据自然知识来论证事物的，例如《左传·哀公九年》的记载：

"晋赵鞅卜救郑，遇水适火，占诸史赵、史墨、史龟。……史墨曰：'盈，水名也，子，水位也。名位敌，不可干也。炎帝为火师，姜姓其后也。水胜火，伐姜则可。'"

有的记载虽然在表面上提出巩固宗法制度的理想，然而在实质上却暴露出有价值的物质因素的思想，例如《左传·昭公卅二年》的记载：

"（史墨）对曰：'物生有两、有三、有五、有陪贰，故天有三辰，地有五行，体有左右，各有妃耦。王有公，诸侯有卿，皆有贰也。'"

我们知道，在中国古代的学在官府的领域，其传统思想之被宗教所俘虏，实在是由来已久的。然而事物的发展和思想的发展都是一个自然史的过程，都是向其对立物的方面跃进的。上面我们指出春秋时代唯物主义思想的形成是和宗教形式以及宗法制度结联在一起的。这也毫不奇怪，因为思想家还没有完全分工，当时能够讲出进步的世界观的人不是被压迫阶级，反而是统治阶级的附庸人物。他们一方面是具有自然科学知识（特别是天文历算）的人物，同时另一方面又是巫卜占星的官吏。因此，这种唯物主义思想，便是列宁所说的"科学思维的萌芽同宗教、神话之类的幻想的一种联系"（列宁：《哲学笔记》，人民出版社版，页253）。然而，正由于这种情况，五行说可以为宗教而服务，也可以为反宗教而服务。到了战国，这种矛盾便更加发展了，即有唯物主义的五行论，同时也有神秘主义的五行论，因而展开了唯物主义和唯心主义的两条路线的斗争。

春秋时代的五行论，在其积极的因素方面讲来，是略当于恩格斯讲的原始的自发的唯物论，这即是如上面所指出的，即使金、木、水、火、土还和神脱离不开，神是用金、木、水、火、土来造成万物的创始者，但正如恩格斯同意黑格尔的说法：在这里，神的本质已经是空话了（参看《自然辩证法》,人民出版社版,151页)。更重要的,这种唯物哲学的形成是在于这样:“它在它自己发展的最初阶段便十分自然地把自然现象无限多样性的统一看作自明的东西,并且就在某个一定的有形体的东西中,在一个特殊的东西中去寻求这个统一。”(《自然辩证法》,人民出版社,151页)中国古代的五行论正是从某些有形体的东西如金、木、水、火、土中来找寻统一。例如:

“晋却缺言于赵宣子曰:‘……六府三事,谓之九功,水、火、金、木、土、谷,谓之六府,正德、利用、厚生,谓之三事。’”(《左传·文公七年》)

“子罕曰:‘……天生五材,民并用之,废一不可。’”(《襄公二十七年》。“五材”,杜注:“金、木、水、火、土也”。)

“(医和)对曰:‘……天有六气,降生五味,发为五色,徵为五声,淫生六疾。六气曰阴、阳、风、雨、晦、明也,分为四时,序为五节,过则为菑。’”(《昭公元年》)

“简子曰:‘敢问何谓礼?’(子太叔)对曰:‘吉也闻诸先大夫子产曰:……天地之经而民实则之,则天之明,因地之性,生其六气,用其五行,气为五味,发为五色,章为五声。’”(《昭公二十五年》)

由此看来,五行论不但发现了自然现象的多样性的统一,而且发现了“数及其关系的和谐的体系”(《自然辩证法》,人民出版社版,152页,转引自亚里士多德语。)这从史墨说的“物生有两,有三,有五,有陪贰”看来,是更明白的。正如恩格斯指出的:“如同数服从于一定的规律一样,宇宙也是如此,于是宇宙的规律性第一次被说出了。”(同上)《国语》中也有这样的记载:

“晋侯使随会聘于周。……王召士季(范武子)曰:‘……五味实气,五色精心,五声昭德,五义纪宜。……’”(《周语》)

“襄公(单襄公)有疾,召顷公而告之,曰:‘……天六地五,数之常也’。(韦解:“天有六气,谓阴、阳、风、雨、晦、明也,地有五

行,金、木、水、火、土也")"(《周语》)

更值得注意的是,五行论还从数的规律性方面认识出宇宙和谐的体系及其派生的发展规律,《国语》的记载如下:

"展禽曰:'……及天之三辰,民所以瞻仰也,及地之五行,所以生殖也,及九州名山川泽,所以出财用也,非是不在祀典。'"(《鲁语》)

"(郑)桓公为司徒,……问于史伯,……对曰:'……夫和实生物,同则不继;从他平他谓之和,故能丰长而物归之,若以同裨同,尽乃弃矣。故先王以土与金、木、水、火杂,以成百物。是以和五味以调口,刚四支以卫体,和六律以聪耳,正七体以役心,平八索以成人,建九纪以立纯德,合十数以训百体,出千品,具万方,计亿事,材兆物,收经入,行姟极。'"(《郑语》)

史伯的话是五行论中比较完整的思想,它包括这样的光辉的命题:(一)两个不同的"他"物形成了统一体的一物(和);(二)一切由对立物而形成的和合物是自然的发展(丰长);(三)没有发展就一切废置了;(四)由两端的和合而成五,以至十、百、千、万、亿、兆的复杂变化。这是含有素朴的辩证法的因素的。

随着素朴的五行唯物主义思想的形成,必然产生否定天命否定神鬼的无神论思想。这是在上面讲的诗歌思想中已经可以看出来的。当然,和五行说保留神的空名一样,在无神论的形成中,最初也保留了神的空名。例如:

"少师归,请追楚师,随侯将许之,季梁止之曰:'天方授楚。楚之羸,其诱我也,君何急焉?臣闻小之能敌大也,小道大淫。所谓道,忠于民而信于神也。上思利民,忠也;祝史正辞,信也。今民馁而君逞欲,祝史矫举以祭,臣不知其可也。'公曰:'吾牲牷肥腯,粢盛丰备,何则不信?'对曰:'夫民,神之主也,是以圣王先成民而后致力于神。……故务其三时,脩其五教,亲其九族,以致其禋祀,于是乎民和而神降之福,故动则有成。今民各有心,而鬼神乏主,

君虽独丰,其何福之有?'"(《左传·桓公六年》)

"史嚚曰:'虢其亡乎!吾闻之,国将兴,听于民,将亡,听于神。神聪明正直而壹者也,依人而行。'"(《左传·庄公三十二年》)

无神论者总是着重在对于自然现象的解释,而反对所谓有定的天命思想。因此,无神论是和自然科学分不开的,例如:

"春,陨石于宋五,陨星也。六鹢退飞过宋都,风也。周内史叔兴聘于宋,宋襄公问焉,曰:'是何祥也?吉凶焉在?'……(叔兴)退而告人曰:'君失问。是阴阳之事,非吉凶所生也。吉凶由人。'"(《左传·僖公十六年》)

"夏,大旱,公欲焚巫尪。臧文仲曰:'非旱备也。脩城郭,贬食,省用,务穑,劝分,此其务也;巫尪何为?天欲杀之,则如勿生,若能为旱,焚之滋甚。'"(《左传·僖公二十一年》)

值得注意的是春秋时代的反对天道和重视人道的思想,这是西周天人合一思想的革命,下面我们举出有名的政治家子产的两个例子来证明:

"裨灶曰:'不用吾言,郑又将火!'郑人请用之,子产不可。……子产曰:'天道远,人道迩,非所及也,何以知之?灶焉知天道?是亦多言矣,岂不或信?'遂不与,亦不复火。"(《左传·昭公十八年》)

"郑大水,龙斗于时门之外洧渊,国人请为禜焉。子产弗许,曰:'我斗,龙不我觌也,龙斗,我独何觌焉?禳之,则彼其室也。吾无求于龙,龙亦无求于我。'乃止也。"(《左传·昭公十九年》)

我们依据上面所述的唯物主义和无神论的思想看来,春秋时代的进步思想家虽然在"礼"的约束之下有其局限性,不敢公开地反对贵族的宗法制度,但他们却敢于把宗法制度所依托的灵魂丢开,举起无神论的旗帜,讽刺贵族麻醉人民的迷信思想,甚至如士伯,他敢说"薛征于人,宋征于鬼,宋罪大矣”(《左传·定公元年》),宣布信鬼是罪大恶极的丑事;如史墨,他敢从“物生有两”的道理,宣言犯上的行动是合理的(参看本书讲孔子“叩其两端”的说明)。

中　　编

孔　墨　显　学

第六章

孔墨显学和前期儒学思想

第一节 “维新”束缚下的孔墨思想

由于中国古代社会的创出不曾经过革命一途，而采行了维新路径，所以不但国民思想晚出，不但出现的国民思想家不成为典型的“智者”而成为“贤人”，而且初期思想家的著作也充满了“贤人作风”。

就历史的属性来看，中国的“贤人”与希腊的“智者”同为古代国民阶级的思想代表，但恰如维新与革命有着分别，“贤人”与“智者”也各有其个性。在希腊，思想史起点上的思想家，例如泰勒士，一开始便提起了（并且也解答了）宇宙根源的问题；与此一问题相平行，也从事于自然认识的活动。但是，在中国，思想史起点上的思想家，不论孔子和墨子，其所论究的问题，大部分重视道德论、政治论与人生论；其所研究的对象也大都以人事为范围；其关于自然认识，显得分量不大；其关于宇宙观问题的理解，也在形式上仍遵循着西周的传统。例如孔、墨的天道观，即与周人“惟天不畀不明厥德”的天道思想无截然的差别。中西两相对勘，我们可以说，希腊古代思想史在起点上，是追求知识、解答宇宙根源问题的“智者气象”，其“贤人作风”反而在后（例如苏格拉底、柏拉图、亚里士多德等所谓“三哲时代”）；而中国古代思想史在起点上，是关心治道、解明伦理的“贤人作风”，其“智者气象”在战国中叶才发达起来。

过去许多讲中国哲学史的人，好对中国古代哲学进行曲解。例如在某些西方的唯心主义者看来，古代“中国无哲学”；至其所以不能有哲学，黑格尔以为哲学的产生以思维自由为前提，而中国的古代则无思维的自由；哈克曼以为是由于中国的象形文字根本不适于哲学的思维。在一部分中国的形而上学的唯心主义者或反动的东方文化论者看来，又说中国文化有它的神秘性，是纠正西洋文化偏弊的良药，并且是急需发扬的国粹。但是，所谓象形文字不能作哲学思维，只是一段童话而不是理论的研究；以中国古代无思维自由，是对于春秋、战国的社会构成以及思想家活动的轨迹毫无了解的诬蔑；至于形而上学的东方文化论者，从所谓“不用理智看问题，而用理性看问题”的内心态度上来企图说明，则显然是唯心主义的胡说。

古代思想里“贤人作风”的支配，无疑是受西周“维新”传统的影响。至春秋、战国之际的思想家所以未能摆脱西周“维新”思想的影响，当然是以国民阶级的软弱为基础，也与春秋时代西周文物制度的形式化有连带关系。更具体的说来，可以分为下列几点：

第一，成为“贤人作风”内容的所谓多说道德少说知识，多说人生少说宇宙，其实是维新思想的“春秋版”；翻版并不是一字未改的重复，而是附加了订正的形态。这是因为，春秋从一方面看固然有“张公室”的反动因素，而从另一方面看则是“私肥于公”、“公室皆卑”，依渐变方式对于氏族遗制进行清算的发展的时代。这一清算工作是属于新兴的软弱的国民阶级来执行的任务。但是，这变革，亦与一般的历史变革同样，通过了社会的认识而认识了自然；如此积蓄至于春秋末年，人类的自然认识显然已较西周远为丰富，科学已有较大的进步。例如在《论语》里，便出现了多样的自然事物名称与关于自然现象的知识，这是和

“多识鸟兽草木之名”的《诗经》中的自然知识相联结的。然而，在《论语》全书四百九十二章、一万二千七百个字里，却没有一个命题是为自然现象本身而发，所有的自然事物与关于自然现象的认识，都是“取辨之物”，即都是借以导出政治论或道德论上某些结论的手段或工具。在这里，可以简单地举出一两条以为证明：

“为政以德，譬如北辰，居其所而众星共（拱）之。”（《为政》）

“人而无信，不知其可也，大车无輗，小车无軏，其何以行之哉？”（同上）

据此可知，《论语》所以成为“贤人作风”的代表文献，并不是其中不含有关于自然现象的知识，而是只以固有的自然认识为手段，通过了“譬如”的类比法来证成思想家（贤人）的政治与道德的主张，从不为更进一步的自然认识而定立命题。然而，如前所述，这种以讲道德为主的学风，正是西周“维新”时代所播种下的根株。

第二，春秋、战国之际，西周“维新”所保存并推行的氏族制度，又发挥了“死的抓住活的”的最大的桎梏力量。所以，此时的主要历史问题，就是对于西周遗制应否清算或如何清算的问题。这一客观现实的历史要求，规定了最初出现的古代思想家不能不离开“智者气象”，而折入于“贤人作风”的道路。在这一点来看，孔、墨显学的对立，首先以西周文物的“述而不作”与“循（述）而且作”为其主要的争执点，自是势所必然的思想动向。关于“述而不作”与“循而且作”的分水岭，也即所谓孔、墨异同之一，据文献归纳，我们可以这样来说明：

《论语》中记载孔子言诗、书、礼、乐者甚多，如“兴于诗，立于礼，成于乐”，“不学诗无以言，不学礼无以立”等等。至于周制，在孔子看来，实纳入于一“礼”字，所以《论语》中以“礼”这观念化了的范畴为社会的极则。史称孔子删诗、书，定礼、乐，这虽然未可尽信，但就其“述而不作”、“好古敏求”的精神看来，他的学术和诗、书、礼、乐的周公遗范是分不开的。

墨子，依据《淮南子·要略》说，他曾“学儒者之业，受孔子之术，以为其礼烦扰而不说,厚葬靡财而贫民,服伤生而害事,故背周道而用夏政”。这里所谓背周道用夏政与《墨子》书的内容不完全相合,但墨子是一位后起的邹鲁缙绅先生,却无问题。我们在他的书中可以找到许多引用并说明诗书的句子,而且是根据了旧瓶装新酒的先王之道,做他立说的张本。这在形式上大体和孔子相同;所不同的是,孔子是以全盘西周(诗、书、礼、乐)为观念的根据,墨子是以一半西周(是诗、书,非礼、乐)为观念的根据。

如果用一对宗教改革时代的类型人物来比拟孔、墨,我们可以说,马丁·路德的上帝观念与孟彩尔的上帝观念,和孔子的先王观念与墨子的先王观念,是可以作为对照来认识的。孔子是路德型,墨子是孟彩尔型。这在他们的学术活动开始的时候,或即所谓“君子儒”与“小人儒”的分别。

用近代语言讲来,如果说孔子是以内容为先形式为后,而订正西周文化(诗、书、礼、乐);则墨子是以内容高于一切,形式不妨唾弃,而发展西周文化。这是孔、墨显学所争持的要点之一。如果他们没有对于时代现实提出解决问题的真实意见,便不会弟子遍天下,为后学所尊。

著者认为孔、墨二家对于春秋文化的批判方面,确有相同的精神。孔子批评了春秋的僵死仪式,这道理正如“鸟闻热旱则高,鱼闻热旱则下”,墨子和孔子在这一点甚为接近,孔子既唱之于前,墨子当可称之于后。但孔、墨显学自有分水岭,未容混同。仅就传统文化之接受与批判一点而言,墨子显然是更激进些。孔子仅分别了“君子儒”与“小人儒”,而在道德情操方面变革儒者的“古八股”主义,墨子则根本否定这一“古八股”,于是对于儒者缙绅先生尽其攻击之能事。(详见侯外庐著《中国古代思想学说史》)

第三,我们前面说过:西周氏族贵族的维新活动,虽然在客观上促进了新社会的成立,但是在主观上却自以为是挽救旧社会的危机。这一挽救危机的“维新”思想,也作为传统而直接影响了孔、墨,更通过孔、墨而影响于古代诸子。这就是说,先秦主要学派,除了法家(例如

韩非)以外,大都以春秋、战国为危机时代。所谓“思以其道易天下”即是以挽救危机为己任的同义语,例如:

孔子明讲春秋为“礼坏乐崩”或“天下无道”的时代。

墨子也讲春秋为“别君”“别士”的时代。

孟子说春秋“世衰道微,邪说暴行有作。”(《孟子·滕文公下》)

庄子说“天下大乱,圣贤不明,道德不一,……是故内圣外王之道暗而不明,郁而不发。”(《庄子·天下篇》)

似此,既以“危机”为“退化”,则今不如古。所以“称尧、舜”、“法先王”,为诸子思想中“贤人作风”的又一特色。(在这一点上,唯《墨经》作者及韩非为例外,老、庄只是在字面上抹杀尧、舜先王,实质上仍是寄其理想于三代以上,与诸子殊途而同归。)此一特色,也由于西周的“维新”而来。这就是说,周人由于“维新”,继承了殷人的氏族制度,因而“帅型先王”与伦理的思想相为一体;到了春秋、战国,诸子沿此遗绪,遂多以“先王之道”证成己说。不过,这一先王观念由殷、周到战国,也相应于古代社会的发展而分为下列的阶段:

一、殷代的“先王”与“帝”为一体,是一元的祖先崇拜的氏族联盟社会的原始宗教思想,相当于统治阶级运用宗教意识所幻想的一种人类起源论。

二、西周的“先王”既受命于“上帝”而又以德配“天”,是由于“维新”而保留氏族遗制于邦国内部的二元的宗法思想,相当于统治阶级运用礼教所强辩的一种道德起源论与国家起源论。

三、春秋、战国的“先王”是“贤人”观点之下的政治与道德的境界,相当于各依阶级立场而各持一说的文明起源论。

最可注意的是,诸子不直指其理想主义的极则于将来,而托始于“古之圣王”之世,显然与国民阶级的晚出及其软弱性是相关联的。但其“法先王”的实质意义既仍为理想化的极则,所以诸子虽同言“法先王”,而其“先王观”则又互异。韩非子所说:“孔、墨俱道尧、舜,而取舍相反,皆自谓真尧、舜,”(《显学》)其秘密即在于此。

最后,我们总起来说,古代国民思想(即私学思想)晚出,其晚出的国民思想家不为“智者”而为“贤人”,在思想史起点上缺乏“智者气象”而为“贤人作风”所支配等等,都是“亚细亚的”或“维新的”中国古代途径的思想史面貌。于此更有两点,应着重提出:

(甲)古代思想史起点上两个大思想家(孔、墨),其思想所以不能不走入“贤人作风”一途,如前所述,是由于西周文物制度的形式化所发挥的桎梏作用。但“形式化”即“残馀”的别名,所以孔、墨显学的历史意义,只是由“官学”到“子学”转化的初级形态。然正由于其初级性,所以孔、墨死后,“儒分为八,墨离为三”(《韩非子·显学》)。

(乙)无论如何“分”“离”,由孔、墨所奠定的“贤人作风”,又转成了后世正统思想的传统;其“道尧、舜”、“法先王”的立言方法,也为后世“经学形式”所从出。此二事的社会史的秘密,我们在本书里将随时代分别地具体究明。现在,我们只说,“贤人作风”在孔、墨时代,与在后世判然有别。在孔、墨时代,虽其思想被“维新”传统桎梏着智能要素的发展,但其积极的一面,就孔、墨对于春秋形式文化所首创地提出的光芒万丈的批判,尤其墨子的“尚贤”论所透露的对于氏族遗制的不妥协的变革性思想而论,他们实在是当时进步的伟大代表。至于后世绝大多数正统派儒家的称道先王,实际上完全丧失了孔、墨的进步性的传统,削去了孔、墨的现实批判的精神,歪曲了孔、墨的伟大的理想主义,而变质为唯心主义的卑屈的思想。近代地主资产阶级的学者们昧于其间的鸿沟,而笼统地、甚至是实质上把后世儒家的“道统”夸耀为“国粹”,这确是颠倒是非的曲解。

第二节 春秋末期学术下私人的社会和孔子“私学”的开创

在前章里,我们屡次说,“私家”学术的中国思想史发端于春秋、战国之际的孔、墨显学的对立。关于墨家部分,下章另有详论;在这里,我们先来讨论孔子的"私学"开创。但孔子所开创的儒家学派，不唯在中古有很大的变化，即在古代，由春秋至于战国之季，其思想的内容，也有着显著的变化与发展，这是不能不加区别的。因此，我们的论题必须遵循历史的程序，单言儒家思想史起点上的古代前期儒家的思想。我们在这里特别表明"古代前期"，就是说以探讨孔子本人与其"及门"弟子的思想为限；至于其"再传"及"三传"以下的弟子，如子思、孟轲等人的思想，当另辟专章详论。

为了理解孔子的"私学"开创，须先知道春秋末期"学术下于私人"的历史变化；理解这一变化，又须先知道春秋末期的社会历史的矛盾。关于此点，我们论"古代贤人晚出"时，曾说，西周"维新"的桎梏，规定了春秋历史的难以转变性；并以此为基础，在思想领域内出现了作为公族奴婢的邹鲁缙绅先生。现在，我们将这两点论断，作一较详明的阐述。

当春秋末世，中国古代社会正走着它的迂回的路线，政权下移，由诸侯而大夫，由大夫而陪臣。氏族单位到地域单位的变革过程，比之希腊社会，显然具备了"难产性"。一方面旧的仍然存在，如《左传》所记，"齐仲孙湫来省难，……归曰：不去庆父，鲁难未已。……公曰：鲁可取乎？对曰：不可，犹秉周礼，周礼所以本也。臣闻之，国将亡，本必先颠而后枝叶从之，鲁不弃周礼，未可动也。"（《闵公元年》）另一方面，经济城市逐渐兴起并和公族城市对立起来，财产所有制形式有了由公室而世室的相对变化，因而社会阶层上"私肥于公"（私指大夫）的相对变化，社会组织上礼与法（礼以氏族来别贵贱，法以国民强弱来别贵贱）的所谓"晋政多门"制度，使社会的新的因素逐渐成长起来。

在这个所谓"转变"（古代社会的本身转变）的社会发展中，思想家和事业家很难在社会的经济分工里，显明地分裂出来。因此，春秋前期的思想家如管仲、子产同时也就是当时齐、郑二国的执政大夫，他们的政治的调和政策与"惠人"政策，是在礼与法的夹缝中，适应于相安一时的"君子之道"，所以管仲既讲富国又要尊王，子产既说"天道远，人道迩”,又要崇礼乐,敬鬼神。

从社会分化的进展来看,春秋时代以氏族为标准的礼制(氏所以别贵贱)正在破坏中,大量自由民的形成,与希腊社会的自由民从富有而没落的路线不同,乃从氏族组织废墟的崩坏中找得路线,这便是所谓“国人”。

不管如何难以转变,而春秋究竟是一个转变时代,是正处在一个难产的由氏族血缘单位向国民地域单位的转变进程中。因此,思想的发展,必然从西周的“皆原于一,不离于宗”,而趋向于分裂。此一思想的多元分裂,与土地的多元所有适相对应。所以《庄子·天下篇》说:

“后世之学者,不幸不见天地之纯、古人之大体,道术将为天下裂。”

然而“分裂”是有一个过程的,尤其在春秋、战国的社会分裂过程的长期转变中,关于人类思想的发展也难于硬来一个突变的大转弯,难于从西周“皆原于一,不离于宗”、“以天为宗,以德为本”的观念世界,一下子便折而突变为“判天地之美,析万物之理”的百家之学。

我们知道,从中古宗教世界到科学世界的过渡,还有一段上帝文明化(宗教革命)和商业资本主义的泛神论时代。自然,这是另外一个时代的以上帝为本以科学为用的过渡思想,不可与中国古代思想同日而语,但道理是相似的。同样,谁都知道由古老的中国到近代的中国,最初也产生过洋务运动时代的“中学为体,西学为用”的思想。

作者认为,邹鲁缙绅先生的儒术(诗、书、礼、乐),正是以“先王为本,今世为用”的过渡思想,正是春秋社会“私肥于公”的反映。

这种作为过渡观念家的“缙绅先生”,正是春秋时代文化特征的产物。这也就是说,东迁以后,由于反动的氏族内外战争的蔓延,春秋时代的西周文物,已不是有血有肉的思想文物,而仅仅作为形式的具文,作为古训教条,以备贵族背诵;所谓诗、书、礼、乐的思想,在这时好像变成了单纯的仪式而毫无内容。这样,西周的文化就变做了死规矩。

然而,这一项讲究并不是平常人所能胜任的,必须有一批专门传授的行帮才能给贵族装门面，邹鲁缙绅先生之道——诗、书、礼、乐，正是一种名为儒者的职业，所谓“四体不勤，五谷不分”，专门背诵古训，即《盐铁论》所说的“儒者是往古而诽今也”。

缙绅先生之所以出现于邹鲁，因为西周文物在于邹鲁，这是史有明文的事实。例如《左传》说，“周礼尽在鲁”，孔子说，“齐一变，至于鲁；鲁一变，至于道。”（《论语·雍也》）因此郭沫若说：

> “成王分封鲁公伯禽时，曾‘分之土田陪敦，祝宗卜史，备物典策，官司彝器。’比较同时受封的康叔来特别隆重。”（《驳说儒》，见《青铜时代》，人民出版社版，页152）

此所谓“备物典策”，正是邹鲁缙绅先生所依据的诗、书、礼、乐，《史记》所谓“其语不经，缙绅不道”，即指此事。这种非典型的思想家即是师儒。所以“儒”这种职业并不始于孔子。《论语》“君子儒”与“小人儒”的分类，即其一证。

孔子是否缙绅先生中人虽不敢强断，但他既生于保存了“周索”的典章文物的鲁国，则他曾受缙绅学术传统的长期熏陶，并从而开创了儒家学派，在“私学”的中国思想史起点上完成了发端的一环，实无可疑。所以《论语》中记载孔子言诗、书、礼、乐者甚多，如“兴于诗，立于礼，成于乐”，“不学诗无以言，不学礼无以立”等等。

最后要说明，我们不能用近代的眼光来非难古人。一方面缙绅先生由于西周传统力量的束缚，把西周的思想作为“儒术”而职业化，但另一方面他们在思想传统上也相对地保存了文化遗产。只有邹鲁这样周公遗教可能存在的国度里，才没有因戎族入侵而将传统的文化斩绝。因此，一方面，儒者将西周的思想文化形式化，正是春秋制度将西周王道形式化的照映；另一方面，适应着由诸侯而大夫的过渡阶段成为战国不完全典型的显族时代的桥梁，春秋的缙绅儒术也成为战国显学的桥梁。学术下私人的运动既然适应着经济的相对的国民化，所以直接由儒者蜕变而出的前期儒家思想，一方面是对于春秋文化形式化的批判活动，另一方面又是开启子学发展的前驱。

在说明了春秋“学术下私人”的线索及孔子开创私家学派的承借以后，我们就要进而研究古代前期儒家的思想。关于这一问题，目前在学术界中间还颇多争论。我们以为，孔子在春秋末期（公元前 551 年至前 479 年），作为由儒术开创了儒学的第一人，就思想史的意义来看，无疑是从“官学”桎梏解放的空前伟大的先进者；就思想财产的收获来看，他的批判的活动的确也在一定程度上增加了学术的新内容。这就是说，孔子在西周“维新”传统的约束里，一方面依据对于西周制度的正义心而自认为儒，另一方面又批判了儒者的形式化或具文化，以现实问题的提出与解决为主要任务，这就使他在讲解诗、书、礼、乐上注入了系统的道德观点，而并不局限于西周古义。

诚然，“私学”的国民思想，在开创阶段的孔子时代，还只是一种新的萌芽，还只是类似尚未脱离襁褓的国民婴孩。例如，《左传》引孔子的话，“天子失官，学在四夷”，“礼失而求诸野”，《论语》中已经有关于思想家与事业家分离的议论，但同时他又说明这种分离仍然结合，这由所谓“仕”与“学”的概念中可以证明，如“学而优则仕，仕而优则学”。所以孔门弟子有德行、政事、文学、言语等分科，但他们大多同时又作了吏宰，这显然表明尚在私学成立的过渡期，和战国时代“不治而议论”的文学之士有基本上的分别。但是，新生的事物总以积极要素的开始昂扬为前提，而且其中的积极要素虽然在量上颇为有限，而在质上则为有价值的宝藏。我们在识别前期儒家的社会立场的时候，尤其应当掌握这一方法。我们已经说过，孔子思想是以“礼”为社会的极则，这也就是说“立于礼”是孔子的中心思想。现在，我们就从孔子讲“礼”之处，来研究前期儒家的社会观点：

“林放问礼之本。子曰：‘大哉问！礼，与其奢也，宁俭；丧，与其易也，宁戚。’”（《论语·八佾》）

“禘自既灌而往者，吾不欲观之矣。”（同上）

“居上不宽，为礼不敬，临丧不哀，吾何以观之哉？”（同上）

“觚不觚，觚哉！觚哉！”（同上书，《雍也》）

"礼云礼云,玉帛云乎哉？乐云乐云,钟鼓云乎哉?"(《论语·阳货》)

这样的批判,无疑地是以"内容重于形式"为前提,因而以失去内容的空洞形式为赘疣,甚至"有不如无"。这对于春秋当时的徒具形式的文化趋势,不能说不是一种有力的批判。从这一点上看来,可见孔子和前期儒学虽出于缙绅先生的儒术,而却与儒术的纯粹奴婢思想严有区别。

不过,孔子关于春秋时代礼乐的批判,并不是掌握着新内容以否定旧形式,而是相反,固执着旧形式以订正旧内容。所谓"循名以求实",即是此义。因此,对于当时的礼坏乐崩,孔子在他的思想出发上是不胜其痛惜之感的。关于此点,除《论语·乡》的记载是生动的例证以外,在《论语》全书中尤多明文可考。例如：

"孔子谓:季氏八佾舞于庭,是可忍也,孰不可忍也(忍心害理之忍)?"

"三家者以《雍》彻,子曰:'相维辟公,天子穆穆,奚取于三家之堂?'"

"季氏旅于泰山。子谓冉有曰:'女弗能救与?'对曰:'不能。'子曰:'呜呼！曾谓泰山不如林放乎?'"

"子入太庙,每事问。或曰:'孰谓鄹人之子知礼乎？入太庙,每事问。'子闻之曰:'是礼也。'"

"子贡欲去告朔之饩羊,子曰:'赐也！尔爱其羊,我爱其礼。'"

"子曰:'管仲之器小哉!'或曰:'……然则管仲知礼乎?'曰:'邦君树塞门,管氏亦树塞门;邦君为两君之好,有反坫,管氏亦有反坫。管氏而知礼,孰不知礼?'"(以上均见《八佾》)

"能以礼让为国乎？何有？不能以礼让为国,如礼何?"(《里仁》)

"臧文仲居蔡,山节藻棁,何如其知(智)也?"(《公冶长》)

"陈成子弑简公。孔子沐浴而朝,告于哀公曰:'陈恒弑其君,请讨之!'公曰:'告夫三子。'孔子曰:'以吾从大夫之后,不敢不告也;君曰告夫三子者!'之三子告,不可,孔子曰:'以吾从大夫之后,不敢不告也。'"(《宪问》)

"天下有道,则礼乐征伐自天子出;天下无道,则礼乐征伐自诸侯出。自诸侯出,盖十世希不失矣;自大夫出,五世希不失矣;陪臣执国命,三世希不失矣。天下有道,则政不在大夫。天下有道,则庶人不议。"(《季氏》)

上举十例,足见孔子把灭礼僭乐的人和礼坏乐崩的事,都看作"天下无道"的危机,而尽力以图挽救。《论语》明讲礼乐之处四十九章,礼字七十四见,乐字二十五见,共九十七个礼、乐字,在在皆充满此意。

然而,孔子言礼,也非绝对束缚于西周古义,反之,在相对的限度以内,未尝不相应于现实的需要,对于礼乐酌予损益,从事于局部的改良。例如:

"麻冕,礼也,今也纯(丝),俭,吾从众;拜下,礼也,今拜乎上,泰也,虽违众,吾从下。"(《子罕》)

就其可以违礼从众来说,孔子虽以推行"文武之道"自任,而在西周文物制度的存续问题上,实是一位进步的改良主义者;就其可违众从礼来说,孔子的改良的进步意义是有限度的。这样,从"礼"的思想上看来,前期儒家的社会观点是一种自上而下的改良主义,其事事折衷新旧,去其泰甚,而代以温和方式,明明系以调和春秋末世的古代社会矛盾为任务。但是,这里的改良或调和,并不是站在氏族贵族方面去扼杀国民阶级的历史创出;相反的,乃是相应于当时国民阶级的不完全性或其懦弱性而提出的一种温和的或缓进的改良思想。正是由于此点,孔子所开创的古代前期儒家学派,才在历史意义上有别于西周贵族的思想家及春秋的缙绅先生,而成为古代第一个伟大的思想家,对于子学思潮的勃兴,尽了"金鸡一鸣天下晓"的首创任务。

第三节　前期儒家的政治论、道德论和天道观

我们已经说过，前期儒家的历史任务，在于调和春秋末年的社会矛盾。但所谓调和矛盾，其本身必然以自己矛盾的立场为立场。因而，在孔子的思想体系里，其各个理论之间，便特别显示出发展的不均衡。例如有些地方冲决了西周的樊篱，有些地方则仍为西周的网罗所束缚，以致呼应之际，陷入自论相违。诚然，站在“万事起头难”的历史观点上来讲，我们不应苛求古人；但是，也由于同一理由，我们尤不应粉饰古人。

（一）国民阶级的承认与复礼的立场

春秋末年，国民阶级正在出现之时，孔子首先作为私学著述的大哲人批判了春秋社会，因此，他的人类性的观点应当强调地提出来研究。

这个时代的人类好像充满了阶级矛盾，即孔子所谓：

“好勇疾贫，乱也；人而不仁，疾之已甚，乱也。”（《论语·泰伯》）

道德和政治是建立在经济基础上面的。一方面所谓“小人不知天命”，如“赐不受命”之类，因了不愿贫贱，争相为富，以致产生出社会的乱子；他方面“人”（旧人，指贵族君子）而不仁，恨小人过火，形成了对抗之势，那也会发生大乱的；因此，统治和被统治的关系都走进了矛盾中，这就是社会的危机。孔子是不愿意有这样矛盾的。正因为这样在贫富问题方面提出了社会的基本问题，孔子就不能不正视人类性。他探求出的人类的性能，已经在原则上承认人类的近似性，这是周宣王中兴以后的新命题。孔子说：

“性相近也，习相远也。”（《论语·阳货》）

孔子虽然没有在人类倾向性方面发展出更多的理论，但这一命题是可贵的。“性相近”正是在小人“疾贫”与君子求富的相似前提之下

才可能产生的。

为了更具体地理解国民阶级的本质及更适当地评价孔子承认国民阶级的思想,我们首先要看春秋末年财富的权力手段的变迁。关于此点,在《论语》里也有记载,例如所谓“禄之去公室”,所谓“季氏富于周公”,都说明财产所有的多元化或下降;同时在春秋时代虽然劳动力仍当做财富计算,但自由民(国人,《论语》“与国人交”)却已经在争取“私有”的财富。关于以上二项,《论语》说:

“子谓卫公子荆善居室,始有,曰,苟合(聚)矣;少有,曰,苟完矣;富有,曰,苟美矣。”(《子路》)

善居室之义,前人不解。按“室”指劳动力的单位数,如《周礼》“凡营国必计其室数”,《诗经》“百室盈止”,《左传》记“夺室”、“兼室”、“赐五百室”等。“善居室”,即言善于占有劳动力的财富。

然而这个时代,已经不是像西周的“国有富”的严密制度了,自由民已经参与了财产私有的活动。故紧接上文便说:

“子适卫,冉有仆。子曰:‘庶矣哉!’冉有曰:‘既庶矣,又何加焉?’曰:‘富之。’曰:‘既富矣,又何加焉?’曰:‘教之。’”

春秋社会中贫富阶级的斗争,无疑地成了严重的问题,国民阶级已经在春秋末叶和氏族贵族阶级发生了抗争。国民阶级不再顾忌西周传统的道理,起来要破坏“氏所以别贵贱”的制度了。孔子对于这一社会的变化,在《论语》中有很多的指摘,例如:

“子贡曰:‘贫而无谄,富而无骄,何如?’子曰:‘可也,未若贫而好乐,富而好礼者也。’”(《学而》)(这是说,贫富阶级两方面皆破坏制度,贫者难安于贫,富者则私肥于公。)

“富与贵,是人之所欲也,不以其道得之,不处也;贫与贱,是人之所恶也,不以其道得之,不去也。”(《里仁》)(这里所提出的人性是从欲望出发的命题,为荀子所本。人类性已经成为平等的范畴。)

同理,孔子又说:

"富而可求也，虽执鞭之士，吾亦为之；如不可求，从吾所好。"（《述而》）

这样看来，追求财产是孔子在一定的条件下所承认的，因为国民阶级的欲望，在社会变化的历史中，也是孔子所承认的。孔子虽然对子贡经营货殖，痛斥说"赐不受命"，但命已经是可以不受的了，这说明以氏族鸿沟来区别阶级的命定观已经在破坏之中。因此，孔子又不能不说：

"贫而无怨难，富而无骄易。"（《宪问》）

"好勇疾贫，乱也。"（《泰伯》）

然而孔子同时也说明富与礼之不相容，例如：

"诚不以富，亦祇以异。"（《颜渊》，此《诗·小雅·我行其野》句，宋儒认为是错简。）

"齐景公有马千驷，死之日民无德而称焉。伯夷、叔齐饿于首阳之下，民到于今称之，其斯之谓与。"（《季氏》）

在这严重的社会变乱里，由于国民阶级的抬头，遂产生了孔子"性相近，习相远"的国民的人类性的认识。在这一光辉的命题之下，氏族贵族的人类性观点，即贫富由于天命的观点就难以立足了。因此，孔子承认了国民参与国事的合理性。例如孔门弟子即以国民阶级占绝对多数（只有南宫适、司马牛二人以贵族来学），而"问为邦"、"学干禄"、"可使南面"、"可使为宰"、"可使治赋"者，实繁有徒。这一由贵族专政到古代的政权开放的肯定，确乎是由于孔子承认国民阶级以及其人类性的新规定所必然产生的。但是，由于国民阶级本身未成熟，也决定了孔子思想的不彻底性。这就是说，孔子在如何参与国事这一问题上，对于国民阶级又引回到"复礼"的立场上来。例如：

"颜渊问仁，子曰：'克己复礼为仁。一日克己复礼，天下归仁焉。为仁由己，而由人乎哉？'颜渊曰：'请问其目。'子曰：'非礼勿视，非礼勿听，非礼勿言，非礼勿动。'颜渊曰：'回虽不敏，请事斯语矣。'"（《颜渊》）

此所谓"克己复礼"，译为今语，就是教国民阶级自动退让，视听言动一以氏族贵族制度的合法行为为标准。这一标准路线,就是一方面教氏族贵族自动开放政权,另一方面教国民阶级自动奉公守礼,一切都依照"自上而下"的改良方式进行。孔子的这一思想,在其"举贤"论里,表现得更为明白。

"举贤"二字,不是自下而上的"选举",而是自上而下的"拔举"。《论语》里讲这一问题的地方很多,兹择其重要的数章为例,分类辑录,并酌加诠释如下:

一、"贤人"的自我修养及复礼态度:

"见贤思齐焉,见不贤而内自省也。"(《里仁》)

"愿无伐善,无施劳。"(《公冶长》)

"贤哉回也:一箪食,一瓢饮,在陋巷;人不堪其忧,回也不改其乐。贤哉回也!"(《雍也》)

"子谓颜渊曰:'用之则行,舍之则藏;唯我与尔有是夫!'"(《述而》)

总括"贤人"的态度,不外是以"礼让"的态度,而自我克制,严守"自上而下"的制度,切戒以贤自骄("无伐善"),流于斗争。孔子所以对于"僭礼"者痛加呵斥,就是因为他们"以贤(善)自伐",缺少克己复礼的自我节制。

二、"贤人"以贤自伐而不守"复礼"态度的实例:

"臧文仲居蔡,山节藻棁,何如其知也?"(《公冶长》)

按私藏灵龟("居蔡")和过分奢华(画梁雕栋),都是僭礼的行为,孔子竟以此否定("何如"即"怎么算")其为"智"。因为"山节藻棁"一类行为,其僭礼与管仲"树塞门"、"有反坫"相仿佛,是与复礼态度对立的。

三、贵族应有的开明态度——举贤:

"哀公问曰:'何为则民服?'孔子对曰:'举直错诸枉,则民服;举枉错诸直,则民不服。'"(《为政》)

按"直"与"贤"、"枉"与"不贤"是同义语。民的"服"与"不服"是统治阶级所最关心的问题，足见“举贤”的重要。因此，《论语》又记有：

“仲弓为季氏宰，问政，子曰：‘先有司，赦小过，举贤才。’曰：‘焉知贤才而举之？’曰：‘举尔所知，尔所不知，人其舍诸？’”（《子路》）

四、开明贵族“举贤”的范例：

“公叔文子之臣大夫僎，与文子同升诸公。子闻之曰：‘可以为文矣。’”（《宪问》）

五、不能推行“举贤”开明政策的实例：

“臧文仲其窃位者与！知柳下惠之贤，而不与立也。”（《卫灵公》）

统上诸例看来，可知孔子的“举贤”论一方面与其“性相近”的国民人类性的承认息息相通，而他方面又基于对周制的阶级感情，在“复礼”的立场上打了个对折，只许可自上而下的贵族政权的开明“举贤”，而不允许贤人以自主独立的方式，自下而上地参与国事。这是不容讳言的矛盾，也是改良主义的本质。

（二）历史观察与历史理想

在论述孔子“礼的思想”的时候，我们曾提到孔子的社会批判的进步性。在春秋末世，古形式虽存在着，而内容却失去灵魂，在这样貌合神离的历史火炉里，才产生了伟大思想家的批判。在这一方面讲，孔子是以天才的姿态和春秋的俗人进行战斗的。然而，孔子复古的态度是和他对古代制度的仰慕以及他对腐朽贵族的阶级同情心分不开的。这叫做悲剧思想的“迂”路，子路就敢于批判他，说：“有是哉？子之迂也！”“有民人焉，有社稷焉，何必读书然后为学？”

孔子的批判态度是有局限性的，因为他在客观的历史大变化之中，主观上显然表现出对这一变化的不满。《论语》就记载着孔子对于过去的留恋：

“子在川上曰：‘逝者如斯夫，不舍昼夜。’”（《子罕》）

不但如此，孔子对于历史的前景是悲观的，他断定“礼乐征伐自诸侯出，盖十世希不失矣；自大夫出，五世希不失矣；陪臣执国命，三世希不失矣”，接着说：

“禄之去公室，五世矣；政逮于大夫，四世矣。故夫三桓之子孙微矣。”（《季氏》）（公室是宗子大氏族，大夫是世室支族，“私肥于公”，就显示氏族贵族的宗法系统将要完了。）

这时虽然统治阶级的名分关系的形式还存在着，而其政治内容却变了。这一变化的危机，在孔子看来是很严重的，据孔子估计十世、五世之说讲来，今大夫为政已四世，这岂不是说旧社会灭亡仅仅余下一世即三十年了么？

同时孔子又把政治的趋势也规定出来：

“天下有道，则政不在大夫；天下有道，则庶人不议。”（《季氏》）

孔子所谓好政治的内容，确是和春秋的主要现象相反的，即政在大夫，庶人议政。关于春秋的这样政治趋势，《论语》中有很多的说明，本章第二节已摘要称引，兹不赘述。

在这里，我们应该指出，客观的历史运动以无可阻当的趋势走向了“天下无道”，而孔子的主观理想却追求着“政不在大夫，庶人不议”的“天下有道”的局面，因而客观的历史运动以激变的步调瓦解着西周的遗制，而孔子的理想却坚持着渐进主义的历史观。例如：

“子张问：‘十世可知也？’子曰：‘殷因于夏礼，所损益可知也；周因于殷礼，所损益可知也；其或继周者，虽百世可知也！’”（《为政》）

如前所述，继周而起的春秋，显然不是因于周而有所损益的社会，而是走进灭王制、坏礼法的历史变革之中。因此，孔子的历史观察与历史理想显然有了矛盾。并且，这一客观的社会历史动向与孔子主观的历史理想的矛盾，在《论语》中也表现得异常明白，例如：

“子路宿于石门。晨门曰：‘奚自？’子路曰：‘自孔氏。’曰：

‘是知其不可而为之者与!’”(《宪问》)

“公伯寮愬子路于季孙,子服景伯以告曰:‘夫子固有惑志于公伯寮,吾力犹能肆诸市朝。’子曰:‘道之将行也与?命也!道之将废也与?命也!公伯寮其如命何?’”(同上)

“楚狂接舆歌而过孔子,曰:‘凤兮凤兮!何德之衰?往者不可谏,来者犹可追;已而已而,今之从政者殆而!’孔子下,欲与之言,趋而辟之,不得与之言。”(《微子》)

“长沮、桀溺耦而耕,孔子过之,使子路问津焉。长沮曰:‘夫执舆者为谁?’子路曰:‘为孔丘。’曰:‘是鲁孔丘与?’曰:‘是也。’曰:‘是知津矣!’问于桀溺,桀溺曰:‘子为谁?’曰:‘为仲由。’曰:‘是鲁孔丘之徒与?’对曰:‘然。’曰:‘滔滔者天下皆是也,而谁以易之?且而与其从辟人之士也,岂若从辟世之士哉?’耰而不辍。子路行以告,夫子怃然曰:‘鸟兽不可与同群,吾非斯人之徒与而谁与?天下有道,丘不与易也。’”(同上)

“子路从而后,遇丈人,以杖荷蓧。子路问曰:‘子见夫子乎?’丈人曰:‘四体不勤,五谷不分,孰为夫子?’植其杖而芸,子路拱而立。止子路宿,杀鸡为黍而食之,见其二子焉。明日,子路行,以告,子曰:‘隐者也。’使子路反见之,至则行矣。子路曰:‘不仕无义!长幼之节,不可废也;君臣之义,如之何其废之?欲洁其身,而乱大伦!君子之仕也,行其义也;道之不行,已知之矣。’”(同上)

解经家虽对上引《微子》篇三章有真伪之辨,但其结论则与《宪问篇》无二。据此可知,孔子思想中此一矛盾,不但时人明白,即孔子本人也同样明白。

在客观历史动向与主观历史理想的矛盾里,孔子的“知其不可而为之”的态度是保守的,他最后便不能不把最高理想依然归结到西周传统的天道观。所不同的是,西周先王不是在天上,而是到了孔子的观念里了。他以为自己与西周先王同样,受命于天,以德配天,在“天”的意志里取得自己历史理想的根据。例如:

"天生德于予,桓魋其如予何?"(《述而》)

"子畏于匡,曰:'文王既没,文不在兹乎?天之将丧斯文也,后死者不得与于斯文也;天之未丧斯文也,匡人其如予何?'"(《子罕》)

但是,孔子观念里的道德,所谓德或文("礼"是"德""文"的具体形态),为什么就能和天道相联系在一道呢?这在"不语怪力乱神"的思想家,只有避而不言之一法。例如:

"子贡曰:'夫子之文章,可得而闻也;夫子之言性与天道,不可得而闻也。'"(《公冶长》)

"子罕言利与命、与仁。"(《子罕》)

上两章三"与"字,前人多以为介词,训"及",遂不可解。因为《论语》言天道性命之处凡七十有八章,"天"字十八见,"天道"字一见,"性"字两见,"命"字十三见,"天命"字三见;言仁之处五十有八章,"仁"字一百有五见,言"利"六章,"利"字八见,在孔子不应说是"罕言",在子贡也不应说是"不可得而闻"。自清儒钱大昕、宋翔凤以"与"字为动词,训"合",其意义始豁然大明。此因"天"、"命"是"礼"的根据,而"利"的争夺是"性相近"的注解,"天"、"命"与"利"、"性"不相合,正是孔子主观的历史理想与客观的历史动向的矛盾处,孔子既然明知两极端不能合一起来,因而"罕言",子贡当然也就"不可得而闻"了。在这里,主观理想与客观历史的矛盾,又转化成了"天道观"与"人道观"的矛盾。于是,在孔子的天道观与道德论里,遂充满了调和矛盾的体系。

(三)天道观与道德论

清儒钱大昕说,"古书言天道者,皆主吉凶祸福而言。"(《十驾斋养新录》卷三)此说最确,证诸《周书·周颂》以及金文而无不合。孔子既然以继周自命,其天道观也就大体上类似于周人的传统思想。例如:

"获罪于天,无所祷也。"(《八佾》)

“天下之无道也久矣，天将以夫子为木铎。”（《八佾》）

“予所否者，天厌之，天厌之！”（《雍也》）

“天生德于予。”（《述而》）

“天之将丧斯文也，后死者不得与于斯文也；天之未丧斯文也，匡人其如予何？”（《子罕》）

“固天纵之将圣，又多能也。”（同上）

“吾谁欺？欺天乎？”（同上）

“天丧予！天丧予！”（《先进》）

“死生有命，富贵在天。”（《颜渊》）

“不怨天，不尤人，下学而上达，知我者其天乎！”（《宪问》）

“子曰：‘予欲无言！’子贡曰：‘子如不言，则小子何述焉？’子曰：‘天何言哉？四时行焉，百物生焉。天何言哉！’”（《阳货》）

从上面所引的话看来，孔子的“天”倘非有意志的主宰，则所谓“获罪”、“将以夫子为木铎”、“厌之”、“生德于予”、“将丧斯文”、“未丧斯文”、“纵之将圣”、“欺”、“丧予”、“富贵”、“知我”云云，将全不可解。就中如“天何言哉”一章，仅形似自然之天，而实仍为意志之天。姑不论古本《论语》天字为“夫”字（“夫何言哉”），即以“天何言”而论，义指天能言而不言，非否定词。孔子言“天”之处，大都用惊叹语或追问语，这显明地是在最后穷究有意志的根本动力。我们以为，自“予欲无言”说起，以“天何言哉”作结，是和“唯天为大，唯尧则之”及“无为而治者其舜”两章，有同一意义。这正与尧、舜的人格化同样，“天”在这里依然是有意志的人格神。因此，孔子对于鬼神也从来没有明白否定，反之，却表示了相当的崇拜。例如：

“禹，吾无间然矣！菲饮食而致孝乎鬼神，恶衣服而致美乎黻冕，卑宫室而尽力乎沟洫。禹，吾无间然矣。”（《泰伯》）

此章的思想，几乎是墨子的先王观、天志、明鬼的张本。

然而，究竟春秋已不是西周，在孔子时代，氏族纽带将断，国民阶级出现，因而在孔子的天道观里，遂渗透了若干新内容。此所谓新内容，首先表现在每言及“命”,多从“自下而上”的人的观点上来谈“知命”与“畏命”,换言之,多从人类的情操上来谈心理活动;很少如西周的“自上而下”或由外至内的观点,这即是说不多言“降命”与“受命”了。例如:

“君子有三畏:畏天命,畏大人,畏圣人之言。小人不知天命而不畏也,狎大人,侮圣人之言。”(《季氏》)

“不知命,无以为君子也;不知礼,无以立也;不知言,无以知人也。”(《尧曰》)

其次,孔子在祭祀问题上表现出脱离宗教思想的初步企图。例如:

“非其鬼而祭之,谄也。”(《为政》)

“祭如在,祭神如神在。子曰:‘吾不与祭如不祭。’”(《八佾》)

“樊迟问知(智),子曰:‘务民之义,敬鬼神而远之,可谓知矣。’”(《雍也》)

“子不语:怪、力、乱、神。”(《述而》)

“子疾病,子路请祷。子曰:‘有诸?’子路曰:‘有之,诔曰:祷尔于上下神祇。’子曰:‘丘之祷久矣。’”(同上)

“季路问事鬼神。曰:‘未能事人,焉能事鬼?’‘敢问死。’曰:‘未知生,焉知死?’”(《先进》)

据此可知,孔子的天道观,在若干地方已显示出对于西周降福无疆的神的主宰的离心力,因为他在一方面保留着“天”、“神”的西周形式,在另一方面却反对了春秋时代的形式主义思想,提出了人事第一的道德化的新内容,以代替鬼神的宗教支配。这和他的“礼”的思想,适相一贯。但是,孔子既然不能创出反宗教的国民阶级的宇宙观,那也就不能否定鬼神的存在,因此,他在一方面无异是以“知生”、“事人”等话,讽刺了他的神鬼论,在另一方面又想从天鬼和人道两者间设计出一个调和的安定或平衡。这在历史上来讲,正是国民阶级未成熟的反映;在思想史上来讲,正是贤人作风的本格表现;从逻辑上来讲,回避鬼神而

仍肯定祭祀,更是明显的矛盾。墨子曾利用形式逻辑来批评儒家这一点说:

> “执无鬼而学祭礼,是犹无客而学客礼也,是犹无鱼而为鱼罟也。”(《墨子·公孟》)

和天道观相应,孔子的道德论也同样有其矛盾性。统计《论语》全书,言“德”之处二十有七章,“德”字三十六见,这些道德论都和孔子关于“天”、“命”的思想是互为首尾的。天道与敬德相连的思想,所谓德以配天,本来是西周的传统,孔子也摆脱不了这种精神。

但孔子的道德论,另一方面又与其对国民阶级的承认相连的,他提出了几个空前有价值的命题。例如,他以“性相近”为前提,定立了“匹夫不可夺志”的命题,因而对于他的弟子,如子张、子路等鄙夫出身的士人,都以贤者勉励。这种勉人以贤的教学法,无疑地是基于古代国民阶级的人类性的新观念、新认识而来的。这虽和墨子的“尚贤”思想有某种距离,但承认“贤”在人类性中的地位,则无形中已表露出“国人”至少是历史出演者。如果孔子的教育学,没有这一前提,就不会显学名世,弟子遍天下。由此看来,孔子的贤者思想和人道的能动思想都是创见。

我们现在再进一步研究孔子所讲的“仁”。孔子“仁”的观念也和他的“礼”的观念是相似的,其体系是矛盾的,这即是说,在一般的道德律方面“仁”是国民的属性;而在具体的制度方面“仁”又是“君子”的属性。在前者,孔子以抽象方法,把“仁”还原于心理要素;在后者,孔子以历史条件,又把“仁”扣在传统制度上。我们在下面分别来研究这一矛盾体系:

把道德律从氏族贵族的专有形式拉下来,安置在一般人类的心理的要素里,并给以有体系的说明,这可以说是孔子在中国古代思想史上的大功绩。他不但肯定“仁远乎哉?我欲仁斯仁至矣”,而且主张“仁者爱人”。所以孔子所谓的君子之仁,限于心理学上而言,已经超过了贵族君子的范围。例如:

"仁者先难而后获，可谓仁矣。"(《雍也》)(存于心理的动机)

"回也其心三月不违仁。"(同上)(主观的道德情操)

"刚毅木讷近仁。"(《子路》)(道德情操的分类)

"巧言令色，鲜矣仁。"(《学而》)(远离道德情操的习惯)

"为仁由己。"(《颜渊》)"有能一日用其力于仁矣乎？我未见力不足者。"(《里仁》)(存于心理的意志力)

"仁者不忧。"(《子罕》)"内省不疚，夫何忧何惧。"(《颜渊》)(心理的反省)

"仁者其言也讱。"(《颜渊》)(讱谓忍，即心理上的反复三思)

"孝弟也者，其为仁之本(始)与！"(《学而》)(以其他情操推及于仁)

"观过斯知仁矣。"(《里仁》)"不仁者不可以久处约，不可以长处乐。"(《里仁》)(道德情操的证明)

由以上所举的例子看来，可以知道，孔子讲的"仁"这一道德范畴是从普及的心理因素出发的，仅就这个方面研究，表面上好像"仁"被规定做超时代的道德概念，但实质上它被刻上了春秋末年的古代国民阶级的烙印，这种人类的新观念，是产生于古代社会发展的时代。

这一"仁"的最高标准，在孔子是悬之甚高的，上面所举的一例"我未见力不足者"，接着即说"盖有之矣，我未之见也"；颜回三月不违仁，其余则期月也是难得的。同时，孔子自己对于"仁与圣"也不敢自居，好像是可望而不可即的。因了孔子的"仁"学一方面是从普及的心理上出发，另一方面又离开普及的心理而强调理想的心理境地，墨子便提出客观的标准，他说，仁义皆以利为标准。

孔子的"仁"学还不仅表现在一般人类的心理要素和人民性的矛盾，更重要的是他的仁学的两面观点，即是说仁在社会阶级的实际中是不同的。在宗法制度上仁的道德律只适用于"君子"，这和西周道德律之为氏族曾孙所有也是不同的，西周的思想主要是以道德来配天通神，而孔子思想是"仁者君子"。他说：

"君子而不仁者有以夫;未有小人而仁者也。"(《宪问》)

"民之于仁也,甚于水火。水火,吾见蹈而死者矣,未见蹈仁而死者也。"(《卫灵公》)

"君子学道则爱人;小人学道则易使也。"(《阳货》)

"唯……小人为难养也,近之则不孙(逊),远之则怨。"(同上)

"鄙夫可与事君也与?其未得之也,患得之;既得之,患失之。"(《同上》)

"君子喻于义,小人喻于利。""君子怀德,小人怀土。"(《里仁》)

"君子之德风,小人之德草,草上之风必偃。"(《颜渊》)

"君子上达,小人下达。"(《宪问》)

这样看来,统治阶级可以做仁人,而被统治阶级就不能做仁人了,仁只属于贵族君子。因此,仁和不仁是区别两种阶级的标准,这叫做两种人的两种道。他说:

"道二,仁与不仁而已矣。"(见《孟子》所引)

荀子的解释更近似,他说"一与一之谓仁者","上一则下一,上二则下二"。可见仁是二种人合一的意思,但所谓二,乃是二种之二,不是二个之二。明白讲来,这是通过道德律以宣传阶级调和的理论。本来汉代人对于"仁"的训诂有"相人偶"的说法,但"二人为仁"的偶合,背后有统治阶级同化被统治阶级的意思,如风和草的比喻。因此,孔子主张"君子周(合)而不比,小人比(朋)而不周"、"君子和而不同"、"君子不党"的道德论。

这里,正是一个春秋到战国的大问题,即勤礼君子与力役小人这两种人是不相合一的。统治者君子不仁,被统治者庶民不信,社会的矛盾是尖锐的。孔子面对着这一矛盾,大倡调和论。他以仁为君子之"安"道,以信为庶民之"立"道,故"以人度人"才能成"仁",阶级矛盾就可调和了。其所以能调和,孔子以为,在政治上必须贵贱有等,在道德上必须善推其所为，故他说，“道之以德，齐之以礼，(民)有耻且格”，这里齐即“维齐非齐”之阶级调和，是各安于其类别；在教育上必须：

“君子笃于亲，则民兴于仁，故旧不遗，则民不偷。”(《泰伯》)

孔子的仁道观和他的社会观同样，在客观上暴露了社会的阶级矛盾。墨子于此，继承了孔子的仁道观，发展出兼爱观来。

孔子的“仁”的思想实从属于“礼”的思想。就“克己复礼”为“仁”的命题来看，“仁”与“礼”相结合而受到了约束。如前所述，“礼”原来是氏族贵族的范畴，而“仁”则可以发展为国民的范畴；因此，所谓“仁”受到“礼”的约束，亦即是说，国民道德在氏族贵族的道德桎梏里遭受了歪曲，不能遂行其应有的发展，不能取得其本格的内容。前引“未有小人而仁者也”云云即从此出。所以，当孔子以“礼”为道德极则而强调的场合，实质上即其基于调和矛盾而自陷于矛盾的明证。例如：

“子贡曰：‘贫而无谄，富而无骄。何如?’子曰：‘可也，未若贫而好乐(按今本脱“好”字，一作“贫而乐道”，一作“贫而乐善”)，富而好礼者也。’”(《学而》)

“孟懿子问孝，子曰：‘无违。’樊迟御，子告之曰：‘孟孙问孝于我，我对曰无违。’樊迟曰：‘何谓也?’子曰：‘生事之以礼，死葬之以礼，祭之以礼。’”(《为政》)

“人而不仁如礼何? 人而不仁如乐何?”(《八佾》)

“君子博学于文，约之以礼，亦可以弗畔矣夫。”(《雍也》、《颜渊》)

“陈司败问：‘昭公知礼乎?’孔子曰：‘知礼。’孔子退，揖巫马期而进之曰：‘吾闻君子不党，君子亦党乎！君取于吴为同姓，谓之吴孟子；君而知礼，孰不知礼?’巫马期以告，子曰：‘丘也幸，苟有过，人必知之。’”(《述而》)

“恭而无礼则劳，慎而无礼则葸，勇而无礼则乱，直而无礼则绞。”(《泰伯》)

“颜渊喟然叹曰：‘……夫子循循然善诱人，博我以文，约我以

礼。……'"(《子罕》)

"子路问成人,子曰:'若臧武仲之知,公绰之不欲,卞庄子之勇,冉求之艺,文之以礼乐,亦可以为成人矣。'"(《宪问》)

"君子义以为质,礼以行之,孙(逊)以出之,信以成之。君子哉!"(《卫灵公》)

"知及之,仁不能守之;虽得之,必失之。知及之,仁能守之,不庄以涖之,则民不敬。知及之,仁能守之,庄以涖之,动之不以礼,未善也。"(《同上》)

"他日又独立,鲤趋而过庭,曰:'学礼乎?'对曰:'未也。''不学礼,无以立。'鲤退而学礼。"(《季氏》)

这样看来,"礼"的最高规范并不能解决社会的矛盾,因为"礼"总是别贵贱的。于此我们应该附带指出,孔子是最初把礼的内容理想化,并作为一般的君子的规范来看待的。《老子》所谓"礼者,忠信之薄,而乱之首"(三十八章)、"大道废有仁义"(十八章)乃是后起的思想;《礼记·礼运》"今大道既隐,……大人世及以为礼,城郭沟池以为固"、"礼承天之道,治人之情",更是后起的思想。思维过程的历史理论有一定的步伐,不容先后颠倒。孔、墨只面对着历史变化的社会矛盾表示各自的对"礼"的态度;老、庄与后期儒家才从历史的理论方面来分析"礼"这一概念的发生,这点前人多未注意。

孔子在道德思想方面都把西周的观念拉到人类的心理上讲,更具体地说来,拉到君子的规范上规定起来。例如他说"孝"是君子之本,"君子务本,本立而道生,孝弟(悌)也者,其为人之本与!"(《学而》)但其所谓本,毕竟不同于西周享孝先王的宗教。在他看来,礼与孝的道德情操,都是以敬为主,例如"为礼不敬……吾何以观之哉?"又如讲孝,"至于犬马皆能有养?不敬何以别乎?"因此,礼的道德代替了孝的享祀。为什么有这样的不同呢?著者以为"国中"已经有了新的国民阶级,除了君子居国以外,还有名为"国人"的自由民,因而享祀祖先的特权不能变为一般的道德规范。

但是,无论孔子对于“礼”字如何附以新理想,他以国民道德从属于氏族贵族的制度(礼),或是以旧制度为新道德的最高依据,那就意味着“死的抓住了活的”。这一矛盾,反映着春秋末世国民阶级发展不足的矛盾。

第四节 前期儒家知识论的历史意义

孔子拖带着西周维新传统,在作为宇宙观的天道思想方面,没有重大的成就,在“贤人作风”支配下,未能使其天道观从道德论与宗教观念里完全独立或解放出来。此事我们已于上节叙明。但是,正如康德由于近代资产阶级的懦弱,虽然在知识论方面完成了较大的贡献,然而这一贡献是有局限性的,孔子在知识论方面仍拖带着西周维新的传统,表现着二元论的矛盾。

我们说孔子在宇宙观方面无重大成就,就是说所有宇宙观的重要范畴,在孔子思想里几乎全然没有出现。例如:(一)道器问题:《论语》言“道”者五十六章,“道”字八十五见,言“器”者四章,“器”字五见;但道字并不合于哲学的范畴,全书亦无一处将“道”、“器”对举,作为问题而讨论。(二)理欲问题:《论语》无一“理”字,虽有“欲”字三十二个散见于二十六章,然亦绝无“去欲”,或视“欲”为“恶的根源”之义。(三)理气问题:《论语》言“气”有两章,“气”字四见,然或称“辞气”或称“血气”,均无哲学范畴之义。(四)有无问题:《论语》“有”字一百六十四个,“无”字一百二十八个,大体皆为动词;其有无对举之文,如《述而篇》“亡而为有”、《泰伯篇》“有若无”、《子张篇》“焉能为有,焉能为亡”等,皆非哲学的意义。此外,如(五)天地问题、(六)坚白问题、(七)心物问题、(八)动静问题、(九)虚实问题、(十)一多问题、(十一)经权问题等,均尚未出现。反之,知识论方面的许多重要问题,孔子却已大体提起,并且作出了他的解答。

(一)贤人作风束缚下的知识的对象

在上面我们曾提及孔子的"贤人作风",这在他的知识论上有着明白的表现,特别是表现在知识对象上。孔子的知识论,不是一般研究者所了解的智者的"纯粹知识",例如写哲学史的人喜欢先提出孔子的"正名"主义,把孔子的"名"论,作为逻辑学上的概念来看待,喜欢以孔子这一"博学多文"的教育家和希腊的智者类比而言,这个提法是首先应当纠正的。

孔子一方面是前无古人地在中国学术史上创立了学问的体系,然而另一方面又是追随着古人("述而不作","信而好古"),在中国学术史上继承着文化传统。由前者而言,孔子是一个面向国民阶级的贤人或教育家,所以知识的一般问题是由他合法则地提出来;同时,由后者而言,孔子是一个周代的维新贵族的继承者或理想者,所以知识的界限问题,由他原则地规定起来。

首先,我们研究孔子的文化理想。在《论语》中所讲的文教,是西周文明的观念,例如:

> "子以四教,文、行、忠、信。"(《述而》)
>
> "子贡曰:'夫子之文章,可得而闻也;夫子之言性与天道,不可得而闻也。'"(《公冶长》)(注:"文章,德之见乎外者,威仪文辞是也。")

这里"文"有二义,一即礼乐制度的道理,一即道德的规范。后一义是从西周文明的"文"继承下来的,它的含义是西周先王的德,犹如"思文后稷","允文文王"的"文"。

西周的伦理思想没有国民阶级的一般规范,孔子的文教继承了这一传统,他说:

> "文王既没,文不在兹乎!天之将丧斯文也,后死者不得与于斯文也;天之未丧斯文也,匡人其如予何?"(《子罕》)

关于前一义,孔子的文教是把西周的制度理想化了,在《论语》中

三处记载“博我以文,约我以礼”,所讲的便是这个意义。此外又说:

“敏而好学,不耻下问,是以谓之文也。”(《公冶长》)

“文之以礼乐。”(《宪问》)

“质胜文则野,文胜质则史。文质彬彬,然后君子。”(《雍也》)

“周监于二代,郁郁乎文哉。”(《八佾》)

所以,孔子的知识论的对象,就是这个传统的“文”。它的范围既然局限于此,那么矛盾便产生了,即一方面,思维的活动已经具有国民阶级的成分,而另一方面,思维的对象却局限于贵族君子的标准上,这就不能不遭子路的怀疑,所谓“有民人焉,有社稷焉,何必读书然后为学”?

(二)孔子的能思与所思论

“能思”即孔子所说的“思”,“所思”即孔子所说的“学”。学与思在孔子知识论中是重要的部分,这里包含着唯心主义和唯物主义的二元论,我们分三点阐明于下:

一、思与学并重的提法

孔子一方面重“博学”,另一方面重默思,例如:

“默而识之(默思),学而不厌,诲人不倦,何有于我哉!”(《述而》)

“学而不思则罔,思而不学则殆。”(《为政》)

学思并重的提法,在表面上看来是理性与感性的统一,但孔子所说的思与学实别有含义。

二、思是形而上学超乎感觉的体悟

“孔子曰:‘君子有九思,视思明,听思聪,色思温,貌思恭,言思忠,事思敬,疑思问,忿思难,见得思义。’”(《季氏》)

“博学而笃志,切问而近思。”(《子张》)

“未之思也,夫何远之有?”(《子罕》)

视、听、色、貌，是属于感觉的东西，言、事、疑、忿、见得，是属于经验的东西，这两组东西和物质外界的接触，都首先要凭恃先天的"九思"范畴。所谓"默识"、"近思"在孔子学说中不是单指理智，而是理智与情操的统一，因而视听等九类的复杂的行为，就要服从于先天的范畴。

这样讲来，孔子的知识论是唯心主义的。在春秋末世孔子强调了人类思维的价值，承认人类的能创性质，这人类性在西周的维新观念中是没有的。然而，孔子的唯心观点是"仰之弥高，钻之弥坚"的，谁也不能达到的，这样又把知识限在非凡人的事业之中。

三、什么是"学"的内容

第一，孔子是"博学多能"、"好古敏求"、"述而不作"、"十五志学"的人，从这一点讲他无疑地重视了后天的"学"。他论学之处甚多，且举其要点如下：

"子曰：'吾尝终日不食、终夜不寝以思，无益，不如学也。'"(《卫灵公》)

"君子食无求饱，居无求安，敏于事而慎于言，就有道而正焉，可谓好学也已。"(《学而》)

"十室之邑，必有忠信如丘者也，不如丘之好学也。"(《公冶长》)

"日知其所亡，月无忘其所能，可谓好学也已矣。"(《子张》)

"好仁不好学，其蔽也愚；好知不好学，其蔽也荡；好信不好学，其蔽也贼；好直不好学，其蔽也绞；好勇不好学，其蔽也乱；好刚不好学，其蔽也狂。"(《阳货》)

第二，如果不从全面来考察，单就这些话而论，他的"学而时习之"的命题好像是唯物主义的，因此，我们不能不研究孔子所学的内容。这内容一句话讲来是"学古"，分言之，是诗、书、礼、乐的制度与道理，尤其是道理。

"行有余力，则以学文。"(《学而》)("文"的意义见前)

"不学诗，无以言。不学礼，无以立。"(《季氏》)

"小子何莫学夫诗,诗可以兴,可以观,可以群,可以怨。"(《阳货》)

"不知礼,无以立也。"(《尧曰》)

"赐也,始可与言诗已矣,告诸往而知来者。"(《学而》)

这样看来,孔子虽然把"好学"提到重要的地位,但他说的学是"好古敏以求之"的东西,并且是根据西周的传统文化而求出道理的东西。他主张不但要学"往古",而且肯定在学往古之中就能知道现今。这显然不是唯物主义的观点了。孔子虽然主张多闻(如"多闻择其善者而从之,知之次也",又如"多闻阙疑"),但他又主张在多闻之中来以一反三,例如:

"子谓子贡曰:'汝与回也孰愈?'对曰:'赐也何敢望回!回也闻一以知十,赐也闻一以知二。'"(《公冶长》原注:"一,数之始;十,数之终;二者,一之对也。")

这不是说类比推理。这里所说的"一"指一个古代的范例,所说的"十"指一切,意思是说从古代的典型范例会悟到一切,因此,"温故知新"之说,即以有限得出无限,不是以有限类比有限。

孔子的学、闻内容,既然只限定在西周诗、书、礼、乐,则其他关于生产和军事等的学问都在不学之列。例如:

"樊迟请学稼,子曰:'吾不如老农。'请学为圃,曰:'吾不如老圃。'樊迟出,子曰:'小人哉樊须也!'"(《子路》)

他痛斥樊迟是小人,因为在孔子看来,学的内容是礼、诗、义、信:

"上好礼则民莫敢不敬,上好义则民莫敢不服,上好信则民莫敢不用情。夫如是,则四方之民,襁负其子而至矣,焉用稼?"(同上)

"子曰:'诵诗三百,授之以政,不达,使于四方,不能专对,虽多,亦奚以为!'"(同上)

因此,孔子的学闻、读书是和"好古"不能分离的,他以为现实社会的问题是不足重视的,只要古代的传统精神能够复活起来,现实问题就不难解决了。因为,在他看来,新的是旧的之损益,"温故"就可以"知新",这也就是他的"述而不作"的态度的根源。子路是一个对于现实问题急进的人物,所以他怀疑为什么读书要限于诗、礼的范围,为什么不在当前的社会求活的答案呢?为什么求学要从往古着手呢?然而孔子却责斥他是一个"佞者"。

(三)孔子知识论的局限

孔子论知识,以知古为第一要义,他说:

"殷因于夏礼,所损益可知也;周因于殷礼,所损益可知也;其或继周者,虽百世可知也。"

然而知古并不是一件容易的事,所以他说:

"学如不及,犹恐失之。"(《泰伯》)

"多闻阙疑,……多见阙殆(未安)。"(《为政》)

"或问禘之说,子曰:'不知也。知其说者之于天下也,其如示诸斯乎?'指其掌。"(《八佾》)

"夏礼吾能言之,杞不足征也。殷礼吾能言之,宋不足征也。文献不足故也,足则吾能征之矣。"(同上)

这样看来,知古就等于全知了,知古就可以知今了。所谓"闻一知十",就因为今是古之损益罢了。孔子许管仲为仁人,但不许管仲为智者,智者必须知古,管仲既然不知古礼,那就成了"小器"的人了。

懂得了孔子的知识论的"知古即全知"的命题,才可以明白他的正名论。孔子所说的"名",不是一般的名实关系,而是以早已肯定的古名作为判断现实的最高标准。因此,有古名就应有适合于古名的实在,如果现在的实在已经变化,但仍被以古名,那就是名不正了。例如:

"子路曰:'卫君待子而为政,子将奚先?'子曰:'必也正名乎?'子路曰:'有是哉?子之迂也!奚其正?'子曰:'野哉,由也!君子于其所不知,盖阙如也。名不正,则言不顺,言不顺,则事不成,事不成,则礼乐不兴,礼乐不兴,则刑罚不中,刑罚不中,则民无

所措手足。故君子名之必可言也,言之必可行也。君子于其言,无所苟而已矣。'”(《子路》)

这又是对于“不得其死然”的子路的批评。子路的确指出了孔子不现实(迂)的空谈,指出了企图调和古名和今实的矛盾的空想,孔子之所以用古代规定被压迫阶级的成分(野)来痛斥子路,是因为子路有否定宗法制度的看法,这样的看法,在当时无异说要造反了。

孔子的理论是这样的:正名必须合于古制,因而人们就要懂得古制,但知古甚难,所以说“不知,阙如”。“名”的传统是好的,但现在的“名”却和“实”背离了,名若不由今之失而正于古之得,其命题(言)必逆,命题逆则一切现实皆是非颠倒,以至于社会政治都出乱子。例如,“君子”是名,“小人”也是名,如果不按古名而正君子小人二者的类别,则小人也可讲礼乐,君子也要受刑罚了。所以,晋铸刑鼎,孔子说贵贱上下之序因此就要乱了,晋唐叔的法度就失坠了。(见《左传·昭公二十九年》)大夫若舞八佾,则八佾之名便乱了,孔子便说:“是可忍也,孰不可忍也!”(见《论语·八佾》)在春秋,名存实亡的现象是很厉害的,在孔子看来,这已经不合于西周制度的精神,但正因为名存实变,名即不正了。孔子正名的知识论是企图把现实世界适合于古代的形式,因此,如他举的例子,“觚不觚,觚哉觚哉”的古形式是不应该改的,改了就是拿“名”来迁就现实了。孔子的存名正实的理论,后来遭受墨子“取实予名”的理论的反对,这一点是孔、墨显学对立的重要关键。

复次,孔子论知识,把知规定为君子作人的手段。《论语》记载:

“问知,子曰:‘务民之义,敬鬼神而远之。可谓知矣。’”(《雍也》)

“问仁,子曰:‘爱人’,问知,子曰:‘知人。’”(《颜渊》)

“择不处仁,焉得知?”(《里仁》)

孔子的知识论虽然启发了诸子百家,但他说的知识不是纯粹知识的研究,宁可说是贵族君子作人的手段,例如他说:

“仁者安仁,知者利仁。”(《同上》)

"知之者不如好之者，好之者不如乐之者。"（《雍也》）

"知及之，仁不能守之，虽得之必失之。知及之，仁能守之，不庄以涖之，则民不敬。知及之，仁能守之，庄以涖之，动之不以礼，未善也。"（《卫灵公》）

"不知命无以为君子也，不知礼无以立也，不知言无以知人也。"（《尧曰》）

"君子道者三，我无能焉。仁者不忧，知者不惑，勇者不惧。"（《宪问》）

春秋时代思想的形式化是不利于统治阶级的，因此，孔子主张"人能弘道，非道弘人"。他的知识论也就充满了一种"弘道"的精神，希望君子知命、知礼、知言、知道。

孔子知识论的特点是含有道德标准的意思，因此，道德情操与理智是不相分离的。由上面的引文看来，所谓知之和好之、乐之是在一起的，安仁和利仁好像闻一知二、举一反三，仅是由理智到理智，而闻一知十才是以喻证因，才是理智和情操的统一（"十"指终极）。对于这一点，后来墨子攻击甚力，他否定了情操与理智的混同，进一步更在知识中排斥了情操。

（四）孔子的智者论

孔子的知识论在客观上高扬了人类的能创精神，批判了春秋缙绅先生的说教，所以"能思"部分虽然具有唯心主义的成分，但客观上因了肯定"性相近"的命题而面向着国民阶级；同时在春秋末世，新的国民阶级不论在经济生活的领域或政治生活的领域，都不占居积极支配的地位，所以智者在当时还不能代表一般性的国民，故孔子知识论的"所思"部分，又是"君子"式的。

基于以上的研究，我们便知道在孔子思想中的古代智者是不会有显明的标志，因此，在他的著作中，时而智者在世界上，时而智者又不在世界上。孔子所讲的智者有时和圣人、贤者等概念相混，因为智者寻常

是从道德评价上来规定的。这样的智者的条件很严,其一是本来可能而难于实现;其二是本来就不可能实现。关于第一项,他说:

"中人以上,可以语上也,中人以下,不可以语上也。"(《雍也》)(上即"上达"、"义以为上"之上)

"圣人吾不得而见之矣,得见君子者斯可矣。善人吾不得而见之矣,得见有恒者斯可矣。"(《述而》)

"有颜回者好学,不迁怒,不贰过,不幸短命死矣!今也则亡,未闻好学者也!"(《雍也》)

"不得中行而与之,必也狂狷乎?狂者进取,狷者有所不为也。"(《子路》)

孔子在这一点,和黑格尔的理性运动之返原为黑格尔自己的理性是相似的,好像斯文只在孔子一人身上。

关于第二项,孔子指的是一种特别的智能,他说:

"生而知之者上也,学而知之者次也,困而学之又其次也,困而不学,民斯为下矣。"(《季氏》)

"中庸之为德也,其至矣乎!民鲜能久矣。"(《雍也》)

"君子而不仁者有矣夫,未有小人而仁者也。"(《宪问》)

这样看来,民与小人本来就不可能做智能者,因此必然不能做智能者,智者是君子的资格,不是小人的资格:

"君子博学于文,约之以礼,亦可以弗畔矣夫。"(《雍也》)

"君子不可小知而可大受也,小人不可大受而可小知也。"(《卫灵公》)

"民可使由之,不可使知之。"(《泰伯》)

"君子道者三,……仁者不忧,知者不惑,勇者不惧。"(《宪问》)

孔子的智者论,后来又被墨子所反对,他否定"别"的人类,大倡"贱人之学"。

孔子的知识论中的矛盾体系也影响了他的学与诲的二元论,学虽

难能可“贵”,但诲则“有教无类”,后者便是破天荒的西周观念的反对物,他说:

“虽鄙夫(民、小人,即当时的奴隶生产者)问于我,……我叩其两端而竭焉。”(《子罕》)

“自行束修以上,吾未尝无诲焉。”(《述而》)

“诲人不倦”是孔、墨相同的优良传统,也是中国教育史上的有价值的传统。孔子主张有来学而无往教,墨子则主张来者固可教,而不来者也往教。

第五节　前期儒家的知识起源论和知识方法论

在前节叙述孔子的智者论时,我们曾引用过这样的文句:“生而知之者上也,学而知之者次也,困而学之又其次也,困而不学,民斯为下矣。”现在,我们要特别指明,这寥寥的三十一字实即前期儒家关于知识起源问题的看法。

就其以“生知”为“上”、“学知”与“困知”为“次”来看,知识起源的观点是二元论。从孔子所提出的问题来看,所谓“生而知之”客观上在前期儒家的思想中并不占重要的位置。例如:

“吾十有五而志于学,三十而立,四十而不惑(不动心),五十而知天命(天生德于予),六十而耳顺(闻言即解),七十而从心所欲不逾矩。”(《为政》)

“我非生而知之者,好古敏以求之者也。”(《述而》)

据此可证,孔子并不以“生知”自命。此外,他还说:

“吾少也贱,故多能鄙事。”(《子罕》)

“吾不试,故艺。”(同上)

旧注都以上二例为“论孔子多技艺之由”(稽古楼版《论语》卷五)。前一例文义自明,不需解说。第二例的“试”字则有古今两解:郑注以“不试”为“不见用”,郭沫若以“不试”为“不浅尝辄止”(《孔墨的批判》,见《十批判书》)。两解相较,我们同意郑注。因为《论语》共有两“试”字,除了上举一条以外,《卫灵公》篇说:“吾之于人也,谁毁谁誉?如有所誉者,其有所‘试’与?”这两个“试”字的解释依理应该一致,若然,以“浅尝辄止”训“试”似乎不大切合。反之,如依郑解训“试”为“见用”则无此弊。兹更举证如下:

一、《尔雅·释言》:“试,用也。”郝懿行《尔雅·义疏》:“用者,《说文》云:‘可施行也。’《方言》云:‘行也。’行与由同,由亦用也。……《苍颉篇》云:‘用,以也。’以亦用也。……试者,《说文》云:‘用也。’……又‘尝也’、‘验也’,其义亦皆为用。”

二、《论语·述而篇》:“用之则行,舍之则藏。”刘宝楠《论语正义》卷八:“孟子云:‘古之人,得志,泽加于民,不得志,修身见于世,穷则独善其身,达则兼善天下’,即此义。……孟子称孔子‘可以仕则仕’,谓用之即可以仕也;‘可以止则止’,谓舍之即可以止也。”

依此,“贱”与“不试”为同义语,“故多能”与“故艺”也为同义语,实甚明显。且“试”字此一后天的经验主义的性质,在《韩非子》里有着更明确的发展:

“夫视锻锡而察青黄,区冶不能以必剑;水击鹄雁,陆断驹马,则臧获不疑钝利。发齿吻形容,伯乐不能以必马;授车就驾,而观其末涂,则臧获不疑驽良。观容服,听辞言,仲尼不能以必士;试之官职,课其功伐,则庸人不疑于愚智。故明主之吏,宰相必起于州部,猛将必发于卒伍。”(《显学》)

韩非此论,显系通过荀、墨二家而上承《论语》。于此,我们不但看出了先秦思想传统的发展线索,看出了《论语》在先秦诸子思想流变中的始基地位,而且也看出了前期儒家关于知识起源问题看法的经验主义本质。《论语》全书中出现的人物,与孔门问答或为孔门所称述或批评者,共有一百六十七名,从传说中当做圣君贤相的宇宙创造者(如尧、舜、禹、稷等)及并世的显主名臣,以至及门弟子,孔子对之多有各种赞语，而却从来未许任何人为"生知"。可知"不待学而能知"（刘宝楠语）的"生知"，在孔子只是虚悬一格，好像神在五行说中是一句空话一样。依此而言，这一种虚悬一格的"生知"的确是落后的因素，给孟子的先验主义"良知良能"说预开门户，但"学知"在认识起源上的客观的意义，究竟与孟子有原则性的区别。从王船山以来，早已驳倒了宋儒所强调的孔子的"生知"说，而把这一问题提得清楚明白了。

正唯如此，所以《论语》言知言智之处凡七十有二章，共"知"字一百又十一个，凡"知"本字皆做动词使用，其做名词使用者，则不读"知"而读"智"。"知"与"智"形同而义异，"知"的行动是克服愚昧、求得认识的方法，而"智"的境界则是认识过程的完成，二者虽相异而又相连。所以《论语》中绝无一处离"知"言"智"，凡言"知"必归结于"智"，凡言"智"必导源于"知"。例如：

"由，诲女知之乎？知之为知之，不知为不知，是知（智）也。"（《为政》）

"樊迟问知（智），子曰：'务民之义，敬鬼神而远之，可谓知（智）矣。'"（《雍也》）

"知（智）者乐水，……知（智）者动，……知（智）者乐。"（同上）

"知（智）者不惑。"（《子罕》、《宪问》）

"樊迟问知（智），子曰：'知人。'"（《子路》）

"好知（智）不好学，其蔽也荡。"（《阳货》）

"不知命，无以为君子也；不知礼，无以立也；不知言，无以知人也。"（《尧曰》）

观上举七例，可见"智"非虚生，而生于"知"；"知"不空有，而必成"智"，"知"和"智"的关系是明显的。

知识起源于经验，这是孔子的新命题，在客观上就否定了先验的"生知"观念。于是，"学"、"习"等后天的认识行为就成为去固解蔽的不二法门。例如：

“学则不固。”(《学而》)

按此句,孔注“固,蔽也”,为《论语》本义,而所谓“不能坚固,识其义理”,似非《论语》本意。此“固”字与“子绝四:毋意,毋必,毋固,毋我”的“固”,其训不应有异。《礼记·曲礼》注:“固谓不达于理也”,《祭义》注:“固犹质陋也”,都是蔽塞执著不通之义,依此,“学则不固”即是说学可以去固解蔽。

“好仁不好学,其蔽也愚;好知(智)不好学,其蔽也荡;好信不好学,其蔽也贼;好直不好学,其蔽也绞;好勇不好学,其蔽也乱;好刚不好学,其蔽也狂。”(《阳货》)

“日知其所亡,月无忘其所能,可谓好学也已矣。”(《子张》)

上二例所讲的是致知在格物,而不以知能为固有,荀子《劝学》、《解蔽》两篇之义正从此出,而以继承孔子自命的孟子,其“学求放心”之说,却是夸大了《论语》言“思”的唯心主义成分。

清儒顾亭林强调知识的经验成分,故使用此条教义,把他的传世之作叫做《日知录》。

从这里出发,《论语》言“学”(四十有三章,共六十一个“学”字),从字义考察,或做动词,或做名词,并不十分固定;但有一点则与后世所说“学”字迥然有别。例如我们常见“二氏之学”、“老、庄之学”的说法,此“学”字即指一种“思想体系”或“学说”而言,在《论语》中“学”字尚无如此用法,它只指人类在认识过程中所作的一种特定的精神劳动;至于指称一种认识成果的“学说”或“思想体系”,则不用“学”字,通常皆用“道”字。孔子说的知行,虽仍以古礼为限,虽有时说到“九思”的先验形式,然其强调不以冥思为致知的方法,不以诵读为求学的功夫,在方法论上,却是优点。例如:

“弟子入则孝,出则弟(悌),谨而信,泛爱众而亲仁;行有馀力,则以学文。”(《学而》)

“贤贤易色,事父母能竭其力,事君能致其身,与朋友交言而有信;虽曰未学,吾必谓之学矣。”(同上)

"有颜回者好学,不迁怒,不贰过。"(《雍也》、《先进》)

"百工居肆,以成其事,君子学以致其道。"(《子张》)

我们除开"学"的范围和"学"的资格不讲,《论语》言"学"还有实践之义,所以"学"字又可与"为"字"事"字互训。例如:

"学而不厌"与"为之不厌"(均见《述而》)同义。

"不图为乐之至于斯也"(同上),"为"字即应解为"学"字。

"女(汝)为《周南》、《召南》矣乎?人而不为《周南》、《召南》,其犹正墙面而立也与?"(《阳货》)此二"为"字与"学"字同训。

颜渊问仁,请问其目,孔子答以"非礼勿视,非礼勿听,非礼勿言,非礼勿动"(《颜渊》)。这是以"视"、"听"、"言"三者与"动"为同类概念的。颜渊所谓"回虽不敏,请事斯语矣"(同上),此"事"字与"学"字同义。

"仲弓问仁,子曰:'出门如见大宾,使民如承大祭,己所不欲,勿施于人,在邦无怨,在家无怨。'仲弓曰:'雍虽不敏,请事斯语矣。'"(同上)此"事"字也和"学"字同义。

从上所述的《论语》中的"学"字看来,孔子已经提出了哲学中的感觉或经验,它与实践或力行是一体相连的范畴,它具有由行而致知的意义。尽管这种感觉或经验有很大的局限性,它在孔门认识论中却占据着认识过程的最初环节或重要地位,它被孔门哲人赋予重大性的评价。这相当于列宁指的古代"有思想的经验论"。

有人或者要说孔子的知识论不一定是那样,因为《卫灵公》篇记载:"子曰:'赐也,女(汝)以予为多学而识之者与?'对曰:'然,非与?'曰:'非也,予一以贯之。'"可见作为感觉或经验的"学",在孔门知识起源论中,并无若何重要,至少也在"一以贯之"之次。

对于此说,我们以为,"一贯"的理解,不是朱子训贯通之义。《尔雅》说"贯,事也",又说"贯,习也";因此"贯"有"习行"之义。"多学而识",义即止于记闻,轻视实践;而"一以贯之",义即不只止于记闻,壹是皆以实践为本。贯即习,习即贯,同兼知行二义。关于“贯”字,清儒阮元在《论语一贯说》中已有详说,现在我们只讲“习”字。

《论语》有三“习”字,分录如下:(一)“学而时习之”(《学而》);(二)“传不习乎”(同上);(三)“性相近也,习相远也”(《阳货》)。此三“习”字,均有“行事”之义。然则“习”与“学”有何分别?我们以为,“习”后于“学”而出现,亦即“学”在于由行而致知,“习”在于因知以进行。换言之,“学”是由实践所得的经验或感觉,“习”是在知识指导下的实践或力行。“学”的阶段,是知识之所由生,而“习”的阶段,则是证验知识之大用。在“学而时习”、“传而必习”的要求中,孔门虽强调实践对于知识的根源性,同样也强调了知识对于实践的指导作用。

但是,由“学”到“习”,由“习”再到“学”,并非无所增益的纯粹过程,而是由不知到知,由不完全的知识到达更完全的知识的人智的生长过程。更具体言之,“学”是“知”的起源,“习”是“知”的运用,“好学”、“时习”是完成“知”的发展的过程,“不学”、“不习”即不能有知。《论语》在知识起源论方面所表现的经验主义倾向,或其感觉主义倾向,由此可以概见。

正因为“学”是感觉或经验的同义语,“学”在形式上被肯定而为知识的起源,所以《论语》中言及“闻”、“见”者七十六章,内分言“见”知者七十一处,言“闻”知者五十七处,共一百二十八处,处处以“闻见”为最可信赖的知识源泉,而无一处表示怀疑。例如:

> “多闻择其善者而从之,多见而识之,知之次也。”(《述而》)
>
> “视其所以,观其所由,察其所安,人焉廋哉?人焉廋哉?”(《为政》)

此种对于感觉或经验的信任态度,与后儒以“闻见之知非真知”、“德性之知不假闻见”的唯理主义观点实有原则性的差别。在儒家文献中,唯理观点以孟子“耳目之官不思”之说为最古,《论语》中尚无此主张。

上述的前期儒家的知识起源论,无疑地都是从贵族君子立场上出

发的思想。如前所述,这一立场的进步性既然有限度,因而其知识起源的理论,也就有重大的缺陷。兹择要分述如下:

第一,《论语》言"学"言"知"都限于统治阶级的"人事"范围,而不以自然为认识的对象。例如:《论语》虽四次讲到"博学",而考其所学,则不外"学文"、"学干禄"、"学易"、"学诗"、"学礼"、"学道"等六种对象,此等对象均不出贵族君子的"人事"范围。《论语》讲到"知"又限于"知人"、"人知"、"知十世"、"知百世"、"知禘之说"、"知礼"、"知乐"、"知父母之年"、"知所以裁之"、"知过"、"知生"、"知贤才"、"知天命"、"知德"、"知道之不行"、"知量"、"知命"、"知言"等十八种对象,这些也都限于贵族君子的"人事"范围。所以我们在前节里曾说,孔子的知识不是纯粹知识的研究,宁可说是君子作人的手段。反之,《论语》中凡涉及自然界事物时,皆是比喻或象征,而非研究的对象。例如:

"宰予画寝(今本作"书"),子曰:朽木不可雕也,粪土之墙不可圬也,于予与何诛!"(《公冶长》)

"犁牛之子骍且角,虽欲勿用,山川其舍诸?"(《雍也》)

"鸟之将死,其鸣也哀;人之将死,其言也善。"(《泰伯》)

"有美玉于斯,韫椟而藏诸? 求善贾而沽诸?"(《子罕》)

"譬如为山,未成一篑,止,吾止也;譬如平地,虽复一篑,进,吾往也。"(同上)

"苗而不秀者有矣夫,秀而不实者有矣夫。"(同上)

"驷不及舌,……虎豹之鞟,犹犬羊之鞟。"(《颜渊》)

"君子之德,风;小人之德,草;草上之风必偃。"(同上)

"虎兕出于柙,龟玉毁于椟中,是谁之过与?"(《季氏》)

"子之武城,闻弦歌之声,夫子莞尔而笑曰:'割鸡焉用牛刀?'"(《阳货》)

"不曰坚乎? 磨而不磷;不曰白乎? 涅而不淄。吾岂匏瓜也哉? 焉能系而不食?"(同上)

"多识于鸟兽草木之名。"(《阳货》)

"礼云礼云,玉帛云乎哉? 乐云乐云,钟鼓云乎哉?"(同上)

"譬诸草木,区以别矣。"(《子张》)

"君子之过也,如日月之食焉。"(同上)

据此诸例,可知《论语》不是以自然为知识对象而发现其规律,乃是依古代直观的自然知识为媒介而证明人事范围的道德规范。古代前期儒家思想之所以带有"贤人"作风,而缺乏"智者"气象,其秘密实在于此。

第二,前期儒家不但认民为"不可使知之"、"困而不学"的蠢然之物,而且更排斥"小人",自居于君子。小人是生产者(如樊迟请学稼圃,孔子斥为小人可证),而"君子"则是"四体不勤,五谷不分"的统治阶级。此外,《论语》中"见知"七十一处均较"闻知"的评价为高。据语言学家所说,最古所谓"认识"、"知识"或"理解",无论在希腊语中,拉丁语中,俄语中,德语中,法语中皆系由代表视觉的"见"字转化发展而来,可见视觉在知识过程中确有其重大意义;然而,在感觉中分出高下等差,而将视觉置于听觉之上,则不能不说是"君子"的偏见。

第三,由于严守君子的立场,古代前期儒家的知识论,不但将知识对象局限于"人事",不但在视觉与听觉之间设定了等级差别,而且在知识内容上,也特加种种限制,而使"君子"与"小人"中间的壁垒划分得十分森严。例如:

(甲)在"学""知"方面,凡"问政"、"问仁"、"问孝"、"问智"、"问为邦"、"学干禄"等等,孔子的应答均不厌其详,而樊迟"请学稼"、"请学为圃",孔子就不但不答,反而责斥起来。《乡党篇》所记孔子的饮食单,虽为了处处勤礼,但也可证明他对于君子的营养并不忽视。

(乙)孔门在知识起源论上虽强调"习",但其限度仍不出乎所"学"所"传"的范围,所以说"学而时习之","传不习乎"。如果在所"学"所"传"的范围之外而从事于广泛的"习",孔子就以为是危险的事体,以为此即善恶的分水岭,所以说"习相远也"。此语弦外之音,即是说,故习不可不慎,不可不限于所学所传的君子范围。

(丙)孔子虽提出技术性的“能”字,但此一知识范畴的要求,在“四体不勤,五谷不分”的古代前期儒家看来,终不免于“小人”的嫌疑,所以说:“吾少也贱,故多能”,“吾不试,故艺”。总之,“能”或“艺”都是“鄙事”的同义语。在君子维新的立场上虽然不能不面对着事实而承认其意义与价值,但也附加了严格的条件或限度。例如:

一、子夏在孔门弟子中,是特别着重于艺能陶冶的人,当他说“虽小道必有可观者焉”的时候,纵令附加了“致远恐泥,是以君子不为也”(《子张》)的条件,而孔子终究提出警告:“女(汝)为君子儒,无为小人儒!”(《雍也》)同门的子游对于子夏的学风也批评道:“抑末也,本之则无,如之何?”(《子张》)

二、冉求在孔门以艺能见称,如《雍也篇》说“求也艺”,《宪问篇》说“冉求之艺”,皆可为证。但正因他长于艺能,所以为季氏宰退朝而晏,孔子特别辩明他所努力的活动不配叫做“政”,只配叫做“事”(《子路》);他的器量只是“具臣”而不是“大臣”(《先进》);及他为季氏聚敛,孔子又严厉地宣称:“非吾徒也,小子鸣鼓而攻之可也!”(同上)

三、《述而篇》:“志于道,据于德,依于仁,游于艺。”“志”、“据”、“依”、“游”前后四字下得十分斟酌,旧注说:“不足为据依,故曰游”,此中当有“致远恐泥”的警觉。

四、《卫灵公篇》:“君子不可小知而可大受也,小人不可大受而可小知也。”今按:小知即是小道,大受即是任重道远。唯小人始以小知为务,而君子则不可;此与孔子戒子夏“无为小人儒”及不答樊迟学稼学圃之问,事同一律。

凡此等缺陷之所以产生,都由于贵族君子的阶级立场的限制。

我们前面屡次指明,前期儒家的君子立场产生了矛盾调和的观点。这种矛盾调和的精神,在其知识方法论或逻辑思想里,也有清楚的表现。

前期儒家知识方法论或逻辑思想的矛盾调和的本质,由所谓“叩

其两端”或“攻乎异端”里,可以得其全豹。为了论述方便起见,先录其原文如下:

一、“吾有知乎哉?无知也。有鄙夫问于我,空空如也,我叩其两端而竭焉。”(《子罕》)

二、“攻乎异端,斯害也已。”(《为政》)

按“端”字本义,据卜辞与金文所见,字形皆象植物的萌芽形态(参看徐文镜《古籀汇编》七下第一页)。许书段注的训解,义亦同此。又据《孟子 · 公孙丑上篇》及《墨经 · 经上》与《经说上》所言,端字又有“首”“始”二义。由此推演,它和哲学里所说的“极始根源”或“根本概念”约略相当。

自然,《论语》中当做名词而使用的“端”字,其哲学的属性,未必如此完整;但上而证诸卜辞金文,下而参以《孟子》、《墨经》,其有此意味,或大体与此等用语同属一类,似无可疑。尤可注意的旁证是,西洋古代哲学的开山祖,希腊的第一个哲学家泰勒士(Thales,公元前640—前550或公元前636—前546),在公元前六世纪时,曾经提出了宇宙根源的问题,并作出解答;则作为中国古代哲学的开山祖,第一个私家学派(儒家)的创始者,因而亦是中国第一个哲学家的孔子(公元前551—前479)在公元前五世纪古代制社会春秋末叶,其提出异名同实的范畴,并解答异名同实的问题,亦自是可能之事。独怪近人治中国哲学史,多为传统观念所蒙蔽,一味在“一以贯之”中寻求古代前期儒家哲学的根本概念,从未注意“端”字的研究。

“端”字的含义既明,其次再解所谓“两端”。

“两端”一词,如前所示,见于孔子自述其生平学术一章中。倘就全章大意加以分析,我们至少可以看出下列两点:

第一,此章是从“有知”、“无知”起论,至“叩其两端”而止,可知全章论旨是属于认识论的范围;因而“两端”一词,当也是古代前期儒家知识论中的用语。

第二,孔子自称“无知”,与苏格拉底(Socrates,公元前469—前

399)不以“智者”自命,事同一律;至以“叩其两端”而“竭”鄙夫之问,则与苏格拉底使用“诘问法”或“产婆术”的情节,尤为类似。可知“两端”一词,是现在保存的古代前期儒家知识方法的重要遗产。

“两端”的“两”字,其意义是什么?

据《左传》、《荀子》、《韩非子》及《说文解字》、《尔雅》诸书考之,“两”字本有“分离”、“矛盾”或“不调和”之义。所以“两端”的本义,应是“矛盾的概念”。历来的注疏家对于“两端”一词多不得其解,只有清儒焦循首先道破了此中的精义。他说:

“凡事皆有两端:如杨朱为我,无君也,乃曾子居武城,寇至则去。墨子兼爱,无父也,乃禹手足胼胝,至于偏枯。是故,一旌善也,行之,则诈伪之风起;不行,又无以使民知劝。一伸枉也,行之,则刁诉之俗甚;不行,又无以使民知惩。一理财也,行之,则头会箕敛之流出;不行,则度支或不足。一议兵也,行之,则生事无功之说进;不行,则国威将不振。凡若是,皆两端也。”(《论语补疏》)

依焦氏此解,可知所谓“两端”的认识方法,即是在事物的内部,发见其构成分子的矛盾性,并依此内部矛盾的成长,把握事物在自身发展中导出转化为自身的对立物的方法。

但是,我们应该注意,辩证唯物主义的哲学,发见事物自身内部的“两端”,发见相互背反的“两端”在每一事物中必然的统一性,即是把握到事物的本质;然而古代哲学家的观点就不能是这样的了。此即是说,古代哲学家大都以宇宙万有为绝无矛盾的自同体。因而,如果对于事物持有“两端”的知识,即是陷于谬误的铁证。例如,苏格拉底的“诘问法”或“产婆术”,亚里士多德(Aristoteles,公元前384—前322)逻辑学中的“思维三律”,均以排除矛盾为致知的唯一方法。中国古代思想家的孔子的逻辑思想也是这样,不能不遵循着“矛盾律”而从事于思维活动。此即是说,前期儒家与一般的古代思想家同样,一旦发现了事物自身的“两端”,或觉察到概念构成中所存在的“矛盾”,而又各有左验,无法指为错误的场合,便在“二律背反”的事实面前,不可逃避地要陷于犹豫惶惑、疑而不能决的穷境。所以焦循说：

“鄙夫来问，必有所疑，惟有两端，斯有疑也。”（《论语补疏》）

“两端”的含义既如上述，其次再释“异端”。

“异端”一词，历来的注疏家多指为错误的学说或危险思想的别名，而与所谓圣学正宗为对待之语。例如皇侃疏、邢昺疏、朱熹注等，皆是如此；并且因为以“邪说”训“异端”，遂以“距”训攻。实则此种训解，断乎不合于《论语》本义，其理由如下：

首先，我们知道，以“异端”为错误学说或危险思想，在孟子时代尚无此义；所以《孟子》书中只称杨、墨为“邪说”，而从未称之为“异端”。我们认为“异己者为异端”实始于汉代。例如：

“尚书令韩歆上疏欲立费氏易、左氏春秋。范升曰：费、左二学无有本师，而多反异，孔氏曰：攻乎异端，斯害也已。”（《后汉书》）

“袁绍客多豪俊，并有才说，见郑康成儒者，未以通人许之，竞设异端，百家互起。康成依方辩对，咸出问表，皆得所未闻，莫不嗟服。”（同上）

我们遍阅典籍，汉以前的学者没有以“邪说”为“异端”的记载。

其次，在孔子时代，不但墨翟、杨朱之学均未形成，即诸子百家之学也无一出现，所以《论语》中“异端”一词，绝不能用以指称“邪说”。

然则，“异端”在《论语》中的本义究竟如何？

我们认为，在解答这一问题以前，应先考察《论语》中“异”字的含义。据我们统计，《论语》中“异”字凡八见（“异端”一词除外），兹摘录如次：

“夫子之求之也，其诸异乎人之求之与！”（《学而》）

“季子然问：‘仲由、冉求可谓大臣欤？’子曰：‘吾以子为异之问，曾由与求之问。’”（《先进》）

“‘点！尔何如？’鼓瑟希，铿尔，舍瑟而作。对曰：‘异乎三子者之撰。’子曰：‘何伤乎？亦各言其志也。’”（同上）

"诚不以富，亦祇以异。"(《颜渊》)

"吾党之直者，异于是。"(《子路》)

"陈亢问于伯鱼曰：'子亦有异闻乎？'"(《季氏》)

"子曰：'不降其志，不辱其身，伯夷、叔齐与？谓柳下惠、少连，降志辱身矣；言中伦，行中虑，其斯而已矣。谓虞仲、夷逸，隐居放言，身中清，废中权。我则异于是，无可无不可。'"(《微子》)

"子夏曰：'可者与之，其不可者距之。'子张曰：'异乎吾所闻！君子尊贤而容众，嘉善而矜不能；我之大贤与，于人何所不容？我之不贤与，人将距我，如之何其距人也？'"(《子张》)

此八"异"字皆可训"二"、训"贰"、训"离"，而与"一"为对待语，与"两"为同义语；此与庄周、惠施、公孙龙及《墨经》作者所说的"同异问题"中的"异"字，初无不同。依此，我们认为，"异端"与"两端"不应异训，所以，清儒宋翔凤曾说：

"两即异，异端即两端。"(《论语·发微》)

按宋氏以今文家解经，颇多牵强附会，所下论断大都不为识者所重视，但这"异端即两端"的解释，却确然不易。

且"异端"不但与"两端"为同义语，而且在知识方法上的意义，同为暴露矛盾、推进矛盾发展的改革思想。例如《左传·昭公三十二年》记赵简子与史墨论"季氏出其君"一段，即表明此义：

"赵简子问于史墨曰：'季氏出其君，而民服焉，诸侯与之；君死于外，而莫之或罪也？'对曰：'物生有两，有三，有五，有陪贰；故天有三辰，地有五行，体有左右，各有妃耦；王有公，诸侯有卿，皆有贰也。天生季氏，以贰鲁侯，为日久矣；民之服焉，不亦宜乎？鲁君世从其失，季氏世修其勤，民忘君矣，虽死于外，其谁矜之！社稷无常奉，君臣无常位，自古以然；故《诗》曰："高岸为谷，深谷为陵"。三后之姓，于今为庶，主所知也。'"

史墨的话，明以臣弑其君是合理的，且以"世从其失"与"世修其勤"的观点，说明"高岸为谷，深谷为陵"的历史发展必然性的秘密，此在当时实是一种革命的言论,和他的五行说的唯物主义思想是相应的。于此,我们必须指出,此具有辩证法因素的哲学方法,即在于发见了一切相互背反的要素皆存在或发生于同一性的事物的内部,因而,肯定了一切的对立与差别有其相对的意义,发见了一切的同一性或统一性的事物,皆在其本性中孕育着否定自身的矛盾的要素;而此矛盾的要素,又循相对性差别原理而转化为自身的对立物;在此矛盾展开的过程中,发见了"社稷无常奉,君臣无常位"的逻辑的动力。这非常鲜明地显示着,所谓"两端"或"异端"的知识方法在春秋时代有反抗氏族贵族专政的革命的意义。

但是,我们必须着重指出:这种赋有革命作用的"两端"或"异端"的知识方法,与孔子的调和精神殊不相合。因而,如果以《论语》中保存着"两端"或"异端"的知识方法,而指孔子为"两端"或"异端"论者,则是大错。此即是说:《论语》虽是"两端"或"异端"知识方法的保存者,而孔子却是"两端"或"异端"的知识方法的批评者;换言之,即是"叩发两端"而"用其中"、"伦序异端"使"不相悖"的折衷主义者,或矛盾调和论者。我们前面只说"两端"或"异端"是孔门知识方法中的要素,而不说是孔门知识方法的本身,其意义正在于此。更具体地分析起来,此义又可分为下列两点:

第一,《论语》中所保存的是"两端"的知识方法,而孔子的态度,却不肯定"两端",而是"叩其两端";原文所以作叩"其""两端",足证"两端"的知识方法不是孔子的主张,而是孔子所"叩"的对象。对于"两端"的知识方法而用其"叩",即是依照"矛盾律"的观点,以揭发矛盾而证明"两端"的知识方法为错误的知识方法。所以焦循说:

> "鄙夫来问,必有所疑,唯有两端,斯有疑也,故先叩发其两端,谓先还问其所疑,而后即其所疑之两端而穷尽其意,使知所向焉。"(《论语补疏》)

此所谓"使知所向"即是使来问的鄙夫放弃其"两端"知识方法,而转向于中庸的折衷主义。所以焦氏又说:

"此两端即《中庸》'舜执其两端用其中于民'之两端也。……盖凡事皆有两端,……而皆有所宜;得所宜即为中。孔子叩之,叩此也;竭之,竭此也;舜执之,执此也;用之,用此也。处,则以此为学;用,则以此为治。通变神化之妙,皆自此两端而宜之也。"(《论语补疏》)

倘依此解释,将《论语》言"叩其两端"的全章译为今语,则其译文应是这样:

孔子说:我有知识吗?并没有什么知识。不过,遇见那些不明中庸道理的粗陋人,像煞有介事地来向我问难,我只要用诘问法使他们发见了自己概念的自相矛盾,他们便张口结舌,爽然自失,恍然悟出了中庸道理的不可动摇。

第二,《论语》中所保存的是"异端"的知识方法,而孔子的态度,却不肯定"异端",而是"攻治""异端";"异端"须加"攻治"而始能止其害,足证"异端"的知识方法不是孔子的主张,而是孔子所"攻"的对象。对于"异端"的知识方法而用其"攻",即是依照"矛盾律"观点以消除矛盾,并指出"异端"即为错误的知识方法。在孔子看来,矛盾的暴露,即是事物存在的危机;推动矛盾展开的思想,即是错误的思想;欲克服危机而纠正错误,非攻治"异端"不为功。焦循说:

"何晏以小道为异端,注'予一以贯之'云:'天下殊途而同归,百虑而一致,知其元则众善举矣',与此注互相发明。何晏以老、庄之学说经,谓善道有统,即庄子所谓通于一而万事毕也。皇侃以异端为诸子百家之书,邢疏仍之。《汉贤良策问》云:'或曰良玉不瑑',又云:'非文无以辅德,二端异焉'。《韩诗外传》云:'别殊类使不相害,序异端使不相悖'。盖异端者,各为一端,彼此互异;惟执持不能通则悖,悖则害矣。有以攻治之,即所谓'序异端'也;'斯害也已',所谓'使不相悖'也。攻之训治,见《考工记》攻木之工注,《小雅》:'可以攻玉',传云:'攻,错也',《系辞传》:'爱恶相攻',虞翻云:'攻,摩也'。彼此切磋摩错,使紊乱而害于道者,悉

> 归于义;故《韩诗》序字,足以发明攻字之意。已,止也,不相悖故害止也。……《大学》:‘断断兮无他技’,郑注云:‘他技,异端之技也’。经文自发明之云:‘其心休休焉,其如有容焉,人之有技,若己有之;人之彦圣,其心好之,不啻若自其口出’。有容而若己有,则善与人同;……媢疾不通,则执己之一端,不能容人。……有两端则异,执其两端,用其中于民,则有以摩之而不异。刚柔,两端之异者也,刚柔相摩,则相观而善。孟子言‘杨子为我,墨子兼爱’,又特举一‘子莫执中’;然则,凡执一皆为贼道,不必杨、墨也。执一则不能攻,贼道则害不可止。曾子居武城,寇至则去,寇退则反,颜子居陋巷,不改其乐,而不同于杨子之为我者,不执一也;禹治水,劳身焦思,过门不入,而不同于墨子之兼爱者,不执一也;故曰:‘禹、稷、颜回同道’,又曰:‘禹、稷、颜子易地则皆然’。惟易地皆然,所以异而同,亦所以同而异;攻之则不执一,而能易地皆然矣。何晏以治训攻,引易而谓异端不同归,其说似是;乃所谓同归为善道有统,则仍执一无权,非易地皆然之恉;而所谓治,亦不指相观而善,故已字作虚词。……道衷于时而已,故孔子曰:‘我则异于是,无可无不可’。各执一见,此以异己者为非,彼亦以异己者为非,而害成矣。孙奕《示儿篇》……解已字为止,是也;解攻字为距为辟,尚未精善。‘攻其恶’即是磨琢己身之恶,‘攻人之恶’即是剀切他人之恶,亦不作弹击之义。”(《论语补疏》)

今按焦氏此解,虽仍以“异端”为“邪说”,不免有传统的错误,但其训“攻”为“治”为“序”,力主“有容而若己有,则善与人同”,而反对“各执一见,此以异己者为非,彼亦以异己者为非”,恰是孔子调和矛盾的本旨。如再依此解,将“攻乎异端,斯害也已”章译为今语,则其译文应是这样:

孔子说:事物(包括思想)内部发见了矛盾,即为危机之所伏;如能对其矛盾加以调和,危机即可以克服。

据上述各节总而论之,所谓“攻乎异端”与“叩其两端”,本质上皆是一种折中调和精神中的矛盾解消主义。此点似乎即是孔门知识方法的核心。进一步而言,我们可以说,《论语》全书,即是这种充满了调和折中精神的典籍,兹择其最明白的数章,例举如下:

"君子之于天下也,无适也,无莫也,义之与比。"(《里仁》)

"质胜文则野,文胜质则史;文质彬彬,然后君子。"(《雍也》)

"中庸之为德也,其至矣乎!民鲜久矣。"(同上)

"子绝四:毋意、毋必、毋固、毋我。"(《子罕》)

"过犹不及。"(《先进》)

"无可无不可。"(《微子》)

在《论语》中表现折中调和精神的,还有"和"字。此所谓"和",宋儒刘敞对之所作解释,最为恰当。刘氏说:

"……所谓可而有否焉,……所谓否而有可焉,此之谓和。"(《七经小传》卷下)

与"和"字相对待的,即是"同"字。如前所述,"和"字是折中可否以泯灭其对立的术语,"同"字便一反其道,而是判别可否以强化其区分的术语;"和"字是相对意义的矛盾调和,"同"字便一反其道,而是形而上学的绝对自同。孔门由于"攻"异端而"叩"两端,所以"是和"而"非同"。例如:

"君子和而不同,小人同而不和。"(《子路》)

在此处,不仅显示出君子与小人在世界观和知识论上有尖锐的对立,而且由此而导出的人生观与伦理学,也有显著的不同;至其由实践到哲学的逻辑连锁,则尤为历然可辨。

正因如此,把握到调和折中的矛盾解消主义,不仅可使"叩其两端"与"攻乎异端"得到确解,而且举凡孔门的伦理学说以及其整个的理论体系的基本性格,也可以由此而得到解决的钥匙。这即是说,如果将"叩其两端"或"攻乎异端"的调和折中主义的知识方法,贯彻到人生智或伦理学中来,则由己推人的忠恕说由此而起,由近及远或由己推人的仁爱说由此而生;即后儒所说的"絜矩之道"或"中庸之道",也由此引申而出。反过来说,不论从“己所不欲,勿施于人”的忠恕定义中,或从“己欲立而立人,己欲达而达人”的仁爱定义中,也可以非常明显地看出了人与我为同类一体而比附推理的知识方法;此种方法,更显然地是叩发人我两端,或伦序人我异端的调和折中主义的神髓。

最后,总起来说:“两端”或“异端”的知识方法,虽似将宇宙万有当做对立物统一的有机体而理解,虽似以内部矛盾的展开为事物发展的动力,但“叩其两端”或“攻乎异端”,却无疑地是调和折中的矛盾解消主义的知识方法;孔门的知识方法论,是后者而不是前者。其所以如此,是因为孔子在春秋时代的阶级矛盾中,本来即以调和矛盾为自己的天职;至其所以不以内部矛盾为发展的动力,而以之为存在的危机,是因为从孔门的君子立场上看来,充满着内部矛盾的春秋时代,根本不是古代制社会必然发展的标志,而是“天下无道”或“世衰道微”的标志。此即是说,贵族君子的阶级立场,是孔门所代表的古代前期儒家不以“两端”或“异端”为认识方法、而必以之为“叩发”或“攻治”对象的最后原因。

第七章

前期墨家的思想

第一节　孔学优良传统的萎缩和儒墨对立的意义

孔子活动于古代国民阶级出现的春秋末世，其思想具有一定的进步的意义，我们在第六章里已有详述。再总括地说，孔子对于人类的认识，对于社会制度的批判，对于知识论的新的提法以及对于一般问题的把握与解答，都反映了当时社会的矛盾，他的社会改良的思想和他的调和主义的精神还不限于知识概念方面的问题。但是，我们曾一再提及前期儒家思想的过渡性、孔子学说的矛盾性。正基于过渡与矛盾，随着古代国民阶级的成长，这一学派本身就发生了分化。

关于前期儒家的分化，《韩非子·显学篇》有“儒分为八”的说法。但其所谓“有子张之儒，有子思之儒，有颜氏之儒，有孟氏之儒，有漆雕氏之儒，有仲良氏之儒，有孙氏之儒，有乐正氏之儒”，虽经郭沫若详为考辨（见《十批判书·儒家八派的批判》），而我们以为：墨、荀二书所“非”（反对）的情形，仍大体可信。孔子死后的儒家，除了战国末期的荀子（孙氏之儒）综合各家思想，代表了向上的发展并与法家结合以外,其余各派均已失去孔学的优良传统,或古言古服,固执著孔子所批判的形式文化而自谓真儒,实则仍继承邹、鲁缙绅先生的传统儒术——形式说教,如荀子在日常生活中形容了十三个样子:一个流派包括奇形怪状的"然"字之儒者,"弟佗其冠,神禫其辞"的子张贱儒之流,"正其衣冠,齐其颜色"的子夏贱儒之流,"耆(嗜)饮食,不用力"的子游贱儒之流(《荀子·非十二子篇》把他们列于一派);另一个流派则抹杀实践与感觉,斤斤于容貌辞气,求远于鄙倍,战战兢兢于日三省吾身,陷入于神秘的唯心主义,由曾子传至子思、孟轲,成了"幽隐而无说,闭约而无解"的思想,遂开战国邹衍阴阳家无稽之谈的先河。凡此两个支流,都在思想上反映着社会的落后残余,而表现为孔学积极精神的萎缩。思想史上所谓与孔子显学对立的墨子显学,恰巧出现在孔学开始分化或孔学优良传统开始萎缩的起点上,因而,墨子的"非儒",实质上乃是相应于国民阶级的渐趋成熟,将孔学的优良传统更向上发展一步,而与孔子的后学相对立。

在这里,首先应对孔、墨的年代予以确定。我们知道,孔子与墨子的生卒年代,考证家聚讼至今未决。孔子的生卒年代出入颇短(如生年或谓鲁襄公二十一年或谓二十二年),而墨子的生卒年代出入颇长,《史记·孟荀列传》已经说,他"或曰并孔子时;或曰在其后"。今酌定他们的生卒年代于下:

	生　年	卒　年
孔子	周灵王二十一年(公元前 551 年)	周敬王四十一年(公元前 479 年)
墨子	周敬王三十年(?孔子卒前十年,公元前 490 年)	周威烈王二十三年(公元前 403 年)

据各家考证,至少我们可以得出两个相关的年代:

一、孔子卒年与墨子生年相距甚近。墨子至早生于孔子卒前十年,至迟生于孔子卒年。这即是说,墨子与曾子(公元前 505 年至前 436 年)、子夏(公元前 507 年至前 420 年)等所谓孔门后辈弟子,相差约 10 岁至 20 岁,大体与孔门的再传弟子同时。

二、孔子学术活动的时代是在春秋末世,墨子学术活动的时代是在战国初年,二人的学术活动是衔接的。这个交替时代,正是中国古代社会转入不完全典型的显族时代,人类性的问题、社会的国民之富的问题以及天上宗教的问题,都发生了变革。因此,哲人思想便相应于国民阶级的出现,适应于由氏族单位到地域单位(即由曾孙贵族到显族的渐进运动)的社会发展,以私学登上历史的舞台。

墨子和孔子都生于保存了"周索"典章文物的鲁国,《墨子》书中所引的《诗》、《书》文句,多经其散文化或方言化,好像现在通俗化的古文今译。如果他没有对于"旧法世传之史",在文字与义理上有缙绅先生的修养,那么他便不能做了继往开来的墨家第一位"钜子"。由此可知,《淮南子·要略》所说"墨子学儒者之业,受孔子之术",虽属查无实据,仍然事出有因,即墨子和孔子一样是儒者出身。从而,墨子对于孔子,是批判的而不是抹杀的。例如《墨子·公孟篇》明白说到孔子有不可易的道理,不能不称述:

> "程子曰:'非儒,何故称于孔子也?'子墨子曰:'是亦当而不可易者也。今鸟闻热旱之忧则高,鱼闻热旱之忧则下,当此虽禹、汤为之谋,必不能易矣。鸟鱼可谓愚矣,禹、汤犹云因焉,今翟曾无称于孔子乎?'"

著者认为孔、墨二家在对春秋形式文化的批判方面,确有相同的精神,孔子批评了春秋的僵死仪式,这道理正如鸟闻热旱则高,鱼闻热旱则下。墨子和孔子在这一点甚为接近,孔子既唱之于前,墨子当可称之于后。

然而,孔墨显学自有分水岭,未容混同。仅就其对于传统文化之接受与批判一点而言,墨子显然是更激进些。

孔子分别了君子儒与小人儒,并在道德情操方面企图变革儒者的"古八股"主义;墨子则更进一步,根本否定了这一"古八股",于是对于儒者缙绅先生的公族奴婢思想,极尽其攻击的能事。事实上当时儒者对于《诗》、《书》、礼、乐的教条,只知背诵,而不能说明其内容。《墨子·公孟篇》所假拟的儒者答人问题的独断与无知,很像一个教条信仰的牧师,偶像地答复《圣经》的问题。如儒者答复“何故为乐”,说“乐以为乐也”。这种方法,即信仰形式而不怀疑内容。所以墨子说:“今我问曰:‘何故为室?’曰:‘冬避寒焉,夏避暑焉,室以为男女之别也。’则子告我为室之故矣。今我问曰:‘何故为乐?’曰:‘乐以为乐也。’是犹曰:‘何故为室?’曰:‘室以为室也。’”

因此,墨子反对背诵古训,例如:

“公孟子曰:‘君子不作,术(述)而已。’子墨子曰:‘不然。……吾以为古之善者则诛(俞校:‘诛’当为‘訹’字之误,‘訹’与‘术’、‘述’都是同义字)之,今之善者则作之,欲善之益多也。’”(《耕柱篇》)

他反对儒者之古言古服:

“所谓古之言服者皆尝新矣,而古人言之服之,则非君子也?然则必服非君子之服,言非君子之言,而后仁乎?”(《非儒下》)

所以,他以为儒之道足以丧天下者有四:

“儒以天为不明,以鬼为不神,天鬼不说,此足以丧天下。又厚葬久丧,重为棺椁,多为衣衾,送死若徙,三年哭泣,扶后起,杖后行,耳无闻,目无见,此足以丧天下。……又以命为有,贫富、寿夭、治乱、安危有极矣,不可损益也。为上者行之必不听治矣,为下者行之必不从事矣,此足以丧天下。”(《公孟篇》)

他于是否定了儒者。其理由可以归纳为以下四句话中:

“繁饰礼乐以淫人,久丧伪哀以谩亲,立命缓贫而高浩居,倍本弃事而安怠傲。”(《非儒下》)

春秋儒者代表了一个思潮,那便是为贵族阶级的统治工具——仪式而服务。墨子痛斥这种行为:

“因人之家(生产者)以为翠,恃人之野(生产资料)以为尊。富人有丧,乃大说,喜曰:‘此衣食之端也!’”(同上)

按这些批评非并对孔子而言,乃是对信仰传统的儒者而言。荀子是儒学集成的人物，但对于那些依赖于春秋传统的儒者，也目之为贱儒、俗儒。《非十二子篇》说：“偷儒惮事，无廉耻而耆(嗜)饮食，必曰君子固不用力，是子游氏之贱儒也。”《儒效篇》说：“呼先王以欺愚者，而求衣食焉。……僡然若终身之虏，而不敢有他志，是俗儒者也。”

墨子是于《诗》《书》之教有修养的人物，他反对形式化的礼、乐，而对于《诗》《书》却表彰甚力，并作为其三表中第一表的根据，所谓“考乎先圣大王之事”。在这一点，墨子仍然和孔子一样，继承着西周文化的传统。在“文、武之政布在方策”的鲁国文化界，墨子不能脱离了缙绅职业而平地起家。然而他在继承文化传统的精神上却又和孔子区别开来。墨子言论中引《诗》《书》之处甚多，如《书》之《吕刑》、《诗》之《周颂》等。他处处以圣王之道佐证己说。他对于先王的遗教有这样的颂扬：“此道也，大用之天下，则不窕，小用之，则不困，修用之，则万民被其利，终身无已。”(《尚贤中》)但他无论在内容上或形式上却都不是“述而不作”，反是“作而且述”。

他引用《诗》《书》(雅言、古文)，不是弄古董，而是说道理，所以在形式上用的是当时的“白话翻译”，不是古文典章。

他引用《诗》《书》，正如他自己说：“今天下之君子为文学、出言谈也，非将勤劳其惟(喉)舌，而利其唇呡也；中实将欲为其国家邑里万民刑政者也”(《非命下》)。因此，他在内容上和闵采尔的解释上帝相似(闵采尔是德国农民战争中的彻底民主主义者)，不惜把先王“现代化”，把鬼神国民化。

墨子是这样的接受缙绅先生的传统而复发展了这一传统。在学术下私人的运动中，对于传统文化的批评，孔子高唱于前，墨子呐喊于后。孔子注重动机，墨子注重结果。有人说，孔子光彩地结束了春秋思想，墨子光彩地开启了战国思想，这断案颇有问题。实在讲来，孔、墨显学在春秋末与战国初是批判了春秋传统而发展了中国古代文化。这个中国古代思想的演变关键，是研究子学的源流所应明白的。

上面我们已经说明，孔、墨学说是由春秋儒术的继承与批判而递嬗演变来的,这仅是以思想史的相对的独立过程而言,如果我们根据社会史讲来,战国"尽地力"的显族社会渐进地代替了"存小国"的氏族贵族社会,这是显学发展的物质条件。孔子尊"贤",墨子尚"贤",到战国中叶的礼"贤",正是反映国民阶级对于古代的权利义务关系的主张。在思想方面讲来,韩非子所说的"博学辩智如孔、墨"(《八说篇》),便指出人物的历史性格。如果没有国民阶级,那是不会有博学兼辩智者的。

和孔学并称的墨子显学,其发展情形与儒家大体相仿,也可分为前后两期。所以《韩非子·显学篇》说过了"儒分为八",接着就谈到了"墨离为三":

"自墨子之死也,有相里氏之墨,有相夫氏之墨,有邓陵氏之墨。"

《庄子·天下篇》也说:

"相里勤之弟子,五侯之徒,南方之墨者苦获已齿,邓陵子之属,俱诵'墨经'而倍谲不同,相谓'别墨'"(据郭沫若考辨,祖夫即相夫,即苦获已齿)。

此外,《韩非子》又有"侠以武乱禁"之说。据此,墨子学派的后期发展,似大体可分为两派:一派趋于思维规律的专门研究,成为先秦名辩思潮的重镇;一派变为社会运动的游侠,推行墨子的宗教思想。然此两派,都属于后期墨家,拟于下篇专章论究。本章只讲墨子所代表的前期墨家思想。

第二节　前期墨家的阶级论和天道观

(一)墨子国民阶级的自觉理论及其阶级立场

孔子批评了春秋的仪式,在客观上暴露了社会的矛盾;墨子描写了战国初年贵族的腐朽生活和贵族政治的没落,否定了古代仪式,攻击了统治阶级的专政。显学之成为显学,是有优良传统的。

氏族贵族的形象,在墨子的认识中是最丑恶的反动者:它不令人生,反令人死;不令人富,反令人贫;不令人治,反令人乱;不令人善,反令人恶;不令人安乐,反令人悲苦;不令人积极,反令人消极。这些术语,都散见在《墨子》书中。他更不像孔子那样的温柔态度,而敢于嬉笑怒骂,尽其攻击的能事。他和孔子直接辩难的地方很少,但他在理论上与孔子的学说是针锋相对的,从各方面击破孔子的论点,创立自己的论点。他的批判的勇敢不可一世。老、庄思想幸而是在后来起家的,否则这和他的学说相对立的柔曲思想,当逃不过他的批判。

孔子对于传统制度的附保留的态度,并不因为其提出人类心理的要素方面的新命题而显得暧昧,相反地他极力称赞西周制度(或者说是这一制度的精神扩张);所以,他笔伐春秋是基于所谓"据于德,依于仁,游于艺"而出发的。反之,墨子对于传统制度就不同了,他只看到前途,凡是他谈古制的时候,总是按照他自己的主观理想来解释历史,不给先王保留一点真实;所以,他比孔子更是浓厚的理想主义,使其"本之者"的先王,作了他自己撰著的小说中的典型人物。他企图把改造了的先王变成活的人类,借以增加他对社会批判的战斗性。他的第一表实在不是"本之",而是"推之"。如果说,孔子的先王观念是"据于德,依于仁,游于艺"的心理情操化或"美"化,则墨子的先王观念是生活化或"善"化。他们把"先王"的宗教神运到人类生活的日常言行中,这是他们的共同点;而他们把"先王"运到人类社会之后,如何处理,如何进行概念的抽象,却有显著的差异。这里,我们首先研究墨子的人类观点或人性的倾向问题。

从人类观点方面来区别孔、墨的思想,是解剖古代思想的首要诀窍。这即是说:如果孔子的人类观点将春秋末期维新贵族与晚出国民阶级的对立调和起来,并依温和的"损益"史观解消其矛盾来维持古代社会,则墨子的人类观点便将孔子所"由分而合"的人类,再"由合而分"起来,暴露了阶级斗争的事实,所以墨子的人类观点实质上是阶级论。这一思想是以《尚贤篇》为张本。所谓"尚贤"即尚国民阶级的资格,并坚持着国民阶级的立场以反对氏族贵族。这犹之乎近代"国民之富”,其内容实质上在于承认资本家之富,以反对封建制社会的财产关系及其支配阶级;亚丹·斯密士和李嘉图的思想之所以具有科学的态度,便在于此。为了全面了解古人的思想,这里先将《尚贤篇》原文摘录如下:

“今者王公大人为政于国家者,皆欲国家之富,人民之众,刑政之治;然而不得富而得贫,不得众而得寡,不得治而得乱,则是本失其所欲,得其所恶,是其故何也?……是在王公大人为政于国家者,不能以尚贤事(使)能(与骨肉之亲相反)为政也。……故大人之务,将在于众贤而已。曰:然则众贤之术将奈何哉?……曰:譬若欲众其国之善射御之士者,必将富之贵之,敬之誉之,然后国之善射御之士将(乃)可得而众也。……贤良之士,……亦必且富之贵之敬之誉之,然后贤良之士亦将可得而众也。……是故古者圣王之为政也,言曰:不义不富,不义不贵,不义不亲,不义不近。是以国之富贵人闻之,皆退而谋曰:始我所恃者富贵也。今上举义不辟贫贱,然则我不可不为义。亲者闻之,亦退而谋曰……。近者闻之,亦退而谋曰……。远者闻之,亦退而谋曰:始我以远为无恃,今上举义不僻远,然则我不可不为义。逮至远鄙郊外之臣、门庭庶子、国中之众(自由民)、四鄙之萌人(奴隶)闻之皆‘竞’(争)为义。……故古者圣人之为政,列德而尚贤,虽在农与工肆之人,有能则举之,高予之爵,重予之禄,任之以事,断予之令(理想的圣王)。……故官无常贵,而民无终贱。……举公义,辟私怨,此若言之谓也。”(《尚贤上》)。

“古者圣王甚尊尚贤而任使能,不党父兄,不偏富贵,不嬖颜色,贤者举而上之,富而贵之,以为官长,不肖者抑而废之,贫而贱之,以为徒役。……然则富贵为贤,以得其赏者,谁也?曰:若昔者三代圣王尧舜、禹、汤、文、武者是也。所以得其赏,何也?曰:其为政于天下也,兼而爱之,从而利之……。”(《尚贤中》)

“今王公大人,其所富,其所贵,皆王公大人骨肉之亲,无故富贵(没有理由而富贵),面目美好者也。……无故富贵,面目美好者,焉能必知(智)哉?若不知使治其国家,则其国家之乱可得而知也。今天下之士君子,皆欲富贵而恶贫贱,然女何为而得富贵而辟贫贱哉?曰:莫若为王公大人骨肉之亲(氏族贵族),无故富贵,面目美好者。王公大人骨肉之亲,无故富贵,面目美好者,此非可学而能者也(先天的)。使不(疑为'其'字)知辩德行之厚若禹、汤、文、武,不加得也;王公大人骨肉之亲,躄喑聋瞽,暴若桀、纣,不加失也。是故以赏不当贤,罚不当暴,其所赏者已无故矣,其所罚者亦无罪。是以使百姓皆攸心解体,沮以为善,垂其股肱之力而不相劳来也(劳动力的危机);腐臭余财而不相分资也(财富手段集中于氏族贵族,没有私有制);隐慝良道而不相教诲也(古制束缚而无进步)。若此则饥者不得食,寒者不得衣,乱者不得治。"(《尚贤下》)

由上面的话来仔细研究,我们知道,墨子从人类中划分出了旧贵族阶级和国民阶级,否定了氏族贵族的"无故富贵"的地位,并把国中之众的自由民、四鄙之萌人的奴隶、手工业者以及公社农民和百工商贾等这一类远者疏者,和氏族贵族的亲者近者看成对立的阶级,从而同情着国民阶级。他从这里得出了"贤能"范畴。他主张使他们一依贤能的条件来取得财产所有权和政治地位。这个新的富贵了的贤能之士是什么阶级呢?著者以为,这就是古代社会的"显族"。

如果更具体地分析起来,我们可以指出下列四点:

第一,如果依照过去以氏族单位来区别人类的贵贱,那么所谓"骨肉之亲"是"无故富贵"的,是以"面目美好"而定富贵的。依墨子说来,这是"非可学而能者"。因此,天下之治乱、善恶、是非都限定于这一阶级鸿沟,而毫无标准了。他认为这种统治阶级与被统治阶级的关系最不合理的划分,是应该改变的。

第二,他认为社会的根本问题,首应打破这一阶级鸿沟,而以"众贤"之标准代之。他以为"尚贤使能"的政治,就可以使贤能者"富、贵”,而众人自然就依其“欲富贵而恶贫贱”的本性,在“举义不避贫贱”的善政之下,竞相为义以求富贵了。

第三,他的“众贤”范围,从战国初叶的史实中看来,无疑地排除了君子。例如他所举的人类是“远鄙郊外之臣”、“国中之众”、“四鄙之萌人”、“农与工肆之人”,包括了古代社会的自由民、手工业者、奴隶、家奴和农民。在他讲来,如果以“义”的标准代替了“氏”的标准,那么富贵和贫贱的地位,就人人都有资格来取得了,就各依人性欲望的发展来合理地取得了,也就没有所谓君子小人的区别了。如果按照墨子说的自由竞争的淘汰的结果,必然打破氏族贵族(君子)的支配,使整个社会依墨子所谓的古代制的法则而翻身,即“官无常贵,民无终贱”。

第四,他的新富贵观,是以贤能人物的道德或所谓“义”来做标准,而其“义”之解释,不是以主观的心理为前提,乃是以客观的大利为前提。他的人类观点在反对了西周以来的“维新人类”之后,便成为国民的自觉,其前途是显族阶级。所以他的人类观点和孔子学说显出了极大的区别。孔子主张“百工居肆,以成其事;君子学以致其道”(《论语》);墨子主张“凡天下群百工、轮车、鞼匏、陶冶、梓匠,使各从事其所能。”(《节用中》)

他以“北方鄙臣”,从事于“贱人之所为”,指出了国民自觉的前途。荀子批评墨子的学说是“役夫之道”,而与“君子之道”相反,正指此事此义。

墨子在阶级立场上的国民自我觉醒,和他在理论上的人类观点是不可分离的。他的人类观点的旨趣是化“别”为“兼”,所谓“兼以易别”。“别”即指由西周至儒家所一贯肯定的宗法宗礼的贵贱等差,“兼”的义谛便否定了这种贵贱等差,客观上显示出古代国民阶级的平等的理想。墨子主张消极的否定应以积极的肯定为前提;否则,只知击破氏族贵族所依托的贵贱观点,而无积极理想以为易天下的指标,必至于失其所欲,得其所恶。在实践程序上是欲有“所立”必先有“所破”,或在“破”的进程中实现其“立”;而在理论上,必于“破”前先有“所

立”,或在“立”的前提下以击溃其“所破”,必如此始能促进历史向高级形态的转进。所以他说:

“非(反对)人者必有以易(夺取阵地)之;若无以易之,譬之犹以水〔救水〕,〔以火〕救火也。”(《兼爱下》,增字依俞樾校)

“凡天下祸篡怨恨,其所以起者,以不相爱生也;是以仁者非之。既以非之,何以易之?……以兼相爱、交相利之法易之。”(《兼爱中》)

按墨子这样以“立”易“破”或“兼以易别”的改革性的社会批判思想,和老、庄的有“破”无“立”的消极的社会思想,实有原则性的不同。

墨子树立的学说,还有他所谓的三表法,说详下节。现在首先就其兼、别之义,更具体地说明于下:

他从“别”的社会矛盾说起。人类阶级社会的富贵贫贱之所以相贼害,他说是因为过去历史上有人类本身的大别(第一次的分裂)。他说:

“子墨子曰:……当今之时,天下之害孰为大?曰:若大国之攻小国也(氏族外部战争),大家之乱小家也(大家即巨室,氏族内战),强之劫弱,众之暴寡,诈之谋愚,贵之傲贱〔富之侮贫〕(《兼爱中》以“富必侮贫,贵必傲贱”对举,从方授楚补此一句。义指社会的阶级矛盾),此天下之大害也。人与(“人”,依王念孙校,为“又”之误,“与”读“如”)为人君者之不惠也,臣者之不忠也,父者之不慈也,子者之不孝也,此又天下之害也;又如今之贱人,执其兵刃毒药水火以交相亏贼,此又天下之害也(按:此申言阶级矛盾的发展)。”(《兼爱下》)

这些话暴露了春秋到战国的社会的阶级矛盾。墨子描写当时社会的文字很多,而以此段为最深刻。他在这样阶级矛盾的社会现象中,试探其背后的本质(这里所谓本质指哲学上低级本质到高级本质的过程,不是指理性认识的最宏富的本质),提出了“兼”、“别”二义以作根本的解答。结论是,这现象归根于“氏所以别贵贱”之“别”义。他说:

“姑尝本原若众害之所自生:此胡自生? 此自爱人利人生欤? 即(则)必曰:非然也,必曰:从恶人贼人生。分名乎天下恶人而贼人者,‘兼’与? ‘别’与? 即必曰:‘别’也。然即(则)之‘交别’(交相别)者,果生天下之大害与! 是故‘别’非也。子墨子曰:非人者必有以易之,若无以易之,譬之犹以水救水,以火救火也,其说将必无可焉。是故子墨子曰:‘兼以易别’。”(《兼爱下》)

“姑尝本原若众利之所自生:此胡自生? 此自恶人贼人生与? 即(则)必曰:非然也,必曰:从爱人利人生。分名乎天下爱人而利人者,‘别’与? ‘兼’与? 即必曰:‘兼’也。然即(则)之‘交兼’者,果生天下之大利与! 是故子墨子曰:‘兼’是也。”(同上)

墨子就是这样地说明了“别非而兼是”、“以兼为正”的道理。在我们现在看来,他费了这样的大气力,反复其词,还嫌不够,更在《兼爱篇》原察众之耳目,引证先王的事实,以佐证其推论,这是为什么呢? 我们以为他的理论的政治要求是企图得出古代社会的人类之平等义(兼=平等)罢了。无可否认,这是形式的平等观,而且本质上是另一种不平等观,即墨子所谓的富之贵之和贫之贱之的对立。然而在氏族贵族的旧制束缚下的当时,他敢于非“别”(反对旧阶级制度),这却是伟大的发见,可以说是古代社会的光辉的知识。后来老子于自然法中求出了上下之别而主张卑下,庄子于概念中求出了齐物而主张放任,于是墨子的创见(人类观点中的阶级思想)被所谓“采儒、墨之长”的思想家割舍无遗。

墨子在这一问题的前半截的求原论,善于依其无所顾虑的态度来批判现实,这是科学的;但在问题的后半截的证据论,以为天下的善事都是可能的而且是现实的,却是勇敢的理想主义。

据他说,“天下之士非兼者之言犹未止”,因此,他不惜把现实社会的好坏还原为意识上的好坏,如他把坏社会定成“别士”、“别君”这种人物所支配的社会,把好社会定成“兼士”、“兼君”这种人物所支配的社会。这里,我们暂不批评墨子这种证据论。值得注意的是,他敢用

“别君”的名词，这和屈原用“壅君”的名词来批判统治阶级，实具有同一的精神，而墨子更大胆的是：他不但把历史的现实矛盾揭开，而且把当时的人类区别为一个“别”人阶级和一个“兼”人阶级，主别者客观上就是氏族贵族，主兼者客观上就是国民阶级，所谓“兼以易别”，就是社会阶级颉颃的表现。李嘉图在《经济学原理》中区分人类为三大阶级，曾经马克思承认其有科学的价值，墨子在另一时代也有相似的创见。

尤其相类似的是：李嘉图把自由竞争的社会当做理想的天国和永恒而终极的历史法则，他根据一个特定社会的现象，抽象出一切社会的一般法则。墨子把“富之贵之”的贤能国民社会当做理想的天国和永恒而终极的历史法则，他根据一个特定的理想，古代社会的特定现象，抽象出一切社会的一般法则。他的理想，建立于两种“假定”之上：善的是现实的，善人支配现实的社会。

第一，他假定善的是现实的（“择即取兼”）。有人问：“即善矣，虽然，岂可用哉？”墨子说：“用而不可，虽我亦将非之，且焉有善而不可用者？”（《兼爱下》）在这里，他很有趣地假定着孤立的人类社会，和亚丹·斯密士从所假定的鲁滨逊孤岛出发有近似处，但斯密士假定的是同着“礼拜五”的一个人，墨子假定的是两个人或两个君：一个是兼者，另一个是别者。

好像小说体裁，他在《兼爱下》篇“假设”起来：

> “设（原作“谁”，从王引之校改）以为二士，使其一士者执别，使其一士者执兼（注意，既设而又使）。别士之言曰：‘吾岂能为吾友之身若为吾身，为吾友之亲若为吾亲？’是故，退睹其友，饥即不食（馈），寒即不衣（赠），疾病不侍养，死丧不葬埋。别士之言若此，行若此。兼士之言不然，行亦不然，曰：‘吾闻为高士于天下者，必为其友之身若为其身，为其友之亲若为其亲，然后可以为高士于天下。’是故，退睹其友，饥则食之，寒则衣之，疾病侍养之，死丧葬埋之。兼士之言若此，行若此。”

假设了两个相反性格的鲁滨逊到了战国的“孤岛”上，墨子请来一个想要寄托其家室妻子的远游之人，问他是取兼士寄托呢？还是取别士寄托呢？自然这个人一定"择即取兼"。

同理，他假设了二君，使一君执"别"，使一君执"兼"。别君是只顾己身，睹万民之饥寒病死而不顾；兼君先万民而后其身，睹万民之饥寒病死，一心想施惠他们。

他在两个君的"孤岛"上，忽然招来了一群疠疾痛苦的万民，令他们择而从之，自然这一群人一定选择了兼君。（详见《兼爱下》）

从这个假定的"孤岛"，墨子证实了"择即取兼"的好事是合理的，进而断定了善的是现实的。

第二，他假定善人可支配现实的社会。这是他的"兼以易别"的方法。他说：

> "天下之人皆不相爱，强必执弱，富必侮贫，贵必敖贱，诈必欺愚。凡天下祸篡怨恨，其所以起者，以不相爱生也。是以仁者非之。既以非之，何以易之？子墨子曰：以兼相爱，交相利之法易之。……视人之国若视其国，视人之家若视其家，视人之身若视其身；是故诸侯相爱则不野战，家主相爱则不相篡，人与人相爱则不相贼。……凡天下祸篡怨恨可使毋起者，以相爱生也，是以仁者誉之。"（《兼爱中》）

> "若使天下兼相爱，爱人若爱其身，犹有不孝者乎？……不慈者乎？……犹有盗贼手？故视人之室若其室（室义见前），谁窃？……谁贼？故盗贼无有，犹有大夫之相乱家，诸侯之相攻国者乎？视人之家若其家，谁乱？视人之国若其国，谁攻？……若使天下兼相爱……则天下治。"（《兼爱上》）

按照墨子的假定，"若使"人是善人，则社会也就变易成为现实的善的社会。他的"兼以易别"的理想，既然假定在"别而不兼"的现实上，于是墨子的劝人的教育思想便产生了。有人问他，你这样劝人兼相爱、交相利，为什么社会仍然这样和你的想法相反？岂不是徒劳吗？他说，我这样做总比没有一个人这样做是好些的。他又说：圣人禁恶而劝爱,所以"不可不劝爱人者此也"。

他劝人的教育学和孔子诲人的教育学是不同的。孔子重在德操、动机,墨子重在志功。前者是从爱有差等出发;后者是从兼相爱、交相利出发,无利之爱,在墨子看来是空虚的。鲁阳文君问,一个儿子好学,一个儿子好分人的财货,哪一个应当做太子?墨子答道:"吾愿主君之合其志功而观焉。"(《鲁问》)

荀子对于墨子人类观点的批评,说他"有见于齐,无见于畸"(《天论》),"僈(无)差等,曾不足以容辨异,县(悬)君臣"(《非十二子》)。这颇近于事实。因为畸差、等级的不变关系正是墨子所反对的,正是他要以另一种阶级关系来代替的。

(二)墨子的社会政治思想

墨子的社会思想,有原则与方法,其原则在于以下二语:

"求兴天下之利,除天下之害。"(散见各篇)

其方法可分为五项、十事,《鲁问》篇说:

"子墨子曰:凡入国,必择务而从事焉。国家昏乱,则语之尚贤、尚同;国家贫,则语之节用、节葬;国家憙音湛湎,则语之非乐、非命;国家淫僻无礼,则语之尊天、事鬼;国家务夺、侵陵,则语之兼爱、非攻。"

墨子的社会思想,是针对了旧贵族统治的社会。这里,生产力受着生产关系的束缚,因而生产停顿,阶级斗争因国民阶级的抬头而趋于尖锐化。因此,墨子一方面主张"官无常贵、而民无终贱",他方面主张生产资料的所有应该时常变异。和他的人类观点或阶级论一样,他的社会思想也左袒了人民。这里所谓人民,即《墨子》三表中"观其国家百姓人民之利"的人民,在前面著者常译为古代的"国民",在显族出生的当时,客观上指"显族"的贵族阶级,然而我们不要拿机械的脸谱涂抹墨子的思想。我们知道,在17世纪伟大思想家迎接新人类降生时,客观的人类历史,都不是他们所能知道的,他们仅以一种绝对的自私心

（人类性类概念）来迎接资产阶级。相似地讲来，墨子所迎接的人类也是进步的阶级，他的理想主义不可能了解将来，他在客观上是以一般的人类同情爱，左袒了所谓“万民”，希望了“众贤”，推进了历史。因此，研究墨子的社会思想应从他所同情的人民讲起。散见于《墨子》各篇所说的人民利害，警语颇多，现仅摘要例举并作解释如下：

“今使鲁四境之内，大都攻其小都，大家伐其小家；杀其民人，取其牛马狗豕、布帛、米粟、货财，则何若？”（《鲁问》）

大都即“偶国”之大夫城市壁垒，大家即占有奴隶最多的巨室。上文是指氏族贵族的内战，然而在反动的战争中，《墨子》首先指出被杀的“民人”。

“差论蚤（爪）牙之士，比列其舟车之卒（伍），以攻伐无罪之国。入其沟境，刈其禾稼，斩其树木，残其城郭，以御（抑）其沟池，焚烧其祖庙，攘杀其牺牲，民之格者则刭拔（杀）之，不格者则系操（系累）而归，丈夫以为仆圉、胥靡，妇人以为舂酋。”（《天志下》）

这里讲的是西周以来俘获劳动力的战争。把“民”之格者径予杀戮，不格者俘掳为集体族奴与家内奴隶。墨子以这样的攻国，谓之“不仁义”。他对于人民是寄与了何等同情！因此，他把贱人和贵人的行为平等比较，而得出一个结论：当时社会是不仁不义的社会。例如：

“子墨子谓鲁阳文君曰：‘攻其邻国，杀其民人，取其牛马、粟米、货财，则书之于竹帛，镂之于金石，以为铭于钟鼎，传遗后世子孙，曰：“莫若我多”！今贱人也，亦攻其邻家，杀其人民，取其狗豕食粮衣裘，亦书之竹帛，以为铭于席豆，以遗后世子孙，曰：“莫若我多”。亓（其）可乎？’鲁阳文君曰：‘然！吾以子之言观之，则天下之所谓可者，未必然也。’”（《鲁问》）

这里讲的话更深刻了。统治阶级掠夺财产和奴隶，应该大书于史册，宣扬财富所有权，可以叫做“礼”，也可以铭为“诰”文，这是合法的。然而，“贱人”被统治阶级是不是也可以这样做？做出这样的事来，是不是算造反？所以，墨子以为既然贵人为之则可，贱人为之则不可，他便要攻击贵族君子了：

> “世俗之君子，皆知小物而不知大物。今有人于此，窃一犬一彘，则谓之不仁，窃一国（外战）一都（内战）则以为义。譬犹小视白，谓之白；大视白，则谓之黑。是故世俗之君子知小物而不知大物者，此若言之谓也。”（《鲁问》）

《墨子》文字中值得注意的是书竹帛、镂金石、铭钟鼎。我们看了《周书》的《多士》、《康诰》等竹帛以及周金的锡田锡人诸铭文，可知墨子是言之有物的。这正是“唯名与器不可假人”的统治阶级的法权形式。墨子居然批评到国家法权的内容是掠夺。他又从被统治阶级的立场上出发，提出了一个大胆的假设，即是：贱人按理也可以把掠夺下来的东西，书竹帛、铭席豆，变成合法的所有！

《墨子·非攻上》篇有一段文字，说到杀一人、杀十人知道是有罪的，是不义的；但大为攻国，却反而成了无罪的，有义的了。《墨子》书中的社会批判思想即由此义出发。《天志下》篇有更简约的一段话：

> “今有人于此，入人之场园，取人之桃李瓜姜者，上得且罚之，众闻则非之，是何也？曰：不与其劳，获其实，已（以）非其有所取（所有）之故。而况逾于人之墙垣，担格人之子女者乎？与角（穴）人之府库，窃人之金玉蚤絫（布缲）者乎！与逾人之栏牢，窃人之牛马者乎！而况有杀一不辜人乎！今王公大人之为政也，自杀一不辜人者，逾人之墙垣，担格人之子女者，窃人之金玉蚤絫者，与逾人之栏牢，窃人之牛马者，与入人之场园，窃人之桃李瓜姜者，今王公大人之加罚此也。……今天下之诸侯，将犹皆侵凌、攻伐、兼并，此为杀一不辜人者，数千万矣，此为逾人之墙垣，担格人之子女者，与角人府库，窃人金玉蚤絫者，数千万矣，逾人之栏牢，窃人之牛马者，与入人之场园，窃人之桃李瓜姜者，数千万矣，而自曰义也。……少而示之黑谓之黑，多示之黑为白，必曰：吾目乱，不知黑白之别。……今王公大人……有能多杀其邻国之人，因以为文（大）义，此岂有异蕡白黑甘苦之别者哉？”

这一段话里有下面的几点意义：

1.当时的氏族贵族（王公大人）所支配的社会，是对内对外实行侵凌（剥削）、兼并（占有）并攻伐的恶社会。

2.书中所举的王公大人的一串数以千万计之财富，不外是生产资料与劳动力。

3.这一串数以千万计的财富，都是不按报偿法则而掠夺来的。

4.从来书于竹帛或铭于钟鼎的，都被统治者加以法权的规定和道德的规定，在墨子看来，这是掠夺的特权。

5.这一掠夺性质的国家的政权，又是被"非所学而能者"的统治阶级所擅专，被基于"骨肉之亲"的氏族贵族（参看上引《兼爱下》文）所垄断，因此，富贵人永远是富贵人。这正是奴隶制社会的经济关系，更是中国古代社会土地国有的经济关系。

6.基于墨子的"民无终贱"的理想，假设贱人也可以窃取，书于钟铭，遗于后世子孙，道理上应该是并不矛盾的。这指明了社会现实的矛盾，使他所假设的问题，能够提出来。不但如此，他还以为统治阶级的仁义内容，越说得"大"，越显得无耻！

以上六点是墨子社会思想的出发点。因此，他的论点多注意到社会的财产关系、人民的人身自由以及劳动的权利关系。例如：

> "民有三患：饥者不得食，寒者不得衣，劳者不得息。"
>
> "使丈夫为之（乐），废丈夫耕稼树艺之时，使妇人为之，废妇人纺绩织纴之事，今王公大人唯毋（口语）为乐，亏夺民衣食之财……。"（《非乐上》）
>
> "存乎王公大人有丧者曰，棺椁必重，葬埋必厚，衣衾必多，文绣必繁，丘垄必巨。存乎匹夫贱人死者，殆竭家室。存乎诸侯死者，虚车（库）府。……天子（诸侯）杀殉，众者数百，寡者数十，将军大夫杀殉，众者数十，寡者数人。"（《节葬下》）
>
> "今有人于此，有子十人，一人耕而九人处，则耕者不可以不益急矣。何故？则食者众而耕者寡也。"（《贵义》）

“为者疾，〔食者寡，则岁无凶；为者缓，〕（以上十字据孙诒让校补）食者众，则岁无丰。故曰：财不足则反之时，食不足则反之用。”（《七患》）

“计久丧，为久禁从事（劳动）者也。财以（已）成者，扶（挟）而埋之，后得生者，而久禁之。以此求富，此譬犹禁耕而求获也。”（《节葬下》）

这样看来，墨子是尽情地攻击统治者利用特权加害于人民的人身自由和劳动所得，特别是他指出多到数百的殉葬人数，揭露了奴隶贵族的社会性质。墨子非乐、非攻、节葬的思想，多从社会的生产力出发，因而他得出了从俭求富、利民生财的道理。这和他的“兼而爱之，从而利之”的人类思想，是相关联的。这种从俭求富、利民生财的原则有几点值得注意：

1.费财劳力不加利于人民者不为：

“凡足以奉给民用则止，诸加费不加于民利者，圣王勿为。”（《节用中》）

“发令兴事使民用财也，无不加用而为者。”（《节用上》）

2.赖其力者生，不赖其力者不生：

他在《天志下》篇以为“不与其劳获其实，非其所有取之”的不平等关系，是社会大乱之源，此外又说：

“赖其力者生，不赖其力者不生。”（《非乐上》）

“凡天下群百工：轮车、鞼匏、陶冶、梓匠，使各从事其所能”。（《节用中》）

这是墨子从财产私有和等价交换的原则出发所得出的社会思想。因此，墨子并非根本主张废除贱人阶级，他仅主张“官无常贵，而民无终贱”，至于不为义而不贤能的人，在他看来，还应该仍为贱人，故说：

“君子不强听治即刑政乱，贱人不强从事（劳动）则财用不足。”（《非乐上》）

甚至，他因了忠于他的一切惟利、一切惟多生产的观点，竟陷于一种溜滑的推论，而主张早婚，以增加人口。这或者是因了当时劳动力的危机，他感于所谓“有余地而不足于民”的现象。荀子批评“夫有余不足，非天下之公患也，特墨子之私忧过计也”，当是指这一过分的推论。荀子又批评说：

“墨子蔽于用而不知文。”(《荀子·解蔽》篇)

“墨子……上功劳苦，与百姓均事业，齐功劳，若是则不威，不威则赏罚不行，……贤者不可得而进也，……不肖者不可得而退也……万物失宜，事变失应。”(同上《富国篇》)

“宜”与“应”是儒家思想的出发点，墨子以为这是俗宜。荀子的话，是站在统治阶级立场说的。

3.有财者勉以分人：

“舍余力不以相劳，……腐朽余财不以相分，天下之乱也，至如禽兽然。”(《墨子·尚同中》)

“有力者疾以助人，有财者勉以分人……则饥者得食，寒者得衣，乱者得治。”(《尚贤下》)

上面两条是墨子兼爱论的引申，含有一种财产平均的思想。

我们研究墨子的社会思想，大要已见于此。明白了这一点，我们再研究他的政治思想。一如孔子由其道德情操必推及“道之以德，齐之以礼”的政治思想，墨子也由其“兼”之一义，推及他的政治观点。

我们在上面已经说过，墨子假定了一个孤岛，一方面令假定的一人来“择”，他方面令假定的一群人来“易”，他的政治思想也是这样。他首先假定了一个家长或国君或天子，例如“使家君试用”、“使家君总其家之义以尚同于国君”、“使国君选其国之义尚同于天子”，又是同样地，他所假定的家长、国君、天子，都慰勉人们“见利爱者以告，见恶贼者亦以告，并按告爱利者赏之，告恶贼者罚之”。好像和过去一点也不相关，人民初次见了这个仁者国君，认为和自己的主张相同，可以服从他。这样，上下之义相同于一，就治而不乱了(详见《尚同下》)。他说：

“何为人上而不能治其下？为人下而不能事其上？则是上下

相贼也。何故以然？则义不同也。若苟义不同者有党。”(《尚同下》)

墨子肯定“兼”之一义，而否定“别”之一义，他在政治思想上也想象出了一义，这一义叫做“同”，因此，他主张“尚同”。

他的政治论既然想象出了“一同”，那么在不能同一的社会，怎样求同呢？如上所述，在“别”的社会，他想象出了选择“兼君”的故事，在不同的政治中，于是也想象出选择“同君”或同“天子”了。这里的“选择”，又是一个假定，忽然来了一群万民甄别试验统治者：

> “明乎民之无正长，以一同天下之义，而天下乱也，是故选择天下贤良圣知辩慧之人，立以为天子，使从事一同天下之义。”(《尚同中》)

这位孤立的圣人从那里来的呢？据墨子说，是从天上授予圣人以权力的。

> “天(原作“天下”，从孙诒让校改)之欲一同天下之义也，是故选择贤者立为天子。……天子又总天下之义，以尚同于天。”(《尚同下》)

他的假定都是两方面的，一方面假定了尚同于天的天子，他方面还假定了爱尚同于天的百姓人民，所以《尚同中》说：

> “上者天鬼有(深)厚其为政长也，下者万民有便利乎其为政长也。天鬼之所深厚，……万民之所便利，而能强从事焉，则万民之亲可得也。”

《尚同上》还说：“选择天下之贤可者，立为天子。”因此，所谓“同”是“同意”之“同”，意指天鬼和人民都同意。如果略去天鬼的一句空话，剩下的就是天子由民选举(《墨子》一书，分为三期作品，各篇时代不同。即以公认的墨子时代的作品十篇而论，其上中下三种也有不同的时代，下篇最早，中篇晚出，上篇成于门人之手。这里的说法或曾经其门人补足，或被后期墨家修正，如《经说》“君，臣萌通约也”。但《兼爱》篇“择即取兼”之假定，与此说一贯)。由此看来，墨子的“选择”政长论是进步的,我们不能因天志之说就否定其价值。他的理想或幻想是要使所谓上下相同,以代替上下相贼(这也与《尚贤》篇以贤能之"兼"义而代替氏族之"别"义,同一道理)。

墨子既假定了仁贤万能的天子,于是又产生了溜滑的推论,即天子一个人之同为天下人之公同。他说:

"凡国之万民上同乎天子,而不敢下比,天子之所是,必亦是之;天子之所非,必亦非之。去而不善言,学天子之善言;去而不善行,学天子之善行。天子者固天下之仁人也。举天下之万民,以法天子,夫天下何说而不治哉?……唯以其能一同天下之义,是以天下治。"(《尚同中》)

有人怀疑墨子的政治论是开创专制主义的先声,这是误解。他的"一同天下之义"的理想,和等级的封建专制主义不相适合,毋宁说指一同于墨子的宗教观。因为墨子并没有把一般的天子规定为可效法的,而只假定一个被人民所选择的天子才可以效法,这一个天子又是墨子的主张之执行者。因为在他看来,世界上一切国君、天子其中不仁者众而仁者寡,要成为可效法的天子国君,就须具备严格的条件。墨子在《法仪》篇便露出了和孔子一样的意思,即只有"天纵之圣",其主义才可算作法仪,而一般的君、亲、师皆不足为法仪(《法仪》篇晚出,但也是记墨子言行的材料):

"当皆法其父母奚若?天下之为父母者众,而仁者寡,若皆法其父母,此法不仁也;法不仁,不可以为法。当皆法其君奚若?天下之为君者众,而仁者寡,若皆法其君,此法不仁也;法不仁,不可以为法。故父母君三者,莫可以为治法。"

这样看来,墨子是怀疑君主制度的。如果君主没有被墨子的理想所限制,没有得到人民的同意,君主是可以被人民反对的。我们认为,墨子所主张之平等,"兼"与"同",是古代社会的形式民主。近代资本主义社会的形式民主离实质较远,古代的形式民主离实质更远,然而这不妨碍墨子是一般的民主主义者。近代资本主义的民主实质上是资产阶级的专政,古代的民主实质上是国民显族的专政。所以,墨子思想之富于民主精神,应从历史主义的观点去评价,而不能从抽象的概念去分析。他的阶级思想与政治思想是相一贯的,不应当以其“尚同”的形式概念而否定其平等思想的“兼”、“同”理想。我们研究思想史,不应把古人的优良传统抹杀,而机械地画一个脸谱。

墨子固然富于想象,但他的想象却不类于庄子的形而上学。《庄子·天下篇》评:“墨子真天下之好也!将求之不可得也,虽枯槁不舍也,才士也夫!”(俞樾注“天下之好”为“好天下”)可见墨子不是一个幻想的人。

(三)墨子的非命论与天道观

墨子的阶级思想有“官无常贵,而民无终贱”的命题,其社会思想有被统治者小窃与统治者大窃同为不义的命题,他主张“贱人亦可窃货而书竹帛”,因此,他的非命论就有这样的命题,“命者暴王所作,穷人所术”(《非命下》)。

墨子的非命论与尚贤的人类观点、兼爱的社会观点,都是光辉的学说,而非命论因了没有理想主义的掺杂,更为名贵。

墨子的非命论与孔子的天命论相反。孔子以为君子知命,小人不知命;墨子以为所谓“作命”者是统治阶级,而“术”命者(“术”与“述”通)是被统治阶级(穷人)。作之者有利,而述之者备受其欺骗。他说:

> “昔者暴王作之,穷人术(述)之,此皆疑众迟朴!”(疑众即骗众,迟也是疑的意思,即骗老实人。)(《非命下》)

这样看来,天命是统治阶级欺骗人民的工具,有利于统治者而不利于被统治者,因此统治者就必须把天命观散布于民间,所谓“执有命者以杂于民间者众”(《非命上》)。天命观既然形成了一种统治阶级骗人的理论,墨子就把反对欺骗众人的命定论作为他的学说的主要部分。他说:

> “执有命者之言曰:命富则富,命贫则贫,命众则众,命寡则

寡，命治则治，命乱则乱，命寿则寿，命夭则夭，虽强劲（勤力）何益哉？以上说王公大人，下以驵（阻）百姓之从事（劳动），故执有命者不仁。"（《非命上》）

墨子反对天命的论点是基于古代的人道主义出发的，但在客观上他的论点却针对了古代的阶级制度。在他的认识里，不论上至王公大人，下至百姓农夫，其富贵与贫贱的区别，应以一个"强"字做标准。他说："强必治，不强必乱"，"强必贵，不强必贱"；"强必荣，不强必辱"，"强必饱，不强必饥"，"强必暖，不强必寒"。（《非命下》）这是一种国民阶级的自由竞争论。如果人们不图"强"，而信有命，失败者必不说"吾罢不肖，吾从事不强"，而说"吾命固将穷"，墨子即斥之为"三代伪民"！因此，他用三表法，证明古代的兴衰无命也，人民之情无命也，国家万民之利无命也。他所引征的历史证据实际上是编造的（第一表），但他所持的人性论和社会论却在客观上强调了斗争。这意义即他说的"力"字，因为和命对立的意思就是"力"，也是孔子所不语"怪力乱神"之力。墨子的斗争说是这样：

"昔者禹、汤、文、武方为政乎天下之时，曰：必使饥者得食，寒者得衣，劳者得息，乱者得治。……夫岂可以为命哉？故以为其力也！今贤良之人，尊贤而好功（攻）道术，故上得其王公大人之赏，下得其万民之誉。……亦岂以为其命哉？又以为力也。"（《非命下》）

"岂可以为命哉？故以为其力"的命题是光辉的。他又以命之为物是唯心主义者所虚拟的，命在哪里呢？

"我所以知命之有与亡者，以众人耳目之情知有与亡。……生民以来者，亦（有）尝见命之物，闻命之声者乎？则未尝有也。"（《非命中》）

因此，他问贤能者之所以得赏誉在于什么呢？

"天下皆曰：其力也。"（《非命中》）

而暴乱者之所以受罚受刑又在于什么呢？

“必不能曰,我见命焉!”(《非命中》)

“命富则富,命贫则贫”的命题是统治阶级骗人的手段,反之,墨子的强力论却得出了“有命则富而可贫,无命则贫而可富”的光辉的命题。他在这里,发展了变风变雅的悲剧思想,做了国民阶级的喉舌。

他既说“执有命者,此为天下之厚害也”,所以在命的学说上公开地反对儒家。他说这一点是“不可不明辨”的:

“公孟子曰:‘贫富寿夭,齰(错)然在天,不可损益’,又曰:‘君子必学。’子墨子曰:‘教人学而执有命,是犹命人葆而去亓(其)冠也!’”(《公孟》)

“有强执有命以说议曰:‘寿夭富贵,安危治乱,固有天命,不可损益,……人之知力,不能为焉。’群吏信之,则怠于分职,庶人信之,则怠于从事。吏不治则乱,农事缓则贫,贫且乱,(倍)政之本。而儒者以为道教,是贼天下之人也!”(《非儒下》)

如果说孔子的知命而不语“力”的论点是前期儒家调和思想的表现,则墨子的主“力”而非命的论点是前期墨家改革思想的标帜。调和与改革的分歧点,集中地表现在儒、墨有关天命的理论上。

墨子反对天命,为什么在天道观上又主张着主宰的上帝、赏罚的鬼神呢?墨子的天鬼论无疑地是其学说构成的落后部分,他批评儒家说“执无鬼而学祭礼,是犹无客而学客礼”,那么他自己执无命而信鬼神是不是“犹无客而请客”呢?这里,便涉及儒、墨思想的历史背景。孔子重视贵族君子“敬”的主观情操,墨子重视庶民“利”的客观价值,他们的学说体系都有矛盾,这就须从历史背景去研究。

如果说孔子先王观的学说保留西周的传统,则墨子先王观的学说把西周的传统附了条件。我们在中外的古代学说中,没有能够找到一个头尾都能扫清传统思想的,很多学者常把传统的思想附以条件的规定。因而他们的思想体系,就出现了传统的形式与进步的方法之间的矛盾。

墨子的先王观,是在氏族制度束缚的历史中产生的,他所称的先王之道，明显地是西周的传统思想，然而我们却需要阐明墨子的先王观已经把先王改变了性质，先王不但是地上人中的一个贤仁者，而且是墨子理想主义中兼爱尚贤的担负者，先王不是先天的配天者，而是一个平等思想家。

同样地，墨子的天道观的上帝（天），也保留下传统精神上的主宰性，如《天志上》说："顺天意者，兼相爱，交相利，必得赏；反天意者，别相恶，交相贼，必得罚。"这个能赏能罚的天，无疑地有宗教的性质。然而，墨子的天道思想同时又不是西周以来无条件的上帝，他在"天"的性质上附加了使天老爷也难接受的条件，那便是天等于一个"方法"。哲学史的发展常不是创造新形式，而是在过去的传统形式上给以某种改造，因此，墨子所改造的可怜的上帝形式，的确是破天荒的。他说：

"子墨子之有天之（志），辟人（之）无以异乎轮人之有规，匠人之有矩也。今夫轮人操其规，将以量度天下之圜与不圜也。……此其故何？则圜法明也。匠人亦操其矩，将以量度天下之方与不方也。……此其故何？则方法明也。故子墨子之有天之意也，上将以度天下之王公大人为刑政也，下将以量天下万民为文学出言谈也。观其行，顺天之意谓之善意行，反天之意，谓之不善意行。观其言谈，顺天之意谓之善言谈，反天之意谓之不善言谈。观其刑政，顺天之意谓之善刑政，反天之意谓之不善刑政。故置此以为法，立此以为仪，将以量度天下之王公大人卿大夫之仁与不仁，譬之犹分黑白也。"（《天志中》）

墨子冲破了春秋以来的社会仪法，他自己照他的理想成立了另一个仪法。墨子的新上帝，叫做"圜法"或"方法"，好像工匠的一把尺度。这把尺度是平等的，可以量度王公大人，也可以量度百姓庶民，这已经不是西周的"绝天地通"的贵族专有物了。尺度在人类社会，是尚贤、兼爱的，但墨子唯恐人们把这原则认成他一个人的私见，于是他把它还原到天上而上帝化，那便成了公意了。他说：

"天之意不欲大国之攻小国也，大家之乱小家也，强之暴寡，诈之谋愚，贵之傲贱，此天之所不欲也。……欲人之有力相营，有道相教，有财相分也。又欲上之强听治也，下之强从事也。……顺天意……则刑政治，万民和，国家富，财用足，百姓皆得暖衣饱食。”（《天志中》）

这样看来，墨子的理想是古代式的平等，而尺度的形式却是传统的宗教（天鬼）。用近代语讲来，这个“天志”便是“主义”，墨子的兼爱论如果加上“天志”，即等于说“兼爱主义”，尚贤论加上“天志”，即等于说“尚贤主义”了。但，“天志”之附以主宰力又与主义有别，这便成了附有主义条件的上帝。因此，上帝便成了空话。

我们知道，从周代的社会史看来，祀天者为贵族所专有。同样的，祖先鬼神也为氏族贵族所专有，庶民无姓，便没有祭鬼的必要，孔子还说：“非其鬼而祭之，谄也。”著者认为这是土地国有制在宗教意识上的反映。一直到春秋时代，土地国有制（不得买卖）尚支配着生产关系，因而在意识形态也难以解脱族姓的束缚，例如子产是一个春秋的进步思想家，但他论贵族伯有之为鬼，还说，“其用物也弘矣，其取精也多矣，其族又大所冯厚矣，……能为鬼，不亦宜乎！”（《左传·昭公七年》）可见物宏（土地）族大（氏族贵族）者宜（当然）为鬼。至于庶民“恃手而食者”即“不得入宗庙”（《荀子》）。

墨子的“天志”观既然主张有天大家顺，则其右鬼论也就主张有鬼大家祭了。这固然是“得愚民之欲，不合知者之心”（王充《论衡》），但在中国古代思想家中有几个敢于左祖人民，得“愚民之欲”的？是的，墨子的“明鬼”是一落后的思想传统，尤其他为了明鬼之有无，引经据典，强辩甚多。然在古代，争取鬼神，谁知道又是一种斗争呢！我们应历史主义地研究他的宗教观而避免纯粹的抽象法。

墨子的有鬼论和“天志”是同样的，鬼神是懂得他的学说的赏罚者，都是照前面所讲的道理，“兴天下之利，除天下之害”。

《明鬼》篇和其他各篇有点区别，其他各篇的推论没有在自己命题之上让步到命题的否定，而《明鬼下》篇末段，却从无鬼的假定以说明

有鬼的理由:没有鬼更好,没有鬼谁也没有,则“犹可以合驩聚众,取亲于乡里”。他说:

“先死者非父则母,非兄而姒也。今絜(洁)为酒醴粢盛,以敬慎祭祀,若使鬼神请(诚)有,是得其父母姒兄而饮食之也,岂非厚利哉!若使鬼神请亡(诚无),是乃费其所为酒醴粢盛之财耳,自夫费之,非特(直)注之汙壑而弃之也;内者宗族,外者乡里,皆得如具饮食之。虽使鬼神请亡,此犹可以合驩聚众,取亲于乡里。”

因此,这和他的节葬论是不相违背的。拿些酒食来做祭品,如果没有鬼神,那些酒食还在,大家合欢而饮食,岂不是一种乡下人的娱乐吗?这倒是为乡下人的一个奇特设计,一方面从贵族把鬼神争到手里,他方面又说没有也罢,反正有一顿酒肉饱吃。

墨子是主张以斗争方式来改革社会的人(真好天下者),其尊天鬼而非命,在理论上实在是有矛盾的,但如果我们把天命的否定作为内容,把天、鬼的承认作为形式,则他的思想中的优点显然是存在于内容实质中的,而抽空了的神鬼,实际上便成了空话了。其次,非命的斗争说和天鬼说怎样在他的思想中统一呢?他以为这里有一种“规矩”,规矩就在天、鬼本身,因此,天鬼便成为“方法”性的手段。他把西周以来的天与命,第一步分做二截,以命为欺骗众人的工具故弃之,以天鬼为庶民所不能享有的形式故置之;第二步复分而合,使无命的条件附加于天鬼的意志中,而成为没有命定的天鬼,一按他的“方法”执行赏罚。这样看来,他的天论不是形而上学,而是方法,所以,天鬼的法则成了他自己的理想的法仪。墨子的天道观已经含有义理之天,不仅是宗教之天了。

他对于鬼神信仰既然作为手段来处理,那么如果有人唯对鬼神求百福而不自求,他就要反对的。例如他说:

“虽使我有病,(鬼神)何遽不明?人之所得于病者多方,有得之寒暑,有得之劳苦。百门而闭一门焉,则盗何遽无从入?”(《公孟》)

研究墨子的思想应寻其要领，不能因为他的天鬼说，就给他戴上一顶反动的帽子。汉代王充的唯物主义的自然史观连老子形而上学的“道”都取消了，这是进步的思想，然而他却在社会方面得出墨子所反对的命定论来，我们也自然不能说王充的思想是反动的。

第三节　墨子唯物主义的知识论

如果说孔子的时代是在国民阶级出现而旧贵族犹维持其权力地位的时候，则墨子的时代是在国民阶级的地位已经很高而旧传统束缚行将终结的时候。墨子和孔子之所以异途，乃是因为他们的阶级地位不同。孔子批判死形式，墨子也批判死形式，孔子保留死形式，墨子也附加条件于死形式，但孔子复活的内容倾向于旧贵族，而墨子新装的内容却倾向于国民阶级。著者对于孔、墨没有好恶左袒，唯欲以古人之思想还诸古史之实际而已。

（一）墨子知识的素材论

研究墨子知识论的第一步，在于看他批评与说理所据的素材。所谓素材即其思想所从出发的客观存在。墨子在这一点显然是和孔子分道而驰的。孔子言学注意了称为《诗》、《书》、礼、乐的文物制度；墨子反是，其所举以说明原则的，恰当孔子所说的小人的小知（例如稼、圃），恰当子路所谓之民人社稷（“何必读书然后为学”之“书”，指西周文明，即《诗》、《书》、礼、乐，不是一般的书籍）。

墨子的知识对象，可以说客观上是国民领域的农、工、商生活。素材，在这儿不是想象的。如果战国的初年没有显族时代的农、工、商人成为现实历史的新兴阶级，则墨子学儒者之业当限于孔子之学，孔、墨无“毕”起之事，何能以“贱人之所为”而著书立说？明白了历史，我们便容易研究思想史（本节所依据的史料是经考证的《墨子》诸篇，晚出的《经说》与《大取》、《小取》篇以及其他后人所伪托的各篇皆未取材)。

墨子三表中“有原之者,察众之耳目之请(情)”,“下原察百姓耳目之实”,就是他的知识论的出发点。《墨子》书中的例子很多,今择要列举于下:

“舍(吾)言而革思者,是犹舍获而攈粟也。”(《贵义》)

“今也,农夫之所以蚤出暮入,强乎耕稼树艺,多聚叔粟而不敢怠倦者何也?曰:彼以为强必富,不强必贫,强必饱,不强必饥,故不敢怠倦。今也,妇人之所以夙兴夜寐,强乎纺绩织纴,多治麻统葛绪(纻)……而不敢怠倦者何也?曰:彼以为强必富,不强必贫,强必暖,不强必寒,故不敢怠倦。……农夫怠乎耕稼树艺,妇人怠乎纺绩织纴,则我以为天下衣食之财,将必不足矣。”(《非命下》)

“子墨子曰:‘籍设而天下不知耕,教人耕与不教人耕而独耕者,其功孰多?’吴虑曰:‘教人耕者其功多。’子墨子曰:‘籍设而攻不义之国,鼓而使众进战,与不鼓而使众进战而独进战者,其功孰多?’吴虑曰:‘鼓而进众者其功多。’”(《鲁问》)

“今大国之攻小国也,攻者,农夫不得耕,妇人不得织,以守为事;攻人者,亦农夫不得耕,妇女不得织,以攻为事。故大国之攻小国也,譬犹童子之为马也。”(《耕柱》)

“细(俞校为衍文)计厚葬,为多埋赋之财者也,计久丧,为久禁从事者也。……以此求富,此譬犹禁耕而求获也。富之说无可得焉。”(《节葬下》)

以上是以男耕女织取辨的知识素材,下面再择举些取辨于百工的素材:

“处丧之法将奈何哉?……使百工行此,则必不能修舟车为器皿矣。”(同上)

“今我曰:‘何故为室?’曰:‘冬避寒焉,夏避暑焉,室以为男女之别也。’则子告我为室之故矣。”(《公孟》)

"子墨子谓公输子曰:'子之为鹊也,不如匠(翟)之为车辖,须臾刘(剄)三寸之木而任五十石之重。故所为功利于人谓之巧,不利于人谓之拙。'"(《鲁问》)

"'为义孰为大务?'子墨子曰:'譬若筑墙然:能筑者筑,能实壤者实壤,能欣者欣(睎,测也),然后墙成也;为义犹是也。能谈辩者谈辩,能说书者说书,能从事者从事,然后义事成也。'"(《耕柱》)

"公输子善其巧,以语子墨子曰,'我舟战有钩强(即钩拒。退者钩之,进者拒之),不知子之义亦有钩强乎?'子墨子曰:'我义之钩强贤于子舟战之钩强。我钩强:我钩之以爱,揣(拒)之以恭。弗钩以爱则不亲,弗揣以恭则速狎,狎而不亲则速离。故交相爱,交相恭,犹若相利也。今子钩而止人,人亦钩而止子,子强而距人,人亦强而距子。交相钩,交相强,犹若相害也。'"(《鲁问》)

"子墨子曰:'为义而不能,必无排(非)其道;譬若匠人之斫而不能,无排其绳。'"(《贵义》)

此为墨子以百工知识的材料而说明兼爱的原则,以下再举其取辨于商贾的素材:

"抑越(王)不听吾言,不用吾道,则吾往焉,则是我以义粜也。钧之粜,亦于中国耳,何必于越哉?"(《鲁问》)

"子墨子曰:'商人之四方市,贾信(倍)徙,虽有关梁之难,盗贼之危,必为之。今士坐而言义,无关梁之难,盗贼之危,此为信(倍)徙不可胜计。然而不为,则士之计利,不若商人之察也。'"(《贵义》)

"子墨子曰:'今士之用身,不若商人之用一布之慎也。商人用一布布(市),不敢继苟而雠(售)焉,必择良者;今士之用身则不然,意之所欲则为之,厚者入刑罚,薄者被毁丑。'"(同上)

据上面所引的例子看来,所谓"下原察众之耳目之情"以及"下原察百姓之耳目之实",众和百姓即当时的国民(农、工、商)。其耳目之实是可感觉的世界现实，其“耳目之情”是感觉的实在。因此，他注意着感觉世界，也强调人类的感觉。这是唯物主义的知识论。

在《墨子》书中最特别的地方是首先在中国思想史上提出“非以其名，亦以其取”的知识论。“取”即取材，他所取材的，多是人类社会的生活，如饥、寒、温、饱、贫、富、贵、贱以及日常交通往来等。例如：

> “是故以（厚葬久丧）求富家，而既已不可矣；欲以众人民，意者可邪？……百姓冬不仞（忍）寒，夏不仞暑，作疾病死者，不可胜计也，此其为败男女之交多矣，以此求众，譬犹使人负剑而求其寿也。”（《节葬下》）

《非攻中》篇有一段话，他所“取材”的物事正是现实生活中的丰富内容：

> “今师徒唯毋兴起（唯毋、语助词），冬行恐寒，夏行恐暑，此不可以冬夏为者也。春则废民耕稼、树艺，秋则废民获敛（此不可以春秋为者也）。今唯毋废一时，则百姓饥寒、冻馁而死者，不可胜数。今尝计军出，竹箭，羽旄，幄幕、甲、盾、拨、卻（劫），往而靡弊腑（腐）冷（烂）不反者，不可胜数；又与（其）矛、戟、戈、剑、乘车，其列住（往则）碎折靡弊而不反者，不可胜数；与其牛马，肥而往，瘠而反，往死亡而不反者，不可胜数；与其途道之修远，粮食辍绝而不继，百姓死者，不可胜数也；与其居处之不安，食饮之不时，饥饱之不节，百姓之道疾病而死者，不可胜数。”

这些生活中的丰富事物，乃是墨子知识论的素材，他借此以说明非攻的原则；若在孟子讲来，恐仅有一句“以力服人者非心服也”。这一“取材”的知识论，后期墨家发展而为“以类取，以类予”。取予即存在与思维的过程，没有超感觉的“默识”，或与感觉划一鸿沟的“九思”。因此，墨子的知识论是以存在为第一性的。

（二）墨子知识论中的取实予名论

上面讲的是墨子知识论的可感觉的世界，和孔子之“学”相异。

《明鬼下》篇说：

“天下所以察知有与无之道者，必以众之耳目之实知有与亡(无)为仪者也。请(诚)或闻之见之，则必以为有，莫闻莫见，则必以为无。”

有即存在，闻见即感觉。墨子以可感觉的即存在的，这是唯物主义的认识论，但他似有夸张感觉论的嫌疑。这一夸张感觉的思想，实质上是与国民阶级的登台密切相关的。当战国初叶，国民阶级，作为创造历史的主人翁，对于残余的氏族遗制开始了伟大的清算；在胜利信心的激荡之下，目无全牛地肯定了自己的感性认识，并不自觉地流于夸张，以感觉与否为测定存在与否的尺度。这种“感觉即存在”说，不能离开具体的历史，单从理论的抽象观点，作形而上学的评价，因为“思想无自己的历史”，如果将这一思想纳入于当时的历史里，则“莫闻莫见，则必以为无”的命题，在实践上无疑地是对于不为国民阶级的现实生活所感觉的氏族遗物的根本否定。在近代资本主义社会的前夕，某些反中古加特力教与反封建制度统治的思想家，对于超感觉的世界，多持怀疑或抹杀态度，并由于这一浪漫主义的怀疑与抹杀，使过时的中古教条与权威丧失了神圣性，动摇了不可侵犯性。依此，墨子的抹杀超感觉世界的感觉论，限于特定的历史阶段中，也正赋有了基于国民自觉性的浪漫主义色彩的辉煌的命题。明白了这一层，我们再进而研究墨子知识论的取实予名论。

墨子对于实在世界的道理，常说“何以知其然也”。他的知识论是取存在的事物和行为为思维过程的第一步，就存在的事物和行为，取其所以然之理，而予之以名，所谓“非以其名也，以其取也”。这里，且举几个他的取实予名的实例如下：

一、“仁”之名必取“仁”之实：

“公孟子曰：‘君子必古言服，然后仁。’子墨子曰：‘昔者之商王纣、卿士费仲为天下之暴人，箕子、微子为天下之圣人，此同言而或仁不仁也。周公旦为天下之圣人，关叔(即管叔)为天下之暴

人,此同服或仁不仁,然则不在古服古言矣。'"(《公孟》)

这是说仁之名(概念),是由什么来予(判断)的呢?显然地,不能以主观的观念来"予"之,必须从客观的事物来"取"(综合)其理才能"予"的。这也即是说,不能取古言古服为仁的真实,因为古言古服只是仁名的假象。他以为知识要知"大物",大物即事物行为中的"共德"。

"世俗之君子,皆知小物而不知大物。今有人于此,窃一犬一彘则谓之不仁,窃一国一都则以为义,譬犹小视白,谓之白,大视白,则谓之黑。"(《鲁问》)

仁的"大物"究竟从哪里知道呢?他用这样的推原法:

"仁人之事者,必务求兴天下之利,除天下之害。"(《兼爱下》)

那么害之所自生,利之所自兴,其根据又在哪里呢?他说前者为"别",后者为"兼":

"姑尝本原若众害之所自生,必曰:从恶人贼人生。……分名乎天下之恶人而贼人者,兼与别与?即必曰:'别'也。然则之(此)交别者果生天下之害与!故子墨子曰:'别'非也。"

"姑尝本原若众利之所自生,……必曰:从爱人利人生,分名乎天下爱人而利人者,别与兼与?即必曰:'兼'也。然则之交兼者果生天下之大利与!子墨子曰:'兼'是也。"(同上)

既然"别非而兼是",墨子便说"取之,以兼为正",他说这是"出乎若方",即根据基本的方法。

因此,他便得到结论,"兼即仁也、义也",取"兼"之真实而予仁之概念。但这一种方法是不是主观的范畴,合不合于"众之耳目之实"呢?墨子在《兼爱下》篇设置了几个兼士别士、兼君别君的例子,让人们闻见了"兼"与"别"之分别,究竟是不是"择即取兼",他的证明是"取兼"。他说:

"今吾将正求与(兴)天下之利而取之,以兼为正,是以聪耳明目,相为视听乎！是以股肱毕强,相为动宰(举)乎！而有道肆相教诲,是以老而无妻子者有所恃养以终其寿,幼弱孤童之无父母者有所放依以长其身(乎)!"(《兼爱下》)

二、义之名必取义之实:

"吴虑谓子墨子曰:'义耳义耳,焉用言之哉?'子墨子曰:'子之所谓义者,亦有力以劳人,有财以分人乎?'"(《鲁问》)

这便是说,予义之名,不是主观上随意判断的,必取"有力以劳人、有财以分人"为义之真实。换言之,义概念"何以知其然"？因为合于客观的平等生活。

三、忠之名必取忠之实:

"鲁阳文君谓子墨子曰:'有语我以忠臣者,令之俯则俯,令之仰则仰,处则静,呼则应,可谓忠臣乎?'子墨子曰:'令之俯则俯,令之仰则仰,是似景(影)也;处则静,呼则应,是似响也。君将何得于景与响哉?'"(《鲁问》)

这种影响的判断是事物的皮相,不能取来以规定忠之实在。所以他说:

"若以翟之所谓忠臣者,上有过则微矙之以谏,己有善则访(谋)之上,而无敢告外;匡其邪而入其善,尚同而无下比,是以美善在上而怨雠在下,安乐在上而忧戚在臣,此翟之所谓忠者也。"(同上)

这是说,予忠之名,必取"深谋远虑"的实在,而不能以服从来规定忠的概念。孔子循名以责实,墨子取实以予名,孔子以古形式不能空有,必须变现在的实在以正名,墨子以古形式既然是空的,必须取现在的实在以予新名。

墨子依据取实予名论,以为真知识,外足以察存在,内足以知所以然。如果不根据这一思维方法而讲知识,他便斥为"荡口"。所以,他以温饱为衣食(名)之实,以御寒避热别男女为室(名)之实。论断要求取其实,非以其名。他说:

"叶公子高问政于仲尼曰:'善为政者若之何?'仲尼对曰:'善为政者,远者近之,而旧者新之。'子墨子闻之曰:'叶公子高未得其问也,仲尼亦未得其所以对也。叶公子高岂不知善为政者远者近之,而旧者新之哉?问所以为之若之何也。不以人之所不智(知)告人,以所智(知)告之。'"(《耕柱》)

孔子的判断论立足在所应为,墨子的判断论立足在所以为。问题的分水岭,在于孔子以西周形式为当然,墨子以西周形式都是些"俗宜"。他说:

"今执厚葬久丧者言曰:'厚葬久丧,果非圣王之道,夫胡说中国之君子为而不已,操而不择(同"释",义为舍)哉?'子墨子曰:'此所谓便其习而义(宜)其俗者也。'"(《节葬下》)

因此,他以习俗之知谓之小知,以反其习俗之知谓之大知。他说:

"杀一人谓之不义,必有一死罪矣。若以此说往(推),杀十人,十重不义,必有十死罪矣,杀百人,百重不义,必有百死罪矣。当此天下之君子,皆知而非之,谓之不义;今至大为不义攻国,则弗知非,从而誉之,谓之义。情(诚)不知其不义也,故书其言以遗后世。……少见黑曰黑,多见黑曰白,则以此人(必)不知白黑之辩也。……今小为非则知而非之,大为非攻国,则不知非,从而誉之谓之义。此可谓知义与不义之辩乎?"(《非攻上》)

所以,他的推理论和孔子的"闻一知十"论相反,而是"以往知来,以见知隐"(《非攻中》)。他说:

"同归之物,信有误者,然而民听不钧(均),是以书多也。今若过(公尚过)之心者,数逆(考)于精微,同归之物,既已知其要矣,是以不教以书也。而子何怪焉?"(《贵义》)

拿历史做参证,辨其信误,由现象推知真实,慎其取择,这又是和孔子"信而好古"、"见微知著"的知识论相反的。

在春秋,古代的名词,习惯上都失掉内容了,孔子首倡名存而实不应亡,墨子继其绪,更倡实变而言迁行。他说:

"言足以迁行者常(尚)之,不足以迁行者勿常,不足以迁行而常之,是荡口也。"(《贵义》。《耕柱篇》文同,惟"迁"字作"复"字、"举"字)

这里"迁行"、"复行"、"举行"之义,前人多有误解。唯心主义者胡适解迁为登,认为言足以迁行是改良行为之义,这完全是胡说。今按墨子学说没有这样的推理论。如果以此义解孔,尚近似于其表面,例如"耻躬之不逮","躬行君子","博我以文,约我以礼",以及正名论的"言不顺则事不成","言之必可行也,行之必可言也",在表面上看来似有言以成行之义。

我们以为,言不足以迁行、复行、举行的,乃指少见黑者谓之黑,少尝苦者谓之苦,而多见黑者谓之白,多尝苦者谓之甘,乃指推理和事物行为相背的意思。背理的根据是在于便其习或宜其俗的小知小见。言足以迁行、复行、举行,乃指如"择即取兼"的推理方法,言和行是一致的。今再举一个言行相背的例子如下:

"世俗君子,贫而谓之富,则怒;无义而谓之有义,则喜,岂不悖哉!"(《耕柱》)

有义为名言,无义为行为,言有义而于行无义,就成了言行相悖之论。这正是言不足以迁行、复行、举行的好例子。按"迁"者,往也、及也,如"不迁怒"之"迁"。"复"者,按也、归也。"举"者,拟实也。例如《经说上》说:"举,拟实也;举,告之以名举彼实也。"《小取》篇说:"以名举实。"因此,言足以按之、及之、归之、举之于行而周延者尚之,言仅根据习俗的小见,而不周延于行者,便不当尚之。这即是说,言合于实践的是正确的,不合于实践的是错误的。《经说上》说:"言,出举也。言,谓也",即把所拟举之实(行为)说出来。如果拟举了合于仁人的行为,即"择即取兼",如果没有拟举了行为,即"小为非则知而非之,大为非则不知非,从而誉之,"或以"古言古服"的行为讲一套仁的道理。所以说:"使言行之合犹合符节也,无言而不行也。"(《兼爱下》)墨子知识论的实变而名迁行论,乃是后期墨家名学的张本(详见后章),更影响于老、庄及荀子、韩非(荀子批评墨子"蔽于用而不知文","文"即历史传统。但在墨子看来,文已经习俗化了)。

历史传统的名言与制度,在春秋时代的实际生活中,已成为空洞无物的仪文。当时贵族思想界即凭此仪文而拿名词吓人。墨子的判断论和推理论,是含有战斗性的。今把他的一段名文录下,以结束本项的说明:

"今瞽者曰:'钜(皑)者白也,黔者墨也',虽明目者无以易之。兼白黑,使瞽'取'焉,不能知也。故我曰瞽不知白黑者,非以其名也,以其取也。今天下之君子之名仁也,虽禹、汤无以易文;兼仁与不仁而使天下之君子'取'焉,不能知也。故我曰天下之君子不知仁者,非以其名也,亦以其取也。"(《贵义》)

这显然是运用了唯物主义的知识论的武器,来反对贵族的唯心主义的知识论。特别应该指出的是,墨子在这里已经论到认识和实践的关系,他的"言足以迁行"论是认识以实际为标准的真理论的朴素的命题。

(三)墨子知识论中的"立仪"

墨子的知识论和孔子相反的另一个特点,即知识的客观价值问题。孔子有"生知"、"学知"、"困而不学"的"不知",以及"小知"、"大受"之区别。墨子反之,他说"争于明者,众人知之"(《公输》),知与不知之区别有一个客观的标准,叫做"立仪"。如果不准此客观的仪法而认识事物,虽聪明君子也非智者。他说:

"为义而不能,必无排(非)其道,譬若匠人之斫而不能,无排其绳。"(《贵义》)

他所谓的"道"即方法的客观准则,如匠人之绳规,不是形而上学的道。这就是他的三表法。

"子墨子曰:言必立仪。言而毋仪,譬犹运钧之上而立朝夕者也(按意谓在转动无定向之物上而测方向),是非利害之辨,不可得而明知也,故言必有三表。何谓三表?子墨子曰:有本之者,有原之者,有用之者。于何本之?上本之于古者圣王之事。于何原之?下原察百姓耳目之实。于何用之?废(发)以为刑政,观其中(动词,去声)国家百姓人民之利。"(《非命上》)

第二表所谓"原之者",在上项讲墨子的知识素材论处,已略论其概要,有时也称第一表。

这里且拿他的《非命》为例。他在《非命篇》中反复用此三表,以证明天命是虚无的。他说,桀、纣之乱,汤、武之治,世未易,民未渝,其治乱所以不同者,是因为命无之故。(第一表)命之有无,要察众人耳目之情,那一个听见或看见命之为物呢?(第二表)执有命者,赏罚都以命为前提,是赏罚无标准,必乱于政而害于事,既然有害而无利,故命为凶言。(第三表)第一表,证之于古而未信;第二表,取之于实而未举;第三表,验之于国民生活而未利,所以他说:

"命者暴王所作,穷人所术,非仁者之言也。"(《非命下》)

他用这一仪法普遍地解析事理,如明鬼、非攻、非乐、兼爱。他的知识论的缺点主要在于抹杀认识的发展过程。例如证之于古是他的第一表,但古人的知识有信有误,信误原是人类知识的一过程。在知识过程的某阶段为信者,到了其他一阶段可能反为误。然而他却认定一阶段的古人知识都可信。又如取之于实是他的第二表,但实的真假,是有时间、地点、条件的,真假的判断也是人类知识的一过程。在知识过程的某地某时为真者,到了另一地另一时可能反为假。他却以有限的见闻来原察真实。验之于国民生活是他的第三表,利害之认识是有阶级性的。在知识过程的某阶段是以一阶级的利为普遍的利,到了其他一阶段反为别一阶级的害。然而他却以一阶级之利为永恒的利。

在这里,我们并非指责墨子的方法论,而是说明他的知识论的局限性。然而他的方法论敢于从历史实际、社会实际以及人民利益来论证知识的真伪,却是前无古人的创见,是从他的"无所顾虑的态度"而产生的知识武器,在本质上是革命的。因为,他的三表法,在战国的确不利于旧贵族的专政,他的非命论即用此武器针对氏族贵族进行了无情的袭击,对西周的天命论给予有力的否定。

战国初年的基本问题是人类的贫富贵贱之区别。传统的氏族制下的贵贱之区别,在理论上就形成人类性同异之辨别;在墨子方法论解剖之下,这一破产的理论是难以立足的。所以,我们要看他如何基于三表仪法破坏历史的古老传统。

墨子的尚贤论富有科学的精神,富有破坏氏族遗制的威力,在上面已经详论过了;兹择其中关于贫富贵贱的论断,纳于三表法,以窥探其知识论的人民性:

第一表,本之于古者圣王之事:圣王以义举贤能,贤能者为贵富;以义罚不肖,不肖者为贫贱。暴王以亲族定富贵,以非我族类定贫贱(墨子的先王观是理想的)。

第二表,原察乎众人耳目之实:欲富贵是人的天性,人们都愿竞以义求富贵,不愿恃亲族求富贵,一切国民如农与工肆之人都是这样。

第三表,观其中国家百姓人民之利:“官无常贵,而民无终贱”是合于人民利益的原则的,如果能者举之,无能者下之,那么贵贱无常的升降就有利于国并有益于民了。

这是战国显族阶级的逻辑。这个证件不是封建性的,而是古代性的,因为国民代替了氏族的激烈变革的历史,才反映于人类意识上有这样的阶级观念。

墨子三表法的价值,是在于其勇于和传统思想做斗争这一点。他的第一表“本之”,敢于批判了古言古服的先王传统,得出理想化的今言今服的先王理想;他的第二表“原之”,敢于批判了习俗的传统成见,得出以社会实情来判断是非的新命题;他的第三表“用之”,敢于批判了只问其当然的传统的是非善恶,得出了须问其所以然的国民阶级的利益尺度。这便是“无所顾虑的态度”,本身是具有科学性的。因此,这个言表,他叫做“革思”言表。

墨子是忠于他的思想方法的,并有殉主义的精神。请看墨子“革思”的自信。他说：

“吾言足用矣。舍吾言革思者，是犹舍获而攈（拾）粟也。以其言非吾言者，是犹以卵投石也。尽天下之卵，其石犹是也，不可毁也。”（《贵义》）

墨子立仪的知识论，上面已经说过，是企图建立知识的客观标准。它虽然是绝对的标准论，因而是形而上学的，但它是主观主义知识论的反对物。他为了证明知识的客观价值，不惜于把人类性向“机械化”方面规定，以反对西周春秋时代传统的信仰。因此，他在知识活动的领域上，错误地否定了人类的感情（六情）作用，以强调他的物仪或思维尺度。他说：

“必去六辟（僻）。嘿（默）则思，言则诲，动则事。使三者代御（用），必为圣人。必去喜，去怒，去乐，去悲，去爱，去恶，而用仁义。手足口鼻耳（目），从事于义，必为圣人。”（《贵义》）

这样看来，仁义的客观尺度（即利），只有去了六情才能现出实用来。这是大胆的古代国民的前锋思想。这一点常遭后来学者所批判，例如《庄子·天下》篇就说：“其道大觳（尽也，薄也）。”

第四节　墨子的逻辑思想

在分析了墨子唯物主义的知识论以后，我们要进而剔抉他的逻辑思想。但是，这一课题，首先需要我们克服一些偏见。此所谓偏见，就是说探讨《墨经》作者的逻辑思想，虽是共许的，而一言及墨子的逻辑思想如何如何，似乎不免令人有奇异之感。这种奇异之感，就文字表面上来说，虽亦不为无据，而就思想实质上来说，则完全是一种似是而非的偏见。

就文字形式方面来看，不但前期墨家的可靠文献里没有逻辑学著作，而且还有似乎足以否认墨子逻辑思想的旁证。例如：

“楚王（楚威王）问田鸠曰：‘墨子者，显学也。……其言多而不辩,何也?'田鸠曰:'……今世之谈也,皆道辩说文辞之言,人览其文而忘其用。墨子之说,传先王之道,论圣人之言,以宣告人。若辩其辞,则恐人怀其文而忘其(用),直以文害用也;……故其言多而不辩。'"(《韩非子·外储说左上》)

如果所谓"言多而不辩"的"辩"字可以解释成"逻辑"一词的同义语,则墨子之所以没有逻辑学的著作,就是因为"恐人怀其文而忘其用",故意地避免了逻辑学的研究,以自别于"辩说文辞之言"。这似乎证明了墨子本来没有逻辑思想。

然而,如前所述,这是一种似是而非的偏见。因为从思想的实质上来看,一个思想家没有逻辑学的著作,并不能证明他没有逻辑思想。因此,我们有根据从《兼爱》、《非攻》、《尚贤》、《尚同》、《天志》、《非命》等公认的前期墨家著作里,来提取墨子逻辑思想的体系。

韩非子所说的"不辩",应是指"不诡辩"。因为墨子的著作是,"明是非之分,审治乱之纪,明异同之处,察名实之理,处利害,决嫌疑","摹略万物之然,论求群言之比","以名举实,以辞抒意,以说出故,以类取,以类予","有诸己不非诸人,无诸己不求诸人"(皆借用《小取》篇语)。他的著作字里行间都充满着与"逻辑学"同义的"辩"的精神,博学明智如韩非,不应不知。

我们说墨子的著作充满着"辩"的精神,可以先就各篇文字的体裁来证明:(一)《尚贤篇》是与无故富贵、面目美好的氏族贵族来辩难的;(二)《尚同篇》是与"政以为便嬖,宗于(族)父兄故旧,以为左右,置以为正长"的氏族贵族来辩难的;(三)《兼爱篇》是与以"兼"为"天下之难物"或为"于(迂)"路的君子来辩难的,是与"非兼"的"天下之士"("别士")来辩难的;(四)《非攻篇》是与不知"义与不义"的"天下之君子"来辩难的,是与"饰攻战者"以及"好攻伐之君"来辩难的;(五)《节用篇》是与"其使民劳,其藉敛厚"的"为政者"来辩难的,是与"兴师以伐邻国"的"大人"来辩难的;(六)《节葬篇》是与"以厚葬久丧为仁也、义也"的"后世之君子"来辩难的,是与据"圣王之道"而"执厚葬久丧者”来辩难的，是与为葬埋而“辍民之事，靡民之财”的“王公大人”来辩难的；(七)《天志篇》是与“知小而不知大”的“士君子”来辩难的，是与“去义远”的“士君子”以及“好攻伐之君”来辩难的；(八)《明鬼篇》是与“执无鬼者”来辩难的；(九)《非乐篇》是与“说乐而听”的“王公大人”来辩难的；(十)《非命篇》是与“执有命者”来辩难的；(十一)《非儒篇》是与“亲亲有术，尊贤有等”说以及“丧父母三年”说来辩难的，是与“强执有命”说以及“必古言古服然后仁”说来辩难的，是与“胜不逐奔”说以及“君子若钟”说来辩难的。此外，《耕柱》、《贵义》、《公孟》、《鲁问》、《公输》等篇，所记几乎全为墨子与弟子及时人相辩诘的故事。

总之，《墨子》书中前期墨家的著作，实可当做论辩文集读。就此点言，《墨子》书的形式，颇不类于《论语》，而与《孟子》大致相仿。所以，墨子的活动年代虽与孔子相接，而其辩诘的思想形式，则全是战国学风。在春秋末世，孔子尚以辩诘为“佞者”，为“利口”，为“口给”，为“巧言”，为“便辟”，而列于所恶之中；到了战国初年，墨子则自称：“以其言非吾言者，是犹以卵投石也；尽天下之卵，其石犹是也，不可毁也”(《贵义篇》)，并且主张“非人者必有以易之”(《兼爱下》篇，即反对别人的错误论点必须拿出自己正确的论点来代替)为辩诘的规律。

墨子既是充满着辩诘精神的思想家，便必然有其辩诘的方法。而这种辩诘的方法就是墨子逻辑思想的所在。如果说孔子时代，由于国民阶级的曙光尚被氏族旧人所掩蔽，其逻辑思想尚处于潜在阶段，有待于我们发掘；则墨子时代，由于国民阶级已冲破了氏族旧人的桎梏而寻得了自己的经济生活，其逻辑思想也就呈现为显在状态，有待于我们剖解。就此点来看，墨子虽然在文字形式上没有逻辑著作，而在思想实质上正是中国逻辑史的伟大发端。并且正因为如此，由于在墨子这里已经奠定了逻辑学的基石，所以到了后期墨家的《墨经》里面，才能在逻辑思想上独多成就，于战国学术中大放异彩。

(一)“类”概念的发现及其运用

墨子在逻辑思想上的最伟大的发现,首推“类”和“故”这两个具有方法论意义的重要概念。关于“故”概念部分,另项研究,兹先就“类”概念说明如下:

在《论语》全书 492 章,12700 个字中,只有一个“类”字(《卫灵公篇》:“有教无类”)。在古文字中“类”字和“族”字同义,孔子的此一“类”字,还保留着这样的成分,即类别是族别,也即是与古代地域区别相对待的氏族血缘区别,绝无逻辑意味。在中国古代的自然科学上虽有分类的学问,但它没有和哲学相连在一起。到了墨子,“类”概念才成为逻辑学上的概念。例如:

《非攻下》篇两言“子未察吾言之类”。

《非儒下》篇:“入人之国而与人之贼,非义之类也。”

《公输》篇:“义不杀少而杀众,不可谓知类。”

同篇:“为与此同类,臣见大王之必伤义而不得。”

墨子的“类”概念的发现,无疑地是逻辑思想史上的一大贡献。这就是说,依据“类”的概念,使他有了明是非、审治乱、别异同、察名实的方法,使他获得了辩诘的工具,使他在“劝以教人”、“遍从人而说之”的理论斗争中有了制胜的武器。更简单地来说,墨子的逻辑思想,即是依据着类概念的类推方法,而这一方法就是墨子所到处运用的辩诘术的灵魂。例如:

“巫马子谓子墨子曰:‘子兼爱天下,未云(有)利也;我不爱天下,未云(有)贼也。功皆未至,子何独自是而非我哉?’子墨子曰:‘今有燎者于此,一人奉水将灌之,一人掺(操)火将益之。功皆未至,子何贵于二人?’巫马子曰:‘我是(肯定)彼奉水者之意,而非(反对)夫掺火者之意。’子墨子曰:‘吾亦是(肯定)吾意而非(反对)子之意也。’”(《耕柱篇》)

“子墨子南游于楚,见楚献惠王(孙校作“献书惠王”)。惠王以老辞,使穆贺见子墨子。子墨子说穆贺,穆贺大说(悦),谓子墨子曰:'子之言则成(诚)善矣,而君王天下之大王也;毋乃曰'贱人之所为而不用乎!?'子墨子曰:'唯其可行!譬若药然,草之本,天子食之以顺其疾,岂曰一草之本而不食哉?今农夫入其税于大人,大人为酒醴粢盛以祭上帝鬼神,岂曰贱人之所为而不享哉?故虽贱人也,上比之农,下比之药,曾不若一草之本乎?'"(《贵义》篇)

"公输盘为楚造云梯之械成,将以攻宋。子墨子闻之,起于齐,行十日十夜而至于郢,见公输盘。公输盘曰:'夫子何命焉为?'子墨子曰:'北方有侮臣(者),愿藉子杀之。'公输盘不说。子墨子曰:'请献十(千)金。'公输盘曰:'吾义固不杀人!'子墨子起再拜曰:'请说之!吾从北方,闻子为梯,将以攻宋。宋何罪之有?荆国有余于地,而不足于民;杀所不足,而争所有余,不可谓智;宋无罪而攻之,不可谓仁;知而不争,不可谓忠;争而不得,不可谓强;义不杀少而杀众,不可谓知类。'公输盘服。子墨子曰:'然乎(胡)不已乎?'公输盘曰:'不可,吾既已言之王矣。'子墨子曰:'胡不见我于王?'公输盘曰:'诺!'子墨子见王,曰:'今有人于此,舍其文轩,邻有敝舆而欲窃之;舍其锦绣,邻有短褐而欲窃之;舍其粱肉,邻有糠糟而欲窃之。此为何若人?'王曰:'必为(有)窃疾矣!'子墨子曰:'荆之地方五千里,宋之地方五百里,此犹文轩之与敝舆也。荆有云梦,犀兕麋鹿满之;江、汉之鱼鳖鼋鼍,为天下富;宋所为(谓)无雉兔狐狸(鲋鱼)者也;此犹粱肉之与糠糟也。荆有长松文梓楩楠豫章,宋无此长木;此犹锦绣之与短褐也。臣以三事(吏)之攻宋也,为与此同类。臣见大王之必伤义而不得!'"(《公输》篇)

此外,所有墨子的主要思想,如尚贤、尚同、兼爱、非攻、天志、明鬼、节用、节葬、非命、非乐、非儒等,几乎都通过类推的方法表现出来;不但繁复举例,依类相连,而文字转侧之处,也多用"是犹"、"譬之"等词。

墨子在类概念的运用中,显然有形式逻辑学家的"矛盾律"的思想,以发现概念的矛盾为错误的证明。《墨子》书中以"矛盾律"为前提

的例证是很多的,兹举其一例如下:

“公孟子曰:‘无鬼神。’又曰:‘君子必学祭祀(礼)。’子墨子曰:‘执无鬼而学祭礼,是犹无客而学客礼也,是犹无鱼而为鱼罟也。’”(《公孟》篇)

“矛盾律”的思想,在孔子那里业已发生(见上章)。但墨子的“矛盾律”思想则比孔子更为明朗。并且由于“矛盾律”与“类概念”相结合,墨子在逻辑学的概念论上也有了新的成就。这一点,除本节前引子夏之徒将“君子”与“狗豨”相比而陷于“不知类”的概念混乱,经墨子揭发以外,在上节取实予名论中也多明证。兹为使问题明确起见,特再举二例于下:

关于“好”、“恶”两概念的界说:“子墨子谓骆滑氂曰:‘吾闻子好勇。’骆滑氂曰:‘然!我闻其乡有勇士焉,吾必从而杀之!’子墨子曰:‘天下莫不欲与(兴)其所好,度(废)其所恶;今子闻其乡有勇士焉,必从而杀之,是非好勇也,是恶勇也。’”(《耕柱》)

关于“毁”、“告”两概念的界说:“子墨子谓程子曰:‘儒之道,足以丧天下者四政焉。……’程子曰:‘甚矣,先生之毁儒也!’子墨子曰:‘儒固无此若四政者,而我言之,则是毁也;今儒固有此四政者,而我言之,则非毁也,告闻也。’”(《公孟》)

墨子依据“知类”的逻辑,使其推理方法走入了归纳法的途径。所以他说:“古者有语:谋而不得,则以往知来,以见知隐。谋若此,可得而知矣。”(《非攻中》篇)

按此所谓“以往知来”与孔子的推理方法貌似而实异。《论语·学而篇》“告诸往而知来者”,是由特称推出全称的以偏概全的错误推理,而墨子的“以往知来”则是由全称推出特称的演绎推理。至于“以见知隐”,更是墨子所特别强调的。“见”即有情有状的个别事物,“隐”即无形无象的抽象原则。不说“以隐知见”,而说“以见知隐”,显然是从个别到普遍的归纳法。“三表法”所谓“本之”、“原之”、“用之”,以及各篇中大量举例的叙述方法,都透露着这种归纳法的精神。并且,又由于

“以见知隐”与“以往知来”相结合，归纳的任务不仅是据过去以知现在，而且在于借通则或原理的光照去洞察未来。在第二节我们说，墨子将“天志”作为“规矩”，“以量度天下之圜与不圜”以及“天下之方与不方”，成了“方法性的手段”云云，即与此处的洞察未来是一脉相通的。因为“知类”以后，过去、现在、未来，即不是互有鸿沟的三截，而成了发展进程中的一条有机联系的长流。所以《鲁问篇》说：

“彭轻生子曰：‘往者可知，来者不可知。’子墨子曰：‘籍设而（尔）亲在百里之外，则遇难焉，期以一日也；及之则生，不及则死。今有固车良马于此，又有奴（驽）马四隅之轮于此，使子择焉，子将何乘？’对曰：‘乘良马固车，可以速至。’子墨子曰：‘焉（乃）在（察）来矣’。”

诚然，墨子的类推方法，有时陷于纯量说的错误。这就是说，在运用着类概念以明是非、别异同的场合，墨子往往见量不见质，不知由量变质的道理，不知同量成分由于所系属的事物有高级形态与低级形态的差别；不知异质异类不能相比，而仍视为同类，相为推论，以致陷于错误而不能自知。例如，墨子的明鬼思想，他揭发了无鬼而学祭的矛盾，却不自知其有鬼而节葬也是矛盾的。又例如，他揭发了命定论的矛盾，却不自知他的天鬼论和非命论也是矛盾的。

然而，在中国逻辑史上，墨子首先提出了“类”概念，并在“知类”、“察类”的水准上从事于思维规律的研究，其功殊不可泯！墨子的这一发现及其运用，对思想史的影响也是很大的。例如孟子惯用类比方法与人辩诘，实承借于墨子的类概念，但又在类的歪曲理解中形成了比附方法；至于后期墨家的“以类取、以类予”的类概念的发展，其为直接承借墨子而更具有发扬光大的思想成就，尤为明显。

（二）“故”概念的发现及其运用

《论语》全书“故”字凡十二见，其作名词用的，皆与“旧”字或“故意”一词同训。例如：（一）《为政篇》“温故而知新”。朱熹注：“‘故’

者,旧所闻;'新'者,今所得。"今按朱注非是。此所说"温故"之"故"乃指西周以来的氏族宗法的历史;所说"知新"之"新",是指东周以下的全部未来历史的发展途径。全句的逻辑性格,是从特称推出全称。《为政篇》由夏、商、周三代之礼的损益,居然能推出虽百世可知的历史规律,即是此义。(二)《泰伯篇》"故旧不遗"。刘宝楠《论语·正义》引"小司寇"注:"'故'谓旧知。"(三)《微子篇》"故旧无大故"。朱熹注:"'大故'谓恶逆。"今按"大故"之"故"即"故犯"之"故"。《书·大禹谟》"刑故无小"可证。上引四"故"字都是实义字,并无逻辑概念的意义。此外"故"字尚有:(一)《子罕篇》"吾少也贱,故多能鄙事"。(二)同篇"吾不试,故艺"。(三)《先进篇》"求也退,故进之;由也兼人,故退之"。(四)同篇"是故恶夫佞者"。(五)《子路篇》"故君子名之必可言也,言之必可行也"。(六)《季氏篇》"故远人不服则修文德以来之"。(七)《微子篇》"夫君子之居丧,食旨不甘,闻乐不乐,故不为也;女(汝)安则为之"。此八"故"字,皆与"是以"同训;其文法上的功能,在承前文的原因以推言其结果,或接连前文的前提以导出其结论。

如果说最原始的逻辑是结合于文法的东西,则《论语》里与"是以"同训的八个"故"字,就不能说毫无逻辑的意味。但第一,"故"字在《论语》里尚不是与时人及门弟子"应答"的主要形式;第二,孔子尚未提出"故"字使之成为自己"立言"的依据;第三,"故"字在《论语》里尚未转化成与"原因"同训的名词;第四,"故"字尚未成为思想上的独立范畴,尚不是使人"追问"或"察明"的所思对象(前举第一例的"温故",是指学习旧日的历史,与逻辑思想上的"明故"、"察故",字面相似而义则不同)。因此,我们不能指蛋为鸡,当做逻辑上的概念来分析。

《墨子》书就不同了。首先,在前期墨家文献 29 篇里,出现了"故"字 340 个。就其基本性质来看,大体形成了逻辑的概念。兹为便于研究,特将此等"故"字列表统计如下:

篇名	训"旧"	训"故意"	训"是以"	训"原因"	字误	训"固"	总计	备　　考
《尚贤上》	0	0	8	3	0	0	11	
《尚贤中》	0	0	16	6	2	0	24	"胡"字误为
《尚贤下》	0	0	7	13	0	0	20	"故"字
《尚同上》	0	0	5	0	0	0	5	"何说"即"何
《尚同中》	1	0	16	5	0	0	22	故"之异文，
《尚同下》	0	0	16	7	0	0	23	"是以"即"是
《兼爱上》	0	0	17	0	0	0	17	故"之异文
《兼爱中》	0	0	7	6	0	0	13	"是以"即"是故"
《兼爱下》	0	0	11	7	0	0	18	之异文
《非攻上》	0	0	1	3	0	0	4	"是以"即"是故"之异文
《非攻中》	0	0	8	1	0	0	9	"是以"即"是故"之异文
《非攻下》	0	0	5	7	0	0	12	"其说"即"其故"之异文
《节用上》	0	0	4	0	0	0	4	
《节用中》	0	0	1	0	0	0	1	
《节葬下》	0	0	12	0	0	0	12	"胡说"即"何故"
《天志上》	0	0	9	1	0	0	10	之异文
《天志中》	0	0	11	1	0	0	12	
《天志下》	0	0	14	3	0	0	17	"其说将何哉"即"何故" 之异文
《明鬼下》	0	0	20	3	0	0	23	"其说将奈何"即"何故" 之异文
《非乐上》	0	0	14	0	0	0	14	"其说"即"其故"之异文
《非命上》	0	0	6	1	0	0	7	"此之说"即"此之故" 之异
《非命中》	0	0	5	0	0	1	6	文"以若说"即"以此故" 之异
《非命下》	0	0	11	0	0	1	12	文"故以为其力也"之 "故"
《非儒下》	0	0	0	3	0	0	3	
《耕柱》	0	0	4	4	0	0	8	
《贵义》	0	0	5	6	0	0	11	
《公孟》	0	0	4	8	0	0	12	
《鲁问》	0	0	6	2	0	0	8	"何止我攻郑"即
《公输》	0	0	1	1	0	0	2	"何故止我攻郑"
分计	1	0	244	91	2	2	340	之省文

就此表分析,可以看出下列四点:

第一,训"旧"的"故"字在《论语》里占百分之四十四,而到《墨子》里则只剩下一个;训"故意"的"故"字完全没有;而训"是以"的"故"字多至244个(书中与"故"同义的"是以"颇多,未计在内);训"原因"的"故"字(此为《论语》所无,乃是《墨子》的新名词)也出现了九十一个。这就说明了在《论语》里无逻辑意义的"故"字,在《墨子》里已大体消灭;《论语》里稍有逻辑意味的"故"字,在《墨子》里更见增加;作为逻辑概念的与"原因"同训的名词"故"字,在《论语》里尚未形成,到了《墨子》书里则已大量出现,约占全书"故"字百分之三十八。这种与"原因"同义的"故"字,在《墨子》的思想里,已经成了一个重要的概念。"故"、"利"、"类"这三个概念,已经成了墨子"立言"的前提,成了明是非、别异同的最高根据,成了必需追问、必需察辩的认识对象。例如:

(1)"今天下之士君子曰:'乃若兼则善矣;虽然,天下之难物,于(迂)故也。'子墨子曰:'天下之士君子,特不识其利、辩其故也!今若夫攻城野战,杀身为名,此天下百姓之所皆难也;若君说之,则士众能为之。况于兼相爱、交相利,则与此异,……此何难之有?特上不以为政,士不以为行,故也。'"(《兼爱中》)

(2)"今遝夫好攻伐之君,又饰其说以非子墨子曰:'(子)以攻伐之为不义,非利物与?昔者禹征有苗,汤伐桀,武王伐纣,此皆立为圣王,是何故也?'子墨子曰:'子未察吾言之类,未明其故者也!彼非所谓"攻",谓"诛"也。……'则夫好攻伐之君又饰其说以非子墨子曰:'子以攻伐为不义,非利物与?昔者楚熊丽……越王繄亏……唐叔与吕尚……,此皆地方数百里,今以并国之故,四分天下而有之,是故何(疑作"是何故")也?'子墨子曰:'子未察吾言之类,未明其故者也!……'"(《非攻下》)

第二,墨子"明辩其故"的逻辑思想,无疑地是对于残余的氏族遗制要问一个"为什么",是对于儒家的教条背诵及知识武断的一个有力的反抗。所以凡是“何故”出现的场合,多与反氏族、非儒学的批判任务密切相连。前表《尚贤》三篇中有“故”字53个(两个由“胡”字形误者除外),其作为名词与“原因”同义的“故”字亦多至22个;《非儒篇》共3个“故”字,皆训“原因”,均反映此事此义。兹为使问题更能具体了解起见,特举二例如下:

“叶公子高问政于仲尼曰:‘善为政者若之何?’仲尼对曰:‘善为政者,远者近之而旧者新之。’子墨子闻之曰:‘叶公子高未得其问也,仲尼亦未得其所以对(按即“未明其故”的同义语)也。叶公子高岂不知‘善为政者之远者近也(之)而旧者新是(之)哉?问所以为之若之何也。不以人之所不智(知)告人,以所智(知)告之,故叶公子高未得其问也,仲尼亦未得其所以对也’。”(《耕柱》)

“子墨子问于儒者曰(今本作“曰问于儒者”,兹据苏校改):‘何故为乐?’曰:‘乐以为乐也。’子墨子曰:‘子未我应也!今我问曰:“何故为室?”曰:“冬避寒焉,夏避暑焉,室以为男女之别也。”则子告我为室之故矣。今我问曰:“何故为乐?”曰:“乐以为乐也”,是犹曰:“何故为室?”曰:“室以为室也。”’”(《公孟》)

第三,墨子认为,唯“明其故”始能“察其类”。所以《墨子》书中每遇“故”字出现,论证即深入一层。这因为:其一,在“明故”、“察类”以后,表面上孤立的事物即显示出了彼此的内部关联性;以此为根据,类推方法遂得以普遍地运用起来,前表所记训“是以”的“故”字达到了244个之多,即以此故。其二,“明故”、“察类”以后,可以发现现象上相反的事物而在本质上却保持着一致性;以此为根据,墨子对于儒家所视为不两立的“义”和“利”两概念,发现了它们的统一性。全书凡言“义”处,皆以“利”为实体;凡言“利”处,亦皆以“义”为旨归,空前地完成了“义利双行”(宋陈龙川语)的思想体系。凡此,皆是思想史的新的跃进。这一跃进,一方面由于“是故”或“是以”成了主要的论证形式,在领域上扩张了墨子思想的宽度(例如知识素材);另一方面由于“何故”或“何说”成了支配的决疑武器,在方法上加强了墨子思想的深度

(例如问题探源)。墨子在这两方面显示了他远过于孔子之处。关于墨子思想之“宽”于孔子之处,本章第三节已有叙述;其“深”于孔子之处,则表现为对于问题的看法。这即是说,不但要平面地说明现状,并且更重在立体地发掘问题的来源,也即在发展的观点上来把握事物的本质。在这一点,墨子充分地利用了当时自然科学的知识。例如:

“圣人以治天下为事者也。必察乱之所自起,焉(乃)能治之,不察乱之所自起,则不能治。譬之如医之攻人之疾者然,必知疾之所自起,焉(乃)能攻之,不知疾之所自起,则弗能攻。……圣人……当察乱何自起。……臣子之不孝君父,所谓乱也;……此何(故)也?皆起不相爱。”(《兼爱上》)

“今天下之所誉善(疑当作“义”)者,其说(按“说”与“故”同训)将何哉?……虽使下愚之人,必曰:将为其上中天之利,而中中鬼之利,而下中人之利,故誉之。……今天下之诸侯将犹多皆免(俞校谓“免”字衍文)攻伐并兼,则是有誉义之名而不察其实也;此譬犹盲者之与人同命黑白之名而不能分其物也。……是故古之知(智)者之为天下度也,必顺虑其意而后为之行,是以动则不疑,速通(远迩)成(咸)得其所欲,而顺天鬼百姓之利,则知(智)者之道也。”(《非攻下》)

“今天下之君子之欲为仁义者,则不可不察义之所从出。……然则义何从出?子墨子曰:义不从愚且贱者出,必从贵且知(智)者出。……天下有义则治,无义则乱,是以知义之为善政也。夫愚且贱者不得为政乎贵且知(智)者,(贵且智者)然后得为政乎愚且贱者;此吾所以知义之不从愚且贱者出,而必自贵且知(智)者出也。’”(《天志中》)

依此可知,与孔子只说“定义”的思想有别,墨子更进了一步,要探出事物的原因。例一说明了“不相爱”是“乱”的原因;例二说明了“利”是“义”之实,“义”是“利”之名;例三就义之“所从出”,大胆地说明了天下之义与不义皆由“贵且智者”=“为政”者负其全责;而“不得为政”的“愚且贱者”于此全无责任，可知权利义务的关系是由统治阶级所规定的。所有这些思想，都是发现并运用了“故”概念的宝贵的果实。

第四，“故”概念不但在《墨子》书中占据了如此重要的位置，而且墨子的思想是将“有故无故”当做了“合理和不合理”（例如《尚贤》的“无故富贵”）以及“有知和无知”的同义语而特别强调了的。例如：

“仁人以其取舍是非之理相告，无故从有故也，弗知从有知也。无辞必服，见善必迁，何故相（与）（“相与”与“相敌”义同，兹依王校增入）？”（《非儒下》）

“故”概念由墨子首先提起，首先运用并着重强调以后，遂成了先秦逻辑史上的重要范畴。后期墨家之承借并发展这一概念，本书另章尚有专论；即其他各家，也多受其影响，立言都重视“故”。例如：

孟子说：“天下之言性也，则故而已矣。故者以利为本。……天之高也，星辰之远也，苟求其故，千岁之日至，可坐而致也。”（《孟子·离娄下》）

荀子说：“心合于道，说合于心，辞合于说，正名而期，质请而喻，辨异而不过，推类而不悖，听则合文，辨则尽故。以正道而辨奸，犹引绳以持曲直。”（《荀子·正名篇》）又说：“持之有故，言之成理。”（同上书，《非十二子》）

《吕氏春秋·审己》篇说：“凡物之然也，必有故；而不知其故，虽知与不知同。”

（三）墨子逻辑的进步性及其历史的局限性

墨子有了“类”概念以把握事物的联系性，有了“故”概念以探求事物的因果性，这样就在中国逻辑史上占有划时代的重大地位。这就是说，在孔子时代，逻辑思想上只有“质的判断”及“反省的判断”；到了墨子时代，由于“类”、“故”两概念的发现及运用，才使逻辑思想走上了“必然的判断”的阶段。这一阶段移行的进步意义，从黑格尔及恩格斯所确定的判断与推理形态由低级到高级发展的序列里可以窥见。黑格尔以为,判断形态的发展,在逻辑史上顺序地出现了下列四个阶段:

(1)质的判断与推理,这是最简单的判断形态。在这里,无论关于任何事物,只肯定的,或否定的说出一个普泛的德性。

(2)反省的判断与推理,在这里必然论到主词的若干关系。

(3)必然的判断与推理,在这里必然要说出主词的实在的涵义。

(4)概念的判断与推理,在这里必然要说出主词对他的一般本性(用黑格尔的话讲,是对他自有的概念)符合到何种程度。

依照黑格尔的说法(恩格斯在其遗稿里曾经表示同意,参看《自然辩证法》人民出版社版,第185—186页),我们认为,墨子的功绩在于使逻辑思想由一、二两阶段前进到了第三个阶段。此即是说,在墨子的"察类"、"明故"的逻辑思想里,我们才第一次看到了必然的判断与必然的推理。现在,且分为下列三点,来说明墨子逻辑思想的进步性及其所以未能到达概念的判断与推理的历史局限性:

第一,"类"、"故"两概念,就其社会的根源说,是战国显族社会的合理产物;就其作为理论的发现说,则是国民思想家的墨子的伟大贡献。墨子运用着"类"概念,将人类分成了两个对立阶级,一个是面目美好、无故富贵的王公大人骨肉之亲;另一个是包括农工商和其他人民的国民;从而将君分成了兼君与别君的两大类别,将士分成了兼士与别士的两大类别;并运用着"故"概念推原其所自起,而发挥了他的改革性的社会批判。所以墨子的逻辑思想,不是名家的离实践而诡辩的概念游戏,而是国民阶级的古代社会改革运动的批判武器,并且是与"武器的批判"紧相配合的"批判的武器"。

第二,墨子言"察类",孟子言"知类";墨子言"明故",孟子言"求故"。然而,"类"与"故"在墨子思想里,其价值远出于孟子之上。孟子虽承借于墨子,而却已经陷入了言类而不知类,求故而不明故的比附牵强的"幽隐而无说,闭约而无解"的神秘主义方法论。反之,墨子的"察类”、“明故”方法，则是从格物致知的古代科学所吸收的逻辑。至于墨子的方法之所以能保证其科学性，是因为墨子的“察类”、“明故”方法，更与实践有着内部的关联。“实践”在墨子的逻辑思想里，有着异常重要的作用与位置。更细分之，则为如下各点：

(1)有知和无知不以概念(名)为转移，而是以实践为标准的。例如：“今瞽者曰：‘钜(皑)者白也，黔者黑也。’虽明目者无以易之。兼白黑，使瞽取焉，不能知也。故我曰：‘瞽不知白黑’者，非以其名也，以其取也。今天下之君子之名仁也，虽禹、汤无以易之。兼仁与不仁而使天下之君子取焉，不能知也。故我曰：‘天下之君子不知仁’者，非以其名也，以其取也。”(《贵义》)

(2)不由实践而得的知识，只是不足以迁行、举行、复行的“荡口”或空谈，而不能作为指导实践的指针。例如：“告子曰(“曰”字疑为“日”或“口”之讹)言义而行甚恶，……言谈甚辩。……告子谓子墨子曰：‘我(能)为政治国。’子墨子曰：‘政者，口言之，身必行之；今子口言之而身不行，是子之身乱也。子不能治子之身，恶能治国？子姑亡(防)子之身乱之矣。’”(《公孟》)

(3)由实践而得的知识，可以改造现实，成为实践的指针。例如：“天下之士，非兼者之言，犹未止也，曰：‘即善矣；虽然，岂可用哉?’子墨子曰：‘用而不可，虽我亦将非之；且焉有善而不可用者?! ……言必信，行必果，使言行之合犹合符节也，无言而不行也。……’”(《兼爱下》)

(4)此种产生知识并检证知识的实践，不是指氏族贵族独裁的个人实践，而是指古代共和的人民实践。只有以实践作标准的知识才不流于唯心主义。例如：“与人谋事，先人得之；与人举事，先人成之；光誉令闻，先人发之。唯信身而从(实践)，故利若此。古者有语焉，曰：‘一目之视也，不若二目之视也；一耳之听也，不若二耳之听也；一手之操也，不若二手之强也。’夫唯能信身(实践)而从事(劳动)，故利若此。……岂能一视而通见千里之外哉?

一听而通闻千里之外哉?(上二句指唯心主义)"(《尚同下》)

第三,墨子所说的实践,反对顺应现状的调和,而主张"兼以易别"的改革。他特别强调着"强"、"力"的"从事",即是此义。并且,在"取实予名"论里,已意味着存在对思维的决定意义,与循名责实的唯心主义的颠倒看法,尤有严格的区别。他把强力从事与"取实予名"置立在相关的部位,于其上又进行着辨类明故的逻辑活动,于是在逻辑史上获得了辉煌的成就。于此,也许有的学者以为:墨子的方法,甚至连后期墨家在内,其成果并未超出形式逻辑的限界,而且比起希腊的亚里士多德体系,也还只是不完全的形式逻辑,并不足令人重视。这样的看法,我们不能苟同。这是因为:其一,在古代的思想史上,辩证逻辑只有朴素形式的闪光,而占支配地位的是形式逻辑;其二,"亚细亚的"中国古代,比起"古典的"希腊古代,各有自己的发展途径,墨家的逻辑在墨子时代是有局限性的,但后期墨家却有了大的发展。历史主义地讲来:人类只能提出他所能提出的问题,对于墨子,我们不应该作超出历史限界的苛责;不但不能苛责,我们还要大书特书,他在知识论和逻辑学上是中国古代的第一个唯物主义者。

下　　编

战国百家争鸣的学术

第八章

老子思想

第一节　老子思想的产生年代及其社会根源

在阐明老子思想之前,有一个问题必须先加考辨:老子思想发生在什么时代。

这一问题是在如下的情况下提出的:

《老子》一书的辨伪工作,从宋人开始,一直到晚近学者的多次探讨,大体上已可确定此书出于战国之世。但由此仍可导出分歧的理解:或谓《老子》其书与其思想同为晚出,或谓《老子》书虽晚成,而其基本思想固可先孔、墨而早出。因此,现在的问题并不在于《老子》的成书年代,而在于老子思想所由发生之时代。这一问题如果不先辨明,我们就不但不能弄清学术源流,反而会张冠李戴,混乱中国古代思想发展的线索。

著者在《中国古代思想学说史》一书中曾提出许多证据论证老子思想为孔、墨显学的批判的发展。这里我们不再重复考证的讨论,只就老子思想之后于孔、墨的道理作一概括的说明。

春秋、战国之际是中国古代社会的发展时期，也正当孔、墨二位大师活动的时代。孔、墨在社会理想方面，在人类道德方面，各以其私学代替了官学，迎接他们所憧憬的新世界，即所谓国民显族的社会。他们不问这个将要出现的社会之是非善恶及其前途之矛盾与否，而以批判精神斥责了旧现实，以永恒的真理信心向往于新世界，——这些都是孔、墨的共同特点。

到了战国中叶，社会已是相对的显族社会，但这一新世界并不是孔子的现实看法所希望的“老者安之，少者怀之，朋友信之”的社会，也不是墨子的现实看法所希望的“兼相爱，交相利”的社会，相反的，古代显族社会的矛盾更扩大了：劳动力的再生产成了严重的问题，而氏族公社为基础的土地国有制与尽地力的土地私有制形成了尖锐的矛盾。

在这一时期，思想家也具有和过去哲人不同的风貌。过去哲人，作为古代私人学术的创始者，必须具有他自己的信条，为此信条而牺牲一切，孔、墨便是这样的哲人。但这一时期却出现了怀疑哲学，老子便是这样的思想家：在社会理想方面怀疑了现实世界，在人类道德方面怀疑了私学，在历史方面怀疑了发展，在信心方面怀疑了个体，在阶级方面怀疑了斗争。就在这里，老子思想表现了对孔、墨的批判的发展，例如，“不贵其师”，“学不学，复众人之所过”，便是对昭昭察察的众人来批判的，其对象就是私学；又如“辩者不善”，“博者不知”，显然也是针对孔、墨而发，孔子博学，墨子善辩，孔、墨以外，谁又是博者辩者？

在这一时期，思想界更出现了一种新的斗争形式，更趋向于哲学思想的批判形式。接受孔、墨显学的优良传统的人，固然升华了其现实看法，进一步提出宇宙与人生的问题，而曲解孔、墨的人也从唯心主义的形而上学中寻找理论，因而展开了对自然史的认识的诘辩。老子的形而上学的“道”的学说的出现，也正具有这一时代的特点。

在这一时期，某些片面的概念得到了解放。孔、墨各以自己的观点规定了人类与社会，老、庄则解放了这些规定，这是历史的批判的发展。在这里，特别应该指出的是“先王”观念和“天道”观念的解放。当现实社会中的氏族制还束缚着春秋、战国的历史发展时，观念上的“先王”和“上帝”也束缚着春秋、战国的思想发展，孔子的“天命”、墨子的“天鬼”，都是和称道尧、舜先王的天道思想相关联的；当现实社会中的氏族制已趋没落时，“上帝”和“先王”也就失灵，老子否定先王，并谓“天道无亲”，就是这一时代的反映。如果没有孔、墨的天道思想在前，老子不会忽然来一个“道法自然”。

这样的线索，在《老子》一书中便可以举出证明。继承老子遗绪的庄子，更是毫无隐词地“剽剥儒、墨”。因此，著者认为老子思想之晚出于孔、墨之后，实无可置疑。

现在我们再进而探究老子思想的社会根源。这一探究，从研究方法上说，应该在通盘考察了老子思想以后再来进行，但在叙述方法上则不妨提前一步，而与以下各节的叙述相为照应。

我们已经在上文指出，战国之世乃是古代显族社会的矛盾已经扩大了的时代，老子正是从现实社会中看出了种种互相统一着的矛盾与对立：

> “大道废，有仁义；智慧出，有大伪；六亲不和，有孝慈；国家昏乱，有忠臣。”（《老子》十八章，以下只注章题）
>
> “天下多忌讳，而民弥贫；民多利器，国家滋昏；人多伎巧，奇物滋起；法令滋彰，盗贼多有。”（五十七章）
>
> “民之饥，以其上食税之多，是以饥；民之难治，以其上之有为，是以难治。”（七十五章）

老子认为，所有这些矛盾，乃是现实社会中一切动乱与灾患的根源；要消除这些动乱与灾患，首先得消解动因，即消解对立。对立物是相互依存、相互统一的，因此，消解其中的一面，也就消解了整体。在这里，老子消极地重消解而不是重斗争，老子从消极的消解想使历史的车轮倒退，即在历史方面否定了发展。

老子消解对立的办法是：

> “不尚贤，使民不争；不贵难得之货，使民不为盗；不见可欲，

使民心不乱。……常使民无知无欲,使夫智者不敢为也。为无为则无不治。”(三章)

“绝圣弃智、民利百倍;绝仁弃义,民复孝慈;绝巧弃利,盗贼无有。”(十九章)

老子认为消解了圣智、仁义、法令、捐税等等的“有为”,也就消解了它们的对立物——大伪、奇物、盗贼、民之饥、民之难治等等。这种消解,总的说来,或者提高到哲学理论原则上来考察,则是以“无”的范畴消解“有”的范畴,试以下列例子证之:

有“身”——有“患” 无“身”——无“患”	“吾所以有大患者,为吾有身。及吾无身,吾有何患?”(十三章)
有“智慧”——有“大伪” 无“智慧”——无“大伪”	见上引
有“仁义”——有“大道废” 无“仁义”——无“大道废”	见上引
有“巧利”——有“盗贼” 无“巧利”——无“盗贼”	见上引
有“自见”——有“不明” 无“自见”——无“不明”	“企者不立;跨者不行;自见者不明;自是者不彰;自伐者无功;自矜者不长。”(二十四章)
有“自伐”——有“无功” 无“自伐”——无“无功”(“有功”)	“是以圣人抱一为天下式。不自见,故明;不自是,故彰;不自伐,故有功;不自矜,故长。”(二十二章)
有“自矜”——有“不长” 无“自矜”——无“不长”(“长”)	
有“为”——有“败” 无“为”——无“败”	“天下神器,不可为也,为者败之,执者失之。”(二十九章)

有"争"——有"败" 无"争"——无"败"（"胜"）	"天之道，不争而善胜，不言而善应，不召而自来。"（七十三章）

以上所举的各项对立范畴中，第一组范畴是现实社会中对立的、有转化的、发展的、动的范畴；第二组范畴则是老子主观意象中消解了对立以后的、没有对立、没有转化、没有发展的、静的范畴。前者总摄于"有"的范畴，后者总摄于"无"的范畴。在"有"的范畴中，展开了无尽止的循环变化与动乱，而在"无"的范畴中，则一切变化、发展与动乱复归于静止。这种"无"对"有"的消解，老子名之曰"复"。

具体说来，老子是想把"有之"的社会，回复到"无之"的社会，即想把私有制的社会回复到尚未有私有制的无阶级的社会（此点在第四节中再详论）。这两种具体的社会现象在他的玄想中又蒸馏为两个抽象的哲学概念"有"、"无"，但二者又是相应的。

上面是从理论上分析了老子在阶级矛盾尖锐发展的情况下如何从主观上消解矛盾而回复于无阶级的社会。在当时的社会关系之下，老子既不同情"财货有余"的国民阶级的新贵族，而且抱着上述的主张和理想，那么他究竟代表哪一阶级呢？

著者现在同意杨兴顺同志在这一点上的意见：即老子代表了没落的公社农民。因为：第一，老子所幻想的"小国寡民"的氏族公社正是公社农民的幻想。第二，在战国时代，公社农民的没落是由阶级分化所形成的，老子以"损"的观点反对"以求生之厚"的国民阶级，这种否定阶级并反对阶级分化的思想，正反映了公社农民的情绪。第三，老子思想中的天真观点是和公社农民的想法一致的；正因为公社农民的没落，在老子思想中才反映出"为者败之，执者失之"的败北主义的观点。下面所引列宁的话正可启发我们的理解：

"（农民）的自由不过是破产、饿死、……新的恐怖而已。托尔斯泰如此真确地反映着他们的情绪，甚至把他们的**天真，他们对政治的疏远，他们的神秘主义，他们逃避现实世界的愿望，他们的'对恶不抵抗'，他们对……'金钱势力'的无力的咒骂**，却都带到了他的学说之中。”(《马克思恩格斯列宁斯大林论文艺》,人民文学出版社版,页105,着重点是引者加的。)

自然,托尔斯泰和老子是不能相提并论的。然而,我们知道,恩格斯指出过,古代思想家,对于一切后代社会所展开的思想都有其萌芽形态。这种萌芽形态是朴素的,是幼稚的,但是不成熟的幼芽和成熟的植物都具有一定的相似点。“托尔斯泰站在家长制的天真的农民观点上”,老子则站在宗法组织支配的天真的公社农民的观点上,时代显然是不同的,然而在不同之中却有相同的因素。因此,我们说,老子对于社会的对立与矛盾的暴露,是他代表公社农民的积极的思想因素;至于他所代表公社农民的消极情绪,就表现在如下几方面:

婴儿状态的天真:“我愚人之心。”(二十章)

朴素状态的憧憬:“绝圣弃智。”(十九章)

对政治的疏远:“其政闷闷,其民淳淳;其政察察,其民缺缺。”(五十八章)

“神秘主义”的“道”。

“无名”的离奇古怪的世界观。

不抵抗主义的“无为”和“不争”。

对金钱势力的咒骂:“财货有余,是为盗夸。”(五十三章)

黑格尔所说:“非历史的历史”,正是公社农民的天真的幻想的写照。

弄清了老子思想所由发生的时代及其社会根源,我们现在就可以开始论述老子的自然观与社会伦理观。

第二节　老子的自然哲学

《老子》一书中关于自然哲学的问题,不但曾引起古人的极其矛盾的看法,而且也引起我们之间的不同的看法。

战国以来,韩非、司马迁和王充是从《老子》书中“自然之义”,即从其天地“万物”和道德的“德”这一形而下的方面,吸取了唯物主义因素,来佐证他们的学说;汉代“黄老之学”是从《老子》书中道德之义,即从其伦理道德方面,吸取了无为而治的因素,来佐证他们的学说;魏、晋玄学如王弼、葛洪等是从《老子》书中万物以上的形而上学的唯心主义因素,来佐证他们的学说;唐、宋以来的道学如程、朱(所谓“朱子道”)是从《老子》书中吸取了“道”的唯心主义因素,来佐证他们“理”的学说;明、清之际的思想家如王船山(著《老子衍》)又是从《老子》书中批判地吸取了自然之义,佐证他的自然生化论。可知对于《老子》一书,古人的处理是有极大的出入的。唯物主义者总是捉住老子的足,唯心主义者总是捉住老子的头。

长期以来,我们对于老子遗产的评价,没有得出一致的结论,最近更展开了讨论,有的从唯物主义去评价,有的从唯心主义去评价。苏联哲学家彼德罗夫和杨兴顺二位同志的著作,有不少启发的作用。这些讨论无疑地是有益的。著者过去曾写过三次有关老子思想的研究(1934 年、1942 年、1947 年),在书中强调了老子在自然天道观方面的进步因素,分析了《老子》书中道和德二元论的思想,即“德”以下的半截是和物质关联着的,“德”以上的半截(道)是脱离了物质实体的,同时,就其思想体系而言,基本上是唯心主义的。现在,著者把《老子》一书中自然史的哲学分下面的几个方面来进一步地探讨一下。

一、我们先看《老子》一书中的唯物主义因素。

我们应该肯定《老子》书的确发展了春秋时代史墨诸人的朴素唯物主义的思想,洞察到自然界的一些大的规律性;同时否定了孔、墨的先王观点(把自然拟人化),而得出自然史根源的结论,敢于说“万物之自然”,“其鬼不神”,“其神不伤人”,给有神论以重大的打击。

如果如王充那样只取“自然之义”而研究《老子》,我们说,他在某些讲“万物”的地方,不像庄子的形色论,而有唯物主义因素,例如:

> “天下万物生于有。”(四十章)
>
> “有、名万物之母。”(一章)

“三生万物，万物负阴而抱阳。”（四十二章）

有的地方讲的“物”，也属于物质的范畴，例如：

“故物或损之而益，或益之而损。”（四十二章）

“物形之，势成之。”（五十一章）

其他如“有物混成”，“其中有物”、“道之为物”的“物”，都是不可捉摸的代名词，不是物质的范畴。属于物质范畴的“万物”或“物”，在《老子》书中还指的是哲学的物质，不仅是科学的物质。有时在形容物质的性能的时候，《老子》书中尝用五行说里的“水”作为物质的“柔”与“下”的象征来处理，例如：

“江海所以能为百谷王者，以其善下之。”（六十六章）

“天下莫柔弱于水，而攻坚强者莫之能胜。”（七十八章）

“大道泛兮，其可左右。”（三十四章）

“天地相合以降甘露，……譬道之在天下，犹川谷之于江海。”（三十二章）

“上善若水，水善利万物而不争，处众人之所恶。”（八章）

其他如《老子》十五章全文，都是拿水的道理来形容万物的属性的。王船山在《老子衍》中，解释“上善若水”之水，也是以“五行之体，水为最微”来说明的。《老子》书中也表现出有关物质存在和发展的道理，例如：

“天长地久，天地所以能长且久者，以其不自生，故能长生。”（七章，这里的“不自生”和王充的“不故生”相当，否定有意志的神。王船山拿自然现象来解释说：“夫胎壮则母羸，实登则茎获。……胎各有元，荄各有蕾，游其虚中，而究取资于自有。”）

“希言自然，故飘风不终朝，骤雨不终日。”（二十三章，王船山解释说：“天地违其和，则能天能地而不能久。……啴于阳，郁于阴，啴于阴，郁于阳，言过则跲，乐极则悲。”）

“故物或行或随，或歔或吹，或强或羸，或挫（一本作‘载’）或隳。”（二十九章，王弼注：“凡此诸或，言物事逆顺反覆，不施为执割也。”)

“物壮则老。”(三十章)

“万物无以生将恐灭。”(三十九章)

“合抱之木生于毫末,九层之台起于累土,千里之行始于足下。”(六十四章)

“万物草木之生也柔脆,其死也枯槁。故坚强者死之徒,柔弱者生之徒。”(七十六章,王船山解释说:“强弱者‘迹’也。夫岂草木之欲生而故为柔脆哉?天液不至而糟粕存,于是而坚枯之形成矣。……夫无其强者,则柔者不凝,天下之所以厚树其质也;而孰知凝之即为死之徒乎?”按船山的话比《老子》原意更近于唯物主义。)

上面的话,既然指物质实体,也指物质属性,无疑地包含有唯物主义的因素,而且也含有朴素的辩证法的观点。这是《老子》书中有价值的遗产。

二、我们再看《老子》书中“道”的概念。

《老子》书中的“道”比孔、墨的天道观的“道”是进步的;其所以是进步的,因为“道”在孔、墨那里是附有宗教性的,而“道”在《老子》书中是义理性的,有一定的自然规律性的。《老子》书中也出现“神”字,如“谷神不死”之类,后来朱子还把这一点肿胀起来,然而“神”在《老子》书中是泛神一类的概念,完全义理化了。

然而“道”是规律性的术语呢?还是兼含有物质实体的术语呢?著者认为“道”这范畴,在其义理性方面而言,是有一定的规律性的,而在反乎自然万物的性质上而言,是背离于规律性的,而且其中并不含有物质的实体。在这一点,彼德罗夫和杨兴顺是倾向于具有物质实体的涵义的。但他们也提出了怀疑,杨兴顺说:“老子认为:具有头等意义的是法则而不是物质。由此可见,老子关于道的唯物主义学说带有不彻底性。在这学说中还含有唯心主义的因素。”(《中国古代哲学家老子及其学说》,第三章)杨兴顺同志的疑问,将在下面讨论,现在我们先研究老子的“道”为什么不含有物质实体的范畴。

《老子》书中的“道”字，除了讲知识论和伦理学的“道”字之外，可以区分为三类：

第一，“道”字用于和万物并在一起形容的时候。例如，“天之道，其犹张弓与？高者抑之，下者举之，有余者损之，不足者补之。……人之道，则不然，损不足以奉有余”；（七十七章）“上善若水，水善利万物而不争，处众人之所恶，故几于道”。这些“道”字不是《老子》书中所讲的主要的“道”的范畴，当他相对地形容万物属性的时候，例如弓、水的比喻，只是“几于道”（王弼注：“道无，水有，故曰几也”），而还不能说是“道”的本身。

第二，“道”字用于和万物的性质相反对的时候。例如，“无、名天地之始；有、名万物之母”（一章）；“复归于无物，是谓无状之状，无物之象，是谓惚恍。迎之不见其首，随之不见其后，执古之道（无），以御今之有，能知古始，是谓道纪”（十四章）；“其在道也，曰余食赘行，物或恶之，故有道者不处”（二十四章）；“物壮则老，是谓不道”（三十章）；“反者道之动，弱者道之用；天下万物生于有，有生于无（道）”（四十章）；“古之善为道者，非以明民，将以愚之。……元德深矣远矣，与物反矣”（六十五章）。诸如此类“道”字，不但不是物质的实体，而且和物质的实体的性质相反，因此，“道”的规律性和万物的规律性是不相统一的。

第三，“道”字用于物质生成之先而和物质背向而行的时候。例如，“道冲（虚）而用之或不盈，渊兮似万物之宗，……象帝之先”（四章）；“万物并作，吾以观复，夫物芸芸，各复归其根”（十六章）；“有物（动力）混成，先天地生，……吾不知其名，字之曰道，强名之曰大，大曰逝，逝曰远，远曰反”（二十五章）；“道生一，一生二，二生三，三生万物”（四十二章）。此类“道”字是《老子》书中的主旨。这样看来，“道”不但在万物之先，而且象帝之先，不但是万物之宗，而且和万物背向而反动，这显然是上帝的别名，也即所谓神秘的力在最初的一击。

彼德罗夫同志从历史意义来推论，曾说：“道这一范畴，按其起源与其古代形式来说，是具有唯物主义内容的。”著者以为这一推论是有道理的，这即是把《老子》书中的“道”作为万有本源说来看，和希腊古代的唯物主义的元素说类比而论的。《老子》书中有没有这种古代形式的唯物主义因素呢？著者以为是有的，但不是“道”这一范畴。有人以为《老子》书中表现了一元论的宇宙观，认为其中“一”字、“玄”字是万有本源的学说，这是值得商讨的。著者以为《老子》书被后人名为《道德经》或《道德二论》，其中道德的“德”，是和万物的本源说连在一块的，而且“德”这一范畴是和万物运动的规律不相背离的。例如：

“道生之，德畜之，物形之，势成之。”（五十一章，《韩非子·解老》说：“德者内也，得者外也”，又说：“不制不形，柔弱随时，与理相应，万物得之以死，得之以生。”）

“孔德之容，惟道是从。”（二十一章，《左传》：“事有其物，物有其容。”《韩非子·喻老》说：“物有常容，因乘以导之，因随物之容，故静则建乎德。”）

“修之于天下，其德乃普。……吾何以知天下然哉，以此。”（五十四章）

“治人事天，莫若啬。夫唯啬，是谓早服，早服谓之重积德，重积德则无不克，无不克则莫知其极，莫知其极，可以有国。”（五十九章，《韩非子·解老》解释：“啬之为术也，生于道理，夫能啬也，是从于道而服于理者也。”又说：“积德而后神静，……而后能御万物。”）

“两不相伤，故德交归焉。”（六十章）

“有德司契，无德司彻。”（七十九章）

上面所举的《道德经》的“德”字是介于“道”和“万物”之间的范畴，是可以当作万物无限的本源来理解的。因为“道”是神秘难晓的超自然物，所以后来王充才取消了那个“道”字，韩非才在《解老》、《喻老》篇用不少的篇幅给了“德”字以“定理”的解释。他以为“道”是没有“定理”可讲的，没有定理，所以才不可道。德是道之功，所以他说

“德者,核理而普至”(《扬榷》);“德者,得身也”(《解老》)。至于核理的理,他说是“成物之文”,并指出:“凡物之有形者,易裁也,易割也。何以论之?有形则有短长,有短长则有小大,有小大则有方圆,有方圆则有坚脆,有坚脆则有轻重,有轻重则有白黑。短长、大小、方圆、坚脆、轻重、黑白之谓理,理定而物易割也。”(《解老》)韩非解释《老子》书中的“道”字如“道、理之者也”,离开了老子本义,而解释其中的“德”字,是接近于其本义的。“德”既然是这样的“核理而普至”的东西,即既然是“成物之文”,那么它便相当于万物的规律性。人们对于万物的“定理”也就可能认识了。但是,在《老子》书中,并不强调地认可这一点,如果人们向外追求万物的定理,那就要“失德”,韩非子也说:“为之,欲之,则德无舍,德无舍则不全。”(同上)“定理有存亡,有死生”,是无常性的,如果人们随其无常性而追求下去,那就不对了,就不能反于道了,因为“道”是“与物反”的。在这一点,如果让我们拿列宁批判黑格尔的话来引申,我们就可以这样说:“把道去了吧,剩下的就是物质的联结点。”明白了这一点,著者以为如果把“道”字换成“德”字,不但规律性可以看出来,而且物质实体性也可以看出来,用彼德罗夫的话说,是“德(不是‘道’)这范畴按其起源与古代形式来说,是具有唯物主义内容的”;用杨兴顺的话说,“在老子学说中,德(不是‘道’)不仅意味着客观世界的自然法则,而且还意味着万物的物质实体,……关于法则与物质的关系问题,老子认为,具有头等意义的是法则而不是物质,由此可见,老子关于德(不是‘道’)的唯物主义学说中……还含有许多唯心主义的因素。”因为“元德”“上德”之“德”又接近于“道”了。

三、《老子》书中的“道”之陷于唯心主义,不但因为“道”的义理性类似泛神论的神,而且是超越人类认识的彼岸的东西。我们知道,凡是否定了现实世界的可认识性的,那就不可避免地要走向唯心主义,《老子》书中这一类的话很多,例如:

> “道,可道,非常道;名,可名,非常名。”(一章,可认识的不是常性,不可认识的是常性、绝对性。)

“视之不见,名曰夷,听之不闻,名曰希,搏之不得,名曰微,此三者不可致诘,故混而为一。其上不皦,其下不昧,绳绳不可名,复归于无物。……能知古始,是谓道纪。”(十四章,“道”在感性之外,是不可格致的。)

“道之为物,惟恍惟惚。”(二十一章,“道”是独立而自如的神秘体。)

“前识者,道之华,而愚之始。”(三十八章,“前识者”,即可认识的。)

“道隐无名。”(四十一章,“道”是不可以感性觉察的。)

“不出户,知天下,不窥牖,见天道。……是以圣人不行而知,不见而名。”(四十七章,“天道”是超越认识的,是彼岸性的东西。)

“为学日益,为道日损。”(四十八章,可认识的世界和不可认识的“道”是矛盾的。)

很明显地,这是形而上学的唯心主义。正因为如此,所以老子以后中国的古今唯心主义者都从老子这里的形式进行肿胀的工作。黑格尔也注意了《老子》书中的上面的几段话,在他的《哲学史讲演录》东方哲学章中说:

“什么是至高至上的和一切事物的起源就是虚、无,惚恍不定(抽象的普遍)。这也就名为‘道’或理。当希腊人说绝对是一,或当近代人说绝对是最高的本质的时候,一切的规定都被取消了。”(《哲学史讲演录》,三联书店版,页129)

“……绝对的原则、一切事物的起源、最后者、最高者乃是‘无’。……他们(道家)否认世界的存在。……最高的本质是最抽象的、最无规定的;在这里人们完全没有任何规定。这话乃同样是一种否定,不过只是在肯定的方式下说出来的。同样,当我们说:上帝是一,这对于一与多的关系,对于多,对于殊异的本身乃毫无所说。这种肯定方式的说法,因此与‘无’比较起来,并没有更丰富的内容。”(同上书,页131)

黑格尔在《历史哲学》中和在《哲学史讲演录》中对于中国古代哲学有不少的误解,但上引的话是正确的。《老子》书中的"道"或"无",不论肯定方式和否定方式,是比不可知的"上帝"没有多了什么内容的。因此,著者以为,如果研究把"道"这一范畴唯物主义化了的韩非子思想,那么"道"基本上是唯物主义的属性;如果认为老子的"道"含有唯物主义的属性,那就难以说服人了。

过去著者曾指出老子的道德二元的体系,意思是说,就其对自然史的上下二截而论,老子的思想体系是不调和的。正确地讲来,上下二截的说法并不太合适,应该这样地说明:老子哲学主要是唯心主义的,他的"道"是超自然的绝对体,在他的学说中占居支配的地位;然而当他论到"德"时,就向唯物主义动摇过去,特别是论到万物生成发展的自然规律时,便富有唯物主义的观点了。为什么我们认为老子哲学基本上是唯心主义的呢?因为他的认识论上的唯心主义是和他的"道"的唯心主义密切而不可分离的。他论到"圣人"对"道"和万物的态度时,总是持着去彼取此的态度,即不从自然对象去认识自然规律,而只有返素返朴,去体验"道"的微妙。因此,他的认识论,唯心主义便占了上风,唯物主义因素只居于陪衬的地位,这里只就《老子》第一、二章为例,说明如下:

唯心主义的道:"道,可道,非常道;名,可名,非常名。无名天地之始,有名万物之母。"

唯物主义的万物:"有无相生,难易相成,长短相较,高下相倾,音声相和,前后相随。"(按即韩非子所谓"万物成理之文"。)

唯心主义的认识论:"是以圣人处无为之事,行不言之教。"

著者所以说《老子》书中的思想基本上是唯心主义,原因就在于此。同时应该声明的是,老子无神论的自然天道观和唯物主义的因素,在过去的著者书中虽然提出来加以论述,甚至强调了其解放孔、墨思想的有价值的传统,但没有明确地给以解释,这是一个大缺点。这里,应该补充一下。列宁在《哲学笔记》中曾批评了亚里士多德"神"这一概念的唯心主义的本质，同时也指出他的进步性，我们也可以这样说："当然，老子的'道'是唯心主义，但比起孔、墨的人格神的唯心主义来，它是较为客观的，较为远离的，较为一般的，因而在其自然哲学中，容纳了唯物主义的因素。"著者以为这样评论老子哲学，是不至于流于断章取义的。

最后，我们可以附带指出：老子的思想体系有和毕达哥拉斯学派相似之处，他们同样地由自然天道观走向唯心主义。

毕达哥拉斯以为自然秩序都是数量的和谐关系，数的法则支配着世界。对此，亚里士多德曾说："数为万物的本质，一般说来，宇宙的组织在其规定中是数及其关系的和谐的体系。"(《形而上学》第一卷，第五章)

此派复认为，"一"的抽象原理是一切存在的动因，而万物正基于此"一"的源泉。老子同样以"一"的抽象出发，以概括"将恐灭"的万物，但老子的"一"的抽象，更是以无对立的(即"一"的)社会，消解有对立的社会这一理想的哲学上的蒸馏。

毕氏学派承认矛盾的存在，如有限与无限、奇与偶、一与多、静与动、直与曲、明与暗、善与恶等，但这些矛盾被理解为外在的对立，而不是被理解为内部的斗争，且不能转化，如列宁所说，"在他们那里，实体、物和世界的'规定'是'枯燥的、缺乏(运动的)过程的、非辩证的'。"(《黑格尔〈哲学史讲义〉一书摘要》，页3)老子也承认矛盾的存在，如有与无、善与不善、美与恶、长与短、高与下、曲与全、强与弱等等，但这些矛盾也只是被理解为暂时的相对关系下的矛盾。老子虽承认这些矛盾在"有"的范畴内可以向其自身之对立物过渡，所谓"正复为奇，善复为妖"，但这种现象界的矛盾，到了本体界，就成了慈和的一致。因此，这些矛盾范畴，总的说来，仍是"枯燥的、缺乏(运动的)过程的、非辩证的"，我们只能说，这些矛盾的揭示，在客观上暴露了历史的现实，有其积极的意义；对于"有"的范畴内的对立的统一及其转化的理解，也相对地具有朴素的辩证法观点。但这一朴素的辩证法观点又是和对运动与发展的具体性的否定相结合的(参看下节),因此,老子思想大体上仍存在着亚里士多德所指出过的这一缺点:“他们(毕达哥拉斯派)并没有说明运动怎样发生,没有说明没有运动和变化怎样有生成和灭亡或有天体的状况和活动。”(《形而上学》第一章,第八节)

第三节　老子的知识论

如果我们拿墨子思想和老子思想作一比较,我们可以这样说,墨子的自然史观是落后的,宗教的,老子的自然史观是进步的,无神论的;墨子的反天命观点削减了他的“天鬼”世界观的唯心主义成分,老子的“道”的观点削减了他的自然世界观的唯物主义成分。反之,墨子的知识论是唯物主义的,老子的知识论是唯心主义的;但墨子知识论的有价值的传统是形式逻辑,而老子知识论的有价值的传统具有着朴素的辩证法的观点。明白了这一点,就知道我们为什么反对笼统地用一个名词来规定一家学说的理由了。

在说明了老子的世界观之后,下面我们就来研究老子的知识论。

我们先从概念“名”说起。

老子推崇“无名之朴”,主张无概念,他说:

“无、名天地之始,有、名万物之母。”(一章)

“道常无名。”(三十二章)

“大象无形。”(四十一章)

他以为一切概念都是相对的、有限的“克”,不是绝对的“常”,故说“知常曰明”;有形的“象”不是无限的大,故说“大象无形”。这是什么原故呢?因为每一判断,是主观的意识与客观的自然的对立物的同一。人类的认识更是主观和客观的对立物的斗争过程史,“同一”是相对的、暂时的、过渡的,因而今日的是,可能是异日的否。因此,当他说“名可名,非常名”的时候,这是含有辩证法的因素的。

18世纪的“分子”,不是常名,可以发展为19世纪的“原子”,然

"原子"亦不是常名,可以发展为20世纪的"电子","电子"亦不是常名,又可以为核子以至X子所扬弃。在辩证法讲来,人类的相对的认识判断,并非永远是相对的,而且较高相对的认识,即把握着较高相对的真实,而距离于绝对的真实便较近了。相对的至高境界,可以近似于绝对,所以说,真理不是非逾越性的。

然而老子的名理,却基于相对与绝对之不可逾越性,以为"同一性"是绝对的,对立物的斗争却是相对的,就是说运动与发展是相对的。所以,他以为"大象"是不能从有名的认识方面知道,而是从超乎主观和客观的对立物,用玄想直观的方法得之。所冥想而得之者,是无形无迹的所谓"无状之状,无物之象"的"恍惚"。用近代哲学上的话讲,也许就是"物自身"(Ding-an-sich)吧?

他不相信:"真理已是包含在认识过程本身中的,是包含在科学长期的历史发展中,……但是科学永远不会达到这样的一点,即永远不会因它在发现了某种所谓绝对真理以后,就再不能越过此点,于是只好惊愕地束手观望这个已获得的绝对真理。"(《马克思恩格斯文选》两卷集,苏联外国文书籍出版局,中文版,第二卷,第359页)

他反对无常,自然他也不信在"不断的发生和消灭过程"中,在"由低级升至高级的这一毫无终极的上升过程"中,在人类思维中获得一点一点的"物自身"的认识。

总之,老子是一个形而下学的唯心主义的认识论者。

复次,再从定言——言方面研究。

老子既主张无名,那么凡"定言",在他看来,都是虚假相的反映。他说:

"知者不言,言者不知。"(五十六章)

"正言若反。"(七十八章)

"唯之与阿,相去几何?"(二十章)

"信言不美,美言不信。"(八十一章)

他以为一切定言都不足信,惟"恍兮惚兮,窈兮冥兮"的东西,"其中有信”。特殊与普遍,在老子看来,根本为对立相,何以能说是“同一”呢?岂能“有信”吗?“有信”是在无言之中。只有无言而摸索的恍惚物象,空虚的绝对抽象,才是真信——“道”。

所以肯定与否定——“唯之与阿”——也是相对的,老子根本否认肯定和否定的形式,例如,“石头是坚物”与“石头非坚物”,“白马是马”与“白马非马”,这两个“唯之与阿”的命题,好像同时都是不对的。在老子看来,与其“坚白同异”相互争辩,是非不明,莫若“无言”,或“善言无瑕谪,善数不用筹策”(二十七章)。

“正言若反”,这是对立的相对性;超“正”“反”的无言,这是绝对的同一性。这论点基于否认“对立物的斗争”——发展,因而主张超对立物的绝对同一。

老子的认识论是一种直观论。例如“常无,欲以观其妙”(一章),“多言数穷,不如守中”(五章),“古之为士者,微妙元(玄)通,深不可识,夫唯不可识,故强为之容”(十五章),“不自见故明”(二十二章)。类此诸说,都用以证明知识是不可靠的,只有超出对象性的观省才是可靠的。因此,他说:

“不出户,知天下,不窥牖,见天道。其出弥远,其知弥少,是以圣人不行而知,不见而名,不为而成。”(四十七章)

这就不但反对知识的武器性,而且反对真理以实践为标准。

既然“为道日损”,是和“为学日益”相对立的,于是老子反对经验以至感觉,例如:

“始制有名,名亦既有,夫亦将知止,知止可以不殆。”(三十二章)

“绝圣弃智。”(十九章)

“五色令人目盲,五音令人耳聋,五味令人口爽,驰骋畋猎,令人心发狂。”(十二章)

“道”的直观是和知识相对立的,因此,又说:“不知常,妄作,凶”,“知常曰明”(十六章)。

我们还要从知识论运用于具体的社会关系上研究。这是重要的环节。墨子的知识论虽然是唯物主义的,但他运用形式逻辑时,可以证明出鬼神来,老子的知识论是唯心主义的,但他运用辩证法观点时又可以暴露出社会的一些矛盾来。

老子在经济方面的基本理论,是否认“大小多少”的价值关系,以及否认“大怨”对立的生产方式,那么内含使用价值与交换价值的商品——奇物,因其滋扰,也予以否认。他主张,不在调和“大怨”的对立,而在消灭“大怨”的对立,不在“大小多少”的较量,而在“报怨以德”的无差别相。此点我们将在本章第四节中再详加申论。

老子在政治上方面的基本理论,是否定“割裂”的阶级制度,否定上下贵贱的统治关系,否定法令的支配关系;他主张,无上无下,无割无离的“大制”或“始制”。此点我们将在本章第五节中再详加申论。

老子在意识形态方面,否定由社会对立关系所产生的伦理观念、美恶观念以及私有制度下的一切精神文化;他主张超善恶、超美丑、超祸福的、无文化的“袭明”,主张从“朴散”而复归于无名之朴,即复归于无是非黑白的婴儿意识,于是肯定与否定皆为同一,善恶皆无对立了。由是推之,社会的文学、艺术皆是不合理的表现,一切精神生产、精神文化都是“余食赘行”,于是老子便极端地主张无知识。此点我们将在本章第六节中再详加申论。

第四节　老子的经济思想

马克思曾指出亚里士多德发现了商品概念。在中国古代,首先发现商品概念的是老子,而发展这一思想的是法家。

我们这里先把历来未得其正解的一章《道德经》提出来讨论一下。

“三十辐共一毂,当其无,有车之用;埏埴以为器,当其无,有器之用;凿户牖以为室,当其无,有室之用。故有之以为利,无之以为用。”(十一章)

前人对本章字义的解释多暧昧不明,大都把“当其无”的无义,解释为物理现象的空虚之义。凡物既“空虚”始有用(实则未必然),那么“不空虚”为什么“以为利”呢?“有”与“无”为对立物,“利”与“用”也为对立物,这种对立物关系的意义在哪里呢?

章中所举加以制造后的三种东西——车、器、室,显然表示劳动生产物,三种东西原来都表现为自然的形态,所以都是使用对象物。我们要问:为什么“当其无”,才纯然表现而为有用物呢?当其无,无疑地表示了一个时代的发展阶段,然而这个“无”的时代究竟是怎样的一种社会呢?

第一,所谓“无”,是社会的属性,不是物理的、自然的属性。“无”当诂为“非有”,义指不私有,所以“当其无”,便是说当车、器、室在非私有财产的特定阶段。

第二,因为社会是在“非私有”的时代,车、器、室等劳动生产物,只表现做使用对象物,纯然是车、器、室等自然的可感摄性的形态,所以说,有车、器、室之用。在这种社会关系之下,这些物件只是物件本来的属性,或只是为共同使用而生产,而不是如同在交换关系中物件超自然的属性,或代表交换价值的“商品”。

最重要的研究,还在“有之以为利,无之以为用”。

我们已经知道,在“无之”(非私有生产物)的社会,人类劳动的生产物只表现做使用对象物。这使用对象物的名词是政治经济学上的术语,然恰好是“以为用”的翻译名词。人类的社会进展到“一个历史的特定的发展时代,那样的劳动生产物才转形为商品”,显然,这一时代是“无之”的社会之对立物,即已转变而为“有之”(私有生产物)的社会了。就社会的经济基础而言,“无之”向其对立物的转变,发展而为“有之”;就社会关系而言,显然的“以为用”便向其对立物的转变,发展而为“以为利”了。用经典的成语讲,“使用价值变做它的对立物——价值——的现象形态”。劳动生产物变做商品,商品的价值之现象形态就指着“交换价值”,交换价值的基础形态即是“一物对他物的换置”

(quid pro quo)。从实体上言,谓之使用价值,从大小上言,谓之交换价值。价值形态的复杂的形态即货币形态,不就是"以为利"的价值关系么?因为"价值形态——应当表现一定量的价值",一定量的大小物件惟在交换的关系中,才有"以为利"的现象,所以我敢大胆地说,这"以为利"三字,就是指交换关系中的价值形态,或交换价值。

上面的研究是认识《老子》五千言中经济思想之基础。

老子以为发展是反自然的,他的理想是:发展——"正"与"奇"的发展不合自然。"自然"是"莫之令而自均",社会经济应当"亦将知止,知止可以不殆"。经济学在求社会发展的必然性,老子却以为"无之"到"有之"的必然转化,可以不必然,"有之"不合自然法,社会应当复归"无之"。所以他说:

> "祸兮福之所倚,福兮祸之所伏,孰知其极?其无正?正复为奇……"(五十八章)

这种正与其对立物——奇的发展是无终极的,是相对的(克),应当复归于社会之绝对(常)。这种绝对的社会榜样,便是止于平等的生产分配的阶段。关于此项研究,读者将在本章后几节中看到,现在我们仍探求老子的经济理论。

老子所理想的经济社会是社会发展史上的氏族公社。这只从他的"小国寡民"的描写便可以看出:

> "小国寡民,使有什伯之器而不用,使民重死而不远徙。虽有舟舆,无所乘之,虽有甲兵,无所陈之。使人复结绳而用之。甘其食,美其服,安其居,乐其俗。邻国相望,鸡犬之声相闻,民至老死不相往来。"(八十章)

这幅小国寡民的社会图画,恰好是未进至农业生产阶段之氏族社会。有"什伯之器"(劳动手段)而不用,乃指社会分工尚未成熟的形态,商品生产的存立条件自然未加具备;"重死而不远徙",乃指没有交换关系的特征;"虽有舟舆无所乘之",乃指没有交通关系的社会;"虽有甲兵(兵言武器)无所陈之",乃指甲兵是社会的渔猎生产之劳动手段,不是奴隶制社会当做征服他人的武器用的;“使人复结绳而用之”,表示社会的意识形态还在无文字的阶段。这样的社会,正是“当其无”的社会,所以共同生产共同分配,既然没有剥削制度,社会生活就好像是甘美安乐的。

《老子》五千言中三次说到以下的名言:

> “生而不有;”
>
> “为而不恃;”
>
> “长而不宰。”(一章为“功成而弗居”)

这是氏族公社社会的生产原则。义释为:生产而不私有,劳动而不占有劳动成果,至于反映到阶级关系,虽有氏族长者,然并未发生统治权的作用(宰),或并未发生统治阶级(弗居)。

> “圣人不积,既以为人己愈有,既以与人己愈多。……圣人之道,为而不争。”(八十一章)

这种观念显然不是“有之”社会的人类意识。氏族公社的人类,在共同的生产分配消费的原则上生活,社会乃是一个自然结合的集体。各个公社的成员“为人”即是“为己”,故愈有;“与人”即是“与己”,故愈多。劳动便是生活,各尽所能,毋待竞争,所以没有蓄积私产的道理。

> “大成若缺,其用不弊;大盈若冲,其用不穷。”(四十五章)

劳动生产在一切时代都是使用对象物,然到了“当其有”的社会,“以为利”的原则,即以创造剩余价值为原则,生产惟恐其“缺”,积蓄惟恐其“冲”,使用物虽成虽盈,然社会则有饥有寒;“无之”的社会则不然,生产尽管有缺,然享受消费则“自均”,故“其用不弊”;积蓄尽管不富,然劳动生产则自平,故“其用不穷”。大成大盈云云,正是氏族公社社会的写照。

这样的社会,没有价值关系,自然也没有价值概念。所以“大小多少”一定量的使用物之评价也不会形成人类的观念形态。因为大小或多少一定量的比较,在没有“一物对他物的换置”时,换言之,在没有单纯交换关系时,是不会形成观念的。在私有社会的观念中,劳动量同等大的生产物相交换是“公平”的,然在并生产物连交换对置亦无之时,量的比例是无从认识的,故大的同于小的,多的同于少的。且看下面的话:

“为无为,事无事;味无味。大小多少,报怨以德。”(六十三章)

这便是说,劳动生产是社会的,不是个人的,所以劳动生产物是不能被评价的,不能被差别认识的。大量同于小量,多量同于少量,凡物皆齐,一视同仁,故无恩怨之分,“顺天下之所同者”。(王弼注:“顺天下之所同者,德也。”)

总而言之,在“为无为,事无事”的社会中,不会有大小或多少的价值观念。所以又说:

“治人事天,莫若啬。夫唯啬,是谓早服。早服谓之重积德,重积德则无不克,无不克则莫知其极。莫知其极,可以有国;有国之母,可以长久。”(五十九章)

“啬”,王弼释为“殊类归于齐一”,“早服”,王弼释为“常”,释注很对。因为氏族公社社会,不会有价值观念,老子既然推崇这样的社会,在认识方面自然便重视“殊类齐一”的无差别相了,所以说这是“早服”,“常德”,以今语释之,则为“绝对”。绝对是不变的永久真实,所以无不克(克,释为相对的变化),所以无限,这样才合于“母”——氏族公社。

“有之”的社会是子,“无之”的社会是母,“有之”的社会是克,“无之”的社会是常。老子的社会观是倒退性的,所以说:

“既知其子,复守其母。”(五十二章)

“始制有名,名亦既有,夫亦将知止,知止所以不殆。”(三十二章)

复归于绝对的社会,或知止于绝对的阶段,那么,这社会的生产能力又是怎样状况呢?他说:

“少则得。”(二十二章)

"不贵难得之货。"(三章)

"保此道者,不欲盈。夫唯不盈,故能蔽不新成。"(十五章)

"知足不辱。"(四十四章)

"去甚,去奢,去泰。"(二十九章)

"我无事而民自富。"(五十七章)

"货",有人释为商品,不确。其实是泛指生产物及生产器具而言。(《老子》一书中,当商品释的是"奇物"。)《老子》中"货"字凡五见:一为"身与货孰多";一为"不贵难得之货,使民不为盗";一为"圣人欲不欲,不贵难得之货";一为"财货有余,是谓道夸";一为"难得之货,令人行妨"。若把"货"解释为商品,是氏族公社的生产也有商品生产了。我们知道这样的社会,生产能力是极其低弱的,所以生产物没有剩余,生产器具,也没有很多的花样,可是只在这样"去甚去奢去泰"的不谋增进生产之条件下,才能"保此道"而不蓄积。生产能力既小,社会的生产物自然不盈,少量与平常而不难得,然而在社会组织上讲起来则各成员间皆同等参与消费,没有享受悬殊的区别,故曰"少则得",又曰"知足不辱"。

其次,老子所谓的"富",是社会自己的富,不是个人所有的富,正与墨子说的古代"国民之富"相反。在提倡古代"国民之富"的人,是以自由竞争为增进国富的先决条件,墨子所谓"能者贤者富之贵之";可是老子的思想则以为"无事自富"。这是什么原故呢?

第一,"富"的含义问题——老子所谓之"富"与一切经济思想中所规定之"富"皆相反,乃是消极意义的富,实际上是"贫",或无富之富。这样的"富",从分配方面而言,社会富的总量虽贫乏得可怜,然社会成员却大家都甘美安乐,没有流离失所的。换言之,在他理想上"复归"的社会,富与贫的对立观念,因了没有物质的基础,所以才反映不到人类的意识中。这里所谓没有物质的基础,是指社会经济没有价值关系存在着,"富"与"贫"不是对立物,实在是同一物。在古代奴隶制社会所谓之"富"是积极的富,是贫的对立物,富是增进剩余价值的手段,而不是消费的目的。所以社会中国民之富尽管增进,可是社会成员间一大部分却赤贫如洗。这种富愈增进,贫也愈增进,富与贫之对立的发展关系,用老子的术语讲,便是“损不足、以奉有余”。

第二,“富”的社会关系——老子所规定的“富”,是立足于没有价值关系的社会,这社会是“常德不离,常德不忒,常德乃足”的无差别无对立的自足社会,所以说“无事自富”。这里所谓“无事”,即“为无为,事无事”之无事,也即生产本身便是目的,不是手段;为生产而生产,不是为增进剩余生产物而生产,生产与分配二者间是统一的,所以不但是“自富”,简直没有贫富的对立。立足于价值关系发展的社会,社会间的成员也形成对立的阶级,自然就产生“互争”。社会国民之富的总量,虽然积蓄得可观,但用老子的术语讲来,却是“多藏必厚亡”,必然没落。

现在我们再看“无之”的社会是怎样的“生产方式”。自然,《老子》五千言中没有明白说过什么生产方式,犹之乎没有明白规定过什么价值一样,然而我们却并非不能在他的文中玩味出来。老子说:

> “和大怨,必有余怨,安可以为善?是以圣人执左契,而不责于人。有德司契,无德司彻。天道无亲,常与善(于)人。”(七十九章)

又说:

> “不尚贤,使民不争。”(三章)
>
> “为而不争。”(八十一章)

我们从社会发展史来研究,世界上的“大怨”是什么呢?那再没有比个人占有生产资料的“怨”更大了!因为一方既把生产资料私有,则他方生产者的劳动力必然的与之对立起来,这就形成了生产的方式。譬如在奴隶制社会,土地私有化与奴隶劳动力的结合关系,形成一种古代的生产方式。这是社会“大怨”的基本形态,这种“大怨”的矛盾形态不除,尽管调和,必有余怨,怎样也不能至于社会的至善境地。所以,在“无之”的社会,是所谓“左契”的社会,即并没有大怨,也用不着调和,根本上是无对立的合一。一方面是“左契”或合一,他方面便是人人劳动,人人所有生产资料,不必专责劳动于他人了。在“有德”的社会,是一切皆契合,劳动力与生产资料也契合着,而没有对立的关系,生产方式是不待结合之契合。然而在“无德”的社会,两个矛盾分子必须结合,舍契合而为对立物之结合,故曰“司彻”。这就不合所谓“天道”了,因为“天道”没有亲与疏的对立,所以常与善于人。这里可以拿“天地相合以降甘露,民莫之令,而自均”,作为注脚。

社会的“不争”,社会的无对立关系,又可以从“不尚贤”和“为”这两方面看出来。在老子说来,不尚贤,那么聪明人便造不出“大怨”来,即聪明人便不能占有着生产资料而居奇起来;“为”,人人既然都劳动,那么劳动力便不能被人所占有。这不是氏族公社时代生产方式的影子吗?老子又说:

> “我有三宝,持而保之:一曰慈,二曰俭,三曰不敢为天下先。慈,故能勇;俭,故能广;不敢为天下先,故能成器长。”(王弼云:成器为天下利,为物之长也。)(六十七章)

“慈”谓无对立之相,无对立乃是超斗争,即无所谓勇(力);“俭”谓不求发展增殖,无发展增殖,即无所谓广(繁殖);“不敢为天下先”谓不敢创“大怨”而统治人,所以能成器,不长自长。在“有之”的社会,有对立物,有力者胜,好像是勇,然而社会发展却是相对的(克),勇可变为不勇,若根本无对立相,是谓绝对的契合,勇与不勇相同,皆勇。在“有之”的社会,有发展之相,增进生产即为繁殖,然而发展是相对的,繁殖可变为不繁殖,若根本无发展相,是谓绝对的进化,进化与退化相同,皆进化。在“有之”的社会,人们争为社会经济的占有阶级,能创“大怨”即能广造器具,社会就有了统治者,然而统治是相对的,统治可变为被统治,若根本无统治,是谓绝对的“先”,统治与被统治相同,皆统治。

由这样看来,曰“慈”,曰“俭”,曰“不敢为天下先”,虽然有较广泛的意义,可是在经济上讲来,也自能适合。因为从氏族公社的生产方式，发展而为奴隶制社会的生产方式，提高了社会的生产力，增进了社会的生产，从经济史讲来，这是必然的发展规律，可是基于这种发展而来之社会关系却是所谓“大怨”的社会关系。老子的理想是欲从这样的社会经济的物质条件上，倒行而复归于“始制”。

“始制”社会破坏后的社会，一切都与“始制”相反，样样都是对立的社会关系，所以老子说：

> “天下多忌讳而民弥贫；民多利器，国家滋昏；人多伎巧，奇物滋起。”（五十七章）

“大怨”形成，一方面社会的生产资料私有化，而他方面生产者的劳动力被奴役化，两种对立物自然成为社会基本的忌讳关系，所以社会大部分生产者“弥贫”了。

生产方式根本有了转变，生产力便同时增进，劳动器具也同时改进（例如从经济史讲，铁器成为这个社会的指导的物质器具），社会物质的财富便扩大了，可是社会的组织便入于阶级斗争的时代了。

生产力的增进，是以社会的分工为其必要条件，“伎巧”便是社会分工后的专门技术。同时交换关系发生，商品便相互对立着，进入于交换关系之中。最初的“眩惑于我们眼前的商品偶像迷”便扰攘于这样关系之下。

这里所谓奇物，很明显地不是劳动生产物本来自然的形态，而是超自然的价值形态。一张桌子当其成为商品时，不但直立着，而且头朝地足朝天倒立起来，成为偶像的桌子。这不是奇物么？这种不但是物，而且是奇物，指着什么呢？一句话：“商品”！物件惟成了商品，才发生相互对立以至于滋扰的关系。因为“奇物”既然是超自然的东西，它便为人所注意来争相以“伎巧”实现了。

“人多伎巧，奇物滋起”，不是明白地影射出“社会分工是商品生产的存立条件”这样社会关系吗？

在“多忌讳”的社会，被奴役的劳动者是常遭杀害的，所以说“有弃人”，在“奇物滋扰”的社会，剥削阶级以获得利润为目的，所以说“有弃

物”,老子说:

“圣人常善救人,故无弃人;常善救物,故无弃物。”(二十七章)

生产方式变革之后,“生生之厚”自是必然的趋势,可是:

“生之徒十有三,死之徒十有三,人之生,动之死地,亦十有三,夫何故?以其生生之厚。”(五十章)

可见社会的“弃人”之多了!这与“民之轻死,以其上求生之厚”,互为注脚。

老子最露骨地痛斥私有生产资料的有闲阶级,说他们“服文彩,带利剑,厌饮食,财货有余,是谓盗夸”。这不是非难剥削关系吗?然而被剥削者则是“田甚芜,仓甚虚”(五十三章)了!

毕竟这样的社会是相对的,剥削者是不能永久的。在社会演进之下,剥削者将为自己掘墓。所以说:

“持而盈之,不如其已;揣而锐之,不可长保;金玉满堂,莫之能守;富贵而骄,自遗其咎!”(九章)

“祸莫大于不知足,咎莫大于欲得(欲得,私有之义)。”(四十六章)

老子这样地咒骂所谓“文明”的社会,然而他的根本上的办法,却是历史主义地主张:

“绝巧弃利;盗贼无有。”(十九章)

“巧”见民多伎巧的解释,“利”见“有之以为利”的解释。

第五节　老子的国家学说

前面已经指出,老子的小国寡民的理想社会是氏族公社的社会。这种社会没有在经济上发生矛盾对立的关系,因而也没有代表经济利益的阶级制度,氏族公社虽有长者制,然而是全体成员推选的公仆。既没有阶级,便无须有统治阶级。所以调和阶级冲突而超出社会的那种

力量(国家),便根本不存在了。老子说:

“朴散则为器,圣人用之,则为官长。故大制不割。”(二十八章)

“朴散则为器”,指无名之制转入有名之制;大制即“始制有名”之始制。这原始的制度根本没有阶级的割裂和对立。所以虽有长者,然“长而不宰”,即是说长而不统治。老子又说:

“欲上民,必以言下之;欲先民,必以身后之。是以圣人处上而民不重,处前而民不害,是以天下乐推而不厌。以其不争,故天下莫能与之争。”(六十六章)

氏族公社的社会关系,实质上人人皆平等劳动,平等享受,无所谓上下、先后的对立条件,所以也没有上下、先后的观念。公社长者并没有调和利害冲突的统治权,所以人不以为重,同时也不以为害。这里重与害的观念是对立物;如果有阶级的利害冲突,自然必须一种力量做调和的作用,那么社会一部分人必然地拥护这种力量,反之另一部分人必然地反对这种力量,因为“和大怨,必有余怨”。可是在“始制”或“大制”的社会关系之下,根本没有利害冲突的割裂形态,所以重与害的对立观念,自然没有形成为社会意识形态,故曰:不重不害。这样,公社成员便把有经验的长者推举出来,并且大家是爱戴他的。

注意“乐推”二字,这不是暗示私有财产社会以前之氏族公社的选举制度吗?

“治大国若烹小鲜,以道莅天下,其鬼不神;非其鬼不神,其神不伤人;非其神不伤人,圣人亦不伤人。夫两不相伤,故德交归焉。”(六十章)

这是什么意义呢?

我们知道在有国家雏形的古代社会,还不会使用高明的手段来维持统治权,于是鬼神作用便渗透于统治权的作用中,这是历史上公认的事实。“天子”便是这种意义下一个典型的名词。刑罚的神圣权力就靠鬼神的作用来维持,尽管社会上是人伤人,却巧妙地说是神鬼的意旨。反之,在氏族公社时代,社会没有对立的基础,没有统治权,没有刑罚,所以“圣人”不伤人,那么伤人的理论也就没有了。基本的问题在于:统治与被统治的两者对立没有形成,无相伤的道理。所以无差别相而司契之常德才存在于无对立的同一(交归)状态之下。

“其政闷闷,其民淳淳”。统治与被统治并未割裂的状态确是如此;“其政察察,其民缺缺”,统治与被统治到了对立的状态也确是这样。

复次,我们知道国家雏形出现的社会,国家之间的战争非常剧烈,胜利者常把失败者残杀以至征服,被征服者即变为征服者的奴隶,他们除为征服者供牺牲之用,大部分从事于奴隶劳动,这是历史上无疑的事实。奴仆与俘虏和古代的罪犯都是失了身体自由的人。所以《老子》中有这样的话:

“大国不过欲兼畜人,小国不过欲入事人。”(六十一章)

“兼畜”便指征服后当做奴隶的使用,“入事”便指被征服后供仆役的劳动。兼畜、入事即描写古代社会的生产关系!

上面所谓“圣人不伤人”,所谓“长而不宰”,是和兼畜、入事的社会相对立的。因为氏族公社时代,没有国家的雏形,那么杀伤以及宰治的社会关系便不存在。这里宰字,顾名思义,实含着对待奴隶的行为。所以说:

“圣人常善救人,故无弃人,常善救物,故无弃物,是谓袭明。故善人者,不善人之师,不善人者,善人之资。”(二十七章)

“美言(之)可以市,尊行可以加人。人之不善,何弃之有?故立天子,置三公,虽有拱璧以先驷马,不如坐进此道。古之所以贵此道者何?不曰以求得有罪以免邪?故为天下贵。”(六十二章)

奴隶的劳动同于牛马,这是社会的“弃人”;“不善”或“有罪”是奴隶在行为上的定义。氏族公社时代,没有国家的雏形,善与不善,有罪与无罪等等对立的形态不存在,所以说“常善救人,故无弃人”。但是自社会有“尊行”开始,即自有了超社会的力量的公权,人便可以加伤于人了。但是这种公权未出现时,社会是没有统治阶级的,所以说"圣人亦不伤人。两不相伤,故德交归焉"。

因为没有阶级,故曰:

"挫其锐,解其分。"(五十六章)

因为没有统治与被统治,故曰:

"和其光,同其塵。"(同上)

因为根本没有部落间的争夺,故曰:

"塞其兑,闭其门。"(同上)

因为是"非私有"的"普那鲁亚"社会,人不必亲其亲、子其子,故曰:

"不可得而亲,不可得而疏。"(同上)

因为是"非私有"的生产关系,故曰:

"不可得而利,不可得而害。"(同上)

因为是"非私有"的经济制度,没有国家机关,故曰:

"不可得而贵,不可得而贱。"(同上)

一切不待调和而自调和,故曰:

"是谓玄同!"(同上)

这样的无国家形态的制度,是与有国家雏形的奴隶制社会相反的。他说:

"善用人者为之下,是谓不争之德,是谓用人之力。"(六十八章)

因为奴隶制社会,榨取他人的劳力是以"尊行加人",是以不可调和的"大怨"为基础,这种"用人之力"的方法是上下对立的基础。然而"始制"之世,无上无下,不立不争,用人者同时即被用者,劳心者即劳力者,这样是谓无用之用,所谓"无为而治","无为而无不为"。所以老子又说:

"太上,不(本作"下"字,依船山本改)知有之。其次,亲而誉之。其次,畏之。其次,侮之。信不足焉,有不信焉。"(十七章)

太上之世，不知道私有那一回事，上下“解其分”，所以不知道该亲该畏。所谓“其政闷闷，其民淳淳”。没有调和的力量，虽有长者，不发生祸福威权。到了另一社会阶段，便不一样了。“支配社会的力量”威而居上，于是分开亲疏，调和的力量（国家）才“亲而誉之”。到了“尊行加人”愈厉害，所以对它“畏之”，“尊行加人”愈急，所以对它“侮之”。这是什么原故呢？因为：

在对立关系中而立信，根本是有限的信，部分的相对的信，信的本身便是不信。所以“和大怨必有余怨”。

进一步讲来，这种“信”实是“大伪”。因为社会到了有国家雏形的阶段，父权社会确立，人亲己之亲，长己之长，“孝慈”的社会仪式便出现；君权系统确立，社会的慧知者便出而专有政权，又因了卫护政权起见，于是形成了劳心者的寄生阶级。在这时：

“大道废，有仁义；智慧出，有大伪；六亲不和，有孝慈；国家昏乱，有忠臣。”（十八章）

“民畏之”，证明统治关系的对立形态之严重，若在无统治关系之下，反而是：

“民不畏威，则大威至。”（七十二章）

我们知道，战胜的国家对于被征服的氏族，其杀戮是很惨的，这是有典籍可稽的。所以老子说：

“民不畏死，奈何以死惧之！若使民常畏死，而为奇者，吾得执而杀之，孰敢？常有司杀者杀；夫代司杀者杀，是谓代大匠斫，夫代大匠斫者，希有不伤其手矣。”（七十四章）

这种“顺我者生，逆我者亡”之执杀惨剧，显明地是在氏族社会崩溃而奴隶制社会建立的时代流行着。至于将俘虏供牺牲的仪式，委实是“代司杀者杀”的典型。

因此，老子痛斥统治阶级，曾说：

“将欲取天下而为之，吾见其不得已！天下神器，不可为也；为者败之，执者失之。”（二十九章）

反之,“始制”之世:

“无为,故无败;无执,故无失。”(六十四章)

前者从对立相而言,后者从契合相而言;前者即所谓“尊行加人”的至不平等,后者即所谓“终不为大、故能成其大”的极平等。

“故以智治国,国之贼;不以智治国,国之福。知此两者亦稽式。常知稽式,是谓玄德,玄德深矣远矣,与物反矣。”(六十五章)

“国之利器,不可以示人。”(三十六章)

这里所谓“智”即“智慧出,有大伪”之智,即盗窃天下神器之智。统治者在老子讲来,便是“国贼”,假使没有这种国贼式的政治,则可以返于“始制”之世。他以为,明白了这种对立物的发展关系,即懂得此两者是一种公式,并且把握住这公式,便可以复归于无差别相的“玄德”之世。这玄德是对立物的反发展,故曰“与物反”,虽然是逆反,可是“物反大顺”。可见老子在经济上是主张归于“始制”,在政治上自然是主张归于“无为之治”。经济与政治是相适应的。老子还有言税的一句,即:

“民之饥,以其上食税之多。”(七十五章)

在古代阶级社会“税”是养育统治者的工具。老子痛斥统治者,那么“超经济的剥削”——税,自然也在否定之列,所以有上面的话。

老子既然反对国家,因而也反对“法令”,他说:

“法令滋彰,盗贼多有。”(五十七章)

“法令”是与国家俱生而来的,统治者的法令都是建立在财产关系和权利关系之上的。“大怨”既成,调和经济利害的法律命令,根本上即立足于“割”“剢”关系之上,所以法令益多,社会就益不安了。社会上有国贼,有小盗,贼盗的社会有治安的问题,有治安的问题才有法令。若根本没有贼盗,即无治安问题,那么,法令便失其效用了,所以他说:

“唯施是畏。”(五十三章)

“民莫之令而自均。”(三十二章)

因为:

"圣人方而不割,廉而不刿。"(五十八章)

在经济上是"无有入无间";在政治上便是:

"不言之教,无为之益。"(四十三章)

在经济上是"为之于未有";在政治上便是:

"治之于未乱。"(六十四章)

总之,老子的国家思想在暴露国家机器的矛盾之后,否定社会发展,"对恶不抵抗"地主张回到国家出现之前的社会,其对政治疏远的、天真的、逃避现实世界的复古思想意识是十分明显的。

第六节　老子的人性论和社会思想

(一)老子的人性论及其伦理教育学说

古今中外的思想家,大都有对于人性的假定。性善、性恶在中国学说史上的争论,助性、争性在西洋各学者间的辩论,都占据很重要的地位。所以研究老子思想,也必须究明他的人性论。

我们在上边各节,已经把老子所理想的社会组织详述明白,总括言之,他是以氏族公社为理想的极世。历史主义地讲来,在这样社会条件之下,人类的有目的的活动,自然有他的实践的意义。在这样"无之"社会中,人类实践的活动,在后人的看法上,就容易认为具有"无私无欲"的特点。反之,在老子所亲见的"有之"社会,人们的活动自然是充分被自私多欲的倾向支配着。老子以为"今之有"私,在经济与政治方面为然,在人性表现方面亦然;"古之无"私,在经济与政治方面为然,在人性方面亦然。他既然要在社会求知止,求复归,因此,他对于人性也就不得不坚持"见素抱朴,少私寡欲"的倾向。于是更进一步,他对于人性的认识,以为有私是伪,无私是真,把人的本质看成一个"类概念",静止的抽象体,无古无今的绝对性——见素抱朴的"常德"。

读过近代资产阶级经济学的人,都知道亚当·斯密是主张自由竞争的社会,他对于人性的认识是所谓"自爱心"、所谓"利己心",或所谓

“人类对于自己最善的努力”。因为他对于近代资本主义的私有社会,认为是合理的天国,在这种社会中,人类实践的活动,自然以自私自利的人性占支配的地位,即自私性在人类的全意识中占据“现实性”的方面。所以他便把人性抽象化、绝对化、孤立化,硬说,人性的本质是自私自利心。

我们读了这一段的对照思想,便知道,一个绝对否定私有社会,一个绝对肯定私有社会,两个思想家的人性论于是趋于两个极端的抽象体。各依据抽象的孤立化的人性,做各人自己学说的出发点。人性的假定既然是和社会观相照应的,那么在同一时代的人就可以有不同的看法。中国古代思想家,如墨子、荀子和韩非子,因为他们的社会观有些相似的倾向,所以他们对于人性的假定也有些相似,而和老子的假定完全相反。

现在,我们且从《老子》的文句中寻求证例:

“圣人之治,虚其心,实其腹,弱其志,强其骨,常使民无知无欲。”(三章)

“圣人后其身而身先,外其身而身存,非以其无私邪?故能成其私。”(七章)

“吾所以有大患者,为吾有身,及吾无身,吾有何患?”(十三章)

这是无人我见,无物我相的说法。

“无名之朴,夫亦将不欲。不欲以静,天下将自定。”(三十七章)

“欲不欲。”(六十四章)

“见素抱朴,少私寡欲。”(十九章)

“圣人被褐怀玉。”(七十章)

这是无私无欲的说法。

总之,他以为,人性根本是“不自私”的,“外其身”的,所以才与“始制”相合;后来人类的自私心、占有心,却是变态的心理倾向,不是真性。

他既然把人性抽象化、绝对化，更进而错误地将社会制度建筑在人性的基础之上。我们知道，人性是人类在社会的实践活动中的一个发展过程，是一个历史发展阶段的社会关系的总体，生产关系决定着人性的倾向，而人性复反作用于生产关系。老子既然否认“发展”，就必然会产生其人类无私性的论断，犹之乎亚当·斯密抹杀否定的否定之发展，便以为资本主义制度建筑在“自利心”人性的基础之上，这都是一样的推论形式，即绝对的制度建筑在抽象的人性之上。

凡是从孤立化了的人性出发，就不能理解人性变质的发展和转化。老子知道“不自私”到“自私”的转化，但他却以为这种转化是违背自然的，非必然的，应当复归于“不自私”，因为他已经假定“不自私”才是人类本性，“自私”是人性反常的现象。他说，“去彼取此”，即是不在求必然，而在求“当然”。玄学和科学的分界于此便清楚了。

老子从这种人性的概念出发，就必然导出如下的伦理观念：

“大道废，有仁义；智慧出，有大伪；六亲不和，有孝慈；国家昏乱，有忠臣。”（十八章）

“夫礼者，忠信之薄而乱之首。”（三十八章）

“绝圣弃智，民利百倍；绝仁弃义，民复孝慈。”（十九章）

举凡仁、义、孝、慈、忠、信、礼，他认为都是“有之”社会调和“大怨”的工具。因为这些伦理观念都是私有社会的产物，若在氏族公社时代，根本是“普那鲁亚”的家族，所以没有孝慈；根本没有人与人间的对立，上下先后的分离，所以没有礼节；根本没有阶级制度，所以也没有忠信；成员之间根本皆互爱，故没有仁的意识；成员之间根本皆互助，故没有义的观念。这里所谓“民复孝慈”的孝慈，即人不必亲其亲、子其子的普遍孝慈，这样的孝慈已经不是孝慈了。

他对于教育问题，又是这样说的：

“善人者不善人之师，不善人者善人之资；不贵其师，不爱其资，虽智大迷，是谓要妙。”（二十七章）

在奴隶制社会,善人与不善人是对立的社会关系,用近代的话说,奴隶便是不善的人,自由民便是善人。因为是不善的人,所以没有公权,因为是善人,所以有公权。善人既然是不善人的师保,那么,善或不善都是相对的,所以应当“不贵其师,不爱其资”,这样的无师无资便是“大迷”的社会,然而却得其“要妙”或“绝对”了!

“所教”是被动的,“教之”是自动的,“所教”是客体,“教之”是主体,如果“所教”与“教之”没有对立,复归于同一,那么教育问题岂不成了无教育的问题吗?

圣和智都是做师保的手段,在老子看来都是欺骗作用,所以绝之弃之,社会才有真利益。最显明的话,还在下面:

> “学不学,复众人之所过。”(六十四章)
>
> “圣人无常心,以百姓心为心。善者吾善之,不善者吾亦善之,德善;信者吾信之,不信者吾亦信之,德信。圣人在天下歙歙,为天下浑其心,百姓皆注其耳目,圣人皆孩之。”(四十九章)

众人所过,是不学。若做师保的也不学,则师保与众人相同,就不必相互师资了。

这里所谓“德善”或“德信”,即绝对的善或绝对的信。在这样的状态下,“圣人”与“百姓”乃是同一无差别的概念。若有人一定要做“教父”,老子便斥之为“强梁者不得其死”!

(二)老子的社会法则论

一切形而上学的学说,大都想证明出万古适应的社会法则,大都想拿自然秩序和自然运动的法则,和社会法则作合适的比况。马克思说:

> “重农学派是必然地要把资本主义生产形态看做自然的形态。他们把这个形态当做社会的生理形态,即当做从生产自身的自然必然性而生的。……把一定历史的社会阶段的法则当做抽象的法则,当做同样支配一切社会形态之法则。”(《剩余价值学说史》,参看三联书店中译本,第一卷,页36—37。)

重农学派及古典经济学派的自然秩序观，是自由运动不加干涉的自然物理法则。因为自然秩序是没有善恶的，自由的，社会在大自然现象中，也应当是如同自然般的自由而不加干涉的，所以社会秩序是以“自由放任”为极则，“自由竞争”便是人类的超时代的自然权。这样便把资本主义的私有社会说成为万古不破的永久合法则的理想社会了。

知道了这种道理，我们也可以研究老子的自然秩序的学说了。老子说：

“人法地，地法天，天法道，道法自然。”(二十五章)

这里所谓天、地、人、自然诸观念虽然蒙混，但是人的社会秩序适应物的自然秩序，这种关系却表示得十分明白。

“天地万物生于有，有生于无。”(四十章)

“道常无为，而无不为。”(三十七章)

“天之道，不争而善胜，不言而善应，不召而自来，繟然而善谋。天网恢恢，疏而不失。”(七十三章)

“天之道，其犹张弓与？高者抑之，下者举之，有余者损之，不足者补之。天之道损有余而补不足。”(七十七章)

“天地相合以降甘露，民莫之令而自均。”(三十二章)

“大道泛兮，其可左右，万物恃之而生而不辞。功成不名有，衣养万物而不为主，常无欲可名于小。万物归焉而不为主，可名为大。以其终不自为大，故能成其大。”(三十四章)

“江海所以能为百谷王者，以其善下之，故能为百谷王。”(六十六章)

“天下莫柔弱于水，而攻坚强者莫之能胜。”(七十八章)

“天长地久，天地所以能长且久者，以其不自生，故能长生。”(七章)

“上善若水，水善利万物而不争，处众人之所恶。”(八章)

上面所引各章句，都讲的是“自然法”。归纳起来讲，自然法或自然秩序是不争、不有、无为、平等、自均、不主、不私、不长的合法则运动。

这是宇宙永久的法则，超乎一切时代，超乎一切场合的不变的绝对的运动律。

因为自然秩序是超时代的，所以是无善恶的，无公私的，无主观客观的，无上下先后的，无大小的；不私能成其私，不自大能成其大，不主而自主，不胜而自胜，不有而自有，不盈而自盈，无为而无不为，所以是大平等、自平均。

老子根据这样的自然秩序，这样的自然体的性质，进而比况他的合理的社会。他认为“有之”以后的社会，“损不足以奉有余”，“奇物”滋扰，“大怨”形成，“法令”滋彰，总之是自私自利的社会，剥削、统治的社会，这是大背于自然秩序的，不合理的，所以要求合乎自然秩序的社会，才是天国。怎样才算合乎自然秩序的社会呢？他从自然和社会的比况上对称研究，其例甚多，兹举几个极其显明的于下：

在自然秩序上讲：“天长地久，天地所以长且久者，以其不自生，故能长生。”（七章）

在社会秩序上讲：“是以圣人后其身而身先，外其身而身存，非以其无私耶？故能成其私。”（七章）

在自然秩序上讲：“天地相合以降甘露，民莫之令而自均。”（三十二章）

在社会秩序上讲：“始制有名，名亦既有，夫亦将知止。”（三十二章）

在自然秩序上讲：“江海所以能为百谷王者，以其善下之，故能为百谷王。”（六十六章）

在社会秩序上讲：“是以圣人处上而民不重，处前而民不害，……以其不争，故天下莫能与之争。”（六十六章）

上面所举的话，都是在《老子》同一章句中排比的例子，即是说自然秩序是大公无私，那么社会秩序也应法自然之“大公无私”的性质，自然秩序是无人己的对立，所以社会秩序也应超乎对立，而无所谓统治与被统治。

为什么“欲不欲,不贵难得之货,学不学,复众人之所过”? 因为是:“以辅万物之自然,而不敢为。”(六十四章)

为什么“生而不有,为而不恃,长而不宰”? 为什么“早服谓之重积德,重积德则无不克,……可以有国。有国之母,可以长久,是谓深根、固柢、长生、久视之道”? 因为“天地不自生,故能长生”,“大道……功成不名有,衣养万物而不为主”。

为什么“绝仁弃义,民复孝慈”? 因为“天道无亲,常与善人”。

为什么“圣人之道为而不争”? 因为“天网恢恢,疏而不失”,“天之道不争……”。

拿五千言中最末一句话总结,便是:

“天之道利而不害;圣人之道为而不争。”(八十一章)

我们一再说老子理想的“小国寡民”社会,是氏族公社。这原是社会发展史上一个特定的阶段。但老子就以自然秩序的永久不变的性质作根据,把这个社会绝对抽象化,把这个社会规定为超时代的绝对合理的社会。换言之,即是“把一定历史的社会阶段的法则,当做抽象的法则,当做同样支配一切社会形态之法则”。

然而,“这样的抽象法则是不存在的。……反之,各个历史时代,各有其特殊的法则。……自从人类的生活已经超过了一定的发展时代,从某一阶段移到另一阶段时,它便开始为另一个法则所支配。总之,经济生活呈现一种与在生物那样另一领域内所发生的东西相类似的现象。旧经济学家,当他们把经济法则和物理学法则与化学法则相比较时,实在误解了经济法则的性质。……社会诸关系及支配这些社会诸关系的诸法则,是随着生产力的发展而变动的……。这种研究的科学价值,是存在于:那支配一定社会有机体的发生,存在,发展和死亡,及支配它为另一个较高级的有机体所代替的诸特殊法则之阐明中。”(《资本论》,第二版序)

把绝对自然秩序引用到绝对社会秩序之抽象认识,是老子的基本方法论,那么以上的几句引语,正适合于批评老子的社会法则的观点。

老子也承认:“大道甚夷,而民好径”,“天之道……损有余而补不足,人之道则不然,损不足以奉有余”,自然法则与社会法则是根本相背离的,可是他认为社会的必然可以不必然,不合理的并矛盾的社会可以使之合理。

第七节　评黑格尔论老子

西洋哲学家颇重视老子思想;把老子作为中国古代哲学家的代表人物而强调提出来的,是黑格尔。从他的《哲学史讲演录》一书中,便可看出这一点(参看本章第二节)。他认为孔子思想极其贫乏,老子才是东方古代世界的精神代表者。他分别了人类意识的程序,以东方的古代世界,是精神的儿童时代,希腊的古代世界,则是精神的成年时代。在精神的发展中,前者为第一阶段,后者为第二阶段。关于前者,他说,人类从感性的感觉走到普遍的意象阶段,走到概念理解的阶段,进而认识事物的心灵、它的真实的本性。关于后者,他说,人类在自己的内部寻求他的独立性,在他的意识中认识人伦事物,进而认识事物本质上的各种规定。因此,他说,第一阶段,在所沉潜的自然性中,精神是不自由的(就一个人说是自由的);第二阶段,则精神脱出了自然性而深入于自由之意识(就若干人说是自由的)。

这样,黑格尔关于第一阶段,曾说:

> “支配这个时代的是我们在东方世界中所发现的所谓精神与自然的统一。这一自然精神还处于自然之中,而不是处于其自身之中,因此,它还不是自由的,还不是处于自由之过程中。在精神的这一状态下,我们虽有了国家、艺术、科学的萌芽,但所有这一切,都建立在自然的基地上。在这第一个家长制的世界中,这一精神乃是一种实体性的东西,个人仅仅作为偶然者而为其补充。其他的人则作为儿童、下属而听从此一人的意志。”(《黑格尔全集》卷八,拉松本,页136)

黑格尔在这里,似乎是指着老子所说的"侯王守之"的实体,使"百姓皆谓我自然"。他洞察到古代亚细亚是"氏族关系的基础上建立起来的国家",这里他所云家长制的关系,指"个人在家族之中就是全体",因之,他以为东方的精神形态在于:直接的意识,实体性的精神(与主观的自由相对立),潜伏在世界的根柢之中。他说:

> "东方精神较接近于直观之规定,即较接近于对其对象之直接关系的规定,……主体沉没在实体性之中,没有摆脱〔精神与自然的〕坚固性与〔其〕统一性而获得主观自由,……特别是,有一个人是主体,这一主体,对他的人民来说,乃是精神的'一',乃是一种主观性的形式,——在这种形式中,全体为'一'。……而所有的个人〔人民〕还没有从自身中获得他们的主观自由,对于实体性来说,他们是带有偶然性的。"(《黑格尔全集》卷八,拉松本,页235—236)

我们虽然反对他用盆地与海洋的地理条件,区别亚细亚古代的与古典的古代的思想的形态,然而他以实体性的自由与主观的自由,区别两个古代的思想形态,并以为前者由家族的全体出发,后者由国民的分工出发,则颇含有部分的形式真理。

黑格尔为了要说明中国古代思维是支配于"实体性的自由"(Substanzielle Freiheit),即自己的意志理性仅在国家普遍的实体之内,有其自由发展,而没有个体的独立反省,或没有"主观的自由"(Subjektive Freiheit),于是把老子思想升华为中国古代意识,这是不合于历史的。然而我们从这里探讨黑格尔所了解的《老子》,觉得其中有很多的形式真理。

《老子》其书所表现的对立物,如正与奇、福与祸、刚与柔、弱与强、多与少、上与下、先与后、实与虚、荣与辱、智与拙、巧与愚,都是矛盾的两极概念,这反映了战国时代氏族贵族社会与显族贵族社会的新旧交替。用黑格尔的话讲来,这正是儿童阶段到青年阶段的矛盾发展,或者是家族长制的国家(中国文献谓之宗法)到国民阶级的国家之矛盾发展,或者是所谓理性向自身复归中的实体性自由到主观自由之矛盾发展。老子承认了矛盾的对立,而否认了矛盾的斗争,所谓“夫惟不争,故天下莫能与之争”,更进而使现实的对立物复返回原来的统一,所谓“大制不割”,“为而不有”(劳动力与财产所有的统一),然而这种否定,并不能把客观现实的矛盾斗争取消,而只是在企图从内心的精神上予以消解,所谓“孰能安以久,动之徐生。保此道者不欲盈,夫惟不盈,故能敝(蔽)不新成”(十五章),“致虚极,守静笃,万物并作,吾以观复”(十六章)。这正是《天下篇》所评的:

“知其雄,守其雌,为天下谿;知其荣,守其辱,为天下谷。人皆取先,己独取后;……人皆取实,己独取虚;……人皆求福,己独曲全。……坚则毁矣,锐则挫矣!”

黑格尔也说:

“在单纯的实体性自由中,命令与法律乃是一种自在自为的坚定的东西,主体完全从属于它们。……这种主体和孩童一样,像孩童那样服从父母,没有自己的意志,也没有自己的主见。然而,及当主观自由发生时,人类便从外部现实性深入到他自己的精神中,于是,反省的对立也就表现出来了:这种对立在自身中包含着对现实的否定。也就是说,从当前〔现实〕退回到〔内心〕,这就已经在自身中形成了一种对立,这种对立一方面是神或神圣的事物,另一方面则是作为特殊事物的主体。……世界史的进程在于使这两方面的关系成为绝对的合一,即一个真实的调和——自由的主体在其中不至于没落于精神的客观形态之中,而是在其中获得了独立的权利,但绝对精神、客观而坚固的合一,也在这时同样获得了它的绝对权利。在东方的直觉中,实体性的事物虽与个别的主体有别,但这一对立,还不是处于精神之内。”(《黑格尔全集》卷八,拉松本,页233—234)

老子在“主观的自由”与“实体性的自由”二者间,获得了一个绝对的调和,主要在于消解现实中的对立,把历史退转回去,而由“反者道之动”,回复到“而贵食母”,回复到朴素的自然神,这似乎是解放了,似乎是自由了,然而这一自由本身,也仍然是一个实体性自由,以及与之并存的全体之中个体的不自由。所以,就历史的现实来说,这个调和或统一,就是黑格尔所说的“不自然的光”,否定国民阶级的个性,反而成为自然的奴隶,也就是他说的“非历史的历史”。老子在不自觉的阶级立场上,代表了没落的氏族公社农民的天真心理。他主观上虽然表现出期待王侯的治道,但客观上暴露了社会的对立与矛盾。侯王也是不能在非历史的历史上坚守的,这是现实。因此,所谓曲全者,只有导于悲剧性的灭亡之路。

老子的自然的天道观和人类的道德律是相应的,荀子所谓“蔽于天而不知人”,虽指庄子,但也适用于老子。老子把西周以来的“礼”——一种实体性的自由,作为“国家的事务”的道德,退回到更广泛的一个统一体,那就是“道法自然”的普遍的一,从普遍的一,再降至人性的主观。因此,黑格尔又依《老子》,规定了中国古代的哲学,他说:

> “对中国人来说,他们的道德律正和自然律一样,乃是外来的实证命令,乃是强制权利与强制义务,或彼此之间的礼节。实体性的理性规定必须通过自由才会成为伦理的信念,——而这样的自由〔在中国人那里〕是缺乏的。……一个抽象主体的观念,即圣人的观念,构成这样的学说的顶点。”(《黑格尔全集》卷八,拉松本,页158—159)

在《老子》一书中,自然律是最高的无上命令,圣人的意象是这命令的接受者,其例甚多,只举一例如下:

> 自然:“天长,地久,天地所以能长且久者,以其不自生,故能长生。”
>
> 圣人:“是以圣人后其身而身先,外其身而身存,不以其无私耶,故能成其私。”

这就是黑格尔所谓的“在东方世界中所发现的精神与自然的统一”。(见前引)据他说,这样,和希腊的古代不同,东方精神不是个性自由的,所有一切东西都建筑在自然的基地上面,个体在这里是偶然的;然而希腊古代的成年阶段就相反了,他说,“不完全的事物,作为自身内部的对立物,乃是一种矛盾,这种矛盾是确实存在的,但它同样必须被扬弃、被消解,使精神生活内部的冲动、冲力,打破自然性、感觉性、自身之异化的桎梏,以达到意识之光,即复归于自身。”(《黑格尔全集》卷八,拉松本,页138)黑格尔的这种古代世界之区别,虽然比冬烘先生之区别东方精神文明与西方物质文明要来得高明,然而却也并不正确。我们如果把他所说的精神发展过程,倒转而为物质的历史过程,那就成为这样的说法:东方古代在其最初阶段,缺乏了如同希腊古代的国民活动,即他所谓“东方是一个人自由的,西方是若干人自由的”。因而在意识上受了限制,这还可以说得过去。因为黑格尔所谓“一个人是自由的”,这个人代表了土地国有制度的帝王;“若干人是自由的”,若干人是国民或自由民。前者是亚细亚的奴隶制的世界,黑格尔称之为“第一个家长制的世界”,后者是希腊古典的奴隶制,黑格尔谓:“希腊人不仅有奴隶,并且他们美丽自由生活的维持,还曾经与奴隶制不可分,而且他们的自由一方面是……局限的花,他方面又是人道的一种残酷的奴役制度。”这是颇有价值的形式真理。

为什么黑格尔把老子思想代表了精神的童年时代呢?他以为世界的历史是从亚细亚开端的,如像太阳起于东方,落于西方,故东方就是开端之义。这一理论甚为荒唐。但他又以为东方之所以如太阳的升起,是因为国家采取着氏族宗法的关系,家长的意志就是共同的目的,而东方精神亦就在服从关系上被实体的普遍理性所支配。这里含有形式真理,即亚细亚古代是早熟文明小孩,思想是官府支配的,到了老子还在学术下私人的阶段表现出怀疑态度。此外,黑格尔把后起于孔、墨的老子和希腊古代哲学家最早的毕达哥拉斯与爱里亚学派相提并论,以为老子思想又是东方的儿童阶段,缺乏“主观的自由”,这似乎是在《老子》章句中摘取了赞扬儿童意识的文句,例如:

“载营魄抱一,能无离乎?专气致柔,能婴儿乎?”(十章)

"我独泊兮其未兆,如婴儿之未孩。"(二十章)

"知其雄,守其雌,为天下谿;为天下谿,常德不离,复归于婴儿。"(二十八章)

"物壮则老,是谓不道,不道早已。"(五十五章)

"含德之厚,比于赤子。……未知牝牡之合而朘作,精之至也。终日号而不嗄,和之至也。"(同上)

"坚强者死之徒,柔弱者生之徒。"(七十六章)

这样看来,黑格尔关于东方古代哲学的理论,以老子为代表,固然有一套比附栽植的方法,然而,在他的充满着形式性的思维中,也发现了真理的闪光,即中国古代哲学中的老子企图调和实体性自由与主观自由,结果是一种幼稚性的内心消解,走入"非历史的历史"。

第九章

庄子的主观唯心主义

第一节 庄子言行里的身世消息

庄子的思想,从其影响于中国士大夫的历史看来,实在不是“异端”,而是“正统”。上自秦、汉、魏、晋的黄、老与玄学,中至宋、元、明的理学,下至近代的唯心主义都有其血液贯注着。正如宋人叶适所说:

“自周之书出,世之悦而好之者有四焉:好文者资其辞,求道者意其妙,汩俗者遣其累,奸邪者济其欲。”(《水心文集》)

这个战国时代的一家之言,“似之而非”地降服了不少学者,这一个“辩者之囿”,“饰人之心,易人之意”,更以“能胜人之口”,服人之心。庄子后学所著的《天下篇》说:

“寂漠无形,变化无常,死与生与?天地并与?神明往与?芒乎何之?忽乎何适?万物毕罗,莫足以归。古之道术有在于是者,庄周闻其风而悦之。以谬悠之说,荒唐之言,无端崖之辞,时恣纵而不傥,不以觭见之也。以天下为沉浊,不可与庄语,以卮言为曼衍,以重言为真,以寓言为广,独与天地精神往来,而不敖倪于万物。不谴是非，以与世俗处。其书虽环玮，而连犿无伤也，其辞虽参差，而諔诡可观，彼其充实不可以已，上与造物者游，而下与外死生无始终者为友。其于本也，弘大而辟，深闳而肆。其于宗也，可谓调适而上遂矣。虽然，其应于化而解于物也，其理不竭，其来不蜕，芒乎昧乎，未之尽者。”

这就是以诡辩方法道出了无穷天理的唯心主义哲学。我们将要逐步来分解他的环玮理论，随着他的诡辩方法，跟着他应帝应王，游内游外，寓古非今，内天外人，说明他的思想本质。

庄子的身世虽不可确考，但据他当时的活动看来，可以知道大概情形。他的生卒年代，约与孟子同时，据马叙伦的《庄子年表》，他的活动年代起于周烈王七年，迄于赧王二十九年。《庄子》一书，大约《内篇》可据，而《外篇》、《杂篇》多为其门人或后学所著。

他的身世，据《史记》说，是蒙人。刘向《别录》中说“宋之蒙人”，蒙当为原来宋国的地方。庄子做过蒙之漆园吏，后来这地方被楚国所吞并。

他似乎是一个感受亡国命运的没落小贵族。他和楚国关系最深，史载他和楚威王、楚襄王都有往来，他往来于赵、魏诸侯之间，惟“王公大臣不能器之”（《史记》）。他又是一个贫穷的人，如《山木篇》所记“庄子曰：贫也，非惫也”，《外物篇》所记“庄周家贫，故往贷粟于（魏）监河侯”。他自比于惊觉末世的殷族比干，“此比干之见剖心征也夫！”（《山木》）

他在战国的贫富变化的时代，惊怖于现实的残酷斗争，在精神上寻求安慰，在现实的社会关系上害怕“人灭天”。他以为，在这个时代，“善人少而不善人多，”多数人是“决性命之情而饕富贵”的不仁之人。他又以为从尧、舜以至当时，是由乱世而至“人食人”的社会，因此，社会与人类都成了他的怀疑对象。他对于现实，常没有办法地叹息“悲也夫”。《山木篇》载他和魏王问答的故事，就可以看出他如何承认“惫”（潦倒）于社会。魏王看他穿得太不成样子，问他：“你为何这样的惫呢?"他说:"我不过贫罢了,并没有惫,惫与贫是有分别的。士不能实行他的理想是惫,衣履弊穿是贫。"他设了一套寓言之后,说:

> "今处昏上乱相之间,而欲无惫,奚可得耶?此比干之见剖心征也夫!"(《山木》)

在他的什么年龄宋国亡国,不可确考。但他"有亡国之事"的暗示,见于《至乐篇》。他礼赞"亡"者,而自己解决了"亡"的矛盾,统一于自然:

> "庄子之楚,见空髑髅,髐然有形,撽以马捶,因而问之曰:夫子贪生失理,而为此乎?将子有亡国之事,斧钺之诛,而为此乎?将子有不善之行,愧遗父母妻子之丑,而为此乎?将子有冻馁之患,而为此乎?将子之春秋,故及此乎?于是语卒,援髑髅,枕而卧。夜半,髑髅见梦,曰:'子之谈者似辩士,视子所言,皆生人之累也,死则无此矣。子欲闻死之说乎?'庄子曰:'然'。髑髅曰:'死,无君于上,无臣于下,亦无四时之事,从然以天地为春秋,虽南面王,乐不能过也。'庄子不信,曰:'吾使司命复生子形,为子骨肉肌肤,反子父母闾里知识,子欲之乎?'髑髅深矉蹙頞曰:'吾安能弃南面王乐,而复为人间之劳乎?'"

由这个半真半假的寓言看来,一则暗示"有亡国之事",二则憧憬"无君于上,无臣于下"之景象,三则回念"父母闾里"的宗族,这正是亡国大夫剖心的话。死亡虽不是他的主张,但他是以死亡与生存等一齐观的。内心上的齐生死、齐存亡,调和了外界存亡生死的矛盾。所以,他的妻死了,他笑而歌,因为他在心理上归顺了自然。同样,他的国亡了,他也可以笑而歌,因为他在心理上归顺了自然。在庄子的思想中有一个秘密,即没有国家的社会和有国家的社会是一样的,国家社会人群至少在心理上是灭亡了的。他的寓言中所例比的事物,总是拿人和木石鱼鸟等量齐观,这个假言的大前提是他的一切辩说的依据。他并不就主张毁灭,而是把现存的人间社会关系同一于现存的无知觉的大块自然,自存自毁,故不合理的是最合理的。因此,在言论知识方面,最不合理的逻辑,也就是最合理的逻辑了。

他似受过国家的羁累,在《史记》中有这样的一段故事:

"楚威王闻庄周贤,使使厚币迎之,许以为相。庄周笑谓楚使者曰:'千金,重利;卿相,尊位也。子独不见郊祭之牺牛乎?养食之数岁,衣以文绣,以入太庙,当是之时,虽欲为孤豚,岂可得乎?子亟去,无污我!我宁游戏污渎之中自快,无为有国者所羁。终身不仕,以快吾志焉!'"

他似乎痛苦于"为有国者所羁",但他没有走入悲剧的路径,反之他在主观上却企图设计喜剧,他表现出超人随俗的内心调和,甚至表现出至人与爬虫、木、石相齐的天人合一思想。他既不愿意在庙堂之上贵显自己,也不愿意对社会的腐朽一面作斗争,故《秋水篇》记载着他宁愿像一个乌龟曳尾于涂中,这可与《史记》言欲为孤豚游戏于污渎之中相证:

"'吾闻楚有神龟,死已三千岁矣,王巾笥而藏之庙堂之上,此龟者宁其死为留骨而贵乎?宁其生而曳尾于涂中乎?'……庄子曰:'往矣!吾将曳尾于涂中!'"

庄子处于"昏上乱相之间","惫"于国家社会的光明前途,他并非真正如他的先族比干的见剖心征,而是以自己的人格化为鸟兽鱼龟,还原于内心的统一。时势虽使他潦倒而无所措其手足,但是他又可以在"时势适然"的心内消解上,取得问题的答案。例如《秋水篇》所记载:

"帝王殊禅,三代殊继。差其时,逆其俗者,谓之篡夫;当其时,顺其俗者,谓之义徒。默默乎河伯,汝恶知贵贱之门,小大之家?……以道观之,何贵何贱?是谓反衍,无拘而志,与道大蹇;何少何多?是谓谢施,无一而行,与道参差。严乎若国之有君,其无私德,繇繇乎若祭之有社,其无私福,泛泛乎其若四方之无穷,其无所畛域。"

当时,兼并灭国的形势实在给人以极大的刺激。一方面被灭者"男为人臣,女为人妾",降在奴隶;他方面只要是智能之士,又可在"士无定主”的裂口之下逃出灭亡的悲惨结果。庄子游于楚、魏之间，固然潦倒得可怜，但他曾被王公大人尊礼，他于是在内心上找到了生死、存亡、贵贱、大小的适时顺俗之道，他说：

“世之爵禄不足以为劝，戮耻不足以为辱。”（同上）

在没有国族没有社稷的环境之下，犹之乎鱼类没有泉水而处于陆地，故《胠箧篇》说，“鱼不可脱于渊，国之利器不可以示人，”但庄子自比于这样的悲局的鱼儿时，则说：

“泉涸，鱼相与处于陆，相呴以湿，相濡以沫，不若相忘于江湖。”（《天运》）

这是何等的内心虚无的解答！他认为当时天下之人都是迷惑的。他说：“而今也以天下惑，予虽有祈向，不可得也，不亦悲乎！”（《天地》）在他看来，不管什么人，除他以外，都是一样的大惑小惑的人，所谓“今世之仁人，蒿目而忧世之患；不仁之人，决性命之情而饕贵富”（《骈拇》）。他把殉仁义的君子与殉货财之小人，认为“其殉一也”。他自己在“不亦悲乎”的悲局中，既不要求人为的改造，在亡国命运到来之时，也只求远祸而已。他说：

“忠谏不听，蹲循勿争。故夫子胥争之以残其形。”（《至乐》）

他的自处远祸之道，又是这样：

“至人之用心若镜，不将不迎，应而不藏，故能胜物而不伤。”（《应帝王》）

“适来、夫子时也，适去、夫子顺也，安时而处顺，哀乐不能入也。”（《养生主》）

他把救时的人们，都喻为不知全生远害的人，这样的人“命之曰‘菑人’，菑人者人必反菑之，若殆为人菑夫”（《人间世》）。因此，在一个大悲局中，无可奈何，“与之为无方则危吾国，与之为有方则危吾身，”（同上）“来世不可待，往世不可追也，……方今之时，仅免刑焉。福轻乎羽，莫之知载，祸重乎地，莫之知避。已乎已乎，临人以德，殆乎殆乎，画地而趋，迷阳迷阳，无伤吾行，吾行却曲，无伤吾足。”（同上）这样地成为“无用之用”。

他在“来世不可待,往世不可追”的矛盾中,必然作出听命于自然的结论。例如:

“知其不可奈何而安之若命,德之至也。”(《人间世》)

“天地岂私贫我哉?求其为之者而不得也,然而至此极者,命也夫!”(《大宗师》)

“死生、存亡、穷达、贫富、贤与不肖、毁誉、饥渴、寒暑,是事之变、命之行也。”(《德充符》)

庄子是一个在大悲局中的“无可奈何”的人,于是一切以自然的命来解脱,把“成也,毁也”,看作成毁皆相对,同时又是“无不成也,无不毁也”,故他在精神上,主张齐生死、齐存亡。

他虽然有乌托邦的理想,“上与造物者游,而下与外死生无终始者为友”,一切还原于自然,而破坏传统的信仰,但他并不坚持实现这种理想,并不否定现状,而反求其“安时而顺处”。不管现状是什么,都是对的(或也可以说没有对与不对的),人们对之“不谴是非,以与世俗处”,就可以乐生远祸。故他对于当时统治阶级的绝续或国家的存亡,在内心上都认为是相对的,绝则绝也好,续则续也好,存则存也好,亡则亡也好,例如他说:

“今之所谓得志者,轩冕之谓也。轩冕在身,非性命也,物之傥来,寄者也。寄之,其来不可圉,其去不可止。”(《缮性》)

如果有人要求免俗变时,他就斥之为“倒置之民”。从这一论点出发,他肯定了一切现状,现在有的都可以存在,不必加以改善,他说:

“故法言曰:无迁令,无劝成。过度、益也,迁令劝成,殆事。美成在久,恶成不及改,可不慎与?”(《人间世》)

因此,他虽然痛恨“窃国者侯”的强暴行为,但又以为国家制度和阶级的存在是合理的,不过在理想上是“闻在宥天下,不闻治天下也。在之也者,恐天下之淫其性也,宥之也者,恐天下之迁其德也”(《在宥》)。他把国家成立以来的阶级尊卑制度比做自然,好像“五官殊

职”,好像“四时殊气”,决不能更改。他说:

“末学者,古人有之,而非所以先也。君先而臣从,父先而子从,兄先而弟从,长先而少从,男先而女从,夫先而妇从。夫尊卑先后,天地之行也,故圣人取象焉。天尊地卑,神明之位也;春夏先秋冬后,四时之序也;万物化作,萌区有状,盛衰之杀,变化之流也。夫天地至神而有尊卑先后之序,而况人道乎?宗庙尚亲,朝庭尚尊,乡党尚齿,行事尚贤,大道之序也。”(《天道》)

这段讲阶级存在的绝对理由的话在《外篇》,但从庄子的从俗之论看来,在思想上尚为符合,《内篇》的《人间世》也说:

“天下有大戒二,其一命也,其一义也。子之爱亲,命也,不可解于心;臣之事君,义也,无适而非君也。无所逃于天地之间,是之谓大戒。……为人臣子者,固有所不得已。”(《人间世》)

他以“不可奈何”与“固有所不得已”的理由,承认了君臣之义,同样地,以不得已的理由,承认了君道,如《在宥》篇说“君子不得已而临莅天下”。这虽然不是“神农、黄帝之法则”,但亦非“尧黥汝以仁义,而劓汝以是非”之义,只是在“不得已”的理由之下,承认现状。由这里的“俗”义,又可以推出:社会阶级的存在都是“天生万民,必授之职”的自然,“恶成不及改”,改则就要逆俗了。

他和世俗处,不问世俗的是非善恶,都主张“安时而处顺”,就是说,凡存在的皆是合理的。合理的自然流行,让它自己去流行,人类只可“入其俗,从其俗”。人的创造活动,他喻之为“落(络)马首,穿牛鼻”,好像就不自然了,主张“无以人灭天,无以故灭命,无以得殉名”(《秋水》)。所谓“无以人灭天”,指不以人力修改自然,一如“鹄不日浴而白,乌不日黔而黑”,一如所谓“牛马四足”。人在大自然之中,生活方法要顺自然的原来样子,“任其性命之情”,不要做“有为而累”的人道,“长于水,安于水”。所以,你原来是奴隶主,你好好地做奴隶主;你如果是奴隶,也就好好地去做奴隶,不必改变二者间的关系,使白者变黑,黑者变白。例如《徐无鬼篇》就说农商庶人百工之职,要“顺比于岁不物于易”。所谓“无以故灭命”的“故”,即所谓“吾生于陵而安于陵,故也”之“故”,故然而然,不必追求其改变,贵者不必傲贱,贱者亦不必反贵。一切存在都可照样存在,灭国是多事,复国也是多事,都反乎自然了。庄子在这里,是不是在心理上救亡了呢?

第二节　庄子的先王观和自然史寓言

庄子思想源本于老子或关尹,而更把老子唯心主义的因素推之极端。老、庄一派,其思想脉络可寻,未可以《天下篇》中分别记述,即以为老自老而庄自庄。《史记》说:“其学(庄)无所不窥,然其要本归于老子之言。”如果说老子的“道”从发展到反发展,从相对到绝对,这理论到了庄子手里,便发展而为“似之而非”的相对主义。

首先,我们从庄子的寓言里,看他的先王观。老子是“先王”观念的解放者,他的解放思想和其形而上学的学说是相联系的,从一面的解放,复陷于另一面的局限。所谓“蔽于天而不知人”,实是老、庄一派的同归处。老子不称先王,是对于孔、墨的批判,这一观念,在当时是创见。到了庄子,敢与“造物者游”,对于先王大开玩笑,寓言小说,尽其能事,把孔、墨的尧、舜是非之论,变而为陶铸尧、舜的理论。在这一点,庄子“非先王”的思想有进步的因素。

孔、墨的先王思想皆以先王为真先王,这种对于旧时代批判的创始形式,好像穿着旧时代的衣冠,来说新时代的语言。孔、墨学派在后期犹本此余绪,且在自己派系中又有所谓真孔、墨之争,如《韩非子》中所说的那样。庄子在《知北游》等篇中设置了很多先王的问答、孔子与他人的问答,都是针对中国古代的先王传统——贵贱有别的观念出发的。

我们先看庄子对于“先王”的总的认识。

“河伯曰:‘若物之外,若物之内,恶至而倪贵贱?恶至而倪小大?’北海若曰:‘以道观之,物无贵贱。以物观之,自贵而相贱。以俗观之,贵贱不在己。以差观之,因其所大而大之,则万物莫不大;因其所小而小之,则万物莫不小。知天地之为稊米也,知毫末之为丘山也,则差数睹矣。以功观之,因其所有而有之,则万物莫不有;因其所无而无之,则万物莫不无。知东西之相反而不可以相无,则功分定矣。以趣观之,因其所然而然之,则万物莫不然;因其所非而非之,则万物莫不非。知尧、桀之自然而相非,则趣操睹矣。……帝王殊禅,三代殊继。差其时,逆其俗者,谓之篡夫;当其时,顺其俗者,谓之义徒。默默乎河伯! 汝恶知贵贱之门、小大之家!'"(《秋水》)

这段河伯与北海若问答的寓言,是庄子戏谑先王的理论,也是他的社会认识的根据。这里,把老子"贵以贱为本"、"高以下为本"、"有以无为本"的理论,发展而为绝对的相对论或绝对无差别性的齐物论,否定了老子的有正反而无矛盾的对立观念。其次,批判了孔、墨以来的先王观念,把先王和暴王同一化起来,尧和桀不过因各人志趣之不同,强为是非。若移其时间和习俗,尧便为桀,桀便为尧。这一点是庄子运用相对主义的方法论所得出的颇有价值的结论,讽刺了贵贱出于先王创造的理论。但他对于社会"贵贱之门",仅在他的观念世界中加以否定。因而庄子思想,在社会的实践意义上讲,也就取消了阶级斗争。

老子只说到圣人的理想,庄子便进一步在孔、墨的先王之上,搜求出他自己的混沌初开的人物。孔、墨称尧、舜,他则上托始于神农、黄帝。

庄子寓言中有一个材不材的比喻,山木以不材得终天年,而雁则以不材被烹,弟子问他所处,他笑说:"周将处乎材与不材之间。材与不材之间,似之而非也,故未免乎累。若夫乘道德而浮游(游!),则不然。无誉无訾,一龙一蛇,与时俱化,而无肯专为。一上一下,以和为量。浮游(又一个游!)乎万物之祖,物物而不物于物,则胡可得而累耶? 此神农、黄帝之法则也。若夫万物之情,人伦之传,则不然。合则离,成则毁,……有为则亏,贤则谋,不肖则欺。胡可得而必乎哉,悲夫! 弟子志之,其唯道德之乡乎!"(《山木》)

这是庄子“似之而非”的理论,反对事物有命题与有规定的“俱化”论,他踢开尧、舜,托出了神农、黄帝乘道德而浮游的“法则”。

在西周,《诗经》除了禹与后稷以外,主要只讲受天命的文王,西周金文也仅溯及文王,禹、汤在春秋器铭中才出现。到了春秋末年,先王系列中始托出了尧、舜,孔、墨依之理想化了先王的形式,这是一个思维过程的发展。到了战国中叶,复因否定先王的形式,又托出了神农、黄帝,庄子便是把尧、舜降格,使神农、黄帝升仙的一个想象者。按客观的历史而论,这是“非历史的历史”,然而以主观的虚拟而言,这正是合乎中国古代宗教思想的批判发展史。

庄子在《知北游》篇中假托了孔子与老聃的问答,老聃教训了一套“益之而不加益,损之而不加损,圣人之所保”的道德以后,接着说:“自本观之,生者‘喑醷物’(气)也,虽有寿夭,相去几何?须臾之说也,奚足以为尧、桀之是非!”

同篇又有批评舜的寓言:

> “舜问乎丞曰:‘道可得而有乎?’曰:‘汝身非汝有也,汝何得有夫道?’舜曰:‘吾身非吾有也,孰有之哉?’曰:‘是天地之委形也。生非汝有,是天地之委和也;性命非汝有,是天地之委顺也。孙子非汝有,是天地之委蜕也。……天地之彊阳,气也,又胡可得而有耶?”

这样看来,尧、桀的是非是假的,舜则知于有而不知无,于是黄帝成为圣人。

“知”这个被庄子隐射的孔、墨之流的人物,问“道”于“无为谓”这个圣者,三问不答;又问一个叫做“狂屈”的圣者,欲答而又忘其所欲言。“知”便到“帝宫”一个莫须有的所在问黄帝。黄帝告诉他:“无思无虑始知道,无处无服始安道,无从无道始得道。”“知”又问黄帝那两个圣者谁对,黄帝说,那个“无为谓”“真是”,那个“狂屈”则近似,我和你都不近似。“知”又问为何这样讲?黄帝说:“那个真是的,因他不知;那个近似的,因他忘是;我和你不近似,因为知是。”“狂屈”闻之,以

黄帝为知言。(《知北游》)

这就是说黄帝的道在于"不言之教"。

庄子的这个"非先王之道"(孟子语),并非专门和先王游戏,而是思维史的一个反对发展,他所谓"陶铸尧、舜"(《逍遥游》)的道理,正是针对了儒、墨而发的,这是中国古代适应于西周维新史而特有的学说批判史。庄子说:

"豨韦氏之囿,黄帝之圃,有虞氏之宫,汤、武之室,君子之人,若儒、墨者师,故以是非相韲(挤)也,而况今之人乎?"(《知北游》)

孔、墨称尧、舜,在庄子看来是"以今之有,消古之无",他便更托于古"帝",否定了西周以来原始的宗教神,批判了孔、墨的理论的宗教神,进而理想出思辨形式的心理神来,所以尧、舜以前的很多人物都出现了,一直上推到混沌。如果说老子的"小国寡民"的乌托邦略当野蛮时期,则庄子的乌托邦只怕比"北京人"还来得更古些。他有一段含有反语的寓言:

"南海之帝为'倏',北海之帝为'忽',中央之帝为'浑沌'。'倏'与'忽'时相与遇于'浑沌'(混沌)之地。'浑沌'待之甚善。'倏'与'忽'谋报'浑沌'之德,曰:'人皆有七窍,以视听食息,此独无有,尝试凿之。'日凿一窍,七日而'混沌'死!"(《应帝王》)

由此看来,庄子的乌托邦已经超过了人类史,甚至超过了生物史。所以,庄子常与木石友,拿木石鱼鸟的寓言对话,来比况人类的至高无上的境地。他和惠施辩论,说人没有感情;和东郭子谈话,说"道在屎溺"。他把老子的无差别观,更推到极端,人类与万物都无差别了。他说:

"吾守形而忘身,观于浊水而迷于清渊。……入其俗,从其俗。今吾游于雕陵而忘吾身;异鹊感吾颡,游于栗林而忘真;栗林虞人,以吾为戮(辱),吾所以不庭也。"(《山木》)

"逃于大泽,衣裘褐,食杼栗,入兽不乱群,入鸟不乱行。鸟兽

不恶，而况人乎？”（《山木》，托孔子语）

和鸟兽同其群，同其行，这是他的极乐世界。因此，他说：

“至德之世，同与禽兽居，族与万物并，恶乎知君子小人哉？”（《马蹄》）

老子思想中的对立概念，如用与利、卑与尊、生与有、为与恃、功与居、曲与直等，虽无拮抗性，但有对立性，且他主张一面而否定他面，如“生而不有”、“曲则直”。然而，到了庄子，则连形式的对立也否定了，连人类的“生”、“为”、“功”也否定了，而主张“天籁”：

“南郭子綦隐几而坐，仰天而嘘，嗒焉似丧其耦。颜成子游立侍乎前，曰：‘何居乎？形固可使如槁木，而心固可使如死灰乎？……’子綦曰：‘偃，不亦善乎而（尔）问之也！今者吾丧我，汝知之乎？女（汝）闻人籁而未闻地籁，女闻地籁而未闻天籁夫！’子游曰：‘敢问其方。’子綦曰：‘夫大块噫气，其名为风，是唯无作，作则万窍怒号，而独不闻之翏翏（长风声）乎，山林之畏佳（崔嵬貌），大木百围之窍穴，似鼻、似口、似耳、似枅（柱木方木）、似圈、似臼、似洼者、似污者、激者、謞者、叱者、吸者、叫者、譹者、宎者、咬者，前者唱于，而随者唱喁。泠风则小和，飘风则大和；厉风济，则众窍为虚。而独不见之调调之刁刁（动摇貌）乎？’子游曰：‘地籁则众窍是已，人籁则比竹是已，敢问天籁。’子綦曰：‘夫吹万不同，而使其自已也，咸其自取；怒者（主动）其谁邪？’”（《齐物论》）

这是庄子“自生自灭”的天籁观，比老子的形而上的天道观退了一万步，变成了无形虚空的音乐声调了。所以说：

“喜怒、哀乐、虑叹、变慹、姚佚、启态，乐出虚，蒸成菌。日夜相代乎前，而莫知其所萌（始）。已乎已乎，旦暮得此，其所由以生乎！”（同上）

《齐物论》讲知识论的时候，很多反对儒、墨的话。所谓“仁义之端，是非之涂，樊然殽乱，吾恶能知其辩”。庄子的知识论服从于他的天道观。他把天道变成了音乐声调，和他把先王提升到混沌是一样的

推论。先王变成“寓诸庸”的“至人”,天道变成“是不是然不然”的“天均”,自然的实体便没有一点剩余了。例如:

“古之人,其知有所至矣。恶乎至?有以为未始有物者,至矣,尽矣,不可以加矣。其次,以为有物矣,而未始有封也。其次,以为有封焉,而未始有是非也。是非之彰也,道之所以亏也。”(《齐物论》。“封”字即分裂的意思)

这是没有物的至乐世界。黄帝是孔子所不知道的,所以孔子和墨子好像才在“仁义之端,是非之涂”上争论起来。庄子说:

“皇(黄)帝之所听荧也(“荧”谓明,意思是说明不由于认识而由于听其声。墨子有瞽者辩仁义之说,庄子以为知识在于不辩而听音),而丘(孔子)也何足以知之?……予尝为女(汝)妄言之,女以妄听之。奚?旁日月,挟宇宙,为其吻合,置其滑涽,以隶相尊;众人役役,圣人愚芚,参万岁而一成纯;万物尽然,而以是相蕴。”(同上)

自然史的天道是没有时间概念、没有空间概念的一个相蕴积的吻合混沌。这天道是绝对不可认识的。庄子的天道就是这样外于人道的一种景象:

“天地固有常矣,日月固有明矣,星辰固有列矣,禽兽固有群矣,树木固有立矣。夫子(孔子)亦放德而行,循道而趋,已至矣,又何偈偈乎揭仁义,若击鼓而求亡子焉?意、夫子乱人之性也!”(《天道》。这里的天道,有禽兽与树木,而没有人)

庄子的天道观是一种游戏论,是和上帝玩耍的逍遥论,因此,他说:“与天和者,谓之天乐。”

第三节　庄子的自然哲学及其道德论

庄子的宇宙观或其自然天道观,在《外篇》的《天地篇》与《天道篇》多拾取老子的道德观,在《内篇》的《大宗师》、《齐物论》和《外篇》

的《秋水》、《山木》、《知北游》等篇则是庄子自己的理论。

庄子离开了老子的“道”和“德”的学说，完全陷入了主观唯心主义。例如：

“夫道，有情有信，无为无形，可传而不可受，可得而不可见。自本自根，未有天地，自古以固存，神鬼神帝，生天生地。在太极之先而不为高，在六极之下而不为深。先天地生而不为久，长于上古而不为老。……莫知其始，莫知其终。……”（《大宗师》）

“万物一齐，孰短孰长？道无终始；物有死生，不恃其成。”（《秋水》）

这是说，“道”是一个超时间的绝对，是不能为人们所认识的。他又说：

“夫道未始有封，言未始有常。……孰知不言之辩，不道之道？若有能知，此之谓天府。”（《齐物论》）

“有封也，而未始有是非也。是非之彰也，道之所以亏也。”（同上）

“东郭子问于庄子曰：‘所谓道，恶乎在？’庄子曰：‘无所不在。’东郭子曰：‘期而后可。’庄子曰：‘在蝼蚁！’曰：‘何其下耶？’曰：‘在稊稗！’曰：‘何其愈下耶？’曰：‘在瓦甓！’曰：‘何其愈甚耶？’曰：‘在屎溺！！’……庄子曰：‘夫子之问也，固不足质。……汝唯莫必，无乎逃物。至道若是，大言亦然。周、遍、咸三者，异名同实，其指一也。……物物者（道）与物无际，而物有际者，所谓物际者也。不际之际，际之不际者也。谓盈虚衰杀：彼（道）为盈虚非盈虚，彼为衰杀非衰杀，彼为本末非本末，彼为积散非积散也。’”（《知北游》）

这是说“道”是超空间的绝对，它超乎物际，在一切物质之上而又似乎在到处显其幽灵。这种“道”是人们不能言说的泛神。这种超感觉的泛神是怎样的“冥冥”呢？他说：

“又况夫体道者乎？视之无形，听之无声，于人之论者谓之冥

冥,——所以论道而非道也。"(《知北游》)

"道不可闻,闻而非也;道不可见,见而非也;道不可言,言而非也。知形形(神)之不形乎,道不当名。"(同上)

这"不道之道"(《齐物论》),虽然活在屎溺里,但超出了人类的感觉!同时"道"不但没有实体,而且也是没有规定的超乎变化的一种"几":"凡物无成与毁,复通为一;唯达者知通为一,为是不用而寓诸庸。……适得而几矣,因是已。已而不知其然,谓之道。"(同上)

庄子所说的"天",又指"使其自已,咸其自取"的天籁或"和其是非"的天钧。这个"天"是绝对的一,而和"多"对立:"道不欲杂,杂则多,多则扰,扰则忧,忧而(乃)不救。"(《人间世》)天是真实,物是假象,天存本根,人失本性,故他说:

"阴阳四时,运行各得其序,惛然若亡而存,油然不形而神,万物畜而不知。此之谓本根,可以观于天矣。"(《知北游》)

"天之小人,人之君子;人之君子,天之小人也。"(《大宗师》)

"'天在内,人在外,德在乎天。知天人之行,本乎天,位乎得,蹢躅而屈伸,反要而语极。'曰:'何谓天?何谓人?'北海若曰:'牛马四足,是谓天;落(络)马首,穿牛鼻,是谓人。故曰:无以人灭天,无以故灭命。'"(《秋水》)

凡自然而然,不加人力变易的是"天"或"神",而有所认识、发展与创设的是"人",因此,神既不能为人所把握,又不能为人所变革,而放弃对自然的认识就是所谓"人与天一也"。

上面指出庄子的天道观是宇宙的游戏观,因而在他的人生观或道德论方面则为"逍遥游",齐死生,忘物我,"天地与我并存,万物与我为一",把人生作为一场游戏的梦境来看待。庄周梦胡蝶,或胡蝶梦庄周,"此谓物化"。

他说:"安时而处顺,哀乐不能入也,是古之所谓县解也。"(《大宗师》)我们知道这是神秘性的宇宙观引出的消极的人生观的必然逻辑。在古代中国的历史中,天道思想有其曲折的发展过程,即由先王维新到先王理想,由先王理想再到先王否定,由先王否定复追寻到前先王的“乘道德而浮游”之黄帝,再找到混沌。这天道思想史的特点是:人类思想的解放,同时又是人类思想的“冥冥”。我们知道“自由是必然的把握”,庄子的思想却与此相反,他认为必然是不能把握的,不但如此,人们只有放弃对自然的把握,才得到所谓道德的全自由。然而这在本质上却是自由的否定。庄子的学说好像在假象上获得绝对自由,但在实质上却否定了一点一滴的“物自身”之把握,否定了全自由。因此,说庄周的哲学为进化论也好,为绝对自由的学说也好,都是皮相的看法。

“天之小人,人之君子;人之君子,天之小人。”这是西周思想的反对命题,也是先王思想的解放。西周以来君子与小人是以“氏所以别贵贱”的,在天上已经规定好了的。庄子天人对立的观念虽然在其思想形式上解放了,但同时又把地下的君子与小人和天上的君子与小人对立起来,更把人道还原于天道,否定了人类性,这就把解放本身也否定了。西周以来的“天人合一”论是氏族曾孙或嘉乐君子和天命的统一。庄子破除了这一“陶铸尧、舜”的统一,而复把人类从地下送到天上,那便连人类的现实性也否定了。孔、墨对于先王或予保留,或附条件,把先王观念拉到地下,这是学说史上的进步。庄子在思维形式上解放了“先王”,固然是学说史上发展的要素,然而在人类现实生活上解放了“解放”本身,则是反动的。说庄子思想是革命的,实在是蔽于形式而不知内容的说法,正同于庄子哲学之所谓“蔽于天而不知人”。

如果纯粹以形式的知识来看庄子,我们说他是一个在逻辑上惯于运用排中律的能手。如果随着他的唯心主义走到人生哲学方面,则我们必须指出,他的思想形式又是咒骂人类的一个恶作剧。他违反人类的现实生活,寻求独自的“养生”“至乐”,抹杀人类的实践,探得“与木石居”“同与禽兽居”的至人境地。他在道德论上有两个结论,一个是理想的,即脱离人生痛苦的弃世,叫做“免于形”,“反相天”,遵循“神农、黄帝之法则”。他说:

"古之真人,不知说生,不知恶死,其出不訢,其入不距,翛然而往,翛然而来而已矣。不忘其所始,不求其所终,受而喜之,忘而复之,是之谓不以心损道,不以人助天,是之谓真人。"(《大宗师》)

另外还有一个结论,是现实的,即不得已而听命于现实的播弄,"不谴是非,以与世俗处。"在他看来,最不合理的约束是合理的行为,人们绝不可改变这样的约束。他说:

"适来、夫子时也,适去、夫子顺也,安时而处顺,哀乐不能入也。"(《养生主》)

因此,人类越离开现实世界就越显出无用,而越无用又越合于天道。庄子说:

"今子(指惠施)有大树,患其无用,何不树之于无何有之乡,广莫之野,彷徨乎无为其侧,逍遥乎寝卧其下,不夭斤斧,物无害者,无所可用,安所困苦哉?"(《逍遥游》)

"为善无近名,为恶无近刑,缘督(循中)以为经,可以保身,可以全身,可以养亲,可以尽年。"(《养生主》)

这两个结论实在是不能统一的,一个是弃世的脱俗,一个是处世的顺俗。结果,脱俗是不可能的,而顺俗则是现实的;理想是玄虚的,而处世的宿命观便成了他的道德律的基本理论。

为什么有这个矛盾呢?因为他把自然与自然的关系和人类与自然的关系视同一律,然他的主观理论上形式的统一,与事实上的不统一,是不能相容的。在这里,他很巧妙地以宿命论解决了这一裂痕,所谓"知其不可奈何而安之若命",从逻辑上讲来,就是遁词。自然的"天"与社会的"俗"混而同之,于是四时之序和贵贱贫富之序相等,一切高下长短的自然和一切不平等的阶级,都是合理的,人类只要顺俗而生,就是"天"了。然而"与造物者游"的空想,事实上是没有的,而"与世俗处"的实际,却又并非理想的。故最主观的理想到了最后便成了最没有理想的主观了。庄子诡辩的道德论的秘密就在这里。应该指出,这一有毒素的思想影响了不少过去中国的唯心主义者。

第四节　庄子的存在与思维关系论

如上所述,我们知道,庄子的“天”、“道”是绝对的神,而一切万物都是幻变的形影。这里再从认识论来看他对于物质世界的存在的理论。

不要由于他有物质的名词便以为他有唯物的观点。尽管他推论的圈子绕了多远,有很多逻辑的遁词,但他毕竟怀疑了存在,怀疑了物质,否定了运动的真实性。他说:

“道行之而成,物谓之而然。恶乎然?然于然。恶乎不然?不然于不然。”(《齐物论》)

“道无终始,物有死生。”(《秋水》)

这是说,物质是幻变的,它的存在只是人们观念里的然不然的名词。

“有以为未始有物者,至矣尽矣,不可以加矣。其次以为有物矣,而未始有封也。其次以为有封焉,而未始有是非也。是非之彰也,道之所以亏也。……物与我无成也。……为是不用而寓诸庸,此之谓以明。”(《齐物论》)

“有先天地生者,物耶?物物者(道)非物,物出不得先物也;犹其有物也,犹其有物也无已。”(《知北游》)

这是说宇宙根元没有物质,推至先天地而生的最后原因,并非物质。一旦我们说物质是怎样的话,那就不合于道了。因此物质是假的,认识也是假的。

物与我既然两皆无成,所以“以道观之,物无贵贱”。万物之所以有“大小”,是因为人类观念“以差观之”,万物之所以有“有无”,是因为人类观念“以功观之”,万物之所以有“然非”,是因为人类观念“以趣观之”。因此,存在的是观念里的假象。

因为他怀疑物质,所以把万物的暂时存在,当做了没有真实性的一

个形影,万物只有从这个形影到那个形影的转变罢了。他说:

> "特犯人之形而犹喜之,若人之形者,万化而未始有极也,其为乐可胜计耶?"(《大宗师》)

万物的存在只是形影或假象,例如他用罔两(影外之微阴,即"半影")与景(影)的问答来比喻万物的幻灭暂存。

> "罔两问景曰:'曩子行,今子止,曩子坐,今子起,何其无特操与?'景曰:'吾有待而然者邪?吾所待,又有待而然者邪?吾待蛇蚹蜩翼邪?恶识所以然,恶识所以不然?'"(《齐物论》)

由此看来,人类的认识是不能把握存在的,人类最好是"寓诸庸"、"寓诸无竟"。无竟即无境之谓,寓诸无竟,即是说寓诸不存在。什么叫做"庸"?他说:"庸也者,用也;用也者,通也;通也者,得也;适得而几矣,因是已,已而不知其然,谓之道。"(同上)这是说寓在不执其寓。因此,把握存在即等于说把握所不可把握者,把握所不便把握者。为什么呢?因为存在只是形影或假象的幻变。

由此看来,物质与存在被庄子肿胀成了一个虚幻体,然则运动呢?有很多学者研究庄子,或附会以进化论,或说他有"变之哲学",这是生吞了庄子。

《庄子》一书中所言之"物"皆指"形",例如他说的人,不是说人之"实",而是说"万物以形相生"(《知北游》),"若人之形者,万化而未始有极也",他说的物,不是说物之"实",而是说"道无终始,物有死生,不恃其成,一虚一满,不位乎其形。年不可举,时不可止,消息盈虚,终则有始。是所以语大义之方,论万物之理"(《秋水》)。所以,道不位乎形,或者"油然不形而神",物则位于形,其死其生,即位于死生之形,而形又是幻变的东西。他说:

> "万物皆种('种子'之'种')也,以不同形相禅。始卒若环,莫得其伦。"(《寓言》)

从假象到假象之不同"形"相禅,即产生了他的变化观念:

> "天地虽大,其化均也。"(《天地》)

"物之生也，若骤若驰，无动而不变，无时而不移。何为乎？何不为乎？夫固将自化。"(《秋水》)

"物量无穷，时无止，分无常，终始无故。"(同上)

"化其万物而不知其禅之者，焉知其所终？焉知其所始？正而待之而已耳。"(《山木》)

他的无故相禅的变化论，是形形相代的、始卒若环的循环变易说。因此，他说："凡有貌象声色者，皆物也。物与物何以相远？夫奚足以至乎先？是色而已。"(《达生》)这和物质运动的概念是完全不相同的。《至乐篇》末一段曾被人所附会为"进化论"者，不是别的，正是庄子的想象。所谓从万物的最低级一直到"马生人"的阶段，只是一串形形色色的"无故"的相禅。至于他所谓"种"，如"种有几"，如"万物皆种"，并非指"种类"之"种"，而且指"种殖"之"种"，因为"种"之下文言始卒、言生灭。"种有几"的"几"，即《齐物论》所说的"适得而几"的"几"，"适得而几"说的是万物成毁生灭之中含有微妙的东西。故"种有几"乃指生殖有几。《至乐篇》上文说："唯无为、几存。……天无为以之清，地无为以之宁，故两无为相合，万物皆化。芒乎芴乎，而无从出乎？芴乎芒乎，而无有象乎？万物职职，皆从无为殖。"这样看来，"几"字应释作"枢机"之"机"，或"几窍"之"几"，庄子自己则用"无为"来形容，所谓"无为几存"或"从无为殖"。

变化不是我们说的运动概念里的矛盾的斗争，在庄子学说里，只是指形景相移、无时不动而已。在变化中，也没有"类概念"(进化论的基础)，他说"类与不类，相与为类"。这样，我们就知道庄子的变化论，其要点是这样：

(一)变化里的"形"为无常性，是假象，所以变化是一个空虚而无实在的"变"，或"变"的移动，或幻变。他说：

"死、生、存、亡、穷、达、贫、富、贤与不肖、毁、誉、饥、渴、寒、暑，是事之变、命之行也。日夜相代乎前，而知不能规乎其始者也。"(《德充符》)

因为物只以“形”或“色”而存,形色为无常,故变为幻变。他主张:“使之和豫通,而不失于兑,使日夜无却,而与物(形)为春。”(《德充符》)执其形就要“以人灭天”,因为“德不形者,物不能离也”(同上),即是说只有在不执形的彼岸,才能体验出物之所以然。

(二)变化从何而生呢?他说:

“察其始而本无生,非徒无生也,而本无形,非徒无形也,而本无气。杂乎芒芴之间,变而有气,气变而有形,形变而有生。今又变而之死,是相与为春秋冬夏四时行也。”(《至乐》)

“两无为相合,万物皆化。”所以芒芴(恍惚)之间才把无形变而为有形,好一个大遁词!到了有形的气,在他看来,反而都是不真实的。

(三)变化既是无常,则一切皆生灭无住。人类对之,第一要听其生灭,不求文以待形(离开理解),便是知“天倪”;第二要得“几”以超死生,便是知“道”。

“一受其成形,不亡以待尽,与物相刃相靡,其行尽如驰,而莫之能止,不亦悲乎!”(《齐物论》)

“形莫若缘,情莫若率。缘则不离,率则不劳。不离不劳,则不求文以待形,不求文以待形,固不待物。”(《山木》)

人只能缘物而不能待物,这叫做“不以人灭天”。至于闻道呢?他说:

“人又反入于机。万物皆出于机,皆入于机。”(《至乐》)

“为是不用而寓诸庸,此之谓以明。”(《齐物论》)

“注焉而不满,酌焉而不竭,而不知其所由来,此之谓葆光。”(同上)

因此,他由空虚的变,归入于绝对的不变。神人的极则是所谓“天地与我并生,而万物与我为一”。

庄子的存在论已如上述,他的知识论又如何呢?

庄子的知识论,叫做“两行”。他说:

“分也者有不分也,辩也者有不辩也。”

"辩也者有不见也。"

"今且有言于此，不知其与是类乎，其与是不类乎？类与不类，相与为类，则与彼无以异矣。"（《齐物论》）

因为万物皆不同形相禅，那么人类的认识对象都是形影，形既然是假象，于是见也就无是非了。例如尧、桀之是非，是由于时俗之异才产生的，在客观上并没有真是非。主观上说是小的反而是大的，主观上说是长久的反而是短暂的，一切都相对不可言说，无类不可辩解，他说："天下莫大于秋毫之末，而太山为小莫寿于殇子，而彭祖为夭。"（同上）

他由绝对的无差别观、无故而变移的假象观，导出了无判断、无概念的思维。所以他说：

"物无非'彼'，物无非'是'，自彼则不见，自知则知之。故曰：彼出于是，是亦因彼，彼是，方生之说也。虽然，方生方死，方死方生，方可方不可，方不可方可，因是因非，因非因是。……是亦彼也，彼亦是也；彼亦一是非，此亦一是非；果且有彼是乎哉？果且无彼是乎哉？彼是莫得其'偶'，谓之道枢。枢始得其环中，以应无穷。是亦一无穷，非亦一无穷也，故曰：莫若以明。"（《齐物论》）

彼和是，好像是正反两面，但正与反是不定形而相禅的，因而正反都在幻变中，而无对立者（偶）。凡客观的存在都是"莫须有"之类，故正反的判断在"无物不然，无物不可"的假对立之下，便没有然与不然之对立性。厉和西施，尧、舜和桀、纣的美丑善恶，都是由人随便定的，都是就一时一俗之形影而说的，不能得出绝对的是非。他便据此批判了儒、墨：

"道恶乎隐而有真伪？言恶乎隐而有是非？道恶乎往而不存，言恶乎存而不可？道隐于小成，言隐于荣华，故有儒、墨之是非；以是其所非，而非其所是。"（同上）

反动派胡适以为庄子有正反合的知识论，并拿来和黑格尔的辩证法相比，这种说法实在是唯心主义者的胡言乱语。黑格尔有丰富的发展概念、对立物统一的概念，庄子则仅作了一个形式游戏罢了。很简单的，上引这几段话，意思是说有两个辩者，甲持正面，乙持反面，是非莫定；找一个第三者丙正之，若丙同于乙而异于甲或同于甲而异于乙，不得而正；若丙对于甲乙皆不同或皆同，亦不得而正。这是诡辩，哪里是辩证法！因此，庄子最后的结论只有否定知识的一途：

“何谓和之以天倪？曰：是不是，然不然。是若果是也，则是之异乎不是也，亦无辩；然若果然也，则然之异乎不然也，亦无辩。”（《齐物论》）

他的知识论是绝对的相对主义，和他的唯心主义宇宙观是相应的。他反对人类有情感，反对人类有感觉。他说，“知也者争之器也”，感觉和物质相接，便随波逐流而不返。他说：

“精神生于道，形本生于精。”（《知北游》）

“精神四达并流，无所不极，上际于天，下蟠于地，化育万物，不可为象，其名为同帝。纯素之道，唯神是守，守而勿失，与神为一，一之精通，合于天伦。”（《刻意》）

“壹其性，养其气，合其德，以通乎物之所造。夫若是者，其天守全，其神无郤，物奚自入焉？”（《达生》）

这是不折不扣的主观唯心主义，因为精神是一个绝对的实在，而对象界（所谓“形”）则属于虚假。主观的心或精神是不能和物形相接相藏的，应该是和神帝共生存的。怎样能够这样呢？他以为心必须如明镜虚照，不染一尘，即所谓“心斋”。他说：

“‘敢问心斋？’仲尼曰：‘若一志，无听之以耳，而听之以心；无听之以心，而听之以气。听止于耳，心止于符。气也者，虚而待物者也。唯道集虚，虚者心斋也。’”（《人间世》）

“至人之用心若镜，不将不逆，应而不藏，故能胜物而不伤。”（《应帝王》）

“汝游心于淡，合气于漠，顺物自然，而无容私焉。”（同上）

“万物无足以铙心者，故静也。水静则明烛须眉，平中准，大匠取法焉。水静犹明，而况精神？圣人之心静乎，天地之鉴也，万

物之镜也。”(《天道》)

明镜止水之喻，正为后来宋、明唯心主义者所抄袭，以证所谓“理”学。这种比喻(即以静物喻动物)，虽然根本上不类，但在唯心主义者看来却是极妙的手法。如果承认了他的前提，就容易同情他的结论，这点已由清儒颜习斋批判得异常得体(参看本书第五卷第九章)。

庄子的唯心主义有一个特别名词，叫做“游心”，如“游心于淡”、“乘物以游心”。“游心”的境界是什么样子，我们不得而知，他好像以为“游心”有如鱼在水中之游。惠施问他“子非鱼，安知鱼之乐”，他则答说“子非我，安知我不知鱼之乐”，其实鱼与人相比喻实在“不类”，庄子是错的；而庄、惠二人相比喻则是同“类”，惠施是对的。但庄子的一切方法论就在比喻的“不类”上入手。所谓“类与不类，相与为类”，就指出了这一点。他的“止辩”的逻辑学是诡辩的。他由这种逻辑出发，把对象(形)和主观(心)的各自渗透以及互相联结都否定了，例如：

“‘形’莫若就，‘心’莫若和。虽然，之二者有患：就不欲入，和不欲出。‘形’就而入，且为颠为灭，为崩为蹶；‘心’和而出，且为声为名，为妖为孽。”(《人间世》)

所以，他不但以为主观和客观的对立是不相容的，而且以为客观是不能由主观来反映的，主张“无劳汝形，无摇汝精”，与天地游心，始能“独与天地往来”。这样，精神便和天地的合散相流通。精神要绝对地与天地统一，精神要绝对地放弃对于自然的认识，精神要如明镜止水，人类要如木石鸟虫，所谓“免于形”，所谓“相天”，就是这样“不与物交”的“天人合一”。他说：

“弃事则形不劳，遗生则精不亏。夫形全精复，与天为一。天地者，万物之父母也，合则成体，散则成始，形精不亏，是谓能移，精而又精，反以相天。”(《达生》)

“不与物交，惔之至也。”(《刻意》)

“非彼(天道)无我，非我无所取，是亦近矣，而不知其所为使。若有真宰而特不得其朕，可行已信而不见其形。有情而无形，百骸九窍六藏,赅而存焉。……如求得其情与不得,无益损乎其真。一受其成形,不亡以待尽。与物相刃相靡,其行尽如驰,而莫之能止,不亦悲乎！终身役役,而不见其成功,苶然疲役,而不知其所归,可不哀耶！人谓之不死奚益？其形化,其心与之然,可不谓大哀乎！”(《齐物论》)

庄子又以人生为假借,他说:“生者,假借也。”所以精神要脱离形骸的假借,首先就要使精神不和物质相交往,其次更要使精神成为绝对的虚静体,脱化成一个精灵不灭的神圣东西。因此,庄子从主观唯心主义就导向于宗教信仰主义。他不但“与造物者游”,而且和上帝合为一体了。

第十章

杨朱学派的贵生论和宋尹学派的道体观

第一节 杨朱学派和墨者、道家的关系

杨朱及其学派在中国古代思想史上自应占一定的地位，但由于确切可征之文献不足，其言论著述、派别渊源，尚需考辨钩稽。

先秦典籍，如《孟子》、《庄子》、《韩非子》，都明白提到杨朱，有的把杨朱与墨翟并提在一起，孟子更以杨朱是当时颇有势力的一个学派的开创者，“杨朱、墨翟之言盈天下，天下之言不归杨则归墨”。据此，杨朱及其学派的存在，当然是毫无问题的，但我们仔细检视《庄子·天下篇》与《荀子·非十二子篇》而深感诧异的则是：这两篇以严正态度总结古代学术思想的重要文献，于各派均有所评论，而独未明确提及杨朱一派，这就不能不使人们怀疑孟子评断的确切性，因此，与其偏信孟子的话，还不如信任《天下篇》与《非十二子篇》的论述，这即是说，杨朱一派并非如孟子所言的那样重要的学派。

关于杨朱及其学派的评述，散见于先秦文献的，大抵略而不详，此派本身的著述，亦无可考。《列子》有《杨朱篇》，但《列子》本为伪书，

《杨朱篇》颇富魏、晋时代的思想气氛，其论旨与杨朱学派“贵生”之义也不尽相洽。因此，我们不能不根据散见于先秦文献有关此派思想的断片来另行钩稽。

先秦诸子论及杨朱学派思想的主旨的，有如下的各条：

“杨子取为我，拔一毛而利天下，不为也。”（《孟子·尽心上》）

“杨氏为我，是无君也。”（同上书，《滕文公下》）

“今有人于此，义不入危城，不处军旅，不以天下大利易其胫一毛，世主必从而礼之，贵其智而高其行，以为轻物重生之士也。”（《韩非子·显学》）

“杨朱、墨翟，天下之所察也，干世乱而卒不决，虽察而不可以为官职之令。”（同上书，《八说》）

“骈于辩者，累瓦结绳，窜句游心于坚白同异之间，而敝跬誉无用之言，而杨、墨是已。”（《庄子·骈拇》）

“阳生贵己。”（《吕氏春秋·不二》）

我们从以上引文，可以看出如下各点：（一）杨朱一派的主旨为“为我”、“贵己”、“轻物重生”。（二）杨朱一派与墨者对立。细绎《显学篇》所言，“入危城”，“处军旅”，正是摩顶放踵、胫无毛的墨者利天下的行径，而“义不入危城”、“不处军旅”、“不以天下之大利易其胫一毛”，正是“拔一毛而利天下不为也”的杨朱一派贵生的行径。古代文献中屡以杨、墨并提，示其对立，实非无据。（三）杨朱后学在战国名辩思潮之激荡中与墨辩对立而互为诘辩。细绎《八说》所言，“杨朱、墨翟，天下之所察也”，这一“察”字，在当时的用语中，隐含“察辩”之义（郭沫若谓“战国时人辩士亦谓之‘察士’，取其明察之义”，其说甚审）。《骈拇篇》更明确地指出杨、墨同为辩者，这当是就杨朱后学与后期墨家的墨辩来讲的。

根据上述的杨朱一派的思想主旨，我们认为《吕氏春秋·本生》、《重己》、《贵生》、《情欲》四篇中，实保存有此派思想的重要论点。以前学者对这四篇文字和杨朱学派的关系曾有些考证,但引用这些史料而评论杨朱学派的思想却应采取审慎的态度。我们以为,《管子》中《白心》、《内业》等四篇所保存的宋钘、尹文一派的遗著,和《吕氏春秋》中的这四篇材料所显示的杨朱学派的思想,在文献价值上尚不能相提并论,即这四篇还不能认为是杨朱学派的遗著。因为《管子》一书的“杂”与《吕氏春秋》一书的“杂”颇有区别,前者是古文献的汇集,故宋、尹学派的遗著或可得较为完整地保存下来;后者则为有意识、有组织的编撰之作。它虽“杂”百家之言,但作者取舍论断,自有准则。因此,这四篇虽为吕氏门客中杨朱派所撰,但或经吕氏订定,或按吕氏意旨撰写,因而它不能作为杨朱派思想的完整形式来处理。另一方面,我们也不能因上述的理由而过分贬低其史料价值,从其基本精神看来,从某些段落看来,保留了杨朱派思想的重要论点之处,还容易推寻出来。例如同书之《应同篇》,我们也可确认为其中保存了邹衍的五德终始说,不能因其有某些纂入或未明指邹衍之说,就否定其史料价值。

下面我们就这四篇材料作依据,探求杨朱派的渊源所自,流变所至以及其与有关各派的相互关系。

《淮南子·泛论训》说,“兼爱、尚贤、右鬼、非命,墨子之所立也,而杨朱非之;全性保真,不以物累形,杨子之所立也,而孟子非之。”今以《墨子》、《孟子》合此四篇的思想来考究,这段话是有道理的,从而我们可以断定杨朱派学说之发生,当在墨子与孟子之间。杨朱的事迹已不可考。《韩非子》记述杨朱、杨布故事,并无补于考证。《庄子》屡言阳子居,谓他是老聃的弟子,但阳子居是否即为杨朱,外、杂篇之言是否可据为史实,均属疑问。《说苑》也提及杨朱,但汉人著作谈到先秦典籍中未载的事迹,其史实的可靠程度亦属可疑。严格说来,我们认为没有一条确实的史料足征杨朱其人的生平行事。《墨子·耕柱篇》记巫马子与墨子之论辩共有五条,其思想与杨朱极为接近,其与杨朱之关系,则无可考;属于杨朱派后期的有子华子、詹何,其言论散见《吕氏春秋》与《庄子》外、杂各篇,就其思想的主旨而言,虽然属于杨朱的一派系,但他们与老、庄后学的道家思想，有混合为一的趋势，因而其派别性就难以严格地规定出来。

从现存文献看来，杨朱一派的“贵生”或“为我”的个人极端扩张的理论，乃是墨子功利论的对立学说。墨子、杨朱在道德论上虽然处于对立的形势，但就他们对传统观念的破坏立场来讲，又同为思、孟学派伦理观的对立学说。此外，道家一派在处世态度上本极富个人的色彩，在政治思想也富于“无君”的色彩，故杨朱派与道家在相互影响之下可能渐归融合。我们可以这样说，杨朱一派，始反乎墨，终合于道。

明白了杨朱学派与上述有关各派的对立和融合，我们就可从此种相互关系中探求其基本精神的所在，因而在史料的处理上也就要作如下严格的裁断：(一)《吕氏春秋》中的那四篇是论述此派思想的基本史料，但其成书年代甚晚；这就必须确定，它虽保有此派的主要论旨，然而其中却具有此派后学倾向于道家的色彩；(二)《墨子》中有关各篇和此四篇合并来比较研究，颇可发现杨、墨对立的所在，从而窥见杨朱派早期的论旨；(三)墨辩著作及《庄子》外、杂各篇、《吕氏春秋》有关各篇合此四篇来研究，间亦可窥见杨朱派后期之论旨。总之，由于史料的限制，我们不可能对杨朱学派作出完整的阐述，至于其与有关各派之对立融合，也只能结合此派思想之具体内容加以阐述。

第二节　杨朱学派贵己重生的道德论

在《吕氏春秋》的那四篇史料中，作者丝毫不谈王道霸道，富国强兵、清静无为的大道理，一再不倦地只谈论那些满足耳目口鼻等感官的欲望活动。杨朱派认为：“人”的概念仅仅作为人的具体活动来看待，“人”的理想也仅仅作为人的低级经验来要求。人所追求的仅仅是个人的利益，而这种利益也仅仅是个人的感官的物质利益。这种追求是被肯定为天经地义的。当人发现这种对物质利益的追求将导致利益的丧失时，他便应停止追求，为的是保全更长久的利益，这就是理性的节制(“适”或“啬”)。在简单的事物上,这种节制是自发地本能地起着作用,而在复杂的事物上,人就迷误了。当人追求感官的物质利益而足以害生时,如果还不知道节制,那就产生相反的结果;“圣人”正是在这一点上大彻大悟的人,他们善于在那些最容易受到迷惑的场合坚持贵生的原则,而保全了自己。

为了明白贵生的道理,我们且举三段引文如下:

“圣人深虑天下,莫贵于生。夫耳目鼻口,生之役也;耳虽欲声,目虽欲色,鼻虽欲芬香,口虽欲滋味,害于生则止;在四官者不欲,利于生者则弗为(‘弗’字衍)。”(《贵生》)

“天生人而使有贪有欲,欲有情,情有节。圣人修节以止欲,故不过行其情也。故耳之欲五声,目之欲五色,口之欲五味,情也。此三者,贵、贱、愚、智、贤、不肖欲之若一,虽神农、黄帝,其与桀、纣同。圣人之所以异者,得其情也。由贵生动,则得其情矣,不由贵生动,则失其情矣,此二者,生死存亡之本也。”(《情欲》)

“今有声于此,耳听之必慊已,听之,则使人聋,必弗听;有色于此,目视之必慊已,视之,则使人盲,必弗视;有味于此,口食之必慊已,食之,则使人喑,必弗食。是故圣人之于声色滋味也,利于性则取之,害于性则舍之,此全性之道也。”(《本生》)

这样看来,圣人是懂得声色滋味的人,“古人得道者”就在于“声色滋味能久乐之”(《情欲》)。感官生活的情欲被肯定为人生的最高意义,如果“耳不乐声,目不乐色,口不甘味”,就“与死无择”,丧失“生”的意义了。从这一原则出发,一切有目的的活动是否对己有利乃是评判行为的准则,在这种准则下面,个人主观的利害关系乃是客观价值上的唯一标尺:

“倕,至巧也,人不爱倕之指,而爱己之指,有之利故也;人不爱崑山之玉,江汉之珠,而爱己之一苍璧小玑,有之利故也。今吾生之为我有,而利我亦大矣:论其贵贱,爵为天子,不足以比焉;论其轻重,富有天下,不足以易之;论其安危,一曙失之,终身不复

得。”(《重己》)

因此,客观的事物对于人生是有意义的,但其全部意义仅在于对一己之生命有利,对个人的生命有利,这种利益决定人和事物关系的意义与价值。物是感官情欲的来源,也是一己利益的来源,它仅是利己的手段,而不包含个人以上的社会的目的,如果拿“物”或“天下”来和人身相比,“论其轻重”,则生与身为重,而物与天下为轻:

“物也者,所以养性也,非所以性养也。今世之人,惑者多以性养物,则不知轻重也。不知轻重,则重者为轻,轻者为重矣。若此,则每动无不败。”(《本生》)

“身者,所为也,天下者,所以为也;审(所为)所以为,而轻重得矣。”(《审为》)

因此,“轻物”并不是无条件的把感官情欲加以全部否定,而是有条件的加以适当的节制,“故圣人必先适欲”(《重己》),在这里,杨朱派的学说不是如孟子说的邪说,也不是一般人说的纵欲主义。

依据上述杨朱学说的主旨来讲,其持论并不与老、庄思想合辙,因为老、庄一派对感官的情欲无条件地加以全般否定,而杨朱一派对之则无条件地加以肯定,并在一定条件之下主张节制。老子主张“少私寡欲”,和杨朱派的重己说相反;庄子主张齐死生,也和杨朱派的贵生说相反。

以上所引各段的论旨可视为早期杨朱派的思想,这可以从《墨子》有关各篇据兼爱说的观点而和这样论旨详为诘难,来分析出来。在这里,我们认为,杨朱一派与墨子的思想,在思维过程上讲来,出发点相似,而推论以至结论却相反。兹分别详论于下:

(一)杨朱主张“贵生”,墨子主张“义贵于身”,一以利己,一以利天下,但对感官之物质利益,则同取肯定的态度:

“子墨子曰:万事莫贵于义。今谓人曰:予子冠履,而断子之手足,子为之乎?必不为,何故?则冠履不若手足之贵也。又曰:予子天下,而杀子之身,子为之乎?必不为,何故?则天下不若身

之贵也。争一言以相杀,是贵义于其身也。故曰:万事莫贵于义也。”(《墨子·贵义》)

墨子的这一段论辩显系和杨朱一派对立,其前半段似为杨朱一派持论之复述,与《重己篇》人爱己之指一段大抵相同,《审为》中更有绝相类似的话:“今有人于此,断首以易冠,杀身以易衣,世必惑之,是何也,冠所以饰首也,衣所以饰身也,杀所饰,要所以饰,则不知所为矣。”由此可见,身物轻重之论,实为杨、墨诘辩的常用命题。墨子承认身贵于物,“天下不若身之贵”,就此点而论,其思维过程的出发点好像和杨朱的论旨相似,然而墨子否认个人主观的情欲为最高的价值,他所说的“万事莫贵于义”的“义”,是基于客观价值而出发的,因此杨、墨的学说就趋于对立。

(二)杨朱重一己之利,墨子重兼爱之利。在对“利”之理解一点而论,杨朱所谓“利”,指个人感官物质情欲之利,故爱一己之利,墨子所谓利,指众人感官物质情欲之利,故爱众人之生。其言“爱”言“利”,虽然都有实际功利的色彩,但其内容却在内包与外延上有了分歧。

“子墨子言曰:仁人之所以为事者,必兴天下之利,除去天下之害。……子墨子言:以不相爱生。今诸侯独知爱其国,……今家主独知爱其家,……今人独知爱其身,……凡天下祸篡怨恨,其所以起者,以不相爱生也。”(《兼爱中》)

由此可见,“利”与“爱生”、“贵生”之论,也是杨、墨诘辩的常用命题。墨子承认生之可爱,就其思维过程的出发点而论,和杨朱相似,然墨子肯定天下之利高于一己之利,众人之生高于一人之生,因此两派学说趋于对立。

(三)杨朱主张有害于生而节欲,墨子主张有害于义(即“不中万民之利”)而非乐,他们对情欲同取肯定的态度,同取有条件的节制之义。

“是故子墨子之所以非乐者,非以大钟鸣鼓琴瑟竽笙之声,以为不乐也;非以刻镂文章之色,以为不美也;非以犓豢煎炙之味,以为不甘也;非以高台厚榭邃野之居,以为不安也;虽身知其安也,口知其甘也，目知其美也，身知其乐也，然上考之，不中圣王之事，下度之，不中万民之利，是故子墨子曰：为乐非也。”（《非乐上》）

这段话是为非儒而发的，但从此也可窥见杨、墨之同异。耳目口鼻之情欲，当也是两派诘辩的命题。墨子承认感官情欲的利益，就其思维过程的出发点而论，也和杨朱相似，然墨子非乐，不是因其有害于生或有害于一己之利，而是因其“不中天下之利”，因此，杨、墨的学说趋于对立。

杨、墨两派既然是先秦的反对学派，他们之间的诘辩就是必然的。《耕柱篇》曾载墨子与近于杨朱一派的巫马子的诘辩。在这诘辩中，结果都是巫马子理屈，墨子理伸，这当然是墨者的口气，但我们从中可以窥见杨朱派持论与墨者的持论的对立。此项材料，在杨朱派学说的研究上，颇为重要。

（1）“巫马子谓子墨子曰：‘鬼神孰与圣人明智？’”言下之意，表示了反对鬼神，而与墨子明鬼之义对立。

（2）“巫马子谓子墨子曰：‘子兼爱天下，未云利也，我不爱天下，未云贼也，功皆未至，子何独自是而非我哉？’”言下之意，讥刺墨子兼爱之说是一种空想。

（3）“巫马子谓子墨子曰：‘子之为义也，人不见而耶（服），鬼不见而富（福），而子为之，有狂疾。’”此段话讥刺墨子“万事莫贵于义”的利天下的空想。

（4）“巫马子曰：‘舍今之人而誉先王，是誉槁骨也，譬若匠人然，智，槁木也，而不智生木。’”此段否定先王的话，把先王拟于枯骨槁木，与墨子之称道先王之教相对立，且其言下之意，依据活的生人来反对死的神性的先王，这是贵生的应有的结论。

（5）“巫马子谓子墨子曰：‘我与子异，我不能兼爱，我爱邹人于越人，爱鲁人于邹人，爱我乡人于鲁人，爱我家人于乡人，爱我亲于我家人，爱我身于吾亲，以为近我也。’”此段材料极为重要，杨朱派的社会观，仅此一见，由重己为我出发来反对兼爱，其逻辑的路数是必然的。

前期杨朱一派的思想,已如上述,现在我们更进一步探索此派的后期思想。

在《吕氏春秋》的那四篇材料中,也含有一些与前期杨朱派的思想不尽相同而倾向于道家的思想,但在基本精神上仍保持"贵生"的主旨。这种倾向主要表现在这两点上:第一,杨朱派的原来论旨,并不把"生"与"欲"看成是绝对矛盾对立的东西,到了后期思想则有"生"、"物"相矛盾对立的倾向,前期的节欲("适欲")的含义是从对"欲"的肯定而出发,而后期去欲的含义是从对"欲"的否定而出发。第二,杨朱派的原来论旨,并无养生之义,故对于生,只"重"之、"贵"之,而不是"全"之,且无顺逆自然之说,而后期思想反之。这二点都富有老、庄后学的色彩。我们且取有关材料论证于下:

"凡生之长也,顺之也,使生不顺者,欲也,故圣人必先适(节)欲。"(《重己》)

"出则以车,入则以辇,务以自佚,命之曰招蹶之机;肥肉厚酒,务以自强,命之曰烂肠之食;靡曼皓齿,郑、卫之音,务以自乐,命之曰伐性(生)之斧。"(《本生》)

这二段话都把"欲"与"生"对立起来,并在绝对的意义上否定了"欲"。顺生之义更近似于道家的安顺自然之义。此外,我们还看到许多类似《庄子》外、杂篇中的养生理论:

"故圣人之制万物也,以全其天也,天全,则神和矣,目明矣,耳聪矣,鼻臭矣,口敏矣,三百六十节皆通利矣。若此人者,不言而信,不谋而当,不虑而得,精通乎天地,神覆乎宇宙,其于物无不受也,无不裹也,若天地然,上为天子而不骄,下为匹夫而不惛,此之谓全德之人。"(《本生》)

"燀热则理塞,理塞则气不达,味众珍则胃充,胃充则中大鞔,中大鞔而气不达,以此长生,可得乎?"(《重己》)

"俗主亏情,故每动为亡败。耳不可瞻,目不可厌,口不可满,身尽府种,筋骨沉滞,血脉壅塞,九窍寥寥,曲失其宜,虽有彭祖,犹

不能为也。”(《情欲》)

这里所述的“全德”的圣人,已经不是杨朱所讲的“圣人”,而完全似老、庄一派所讲的“真人”,“贵生”已变成“养生”、“长生”。

由此看来,杨朱一派的后期思想与道家合流,其所以是这样,由于二派均惊怖于现实世界阶级斗争而亟欲洁身引退于矛盾之外,其全般持论初虽异途,在某些观点上却相接近,因而其处世的态度走向一路。二派思想在相互影响之下,其后学便由离而合。庄子的最后论点为忘我,主张心斋坐忘,而其后学则稍取为我之旨,几近于杨朱之徒;杨朱后学由贵生而取养生之道,几近于庄子之徒。各派的相互影响是复杂的,我们且举杨朱一派的后期人物子华子与詹何作为例子来说明这一点:

《吕氏春秋·审为篇》载有子华子的一段故事:“韩、魏相与争侵地。子华子见昭厘侯,昭厘侯有忧色。子华子曰:‘今使天下书铭于君之前,书之曰:左手攫之则右手废,右手攫之则左手废,然而攫之必有天下,君将攫之乎,亡其不与?’昭厘侯曰:‘寡人不攫也。’子华子曰:‘甚善!自是观之,两臂重于天下也,身又重于两臂。韩之轻于天下远,今之所争者其轻于韩又远,君固愁身伤生以忧之戚不得也。’”子华子的持论取譬,完全是“天下不若身之贵”的老命题,反对愁身伤生,也是杨朱贵生重己的本义。这无疑是杨朱派的人物,但若细味《贵生篇》所载的他的一段“全生”的议论,我们即可发现其未严守家法而倾向于庄子。这段有名的议论是:

> “全生为上,亏生次之,死次之,迫生为下。……所谓全生者,六欲皆得其宜也。所谓亏生者,六欲分得其宜也。……所谓迫生者,六欲善得其宜也。皆获其所甚恶者,服是也,辱是也,辱莫大于不义,故义不迫生也,而迫生非独不义也,故曰迫生不若死。”

“全生”之说,近《庄子》外、杂篇所讲的道理,且这一人物,亦见于《庄子》外、杂篇,其学派性是不很明确的。

现在我们再来看詹何。《吕氏春秋·审为篇》载有詹何的一段故事:“中山公子牟谓詹子曰:‘身在江海之上,心居乎魏阙之下,奈何?’

詹子曰:‘重生。重生则轻利。’”又《执一篇》载:“楚王问为国于詹子。詹子对曰:‘何闻为身,不闻为国。’”从其“重生”“为身”看来,他显然是杨朱派的人物;但《庄子》也载他的话,庄子后学并没有排斥他。

总之,杨朱一派的后学,可以自由来往出入于庄、杨之间,这就是他们的特色。《吕氏春秋》有关杨朱派之各篇与《庄子》外、杂篇(特别是《让王篇》)均以赞赏态度记载他们言行,即是明证。

第三节　杨朱学派道德论的历史价值

在哲学思想史上,“利己主义”者只要以明确的形式提出他的主张来,而不加以丝毫虚伪的掩盖——甚至把它当做道德论的本身,那么他就必然蒙受恶名,而且备受攻击,不论是古希腊的伊壁鸠鲁也好,或是18世纪法国的赫尔维修也好,都遭到了同样的命运。杨朱的“利己主义”的“贵生”论或“为我”论之所以引起圣人之徒孟子的“高尚的”愤慨,也不是例外,他不曾考虑一下杨朱理论的本身,就直接呵斥杨朱为禽兽。很显然,“为我”,“拔一毛而利天下,不为也”这种非常异义可怪之论,在问题的提法上,就足以在一般人心目中构成一种不可饶恕的罪状,或视为邪说或诡辩。

在今天阐述杨朱派的理论时,也许会使人产生一种现实的不快感,然而当我们从历史主义的观点去考察时,便不难感觉到:这一理论的个人主义的思想背后,隐然潜伏着承认感觉体的光辉!对此,普列汉诺夫有一段风趣的描述,我们认为,他的这段评述基本上是正确的:

> “什么是最大多数人最大幸福的原则呢?就是对人的行为的制裁。在这一方面,唯物论者们不会从密尔的名著中学习到什么东西。但是唯物论者们并不以找到一种制裁为满足。他们面前有一个科学问题要解决。人既然只是感觉,他通过什么手段来学习尊重公益呢?是什么奇迹使他忘记自己的感官感觉的要求,来达到似乎与那些要求毫无共同之处的目的呢?在这个问题的领域和

范围之内，唯物主义者们事实上是以个体的个人利益为出发点。不过在这里，‘以个人利益为出发点’的意思，只是再度重复那一个‘人是一个感觉体并且只是一个感觉体’的命题。因此个人利益并不是一条道德诫命，而只是一件科学事实。”(《唯物主义史论丛》，人民出版社 1955 年版，页 67。)

我们认为杨朱派的理论，有不少地方正是在重复地揭示这个事实，重复地揭示“人是一个感觉体并且只是一个感觉体”的命题。在这里，我们更找到圣人之徒孟子的“高尚的”愤慨的根源。这即是说，思、孟派的圣人之徒是伦理上神化的人，而杨朱派的圣人则是科学上人化的人，这个科学事实的揭示，正打击了思、孟派圣人头上的神圣的光环。

我们认为，杨朱学派的思想，就现存文献而言，提出了一个唯物主义的命题——人只是一个感觉体，而个人利益只是一件科学事实。这一命题坚持从人本身去说明人，而不人为地附加更多虚假的东西；这一命题坚持从人的感官物质利益去说明道德，而用不到假定天志和先王观作为道德论的奠基石，在这一点上，仅仅在这一点上，杨朱派的“贵生”论或“为我”论，在其全篇说教的暗然黑夜里闪出一道光芒，在百家并鸣的诘辩思潮中独树一帜。

严格说来，我们所看到的还只是杨朱派思想的一些断片，而不是整个的思想体系。这些断片所构成的似乎只是中间的一段。如果向上推论，那么我们所需要知道的是，杨朱派的这一“人为感觉体”的命题所依据的世界观或自然哲学是什么。例如与杨朱派在道德论上颇为近似的伊壁鸠鲁，他的道德论与其自然哲学就有不可分割的联系，他继承唯物论者德谟克利特原子论的绪统，承认物质的、运动的原子为世界的本质，而人的精神则为圆形的、特别活跃的原子构成。他的道德论即奠基于此，人既为原子的特殊结合，且为感觉之实体，故人的幸福即在于感官、精神之悦乐。但我们对杨朱派，却没有发现有关他的自然哲学的史料。如果向下推论，那么我们所需要知道的是，杨朱派既然以个人利益为出发点，则个人利益与社会究竟又是怎样的关系。例如伊壁鸠鲁，他由个人幸福的原则出发,认为个人幸福不能只靠个人的力量达到,故自愿地结成社会,马克思指出,这里已透露了后世社会契约论的萌芽形态。但在杨朱派,他的社会观则无可详细考索,我们只知道杨朱学派的"为我"主义发展而为"无君"的思想,对国家的政权形式表示厌恶,他们形而上学地洞察到,统治者与被统治者之间的关系是"迫生",这种思想是古代世界"礼"(贵族专政)的反动。因此,"贵生"论仅是此上下二段间之中间一段。

在详述杨朱学派的思想时,我们最后提出三点:

(一)我们认为杨朱学派的道德论含有一些唯物主义的因素,这并不是说,利己主义的"为我"、"贵生"思想通向唯物主义,恰恰相反,这是杨朱派思想的糟粕;而混合在这种糟粕中的精英,则是我们分析了这一思想的具体内容以后所推得的这一思想所据的理论的前提或出发点——感觉体。我们继承古代的哲学遗产所要撷取的也正是这一点。

(二)"马克思主义的一个大家知道的原则,就是同一思想在不同的具体历史条件下,可能有不同的性质,在某一条件下是进步的,在另一条件下是反动的。"(日丹诺夫语)杨朱派的道德论乃是宗教的道德论的对立物,在这一点上,杨朱派与墨翟派共同反对了孟子唯心主义的道德论(参看下章第六节)。荷尔巴霍说得好:"对于人的道德最不利的事情,莫过于把它和神圣的道德结合在一起",孟子的"诚"的天人合一思想,便是如此。特别应该指出的是前期杨朱派在儒家"君君、臣臣、父父、子子"关系之外,在氏族宗法的人我关系之外,发现了个人的存在,这就反映出些国民的意识。因此,我们认为前期杨朱派的道德论在一定的历史条件下具有一定的进步意义。

(三)在马克思主义出现以前,即使是唯物主义者,对"人"的理解,依然存在着历史的局限。"人"只是一个类概念,人只是抽象的人类,即抽去了阶级性的人类。但是,某一学派只要唯物地去理解"人",那就是进步的。而在马克思主义灯塔照耀之下,这种抽象的理解就不再是进步的。杨朱对"人"的理解中的唯物主义因素,我们也应作如是观。我们反对夸大杨朱派的唯物主义面貌。

第四节　宋尹学派的调和色彩

宋钘、尹文学派,就其思想本身而言,是稷下学宫中道家的一个支流,其学术内容并没有突出之处。但从中国古代思想史的发展看来,此派的地位颇关重要,如郭沫若所说,发现了这一学派,“就好像重新找到了一节脱了节的连环扣一样,道家本身的发展,以及它和儒、墨两派间的互相关系,才容易求得出他们的条贯”(《青铜时代》,人民出版社版,页269)。著者认为,此派思想在学术史上的承转价值实高于其思想本身的价值。

本书已经一再指出,齐之稷下先生颇类似于古典社会的代议士,其中有各式各样的人物,也有各式各样的流派,各种史料记载他们“不治而议论”、“各著书言治乱之事以干世主”、“不任职而论国事”和“讲集议论”。这种精神显示了古代民主的生活。宋钘、尹文就是在这样情况之下活动颇力的人物。这里我们要说明的是,各派学士既济济一堂,“讲集议论”,久而久之,自然会经过互相影响,冲淡其本身之学派性,而受他派的感染,甚至形成调和色彩的折中派。知道了稷下学宫的这一情况,我们对于宋、尹学派之不尽为道家及糅杂儒、墨的道理,就可以理解了。

我们循照叙述杨朱派之例,先检视先秦文献中对宋、尹派的评论,以明其主旨之所在:

“不累于俗,不饰于物,不苟于人,不忮于众,愿天下之安宁,以活民命,人我之养毕足而止,以此白心。古之道术有在于是者,宋钘、尹文闻其风而悦之,作华山之冠以自表。接万物以别宥为始。语心之容,命之曰‘心之行’。以聏合驩(欢),以调海内,请(情)欲置(寡)之以为主。见侮不辱,救民之斗;禁攻寝兵,救世之战。以此周行天下,上说下教;虽天下不取,强聒而不舍者也。故

> 曰:‘上下见厌而强见也。’虽然,其为人太多,其自为太少。曰:‘请(情)欲固置(寡),五升之饭足矣。’先生恐不得饱,弟子虽饥,不忘天下,日夜不休。曰:‘我必得活哉!’图(倨)傲乎,救世之士哉!曰:‘君子不为苛察,不以身假物。’以为无益于天下者,明之不如己也。以禁攻寝兵为外,以情欲寡浅为内。其小大精粗,其行适至是而止。”(《庄子·天下篇》)

此段对宋、尹的评述,颇为详尽。我们从中可以看出:第一,宋、尹一派与道家有近似处,也有离异处。所谓“不累于俗,不饰于物”,类似于庄子一派的行径,但从处世态度看来,又与道家避世、逃世的思想绝异。《天下篇》明说宋、尹为“救世之士”,一则曰:“愿天下之安宁,以活民命”,再则曰:“不忘天下,日夜不休”。此种与道家离异之处,正是与墨者近似之处,所谓其欲周行天下,“禁攻寝兵,救世之战”,不惜“上下见厌”而“强聒不舍”,正似“强求(救)之而不得也,虽枯槁不舍”的墨者的行径。其次,宋、尹一派与墨者虽有相貌合的论点,但也有相神离的论点。宋、尹派主张利天下,归本于内心存养,因此,《天下篇》评述此派时,一则曰:“以此白心”,再则曰:“语心之容,命之曰心之行”。此种与墨者神离之处又适为与思、孟一派近似之处。其三,就内心存养而言,宋、尹一派并不完全与思、孟学派相同,思、孟说的内心存养,归本于“诚”的天人合一的道德情操,而宋、尹一派则归本于伦理化了的道家之自然天道观。这样宋、尹在其渊源上还是属于道家,因为他们的思想体系虽糅杂了各种学派的因素,而其所持之道体观实为此一体系之出发点,所谓“不累于俗,不饰于物”,便是证件。我们考察了此派与儒、墨、道三者之离合同异,不能不把它列为道家的一个支派。我们可以这样说,宋、尹一派的主要论点是道家自然天道观的伦理化,就此种伦理化而言,一方面折中于墨家利天下的实际活动,另一方面又折中于儒家内心存养的道德情操。司马迁父子谓道家采儒墨之善,这一点在宋、尹学派的思想体系中,表现得最为明显。

依据《庄子·天下篇》的这一段详尽的评论,再参酌宋、尹学派本身的文献（如经各家所考证确定的《管子》书中的《心术》、《内业》等篇），我们就可以对于此派学说勾稽出一条线索来。至于荀子把此派和墨家并列在一起批判的话，也可以参考，例如他说宋钘“不知壹天下，建国家之权衡，上功用，大俭约，而僈差等，曾不足以容辨异，县君臣”，“俨然而游说，聚师徒，立师说，成文曲”，所论都是关于其糅合儒、墨的论点，但这还不是宋、尹思想的全貌。

宋、尹一派的著作已佚失，现存《管子》中的《心术》上下、《白心》、《内业》四篇，先后经刘节和郭沫若的考证，都认为是宋、尹派的遗作。郭著《宋钘尹文遗著考》（收入《青铜时代》）于此考辨更详，现在把他对这四篇文献的史料判别上的结论转述如下：

（一）《心术》本分上下两篇，上篇分经分传，前三分之一为经，后三分之二为传。经盖先生所作，传盖先生讲述时弟子所录。

（二）《心术》下篇为《内业篇》之副本。如以二者比附，则可发见，除首尾无可比附外，《心术》下篇只是《内业篇》的中段，而次序是紊乱了的。二者互有详略，而大抵相同，其间也有比附之语错杂其中。

（三）《白心篇》与《心术》、《内业》虽为一系，但就其思想言，其成书较晚。故《心术》、《内业》为宋钘著述或其遗教，而《白心》则出于尹文。

著者同意此四篇“毫无疑问是宋钘、尹文一派的遗著”，至谓《白心》一篇出于尹文，还不敢遽视为断案。

第五节　宋尹学派的伦理化的道体观

宋、尹派的学说，富有折中调和的色彩，已如上述，但前面所提到的此派的各种理论，不论“语心之容”也好，或“禁攻寝兵”也好，或“白心”也好，或“别宥”也好，只是已经表面化了的主张，而作为这一些主张的根底，还有一个叫做“道”的概念。“道”这东西，依据他们的遗著看来，是“虚而无形”的，然而万物却由此以生成，换句话说，“道”就是宇宙的本体。这种概念,是否出于老子其人,我们还不能断定,因为《老子》一书是晚出的,而在《心术》上下等四篇文献中,我们还找不出足以证明此概念出于老子的证据。所以这个问题,只好暂作悬案,以待将来解决。不过,从这四篇文献看来,这种道体观已达到相当成熟的程度,或许是先有所承借的。

宋、尹所讲的"道"是这样的:

"虚而无形谓之道。"(《心术上》)

"凡道,无根,无茎,无叶,无荣,万物以生,万物以成,命之曰道。"(《内业》)

在这里,"道"虽然没有什么生成可说("无根,无茎,无叶,无荣"),但它却神通广大,变化无方,无所不包,无所不入,既无定所,又不可捉摸,一言以蔽之,"道"是不可思议的。这种"道",一方面是超感官的、形而上的本体,另一方面,它带有道家自然天道观的"自然"色彩。

如果我们再作进一步的考察,那就不难看出,"道"和"气"是同一体,"道"、"气"二字在宋、尹派文献中又是可以相互通用的:

"道在天地之间也,其大无外,其小无内。"(《心术上》)

"灵气……其细无内,其大无外。"(《内业》)

"其大无外,其小无内"的东西,当然只有一个,这个东西乃是"道"或是"气"。

"道不远而难极也,与人并处而难得也。"(《心术上》)

"是故此气,杲乎如登在天,杳乎如入于渊,淖乎如在于海,卒乎如在于己。"(《内业》)

在宇宙之间无所不在、并可"与人并处"、"在于己"的东西,当然只有一个,这个东西乃是"道"或"气"。

"夫道者,所以充形也。"(《内业》)

"气者,身之充也。"(《心术下》)

这样看来,"道"和"气"都是与"形"和"身"对立的,因而在宋、尹派看来,“道”即“气”,此点断无可疑。我们现在进一步用“气”的概念来理解“道”的概念。

但在此处出现一个新的问题,“气”是什么东西呢?按照当时一般的理解,“气”是物质之实体,它的最主要的特性是能够流转。表面看来,宋、尹学派的道体观中的“气”的概念并没有完全排斥这种理解,首先,他们认为“气”是流变的:

“灵气在心,一来一逝。”(《内业》)

“凡物之精,此(化)则为生。下生五谷,上为列星;流于天地之间,谓之鬼神;藏于胸中,谓之圣人。”(同上)

“气”即是“道”,故“道”也是流变的:

“天之道,虚无其形,虚则不屈,无形则无所低趆,无所低趆,故遍流万物而不变。”(《心术上》)

“道也者,动不见其形。”(同上)

“夫道者,所以充形也,而人不能固,其往不复,其来不舍。”(《内业》)

这样看来,宋、尹派以流变之“气”为万物之所以生,为宇宙之本体,并以其流变为自然之理。就这一点来推理,本来可以导出唯物主义的世界观,然而宋、尹派却坚持着此“气”、此“道”为形而上的本体,甚至他们把“道”和“气”伦理化了,其所伦理化的程度达到了这样的地步,即它失去了物质的含义。因此,我们要进一步考察宋、尹派“道”的另一种表述:

“道也者,口之所不能言也,目之所不能视也,耳之所不能听也,所以修心而正形也。”(《内业》)

“大心而敢(放),宽气而广,其形安而不移,能守一而弃万苛(奇),见利不诱,见害不惧,宽舒而仁,独乐其身,是谓灵气。(请看,‘其细无内,其大无外’的灵气,原来就是这样的伦理的本体!)”(《内业》)

“是故此气也,不可止以力,而可安以德,不可呼以声,而可迎

以意,(原误作音,依韵改)敬守勿失,是谓成德,德成而智出,万物果(毕)得。”(《内业》)

“唯圣人得虚道,故曰,并处而难得。”(《心术上》)

在这里,我们可以明显地看出,不论“道”或“气”,都是把世界观立基于伦理观上的内心的本体,它是唯心主义的。从此可知宋、尹派借用流变的“气”的形式,借用“气”的流变形式的自然性,然而在其伦理化的“气”中,这种形式的自然性却被冲淡得只剩下一个影子,所谓“不可止以力”,其积极要证明的是所谓“而可安以德”,“心静气理,道乃可止”。德既然控制住了这个表面上具有自然性的“气”,那么德就成了道德的本体。因此,著者认为,宋、尹一派的道德观是从道家的自然天道观来的,保留了它的形式,而在实质上却以道德本体偷替了形而上的自然本体。

问题的提法,便是问题的解决。“道”、“气”,既然是道德本体,于是各种道德诫令可以源源不绝地从自身的规定中导引出来。其向外“上功用、大俭约”可以通向墨家;其向内“治心”又可向通向儒家。

“见害不惧”——这是“见侮不辱”的深一层义(郭沫若曾指出此点)。

“宽恕而仁”——这是“宋荣之恕”、“宋荣之宽”或“善气迎人,亲于弟兄,恶气迎人,害于戎兵”的同义语。

“独乐其身”——这是“举世非之而不加沮”的张本。

在这里,我们对于宋、尹一派道德本体的规定如何导向儒、墨,不拟详加申论,只须指出,像“君子不为苛察,……以为无益于天下者,明之不如已也”等语,颇接近儒家的名辩观,而“凡民之生也,必以正平,所以失之者,必以喜、怒、哀、乐。节怒莫若乐,节乐莫若礼,守礼莫若敬”(《心术下》)等语,已经完全是儒家的口吻了。

我们此处所要追寻的是此派如何以内心存养把握道德本体的问题:

“精也者,气之精者也。气,道(导)乃生,生乃思,思乃知,知乃止矣。凡心之形,过知失生。一物能化谓之神,一事能变谓之智。化不易气,变不易智,唯执一之君子能为此乎!执一不失,能君万物,君子使物,不为物使,得一之理。治心在于中,治言出于口,治事加于人,然则天下治矣。"(《内业》)

"执一"正是说把握一个虚灵的本体。宋、尹派的内心存养或所谓"治心在于中",推其极可以治天下、君万物,这就和思、孟学派合辙了。思、孟派的内心自我存养是要把握道德本体"诚";而宋、尹的内心自我存养是要把握道德本体"灵气",名虽有异,而实质相同。在这里,宋、尹派的道体观便是主观唯心主义的说教。因此,他们便从自我存养的唯心主义导向神秘的灵性论:

"四体既正,血气既静,一意抟心,耳目不淫,虽远若近。"(《内业》)

"专于意,一于心,耳目端,知远之证(近)。"(《心术下》)

"人能正静者,筋肕(韧)而骨强,能(而)戴者(诸)大圜,体乎大方,镜者(诸)大清,视乎大明。正静不失,日新其德。照知天下,通于四极!"(同上)

由此看来,宋、尹派的灵性论是极端的唯我论,因而又导出宗教的神秘性的结论:

"能专乎?能一乎?能毋卜筮而知凶吉乎?能止乎?能已乎?能毋问于人而自得之于己乎?故曰思之,思之不得,鬼神教之。非鬼神之力也,其精气之极也。"(《心术下》)

"精气"变成了神,宋、尹派便是这一神的虔诚的信徒,他们清心寡欲,等待这一神的光临:

"虚其欲,神将入舍,扫除不絜,神乃留处。"(《心术上》)

"世人之所职者精(情)也,去欲则宣(寡),宣(寡)则静矣。静则精,精则独矣。独则明,明则神矣,神者至贵(者)也,故馆不辟除,则贵人不舍焉。故曰不洁则神不处。"(同上)

这样看来,人类的肉体之所以有其存在的价值,就在于其静洁之时等待着“神”来进入,仅仅是为了使肉体成为神灵所住的“舍”。反之,神灵不处的肉体,就全是“欲”的施展的境地。宋、尹派有神无欲的理论是僧侣主义的说教。

孟子看中了寡欲的“气”不是毫无理由的,孟子之所以养他的“浩然之气”,也不是毫无承借的。当孟子嗅到这一治心之方术的唯心主义的气味时,便引以为同道,并且学舌说,“其为气也,至大至刚,以直养而无害,则塞于天地之间,其为气也,配义与道,无自馁也,是集义所生者,非义袭而取之也,行有不慊于心,则馁矣。”孟子这一剽窃,在“配义与道”上露出了马脚,郭沫若曾指出了这一点。

总之,我们认为,宋、尹派的道体观是主观唯心主义的,其自然天道的术语只是一个不重要的形式,到了荀子手里,这一形式才被批判地扶正过来。不但如此,在宋、尹派,“道”仅是道德的本体,到了荀子手里,才把它变质而为客观的实在;在宋、尹派,治心之术本质上是神秘主义的道德自我存养,其所谓“明智”也是形式的,到了荀子手里,这一形式也被批判地扶正过来;在宋、尹派,“虚壹而静”是灵性与肉欲对立的术语,到了荀子手里,批判了它的谬诬,在情欲论上得出了唯物主义的论断。至于荀子怎样从宋、尹派的形式命题中获得启示而进行批判的撷取,将在荀子一章中详加探讨。

第十一章

思孟学派及其唯心主义的儒学思想

第一节　由孔门的曾子支派到思孟学派的发展

在本书论前期儒家的分化问题时，我们曾将子思、孟轲列为一派，并提到他们的“幽隐而无说，闭约而无解”的五行思想。这一学派是在“战战兢兢”、“日三省吾身”的曾子自己省察的唯心主义思想中寻得了它的承藉。我们认为，这一线索，对于思、孟学派性的研究，颇关重要。但是，关于曾子的思想及其活动，由于文献不足，前人多未充分注意，兹特详为考辨如下：

大约孔门弟子有前后辈之分。前辈问学于孔子去鲁之先，计有子路、冉有、宰我、子贡、颜渊、闵子骞、冉伯牛、仲弓、原宪、子羔、公西华等人；后辈从游于孔子返鲁之后，计有子游、子夏、子张、曾子、有若、樊迟、漆雕开、澹台灭明等人。今按《韩非子·显学篇》“儒分为八”之说，其可考者如子张氏之儒、漆雕氏之儒，皆在后辈；《荀子·非十二子篇》所斥子张氏之贱儒、子夏氏之贱儒、子游氏之贱儒，也在后辈。

关于孔子与其前后辈弟子之间以及弟子相互之间的分歧，《论语》

中有不少的记载;而与曾子有关的资料,只有下列两处:

"柴也愚,参也鲁,师也辟,由也喭。"(《先进》)

"曾子曰:'堂堂乎张也,难与并为仁矣。'"(《子张》)

这里值得注意的是:第一,《论语》所记孔子对及门弟子佳评颇多,而评及曾子的,全书只一"鲁"字;第二,对于别立宗派的子张,曾子宣称"难与并为仁"。这两条资料,虽寥寥数语,但对于探讨曾子思想来说,却是有启示的材料。

曾子不仅与子张"难与并为仁",他与子夏之间,也似有意见上的分歧。《礼记·檀弓篇》说:

"子夏丧其子而丧其明。曾子吊之曰:'吾闻之也,朋友丧明则哭之。'曾子哭,子夏亦哭,曰:'天乎,予之无罪也!'曾子怒曰:'商!女何无罪也?吾与女事夫子于洙、泗之间,退而老于西河之上,使西河之民疑(拟)女于夫子,尔罪一也;丧尔亲,使民未有闻焉,尔罪二也;丧尔子,丧尔明,尔罪三也;而曰女何无罪与?'子夏投其杖而拜曰:'吾过矣!吾过矣!吾离群而索居亦已久矣。'"

此事亦见于王充《论衡·祸虚篇》,汉时一般学人皆信为实有,似不应因《论语》不载而断为虚构。又,西河之民拟子夏于孔子,曾子数为三罪之一,此中颇有大可玩味处。

孔子死后,有若、子游亦似各有别立宗派的趋势,曾子亦与他们有意见上的分歧,兹择《孟子》、《礼记》二书所载例证如下:

"昔者,孔子没,……子夏、子张、子游以有若似圣人,欲以所事孔子事之;强曾子,曾子曰:'不可!江、汉以濯之,秋阳以暴之,皓皓乎不可尚已。'"(《滕文公上》)

"有子问于曾子曰:'问丧于夫子乎?'曰:'闻之矣,丧欲速贫,死欲速朽。'有子曰:'是非君子之言也。'曾子曰:'参也闻诸夫子也。'有子又曰:'是非君子之言也。'曾子曰:'参也与子游闻之。'有子曰:'然,然则夫子有为言之也。'曾子以斯言告于子游。子游曰:'甚哉有子之言似夫子也。'"(《檀弓》)

此中可特别注意的是，曾子对于“以所事孔子者事有若”的计划，表示不能同意。

同时，在子夏与子张之间，子游与子夏之间，子张与子游之间，亦均有意见上的分歧(《论语·子张》)。而曾子对于大露头角的同辈，如前所述，则尤为自高位置，不肯下人。凡此种种，一方面可以证明孔子死后，孔门的内部矛盾日益加剧，而另一方面又可以看出曾子确具有以孔学正传自命的雄心。

曾子对于争取孔子正传，不惟有清醒的自觉，且似有最大决心与最大信心。所以他说：

> “士不可以不弘毅；任重而道远。仁以为己任，不亦重乎？死而后已，不亦远乎?”(《论语·泰伯》)

曾子的作风，大概与子张的堂堂气象相反，而是一种“战战兢兢”严守孔子遗规的慎重态度，言必称师，绝不自标宗旨。此点，且不必旁引《礼记·檀弓》、《祭义》等篇，即在《论语》中也有明证：

> “曾子曰：‘吾闻诸夫子，人未有自致者也，必也亲丧乎!’”(《子张》)

> “曾子曰：‘吾闻诸夫子，孟庄子之孝也，其他可能也，其不改父之臣与父之政，是难能也。’”(同上)

正因曾子以争取孔子正传自任，而不别标宗旨，所以除庄子将曾、史(史鱼)并提而加以批评(《骈拇》、《在宥》两篇)以及荀子将曾子看作思、孟的先驱(《解蔽篇》)外，古人谈先秦思想派别者，如韩非等，皆不曾数及曾子。然古人虽不以曾子为自立宗派的儒家，而事实上，孔子死后，曾子确曾在传述孔学的名义下广收门徒，而形成一有力的儒家支派。其徒有文献可考者，计有孟敬子、阳肤、子襄、沈犹行、公明仪、公明宣(高)、乐正子春、吴起等人；尤可注意者，曾子既为鲁费君所重，其子曾申又见崇于鲁缪，弟子吴起更名显楚、魏，此种政治上的优越地位，似更足提高曾子学说的重要性，并坚定曾子继承孔子正传的自信心。所以他说：

"吾尝闻大勇于夫子矣：自反而不缩，虽褐宽博，吾不惴焉；自反而缩，虽千万人吾往矣。"（《孟子·公孙丑上》）

"晋、楚之富，不可及也。彼以其富，我以吾仁；彼以其爵，我以吾义；吾何慊乎哉！"（《公孙丑下》）

曾子得孔子正传之说，似由孟子开其端。孟子自述"乃所愿则学孔子"，但他知与孔子年事不相及，遂援曾子、子思以为中介；今存《孟子》七篇，引曾子者九处，引子思者六处，都是赞许推崇之辞，可为明证。《孟子外书》曾记：

"曼丘不择问于孟子曰：'夫子焉学？'孟子曰：'鲁有圣人曰孔子，曾子学于孔子，子思学于曾子。子思，孔子之孙，伯鱼之子也。子思之子曰子上，轲尝学焉；是以得圣人之传也。'"（《性善辨》）

"孟子游于莒，有曾子讲堂焉。孟子登堂弹琴而歌，二三子和之。莒父老曰：'久矣夫不闻此音也，圣人之徒也。'"（同上）

"乐正子春年九十矣，使其子克学于孟子，告之曰：'昔者圣人之门，颜子以仁，曾子以孝，季路以勇，伯赣以智，各以所得闻于天下，传于后世；汝往矣，庶几其有一得乎！'"（《孝经》）

《孟子外书》（函海本）四篇系"后人依放而托"，自赵岐以来即成为定论；然上引三段，则与今本《孟子》的宗旨相合。

自孟子推崇曾子以来，曾子在孔门的地位大为增高；到了宋代，不但所谓"曾子为孔子正传"之说几成定论，而且曾子、思、孟之学有浑成一体之势。兹举程、朱之语为证：

"孔子没，曾子之道日益光大。孔子没，传孔子之道者，曾子而已。曾子传之子思，子思传之孟子，孟子死，不得其传。至孟子而圣人之道益尊。"（《二程语录》）

"孔门弟子如子贡，后来见识煞高，然终不及曾子'一唯'之传。此是大体。毕竟他落脚下手立得定，壁立万仞；观其言，如'彼以其富，我以吾仁'，'可以托六尺之孤'，'士不可以不弘毅'之类。故后来有子思、孟子，其传永。孟子气象尤可见。"（《朱子

语类》)

我们认为,曾子与思、孟的思想的确是在一条线上发展的,然而曾子为孔子正传之说,则绝非事实。因为,曾子思想本来是思、孟学派的理论来源或其萌芽形态,但不是孔子思想的真传。这就是说,曾子虽然在文字形式上"言必称师",而在思想实质上,则抛弃了孔学的积极成分,而片面地承继了并且扩大了孔学的消极的成分。我们在第六章里,所以将曾子列为孔学优良传统萎缩阶段的一个支派的开端,正指此事。但是,为了具体地了解此点,那就必须取得明确的实据。

关于曾子思想的资料,《汉书·艺文志》著录《曾子》十八篇,自隋以降即已全部散亡;所谓"曾子作《大学》"云云,本是公认的宋儒无据之谈;今存阮元的《曾子》十篇注释,与渭南严氏孝义家塾辑刊的《曾子》十二篇读本,取材多未足以为信史。所以,我们今日探讨曾子思想,仍不得不以《论语》为唯一的根据。按《论语》中有关曾子的共有十六章,除前所引者外,下述各章似可大致看出曾子思想的轮廓:

> "孟氏使阳肤为士师,问于曾子。曾子曰:'上失其道,民散久矣;如得其情(诚),则哀矜而勿喜。'"(《子张》)

这里说明,曾子时代(约公元前505年至前436年)充满着古代社会的危机。"民散久矣"意味着奴隶逃亡的现象由来已久。在"哀矜而勿喜"一语里,可以看出曾子的政治立场。曾子在挽救这一危机上,提出了他的复活氏族遗制的方案:

> "曾子曰:'慎终追远,民德归厚矣。'"(《学而》)
>
> "曾子曰(今本《论语》误连于孔子语,兹据清儒考证改正):'君子笃于亲,则民兴于仁;故旧不遗,则民不偷。'"(《泰伯》)

在国民阶级已经取得了自己的经济地位并对于氏族宗法遗制行清算的战国初年,曾子这一方案的提出,无疑是一种没有出路复古悲剧。所以:

> "曾子有疾,孟敬子问之。曾子言曰:'鸟之将死,其鸣也哀;人之将死,其言也善。君子所贵乎道者三:动容貌,斯远暴慢矣;正

颜色,斯近信矣;出辞气,斯远鄙倍矣。笾豆之事,则有司存。'”(《泰伯》)

这里,曾子是如何地贱视劳动(“鄙倍”)和反对斗争(“暴慢”),而故意张大统治阶级的威仪。且由于没落贵族的自我省悟,使曾子的“死而后已”的“大节”离开了现实性的斗争,而折入于德孝的自我存养与自我省察的内省论一途。例如:

“曾子曰:‘吾日三省吾身:为人谋而不忠乎?与朋友交而不信乎?传不习乎?'”(《学而》)

“曾子有疾,召门弟子曰:‘启予足,启予手!《诗》云:战战兢兢,如临深渊,如履薄冰。而今而后,吾知免夫!小子!'”(《泰伯》)

从这种内省论观点出发,客观存在的诸范畴便都失去意义了,只要反求于自我,“反身而诚”,则人们就能上下与天地同流,乐莫大焉。所以:

“曾子曰:‘以能问于不能,以多问于寡;有若无,实若虚,犯而不校。昔者吾友尝从事于斯矣。'”(《泰伯》)

如前所述,自我的“手足”、“容貌”、“颜色”、“辞气”以及内心的“忠”、“信”、“习”等道德意识,既已代替了一切,则“执一”即可以御万。所以:

“子曰:‘参乎!吾道一以贯之。'曾子曰:‘唯!'子出,门人问曰:‘何谓也?'曾子曰:‘夫子之道,忠恕而已矣。'”(《里仁》)

综上可知,曾子的思想实在不同于孔子,而与子思、孟轲的形而上学思想则骎骎相接。儒家思想的这一变化和曾子在这一变化里的发端地位,前人多未曾注意;独有南宋永嘉学派的巨子叶适,敢于奋其大无畏精神,断然破除了“曾子为孔子正传”的谬说,认为曾子与思、孟学派的思想是一脉相承的。叶适将曾子与子贡对比,说明曾子以“忠恕”释“一贯”,其正确性大可怀疑:

“至孔子于道及学,始皆言‘一以贯之’。……然余尝疑孔子既以'一贯'语曾子,直'唯'而止,无所问质,若素知之者;以其告孟敬子者考之,乃有粗细之异,贵贱之别,未知于'一贯'之指果合否?曾子又自转为'忠恕',忠以尽己,恕以及人,虽曰内外合一,而自古圣人经纬天地之妙用,固不止于是。疑此语未经孔子是正,恐亦不可便以为准也。子贡虽分截文章性命,自绝于其大者而不敢近,孔子丁宁告晓,使决知此道虽未尝离学而不在于学,其所以识之者,'一以贯之'而已;是曾子之易听,反不若子贡之难晓。至于近世之学,但夸大曾子'一贯'之说,而子贡所闻者,殆置而不言,此又余所不能测也。"(《习学记言》卷十三)

其次,叶适又旁征博引,对于后儒以曾子临死亲传孔子之道于人的谬说,提出批评;并指明曾子的学说核心在于"以己形物",与孔子"一贯"之道不合:

"曾子有疾,孟敬子问之。近世以曾子为亲传孔子之道,死复传之于人,在此一章。案曾子没后,语不及正于孔子,以为曾子自传其所得之道则可,以为得孔子之道而传之则不可,……以为尧、舜、禹、汤、文、武、周公、孔子之所以一者,而曾子独受而传之,大不可也。孔子尝告曾子'吾道一以贯之',曾子既唯之而自以为忠恕。按孔子告颜子'一日克己复礼,天下归仁焉',盖己不必是,人不必非,克己以尽物可也。若动容貌而远暴慢,正颜色而近信,出辞气而远鄙倍,则专以己为是,以人为非;而克与未克,归与未归,皆不可知,但以己形物而已。且其言谓君子所贵乎道者三,而笾豆之事,则有司存,尊其所贵,忽其所贱,又与一贯之指不合。故曰,非得孔子之道而传之也。……夫托孤寄命,虽曰必全其节;任重道远,可惜止于其身。然则,继周之损益为难知,六艺之统纪为难识。故曰,非得尧、舜、禹、汤、文、武、周公、孔子所以一者受而传之也。传之有无,道之大事也。世以曾子为能传,而余以为不能。余岂与曾子辨哉?不本诸古人之源流,而以浅心狭志自为窥测,学者之患也。"(同上)

在归结点上，叶适指出了曾子、子思、孟子的思想都不合于孔子，认为他们只是在儒家思想发展中的一个宗派，并大胆地批判了此派的唯心主义思想（以孟子为代表）：

“周道既坏，上世所存皆放失。……孔子搜补遗文坠典，……有述无作，然后唐、虞三代之道，赖以有传。……孔子殁，或言传之曾子，曾子传子思，子思传孟子。案孔子自‘德行颜渊’而下十人无曾子，曰‘参也鲁’。若孔子晚岁，独进曾子，或曾子于孔子殁后，德加尊，行加修，独任孔子之道，然无明据。又案曾子之学，以身为本，容色辞气之外不暇问，于大道多遗略，未可谓至。又案孔子尝言‘中庸之德民鲜能久’，而子思作《中庸》，若以为遗言，则颜、闵犹无是告，而独闷其家，非是；若所自作，则高者极高，深者极深，非上世所传也。然则言孔子传曾子，曾子传子思，必有谬误。孟子亟称尧、舜、禹、汤、伊尹、文王、周公，所愿则孔子，……然开德广，语治骤，处己过，涉世疏，学者趋新逐奇，……不足以知其统而袭其迹，则以道为新说奇论矣。……本朝承平时，禅说尤炽，……而周、张、二程出焉，自谓出入于佛老甚久，……及其启教后学，于子思、孟子之新说奇论，皆特发明之，……则子思、孟子之失遂彰。”（《总述讲学大旨》，引自《宋元学案》之《水心学案》）

“孟子言……不见诸侯本于子思，子思本于曾子。‘彼以其富，我以吾仁；彼以其爵，我以吾义。以德，则子事我者也，奚可以与我友？标使者出诸大门之外’，疑皆执德之偏。”（《习学记言》卷十四）

“古人未有不内外交相成而至于圣贤。故尧、舜皆备诸德，而以聪明为首。孔子告颜渊：‘非礼勿视，非礼勿听’，学者事也；然亦不言思。故曰：‘学而不思则罔，思而不学则殆。’又曰：‘吾尝终日不食，终夜不寝，以思，无益；不如学也。’季文子三思而后行，子闻之曰：‘再，斯可矣。’又物之是非邪正，终未可定。《诗》云：‘有物有则’。子思称：‘不诚无物’。而孟子亦自言：‘万物皆备于我矣。'夫古人之耳目，安得不官而蔽于物？而思有邪正是非，心有人道危微，后人安能常官而得之？舍四从一，是谓不知'天之所与'而非天之与此而禁彼也。盖以心为官，出孔子之后；以性为善，独自孟子始。然后学者尽废古人入德之条目，而专以心性为宗主；虚意多，实力少，测知广，凝聚狭，而尧、舜以来内外交相成之道废矣。"(《习学记言》卷十四)

上引叶适的论断，其价值如何，将于第四卷论宋代思想时详述。现在，我们只说，他所说的"孟子本于子思，子思本于曾子"而皆与孔子思想有异云云，实为不易的至论。明白了此点，就可以知道，荀子一面以孔子正传自命，一面对于曾子及子思、孟轲均持批评态度，其中实大有道理。

不过，我们说思、孟的思想出于曾子，只是就其主要的承借与渊源而言；并不是说在曾子以外不曾接受别家的影响。相反的，如郭沫若所考辨，墨家的宗教思想对于子思的影响，宋钘(轻)、尹文的道家思想对于孟子的影响(见《先秦天道观之进展》与《宋钘尹文遗著考》)，以及本书所说墨子的类概念对于孟子的逻辑思想的影响等等，都是无可否认的。这些问题，在分析思、孟的思想内容时，将分别指出；此处仅研究思、孟的学派性，故暂从略。

第二节　思孟学派儒学的唯心主义的放大

我们已在前面说明，思、孟学说乃渊源于曾子。但曾子之走入内省论一途，只是在"言必称师"的祖述形态上开其端绪。到了子思、孟轲，就更进一步，完成了儒学的唯心主义的放大。现在，我们便按照荀子的批判程序来说明此点。

荀子批判战国诸子，义法颇严；他在儒家传统的立场上，相对地指出了诸子的特点，这和孟子批评他人时所采取的拒斥态度是大有区别的。例如荀子在批判辩者时指出辩者"蔽于辞而不知实"，"甚察而不惠”(王念孙谓“惠”字为“急”字之误);而孟子对此则只以“淫辞”二字了之。荀子在批判墨子时,指出墨子“蔽于用而不知文”,“役夫之道”,“大俭约而僈差等”,这些都是经过比较审慎的分析;而孟子对此则只以“无父”二字了之。“淫辞”、“无父”,实在说明不了他们的特点,反而混乱了他们的学派性。我们知道了荀子批判诸子的谨严态度,也就可以相信他分别儒家派系的正确性。在《非十二子》篇,荀子对于孔子以后的儒家,把子张、子夏、子游诸氏分在一系,而把子思、孟轲另分在一系,关于后者,他说:

“略法先王而不知其统;犹然而材剧志大,闻见杂博;案往旧造说,谓之五行;甚僻违而无类,幽隐而无说,闭约而无解。案饰其辞而祗敬之,曰:‘此真先君子之言也。’子思唱之,孟轲和之,世俗之沟犹瞀儒,嚾嚾然不知其所非也,遂受而传之,以为仲尼、子游为兹厚于后世。”(《非十二子》篇)

上面的一段话是荀子对于子思、孟轲学派性的总括说明。在这里问题颇多,今先略论于下:

第一点,毫无问题的是:

(1)“材剧志大”正是子思、孟轲的写照。子思以孔子配天,孟子更以自己配天,观其善养“浩然之气”的事天气概,便可明白。

(2)“闻见杂博”也是孟子的特点。结合“略法先王而不知其统”一点看来,就知道他的“周室班爵禄”和“井田”等说,真是“杂博”之至。他仅“闻其大略”,即敢如此“造说”。荀子说他“不知其统”是言之有物的。

(3)“僻违而无类,幽隐而无说,闭约而无解”三句,甚关重要。这不但指唯心主义的五行论,更指形而上学的方法论。僻即邪辟之谓,无类即附会之谓。荀子逻辑学中的类概念甚清楚,但孟子有关人性的辩论,其所类举之自然物,都是不类的概念。《中庸》说,“国家将兴,必有祯祥;国家将亡,必有妖孽”,不但粗似于天人感应的五行说,而且正是所谓“僻违而无类”的典型例子。此外,我们从《孟子》“夜气平旦”之说和《中庸》“君子之道费而隐”之说便可知其“幽隐”，从孟子以“无父”形容墨子的例证中便可知其“闭约”。总之，思、孟对于事物都是以心况之，故荀子评之为“无说”、“无解”。

(4)子思、孟轲的唯心主义对后来学者影响甚大，傲然独居为孔子学派之权威，在当时也是显赫的，这就是世俗之儒所以“受而传之”的道理。

第二点，应加辩解的是：

(1)“五行”之说，是《荀子》文中评思、孟思想的五件事之一，明指其为思、孟所唱和的学说。在《中庸》、《孟子》中虽有五行说的迹象，而且也有人(如章炳麟)加以肯定，但其中并无具体的“金、木、水、火、土”的文句。把金、木、水、火、土五行傅会成唯心主义学说的，是清儒以来证明为战国作品的《洪范》。因此，《洪范》作者即不能指定必为子思，但也可作后人“受而传之”者看待。

(2)《易传》作者，至今尚无定论；其五传必非一人所作。荀子虽引《易》论《易》，而在荀子著作中则没有一丝一毫《易传》的方法论。因为“显微阐幽”(《下传》)、“探赜索隐，钩深致远”(《上传》)的方法与荀子精神不合，反而与其所评的思、孟的方法相近。《下传》言伏羲、神农、黄帝，这种“案往旧造说”也与荀子“法后王”之旨相背，而与其评思、孟者为近。故著者以为，《易传》之时代或在秦、汉之交，而其作者的学派则是和荀子所谓俗儒“受而传之”的精神分不开的。

(3)子思、孟轲的著作，学者间有不少的考辨。《孟子》一书谓为孟子学派的凑合物尚可，而谓其所传学说毕在于此，则学者间多不以为然。至于子思的作品，就更有问题了。就《大戴礼》辑录的《大学》、《中庸》来说，学者间多信《中庸》乃是子思之手笔，《大学》则编简错杂，不易断定；清儒陈乾初、汪中都说《大学》非圣人之言，也非曾子所作；郭沫若考定其为孟子弟子乐正克所作。《中庸》除了有一少部分为战国末年学者所加入的东西外，大体上近于子思，其中思想也是和孟子有师承关系的。

(4)研究子思、孟轲的学派性,首先应该确定他们著作,因此,我们的研究是以《洪范》以及《中庸》、《孟子》为范围。至于在五行以外言阴阳的《易传》,则应归于秦、汉之间思、孟学派所引申的思想。关于《洪范》的研究,郭沫若在《中国古代社会研究》中的论断,是该书中论古代思想最值得参考的部分,本章从略。

这里且在一个关键处,说明一下思、孟思想产生的历史根源。中国周代社会走了"维新"的路径,保留了氏族组织;其反映于意识的一个标志,便是中国古代的先王观。西周言先王见于可靠史料者,仅及文王,已详于本书第二章。春秋的先王理想,孔、墨所称的尧、舜,已经变革了西周先王观的内容;尧、舜的出现及其理想,影响了后期学说。老子抹杀先王,托出了先王以前的圣人;庄子继其绪统,更明显地否定了尧、舜,寻出了神农、黄帝,甚至"混沌",据以批判儒、墨之是非。老、庄思想出现以后,先王观念的解放,必然在战国历史中有一番更新的翻覆。后期儒家遇到了这一问题,自然在这一概念之下,另行寻求适合于自己的解答。拘谨守成的儒者在服冠仪节方面讲求"禹行而舜趋",以所谓"繁文缛礼"相标榜;而"材据志大"者则以为"禹行舜趋"的仪式不足以服人,于是《尧典》、《舜典》、《禹贡》就成为必要,把春秋末年理想化的先王,当做真历史,"案饰其辞,而祗敬之,曰:'此真先君子之言'"。所以,理想的先王在过去是一个假设,而在战国中叶则非粉饰成为"此真先君子之言",不足以服反对者,《洪范》如此产生,《尧典》、《舜典》、《大禹谟》诸篇更是如此产生。研究中国古代思想史而不了解它的历史特性,便把握不到这一关键处。清儒以来的考证知其然,我们更应进一步研究其所以然。

荀子的时代接近于战国中叶,知道这一思想史的伪制路线,所以他才注意到先王之"统",从"礼"的起源讲起。他的先王观念,实在是对于战国中叶的先王观的洗刷。他所谓的"法后王",指法文王、周公,对以前的三个先王观念阶段做了一次清洗运动(三阶段为孔、墨,老、庄,思、孟学派)。他说:

"圣王有百,吾孰法焉?曰:文久而息,节族久而绝,守法数之有司极礼而褫。故曰:欲观圣王之迹,则于其粲然者矣,后王是也。彼后王者,天下之君也。舍后王而道上古,譬之是犹舍己之君而事人之君也。故曰:欲观千岁,则数今日,欲知亿万,则审一二,欲知上世,则审周道,欲知周道,则审其人所贵君子。"(《非相》)

因此,他在同篇中便暗示了伪造尧、舜典章以及假托黄帝"重言"的妄人。他说,妄人伪造,为的是欺骗众人,于是众人便被欺于"千世之传"。反之,圣人则是"以人度人,以情度情,以类度类,以说度功,以道观尽。……乡乎邪曲而不迷,观乎杂物而不惑"。(《非相》)他说:

"夫妄人曰:古今异情,其以治乱者异道,而众人惑焉。彼众人者,愚而无说,陋而无度者也。其所见焉,犹可欺也,而况于千世之传也?妄人者,门庭之间,犹可诬欺也,而况于千世之上乎?"(同上,这一节话,针对老、庄与思、孟而言。所谓"道过三代谓之荡"是对老、庄而言,"法贰后王谓之不雅"则对思、孟而言。)

据此,他所谓"略法先王而不知其统","统"即上面所说的"度",或荀子常说的"类"(如"听断以类")。反之,"按往旧造说",就是所谓附会事物的千古奇谈。"沟犹瞀儒不知其所非,受而传之",于是假历史变成了真历史。按王先谦注:沟瞀,训愚暗。沟犹,叠韵,犹,语助词。《荀子·儒效篇》所说的"愚陋沟瞀",可以证明这一注释是正确的。

在思、孟学派的著述中,五行的文句未见出现,而"按往旧造说"的话却很多。《论语》引申《诗》、《书》之句并不多见,《中庸》则几乎满篇《诗》、《书》。孔子说"文献不足",不知则阙文;但孟子却有古制之图案。

《中庸》按往旧造说的例子颇多。孔子讲《诗》多一般性的说明,例如"诗可以观,可以兴,可以群(类),可以怨",仅把《诗》理想化了。反之,《中庸》按《诗》而造说的地方就多了,这就和孔子不同了。

《中庸》第十二章谓"君子之道费而隐",所"按往旧"的是《诗·大雅·旱麓章》,这里形容氏族君子的天受福禄,拿所谓"鸢飞戾天,鱼跃于渊”(下文为“岂弟君子,遐不作人”)来做比附。意思是说,统治者(君子)作“人”(“人”字在古代仅指氏族贵族而言),自然如鸢鱼之飞跃于天渊。然而,子思对之,却“幽隐而无说”,于是“造说”起来,说什么“言其上下察也。君子之道,造端乎夫妇,及其至也,察乎天地”。朱熹《中庸章句》注:“以明化育流行,上下昭著,所谓费也;然其所以然者则非见闻所及,所谓隐也”,前一句似五行说的“幽隐”,后一句更是不可言状的“无说”。

《中庸》第十六章引《诗》句“神之格思,不可度思,矧可射思”。此句出于《大雅·抑章》。我们在前面第三章引它作为证据,说明夷、厉时代对于神的怀疑思想。《抑章》下文就讲“天方艰难,曰丧厥国”,对“昊天”大加责难。然而子思按旧造说:“鬼神之为德,其盛矣乎!视之而弗见,听之而弗闻,体物而不可遗”;“夫微之显、诚之不可掩如此夫”。《中庸章句》注:“阴阳合散,无非实者,故其发现之不可掩如此。”

《中庸》第二十四章说:“至诚之道,可以前知。国家将兴,必有祯祥,国家将亡,必有妖孽。见乎蓍龟,动乎四体。祸福将至,善必先知之,不善必先知之,故至诚如神。”

如果拿这些话和《洪范》九畴的第八畴“庶征”、第七畴“稽疑”、第九畴“五福”比较一下,其“按往旧造说”的方法是很明白的。

《中庸》第二十九章说:“君子之道,本诸身,征诸庶民。”《洪范》则谓:“凡厥庶民,极之敷言,是训是行,以近天子之光。”这是很相似的。

《中庸》第三十章说:“上律天时,下袭水土。”《洪范》则谓:“八庶征,曰雨,曰阳,曰燠,曰寒,曰风,曰时。五者来备,各以其叙,庶草蕃庑。一极备,凶;一极无,凶。”五行、五事、五征的附会,《中庸》与《洪范》是相接近的。《中庸》所谓“天下之达道五”,便是“五”的观念。

《中庸》的“五事”和《洪范》的“五事”文句虽不相同,而义旨实无差异:

《中庸》	《洪范》
聪明睿智,足以有临也。	五曰思,思曰睿,睿作圣。(土)

宽裕温柔,足以有容也。　　四曰听,听曰聪,聪作谋。(金)
发强刚毅,足以有执也。　二曰言,言曰从,从作乂。(火)
齐庄中正,足以有敬也。　一曰貌,貌曰恭,恭作肃。(水)
文理密察,足以有别也。　三曰视,视曰明,明作哲。(木)

我们从以上的对比中,可以看出《中庸》中的五行说的成分,这两个"五事"都是从孔子知识论的"能思"学说出发,作了唯心主义的放大和肿胀。孔子九思中有视思明,听思聪,色思温,貌思恭,言思忠,事思敬等;在《中庸》与《洪范》中则把上面的六思编整为五事;《中庸》甚至说这五事可以配天,《洪范》也说这是天锡的"彝伦攸叙"。

复次,《孟子·万章》中有不少关于尧、舜、禹、汤的事迹的造说,和孔子之文献不足征的说法大有距离。《万章下》更有周室班爵禄的一套制度而为后儒所本,其实他在这里就已露出"见闻博杂,按往旧造说"的痕迹,他说:"其详不可得闻也,诸侯恶其害己也,而皆去其籍。然而轲也尝闻其略也。"荀子认为这便是"不知其统"。孟子在《滕文公上》所说的井田制的图案,颇为具体;但他也说"此其大略",让别人"润泽";我们可以看出,"润泽"与"按往旧造说",在典籍皆已散佚的时候,没有多少距离!

孟子喜言五等与五服之制。然证诸周金,周代并没有这种分爵,这是学者们所公认的。我们由此可以看出孟子在五服论中所持的"五"的观念。其他如"君子之泽五世而斩,小人之泽五世而斩","五百年必有王者兴","挟贵而问,挟贤而问,挟长而问,挟有勋劳而问,挟故而问",也都有"五"的观念。仁、义、礼、智再加上信,便是"彝伦攸叙"的五种天然层次。

关于思、孟的五行思想,郭沫若的研究颇为精到。在儒家八派的批判里,他说:

"思、孟所造的五行说,在现存的思、孟书——《中庸》和《孟子》——里面,虽然没有显著的表现,但也不是全无痕迹。《中庸》首句'天命之谓性',注云:'木神则仁,金神则义,火神则礼,水神则智,土神则信',章炳麟谓'是子思遗说'(见章著《子思孟轲五行说》),大率是可靠的。孟子说:'恻隐之心人皆有之,羞恶之心人皆有之,恭敬之心人皆有之,是非之心人皆有之。恻隐之心仁也,羞恶之心义也,恭敬之心礼也,是非之心智也。仁义礼智非由外铄我也,我固有之也'。又说'无恻隐之心非人也,无羞恶之心非人也,无辞让之心非人也,无是非之心非人也;恻隐之心仁之端也,羞恶之心义之端也,辞让之心礼之端也,是非之心智之端也。人之有是四端也,犹其有四体也'。又说:'君子所性,仁、义、礼、智根于心'。他把仁、义、礼、智作为人性之固有,但缺少了一个'信',恰如四体缺少了一个心。然而这在孟子学说系统上并没有缺少,'信'就是'诚'了。他说:'仁之于父子也,义之于君臣也,礼之于宾主也,智之于贤者也,圣人之于天道也,命也,有性焉,君子不谓命也。'这儿与仁、义、礼、智为配的是'天道'。'天道'是什么呢?就是'诚'。'诚者天之道也,思诚者人之道也,至诚而不动者未之有也,不诚未有能动者也'。其在《中庸》,则是说:'诚者天之道也,诚之者人之道也,诚者不勉而中,不思而得,从容中道,圣人也'。这'从容中道'的圣人,也就是'圣人之于天道'的说明,是'万物皆备于我,反身而诚,乐莫大焉'的做人的极致。再者,诚是'中道',这不合乎'土神则信',而土居中央的吗?子思、孟轲都强调'中道',事实上更把'诚'当成了万物的本体,其所以然的原故不就是因为诚信是位于五行之中极的吗?故尔在思、孟书中虽然没有金、木、水、火、土的五行字面,而五行系统的演化确实是存在着的。"(《十批判书》,页133—134。)

由上面的引文看来,孟子最喜爱按往旧《诗》、《书》,通过他的主观想象来造说。更唯心主义的说法,还有这样的话:

"尽信《书》则不如无《书》,吾于《武成》取二三策而已矣。仁人无敌于天下,以至仁伐至不仁,而何其血之流杵也!"(《尽心下》)

"说《诗》者，不以文害辞，不以辞害志。以意逆志，是为得之。"(《万章上》)

由以上所述看来，我们知道，思、孟学派的儒学是放大了的唯心主义的儒学，一方面把孔子的先王的理想，作为"真先君子之言"，扩大传说于"千世之上"，比附于天地五行；他方面把孔子的知识论，比附引申，升华而为神秘性的形而上学，即把孔子"所思"部分之"学"，扩大为"神"，把孔子"能思"部分的"知"，扩大为"诚"，于是人道与神道合一，真所谓"以意逆志"了！

第三节　中庸的唯心主义思想

《中庸》一书虽然不一定是子思一人的著作，但其思想则可作为思、孟学派的代表作来处理。

"中庸"二字见于《论语》者仅有一处："子曰：'中庸之为德也，其至矣乎！民鲜久矣。'"孔子的道德论，一方面把西周的宗教观还原于人类的心理要素，把道德情操贯注于春秋以来的仪文形式；另一面把道德的标准当做贵族"君子"所志所据的一个至极的理想人格，《论语》中的"中庸之为德"一语，即使不是后人所加入的简册，也不是孔子的主要的命题。春秋末年孔子的批判精神是在保留西周传统的学说体系中建立了他的新儒学，其所保留的周制信仰，是后来儒学所共具的；而这两种道德理论的倾向，复分化而为战国儒学的两派，执守前一种而加以修正的是荀子学派，执守后一种而加以放大的是思、孟学派。

"中庸"是战国时的术语。战国正是一个显族出现而氏族贵族回光返照的时代。变化呢，不变化呢，在这一问题上实在没有春秋时代管仲、子产的那种调和政治、居于二者中间的"惠人"政治的余地。现实的管仲、子产之"仁"道，既未能实现，则超现实的"中庸"便似乎成为在时代暴风雨中所幻想出的安神剂。所以《中庸》说：

"道也者，不可须臾离也，可离非道也。是故君子戒慎乎其所

不睹,恐惧乎其所不闻。莫见乎隐,莫显乎微,故君子慎其独也。”(《中庸》一章,以下仅注章题)

在统治阶级看来,这时最好是素位而行,所谓“素富贵行乎富贵,素贫贱行乎贫贱”(《中庸》十四章),“居上不骄,为下不倍”(同上书,二十七章),企图使阶级斗争消弭于无形之中。但时代并非“国有道”之世,现实的中庸社会是不可能存在的:

“道之不行也,我知之矣,知者过之,愚者不及也。道之不明也,我知之矣,贤者过之,不肖者不及也。”(同上书,四章)

“天下国家可均也,爵禄可辞也,白刃可蹈也,中庸不可能也。”(同上书,九章)

在这种没有现实的中庸的变世,孔子当初曾发挥一套积极精神以谋改良,但在《中庸》里,对于这个变化,只有求之于唯心主义的内心解消:

“其次致曲,曲能有诚,诚则形,形则著,著则明,明则动,动则变,变则化。唯天下至诚为能化。”(同上书,二十三章)

对于变化的社会,孔子曾有积极的“可为”意图,但《中庸》却只表现出对矛盾难以解决的心理:

“君子居易以俟命,小人行险以侥幸。”(同上书,十四章)

这样看来,在“愚而好自用,贱而好自专,生乎今之世,反古之道”(同上书,二十八章)的阶级矛盾社会,所谓中庸之道,只有在消极方面“俟命”,“国无道,其默足以容”。为了在主观方面解消阶级的矛盾,就出现了“君子中庸,小人反中庸”的形而上学:

“君子中庸,小人反中庸。君子之中庸也,君子而时中;小人之(反)中庸也,小人而无忌惮也。”(同上书,二章)

贵族君子怎样就能“时中”呢?最后的答案是“反求诸其身”,“内省不疚,无恶于志,君子所不可及者,其唯人之所不见乎”(《中庸》三十三章),“知微之显”(同上)。然而这不过是贵族阶级的一种精神胜利罢了。

按照《中庸》的说法,精神胜利的微处隐处在于“正己”而不求于人,然而其显处著处居然就可以与天地同流!这是多么轻举宇宙的唯心观点!因此,“时中”之德在主观情操的动机上只要立起了基础,就居然可以通达到天地万物:

“喜怒哀乐之未发,谓之中;发而皆中节,谓之和。中也者天下之大本也,和也者天下之达道也。致中和,天地位焉,万物育焉。”(《中庸》一章)

然而“致中和”对于现实是没有中间环节的,只是情操对自然之融化而已。到了所谓“合内外之道”或隐微之道,和现实世界的客观发展相违,又该怎样呢?结论是异常可悲的,即所谓“遁世”:

“君子依乎中庸,遁世不见知而不悔,唯圣者能之。”(同上书,十一章)

以上讲的是《中庸》的主观唯心主义。这一主观的自我狂想与曾子的内省论显然是一脉相承的。

孔子仅把西周“天人合一”的宗教思想还原于人伦思想,但子思却把人伦思想扩大而为更广泛的宗教思想。西周是以先王配天,子思索性就以孔子配天:

“天命之谓性,率性之谓道,修道之谓教。”(同上书,一章)

天命与人性的合一,即天道与性的合一,这是孔子所罕言的,也是子贡所不可得而闻的,但子思却轻松地把它说成宗教了。《中庸》引《周颂》中的天人合一的思想说:

“《诗》云:‘惟天之命,于穆不已’,盖曰天之所以为天也。‘于乎不显,文王之德之纯’,盖曰文王之所以为文也,纯亦不已。”(《中庸》二十六章)

这样看来,《中庸》大胆地按照《诗·周颂》文王配天之命的旧说,造出了新说——“诚”的“天人合一”宗教论。请看:

“诚者天之道也,诚之者人之道也。”(同上书,二十章)

“诚者自诚也,而道自道也。诚者物之终始,不诚无物。”(本

体超乎客观的存在,物质被摈斥于可以“无”的境地。)(《中庸》二十四章)

“诚者,非自成己而已也,所以成物也。”(诚的主观是第一性,物是第二性。)(同上)

“至诚无息,不息则久,久则征,征则悠远,悠远则博厚,博厚则高明(按此似五行之序)。博厚,所以载物也;高明,所以履物也;悠久,所以成物也。博厚配地,高明配天,悠久无疆。如此者不见而章,不动而变,无物而成。”(同上书,二十六章,天地万物都依靠主观的诚心才外现出来。)

本体是超乎时间、空间、物质、运动诸范畴的先天的自在物。同时它的变化、形式、内容都是超感觉的。“君子诚之为贵”,即以至诚之性配天之性,其唯心主义的公式是这样的:

“唯天下至诚,为能尽其性;能尽其性,则能尽人之性;能尽人之性,则能尽物之性;能尽物之性,则可以赞天地之化育,可以赞天地之化育,则可以与天地参矣。”(同上书,二十二章)

“大哉,圣人之道,洋洋乎发育万物,峻极于天。”(同上书,二十七章)

因此,这一“天人合一”的思想,是在西周的宗教神上面加上了一层“修道之谓教”。一方面说,“鬼神之为德,其盛矣乎(孔子只言“周之德其盛矣乎”),视之而弗见,听之而弗闻,体物而不可遗”;他方面又说,“仲尼祖述尧、舜,宪章文、武,上律天时,下袭水土”。于是,只有至圣才能尽人性而尽物性,才能“配天”。孔子就具备了这样的教主的资格。

汉儒“天人合一”的思想和后世“儒教”的宗教思想,均由此引申而出。这种形而上学的宗教思想及其体系之所以以“诚”为最高的范畴,是与曾子的自我省察的唯心观点以及一般的德孝观念直接相关联的。在这里,我们应该知道,对于这种宗教化的形而上学,分析其理论上的承借,或指明其渊源所自,乃是思想史的探源的问题。更重要的研究则在于指出,《中庸》的这种主观唯心主义及其宗教化的形而上学,正是战国贵族君子的合法思想。在暴风雨的时代,贵族君子居然可以“不见而章,不动而变”,居然可以追寻出精神的悠久不变,企望神降临在天子旁边,帮助天子议礼、制度、考文。故《中庸》又说:

“唯天下至诚(神),为能经纶天下之大经,立天下之大本,知天地之化育,夫焉有所倚。”(《中庸》三十二章)

因为当时氏族贵族所寄托的宗法制度已经被破坏,所以才幻想出只有神圣的贵族阶级才能有造化于政权:

“非天子,不议礼、不制度、不考文。……虽有其位,苟无其德,不敢作礼乐焉;虽有其德,苟无其位,亦不敢作礼乐焉。”(同上书,二十八章)

第四节　孟子的社会观、阶级论及其进贤说

《孟子》一书,非出于其本人之手,故其著作年代难以考定。梁启超断为“公孙丑、万章之徒所编定”(见《要籍解题》),多推理之辞,无直接正面的实据。《孟氏谱》所定孟子生卒年代颇有问题。他的生年大约最早在周安王十三年,最晚在安王二十年,至他的卒年,更未易测知,他享年甚高,然八十四岁之说则未必可信。

从孟子对其所处的战国时代的议论中,可以看出当时的时势与孟子的主张:

(一)当时是争利的世界——这时代不但小人行险侥幸,不素乎贫贱,而且君子也与人民争起利来。“上下交征利”,说明了“货币的行军”冲破宗礼的制度,地域的国民单位冲破了血缘的氏族单位。请看下面的话:

“王曰何以利吾国,大夫曰何以利吾家,士庶人曰何以利吾身。上下交征利,而国危矣。”(《梁惠王上》)

“焉有君子而可以货取乎?”(同上)

“为富不仁矣,为仁不富矣。”(《滕文公上》)

“今之事君者,皆曰我能为君辟土地,充府库。今之所谓良臣,古之所谓民贼也。君不乡道,不志于仁,而求富之,是富桀也。”(《告子下》)

孟子反对利、反对富,是有原则的。他的原则是什么呢?他的意思是说,当时社会求利求富的阶级关系超出了“制度”所许可的范围。而这个制度又是什么呢?关于这一点,除本书绪论已有扼要的说明外,这里再引孟子的话来证明。

国、家、身,或诸侯、大夫、士与庶人,在周制是有一定的阶级分类的。大别之,君子居国,小人居野。国即古代城市之谓,这即孟子说的“今居中国(国中),去人伦,无君子,如之何其可也”(《告子下》),“匡章通国皆称不孝焉”(《离娄下》),“今有御人于国门之外者”(《万章下》),凡此诸“国”字就是周制的“国”。古代国野之间的划分,谓之“封建”,和中古封建是在性质上不同的。在孟子的时代,这种制度已被破坏而遗迹尚存。他说:

“域(国字,周金国字、或字、域字同)民不以封疆之界,固国不以山谿之险。”(《公孙丑下》)

“野”之制度,孟子也有说明:

“在国曰市井之臣,在野曰草莽之臣,皆谓庶人。庶人不传质为臣,不敢见于诸侯,礼也。……庶人召之役,则往役……”(《万章下》)

据所谓“天下皆欲耕于王之野”一语看来,则野人当为生产者。草莽之臣、庶人、野人和墨子所讲的“四鄙之萌人”是同样的。据此,在孟子看来,国野制度的原则是富贵和贫贱的分水岭,舍此而求利求富,“而国危矣”。所以他说:

“夫仁政,必自经界始。经界不正,井地不钧,谷禄不平。是故暴君污吏,必慢其经界。经界既正,分田制禄,可坐而定也。夫滕壤地褊小,将为君子焉,将为野人焉。无君子莫治野人,无野人

莫养君子。请野九一而助，国中什一使自赋。……（下言井田）……”（《滕文公上》）

孟子的井田论是古今学者所争论而至今未决的问题，然孟子的经界论，却没有人注意。井田在周金中毫无痕迹，而经界在周金中则确凿有据。孟子在“诸侯恶其害己也，而皆去其（典）籍”的当时，企图按照国野的制度来划分君子和小人，确定统治阶级和被统治阶级。

在战国时代，“慢其经界”已成事实，周代的国野的制度已经破坏，这个破坏即将导致氏族单位的消失，导致国民阶级的“上下交征利”。孟子之所以反对当时的暴君污吏，即因为他们破坏此种“周制”。如孟子在齐，“他日，王谓时子曰：‘我欲中国（国中）而授孟子室（室指奴隶），养弟子以万钟，使诸大夫、国人（自由民）皆有所矜式。’”然而孟子听了，则说：“如使予欲富，辞十万而受万，是为欲富乎？”（《公孙丑下》）

（二）当时已出现了求富的阶级矛盾——我们在前几章指出，战国时新兴的阶级是地域化的国民阶级，墨子的阶级论就反映这一阶级的要求。这些国人甚至庶人，都不素乎贫贱，反之贵族君子也迎合潮流，相互侵夺，“万乘之国，弑其君者，必千乘之家；千乘之国，弑其君者，必百乘之家”，都不素乎富贵。

“上无道揆也，下无法守也，朝不信道，工不信度，君子犯义，小人犯刑，国之所存者幸也！故曰：城郭不完，兵甲不多，非国之灾也；田野不辟，货财不聚，非国之害也。上无礼，下无学，贼民兴，丧无日矣！”（《离娄上》）

在古代的城市国家，由于对财富的争夺，国中的君子犯义，野鄙与市井的小人犯刑，这在孟子看来是再危险不过的。所谓“贼民兴”正是被统治阶级斗争的表现。孟子对于犯义而求富的，说：

“异哉子叔疑，使己为政，不用，则亦已矣，又使其弟子为卿。人亦孰不欲富贵，而独于富贵之中有私垄断焉。”（《公孙丑下》）

“私垄断”之义，当指君子大夫之专利，也即所谓“群公子皆富”。

孟子解释上文曾提到商业的关系:“古之为市也,以其所有易其所无者,有司者治之耳,有贱丈夫焉,必求垄断而登之,以左右望而罔(罗)市利,人皆以为贱,故从而征之,征商,自此贱丈夫始矣。”(《公孙丑下》)

诸侯大夫争利争富,是自犯不义的行为。所以鲁穆公问民不死上何故?孟子说:“君之仓廪实,库府充,有司莫以告,是上慢而残下也。……夫民今而后得反之也。”(《梁惠王下》)反抗统治阶级是多么危险的局面!孟子对于这一点,依然主张复古,他说:“五霸者三王之罪人也,今之诸侯五霸之罪人也,今之大夫今之诸侯之罪人也。”(《告子下》)

另一方面,国人的求富活动,已成为一般社会的趋尚。孟子讲的齐人有一妻一妾而夸富贵的故事,是一有力的证据。现在把这个故事译成白话如下:

> 齐国的一个自由民家里有一个老婆和一个小妾。当家人空手出门,饱食醉酒回家,他的老婆问他和他饮食的人,他说自然全是一般富贵朋友呵!老婆子告小妾说:咱们当家的出门,回来必定吃饱喝足,问他和他吃喝的人,说全是富贵人,但老没有看见一个“显者”来咱们家里,我不信,要偷看他到什么地方。次早,暗暗跟踪着他的当家人所到的地方,城里到处(遍国中)都没有一个和他交谈的。最后,到了东门外的祭坟的地方,他向祭者讨吃,一个不够,又向别一个去讨,这样地吃饱了。老婆子回家来,告小妾说:当家人,我们是靠他一辈子的,如今是这样下场!她和小妾一边咒骂,一边对哭。当家的并不知详情,喜气洋洋地走回来,仍然对他的妻妾夸海口。(参看《离娄下》原文)

孟子说完这个故事,便站在贵族君子的立场,批评那些不知命而求富贵并求为“显者”的人:

> “由君子观之,则人之所以求富贵利达者,其妻妾不羞也,而不相泣者,几希矣!”

孟子的阶级立场是很明显的。他不主张在贫富关系上破坏以往的阶级制度,他说:“为贫者,辞尊居卑,辞富居贫。……位卑而言高,罪也。”(《万章下》)这即是说贫贱的人应该永远是不变的。

孟子对于统治阶级的地位是十分关心的,他说出一番贵族所以为贵族的理论,叫做“良贵”论:

“有天爵者,有人爵者:仁、义、忠、信,乐善不倦,此天爵也;公卿大夫,此人爵也。古之人修其天爵,而人爵从之;今之人修其天爵,以要人爵,既得人爵,而弃其天爵,则惑之甚者也,终亦必亡而已矣。”(《告子上》)

孟子天爵和人爵的合一论,是从天人合一的思想推论出来的。这里所谓人爵,乃指氏族贵族,是天所受命的,他说:

“欲贵者人之同心也,人人有贵于己者,弗思耳!人之所贵者,非良贵也。赵孟之所贵,赵孟能贱之!”(同上)

“贵”是统治阶级,统治阶级是天生的,不是人人可以随便取得的。因此,孟子依据他的人类性的理论,划分出统治阶级和被统治阶级的绝对鸿沟:“体有贵贱,有大小。无以小害大,无以贱害贵。养其小者为小人,养其大者为大人。”(同上)这样说来,天生的形体就决定了人的阶级的命运。但这还不够,孟子又把耳目之官与心之官分做两个等级,小人只从耳目之官,大人则从心之官。他说:

“耳目之官不思,而蔽于物;物交物,则引之而已矣。心之官则思。思则得之,不思则不得也。此天之所与我者,先立乎其大者,则其小者弗能夺也。此为大人而已矣。”(同上)

这个“能思”的范畴是孔子“九思”的放大。其实,在孔子思想里,感性认识与理性认识是内外交相成的,从未抹杀感性。但孟子则把感性认识与理性认识绝对地分裂开来,更从阶级性方面,把感性认识规定为小人所从的“小体”,为恶的根源,而把理性认识规定为大人所独受的“心之官”,为大人之所以异于禽兽和庶民的关键。所以他又说:

“人之所以异于禽兽者几希,庶民去之,君子存之。”(《离娄

下》)

“人”在中国古代仅是君子的名词,唐避李世民讳,把古文献中的“民”字皆改为“人”字,宋又翻改一次,故“人”字在古书中失其原来的面目。但仔细研究以后,还可以看出它的大体的轮廓。如孟子说,“不仁、不智、无礼、无义,人役也”(《公孙丑上》),“夫仁,天之尊爵也,人之安宅也”(同上)。因为“惟君子以仁存心,以礼存心”(《离娄下》),所以,人是只属于君子的专名。仁是君子所以取得尊爵的定义,不仁是被统治阶级所以受奴役的理由。至于仁、智、义、礼的道德又是天命所决定的,孟子说:

“义,路也,礼,门也,惟君子能由是路,出入是门也。《诗》云:‘周道如砥,其直如矢,君子所履,小人所视。’”(《万章下》)

孟子对于阶级关系的变化,抱着反对的态度,对于旧贵族却具有强烈的同情心。他认为,统治阶级的“良贵”是不应该从下面来破坏的,至于从上面而来的君子的自己破坏就更不对了,所以他说:

“自暴者不可与有言也,自弃者不可与有为也。言非礼义,谓之自暴也;吾身不能居仁由义,谓之自弃也。”(《离娄上》)

孟子所谓“仁则荣,不仁则辱”与荀子所谓“君子常安荣,小人常安辱”是相似的。然而“人”在战国时代,已经没有西周的严格规定了,国人(自由民)的地位已经稳固了,故孟子不能不主张“贤者在位,能者在职”,“不信仁贤,则国空虚”。但他的求贤的方法却和墨子不同,求贤的条件是以周制为原则,即不能破坏尊卑亲疏的氏族制度。他说:

“国君进贤,如不得已,将使卑逾尊,疏逾戚,可不慎与!左右皆曰贤,未可也;诸大夫皆曰贤,未可也;国人皆曰贤,然后察之,见贤焉,然后用之。”(《梁惠王下》)

我们在论墨子的尚贤时,曾强调其举“众贤”不避贫贱疏远的思想,强调这一思想的反贵族专政的国民阶级性;然而孟子的“不得已”的进贤论,把“尊逾卑,疏逾戚”看作“国君进贤”的错误路线,并着重地告诫说:“可不慎与!”两相对照,战国的儒、墨对立的实践意义,就再清楚不过了。诚然,孟子以周制为原则的进贤的方法,从文字形式看来,未尝不与孔子的自上而下的举贤论相貌合;但从历史的实质看来,孔子主张举贤于国民阶级尚未成熟的春秋末世,这还不失为一种有进步意义的、开明的改良思想。而孟子在国民阶级地位已经稳固的战国中叶,还提出了明日黄花的周制,将贤能之士重新投置于尊卑戚疏的氏族桎梏之中,这就成为复古的保守思想。这一思想绝不是直接来自孔子的"举贤",而是把曾子为了挽救贵族危机而提出的复活氏族遗制的方案,加以扩大或加以理论化。

孟子的这种以周制为原则的进贤论,如前所述,更和其"天爵"、"良贵"的天命论及其"小体"、"大体"的阶级理论相结合。故他的反动本质基本上仍不外乎"劳心者治人,劳力者治于人"、"无君子莫治野人,无野人莫养君子"的贵族君子立场。在希腊古代,亚里士多德所谓"人是政治的动物"的命题中,"人"指市民,"政治"是城市国家的同义语;因而,古代世界的人类性是和城市不能分离的。中国古代也是一样,"君子居国"的君子指贵族,其人类性也是和国中(城市)不能分离的。西周宗法的"宗子维城",到了战国,发生了变化,国人自由民也参与政权了。故孟子"进贤"论的出发点,与其说是相对地斟酌了新的现实,不如说是苦恼于新现实而又企图巩固旧现实。

第五节　孟子的政治思想

孟子既然一方面感到周制难以恢复,另一方面又为新产生的矛盾所苦恼,因而对于当时的现实政治,依据他的理想,提出他的批评。例如他说:"王者之不作,未有疏于此时者也,民之憔悴于虐政,未有甚于此时者也。"(《公孙丑上》)他抨击失政的贵族君子,说他们"自暴自弃"。他看到了社会变迁,诸侯能废灭古文,他说,"诸侯恶其害己也,而皆去其(典)籍",这已是秦始皇焚诗书的先声。他看到了不完全典型的新贵族的专横,"巨室"富家支配了社会财富,他说:"为政不难,不得罪于巨室,巨室之所慕,一国慕之。"(《离娄上》)他看到了劳动力的危机,他说:"凶年饥岁,君之民老弱转乎沟壑,壮者散而之四方者几千人矣(几千人在当时的国中是很大的数目)。"(《梁惠王下》)他看到了旧贵族的腐败没落,他说:"为肥甘不足于口与?轻暖不足于体与?抑为采色不足视于目与?声音不足听于耳与?便嬖不足使令于前与?"(《梁惠王上》)他看到了挽救劳动力再生产的隶农形态(以家的单位束缚于土地,这是农奴的过渡),这一形态又未能发展,他说:"若民则无恒产,因无恒心。苟无恒心,放辟邪侈,无不为己。及陷于罪,然后从而刑之,是罔民也。……今也制民之产,仰不足以事父母,俯不足以畜妻子。乐岁终身苦,凶年不免于死亡。此惟救死而恐不赡,奚暇治礼义哉!"(同上,救死不赡即劳动力的危机)他看到了没落氏族贵族的战争,争城争地,杀人盈城,贵族则感到"寡人之民不加多"。因为他的理想是和社会现实的发展相矛盾的,所以他在客观上暴露出一幅社会危机的图景。他说:"由今之道,无变今之俗,虽与之天下,不能一朝居也!"(《告子下》)

孟子在当时很有显学的气派,所谓"后车数十乘,从者数百人",他到了哪一国家,都敢于批评国君而无所顾忌,甚至责备得国君"顾左右而言他"。他的地位,似乎可以做一番管仲、子产的事业,然而他不能,而且他好责难孔子所夸奖的管仲、子产(仁、惠人),甚至说:"仲尼之徒无道桓、文之事者。"(《梁惠王上》)在这里,我们可以看出,春秋之有管仲、子产的调和政策和战国之有吴起、商鞅的变法政策,乃是历史发展的规律。孟子既不能做前者又不能做后者,那么他的政治主张便不得不在主观理想上寻找出路了。孔子仅向往尧、舜的人格,而孟子则虚拟尧、舜的制度。

孟子的仁政理想,上面已经讲过,"夫仁政必自经界始"。这是企图恢复周制的论调。怎样能恢复古制呢?孟子想出了两种政治:一种是仁政,一种是王政。

第一,他以为仁政是要依据统治者主观的道德来做基础的,即所谓

"以不忍人之心,发为不忍人之政"。只要"君子以仁存心,以礼存心",政治就好了。他说,能够存心的为尧、舜,不能够存心的为桀、纣。尧、舜"以德行仁"而王,"人民中心悦而诚服";桀、纣贼仁贼义,便无资格做天子,所以说:"闻诛一夫纣矣,未闻弑君也。"(《梁惠王下》)基于这个条件,他说,"行仁政而王,莫之能御也";并引曾子的话说:"晋、楚之富,不可及也,彼以其富,我以吾仁;彼以其爵,我以吾义。"但仁心是主观的,是没有客观标准的。孟子的答复有两点:

(1)反求诸己——他拿"射"来做例:"仁者如射,射者正己而后发,发而不中,不怨胜己者,反求诸己而已矣。"(《公孙丑上》)又说:"爱人不亲,反其仁;治人不治,反其智;礼人不答,反其敬。行有不得者,皆反求诸己,其身正而天下归之。"(《离娄上》)这样讲来,政治的标准还是主观的伦理。

他更具体地说:"得其心,斯得民矣。得其心有道,所欲与之聚之,所恶勿施尔也。民之归仁也,犹水之就下,兽之走圹也。"(同上)按这一点,在孔子说来,连"尧、舜其犹病诸",实在太难了,但孟子好像认为这是容易的。至于他把人民和禽兽相比,那就更显得伦理只属于统治阶级所有了。

求诸己者在我,然而人民不懂得又如何呢?孟子在答复这一问题时,就带感情了,他不得不以两种人类性来论证:

> "君子所以异于人者,以其存心也。君子以仁存心,以礼存心。仁者爱人,有礼者敬人。爱人者人恒爱之,敬人者人恒敬之。(现实如果不这样,该如之何?)有人于此,其待我以横逆,则君子必自反也:'我必不仁也,必无礼也,此物奚宜至哉?'其自反而仁矣,自反而有礼矣,其横逆由是也。君子必自反也:'我必不忠。'自反而忠矣,其横逆由是也。君子曰:此亦妄人也已矣,如此则与禽兽奚择哉?于禽兽又何难焉!"(《离娄下》)

这样看来,统治阶级和被统治阶级在"存心"的区别上已有了鸿沟。统治阶级对于反抗者"横逆",首先是经过几次自反,这样就能把反抗者克服,如果最后还不能克服,那就要拿对付禽兽的办法来对付反抗者了。

(2)政得其民——这是孟子的辉煌的命题。他以为尧、舜之得天下,因得其民;桀、纣之失天下,因失其民,故他说:“得天下有道,得其民斯得天下矣。”又说:“暴其民甚,则身弑国亡,不甚则身危国削,名之曰幽、厉。”(《离娄上》)他甚至说,如果不得其民,则民必“出乎尔者反乎尔者也”(《梁惠王下》)。这样的命题是新鲜的,他的大前提是:

> “民为贵(重),社稷次之,君为轻。是故得乎丘民而为天子,得乎天子为诸侯,得乎诸侯为大夫。诸侯危社稷,则变置,……旱干水溢,则变置社稷(迁国)。”(《尽心下》)

从“仁心”来推论,孟子得出人民“与禽兽奚择”的结论,然而从“得民”来推论,又可以得出变置诸侯社稷的结论。这明显的相反的逻辑又如何统一呢?孟子没有答复。似乎他注意的是天子,至于诸侯,就不为他所注意了。从后一点看来,孟子的思想在一定的条件之下有着重视人民的因素。

第二,这里已经涉及王政了。诸侯的社稷既然可以变置,在孟子的历史观上讲来,尧、舜、桀、纣都是统一国家的天子,到了“天子不仁,不保四海”的时候,天子是不是可以变置呢?孟子的“王政”理想答复这一问题是颇有趣味的。

他有答万章问的一段尧、舜、禹传贤传子的道理,今归约其理想如下:

(1)天命把天下给圣人,其方式是由上一任天子把下一任天子“荐之于天,而天受之”。

(2)天命是与民意一致的,百神享之,百姓安之,天受好像就是民受。

(3)天命赞成贤者,就把天下给予贤者,天命赞成传子,就把天下给予自己的儿子。民从贤,则贤者为天子,民从子,则子为天子。因此,禅让与传子是一样的。

(4)只有有德如舜、禹,而又有上一任天子举荐的匹夫始可有天下;失德必须像桀、纣,才由天废,命汤武来继承。

(5)有天下"非人之所能为也,皆天也"(参看《万章上》原文)。

按推理方法,既然"得乎丘民而为天子",那么不得乎丘民便应退位。如果这样,战国的君子岂不真要都让丘民"反乎尔"了吗?孟子的天命观即由此产生。天命便成为王政的最高理由了。战国时代各国并存,理想的统一天子是一个柏拉图"共和国"式的哲王,现实的执政者在孟子讲来,是些"罪人",为什么没有天命来废他们呢?他说"天命"只对天子而言,至于诸侯和天命就没有直接关系,他说:

> "不仁而得国(城市)者有之矣,不仁而得天下,未之有也。"(《尽心下》)

用这个逻辑,他才使仁政和王道不相冲突,仁政也就更抽象化了。

复次,在孟子的理想中,王政的经济为井田制。只就他所谓民有恒产的原则而言,他似乎幻想氏族公社,他说的"耕者助而不税,则天下之农皆悦而愿耕于其野矣"(《公孙丑上》),以及"发政施仁,……天下……耕者皆欲耕于王之野"(《梁惠王上》),客观上乃是一种授田制。他的理想是这样:"是故明君制民之产,必使仰足以事父母,俯足以畜妻子,乐岁终身饱,凶年免于死亡,然后驱而之善,故民之从之也轻。"(同上)孟子在理想上自然要把这一"恒产"形态描写得成为理想的图景。例如:

> "五亩之宅,树之以桑,五十者可以衣帛矣。鸡豚狗彘之畜,无失其时,七十者可以食肉矣。百亩之田,勿夺其时,八口之家可以无饥矣。谨庠序之教,申之以孝悌之义,颁白者不负戴于道路矣。老者衣帛食肉,黎民不饥不寒,然而不王者,未之有也。"(同上)

在古代劳动力发生危机的时期,客观历史的趋势是隶农制的出现,不是过时的氏族公社的复活。孟子主观上幻想公社,而客观上又像憧憬隶农的形态。

第六节 孟子的天道论、性善论及其形而上学的体系

孟子的天道论所谓"诚者天之道,思诚者人之道",无疑地是和子思的天论一致的;所谓"君子行法以俟命"是和子思的"君子居易以俟命"相为照应的。不过,他们中间也有相对的差异:子思重视超现实的内心统一,内心和天命相违时,主张"遁世不见知而不悔";孟子则重视现实,把天命仅与理想的天子相接,等而下之则可变置,把"民"的地位高抬了一步,他虽然推论到横逆的"妄人"时,说与禽兽奚择,但当不仁者有国或不行仁政的暴君自暴自弃时,他肯定了"民"可以出乎尔反乎尔,更说:"君之视臣如犬马,则臣视君如国人,君之视臣如草芥,则臣视君如寇仇。"(《离娄下》)这样看来,他的天命论缩小了君子的范畴。就理想的经济制度而言,孟子客观上承认了小生产的"恒产"制,因此,他把小人的范畴相对地扩大了,此其一。其次,子思的天人合一思想,着重在以天合人,孟子则着重在以人合天;故子思谓"君子之所不可及者,其惟人之所不见乎"(《中庸》);孟子则谓"圣人先得我心之所同然耳"(《告子上》),"有为者亦若是"(《滕文公上》),"虽有恶人,斋戒沐浴,则可以祀上帝"(《离娄下》)。在这里,孟子的逻辑,具有勇于推论的优点。正因为有这一优点,所以他的体系和推论之间便产生了裂痕,相对地具备了些悲剧的成分。为什么是这样呢? 著者以为,孟子的正义心,一方面寄托在贵族君子,另一面他却常同情着人民的饥寒(其例甚多),因而他的言论表现出了"天爵"与"民贵"二者之间的矛盾。这比之子思的纯粹内部的心灵统一,就有些分歧。知道了这一点,就可以明白他的天论与性论何以远离了他的推论。

第一,在孟子的天论中减少了天的主宰性的成分。例如万章问:舜有天下,"天与之者,谆谆然命之乎?"孟子回答说:"否,天不言,以行与事示之而已矣。"在行与事的推论中,他是以"天下之民从之"、"百姓安

之"的道理来解释的,"天"已经是一个客观的道理。他把这个客观的理由,和子思一样,用"诚"字来说明,但从"思诚"方面讲,则扩大了人性中的义理性,减低了天的宗教性:

"尽其心者知其性也,知其性则知天矣。存其心,养其性,所以事天也。夭寿不贰,修身以俟之,所以立命也。"(《尽心上》)

然而孟子的唯心主义并没有离开子思,反而把子思的思想更系统化了。孟子以为"天之所与我者",由我充化,我便和神成了浑然的一体:

"君子所过者化,所存者神,上下与天地同流。"(同上)

"充实之谓美,充实而有光辉之谓大,大而化之之谓圣,圣而不可知之之谓神。"(《尽心下》)

第二,性与天合,性就可以"备万物",因为孟子的性善论把"诚"更理论化了。在前节里,我们已经知道,孟子把感性认识与理性认识分裂开来:前者为养小体,后者为养大体。他的性善论即由大体的"心之官则思"出发。

所谓"思则得之",其根据就在于"心之所同然"的"理"、"义"。这是一种先验的唯心主义观点。为什么"君子以理存心,以义存心",就能存此善性呢?

他以为,仁、义、理、智四端,有能存之者,有不能存之者;存之者为人,不存之者即为禽兽。人能扩充此四端,即可以尽其性。

因此,他主张人性中有良知良能:"人之所不学而能者其良能也,所不虑而知者其良知也。"(《尽心上》)亲亲敬长即此良知良能在仁义上的表现。做"大人"的要"不失其赤子之心",又因为后天将此心暴弃的人很多,所以他说:"学问之道无他,求其放心而已矣。"老子说,"为学日益,为道日损",孟子连为学也认为要"日损"了。

孟子的性善论是孔子的"能思"与道德情操的放大。这种放大了的唯心主义,与孔子的人性论距离就远了。

孟子的性善论是和他的天道论互有联系的。由于人性直接与天合一,那就不但使客观的世界失去存在的基础,而且存在的“万物”也“皆备于我”了。后来荀子主张“明天人之分”,指斥“错人而思天,则失万物之情”,正是对于孟子思想的反驳。

孟子的“君子存之,庶民去之”的性善论,是墨子尚贤论与兼爱论的反对思想。孟子批评墨子“无君”,其论旨虽然简单,但对于墨子的阶级论显然持着严厉的对抗态度。他说:“杨、墨之道不息,孔子之道不著,是邪说诬民,充塞仁义也。仁义充塞,则率兽食人,人将相食。”(《滕文公下》)其根据依然是从性善论出发的,因为孟子的仁义思想是“未有仁而遗其亲(族)者也,未有义而后其君者也”(《梁惠王上》)。墨子的阶级论,不以亲族为标准,不以天命定富贵,所以孟子以为“人将相食”。按孟子性善之说,多见于《告子篇》,该篇除用辩论体裁说明性善外,其所讲的富贵贫贱的阶级的绝对法则是和性善论联系在一起的。我们若仔细研究这一点,便可发现,性善论乃是针对墨子“官无常贵,民无终贱”之说而立论的。在这里,还可以看出孟子性善论与其进贤论的呼应贯串的体系性。

此外,孟子的性善论,如前所述,显然是形而上学的唯心主义。这一形而上学的方法,即由“反身而诚”导出天人合一的体系,一方面与曾子“三省吾身”及子思的“诚者物之终始”有直接的渊源,另一方面,无疑是受了宋钘、尹文思想的影响。关于孟子与曾子、子思间的师承,我们前文已屡次指明;至于孟子与宋、尹间的关系,这里且简要地叙述一下。

第一,孟子的性善论,以“耳目之官不思”为恶的根源,以“心之官则思”为存义养心的先天根据,并导出了“养心莫善于寡欲”的存养之法。这一思想,显然是受了宋、尹的影响,例如:

《心术上》:“心之在体,君之位也。九窍之有职,官之分也。耳目者,视听之官也。心而无与于视听之事,则官得守其分矣。夫心有欲者,物过而目不见,声至而耳不闻也。……心术者,无为而制窍者也。”“心”和“耳目”有“君”和“官”之分别,这就是孟子“大小贵贱”之所本。

宋、尹治心之术，反对“嗜欲充益”，主张“虚其欲，神将入舍，扫除不絜，神乃留处”（《心术上》），因而就得出这样的结论：“不以物乱官，不以官乱心”（《内业》）。所谓以物乱官，以官乱心，这与孟子“耳目之官不思而蔽于物，物交物，则引之而已矣”，是同样的意思。而治心的结果，就是“心全于中，形全于外，不逢天菑，不遇人害，谓之圣人”（《内业》）。这就是“从其大体为大人”，“先立乎其大者，则其小者不能夺也，此为大人而已矣”的另一种说明。

第二，孟子的“养心”，有时又名为“善养吾浩然之气”。关于何谓“浩然之气”，他曾说：“难言也！其为气也，至大至刚，以直养而无害，则塞于天地之间。其为气也，配义与道；无是，馁也。是集义所生者，非义袭而取之也；行有不慊于心，则馁矣。”（《公孙丑上》）这一思想，也出于宋、尹。这一段文字与《内业篇》下引二段文字是相似的：

> “是故此气也，不可止以力，而可安以德；不可呼以声，而可迎以音（意）。敬守勿失，是谓成德。”
>
> “精存自生，其外安乐，内藏以为泉原，浩然和平，以为气渊。渊之不涸，四体乃固；泉之不竭，九窍遂达（原作“通”，依韵改），乃能穷天地，被四海。”

宋、尹所谓“安以德”，不就是孟子所谓“以直养而无害”，而“集义所生者”吗？孟子所谓“人之有是四端（仁、义、礼、智）也，犹其有四体也；……凡有四端于我者，知皆扩而充之矣，若火之始然，泉之始达。苟能充之，足以保四海”（《公孙丑上》）云云，不正是宋、尹所谓“渊之不涸，四体乃固；泉之不竭，九窍遂达，乃能穷天地，被四海”的文法，而仅止于改换了字句吗？特别孟子所谓“浩然之气”这一名词，不是脱胎于“浩然和平以为气渊”的吗？到了养气之极，孟子说：“万物皆备于我矣。”又说：“夫君子所过者化，所存者神，上下与天地同流。”（均见《尽心上》）而《内业篇》则说：“意气得而天下服，心意定而天下听，抟（专）气如（而）神，万物备存。”其他平行的思想，尚应该详加研究，这里从略了。（郭沫若由上引“配义与道”一句，以为孟子既言义又言道，道字便无着落,证明孟子蹈袭宋钘,甚确,见《青铜时代·宋钘尹文遗著考》。)

总而言之,孟子师承曾子、子思,又受了宋、尹的影响,把孔子"性相近"的见解,曲解为性善说,因而给与仁、义、礼、智等道德规范以先天的根据,完成了先验主义的形而上学体系。

第七节　思孟学派的"无类"逻辑

我们前面曾说,子思与孟子的思想,都是墨子学派的论敌,而同时又不免接受墨子的影响。但是,在逻辑思想方面,思、孟则纯以曾子自我省察的内省论方法为依皈,由曾子的"以己形物"出发,导出了主观主义的比附方法。在这种方法里,虽然貌似"类比"(尤其孟子特别显著),而实则全然为一种"无故"、"乱类"的恣意推论。荀子说思、孟的思想"僻违而无类",此"无类"二字,确足以概括思、孟学派逻辑思想的特征。

先从子思讲起。

在逻辑思想上,子思继承着曾子的内省论方法,更进一步完成了一种唯我论的比附的推理。这里所说的唯我论,曾影响了后来的唯心主义者,后世陆、王学派"我心即是宇宙,宇宙即是我心"的武断命题,最足以表达此说的唯心主义的本质。这种思想在逻辑上的出现,则是萌芽于曾子,形成于子思。例如:

> "唯天下至诚为能尽其性。能尽其性,则能尽人之性;能尽人之性,则能尽物之性;能尽物之性,则可以赞天地之化育;可以赞天地之化育,则可以与天地参矣。"(《中庸》二十二章)

从类概念来说,自己、他人、事物、宇宙,完全不属于同类。不同类而可以比附推论,正是"僻违而无类"的标准形态。在这一恣意的比附上,内心的意识状态,已经成为万物的尺度,成为宇宙的本体。所以《中庸》说:

> "诚者,物之终始,不诚无物。是故君子诚之为贵。"(同上书,

二十五章)

在这里,内心的内在经验,已经不只是推己及人的根据,不只是伦理上的行动规范,而是已进而形成客观事物乃至于宇宙万物的运动发展的法则或原理。在这里,客观世界的存在与运行——所谓物之性、物之始终及天地之化育——都已丧失了它的独立存在性,而成了某种精神或意识状态——即所谓"诚"自身外化的产物或结果。在这里,已经没有了主观意识与客观存在的对立统一关系,这里所有的仅是所谓"天人合一论",这种天人合一论的基本的最高的命题,就是陆象山所谓"宇宙即是吾心"。这样,以自己的内心为中心,而视宇宙事物一如吾心,这就是唯我论的比附逻辑的本质。显然,这是以神秘主义的宇宙观作根据的。据此推论下去,非至由神人同形说的见地以复活宗教神话的观念不止。而且,事实上子思也确乎达到了这一地步。例如他说:

"子曰:鬼神之为德,其盛矣乎!视之而弗见,听之而弗闻,体物而不可遗。使天下之人,齐明盛服,以承祭祀;洋洋乎如在其上,如在其左右。诗曰:'神之格思,不可度思,矧可射思?'夫微之显、诚之不可掩如此夫!"(《中庸》十六章)

"故天之生物,必因其材而笃焉。故栽者培之,倾者覆之。"(同上书,十七章)

"事死如事生,事亡如事存,孝之至也。郊社之礼,所以事上帝也;宗庙之礼,所以祀乎其先也。明乎郊社之礼,禘尝之义,治国其如示诸掌乎?"(同上书,十九章)

"至诚之道,可以前知。国家将兴,必有祯祥;国家将亡,必有妖孽。见乎蓍龟,动乎四体,祸福将至。善,必先知之;不善,必先知之,故至诚如神。"(同上书,二十四章)

凡此,都可以证明子思已由其唯我论的比附逻辑,导出了鲜明的有神论思想。尤其令人惊骇的是,子思由此更将孔子神化,而视之为通天教主。例如:

"仲尼祖述尧、舜,宪章文、武,上律天时,下袭水土,辟如天地之无不持载,无不覆帱,辟如四时之错行,如日月之代明。万物并育而不相害,道并行而不相悖,小德川流,大德敦化,此天地之所以为大也。唯天下至圣,为能聪明睿知,足以有临也;宽裕温柔,足以有容也;发强刚毅,足以有执也;斋庄中正,足以有敬也;文理密察,足以有别也。溥博渊泉,而时出之,溥博如天,渊泉如渊,见而民莫不敬,言而民莫不信,行而民莫不说。是以声名洋溢乎中国,施及蛮貊,舟车所至,人力所通,天之所覆,地之所载,日月所照,霜露所坠,凡有血气者,莫不尊亲,故曰配天。唯天下至诚,为能经纶天下之大经,立天下之大本,知天地之化育,夫焉有所倚?肫肫其仁,渊渊其渊,浩浩其天,苟不固聪明圣知达天德者,其孰能知之!"(《中庸》三十至三十二章)

据郭沫若说,子思受了墨子学派的启示,遂有了创立宗教的企图(见所著《先秦天道观之进展》,页65—66),在事实上或许是这样的;但由我们看来,这也不是偶然的事,由唯我论的比附逻辑,到神秘主义的天人合一的宇宙观,再到神人同形说的宗教思想,其间实有紧密的逻辑关联。

如上所述,子思的比附方法和孔子有显著的不同:孔子的方法是由特称推出全称,而子思的方法则是唯我论的比附,并且已达到神秘主义的有神论的境界。在这里,我们不可忽略曾子与子思的关联。首先,他们都使用比附的方法来理解事物;其次,子思的天人合一的思想、唯我论的思想、神人同形说的思想,总而言之,即观念论的思想,虽非均曾子所固有,但在曾子那里都已有了萌芽。然而,由萌芽到完成的形态还存在些不同的情况,尤其是,观念论与有神论在曾子那里并不显著,而在子思那里则极为显明而首尾一致,甚至变成宗教,所以我们另一方面还必须特别把握住子思与曾子的差别点。这一差别,反映在逻辑上,就是由主观的内省转化为唯我论的比附。

子思的逻辑思想,为孟子所继承发扬,所以在《孟子》七篇里也充满着比附的逻辑方法。

我们知道,孟子是以“好辩”知名的哲人。但是他的辩论的方法、他的折服论敌的武器是什么呢？这正是曾子所发端、子思所继承并发展了的无类比附逻辑。并且,孟子广泛地运用着比附的方法,以此为解决一切问题的钥匙。如果我们要想具体地知道孟子运用比附方法的普遍的程度,那就请看一看下列的统计表：

篇别	用法	同点	次数
《梁惠王上》	王好战,请以战喻:弃甲曳兵而走。如知不可以五十步笑百步,则无望民之多于邻国。	同为败走与同不恤民,而同笑他人。	1
同	狗彘食人食而不知检,涂有饿莩而不知发,曰:“非我也,岁也”,是何异于刺人而杀之曰“非我也,兵也”?	委卸责任。	2
同	天沛然下雨则苗浡然兴之;不嗜杀人则民归之,犹水之就下。	莫之能御。	3
同	由齐宣王之以羊易牛,推其可以施仁政。	不忍之心。	4
同	力足以举百钧而不足举一羽,明足以察秋毫之末而不见舆薪;恩及禽兽而功不至于百姓。	不为,非不能。	5
同	王之不王非挟太山以超北海之类,是为长者折枝之类。	是不为,非不能。	6
同	欲兴兵结怨而王,犹缘木求鱼。	不可能。	7
《梁惠王下》	与百姓同乐,即可以王。	己欲立而立人——仁。	8
同	好货好色与百姓同之,王天下何难之有?	推己及人。	9
同	受友人之托而冻馁其妻子;犹士师不能治士与王者四境之内不治。	应负责之事。	10
同	治国家则曰姑舍女学而从我,则何以异于教玉人雕琢玉哉?	不任贤能。	11
《公孙丑上》	以倒悬喻虐政。	苦。	12
同	以宋人之助苗长,喻告子之未尝知义。	无益而又害之。	13

篇别	用　法	同点	次数
《公孙丑上》	恶辱而居不仁、是犹恶湿而居下。	自取。	14
同	以射者喻仁者。	正己而后发，不中不怨胜己者。	15
《公孙丑下》	王与大夫失政，犹受人之牛羊为之牧者，求牧与刍而不得。	应致其事而去。	16
同	以日月之食喻君子之过。	皆见皆仰。	17
《滕文公上》	以草上之风喻君子之德。		18
同	用夏变夷，犹出于幽谷、迁于乔木。		19
《滕文公下》	以妾妇喻公孙衍、张仪。	阿谀苟容，窃取权势。	20
同	士之失位犹诸侯之失国家。		21
同	士之仕犹农夫之耕。		22
同	仕而不由其道，犹钻穴隙相窥、逾墙相从。	国人皆贱之，君子所恶。	23
同	以时雨喻王政。	民皆悦之。	24
同	楚大夫欲其子之齐语，而使一齐人傅之，众楚人咻之，犹王欲为善，而在王所者唯一薛居州。	无以成其愿。	25
同	以攘邻之鸡喻关市之征。	同为非义。	26
同	以蚓喻陈仲子之廉。		27
《离娄上》	仁政之于平治天下，犹规矩之于方员、六律之于五音。	准绳。	28
同	以为高必因丘陵，为下必因川泽，喻为政必因先王之道。	事半功倍。	29
同	以规矩与方员喻圣人与人伦。		30
同	恶死亡而乐不仁，是犹恶醉而强酒。	不可得。	31
同	反求诸己，其身正，而天下归之。		32
同	天下之本在国，国之本在家，家之本在身。		33
同	巨室之所慕，一国之所慕，一国之所慕，天下之所慕。		34
同	小国师大国，而耻受命，是犹弟子耻受命于先师。	绝物。	35

篇 别	用　　法	同 点	次 数
《离娄上》	以沧浪之歌，喻一人、一家、一国之自侮、自毁、自伐为人侮、人伐、人毁之源。		36
同	民之归仁犹水之就下，兽之走圹。	欲之所在。	37
同	为渊驱鱼者獭也，为丛驱爵者鹯也；为汤、武驱民者桀与纣也。	畏之所在。	38
同	以七年之病求三年之艾，喻今之欲王者应及时施仁。		39
同	天下溺援之以道；嫂溺援之以手。		40
《离娄下》	以仲尼亟称水，喻水为有本者。		41
同	以禹之行水喻大智。	行其所无事。	42
同	以齐人有一妻一妾之事，喻人之所以求富贵利达者。		43
《万章下》	以作乐者集众音之小成而为一大成，喻孔子之集大成。		44
同	智譬则巧也、圣譬则力也，由射于百步之外也，其至尔力也，其中非尔力也。		45
《告子上》	以杞柳与杯棬，喻人性与仁义之不同。		46
同	人之性善犹水之就下；人无有不善，水无有不下。		47
同	人之可使为不善，犹水搏而跃之，可使过颡，激而行之，可使在山。	是势非性。	48
同	以白羽之白犹白雪之白，白雪之白犹白玉之白，喻犬之性非牛之性，牛之性非人之性。		49
同	以白马、白人，不同于长马与长人。		50
同	由口之于味有同耆、耳之于声有同聪、目之于色有同美，以推心之于理义有同悦。		51
同	人之放其良心，亦犹斧斤之于木。		52
同	人有鸡犬，放则知求之；有放心而不知求。	不知类。	53

篇别	用　　法	同点	次数
《告子上》	指不若人,则知恶之;心不若人,则不知恶。	不知类。	54
同	拱把之桐梓,人苟欲生之,皆知所以养之者;至于身而不知所以养之者。		55
同	仁之胜不仁也,犹水胜火。		56
《告子下》	不揣其本,而齐其末,方寸之木,可使高于岑楼。		57
《尽心上》	以流水之不盈科不行,喻君子之不成章不达。		58
同	以口腹为饥渴所害,于饮食不暇择,喻人心为贫贱所害,于富贵不暇择。		59
同	以大匠不为拙工改废绳墨,羿不为拙射变其彀率,喻中道而立,能者从之。		60
《尽心下》	恶莠恐其乱苗,恶佞恐其乱义,恶利口恐其乱信,恶郑声恐其乱乐,恶紫恐其乱朱,恶乡原恐其乱德。	似是而非。	61

据我们统计,《孟子》全书261章,共34685字,其运用比附方法以论述问题,竟达61次之多;此外,以古例今,如像借文王、汤、武等等而启示当时,尚不在内。所以我们说比附逻辑是孟子所最普遍使用的方法。

然而表格的说明,还是偏重于局部的、形式的,因而是非常不够的。在这里,我们要更深入地、更全面地探讨一下。

第一,如第八章所述,在中国逻辑史上,首先明确提出"类"概念的是墨子学派。孟子虽极言辟杨、墨,但也袭用了墨子学派所发现的类概念,以为比附的依据。如像他说:

"挟太山以超北海,语人曰:'我不能,'是诚不能也;为长者折枝,语人曰:'我不能,'是不为也,非不能也。故王之不王,非挟太山以超北海之类也;王之不王,是折枝之类也。"(《梁惠王上》)

"麒麟之于走兽,凤凰之于飞鸟,泰山之于丘垤,河海之于行

潦，类也；圣人之于民，亦类也。出于其类，拔乎其萃，自生民以来，未有盛于孔子也。”（《公孙丑上》）

“子以为有王者作，将比今之诸侯而诛之乎？其教之不改而后诛之乎？夫谓非其有而取之者盗也，充类至义之尽也。”（《万章下》）

“故凡同类者，举相似也，何独至于人而疑之？圣人与我同类者。故龙子曰：‘不知足而为屦，我知其不为蒉也。’屦之相似，天下之足同也，口之于味，有同耆也，易牙先得我口之所耆者也。如使口之于味也，其性与人殊，若犬马之与我不同类也，则天下何耆皆从易牙之于味也？至于味，天下期于易牙，是天下之口相似也。惟耳亦然，至于声，天下期于师旷，是天下之耳相似也。惟目亦然，至于子都，天下莫不知其姣也，不知子都之姣者，无目者也。”（《告子上》）

凡此，都可以证明孟子蹈袭墨子的“类”概念以从事比附。由于“类”的概念的误用，孔子的“推己及人”的“推”的方法遂得到了放大。

第二，墨家主张“异类不比”，孟子坦率地像学舌一般运用这一简单的真理，并且他也常用这一简单的真理为武器来驳击他的论敌。例如：

“孟子谓蚳鼃曰：‘子之辞灵丘而请士师，似也；为其可以言也。今既数月矣，未可以言与？’蚳鼃谏于王而不用，致为臣而去。齐人曰：‘所以为蚳鼃则善矣，所以自为，则吾不知也。’公都子以告。曰：‘吾闻之也，有官守者，不得其职则去；有言责者，不得其言则去。我无官守，我无言责也，则吾进退，岂不绰绰然有余裕者？’”（《公孙丑下》）

这就是说，有官守与无官守，有言责与无言责并不同类，因而其进退去就便也另有其道；而齐人竟一律比论，在孟子看来，即为“不知类”。又例如：

“沈同以其私问曰：‘燕可伐与？’孟子曰：‘可’。……齐人伐燕。或问曰:‘劝齐伐燕,有诸?’曰:‘未也。……彼如曰:“孰可以伐之?”则应之曰:“为天吏则可以伐之。”今有杀人者,或问之曰:“人可杀与?”则将应之曰:“可”;彼如曰:“孰可以杀之?”则将应之曰:“为士师则可以杀之。”今以燕伐燕,何为劝之哉?!’”(《公孙丑上》)

这就是说,肯定“有道”伐“无道”与肯定“无道”之间自相攻伐,不为同类。又例如:

“燕人畔。王曰:‘吾甚惭于孟子。’陈贾曰:‘王无患焉,王自以为与周公孰仁且智?’王曰:‘恶!是何言也?’曰:‘周公使管叔监殷,管叔以殷畔。知而使之,是不仁也;不知而使之,是不智也。仁、智,周公未之尽也,而况于王乎?’贾请见而解之。见孟子,问曰:‘周公何人也?’曰:‘古圣人也。’曰:‘使管叔监殷,管叔以殷畔也,有诸?’曰:‘然。’曰:‘周公知其将畔而使之与?’曰:‘不知也。’‘然则圣人且有过与?’曰:‘周公,弟也,管叔,兄也,周公之过,不亦宜乎?且古之君子,过则改之;今之君子,过则顺之。古之君子,其过也如日月之食,民皆见之,及其更也,民皆仰之;今之君子,岂徒顺之,又从为之辞!’”(同上)

这是指明陈贾以不同类的事物,比附推论,致在现实判断上,陷于“顺过”与“文过”的谬误。此外,像这样的例证,在《孟子》书里不胜枚举。在这里,我们还要剔抉其中最富于哲学意义的,或者说是比较接近于逻辑形态的事实,以有助于正面的理解。关于这方面的实例,如下列一段,即可用以直接阐明孟子的“类”概念如何牢固:

“陈相见孟子,道许行之言曰:‘……从许子之道,则市贾不贰,国中无伪,虽使五尺之童适市,莫之或欺。布帛长短同,则贾相若;麻缕丝絮轻重同,则贾相若;五谷多寡同,则贾相若;屦大小同,则贾相若。’曰:‘夫物之不齐,物之情也;或相倍蓰,或相什百,或相千万。子比而同之,是乱天下也。巨屦小屦同贾,人岂为之哉?从许子之道,相率而为伪者也,恶能治国家!’”(《滕文公上》)

这是说由各种的“类”所构成的世界，彼此具有着质的差别性；如果抹杀了“类”的存在，便不能认识具体的世界，而且“类”的存在，不能仅由“量”的方面来观察，主要的乃在于“质”的契机的把握。由孟子看来，许行的错误，正在这里。

第三，孟子不但运用了“类”的概念，而且又以“类”的存在为根据，发挥了“推”的方法=比附逻辑的德治主义。例如他说：

“老吾老，以及人之老；幼吾幼，以及人之幼；天下可运于掌。《诗》云：‘刑于寡妻，至于兄弟，以御于家邦’，言举斯心，加诸彼而已。故推恩足以保四海，不推恩无以保妻子，古之人所以大过人者无他焉，善推其所为而已矣。”（《梁惠王上》）

这显然是“推己及人”的伦理的原理在政治上的延展。这也就是“仁”与“诚”的观念的更进一步的发挥。但是，孟子却不是按照曾子与子思所本有的思想发展了“仁”与“诚”，而是依照其自己的方法将“仁”与“诚”等等伦理观念，解释成了先验的范畴；然后才以此为根据，从事于比附的推理。所以他说：

“人皆有不忍人之心。先王有不忍人之心，斯有不忍人之政矣。以不忍人之心，行不忍人之政，治天下可运之掌上。所以谓人皆有不忍人之心者，今人乍见孺子将入于井，皆有怵惕恻隐之心，非所以内交于孺子之父母也，非所以要誉于乡党朋友也，非恶其声而然也。由是观之，无恻隐之心，非人也；无羞恶之心，非人也；无辞让之心，非人也；无是非之心，非人也。恻隐之心，仁之端也；羞恶之心，义之端也；辞让之心，礼之端也；是非之心，智之端也。人之有是四端也，犹其有四体也。有是四端而自谓不能者，自贼者也；谓其君不能者，贼其君者也。凡有四端于我者，知皆扩而充之矣，若火之始然，泉之始达。苟能充之，足以保四海，苟不充之，不足以事父母。”（《公孙丑上》）

“恻隐之心，仁也；羞恶之心，义也；恭敬之心，礼也；是非之心，智也。仁、义、礼、智非由外铄我也，我固有之也，弗思耳

矣。故曰:求则得之,舍则失之。”(《告子上》)

像这类的话,在《孟子》书里颇多,为节省篇幅起见,兹不具引。在这里,我们只须证明在伦理学上及认识论上首先肯定了先验观念的存在,并以之与比附逻辑的方法相结合的人,就是儒家学派的孟子。

第四,正由于孟子在认识论及伦理学上是先验主义者,所以孔子学派的比附逻辑,到了孟子的阶段,也就成了反经验的唯理论的方法。例如他说:

“公都子问曰:‘钧是人也,或为大人,或为小人,何也?’孟子曰:‘从其大体为大人,从其小体为小人。’曰:‘钧是人也,或从其大体,或从其小体,何也?’曰:‘耳目之官不思而蔽于物,物交物,则引之而已矣。心之官则思,思则得之,不思则不得也,此天之所与我者。先立乎其大者,则其小者弗能夺也,此为大人而已矣。’”(《同上》)

这样,孟子排斥了感性而片面地强调了理性,其为唯理论自无疑义。然而,这种先验的唯理论的见地,恰巧规定了孟子在比附逻辑上的不正确性。这就是说,孟子虽非常固持着“类”的概念,而先验主义则使他不自觉地陷于“不知类”,使他在比附推论时将“不伦不类”的事物认为“同类”。在这里,用下列的实际的例证来说明,或许更简明有力:

“告子曰:‘性,犹杞柳也;义,犹杯棬也;以人性为仁义,犹以杞柳为杯棬。’孟子曰:‘子能顺杞柳之性而以为杯棬乎?将戕贼杞柳而后以为杯棬也?如将戕贼杞柳而以为杯棬,则亦将戕贼人以为仁义与?率天下之人而祸仁义者,必子之言夫!’”(《同上》)

“告子曰:‘性,犹湍水也,决诸东方则东流,决诸西方则西流。人性之无分于善不善也,犹水之无分于东西也。’孟子曰:‘水信无分于东西,无分于上下乎?人性之善也,犹水之就下也。人无有不善,水无有不下。今夫水,搏而跃之,可使过颡;激而行之,可使在山。是岂水之性哉?其势则然也。人之可使为不善,其性亦犹是也。’”(《告子上》)

“告子曰:‘生之谓性。’孟子曰:‘生之谓性也,犹白之谓白与?’曰:‘然。’‘白羽之白也犹白雪之白,白雪之白犹白玉之白与?’曰:‘然。’‘然则犬之性犹牛之性,牛之性犹人之性与?’”(《告子上》)

“口之于味也,有同耆焉;耳之于声也,有同听焉;目之于色也,有同美焉;至于心,独无所同然乎?心之所同然者何也?谓理也、义也;圣人先得我心之所同然耳。故理义之悦我心,犹刍豢之悦我口。”(同上)

“今有无名之指,屈而不信,非疾痛害事也,如有能信之者,则不远秦、楚之路,为指之不若人也。指不若人,则知恶之;心不若人,则不知恶,此之谓不知类也。”(同上)

这样,孟子把人性之“善”与水之“就下”、“理义”之悦“我心”与“刍豢”之悦“我口”、“指”不若人与“心”不若人等等“不伦不类”的事物视为“同类”,这当然是其肯定先验的伦理与唯理论的结果。至于把“顺”杞柳之性以为杯棬与“戕贼”人以为仁义相比,由白羽、白雪、白玉之“白”相同以推论出犬、牛、人之“性”也必为相同,则简直由于“类”概念的混乱,使他满口胡说起来。从孟子的这种胡说中,反而看出:告子“生之谓性”这一命题在古代世界是光辉的。

然而,深入地分析起来,孟子的“类”概念的混乱,其根源更在于他的先验主义的知识论。因为“类”的正确的发现,以事物之“质”的把握为前提,而“质”的正确的把握,其最初步的工夫,则是通过感性的资料的大量观察与广泛而系统的比较与实验。但是,孟子既已肯定了先验观念的存在,既已排除了感性的认识,而片面地强调理性的认识;既已判定了所谓认识在于寻回我之所固有,自然就不得不放松了对于客观事物的把握;更严密地说来,就是不得不抹杀把握客观事物的可能性乃至必要性。这样,孟子之陷于类的概念的混乱,陷于“僻违而无类”,正是其先验主义的不可避免的必然的归结。

接着我们要说明的,就是孟子据其先验论的比附逻辑,也导出了和子思同样的结论。这就是说，孟子也同样以自己的先验观念为根据，而达到神秘主义的天人合一论。例如他说：

"我知言，我善养吾浩然之气。……其为气也，至大至刚，以直养而无害，则塞于天地之间。其为气也，配义与道；无是，馁也。"（《公孙丑上》）

"是故诚者，天之道也；思诚者，人之道也。至诚而不动者，未之有也；不诚，未有能动者也。"（《离娄上》。朱熹注："此章述《中庸》孔子之言，……乃子思所闻于曾子，而孟子所受乎子思者。"从这注释中可以看出宋儒的思想渊源。）

"万物皆备于我矣，反身而诚，乐莫大焉；强恕而行，求仁莫近焉。"（《尽心上》）

"君子所过者化，所存者神，上下与天地同流，岂曰小补之哉？"（同上）

并且，孟子的这种天人合一论，也和子思一样，导出了神人同形说的宗教神话的天道观。如像他说：

"虽有恶人，斋戒沐浴，则可以祀上帝。"（《离娄下》）

"天将降大任于是人也，必先苦其心志，劳其筋骨，饿其体肤，空乏其身，行拂乱其所为；所以动心忍性，曾益其所不能。"（《告子下》）

"尽其心者，知其性也；知其性，则知天矣。存其心，养其性，所以事天也；殀寿不贰，修身以俟之，所以立命也。"（《尽心上》）

从这里，我们可以看出孟子和子思的相同处。但先验观念（理也、义也）的提出，是子思所未有的，而使比附逻辑与先验主义相结合，正是孟子阶段的特点。此外，"类"概念的强调、比附方法的普遍应用，也是孟子阶段上特有的现象。

第十二章

惠施的相对主义唯心思想

第一节　战国名辩思潮的源流及“名家”的派别

从春秋末世到战国初叶,以国民阶级对氏族宗法制的清算为动力,名实关系遂成了思想史上的现实问题。前期儒家基于对周制的保留的态度,提出了“正名”的任务。前期墨家站在国民阶级立场否定了周制,遂以“取实予名”为自己的课题。这两派的对立是这样的:孔之所重在“正名”,墨之所重在“取实”。孔、墨两派调和与改革的区别,是很显明的。但是,我们应该指出,作为初期阶段而出现于孔、墨显学里的名实关系问题的对立,只是由于政治思想上氏族宗法制存废问题所展开论争的用语,还不是对于逻辑思想上的概念与存在关系问题所展开辩诘的范畴。

不过,孔、墨所讲的“名”、“实”虽不属严格的逻辑范畴,而稍后的名辩思潮却正由此演化而出。这是因为,西周的氏族宗法制所以在春秋、战国之际发生了存废问题,乃以国民阶级的出现为前提。从孔子时代起,“庶人”(国民、自由人)中间便有了“议政”的风习;其所议的内容,虽无明文可考,然以历史推断,或与氏族宗法制的存废不无关系。孔子从"正名"立场出发,指"庶人议政"、"政在大夫"与"陪臣执国命"同为"天下无道",可作旁证。果尔,则"议政"即是"议名",亦即关于"名"有所议论。但是,议论与辩诘相连,因而春秋末世的庶人,在其议政里,不但有了辩诘,且其辩诘亦似有了诡辩的萌芽。这是孔子的"正名"立场上所不能不反对的"天下无道"之一种。例如:

(1)"巧言乱德。"(《论语·卫灵公》)

(2)"焉用佞?御人以口给,屡憎于人。"(《公冶长》)

(3)"不有祝鮀之佞,而有宋朝之美,难乎免于今之世矣。"(《雍也》)

(4)"是故恶夫佞者。"(《先进》)

(5)"非敢为佞也,疾固也。"(《宪问》)

(6)"放郑声,远佞人;郑声淫,佞人殆。"(《卫灵公》)

(7)"友便辟,……友便佞,损矣。"(《季氏》)

(8)"恶利口之覆邦家者。"(《阳货》)

(9)"恶称人之恶者,恶居下流而讪上者,……恶徼以为知者,……恶讦以为直者。"(同上)

此所谓"巧言"、所谓"口给"、所谓"佞"、所谓"便辟"、所谓"便佞"、所谓"利口",都是今语辩诘或因辩诘而流于诡辩之义;而所谓"佞者"、"佞人",以及"称人之恶者"、"居下流而讪上者"、"徼以为知者"、"讦以为直者",都是今语里的辩诘家或诡辩家之义。当时的辩诘术如何?诡辩家为谁?《论语》无详文可考;但必有此人此事,则无可否认。至于孔门将此人此事统数于"所恶"之列,而各加以恶名,则为前期儒家的君子伦理的偏见;我们在剥去了儒家的君子外衣之后,实不难窥见,这是古代国民阶级在不完全共和的雏形里所产生的名辩思潮的萌芽形态。

到了墨子时代,相应于国民阶级的成熟,名辩思潮也渐趋展开,因而"辩诘"也成了合法的行为。例如"非"(即"辩诘"或"批判")之一字,不唯不在“所恶”之列,反而转化为公然的抒意出故的手段。《墨子》书篇目,单就字面来看,即用了不少的“非”字(《非攻》、《非命》)。自墨子以降,由于不完全的显族社会的确立,“庶人议政”简直成了一种制度,“不治而议论”的稷下先生,即为“庶人议政”的法定机构。从这时候起,辩诘之风大炽,百家思想几乎无例外地沾染了尚争好辩的学风。例如孟子对于所谓“辩”,持着肯定的态度,固不待言;即庄子虽在文字形式上否定了“辩”的价值与意义,而实质上却是以辩非辩,在非辩的姿态上投身于辩诘,而成为“辩者之囿(尤)”。总之,尚争好辩,形成了战国子学思想的显著特征。在这样的学风里,名辩思潮遂大为高涨,百家之学,也各有其名辩思想,以为立己破敌的思想斗争的武器。郭沫若说:“察辩并不限于一家,儒、墨、道、法都在从事名实的调整与辩察的争斗。”(《名辩思潮的批判》,见《十批判书》,人民出版社版,页249)这话很对。

所谓“辩诘”或“察辩”,是世界古代的思想所反映古代自由竞争的一般特征,同时也是逻辑学所从成立的摇篮;这在中国的作用与意义,也是一样的。本书各章所述古代诸子的逻辑思想,即是由其辩诘术里剖析或蒸馏而出。但是,中国古代各家的辩察,其所辩所察者,多在社会政治与天道人道的范围以内,其名辩思想与实际主张皆直接相关,甚至成为浑然一体。独有所谓“名家者流”,其所察所辩的对象,则限于“名”的本身,只以“名”的研究为基础的课题;虽在“名”的研究进程里,不能不与“实”相结合,然其取辩之物,如马、牛、鸡、石、黄、碧、白、黑、异、同、坚、白、三(合、盈)、二(离)等,也极尽其苛察而无用之能事,好像为辩察而辩察,除了辩察本身而外,更无所为的样子。所以《庄子·徐无鬼篇》曾说:“辩士无谈说之序则不乐,察士无凌谇之事则不乐。”

据此点而言,两汉史家如司马迁、刘向、刘歆及班固等,特别定立“名家”一派,大体近于史实。胡适妄造《诸子不出于王官论》,竟然否认了先秦有名家存在,可谓武断之至。

另一方面,汉人立论又确有过分皮相之处。例如,《汉志诸子略》所著录的“名家者流”,虽大体上同是研究“名”的学者们,而他们所从出发的研究观点及其所得的结论却并不相同。对于古人,如果只看他们“研究什么”而不见他们“怎样研究”,那么,在判别他们的学派的同异时,就非陷于混乱不止。

中国思想史传统上所称的“名家者流”,人物众多,而可考者少;其在当时确乎以“名”成家而又能影响于后世学术思想者尤少。因此,就其卓然著称者而言,我们不能不只以惠施与公孙龙两家为代表。

自战国迄于两汉,对惠施与公孙龙,或称其操“坚白同异之辩”,或称之为“辩者”,或称之为“辩士”,或称之为“名家者流”,这些都是笼统的话。至于两家之间有无不同,或有何不同,以及何以不同,则迄无明白的表述。尝考历来研究者之所以不知施、龙虽同为“辩者”而所持论旨则针锋相对,因为将《庄子·天下篇》所称“辩者二十一事”都当做公孙龙一派的论题,遂不能与惠施“历物十事”相分别。其实,《荀子·不苟篇》就曾指出“山渊平”、“天地比”、“钩有须”、“卵有毛”的论题是惠施的学说中心。明方以智早已指出过,公孙龙和惠施的学说是对立的,冯友兰在这点是对的:“当分为二派:一派为‘合同异’,一派为‘离坚白’。前者以惠施为首领,后者以公孙龙为首领。……《庄子·天下篇》举‘天下之辩者’之辩二十一事,其中有就惠施之观点立论者,有就公孙龙之观点立论者”(见冯友兰著:《中国哲学史》,页268—269)。这里我们且把《天下篇》二十一事的原来顺序改正划分如下图(见下页)。

经此分别以后,则前八事(一至八)与“历物十事”相合,后十三事(九至二十一)与今本《公孙龙子》相合,两派学说的不同之点,已朗若列眉。但惠施虽以“合同异”名家,并非不言“坚白”,故《庄子·齐物论》说惠施“以坚白之昧终”,《德充符篇》说惠施“以坚白鸣”,《荀子·儒效篇》说及惠施、邓析,也指出“坚白同异之分隔”,刘峻在《文选·演连珠注》中也说“倪、惠以坚白为辞”。另一方面,公孙龙虽以“离坚白”名家,并非不言“同异”,故《庄子·秋水篇》及《淮南子·齐俗篇》均说

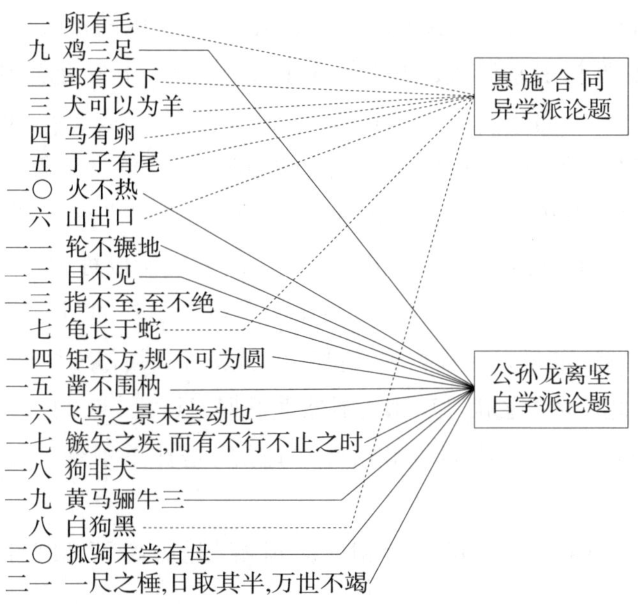

他"别同异,离坚白",《史记·孟子荀卿列传》及刘向《校雠孙卿书录》均说"赵亦有公孙龙为坚白同异之辩",刘向奏上《邓析子叙略》(见今本《邓析子》)也说"其论无厚者言之异同,与公孙龙同类"。且"坚白同异"之辩,不仅为惠施与公孙龙所谈,即毛公、邹衍、田巴等也同样以之为"取辩之物"(见《别录》、《史记正义》、《鲁连子》等书)。故惠施与公孙龙学说的区别,不在于施谈"同异"、龙谈"坚白",而在于施从"合"的观点谈"坚白同异",龙从"离"的观点谈"坚白同异";一合一离,即此两派的分水岭所在。所谓"合"的观点,即见共相而不见个体,将事物的差别性完全抹杀,而不知各个事物的质本有其相对安定性,遂陷于相对主义的唯心论(下文详论);所谓"离"的观点,即以共相可离个体而独有,先个体而存在,将质的安定性绝对化,见差别而不见统一,知静止而不知运动,遂陷于绝对主义的唯心论(下章详论)。相对主义与绝对主义完全相反,故认此两派的学说"大旨相同",殊为错误。

如前所述,惠施与公孙龙在宇宙观及方法论上是不相同而相反的,但是,他们的名辩思想却同样都反映了先秦名辩思潮向下隳落的一面,在隳落的一点上实不相反而相同。这就是说,中国的古代社会,在逻辑史上也有唯物主义和唯心主义的斗争,因而产生了名辩思潮两条战线的分裂。一方面是向上的发展,发端于墨子,而完成于《墨经》作者及荀子、韩非。另方面是向下的隳落,滥觞于曾子,放大于思、孟,溃决于庄、惠,而枯竭于公孙龙、邹衍。前者之所以称为"发展",是因其将名辩的方法净化而成了形式逻辑的科学。后者之所以称为"隳落",则因其丧失了名辩思潮的积极内容,而蜕变成概念游戏的"诡辩"。特别应该指出的是,前者是从唯物主义世界观出发,而后者是从唯心主义世界观出发,此所谓"诡辩",其涵义不外乎下列五点:

(一)与前一阶段的争辩相反,"诡辩"是抹杀了现实性的纯烦琐方法;

(二)与前一阶段的争辩相反,"诡辩"是脱离了客观性的纯主观方法;

(三)与前一阶段的争辩相反,"诡辩"是将本来正确的论题推至极端,使之因逾出限界而转化为错误论题的绝对主义方法;

(四)与前一阶段的争辩相反,"诡辩"是将认识的一侧面、一特征脱离对象的全面性与关联性的孤立方法;

(五)与前一阶段的争辩相反,"诡辩"是无视内容及其决定性之纯形式方法。

此等方法上的特征,可以说是惠施与公孙龙思想的代数学。

但是,向上的发展与向下的隳落,并非两条互不相涉的孤立的运动线,乃是在相互斗争、相互影响里,通过了反对的关节而前进的一幅交织的运动的网。所以,我们应该在它们彼此对立和联系里来把握。更具体地说,我们大体上依年代的顺序,从名家的惠施起论,然后说到名家的公孙龙完成诡辩学派的活动;最后论述《墨经》作者的逻辑思想。说名家而以墨家作结,或可令人诧异;但第一,就中国思想史的实际而言,名、墨本是相訾相应的敌对学派;第二,后期墨家在"名"的研究上本也独多成就;第三,从诡辩理论的扬弃到形式逻辑的成就,在世界思想史上也是名辩思潮合理发展的归宿。

第二节　惠施的文献行年及其在古代思想史上的地位

惠施所代表的合同异诡辩学派是在战国时代(公元前403—前221年)著名的显学之一,故庄子曾对惠施说"儒、墨、杨、秉四,与夫子为五",惠施自己也说"今夫儒、墨、杨、秉,方且与我以辩"(《庄子·徐无鬼篇》);荀子也举称"慎、墨、季、惠百家之说"(《荀子·成相篇》)。

然而,惠施及其学派,在距今两千二百年前虽是名满天下,但一因其书散佚(《汉书·艺文志》载《惠子》一篇今佚),二因各史都没有为惠施立传,以致历来各家于其人之生平行事、其学派之渊源所出、其学说之体系构成,意见最为庞杂;于此派之逻辑思想,似很少有人从事探究。

在文献缺乏的情况之下探究此派的逻辑思想,较为古远的间接史料,即成为唯一可靠的源泉。据我们所知,下列十部较古典籍中的四十一篇即属此类:

一 《庄　子》
(1)《逍遥游》　(2)《齐物论》　(3)《德充符》
(4)《秋　水》　(5)《徐无鬼》　(6)《则　阳》
(7)《外　物》　(8)《天　下》

二 《墨　经》
(9)《经　上》　(10)《经说上》　(11)《经　下》
(12)《经说下》　(13)《大　取》

三 《战国策》
(14)《楚　策》　(15)《赵　策》　(16)《魏　策》

四 《荀　子》
(17)《修　身》　(18)《不　苟》　(19)《荣　辱》
(20)《非　相》　(21)《非十二子》　(22)《儒　效》
(23)《解　蔽》　(24)《正　名》　(25)《成　相》

五 《韩非子》
(26)《说林上》　(27)《说林下》　(28)《内储说上》
(29)《外储说左上》　(30)《问　辩》

六 《吕氏春秋》{(31)《听　言》 (32)《顺　说》 (33)《淫　辞》
(34)《不　屈》 (35)《应　言》 (36)《开　春》
(37)《爱　类》

七 《淮 南 子》{(38)《齐俗训》

八 《说　　苑》{(39)《善　说》

九 《墨 辩 注》{(40)《叙》

十 《世说新语》{(41)《文　学》

就上述资料钩稽有关惠施的文字,约得一万二千言,分量似不为过少;然其内容,则或系辑录轶事,或系恶言诋诃;即正面叙述此派学说的,也仅作了些片断命题的堆集,求其略具条理的记载,则渺不可见。此外与此派源流有关的,尚有(一)《吕氏春秋·离谓篇》、(二)《别录》、(三)《列子·仲尼篇》及《力命篇》等。至如章炳麟以来的近代诸家的著作,在某种角度上,对于我们也有参考的价值。

合同异学派的逻辑思想,与一切学术体系同样,一方面是其时代生产关系在思维领域的反映,另一方面又是对其社会生产关系进行反作用的意识形态。因此,我们分析此派的逻辑思想,应由理解其代表者的实践立场开始。但是,在此处,冗长的惠施评传似乎尚不必要;爰折中各家考辨,制成"惠施年行略表"如下,作为更进一步研究的张本:

大事提要		年行概略
前370年	卫鞅入秦	生于宋。
前338年	卫鞅(商君)被杀	32岁。初至魏,见魏相白圭。应魏王召,论齐、魏战马陵事。
前334年	齐、魏相王会于徐州	36岁。为魏相,主谋齐、魏相王。用"以石代子头"为喻答匡章"去尊"之问。
前322年	孟子见梁惠王	48岁。被张仪逐至楚,转入宋。与庄子相晤论学。
前319年	梁惠王卒孟子至齐	51岁。返魏。
前318年	魏合五国共击秦	52岁。为魏使楚,与南方倚人黄缭论天地风

		雨雷霆。
前 316 年	齐人伐燕	54 岁。为伐齐存燕使赵。
前 310 年	张仪卒	60 岁卒。

就此表分析，我们对于惠施至少可得出下述数点初步的认识：

第一，先秦诸子，在他们的生前多未能行其道，而为空言垂世的思想家；而惠施不同，一方面是自成宗派的学者，另一方面又是当时最活跃的政治活动人物。我们都知道，战国时代最有权威的政客首推公孙衍（犀首）和张仪，《孟子》书中曾说他们"一怒而诸侯惧，安居而天下息"。但是，很少有人注意惠施是张仪的最大政敌，是所谓"合纵政策"的实际组织者。他在魏国掌握政权前后达十五六年之久，其政治地位之高，且驾乎佩五国相印的公孙衍之上（参照《战国策·魏策》及《吕氏春秋·开春篇》）。我们研究惠施所代表的学派的逻辑思想，首先即应把握这一重要的特征。

第二，关于惠施的身世，我们还不能明确。但是在战国年代，他是从所谓"治人者"立场出发，致力于"合纵"运动以抵制秦之统一，则似无可疑。《吕氏春秋·不屈篇》下列一段记载，最足表明此义：

> "匡章谓惠子于魏王之前曰：'蝗螟农夫得而杀之，奚故？为其害稼也。今公行，多者数百乘，步者数百人；少者数十乘，步者数十人；此无耕而食者，其害稼亦甚矣！'魏王曰：'惠子施也，难以辞与公应。虽然，请言其志！'（此段疑有夺字）惠子曰：'今之城者，或者操大筑乎城上，或负畚而赴乎城下，或操表掇以善晞望；若施者，其操表掇者也。使女工化而为丝不能治丝，使大匠化而为木不能治木，使圣人化而为农夫不能治农夫；施而治农夫者也，公何事比施于螣蝗乎？'"

惠施此论，与孟子"劳心者治人，劳力者治于人"之说甚为近似；而与墨子学派的社会学说及其政治理论则极端相反。这同样是我们研究此派逻辑思想所应缜密注意之点。

第三，战国时代的学风，自墨子以后，即具有由好尚争辩而转化为

诡辩主义倾向的趋势。此一具有划时代意义的转折点,似以惠施为开创人。《庄子·天下篇》说:

“惠施多方,其书五车(郭沫若释为“龉龃”),其道舛驳,其言也不中。……惠施以此(即历物十事)为大观于天下而晓辩者,天下之辩者相与乐之。……辩者以此(即离坚白学派十三论题)与惠施相应,终身无穷。……惠施日以其知与人之辩,特与天下之辩者为怪,此其柢也。然惠施之口谈,自以为最贤,曰:天地其壮乎,施存雄而无术。南方有倚人焉,曰黄缭,问天地所以不坠不陷,风雨雷霆之故。惠施不辞而应,不虑而对,遍为万物说。说而不休,多而无已,犹以为寡,益之以怪。以反人为实,而欲以胜人为名,是以与众不适也。”

从上面的话看来,可证惠施为诡辩主义的有力开创者。的确,以惠施在当时的政治地位及其“治农夫者”的有闲情趣,再附以善辩的技能与好辩的习惯,其得以开创一种适应于自己的学风,也是在势理上说得过去的。我们把握惠施在诡辩主义发展上的开创作用,这也是非常重要之一点。

第四,惠施在当时学人中,是“以善辩为名”(《庄子·天下篇》)。其所以能以善辩名家,则因其“多方”,而所谓“多方”,实兼涵“博学”、“善譬”二义。关于惠施的“博学”,如历物十事及“辩者二十一事”中“属于合同异组”(见前节)的诸论题,即可以表示出惠施所具的自然科学的知识,实在相当丰富。《庄子·天下篇》关于惠施,一则说“强于物”,再则说“散于万物而不厌”,三则说“逐万物而不反”,也可证知惠施的研究在自然科学方面有极大的兴趣。关于惠施的“善譬”,兹取二例如下:

“匡章谓惠子曰:‘公之学去尊,今又王齐王,何其到(倒)也?’惠子曰:‘今有人于此,欲必击其爱子之头,石可以代之。’匡章曰:‘公取之代乎?其不与?’(惠子曰:)‘施取代之。子头所重也,石所轻也,击其所轻以免其所重,岂不可哉?’匡章曰:‘齐王之所以用兵而不休,攻击人而不止者,其故何也?'惠子曰:'大者可以王,其次可以霸也。今可以王齐王而寿黔首之命,免民之死,是以石代爱子头也,何为不为?'"(《吕氏春秋·爱类篇》)

"客谓梁王曰:'惠子之言事也,善譬,王使无譬,则不能言矣。'王曰:'诺。'明日见,谓惠子曰:'愿先生言事,则直言耳,无譬也。'惠子曰:'今有不知弹者曰:"弹之状何若?"若应曰:"弹之状如弹",则喻乎?'王曰:'未喻也。''于是更应曰:"弹之状如弓而以竹为弦",则知乎?'王曰:'可知矣。'惠子曰:'夫说者,固以其所知喻其所不知而使人知之,今王曰无譬,则不可矣。'王曰:'善。'"(《说苑·善说篇》)

中国逻辑史上,自墨子以降,类的概念已逐渐普及,如孟子、告子及庄子等都喜援用类概念以证成其说。故惠施也用之以为诡辩之具。此点在理解此派逻辑思想上,实有重大意义。

诚然,一个学派或一种思潮的兴起,不能单从其思想家的个人条件中来说明,主要的原因是在于当时社会发展的具体情势。但一方面关于战国社会性质问题本书已屡有论述,另一方面有代表性的思想家的经历和主张即是其时代社会关系的一定的证件,因此,上述四点,未尝不可以作为部分地解明合同异学派生成的因缘来处理。

第三节　惠施合同异学派的渊源

在说明惠施年行大略以后,我们应进而考察所谓合同异学派的渊源问题。《庄子·天下篇》中,对于先秦各派学术,皆有"古之道术有在于是者"一语以明其承借所自,独对于惠施、公孙龙等所谓"辩者"之学无此考语;因而惠施所代表的合同异学派,其渊源何在,各家所见,遂极不一致。自来对此问题的解答,约有两种:其一,以惠施、公孙龙都出于墨子学派,也即是所谓"别墨"一派的中坚分子;其二,以惠施之学出于老子学派,也即属于杨朱的嫡派。对于此两种解答,我们皆不同意,兹分别评述如下：

第一，最早主张惠施、公孙龙同出于墨子学派的，为晋代的鲁胜。他说："墨子著书，作辩经以立名本。惠施、公孙龙祖述其学，以正刑名显于世。"(《墨辩叙》，见《晋书 · 隐逸列传》)近代反动的资产阶级学者们也不少以惠施、公孙龙为"别墨"派中人物。我们以为，不但惠施不出于墨子学派(公孙龙同，下章详论)，且先秦时代根本即无所谓"别墨"一派。这是因为：

(一)墨子学派在先秦，是一个有组织的宗教团体，以钜子为教主，教主对于教徒(即墨者)的思想行动有绝对的指挥权，对违反组织纪律的教徒且有生杀的权力。故惠施是否墨者，不能只采取其思想上若干特征为据，如非攻的主张和墨家相同，而"去尊"的主张就和墨家相异。

就拿思想特征来讲，重要的还是政治的态度。我们前面所引《吕氏春秋 · 不屈篇》惠施以"治农夫者"自命，其政治意识与墨子学派的"役夫之道"、"贱人之所为"是不能并立的。

(二)最皮相的说法，是以《墨辩》作者与惠施都言"坚白同异"为理由，遂谓惠施属于"别墨"，属于墨家中"科学的墨学"一派，其实此处的问题不在于"是否"都言坚白同异，而在于"如何"把握坚白同异等范畴，在于所取的认识论方法论是否相同。章士钊有一段话，讲的有些道理：

> "《荀子 · 解蔽篇》云：'墨子蔽于用而不知文'，'惠子蔽于辞而不知实'。墨、惠并举，名迹之大，几于相等，而其所蔽，性又相反，仿若各出所长，相龋龁焉。此而谓惠出于墨，苟非惠子生卒年月略后于墨，将与言墨出于惠同为无义。……或又曰：惠子所树各义，如《天下篇》所载者，一一见于《墨经》；非同一源，焉得如斯巧合？……愚谓读书不求甚解之过，莫若此甚。孟子言尧、舜、禹、汤，庄子言尧、舜、禹、汤，墨子言尧、舜、禹、汤，其余各家之书，莫不言尧、舜、禹、汤，吾不得谓孟、庄、墨及其余各家为一家也，惟坚白同异亦然。夫欲知一作者属何家数，非将其所立学说之全部融

会贯通，而又于其各家相互出入之处悉心比较，得有究竟，殊不足以定论；若仅以所列事项相同，遽等量而齐观之，此末学肤受者之所为，非所望于慎思明辨一流也。以吾暗陋所及，墨、惠两家，凡所同论之事，其意无不相反。……细绎两家词意，似墨义先立，惠义破之，惠家来攻，墨家复守，有如公输般九议攻城之机变而墨子九拒之者然。以如此互为冰炭之两宗并作一谈，谓其是一非二，夫亦可谓不思之甚者矣。”(《逻辑指要》附录二《名墨訾应论》)

章氏此论，其细微处自有商量余地(详下文)，然由论旨及方法上强调惠、墨两家互为冰炭，而断言“谓惠出于墨”为“不思之甚”，则大体可以同意。

(三)先秦无别墨，唐钺早有此说(见所著《国故新探·论先秦无所谓别墨》)。他曾说：“《天下篇》‘相谓别墨’，正是《显学篇》‘皆自谓真墨’的背面。墨家的三派，既然自称为‘真墨’，当然呼他派为‘别墨’，‘别墨’明明是墨家任一派用以挖苦任何他派的绰号，也如荀况隐然自命为‘大儒’而呼‘子张氏之儒’、‘子夏氏之儒’及‘子游氏之儒’为‘贱儒’一样。”唐氏此说，我们深为同意。但“别墨”一词何以成为“挖苦”他派的绰号，唐氏未加说明，此点似乎是很重要的。按墨子学派，以“兼”为正而以“别”为非，例如对于“兼君”则有“别君”，对于“兼士”则有“别士”，皆是确证。依此可知，在墨家阶级立场上所说的“别墨”，实有背叛教义或墨教败类之义。这样讲来，“兼”墨即真墨，“别”墨即假墨，所以说“相谓‘别’墨”。

第二，以惠施出于老子学派而为杨朱的嫡派，是郭沫若的新说，在他以前，似未见有人主张。他说：

“杨朱本是老聃的弟子，……惠施、公孙龙之徒本是杨朱的嫡派。……庄子所举的惠施、公孙龙这一批人的坚白同异之辩，正是孟子所谓‘淫辞’，但这一批人的代表惠施，……他说‘至大无外，谓之大一’，‘天与地卑，山与泽平’，‘万物毕同毕异’，‘泛爱万物,天地一体也’,这却是一派泛神论的断片。而同时从这些学说上便可以断定他是老聃、杨朱的一派。还有《吕氏春秋》的《爱类篇》……说惠施之学‘去尊’,也和孟子责备杨朱的学说‘无君’相一致。‘去尊’译成现代的话当是无政府主义,老聃、杨朱的学说充其极是应该到达这一步的,在这儿也明显地可以看出惠施是杨朱之徒。”(《先秦天道观之进展》,见《青铜时代》,人民出版社版,页 51—52。)

郭氏此说,是值得我们注意的。因为,惠施与庄子在各方面均有甚密切的关系,而公孙龙的唯心论思想,也与老子的宇宙观同属一型。然此只能视为各派相互间的影响,如指为惠施与公孙龙同出于老子学派,似乎值得商讨。关于公孙龙部分,下章另论;关于惠施不出于老子学派的理由则大致如下:

(一)《庄子·天下篇》系以惠施为关尹、老聃学派以外自成一宗派的人物,《荀子·非十二子》及《解蔽》等篇,也明言老子与惠施两派的学说是不同的,故断定惠施是老聃、杨朱一派,不唯于史无据,且与《天下篇》及《非十二子》与《解蔽》等篇所说相冲突。

(二)惠施所提出的“大一”与“小一”等观念,可能是直接取自老子学派,或者由于受到老子学派的启示;其“去尊”之说也或许与杨朱“无君”有相似处。但此等事实,只能证明惠施之学中有老子学派的影响,且相互影响也常在相互对立的学派中间发生,不必一定出于师生传承的关系。所以,如果没有更直接更有力的证据,仅凭上述事实,似不能推翻《天下篇》及《非十二子》与《解蔽》等篇的古说。

(三)测定各家学说是否同源,最可靠的标准,应在其实践态度。老子学派的基本文献,不出《老子》与《庄子》二书。就此二书研究,老子学派所持实践态度的最大特征,在于隐逸寂静思想或出世主义的人生观,后世老、庄学说与佛家合流,其原因或即在此。至若惠施之学,则完全与此相反,他所持的是一种入世致用的现实态度,此点在《庄子》的《逍遥游》、《秋水》、《德充符》、《外物》等篇的记载中,皆有确切证据可指。我们由庄子攻击惠施的入世致用思想上，似乎反而可以证明惠施之学不出于老子学派。

现在我们要进而从积极方面研究惠施合同异学派的确实渊源所在。关于此一问题，我们主张惠施所代表的合同异学派主要的渊源是来自邓析（约在公元前545—前501年），也即鲁胜所谓“自邓析至秦时，名家者世有篇籍”。其证据如下：

（一）《庄子·天下篇》虽未明言惠施学术的来源，而在《荀子》一书中，则多少透露出一点线索。《荀子》全书说及惠施的地方共有六处（其未提出惠施名字而泛言“坚白同异有厚无厚”尚有六处除外），此六处中竟有四处为惠施与邓析并称，只一处单提及惠施而未提他人，一处将惠施与别家并提而未提及邓析，兹列简表如下（见下）。

篇　名	原　文	备　考
《不苟》	“山渊平”，“天地比”，“齐、秦袭”……“钩有须”，“卵有毛”，是说之难持者也，而惠施、邓析能之。	邓、惠并提
《非十二子》	不法先王，不是礼义，而好治怪说，玩琦辞，甚察而不惠，辩而无用，多事而寡功，不可以为治纲纪，然而其持之有故，其言之成理，足以欺惑愚众，是惠施、邓析也。	邓、惠并提
《儒效》	不恤是非然不然之情，以相荐撙，以相耻怍，君子不若惠施、邓析。	邓、惠并提
《儒效》	若夫谪德而定次，量能而授官，使……万物得其宜，事变得其应……惠施、邓析不敢窜其察……	邓、惠并提
《解蔽》	惠子蔽于辞而不知实。	单提惠施
《成相》	凡成相，辨法方，至治之极复后王，慎、墨、季、惠百家之说诚不详。	惠施及他家并提

我们知道，荀子的诞生只晚于惠施三十年，惠施死时荀子已在三十岁上下，而荀子又是以综合百家自命的广博大儒，于各家学术源流的剔

抉也多可信;且就文意分析,其将惠施与邓析并举,并非随便撮合,所以我们可以从这里证明惠施合同异学派的主要源泉在于邓析。

(二)今本《邓析子》虽以《无厚》、《转辞》名篇,但由内容考辨,是后人伪托的书,故其学说详情已不可尽知。然据《吕氏春秋》所载,邓析似即古代的一个有名的讼师,他是以善辩得名的。至其取辩的方法如何,则可由下列三段记载测知其梗概:

> "郑国多相县以书(即将写好的文字悬起来,与今日的壁报相近)者,子产令无县书,邓析致之(即将批评政府的文字送阅,与今日的报纸相近);子产令无致书,邓析倚之(近人高亨解作将文字刻在壁上)。令无穷,则邓析应之亦无穷矣,是可、不可无辨也。"(《吕氏春秋·离谓》)
>
> "自邓析至秦时,名家者世有篇籍。是有不是,可有不可,是名两可。"(《墨辩叙》)
>
> "邓析操两可之说,设无穷之辞。"(《列子·力命》)

此所谓"可、不可无辨"、"两可之说"或"是名两可",就是《庄子》"方可方不可,方不可方可"(《齐物论》)之义。如果引申其说,就是不承认事物在一定条件之下必然是某种事物,事物本身没有客观上的固有性质,因而人类也不能对之有确定的判断,其是非然否,完全依主观为转移,也就是将各种事物的共同之点与差异之点同等看待,甚至将差异之点加以夸大,抹杀在一定条件之下共同之点有其支配意义。《庄子·德充符篇》说:"自其异者视之,肝胆楚、越也;自其同者视之,万物皆一也。"郭象注:"因其所异而异之,则天下莫不异;……因其所同而同之,则天下莫不皆同。"希腊普罗塔哥拉所谓"人是万物的尺度",便是这一道理。这一由唯心主义观点所得出的方法论的特征,即是相对主义的诡辩论。邓析这种观点,和各书所载惠施合同异学派诸论题的基本精神(详下文),确甚相合。又《列子·仲尼篇》载,邓析与圃泽之役伯丰子辩"执政者之功",伯丰子之从者曾诘邓析"执政者乃吾之所使,子奚矜焉",以致邓析无以应,目其徒而退。这样看来,邓析与惠施是同属于“治农夫者”一派人物。这也可以旁证邓析的学说是惠施合同异学派的主要源泉。

但我们虽肯定惠施之学主要承借邓析而来,并非说除邓析以外惠子即未接受并世各派的影响。恰巧相反,如像孔子学派的类比方法与其天人合一思想,墨子学派的自然科学知识与所谓“坚白同异之辩,觭偶不仵之辞”,以及老子学派的“大一”观念与相对主义观点,乃至前期的(即公孙龙前辈的)离坚白思想等等,无疑地都可提供惠施以资料、启示或刺激。在这一限度以内,我们对于郭沫若下述一段议论大体可以同意:

> “惠施承继着老聃的‘大一’的思想似乎把它扩展到了无神,他是把本体来代替了天的。但他的思想比老聃更进了一步是提出了‘小一’来。这个观念颇如今之原子、电子,他是说万物都有其‘大一’的本体,而万物之实现是由‘小一’所积成的。无论由‘大一’言或由‘小一’言,天地万物都是一体。……时间空间都不是绝对的,……由这些观念引出他的‘泛爱’说来,这是把老子的‘慈柔’、杨子的‘为我’扩大了,把儒家的‘仁’和墨家的‘兼爱’都是含括了的。在这些地方可以看见学派的分裂,也可以看见学派的融和。各派在互相斗争,而同时也在互相影响着的。便是惠施这‘小一’的观念,虽是由他所取的分析的态度所必然得出的结果,然而也应该是受了儒家的五行说的影响。”(《先秦天道观之进展》,见《青铜时代》,人民出版社版,页53。)

在这一点,黑格尔所谓“中国哲学的一”,在惠施思想里比老子更为显明,更为突出。

第四节　惠施的思想体系及其唯心主义的本质

在解决了惠施合同异学派的渊源问题以后,我们即应正式探讨此派的哲学体系及其逻辑思想中唯心主义的本质。关于此层工作,我们拟将今日仅存的合同异学派全部论题，先加以归纳并分类，看出其体系的风貌与个性，而后再进行深入的研究。

惠施的学说，今日我们所得看见的断片残简，有《庄子·天下篇》所举惠施“历物十事”及“辩者二十一事”中之八事，及《荀子》的《不苟》及《正名》二篇中七个论题，即共为二十五个论题。如再删除重复的五个论题，所余只有二十一个（内“日方中方睨，物方生方死”论题，因所说为二事，故特分作两题以便分类）论题。自来对此等论题，代有新解。现在，我们为便于把握其体系性起见，特将原来的顺序打破，重新加以改组，分类如下：

1. 论形色的同异皆为相对
   - （1）至大无外谓之大一，至小无内谓之小一。
   - （2）无厚不可积也，其大千里。
   - （3）郢有天下。
   - （4）天与地卑，山与泽平（山渊平，天地比）。
   - （5）连环可解也。
   - （6）龟长于蛇。
   - （7）白狗黑。
2. 论异质的事物本为合同
   - （1）卵有毛。
   - （2）马有卵。
   - （3）丁子有尾。
   - （4）山出口（入乎耳，出乎口[？]）。
   - （5）物方生方死。
   - （6）犬可以为羊。
   - （7）钩有须（妪有须）。
3. 论时空的差别皆非实有
   - （1）日方中方睨。
   - （2）今日适越而昔来。
   - （3）南方无穷而有穷。
   - （4）我知天下之中央，燕之北，越之南是也。
   - （5）齐、秦袭。

4. 合同异学派 历物总结论
(1)"大同"而与"小同"异,此之谓"小同异";万物毕同毕异,此之谓"大同异"。
(2)泛爱万物,天地一体也。

我们首先应将此派与其所依以出发的社会根源关联起来,其次将此派与其并世各派的思想关联起来,再次将此派所有论题相互关联起来而归纳其共同精神。据此三点似可以看出其学说之大体倾向,也即可以求出此等断案系由何前提推论而得,求出前提与结论、方法论与宇宙观的必然联系。兹据此原则,对此四类二十一个论题分别解释如下:

第一,所谓战国时代,即是亚细亚古代社会向所谓东方式罗马帝国(秦)转化的前夕。惠施所代表的合同异学说,就其社会的根源而言,无疑是在没落境界线上挣扎的六国治人者集团合纵政策的思想反映。这就是说,由于意识到没落命运的必然降临,夸大了事物的否定要素;由于迷失奋斗的方向而在现实中企图调和,采取了折中主义与相对主义的观点;更由于宇宙观及人生观的动摇不能对于现实确立变革的原则,跌进了抹杀事物性质的客观性及相对安定性的主观主义的窠臼。从此点考察,惠施恰巧是中国逻辑史上的普罗塔哥拉。普氏的"人为万物尺度"之说,开创了希腊的诡辩学风,嗣后,亚里士多德的形式逻辑,以"矛盾律为人类思维的最高法则",即是普氏诡辩主义思想的反对论题。同样,惠施的合同异学派,形成了中国诡辩学风的起点,继之而起的《墨经》作者与荀子、韩非的逻辑思想,均对于惠施充满着严厉的批评与激昂的敌意。中西古代逻辑史上的此种相似之点,决非出于偶合;双方社会发展阶段相似的规律,实为产生此种逻辑上相似之点的基础。

第二,惠施合同异学派的根本特点,固然要从其所处的当时现实的社会及其阶级背景来说明,但其既作为一种学派而出现,即不能不以其先行时代的思想材料为源泉,以其并世各派的义理为借鉴。此在一般学术思想发展史上乃是普遍的原则,惠施自不应独为例外。关于惠施学派的渊源问题,我们前面已有考辨。兹为便于求得惠施学派的渊源和承借的关系起见，特制表如下：

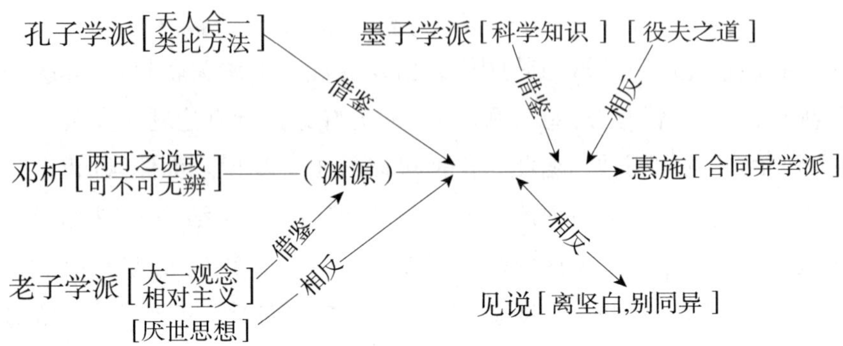

据此表言之，作为邓析“两可之说”的继承者与发展者惠施学派，其在战国百家之学中，一方面彼此之间具有相互作用与相互影响，另一方面又有其与他家体系相互区别与对立的独立风貌。

第三，惠施学派之所以“合同异”名家，即因其全部论题的基本精神，在于以主观相对主义的世界观作前提，而导出抹杀事物性质的客观存在性，泯灭事物质量的具体差别性，忽视事物性质的相对安定性及在一定条件下肯定要素的支配意义等等诡辩主义的断案或结论。关于惠施学派此一特质，不仅我们在上面所作二十一论题的分类中有充分的表明，在很早以前，章炳麟就在《国故论衡·明见篇》中作了初步的解释，可资参证。

第四，关于惠施学派二十一个论题的顺序及分类，我们所以未采别家方法，是因为其顺序如何和怎样分类的问题不能以我们的方便为标准，而应以此等论题中所显示此派哲学体系的特点为标准。换言之，正确的顺序及分类，应与此派的逻辑思想相一致，顺序及分类本身同时即应为此派依据其逻辑所建立的体系的显现。我们的分类的顺序，如前面所列，从形式上看来，似乎是由“形色”到“性质”，更通过“时空”而归着到“性质”，更通过“时空”而归着到“结论”，实则并非如此，而乃是如下图所示：

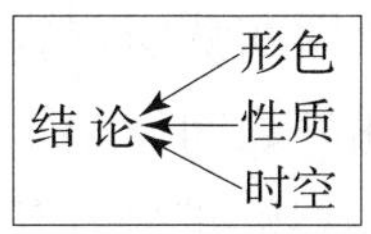

此即是说,对于宇宙万有,无论从形色方面来较量其大小、高低、长短、黑白等等,或从性质方面来识别其种类、生死、性别等等,或从时空方面来区分其中睨、今昔、有穷、无穷、方位、距离等等,都可得出这样的结论:一切同异皆为相对,芸芸万物本为一体。在作为结论的论题中,包含着此派所以以"合同异"名家的秘密。而且,从每类中任一论题到达于结论,皆为由多到一,由离异到合同,由个体到共相的过程。在此一过程中,又存在着惠施合同异学派的逻辑方法,表现出此派的独特性格。

第五,惠施的逻辑方法,首先与离坚白学派相反。惠施认为,不是共相离个体而独存,而是个体与共相浑然无别。他的每一个论题,都可化作如下的判断形式:个别即是普遍。

宇宙间每一个体事物,都有其互异的特性,而与其他个体相区别、相对立、相离异。但是,又由于每一个体皆可消解于共相之中,于是一切的差别、对立与离异,遂皆泯没而归于同一、融协与合同。由后者而言,即是,个别等于普遍。只有在个别中抽出了普遍性,并敢于断定"一切个别皆是普遍"的哲学家,才能以"合同异"名家。如像庄子的"齐物论",谢林的"同一哲学",皆是例证。正由于在普遍中所把握的世界是舍去了具体差别性的抽象的同一的世界,是"泯非是、绝彼我"的齐一世界,所以黑格尔曾讥讽此种哲学是"在暗夜中看牝牛,每条都是黑色"。从这一点看来,惠施的"白狗黑"一论题(意思是说,白狗黑狗都是狗,白狗黑狗的区别是假相),恰为一个特别耐人寻味的具体证件。

第六,所谓"个别即是普遍",在判断分类上系属于分析判断。主辞通过述辞而丧失其具体性与差别性,变成了抽象的同一的浑一体。惠施学派的这种片面的分析方法,使其在点(无厚不可积)与面(其大千里)之间,不见大小而只见形体;在白狗与黑狗之间,不见白黑而只见颜色;在犬与羊之间,不见种别而只见动物;在卵与鸡之间,不见发展而只见原素(毛);在男与女之间,不见性别而只见人类。正因为此派片面地使用了分析判断,所以只见合同而不见离异。正因在认识内容上有此特征,故其全部21个论题,都表现为在主辞与述辞之间设定了抽象同一性的肯定命题的形式。但是,在现实中的个体事物,虽然有其同一性或联系性,而同时都有其具体差别性,所以此派的论题,在荀子的衡量中,遂成了"蔽于辞而不知实"的"奇辞怪说"。反之,在只见离异而不见合同的离坚白学派中,其所有的论题(《庄子·天下篇》所举十三事,《列子·仲尼篇》所举七事,以及全部《公孙龙子》各篇所载),则又无一不表现为否定命题的形式。单就判断形式来看,也可证明"合同异"与"离坚白"是针锋相对的、各据片面观点而走极端的两个不同的诡辩学派。

第七,逻辑上的分析方法,是就个体以发见共相,也即由具体的差别性开始,而引出万物之间的抽象同一性的结论。惠施的合同异学派,即强调并夸大了这一同一性。庄子批评此派,一则曰"历物之意",再则曰"遍为万物说,说而不休,多而无已",三则曰"弱于德,强于物,……散于万物而不厌",四则曰"骀荡而不得,逐万物而不反",皆可为佐证。大概此派的辩诘术,是由列举个别事物起论,从个体中抽绎出共相,连类而及,虽遍及万事万物而犹不休,不厌,不反。此种不避烦琐的作风,从庄子的齐物观点看来,有类枉费神思的徒劳,故不禁而兴"悲夫"之叹。有人竟以为惠施只注重个体而不注重共相,个体常变,故其哲学为变之哲学。实则,注重于个体固然可导出动的观点,但个体为彼此互异的具体差别的存在,如真的不兼注重于共相,则惠施的"合同异"观点,也就无从产生。

第八,片面地使用分析方法而不与综合的方法联系起来,以致蔽于合同而不知离异,使整个逻辑体系由单调肯定命题建筑而成,这是惠施陷于诡辩主义的秘密之一。倘准其义,则抗战与侵略皆为战争,坚持抗战将与继续侵略无别,岂非咄咄怪事!尤其应该论究的,即惠施将所持主观观点与相对观点更与其片面的分析方法相结合,遂使其诡辩主义走入唯心主义与折中主义。所谓主观观点,即以事物的同异非事物本身所具有，而决定于主观的判断；其所谓“小同异”与“大同异”云云，即是此义。所谓相对观点，即以事物的肯定面与否定面平排并列，以事物性质不能有片刻安定的范畴，其所谓“日方中方睨，物方生方死”云云，即是此义。此二观点，也为庄子所同持。故庄子伤惠施之死，曾说：“自夫子之死也，吾无以为质矣，吾无与言之矣。”（《徐无鬼》）

据上面八点，我们知道惠施所代表的合同异学说，即是由片面的分析方法、主观的唯心理论与相对的折中主义三者结合而成的体系。此一思想体系，本质上反映六国“治农夫者”阶级在没落前夕丧失变革世界的信心，因而在概念游戏里露出其反动的虚无理论，庄子哀之为“形与影竞走”，颇可透露出一些历史秘密。

近代中国的资产阶级的唯心主义者最好夸大惠施的思想，例如李石岑根本未能识别辩证法与诡辩逻辑的界线，竟说：

> “总看上列十事，我们可以知道惠施的思想是站在肯定矛盾之观念论的辩证法立场。他能认识事物的矛盾性、发展和联系性。他在十事中能一贯地解释各种事象，把辩证法上各个要点阐明，这是他识力独到的地方。无怪有些学者认他远胜于公孙龙，非思想芜杂的公孙龙所能及。”（《中国哲学十讲》，页194）

照他说来，惠施俨然是中国逻辑史上的黑格尔！但是，凡稍知逻辑史的人，都可以断定在战国时代中国没有产生逻辑上的黑格尔的客观条件。又如反动的唯心主义者胡适，关于惠施学派曾说：

> “惠施论空间，似乎含有地圆和地动的道理，如说‘天下之中央，燕之北、越之南是也’，燕在北，越在南。因为地是圆的，所以无论那一点，无论是北国之北，南国之南，都可以说是中央。……又如‘天与地卑，山与泽平’，更明显了，地圆旋转，故上面有天，下面还有天；上面有泽，下面还有山。……惠施是一个科学的哲学家，……所以他的兼爱主义，别有科学—哲学的根据。”（《中国哲学史大纲》卷上，页231—235。）

这更是乱扯！所谓“地圆和地动的道理”，汉代才有人直观地洞察出来，到了明末才有发展。当战国时代，不但惠施无此思想，即最高的天文学，也还未脱出地平说与地静说的支配。例如《周髀算经》卷下说：

“日运行处北极，北方日中，南方夜半。日在东极，东方日中，西方夜半。日在南极，南方日中，北方夜半。日在西极，西方日中，东方夜半。”（《四部丛刊》本，页39）

由此可知，惠施学派的论空间的诸论题，决不能解释为“地圆和地动的道理”。因而，此派在诘辩时虽多在形式上采取自然科学的材料，但决不足当“科学的哲学家”之称。在战国时代，与所谓“科学的哲学家”比较接近的，是墨子学派与荀子学派，但墨、荀两派的逻辑思想，正是诡辩逻辑的批判的否定。

第 十 三 章

公孙龙的绝对主义唯心思想

第一节 离坚白学派的源流和著作

在前章里我们曾将公孙龙的思想与惠施对比，说惠施为相对主义的唯心论者，以“合同异”名家，公孙龙为绝对主义的唯心论者，以“离坚白”名家；并且曾经说，相对主义的“合”的观点与绝对主义的“离”的观点虽极相反，其扮演着名辩思潮里隳落方面的角色则无不同。

现在，我们进而说明，所谓公孙龙“以离坚白名家”，就是说他是以白马、坚白二论自成宗派的诡辩思想家。为了更具体地理解此点，需要简略地追溯一下离坚白学派的源流。

首先，离坚白学派虽形成于战国末世，而其所持论题中的素材，则起源颇古。例如，此派取辩之物，一二、左右、镞矢、飞鸟、坚白石、一尺之棰等，是古代各派逻辑中惯用的事例及术语；青白黄碧，与当时的五行思想，又颇有渊源；至若臧获君臣等，在辨析兼别同异上，尤为约定俗成之名。正因为此派论题中的事物，在当时具有其历史上的邃远传统，并具有社会政治上的具体涵义，所以说“取辩于一物，原极天下之隆污”(鲁胜《墨辩叙》)。

其次,所谓“坚白”之说,《论语》中有“不曰坚乎?磨而不磷;不曰白乎?涅而不淄”的文句。此处“坚”、“白”对举,颇可透露出原始名辩的消息,但在孔子时代,“坚”、“白”等范畴尚限于所谓“取譬”的意义,孟子与告子(约公元前420—前350年)所作白人、白马、白羽、白雪之辩(《孟子·告子篇上》),早经宋吕祖谦断为“坚白同异之祖”(王应麟《汉书艺文志考证》引)。由此可知坚白之说,其来源是古远的。

再次,所谓“白马”之说,韩非子曾说:“儿说,宋人,善辩者也。持白马非马也,服齐稷下之辩者。乘白马而过关,则顾白(“白”字疑衍)马之赋”(《韩非子·外储说左上》)。儿说的确实生卒年代,已无可考。伍非百以为儿说年辈,上承惠施,下接公孙龙,公孙龙所持的白马论,或得自儿说的启发(《公孙龙子·发微》)。因此,白马之论,也是有师承的。据郭沫若考辨,《国策》称儿说“外生,乐趋患难”,恐是宋钘、尹文一系的人物,即属于齐稷下的道家学派。(《十批判书》,人民出版社版,页227)

庄子说“以马喻马之非马,不如以非马喻马之非马也;以指喻指之非指,不如以非指喻指之非指也”(《庄子·齐物论》),又在《天下篇》中,历数此派离形言名的十三论题如下:

1.鸡三足。

2.火不热。

3.轮不蹍地。

4.指不至,物不绝。

5. 目不见。

6.矩不方,规不可以为圆。

7.凿不围枘。

8.飞鸟之景,未尝动也。

9.镞矢之疾,而有不行不止之时。

10.狗非犬。

11.黄马、骊牛、三。

12.孤驹未尝有母。

13.一尺之棰,日取其半,万世不竭。

庄子明言辩者日以此十三论题"与惠施相应,终身无穷",可知上举《庄子》书中所言的"辩者",乃指公孙龙的前辈。

就公孙龙所师承的此十三论题的思想方法来看,近似于古代希腊埃利亚学派的芝诺。芝诺最初属于毕达哥拉斯联盟,参与攻击民主集团的活动。后因代表贵族奴隶主,在埃利亚组织了反民主制度的秘密团体,被处死刑。他是异常保守的诡辩家,其哲学思想的保守性在于,宣布一切存在皆无矛盾,皆为静止。芝诺在他专为驳斥运动的真实性,同时也即在拥护存在静止的保守立场上,曾提出了四个有名的论题:

(1)在"两断法"(一分裂为二)的论题里,运动的不可能是这样被证明着:物在达到特定的点以前必须通过道路的一半,但是,要通过道路的一半,它首先又必须通过道路的四分之一;如此递分(八分之一,十六分之一,三十二分之一,余可类推),永无穷极。由此,芝诺就作出了结论:物在任何时候都未尝开始运动,因为始终为其所必经道路的无限分割所阻碍。

(2)在"阿基列斯与龟"的论题里,芝诺企图证明:阿基列斯的捷步永远不能追过乌龟的爬行。假设阿基列斯落后于龟一百步而比龟快十倍,当阿基列斯走十步,龟也前进一步,阿基列斯每走一步,龟也走十分之一步;如此永无终结,永远追不上。

(3)在"飞矢不动"的论题里,芝诺同样企图证明运动的非真实性。照他的看法,飞矢在每一瞬间都占着空间的特定位置,因而即静止在此一位置上。由此,芝诺就判定了:飞矢的运动是其静止的总合。以运动为静止的总合,无疑的是一个矛盾;而矛盾在芝诺看来则绝不可能。

(4)第四个命题为"二分之一等于二倍",这一命题是由"两断法"的命题派生的,兹不详论。

似此,以时空无限分割的可能性为根据,导出了无矛盾的静止的形而上学世界观，以执行其反古代民主的贵族保守任务，正是芝诺思想的本质，而此一本质则酷似于中国古代的公孙龙；并且不仅思想本身，其取辩之物，其论题的形式，也几乎无不相似。基于此点，我们也可以说公孙龙为古代中国版的芝诺。从这里，也可以理解中国近代资产阶级学者之所以美化公孙龙有他们的观点的共同因素了。

据前述四点推断，离坚白学派所持的论题及其取辩之物，皆起源甚古。大约自孔、墨以降，在尚争好辩的学风中，即已为各家所乐道，自孟、庄以下，遂相习成风。公孙龙或是以后起之身，在与各派相反的鼓荡中，就前人的论题与范畴，加以损益改造而成其诡辩的思想系统。所以《庄子·天下篇》说他"饰人之心，易人之意，能胜人之口，不能服人之心，辩者之囿(尤)"。

公孙龙虽是古代"离坚白"诡辩思想的完成者，关于其人与其书，这里也应分别酌予考辨，为着手研究他们思想来铺平道路。

司马迁《史记》中无公孙龙传，仅于《孟荀列传》及《平原君传》中散载其事。此外，《庄子》的《秋水篇》，《吕氏春秋》的《审应篇》、《淫辞篇》、《应言篇》，以至《孔丛子》的《公孙龙篇》，《列子》的《仲尼篇》等，对于公孙龙的言行，也各间有所记。

我们依据可靠的资料，知道普通称公孙龙为赵人，虽无实据，但他由渑池之会(公元前279年)至邯郸解围(公元前257年)前后二十二年间俱在赵为平原君客，则无可疑。

以年辈论，公孙龙幼于惠施约五十岁，即惠施死时，公孙龙似尚未逾十龄。公孙龙享寿当在六十、七十之间，若庄子享年能逾七十，公孙龙已在二十、三十以上，或犹及相见。与公孙龙同时的学人，计有魏牟(约公元前320—前245年)、孔穿(约公元前312—前262年)及邹衍(约公元前305—前240年)等。惟《墨经》作者与公孙龙孰为先后，则尚不可确考；意者，《墨经》成书非一时，作者非一人，倘兼就两派持论的内容而言，则"坚白离"与"坚白盈"，针锋相对，方法相反，断为时代相接，互为论敌，尚无大过。

《汉书·艺文志》称“《公孙龙子》十四篇”，扬雄《法言》称“龙诡辞数万”，可知公孙龙的著作并非不多。但今本《公孙龙子》，除《迹府》为后人辑录他书（如《吕氏春秋·淫辞篇》等）而成外，仅余《指物论》、《名实论》、《坚白论》、《白马论》、《通变论》等五篇，共为一千九百零九字，这又不难看出他的著作是大多数散佚了。

公孙龙学说在古代社会的危机时代虽为一重要宗派，而后世之祖述此说者似不多见。惟魏、晋间因玄风大盛，荀绰《冀州记》中，载有：“爰俞辩于论议，采公孙龙之辞以谈微理。”（《三国志·邓艾传》引）《世说新语·文学》第四载：“谢安年少，请阮光禄道白马论。为论以示谢，于时谢不即解阮语，重相咨尽。阮乃叹曰：非但能言人不可得，正索解人亦不可得。”唐代张游朝著有《冲虚·白马非马证》。宋代陈元景曾录《白马》、《指物》二论，编入所著《南华余录》。此四事似为仅有的公孙龙学的研究。

在注疏方面，据《新唐书》载，陈嗣古、贾大隐各有《公孙龙子注》一卷，然今皆佚失。宋代谢希深所注《公孙龙》三卷今尚流传，但读者亦寡。明末遗老傅山的《公孙龙注释》，是依法相宗术语来诠解的。自清季以还，如俞樾、孙诒让、章炳麟、梁启超、章士钊诸人各间有所疏解；而辛从益、陈澧、王琯、钱基博、谭戒甫、伍非百、陈柱、金受申等也各有专书，详事考辨。因此，遂使此五篇一千九百字的古籍，大体可读。但前人的方法，多系承清代汉学家的余绪，故其成就多在训诂校刊方面，其中虽间有从义理方面从事阐发的，但似甚少可观。

今本《公孙龙子》六篇，各家所定次序颇不一致。我们以为，篇目次序是有利于对其思想进行研究的，因为篇次一定，研究对象的构造形态即历然在目；依次剖析，一方面可以看出此派的思想系统，另一方面也为我们的研究展开程序。故篇次问题，这里应稍加推敲。

在推敲篇次问题时，我们应知古人著述不似今人，甚难就各篇内容划分理论的性质；加以脱落错简，层见叠出，尤不易比列各篇论述范围，定其先后。但大体上并非完全无范围可指，各篇性质也非完全无划分

的可能。据我们分析的结果,今存六篇的次序,似应如下:

《迹府》第一(各本皆同)。

按谢希深注:“府,聚也。”俞樾说:“所履为迹。迹与跡同,……言其事跡具此也。”各家均认此篇为后人聚集公孙龙事跡而成的言行录或传记之类,其性质略同于《论语》的《乡党篇》、《墨子》的《耕柱》、《贵义》、《公孟》、《鲁问》、《公输》等篇。此派诡辩思想的历史根据虽非尽具于此,然篇中所记人物故实,要也不失为重要资料的一个集结点。各本均列此篇为第一,颇为得体。

《指物论》第二(谭戒甫本同此,伍非百本列为第三,在《名实论》后,陈柱本列第三,在《白马论》后)。

《名实论》第三(谭本列第五,伍本列第二,陈本列第六)。

《坚白论》第四(谭本列第四,伍本列第六,陈本列第五)。

按此三篇所论者大体为心物关系问题,种类与个体的关系问题等,这即是此派的世界观和知识论之所寄。其逻辑思想中的诡辩方法,实以此三篇中所论为出发点。依“存在决定意识”之义,此三篇应编于《迹府》之后。且此三篇以感觉始,以概念终,程序井然,不容倒错,不容分隔间离,必使之依次承接,才合道理。

《白马论》第五(谭本列第三,伍本列第五,陈本列第二)。

按此篇为此派逻辑系统中的概念论,也即其诡辩方法的骨干。依“方法论从属于世界观”之义,此一篇应编于《指物》、《名实》及《坚白》三论之后。

《通变论》第六(谭本同此,伍本列第四,陈本列第四)。

按此篇大体系此派根据其诡辩的概念论所作的诡辩论式。此派的逻辑系统至论式为止,故应把此篇编于最后。

依上述目次,除《迹府》外,其余五篇的构造层次大体系自世界观出发,经由概念论而到达逻辑论式,如果用图表示此派的思想体系,则其图如下:

关于《公孙龙子》篇次问题的我们此一看法,似前人均未道及。此

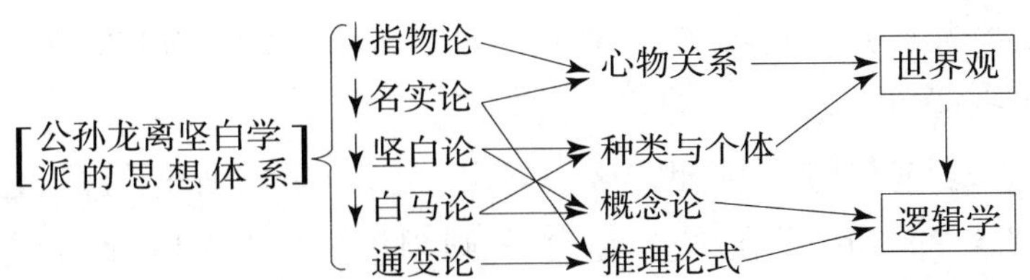

看法为正为误，我们虽未敢自信，但据此以观此派的思想系统，则似较易寻得头绪。下面我们即依此程序，剖析此派的思想体系。

第二节　公孙龙的世界观及其诡辩思想的由来

世界观中的根本问题，即是心物关系的问题。世界观之为唯物主义或为唯心主义，直接规定着一家思想的认识方法与认识内容。所以各派的思想体系，均以其世界观为理论根源。例如儒、墨、庄、荀等派对于所谓“物”各有定义，理即在此。公孙龙离坚白一派的思想之所以成为唯心主义的诡辩，就直接与其对此问题的看法有必然的关联。

“天地与其所产者，物也。”(《名实论》)

骤然看来，这“物”好像是客观的存在，但请看他对于“物”与“心”的关系如何解答，他说：

“物莫非指，而指非指。”(《指物论》)

此即是说，宇宙所有的具体事物，如白马、骊牛、坚白石等，莫非概念。但此概念，好像既不在主观的能知中，也不在客观的所知中，而是离开主观认识与客观对象而独有的实在。从这一点讲，公孙龙思想的最高原则是接近于柏拉图的“理念”，实质上是观念的另一种说法。

《公孙龙子》中说过许多“物”字，这里我们必须进一步地研究他所谓的物的意义，才能理解他的哲学和逻辑的全貌。公孙龙是怎样地认识物呢？他所谓物的概念，是什么性质呢？

在《名实论》的开头，公孙龙已给我们留下了关于“物”、“实”、“位”、“正”四个概念的规定；现在就从这里开始吧。他说：

“天地与其所产者，物也。物以物其所物而不过焉，实也。实以实其所实(而)不旷焉,位也。出其所位非位,(而)位其所位焉,正也。”

“天地与其所产者物也”这一规定(定义)里的所谓“物”,包含着“天地”及“其所产”在内。《庄子·则阳篇》说:“天地者,形之大者也。”例以《白马论》所谓“马者,所以命形也”的说法,则这个“物”字,不是指普通所说的万物,如马牛等等,而是指万物的概念。这和荀子所谓“万物虽众,有时而欲遍举之,故谓之物,物也者大共名也”的后两个“物”,《墨子·经说上》所谓“物,达也,有实必得之(是)名也”之“物”,有相似的意义。然而在公孙龙,另有特别的说法,即“物”是天地万物的最后原因,似是“神”的代名词。

第二个规定——“物以物其所物而不过焉,实也”,其中三个“物”字,有不同的涵义。下两个物字,作为动词用,它的涵义是随着上一个“物”字的涵义而决定。所以,问题在于第一个“物”字。辛从益解释这一规定说:“物各有其物体,不可过也;故必有体之为物者,以物其所物而不过,所谓实也。上物字作体物之物(解)……。”作为文句的诂释,这是不错的。但我们所急欲知道的,不是文句的诂释,而是那所谓“体之为物者”或“体物之物”,即第一个“物”字的内容,究竟是什么?“天地与其所产者”之个别的物,是不能成为这个“物”字的内容的。因为一切个别的物,其“指”皆各有所“定”,故其为物都已各具定体,一有成形,便不能再作“体物之物”。由公孙龙“白定所白”即“非白也”的理论推之,都不能再去“体”他物而不过的了。换句话说,第二个规定的上一个“物”字,比第一个规定的“物”字就更神秘了。

那么,这个“物”字,指的是什么呢?在唯物论者,它是物质;在唯心论者,它是精神——“绝对精神”。但在公孙龙,它既不可能是物质,因为他认为“物指”乃至“物”是“指与物为指”的结果,而“指”是不能成为感觉对象的。它也不像主观唯心主义者说的精神,因为他认为“神不见,而神离”,而且所谓“指”是多种多样的。我们根据现在的《公孙龙子》看来,上述第二个规定的那个“物”,当是他所谓的“指”。所以

《指物论》开宗明义就说：

“物莫非指，而指非指。”

其下文又说：

“且指者，天下之所兼。‘天下无指’者，物不可谓无指也。(物)不可谓无指者，非有‘非指’也。非有‘非指’者，物莫非‘指’(也)。指，非‘非指’也。指与物，‘非指’也。”

这意思是说：“指”是兼与物为指的。和《坚白论》所说“不定者，兼”，同一意义。故曰：“指者，天下之所兼。”“指”未与物为指，则“指”自藏，“天下未有若此独立之指而可见”，故可谓“无指”。及其与物为指，则“指”已显现为“物指”，和自藏的“指”有别，故也可谓“无指”。然而他所谓的“物”，是流行于天地间的，有所谓这个绝对的东西，即有“物指”，而“物指”既为“指”的显现，故“物不可谓无指”。但“物指”毕竟不即是“指”，故无妨顺俗地说“天下无指”。在这一意义上说，所谓“天下无指”，是由于天下有“物”，而“物指”应和“指”区别的缘故。故曰：“天下无指者，物不可谓无指也。”“指”既显现为“物指”，而又和“物指”有别，故对于“指”自身而言，“物指”固可谓之“非指”，然而并不是于“物指”之外另有一种叫做“非指”的东西。故曰：“物不可谓无指者，非有‘非指’也。”除“物指”外，既没有另一种“非指”，则天下的“物”，即接触于人们感官者，无非“物指”；而由于“物指”对于感官的关系，因而推知天下之有物，乃由于有“指”，由于“指”兼与物为指。故曰：“非有‘非指’者，物莫非‘指’也。”上面说过，及其与物为指，则“指”已显现为“物指”，和自藏的指有别。对于“指”自身言，“物指”可谓“非指”。故曰：“指，非‘非指’也。指与物，‘非指’也。”又曰：“物莫非指，而指非指。”“物莫非指”与“而指非指”二句并列，前者肯定，后者否定；对照着看，就容易明白。上一句的意思是说，“物”是由指而成的，所以下一句应当是说，而“指”却不由指而成。因为“指”是可离于物而独立自藏的。所以《坚白论》的结论说：“离也者，天下故独而正。”这句话，确是“而指非指”的很好的注脚。

紧接着他又申说道：

“使天下无物指，谁径谓‘非指’？使天下无物，谁径谓指？(使)天下有指无物指，谁径谓非‘指’？径谓无物非指？”

上引文有二句“谁径谓非指”，但第二句和第一句意思不同，是贴切着“而指非指”说的；所以紧接着就是“谁径谓无物非指”。“无物非指”就是“物莫非指”；连起来看，就非常明白。

从这段引文里，明显地表现了他的理论是由感觉的分析出发的，是由可感觉性的事物达到非感觉性的抽象的“指”的。所谓“使天下无物指”，“使天下无物”，“(使)天下有指无物指”，都是明证。同时，这段引文也表现了他的离坚白的理论的这样意图，即要从事物的现象进一步去找寻更本质的东西，即一个独立于客观事物以外的一个神似的东西。

现在该回到原来的问题了。由上所述，可见公孙龙所谓“物以物其所物而不过焉”的第一个“物”字，就是他的所谓“指”的涵义。那么，“物”怎样地“物其所物”呢？即怎样地由“指”到天地万物呢？这个过程，在他的书中找不到明白具体的叙述。而那一点点可借以推知的文句，看来又好像互相矛盾似的。比方说，在《坚白论》里，他说过：“坚未与石为坚……，未与物为坚……，其不坚石物……而坚藏。”在《白马论》，他说过“白马者，白定所白也”。“白定所白”即“与马为白”，“坚未与石为坚”即表示它可“与石为坚”，一般地说，就是“指兼与物为指”。这样，“指”就显现为“物指”，似乎它可以为感官的对象；这是说，“指”借“物”而显现为“物指”，因而有个别的物概念。在这过程中，要有物为“指”的所与——即“指”的负荷者。例如白与马为白，马即白的负荷者。但在《指物论》，他又有另一种说法：

“且夫指固自为‘非指’，奚待于物，而乃与为指？”

这里所谓“非指”，即是对于“指”而言的“物指”。这就是说，“指”本来就直接转化为“物指”，无须借物而显现。换句话说，就是由“指”到“物”的过程，无须所与的物以为“指”的负荷者了。——照字面看来，这二种说法，显然是矛盾的。但若依公孙龙的根本观点，贯通全书而作条理的解释，则毋宁说公孙龙的真意是在于后一说。这即是说，他的“指”也好，“物”也好，都是“神不见而神离”的东西。

为什么呢？《坚白论》说：“无坚得白，其举也二；无白得坚，其举也二。”前者的“二”谓白和石，后者的“二”指石和坚。《白马论》说：“马者，所以命形也；白者，所以命色也。”“坚白石”和“白马”，在他看来，可分解为颜色、形状、硬度等等“物指”，又离而为种种独立自藏的“指”。倘照他的方法分析下去，结局可以把“物”分解为种种的“物指”，得到互相独立的种种“指”，而真正客观存在的物体便不存在了。他在《坚白论》中，所采取的正是这种态度，这是他的基本的态度。他不是这样说过的吗？“……若白者必白，则不白石物而白焉；黄黑与之然，石其无有！恶取坚白石乎？”“石其无有”，一般地说，就是“物也无有”！那么，“指”又从哪里得到可“与为指”之负荷——物呢？故在他的理论体系——假如可说是“体系”的话——中，由“指”到万物的过程中间，“指”的负荷者，即“指与物为指”之物，是没有它的位置的。“指”要转化为“物指”，就只有直接转化的一途。所以，他到了专门讨论指物关系的《指物论》，就索性宣布，“指固自为非指，奚待于物，而乃与为指”了。这个“固”字，最值得玩味！

“指”既是物的抽象概念，故“物”有多少的概念，便有多少的“指”。公孙龙的哲学方法，是从分析感觉开始的，因而事物中“物指”有多少，那么他的所谓“指”便有多少，故在他，“指”该是多种多样的。而这许许多多的“指”，当其“自为非指”时，是像百川赴海般地同时奔流汇集的呢？还是像矿液结晶般地先成始基然后逐渐增大的呢？关于这，《公孙龙子》并无明白的叙述，不过照上面的推论，在他当是前者。因为若先成始基然后逐渐增大，则“始基”便是物了，和他所谓“奚待于物，而乃与为指”的见解就不合了。

复次，在他的书中，“指”和“物指”的关系，表现得较为明显。关于“指”和“物”的关系乃至“物指”和“物”的关系，就很模糊了，几乎无从窥见他的见解。由他认为“指”非感觉的对象,感觉只能达到“物指”,由他对于“指”的自藏的论证所采用的是思辨的方法等等看来,是很容易走到不可知论的见解去的。资料不够,只好就此打住。

根据上面研究所得的结论,现在可以进一步去了解他的“实”、“位”、“正”三个概念的真正的意义,再由这些概念去了解他的“正名实”的见解。

“物以物其所物而不过焉,实也。”所谓“所物”,即“指”所转化而成的东西,也即“天地与其所产者”的个别的物概念。谭戒甫说:“所物者,物各以其形著也。”王琯说:“实必有其界限标准,谓具有某种格程,方为某物。”故所谓“不过”者,就是说“指”转化为“物”,而恰如它的“物格”的意思。成为某物如其物格而“不过”才是某物;过了,就变成他物了。他的《白马论》主张“白马非马”,就是根据他所谓“物以物其所物而不过焉”的“实”。由于公孙龙所谓的“实”,是由他所谓的“指”而来的,而“指”是观念的东西,因而他所谓的“实”,也不能不是观念的。“指”转化为“物指”,因而有“物”。因此,他所谓的“实”,就只能着眼于“物指”,不去注意客观事物的本身。他所谓的“实”,就和《墨经》所谓“以名举实”之“实”,是名同而实异的,也和常识的见解是不同的。他之所以和《墨经》作者立于正反对的立场,同时和一般重视常识的人们立于正相反的立场,并非偶然的。前者不但表现于《墨经》,而且表现于《公孙龙子》书中的“客难”;后者则表现于当时儒、法各家对于他的批评。

公孙龙的第三个规定是——“实以实其所实而不旷焉,位也。”《名实论》下文说:“正其所实者,正其名也。”又说:“夫名,实谓也。”就是说,“名”是用以“谓”实的东西,这样看来,“所实”就和“名”同一意义了。“实以实其所实而不旷焉”,换句话说,就是“实以实其名而不旷焉”。“不旷”,是没有欠缺的意思。以实“当”名,而实副其名,没有欠缺,谓之“不旷”。这就叫做“位”。这样看来,名在实先,实就名才有其位,而所谓位又是由人来定立的。

如果以“实”当“名”而实不副名,则实对于名,便是离开了它们应有的位置,就是“非位”;实不离开名应有的位置,就是名实相符。名实相符,恰当其位,就叫做“正”。故曰:“非其所位非位,而位其所位焉,正也。”

关于“位”和“正”的规定,就抽象的规定本身说,好像也有道理的;但它们在具体的运用上,就和“实”的规定一样,不免要受他关于“物”的见解的影响,就完全不正确了。如果把这个“正”名的“正”用在现实社会,把这个“非位”的“位”用在阶级关系,那么公孙龙的保守观点便更显明了。他的整篇的《名实论》,应作如是观。有些人把公孙龙看做墨家一派,大抵都由于没有注意到这一点,而眩惑于他们之间的抽象的术语的相似或文句的偶同。

依据上述公孙龙对于心物关系问题的看法,他无疑是以宇宙间所有的具体事物,如白马、骊牛、坚白石等,莫非概念的自己外化。此概念,好像既不存在于主观的认识中,又可离客观的事物而存在。然而就其离主观认识而独有来说,概念表面上是客观的,实际上是“神”的代名词;就其离客观事物而自存来说,概念表面上是实在的,实际上是精神的代名词。由此看来,概念的“神”化和精神化,即是公孙龙指物论的中心思想,也即他的唯心主义世界观的出发点。

上述公孙龙学派所谓的“指”,所谓的“藏”,与老子书里所谓的“道”大体相同,郭沫若认公孙龙出于道家,就此而言,也颇相似。但如前章所述,公孙龙与惠施同样,皆为入世思想家,与道家传统的出世隐逸的态度,极不相似。总之,我们可以这样说,公孙龙关于心物关系问题的看法,是一种概念外化的唯心主义。由此更进一步,又认事物的种类概念与其个体概念是完全分离的。他说:

> “物白焉不定其所白,物坚焉不定其所坚;不定者兼,恶乎其石也?……于石,一也;坚白,二也;而在于石。故有知焉,有不知焉,有见焉,有不见焉。故知与不知相与离,见与不见相与藏。藏故,孰谓之不离?……坚未与石为坚而物兼,未与为坚而坚必坚,

其不坚石,物而坚,天下未有若坚而坚藏。白固不能自白,恶能白石物乎?若白者必白,则不白物而白焉。黄黑与之然。石其无有,恶取坚白石乎?故离也。离也者,因是。……离也者天下故独而正。"(《坚白论》)

公孙龙此段议论,以伍非百的疏解较为近真,伍解说:

"言坚、白皆具普遍性,离物而有,……各有独立性而自存也。……例如坚白二而在于石,拊之知其坚而不知其白也,视之见其白而不见其坚也,明明二物。……凡物之具坚性者,得有坚之一现象也;倘坚不附丽于石,而坚仍不妨有其独立性。……天下之石,即或偶然不坚,而天下不妨仍然有坚之一物;……即使坚金、坚木亦不存在,而天下不妨仍有坚,特隐而不显耳。……若白者不能自白,何以能白石物?若白能自白,则不必附丽于物而单独自白。天下既有外石而独立之白,是白为自白之白,不必附于物而后有白矣。不但白色如此,其他种种色相亦复如是。……坚既不与物为坚而坚藏,白又不与物为白而白离,坚白俱有自性,……故欲认取有石,不得不取'坚白离'之说。取'坚白离'之说,则离坚得白而持'白石二',或离白得坚而取'坚石二',俱可成也。故曰'故离也'。……知之得白,以见故;力之得坚,以捶故。……见有自性,捶亦有自性;白有自性,坚亦有自性。坚白之境,见附之根,各各独立,离而自有,故曰'离也者天下固独而正'。"(陈柱《公孙龙子集解》卷五引)

由此可知,公孙龙学派是将个体与种类,具体的个别相与抽象的大共相,绝对地分离为二,又把概念建立在物体之上,而不见其相互的连结、统一。此派以"离坚白"得名,当由于此。

在此一唯心主义的世界观中,种类既不在于个体之中,共相(在人说来就是概念)又在个体之外,"各各独立,离而自有",所以又说:

"谓'鸡足',一;数足,二;二而一,故三。谓'牛羊足',一;数足,四;四而一,故五。"(《通变论》)

这就是说“鸡足”的概念是一,鸡足的数是二,合之为三;“牛足”的概念是一,牛足的数是四,合之为五。公孙龙不但以为离开个体(名)的种类(名)是实在的,又以为离开种类(名)的个体(名)也是实在的。所以又说:

“其名正,则唯乎其彼此焉。谓彼而彼不唯乎彼,则彼谓不行;谓此而此不唯乎此,则此谓不行。”(《名实论》)

“故彼彼当乎彼,则唯乎彼;其谓行彼。此此当乎此,则唯乎此;其谓行此。”(同上)

“故彼彼止于彼,此此止于此,可;彼此而彼且此,此彼而此且彼,不可。”(同上)

就此派认孤立的个体(名)为实在说,其看法又颇近于莱布尼兹的“单子说”,或罗素的“逻辑的原子论”(又叫做什么“绝对的多元论”)。此一孤立的个体(名),更通过时空无限分割可能性的前提,表现为不能运动、永不变质的绝对静止体。所以此派又主张:

孤驹未尝有母。

轮不蹍地。

飞鸟之景未尝动也。

镞矢之疾而有不行不止之时。

一尺之棰,日取其半,万世不竭。

在这里,不但个体(名)彼此孤立,种类(名)也彼此孤立,即所谓“指”、所谓“藏”,也不能构成一个有机的一元宇宙观,彻头彻尾是多元的、分离的、无矛盾的静止的世界观。如果埃利亚学派的芝诺,其静止的世界观反映着希腊古代的贵族的保守性,则离坚白学派的公孙龙,其静止的多元世界观,无疑地是反映了战国末年多元的诸侯力政,相峙不下,互无统属,对于未来的历史发展,表示着极大的怀疑。明白了此点,就可以理解荀子与韩非所以特别反对诡辩思想的社会史上的实践意义。兹抛开社会意义,单就思想本身来看,如前所述,公孙龙学派的世界观,以为概念可离开实际事物而独有,个体与种类应在绝对地分离中来把握。此种唯心主义的世界观,实际上乃是此派思想走入诡辩的由来。即是说,离坚白学派的世界观之所以陷于诡辩,是由于将个体与种类,个别相与共相的差别性推至极端,绝对地离而为二,有见于离无见于合,有见于异无见于同。然则,此种绝对性的离异之诡辩论从何渊源而来?兹试具体地说明如下:

第一,如前所述,按年辈言,公孙龙确不及与惠施争辩。但在惠施的合同异说成立宗派之时,已有离坚白学派的存在,且双方曾相争辩,此点似无可疑。《庄子·天下》之所以将此两派所持论题,平排对举,其原因当即在此;而所谓"辩者以此(按即本文前举之十三论题)与惠施相应,终身无穷"等语,尤为确证。依合同异派言,只观万物之同,所有差别泯没,万物都合而为一,所以说"天与地卑(比)","山与泽(渊)平","犬可以为羊"。但依离坚白派言,就完全相反了,别相共相,有违无同,二者相别而各自独立,互异以自存,所以说"白马非马","坚白固离","狗非犬","鸡三足","牛羊五足"。由此可知,合同异学派只见合同,离坚白学派但知离异,两派各执事物之一端以为全,并各趋极端以相争辩。甲以葱葱者为树木,乙以葱葱者为森林,都陷于片面的观点,而皆是己以非他,故其"相訾相应,终身无穷"。公孙龙承借离坚白派固有论题的传统精神,更使它条理化。

第二,把事物的差别离异绝对化这是公孙龙学派世界观中之另一诡辩因素。这一因素,是和庄子相对主义世界观相对立的。庄子一派的看法是:

> "物无非彼,物无非是。……彼出于是,是亦因彼。……方生方死,方死方生。方可方不可,方不可方可。因是因非,因非因是。……是亦彼也,彼亦是也。……彼是莫得其偶,谓之道枢。枢始得其环中,以应无穷。……无物不然,无物不可。故为是举莛与楹,厉(癞)与西施,恢恑憰怪,道通为一。"(《庄子·齐物论》)

庄子此意,与公孙龙学派的看法相反。此种对立,即是绝对的相对主义与绝对的绝对主义之对立。在庄子学派的绝对的相对主义世界观中,“是亦彼也,彼亦是也”;在公孙龙学派的绝对的绝对主义世界观中,“彼且此,此且彼,不可”,二者针锋相对,殊为显然。

正因有此对立,所以《齐物论》中曾依据绝对的相对主义观点,对于“指物”、“白马”之说有所批评(详见前引)。但依年辈言,《齐物论》中所批评的应是公孙龙的前辈。然由此更进,到了《秋水篇》中,却有下列的一段记载:

“公孙龙问于魏牟曰:‘龙少学先王之道,长明仁义之行,合同异(据《淮南子·齐俗训》称“公孙龙析辩抗辞,别同异,离坚白,而不可与众同道。”则此处“合”字应是“别”字之误),离坚白,然不然,可不可,困百家之知,穷众口之辩;吾自以为至达矣。今吾闻庄子之言,汒焉异之,不知论之不及与?知之弗若与?今吾无所开吾喙,敢问其方。’公子牟隐机大息,仰天而笑曰:‘子……知不知是非之竟,而犹欲观于庄子之言,且犹使蚊负山,商蚷驰河也,必不胜任矣。且夫知不知论极妙之言,而自适一时之利者,是非坎井之蛙与?且彼方跐黄泉而登大皇,无南无北,奭然四解,沦于不测;无东无西,始于玄冥,反于大通。子乃规规然而求之以察,索之以辩,是直用管窥天,用锥指地也,不亦小乎?子往矣!且子独不闻夫寿陵余子之学行于邯郸与?未得国能,又失其故行矣,直匍匐而归耳。今子不去,将忘子之故,失子之业。’公孙龙口呿而不合,舌举而不下,乃逸而走。”

《秋水篇》此段记载诚不可据为实录,但我们由此中的苛烈批评,却可从侧面证明公孙龙是继承一反庄子学派的看法而成其说。

第三,我们认为,公孙龙学派的世界观诡辩性之最重要的由来,还在与《墨经》作者相对立。兹将两派的主要论题,列表对照如下:

公孙龙学派的主要论题	《墨经》作者一派的主要论题
物莫非指,而指非指。	物达也,有实必得之名也。
有指不至。	有指不可逃。
唯谓非名。	唯吾谓非名也,则不可。

彼彼止乎彼,此此止乎此,可;彼此而彼且此,此彼而此且彼,不可。	彼此,彼此可,彼彼止于彼,此此止于此,彼此,不可;彼且此也,彼此亦可,彼此止于彼此,若是而彼此也,则彼亦且此此也。

公孙龙学派与《墨经》作者的对立,固不止此;但对照前表所列的四个论题,可以知道在斗争中产生的这两个学派的关系。

在此两派的对立中,我们认为《墨经》作者一派的主张,既没有合同异派"见森林而不见树木"之失,也没有离坚白派蔽于离而不知合之过,近事理之真,得名实之故(此点下章详论)。至若公孙龙学派所持的看法,虽可矫惠、庄之弊,但因持之过甚,趋于另一极端,遂流于另一形态的诡辩。

正因为公孙龙学派的离坚白的世界观是唯心主义的观点,故自昔即备受儒、墨、道诸家的掊击,近代从章炳麟《诸子论略》以来,识者都明斥其为诡辩。但其诡辩的特征何在,各家皆语焉不详。依我们的看法,此派致误之由,不出下列三端:

第一,知物之"指"固有待于能指之官能,也即能感能思之主观能力,但感觉、表象与概念,是物质形、色、德、性的反映;无物即不能有"指"。"指"者物之指,而物则不是指之物;故谓"指"由物生则可,谓"物莫非指"则完全谬误,谓"奚待于物而乃与为指"则尤属荒唐。

第二,"指"中的表象或概念与所指的事物或对象诚然是有区别的,但主观与客观之间实有其相互的照应;能指与所指如完全不合,则此指即不能成其为指。将能指与所指混为一谈,则"存在即知"(巴克莱语),说不为指者即非存在,那就更妄诞不经了。将二者的关联既全然抹杀,复以为离物而"指"可独有,于是断言"而指非指",也同样是苛察失实的谬论。

第三,宇宙间每一种类皆以个物为实体,离开个物即无种类,种类即在于个物之中,每一个物又皆存在于关联之中,也即皆属于其种类。离开关联或种类,便无孤立的个物存在。而此派绝不知此,将种类与个物间所本有的生克通转、对立统一关系完全遮断，于是以为种类的名可离开个物的名而存在，个物的名也可外于种类的名而存在，架空立说，遂成诡辩。

第三节　公孙龙学派诡辩的概念论和推理论

由唯心主义的世界观出发，公孙龙学派进而在逻辑上提出其诡辩的概念论。此种诡辩的概念论，是以“白马”与“马”的关系为实例而展开的。

概念论上的“白马”与“马”，即是个体概念与一般概念，或别名与共名的关系问题。《墨经》论“私”与“类”，荀子论“单”与“兼”，也是讲这一问题。

我们以为，别相是共相的基础，别名是共名的基础，也就是说，先有别相、别名，然后概括别相而得共相，概括别名而得共名。正因为共名是概括别名而得的，所以凡共名所有者，别名必具有之；但别名所有者，共名则不必具有之。

进一步讲来，共名，推而共之，共则有共，至于无可再共而得大共名；大共名最为一般，最为抽象，但其内包也最为贫乏。别名，推而别之，别则有别，至于无可再别而得个体名；个体名最为特殊，最为具体，但其内包也最为丰富。因此，抽象的东西是灰色的，而具体的东西是常青的。无论别名与共名，都是从实际事物产生的，故墨家说“名者实之宾”，又说“名以举实”。名之所以能别，是因为事物实际中各有别相；名之所以有共，是因为关联中的个体互具共相。名必符实，始得为真；必实且真，才可以作为实践中的指针。

再进一步讲来，别名与共名的分别，并不是固定不变的，而是在无止的互通互转中，别可为共，共又可为别。例如，与兽相对，马为别名；与白马相对，马又为共名。马一方面存在于与兽相对之中，另方面又存在于与白马相对之中，所以马名是别名，同时又是共名。马名如此，他名也是如此。

更进一步讲来,共名本来是在别名之中,离开别名更无共名。例如,马名可以涵蕴兽名,而不足以涵蕴白马名。白马名的内包是马而又白,故较马名为多。共名不能离别名而独有。

上述我们的看法,与公孙龙学派的看法完全不同。此派所持"白马非马"之论,是以共名与别名之绝对分离、独立自存为前提。换言之,其根据在于种类概念与个体概念之绝对分离,相外而不相容。所以说:

> "马者,所以命形也;白者,所以命色也;命色者非命形也,故曰白马非马。……白者不定所白,忘之可也。白马者,言白定所白也;定所白者非白也。马者无去取于色,故黄黑皆所以应;白者有去取于色,黄黑马皆所以去;故唯白马独可以应耳。无去者,非有去也,故曰白马非马。"(《白马论》)

列宁关于辩证法问题的札记中所讲的真理,恰足以暴露公孙龙白马非马的诡辩方法的错误:"辩证法一般的叙述(或研究)方法,必须从最单纯的、通常的、大量的等任意的命题开始,如像树叶是绿色,约翰是人类,黑犬是犬等等之类。在这里(正如黑格尔所曾天才地指示过的那样),便存在着所谓个别范畴及一般范畴的辩证法。(参照亚里士多德《形而上学》第二卷第三篇第四章所谓:'在可见的各个房屋之外,再也不能有一个房屋——房屋一般——的存在'。)结局,对立物(个别范畴与一般范畴的对立)是同一物。个别范畴不导入对一般范畴的关联中,便不存在;而一般范畴只有在个别范畴之中,通过个别范畴,才能存在。一切的个别范畴,都不能完全钳入一般范畴之中等等。一切个别范畴,经过若干的移行而与他种个别范畴(物、现象过程)相结合等等。在这里已经存在着自然的必然性,客观的关联等等的要素,端绪概念。偶然范畴与必然范畴,现象本质,也已经存在于此。因为当我们说约翰是人类,黑犬是犬,这是树叶等等的时候,就已经将一联的表征作为偶然范畴而放弃,使本质从现象区别开来,将两者相互对立起来的缘故。

这样看,在任意的命题中,剔抉出辩证法全部要素的端绪,然而便可以显示在人类的认识中一般的内在着辩证法(而且不得不如此)。自然科学已经将各种性质的客观的自然,将个别范畴向一般范畴的转化,偶然范畴的转化,对立物的移行交流,相互关联等,统同显示于我们(这一层也该用任意的最单纯的实证来证明)。”(《谈谈辩证法问题》,参看《论马克思恩格斯及马克思主义》,人民出版社版,页280)

这里说“黑犬是犬”,公孙龙说“白马非马”,两相对比,可知后者全然是非辩证法的命题。公孙龙不理解特殊与普遍之辩证的统一,而形而上学地将普遍的马自体从白马这个具体的物分离开来。

我们以为,凡马皆兼有形色,离形无色,离色无形,故白马是马。白者必定所白,不定所白者即不能成其为白;马者必有其色,应“有马”必为黄黑白等有色之马;色者必有其体,应“有黄黑白等有色之马”即是应“有马”;无马形而有马色,或无马色而有马形,皆不可解。如果所谓“真际”在这里可以勉强借用的话,那么“真际”即在实际之中,故白马是马。我们虽承认凡马不皆是白马,但离开黑黄白等有色之马,更无马在。否则,准此“白马非马”之义,则天下无无色之马,各个具体的马即均不得为马。更推衍下去,就可得出“万物一马也”的结论,各个具体的物就不得为物了。然而公孙龙明言离开别名另有共名,二者有分无合,异而不同。不但形与色可离,即形与所形,色与所色,以及一般不定所物之纯“真际”的“物”与定于所物之实际的“物”,也都是绝对分离的。如果拿图表示此派的论旨,则其图如下:

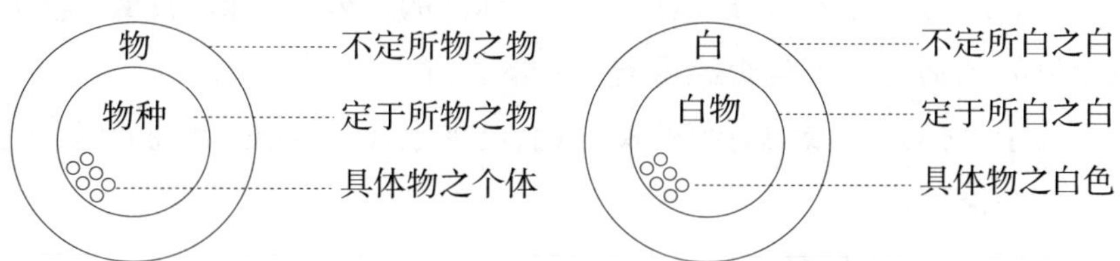

此种概念论,就事物之内容而言,显然是诡辩的。且就此派本身的持论来说,也是前后自相矛盾的。兹以其意衍之,此派前后持论的矛

盾,应如下式:

天地与其所产物者,皆物也。

物(形色)者,不定所物,定所物者、非物也,故天地与其所产者皆非物也。

就此式的矛盾而论,诚然应受“苛察缴扰”(司马谈《论六家要旨》语)、“辞巧理拙”(刘勰《文心雕龙·诸子篇》)的讥刺。

正因为此派的概念论是巧于辞而拙于理的诡辩,故自昔即为各家所抨击。而古代的批评中比较合理的,有《墨经》作者、荀子与韩非三家。

《墨经》作者以为:

“白马,马也;乘白马,乘马也。骊马,马也;乘骊马,乘马也。”(《墨子·小取》)

荀子以为:

“‘白马非马’也,此惑于用名以乱实者也。验之名约,以其所受,悖其所辞,则能禁之矣。”(《正名》)

韩非承《墨经》与荀子的传统,更进一步设出实例作了具体的批评:

“儿说,宋人,善辩者也。持‘白马非马’也,服齐稷下之辩者;乘白马而过关,则顾白马(“白”字疑系衍文)之赋。故藉之虚辞,则能胜一国,考实按名,不能谩于一人。”(《韩非子·外储说左上》)

概念之为真为妄,是以实践为检验标准的。列宁曾指出,辩证法和诡辩论的区别就在于是否经得起实践的检证。

关于公孙龙学派的诡辩的概念论,已如上述。现在,更进而考察此派诡辩的推理论。

我们前面曾引《名实论》中所谓“彼谓不行”、“此谓不行”、“其谓行彼”、“其谓行此”等语。但其所谓“行”之意义为何,我们并未说明。现在应该指出,此派所说的“行”,即是今日形式逻辑中所谓“推理论式"之"论式"。谓"行",言推理与论式相合;"不行",言推理不合于论式。倘将此点作为此派推理论式的原理,则可分为正负两方面如下:

(一)从正面说,即是:

"彼彼当乎彼,则唯乎彼,其谓行彼;此此当乎此,则唯乎此,其谓行此。"

(二)从反面说,即是:

"谓彼而彼不唯乎彼,则彼谓不行;谓此而此不唯乎此,则此谓不行。"

倘再将原理所说之"彼"与"此"代以"白"与"马",并以推理论式表示之,则其式如下:

(一)正论式:

"白"与"马"各有自性而自藏,
今谓白马非马、马白非白,
故谓之白白当乎白、马马当乎马。

(二)反论式:

白定于马非白,马定于白非马,
今谓白马是马、马白是白,
故谓之白白不唯乎白、马马不唯乎马。

此派的推理论式,就《通变论》中所举,计有八个。这些推理论式大抵都是此派所共同使用的形式,以申述其世界观与概念论,并反驳其论敌。兹分述如下:

第一,"二无一"——按"二"即荀子所谓之"兼",如言"白马";"一"即荀子所谓之"单",如言"白"言"马"。"二无一"者,仍即是"白马非马"或"马白非白"之义,其式已见前文。

第二,"二无右,二无左"——按"右"即兼之"右项",如白马之"马";"左"即兼之"左项",如白马之"白"。马的种类既然可以离开实际的马而独有,故白马中的"马"不是离开白马而独有的"马";"物白焉不定所白,定所白者非白",故定于白马中的"白"就不是不定所白的

“白”。如以数学程式表之,即是:

二无右=白(左)马(右)非马

二无左=白(左)马(右)非白

第三,“右不可谓二,左不可谓二”——按此是第二式之换位,也即是从反面来说离开白马之“马”非定于白马之“马”,不定所白之“白”非定于白马之“白”。

第四,“左与右可谓二”——按此言定于白马之“马”与定白马之“白”相与,二者各有定所,互为“与件”,即可谓“白马”(“二”或“兼”)。

第五,“羊合牛非马”——按此言羊与牛虽有“有齿”和“无齿”的区别,但“不俱有而或类焉”。若马与羊牛,则“羊牛有角,马无角;马有尾,羊牛无尾”;“若举而以是,犹类之不同”,故羊牛相与而非马。是知“羊合牛非马”,也即是前举“二无右,二无左”、“右不可谓二,左不可谓二”之义。

第六,“牛合羊非鸡”——按此式系驳合同异派的谬论。合同异派以感觉中的“数足”与概念中的“谓足”是无差别的,即“数”鸡足虽二,“谓”鸡足则一;“数”牛羊足虽四,“谓”牛羊足则一,牛羊鸡“一足”皆同,故云“非有以非鸡”。“非有以非”,义指“不为不类”。以牛羊鸡为同类,即指“犬可以为羊”之义。但公孙龙离坚白一派反对这种论式。离坚白学派以为,“牛羊有毛,鸡有羽,……材不材其无以类审矣;举是,谓乱名,是狂举”。“乱名”、“狂举”即是“不行”,也即与推理论式不合之义。

第七,“青以白非黄”——据章士钊研究(见《逻辑指要》),公孙龙似取方图以相解说,其图为:|青|白|黄|。此图白为他词,居中。其式为:

白非黄　青为白　故青非黄

青为白　白非黄　故黄非青

如果我们将“青以白非黄”代以“白马非马”,则其式为:

白马非马　此马为白马　故此马非马

此马为白马　白马非马　故马非此马

第八,"白以青非碧"——此亦当如章士钊所言,取下列方图以相解说:|白|青|碧|。但此图与前图的涵义相反。易言之,即前图所以示真,此图乃以见妄。所以说:

"黄其正矣,是正举也,……木贼金者碧,碧非正举矣,……与其碧甯黄。黄其马也,其与类乎!碧其鸡也,其举暴乎!"(《通变论》)

此言碧于色乃青白之合,使相异者相合,就要争胜争明,而至于暴乱失明,无可分别。所以又说:

"青白不相与而相与,不相胜则两明也。争而明,其色碧也。暴则君臣争而两明也。两明者,昏不明,非正举也。非正举者,名实无当。骊色章焉,故曰两明也。两明而道丧,其无有以正焉。"(同上)

据此可知,"白以青非碧"乃是此派所认为的谬误论式。其式为:

青非白　碧为青　故白非碧

碧为青　青非白　故碧非白

此论式之所以"非正举",即因此派根本不承认"碧为青"一论题之故。

综观上述八个论式,或正或反,皆与此派的世界观及概念论相适应,都是强调分离,反对合同,主张绝对,反对相对。其方法、其精神,是一贯相承而不可分说的。伍非百不知此理,以为"公孙各论多与《墨经》为敌,唯此篇(按即《通变论篇》),则相互发明"(陈柱《公孙龙子集解》引),实属错误。

章士钊所持名墨"方""行"之辨,自多可取,惟因对于所谓"青白黄碧,如甲乙丙丁,乃偶举之符,毫无意义"之说持之过甚,未能辨析黄与碧、马与鸡等符号在古代逻辑家使用上本有"正举"、"狂举"之别,也即本有其约定俗成的相反涵义,故终于在推理论式上抹杀了公孙龙学派与《墨经》作者的对立。所以他说:"或曰:'子持名墨訾应之议者,于此独浑名墨而一之,何也?'曰:'此为辩之初步也,非可为异同者也。墨曰行,龙曰方,姑各翘一名以起论而已,尚无异同之足言也。'"(《名墨方行辨·逻辑指要》,页489)这样,将此派的推理论式与其世界观及概念论的思想内容完全断为两橛,是不对的。

第四节 公孙龙诡辩思想的总评价

综合前述,我们可以得出结论如下:

第一,公孙龙所代表的离坚白的逻辑学之所以成为诡辩,首先因为他的世界观是以概念离事物而独有的,以种类离个体而自存的;其次因为在概念论上是以共名与别名可在绝对分离中来把握的。所以此派的观点,是唯心主义的观点,而以绝对主义与分离主义二者为支柱,来证成其诡辩。此派诡辩的逻辑价值,我们可从下列几点来衡量:

(一)此派的离异观点,虽可矫惠施合同异派之失,然片面地夸大,推至极端,见离而不见合,见异而不见同,遂流于诡辩。

(二)庄子齐物论的观点,将相对主义绝对化,将变化的观点绝对化,以致泯灭彼此,不见差别;公孙龙的观点虽可矫庄子之失,然侧面的肿胀,持之太过,流于绝对静止,遂陷于诡辩。

(三)此派所持"指不至物"之义,虽没有思、孟学派天人合一的神秘主义宗教观,但竟将概念与事物绝对离而为二,徒知违异而不知主观和客观照应的底蕴,遂流于诡辩。

第二,此派逻辑虽为诡辩,但它也并非纯粹的迷妄,其中尚具有"一粒真理"。例如《名实论》说:

> "以其所正正其所不正,不以其所不正疑其所正。……其以当,不当也;不当而当,乱也。……其以当而当也;以当而当,正也。"

凡此云云,在概念真妄判断上,有其部分的是处。司马谈《论六家要旨》谓此派"控名责实,参伍不失,不可不察",想系指此。此外,如像有尽与无尽、运动与静止、具体与抽象等所固有的自己矛盾,此派虽在主观里坚决地否认,而其论题则在客观上表现出直观的察知;就此点言,此派在中国逻辑史上的地位,颇近于古代希腊的芝诺。至若此派的著作喜设为主客之辩,展转论难,愈转而愈深,俨如佛典的《百论疏》,则不仅足以证其逻辑范畴的丰富,而且也是古代逻辑史资料的宝藏。

第三,此派的逻辑思想中,虽尚有"一粒真理",然其所持论题,因矫枉过正,几无不循他自己主观的看法,而陷于另一极端的谬误。因此,此派虽然吸收了当时的自然科学的成果,但科学到了他的手中却为其唯心主义服务去了。在运用自然科学的知识进行"坚白离"与"坚白盈"的对立斗争中,《墨经》作者一派是在正途上,而公孙龙派是在歧路中。此点拟于下章详论,这里暂不讨论。

第四,此派逻辑的思想,一方面开除社会与生产的名实,从马儿、石头里面辨析兼别同异,滑入概念的游戏;他方面,此派取辩之物,由其将具体事物纳入逻辑范畴而言,所凭借的古逻辑遗产是比较丰富的。此派形成于逻辑思想发展的时代,因而可能承借孔、墨、思、孟、惠、庄等人的遗产,以成一家之言,但倘与《墨经》取辩之物更富于生产及社会的名实相比较,那就大有逊色了。尤其重要的是,此派的缺点,除了取辩之物本身,更在其取辩的方法及其所得论题之为完全错误,这是与此派在实际历史进程上之为保守派相对应的。

第五,更具体言之,此派逻辑思想之历史的意义,似在下列几点:

(一)由离坚白以衬托"氏所以别贵贱"之礼,严限绝对分立之名,故此派在当时或是氏族贵族专制的拥护者,反对"贤人"民主要求的保守学派。此派"是别非兼",而《墨经》"是兼非别",所谓"名墨訾应",其更深的根源,或即在此。

(二)此派所持"力与知,果不若"的论题(《坚白论》),明白地说实践无裨于认识,其否定真理的客观标准也至明显,故其与《墨经》一派对立,更非无故。

(三)因保守,故复古。《名实论》结尾处所谓"至矣哉古之明王,审其名实,慎其所谓,至矣哉古之明王”! 正可以说明此点。

所以郭沫若也说:“毫无疑问,公孙龙是位帮闲者。……他一身是做着上层的食客,……在上层的卵翼之下提出他的一些诡辞来,……是应该认为反动言论的掩饰的。……事实上他自己也时而透露着自己的立场,例如他说‘异则君臣争而两明’,‘两明而道丧’,……在他的政治主张上分明表示着臣不能与君相争,争则天下丧乱。这把先秦的初期学者的革命意义完全否认了。”(《名辩思潮的批判》,见《十批判书》,人民出版社版,页279—280)

据此可知,此派以逻辑中的范畴“疆畴”于君臣,其绝对的分离观点,即是通过君臣阶级差别的道德的折射而反映出的意识;其绝对的静止观点,即是通过反对进取而主张保守复古的政治实践的折射而反映出的意识;其以概念离事物而独有、共相离别相而自存的观点,即是氏族贵族世界观的抽象的代数符号。黑格尔说:“逻辑是反映于思维中的时代。”其实我们应进一步说:逻辑是通过了逻辑学者的实践态度及现实主张或政治见解,而折射出来的思维中的时代。因为,意识形态不是直接反映时代的经济,而是通过道德和政治等折射而反映那个时代的社会经济关系的。

第十四章

后期墨家的墨学发展及其唯物主义思想

第一节　墨家学派的分裂和墨经的成书年代

在第七章里，我们曾说，墨子死后，他的弟子主要分为两派，一派注重名辩的研究，是为墨辩；另一派注重游侠的社会运动，是为墨侠。现在，应将此事加以考辨，以便利于我们从事后期墨家思想的研究。

孔、墨同为古代显学，但到了秦、汉之际墨学就衰微了。例如司马迁能够对孔子弟子特为列传，而于墨子弟子则叹他们"湮没无闻"，没有为他们传纪，只在《游侠列传》里暗示出墨侠的发展，在《晏婴列传》里暗示出墨学的一些宗旨。在先秦典籍里，片断地讲墨子弟子活动的，当推《韩非子·显学篇》与《庄子·天下篇》，兹分别摘录如下：

"世之显学，儒、墨也。……墨之所至，墨翟也。……自墨子之死也，有相里氏之墨，有相夫氏之墨，有邓陵氏之墨。故孔、墨之后，儒分为八，墨离为三，取舍相反不同，而皆自谓真孔、墨；孔、墨不可复生，将谁使定后世之学乎?"(《显学》篇)

"相里勤之弟子五(伍)侯之徒，南方之墨者苦获、已齿、邓陵子之属，俱诵《墨经》而倍谲不同，相谓别墨，以坚白同异之辩相訾，以觭偶不仵之辞相应，以巨子为圣人，皆愿为之尸，冀得为其后世，至今不决。”（《天下》篇）

这里就上引资料加以分析：

第一，以“儒分为八”的儒家八派例之，则“墨离为三”的墨家三派，即使不一定同时，也颇有可能是三个陆续成立而取舍相反的派别。郭沫若在《十批判书·名辩思潮的批判》中说：

“相里勤不用说就是相里氏，五侯大概就是柏夫（按“相夫氏”《元和姓纂》作“伯夫氏”，并引《韩子》说：“伯夫氏墨家流也”，孙诒让说：“唐本相或作伯，或当作柏，与相形近”，郭考或依此）。这两派属于北方。邓陵与苦获、已齿属于南方，与前两派相合仍是三派。派别之分不知始于何时，但彼此之间有斗争，是不容忽视的。”（《十批判书》，页280）

据我们研究，《天下篇》与《显学篇》所讲的，或为时代相接的两件事。此两事虽同样讲述墨家后学的派别分裂，但《显学篇》所讲的是离为相里、相夫与邓陵三派，文字语句甚明，而《天下篇》所讲的则似此一分裂的继续，在继续分裂的阶段上，对立的派别似也未必仍为三派。例如，“五侯之徒”，既已明言为“相里勤之弟子”，即不必为相（柏）夫氏其人（郭考将上下断读，分为北方的两派）。可能是以五侯为代表，而与“南方之墨者苦获、已齿、邓陵子之属”相对立，似已演变成为南北两派。且其时已有《墨经》可诵（《墨经》晚成详见下文），其“相谓别墨”的争论，到了《天下篇》作者时代，仍在“至今不决”的阶段，则上距墨子之死为时颇久，疑为墨家分裂的晚期情形。

第二，庄、韩二书所指出的后期墨家派别，都是墨辩一派的支派，至于墨侠一派的人物，似均未言及。但墨子徒属众多，墨学兼涵“辩”“侠”，似不得以古人未言，即断为无有。兹分别说明如下：

关于墨子弟子部分，例如：

（1）《公输篇》记墨子说楚王说：“臣之弟子禽滑厘等三百

人”。

(2)《吕氏春秋·当染篇》说:孔、墨“从属弥众,弟子弥丰,充满天下”,又说:“孔、墨之后学显荣于天下者众矣,不可胜数”。

(3)《淮南子·泰族训》说:“墨子服役者百八十人”。

关于墨学的武侠传统(名辩部分另述)例如:

(1)《备城门篇》记禽滑厘问“大攻小,强执弱,吾欲守小国,为之奈何?”墨子遂语以守城之具六十六事(李筌《太白阴经守城具篇》作五十六事)。

(2)《吕氏春秋·尊师篇》说:“高何县子硕(《吕览》“硕”作“石”),齐国之暴者也,指于乡曲,学于子墨子,……为天下名士显人”。

(3)《太平御览》(四三七、四九六卷)引“胡非子脩墨以教,有屈将子好勇,胡非子曰:‘吾闻勇有五等,而以曹刿匹夫徒步之士,布衣柔履之人,一怒而劫万乘之师,存千乘之国,为君子之勇’”。

(4)《吕氏春秋·上德篇》记:“墨者巨子孟胜为阳城君守城,孟胜死,弟子死之者百八十;三人以致令于田襄子,欲反死孟胜于荆,田襄子止之,……不听;遂反死之”。

(5)同篇记:“孟胜弟子徐弱与孟胜同死楚阳城君之难。”

(6)同书《去私篇》记:“腹䵍为墨者钜子,居秦,其子杀人。秦惠王曰:‘先生之年长矣,非有它子也,寡人已令吏弗诛矣,先生之以此听寡人也。’腹䵍对曰:‘墨者之法,杀人者死,伤人者刑,此所禁杀伤人也;夫禁杀伤人者,天下之大义也。王虽为之赐而令吏弗诛,腹䵍不可不行墨子之法。’不许,惠王而遂杀之。吕不韦曰:‘子,人之所私也;忍所私以行大义,钜子可谓公矣!’”

据此可知,墨子弟子本来很多,其活动范围也不为不广。墨子施教,似略仿孔门的分科制度。《耕柱篇》记墨子答复县子硕“为义孰为大务”问时,曾说:“能谈辩者谈辩,能说书者说书,能从事者从事”。此所谓“谈辩”、“说书”、“从事”,是否即为“墨离为三”的先天胎盘,不敢妄断;但“谈辩”近乎“名辩”,“从事”有类“武侠”。武侠所谓墨者之法,似成为秦末农民战争的口号,后为刘邦所窃,可知侠有主义。

第三,《显学篇》与《天下篇》皆就墨辩一派立论,原文所言甚明;惟墨辩派的人物当不止于此。大体论之,墨辩派或起于惠、庄以及孟子、儿说诡辩盛行之际,墨子后学,师承墨子“辩”的精神,发展并修正其固有遗义,并出而与之进行名辩思想的斗争;约至荀、韩之际,始告终结。郭沫若曾说:

“墨家染上了辩者的色彩,似乎在孟子当时便已经开始,孟子说:‘距杨、墨,放淫辞’。《庄子·外篇》也爱把杨、墨之辩相提并论:‘骈于辩者,累丸结绳窜勾,游心于坚白同异之间,而敝跬誉无用之言非乎,而杨、墨是也。’(《骈拇篇》)‘钳杨、墨之口。……知诈渐毒、颉滑坚白、解垢同异之辩多,则俗惑于辩矣。’(《胠箧篇》)”(《十批判书》,页281)

此外,在《荀》、《韩》书里,很多对墨辩的批评,可见其在先秦时代确是最活动的思想家。此派墨辩,与墨侠之间有无斗争,“辩”“侠”是否为各派所同具的精神与方法,则文献有缺,无从判断;然由所谓“取舍相反”,所谓“倍谲不同”等原始按语推之,墨子后学的发展,或于“辩”“侠”之际有所偏重,因而皆自谓真墨,相谓别墨,这也是合理的。

第四,关于墨学的传承,古无成书。近世孙诒让始就墨子本书及先秦诸子的记载,网罗掇拾,写成《墨学传授考》(见《墨子后语》卷上),计得墨子弟子十五人(附存三人)、再传弟子三人、三传弟子一人、治墨术而不详其传授系次者十三人、杂家四人,共三十九人。另外也有人另为考据的,更得墨子弟子九人、附存一人,共十人。兹制墨学派别源流表如下:

下表----符号,表示传授无确据而颇有可能的。人名有□符号的,表示其人为墨辩或富于辩者色彩的,今存《墨经》(《经上》、《经下》、《经说上》、《经说下》、《大取》、《小取》)六篇,疑为此辈墨者所陆续写定,就中年辈最晚的,为介于荀、韩之间的田鸠。马骕、梁玉绳及孙

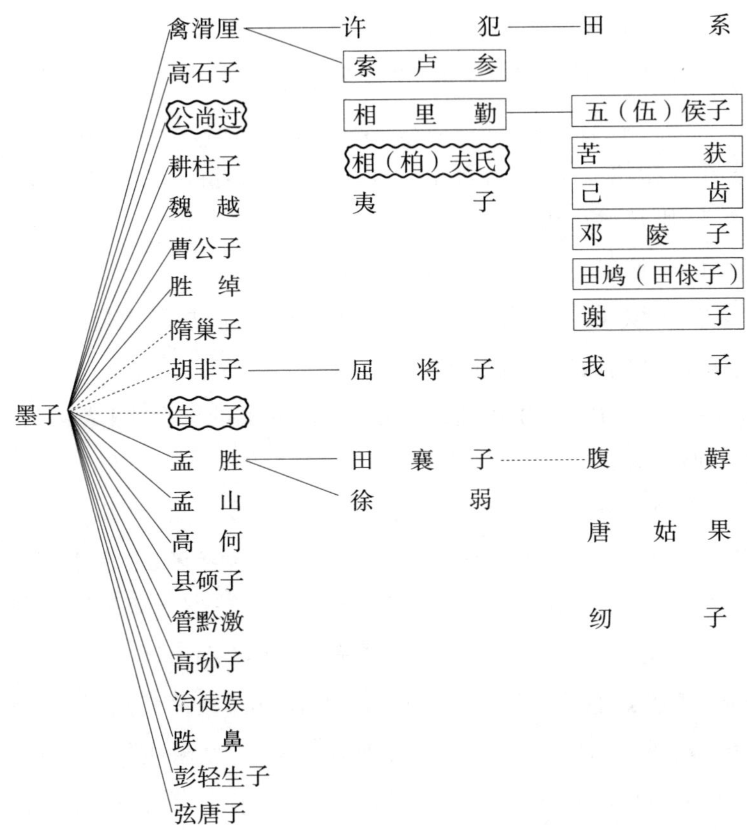

诒让考定“田鸠”与“田俅子”为一人；果尔，则《墨经》纵非由田鸠所最后写定，也必系写定于田鸠的时代。人名有符号的，表示其人染有辩者的倾向，虽不一定即为《墨经》编者，但或有助于墨家名辩思想的发展。表中人名与人名之间，只有传授辈次而无传授符号处，是依生年先后推定，并非表示其间的师承关系。

总之，墨家徒属众多而可考者少，其派系的分合起讫及传授的源流，尤不易辨。因此，上表不仅残缺，而所据的资料也间有未可尽信处，然掇拾遗文，网罗坠绪，也不过欲存梗概，借利于研究而已。孙诒让说：

> “墨学之昌，几埒洙、泗，斯亦盛矣。……犷秦隐儒，墨学亦微；至西汉儒复兴，而墨竟绝；墨子既蒙世大垢，而徒属名籍亦莫能

纪述。……彼勤生薄死以赴天下之急，而姓名澌灭与草木同尽者，殆不知凡几；呜呼悕已！”（《墨学传授考》）

在解明了后期墨家的派别及其活动时代以后，我们要进而研究他们的著作。墨侠一派，有无著作，不得而知；但墨辩一派的著作，如前所述的六篇，则灼然可指。

现在，我们研究《墨经》的成书年代问题。

首先，应该证明《墨经》不是墨子自著的书，而是墨家后学的著作，其书写定的年代是相当晚的。

晋时鲁胜所作的《墨辩注》，今已亡佚，据他的保存于《晋书·隐逸传》里的原叙说：

“墨子著书，作《辩经》以立名本。惠施、公孙龙祖述其学，以正刑（形）名显于世。……自邓析至秦时名家者，世有篇籍，率颇难知，后学莫复传习，于今五百余岁，遂亡绝。《墨辩》有上、下经，经各有说，凡四篇，与其书众篇连第，故独存。”

可见鲁胜显然认为（一）《经上》、《经下》及《经说上》、《经说下》四篇为墨子自著；因而（二）惠施、公孙龙的“名辩”是祖述“墨辩”的。后来治“墨学”的人不少继持这种见解。到了孙诒让著《墨子间诂》说，“据庄子所言，则似战国之时，墨家别传之学，不尽墨子本指。毕（沅）谓翟所自著，考之未审”，才怀疑到这四篇不是墨子自己的著作。关于《墨经》（连同《大取》、《小取》二篇）的作者问题，近人见解，不甚相同。现在还有人费力考证《墨经》出于墨子。依我们看来，孙诒让的见解是可取的，而方授楚的考定（六篇都是墨家后学所著），当取意于此。但关于写定年代问题，我们认为方氏推定“此六篇殆楚威王以后至荀子以前，始先后写成”，其下限还须推迟些。兹分别说明如下：

一、墨子年代略后于孔子。一般承认当时（春秋末叶）尚无个人著书的风气。《论语》一书，是孔子再传弟子所记述的。所谓《老子》，郭沫若曾证明成于战国时楚人环渊之手（《先秦天道观之进展》）。在《墨子》中最能表现墨子学说的《尚贤》以下十篇，都分上中下三篇，大抵也和《耕柱》以下五篇一样，是他的门人所记述的；其文字较古朴，成书在《墨经》等六篇之前。

二、就墨经的内容看来，有些见解，已是墨子思想的发展或修正，在思想上表现了时代进展的痕迹。在《尚贤》、《尚同》、《兼爱》等篇，常以“爱”“利”并举，如“兼相爱，交相利”，如“爱利万民”（《尚贤中篇》），如“众利之所生，从爱人利人生”（《兼爱下篇》）等等。至于“爱”和“利”的关系，也只说到“兼而爱之，从而利之”（《尚贤中篇》）而已。但到了《经上篇》，这思想就发展了。《经上》说，“义，利也”，《经说上》说，“义，志以天下为爱（“爱”旧作“芬”，依孙校改），而能能（善）利之，不必周。”这就是说，不是因为爱之，所以从而利之，而是不能善利之，即不得谓之“爱”，不得谓之“义”。“利”就是义的内容也是“爱”的内容。所以《经上》又说：“孝，利亲也”。《经说上》说：“孝，以亲为爱而能能（善）利亲，不必得。”扩而充之，《经上》说：“任，士损己而益所为也”，《经说上》说：“任，为身之所恶，以成人之所急”，这是说，为要达到爱人必须利人的目的，有时甚至牺牲自己的利益，也在所不惜。至于“利”的性质，《经上》说：“利，所得而喜也”，《经说上》说：“利，得是而喜，则是利也。其害也，非是也。”这样进一步地作心理上的说明，是《尚贤》等篇所没有的。这一发展，固然有它内在的逻辑的必然，但同时也是时代进展的结果。《孟子》中记孟子与宋牼的对话，以“仁义”与“利”对立（《告子下篇》），同时，宋牼已有“语心之容，命之曰心之行”（《庄子·天下篇》）的心理学说（宋钘即宋牼、宋荣子，但并不是墨者），所以墨家后学也就有“利”即是“义”的主张，并进一步对于“利”有从心理上说明的必要。

三、墨子是最重理智的（《贵义篇》说：“必去喜去怒去乐去悲去爱，而用仁义”，仁义连用，始于孟子，《贵义篇》为墨家后学所记，不一定墨子已用此语，但“去喜”云云，确能传墨子思想的性格），但在《墨经》中却加进了情感的要素。《经上》说，“为，穷智而縣（“县”字异文，系也）于欲也。”《经说上》说：

"为:欲鄞("鄞"旧作"𩥭",依孙校改,斫也)其指,智不知其害,是智之罪也。若智之慎文("文"言思想之密察,各端兼顾,杨霓说)也,无遗于其害也;而犹欲儇之,则离(罹也)之。是犹食脯也,搔(毕沅云:"骚","臊"字假音)之利害,未可知也,欲而搔,是不以其所疑止所欲也。廧(同"墙")外之利害,未可知也,趋之而得刀("刀"旧作"力",依孙校改,指刀币);则弗趋也,是以所疑止所欲也。观(见也)'为,穷知而儇于欲'之理,搔脯而非恕(智)也,鄞指而非愚也。所为,所不("否"也)为,相疑也,非谋也。"

方授楚解说:"食之美恶未可知,与墙外之利害未可知,其疑同也,智也;一则欲得骚而不止,一则不欲得刀而止(弗趋),为与否在欲之强弱,情也。"这说明行为不尽依据理智,而尤在于欲望的强弱。杨宽则以主张《经上》为墨子自著的缘故,遂读"儇"为"远隔",说,"为也者,当尽其智力而绝其所欲,必依放'知'之所谋虑而从事,不可任所'欲'为也。《贵义篇》云:'必去喜去怒去乐去悲去爱,而用仁义',义同此"(《墨经哲学》)。不但对于说的举例,说明很为勉强,而且于经文也不适合。因为经文明明是说:行为是尽知之后悬决于欲望的;是申说语,并不含有"当为"之义。

又如《经下》"在(察也)其所然未然者("未然者"旧作"未者然",依梁校改),说在于是推之"章,《经说》曾说:"在:尧善治,自今'在'诸古也;自古'在'之今,则尧不能治也。"这种不承认先王的观念,实在是战国后期的产物,到了荀子手里遂具体化为"法后王"的思想。

再如关于天鬼一类的宗教思想,在这六篇中,几乎没有留下影子。《大取》、《小取》两篇,虽也还有一两处提及"天"、"鬼"字样,但其意义决不是墨子所谓"我有天志,譬若输人之有规,匠人之有矩"(《天志上篇》)那样的"天",也不是他所谓"能赏贤罚暴"(《明鬼下篇》)那样的"鬼"。墨辩所谓"天",似乎仅有"天性"的涵义;所谓"鬼",也仅是人死为鬼的意思;至多只能说是墨子天鬼思想的残余,看不出宗教的痕迹。反之,我们却可于《经下》看到一种代替天鬼思想的新世界观:"可无也,有之而不可去。说在尝然。"《经说下》:"可已无也,已然则当(尝)然。[若](依鲁增)不可无也。久,有穷无穷。"这里提出了有无的观念、久暂的观念,并且以为人的言动对于整个人类的文化必然要发生影响,表面看来,虽似消失(有穷)而实常潜存(无穷)。

这些都是《墨经》作者对于墨子思想的修正。

四、就文字说,这六篇与《尚贤》等篇的作风显然不同。《韩非子·外储说左上篇》说:"楚王谓田鸠曰:'墨子者,显学也。……其言多而不辩,何也?'曰:'昔秦伯嫁其女于晋公子,令晋为之饰装,从文衣之媵七十人。至晋,晋人爱其妾而贱公女。此可谓善嫁妾,而未可谓善嫁女也。……今世之谈也,皆道辩说文辞之言,人主览其文而忘其用。墨子之说,传先王之道,论圣人之言,以宣告人。若辩其辞,则恐人怀其文忘其(用),直以文害用也。此与……秦伯嫁女同类。故其言多而不辩。'"这楚王据方授楚考定为楚威王(其与田鸠问答,当在公元前337—前328年的十年之内),其时约当墨子卒后七十年左右。由此可以看到:(一)墨子的"言多而不辩"(照田鸠的解释)是"恐人怀其文忘其用",而有意如此。(二)当田鸠对楚王问时,尚争好辩的风习已经大张,所以说"今世之谈也,皆道辩说文辞之言"。《文选》注载"墨子南游于楚,献书惠王,王受而读之,曰良书也"。同是楚王,前王称为"良书",后王却谓其"言多而不辩",足见时代风习之不同。正惟如此,所以《墨经》与《墨子·尚贤》等篇的作风也就不同。

五、《经上》与《经下》,体裁的繁简文质大不相同。最显著的是《经下》每章(有一二章因错简讹夺而缺)都系以"说在某某"字样,《大取篇》末自"故浸淫之辞,其类在鼓栗"以下十三类,也有"其类在某某"字样,足见此二篇即使不是出于同一作者,也是成于同一时代。此与《韩非子·内储说》、《外储说》各篇的"其说在某某",《吕氏春秋·有始览》的"解在某某",是同样的体裁。尤可注意者,《韩非子》的"其说在某某"各篇也有所谓"经"(出于后人伪托的《管子·牧民篇》与《牧民解篇》,也同样有"经""解"字样)。这就足证此种体裁为战国时代末期的特有作风。今按韩非被害于秦始皇十四年(公元前233年),其书当著于入秦以前;关于《吕氏春秋》,据本书《序意篇》"惟秦八年,岁在涒滩"考定,则成书于秦始皇八年(公元前239年);二书都是战国末期的作品。所以,和此种体裁相同的《经下》与《大取》,当也近于此时成书。墨子时代尚不可能有这种文体。

六、《经上》"辩,争彼(佊)也。辩胜,当也。"《经说上》"辩,或谓之牛,(或)谓之非牛,是争彼也。是不俱当。不俱当必或不当,不若当犬。"此话明是针对《庄子·齐物论篇》"辩无胜"及"大辩不言"之说而发的,但墨子不能生存到庄子时代,不及见庄子此说,均无疑义。并且,《墨经》此义到了《经下》篇更表现为明显的批评语调:"谓辩无胜,必不当! 说在辩。"《经说下》释云:"辩也者,或谓之是,或谓之非,当者胜也。"又如《经下》"以言为尽诗,诗。说在其言。""非诽者诗。说在弗非。"这均是驳庄子之说。"五行毋常胜,说在宜(多)。"这是批评邹衍的"五德终始说"。"仁义之为内外也,内(疑原作"非")。说在仵颜。"这似乎是批评告子"仁内义外"之说。今按《墨子·公孟篇》载有墨子与告子辩诘的故事,但"仁义"并提始于孟子;《孟子》书有"仁义内外"之辩,《管子·戒篇》也有"仁从中出,义从外作"之语,这样看来,此一争论是在孟子时代出现的,墨子当不及见此。

七、至于《大取》、《小取》两篇,其非墨子手笔,尤为明显。《大取篇》说:

> "爱人不外己,己在所爱之中。己厚所爱,爱加于己。伦列之爱己,爱人也。"("伦"通"轮"。"列",次第也,"伦列"即以次轮转的意思。)

这是答复《荀子·正名篇》"圣人不爱己"的非难的。《正名篇》说:

> "见侮不辱,圣人不爱己,杀盗非杀人也:此惑于用名以乱名者也。验之所〔以〕为(以也)有名,而观其孰行,则能禁之矣。"(王引之说,"验之所"下"以"字,后人所增)

荀子上文“见侮不辱”是批评宋钘的,余二事都是批评墨家的。墨家的话便是答复荀子的非难。因为在理论上,必须先有“圣人不爱己”的非难,然后才发生爱人是否“外己”的问题;在语气上,以“圣人不爱己”云云为非难,以“爱人不外己”云云为答辩,则顺理成章;反之,如果墨家既已说过“爱人不外己,己在所爱之中”,并把其所以“在所爱之中”的理由说得明明白白,那么还指其“不爱己”而非难其以名乱名,就成为“无的放矢”了。

大抵当时,人们见墨家主张兼爱,主张“损己”(《天下篇》说墨家“以自苦为极”,《孟子·尽心上篇》也说“摩顶放踵利天下为之”,都指损己利人的事),就以为“圣人不爱己”(《天下篇》曾批评墨家“以此教人,恐不爱人,以此自行,固不爱己”)。荀子即据以非难墨家“用名以乱名”,其论旨在于“人”“己”概念的相异,施爱伦列的原则不同;固不必以《大取篇》的文字为其批评对象。而《大取篇》“爱人不外己”云云却正就人己观念不同这一点上,提出墨家施爱的“伦列”,予荀评以反驳或答复。单从形式逻辑而言,荀子的立论就欠公允。因为,既以“‘盗’之名之内涵,亦包含有是人之义”,为什么“亦人类中之一人”的“己”就不可以“包有其是人之义”呢?为什么一说到“己”就一定要用分别“人”“己”的狭义的“人”,而不许用那连“盗”包含在内的广义的“人”(“人类”的“人”)呢?在同一批评中所用的名的涵义就不同如此;若用荀子的说法,也同样可以说是“用名以乱名”的!

八、关于“杀盗非杀人也”的问题,《小取篇》也有一段答复说:

> “盗,人也。多盗,非多人也,无盗,非无人也。奚以明之?恶多盗,非恶多人也;欲无盗,非欲无人也;世相与共是之。若若是,则虽‘盗,人也;爱盗,非爱人也;不爱盗,非不爱人也,杀盗,非杀人也’,无难矣。此与彼同类,世有彼而不自非也,墨者有此而非之,无它故焉,所谓内胶外闭而不解也。”

这段话,就语气看来,为答复荀文的诘难,殊为明显。所以《大取》、《小取》两篇,大体可断定为写成于《荀子·正名篇》之后。和《大取篇》体裁相同的《经下篇》也可能是写定于同时的。

九、综上各段所述看来,《墨经》六篇决不是墨子自著的。那么,它们的作者是谁? 可惜书缺有间,不能指出其姓名。不过,依据思想的内容看来,其根本观点是师承墨家的传统,其中虽对于墨子的见解有若干发展或修正,但都可以说是墨学必然的合理的演进。再就成书的过程看来,可以说作者并非一人,编定亦非成于一时,大抵前表所列墨子再传及三传弟子里带有名辩色彩的诸人,均可能先后参与其事。倘更由各篇的内容来推定,则年代的先后,大体是这样的顺序:《经上》→《经下》→《经说上》→《经说下》→《大取》→《小取》。《经下》记载着很多关于各种科学的见解以及与各家的辩难,可以看出《墨》辩在辩诘里成长的痕迹。《大取》、《小取》,尤其是《小取篇》,综合地说明了推理和"辞辩"的方法,它带有总结墨学的性质。这一顺序,是逻辑的层次,也是历史的先后。方授楚说:"《墨经》辞约义丰,包罗甚富,如决定为一人所著,亦非一人所能著也。……吾颇疑其如佛教经典结集,乃开会决定之者。"(《墨学源流考》)

如果如此,则最后一次的编定,或者与《大取》、《小取》两篇的写成约略同时,当在《荀子》成书与《韩非子》成书的年代中间,相当于田鸠即田俅子的时代。《大取篇》说:

"(夫辞),以故生,以理长,以类行者也。"

《小取篇》说:

"以名举实,以辞抒意,以说出故,以类取,以类予。"

又说:

"故言,多方,殊类,异故,则不可遍(偏)观也。"

上面的话是综合性的说法,这和《经上》、《经下》的编次是不同的。《经上》以"故,所得而后成也"章开始,《经下》篇则以"止,类以行之(旧作"人"依孙校改),说在同"章开始;一冠以"故",一冠以"类",似非偶然的巧合。

十、因为《墨经》六篇是墨家后学多次的集体论撰而成的,所以它们是一部贵经验、重实践、发展墨子思想的并总结百家名辩的有体系的著作。单就体系性一点看来,不仅《小取篇》组织严密,条理井然,就拿《经上》、《经下》来说,其中每章相次,虽在错简讹夺之后,处处还可看到它们先后联贯的脉络,窥见作者根据着"以故生,以理长,以类行"的原则而编次的苦心。而且也正因为如此,所以其成就能远高于先秦各家的名辩思想之上。

因为《墨经》是有组织地编定而成的著作,所以其思想是宏博的,其逻辑是严密的。因此,我们的研究,就不妨把这六篇作为一个整体的对象来考察。

第二节 墨经作者的时代思潮及其对墨学的通约

我们已经知道,墨辩一派的活动,开始于孟、庄时代,终结于荀、韩时代。这个时代,思、孟肿胀了孔学,走向宗教性的唯心主义,老、庄以为孔、墨改革现实的乐观想法和历史的前途并不一致,因而走向否定历史发展的玄妙世界观,诡辩者超"存在"而逃避到概念的抽象世界,离开人类社会走向离坚白、合同异的诡辩论。墨辩一派在这样的思潮里采取了特别的路数,他们把墨子的社会变革理论通约于人类思维的世界。单单就思维发展史而论,这就不能如有些人说,是从常识的判断到科学的判断之发展,宁是人类思维史的高级发展。孔子没有否定感觉以外的物质存在,颇重经验,倡"以思无益,不如学也"之说;墨子热心于物质世界,倡"言以举行"之说;然而到了这个时代,思孟、老庄、诡辩者三派都否定感性认识源于客观的实在,唯有墨辩承认感觉源于客观的实在。他们的学说既然都在思维形式上发展,因此,他们之间的斗争主要是在认识论的领域之内,从而唯物主义和唯心主义的两条路线的斗争形式,也和孔、墨时代有些不同。常识与否之说,极其皮相。思维规律这一门学问(所谓名学)既然在各派中间都认作是重要的武器,好辩善辩都自认不疑,那么,这个思维规律本身的发展,就必然走向高级的形态,同时这也是历史的趋向,即由判断真实到真实判断,由孔、墨是非的现实世界到孔、墨是非的概念世界。从人类思维的批判活动讲来,这一高级形态,是在唯物主义和唯心主义的斗争中发展起来,唯心主义者就害怕这种斗争,拿孟子主观的话来讲,即所谓"处士横议,邪说暴行有作"(《滕文公下篇》)。

后期墨学走进概念的世界不是偶然的。然而墨学和其他各派却不能一概而论,中间有严格的分水岭。肿胀了儒学的思、孟学派可以发展到"诚"的理念世界、神的世界;老、庄学派否定判断的真实,可以发展到无名浑沌的世界;诡辩学者可以"离坚白,合同异",在特殊与一般的问题上,作命题的游戏;然而后期墨学却没有如此神秘,既无"大而化之之谓圣",亦无是非两可的"天均",更无"然不然,可不可"的立意。反之,它相对地走入了名学领域中的科学途径,坚持了认识论的唯物主义。这是什么理由呢?

在氏族混战与劳动力危机的时代,后期墨学之所以走入科学的概念世界,是有其原因的。方授楚道破了这点:"墨子本注重知识,又与其弟子,多参加实际生产事业。日积月累,亲身之经历既多,后学继此精神加以组织之,说明之。……当时重要学派,如儒家之求知识,多在论说,道家多重冥想,名家则颇以文字语言为游戏,因均脱离生产关系(?)也。"(《墨学源流考》第八章)

方氏文中使用"生产关系"这一经济学的术语,显然有语病,因为谁也不能脱离自己时代的生产关系。以意拟之,他所指的大概是"劳动",荀子说,子夏氏之贱儒"曰君子固不用力",反之,墨子学派重视"农耕女织,百工强事",足证其重视劳动生产。

由于重视劳动实践,后期墨家在古代思想史上完成了三大成就:第一,他们发展并修正了墨学;第二,他们具有特别丰富的自然科学知识;第三,他们综结了先秦的名辩思潮。这三方面,就其内在的联系性来说,虽不容分裂,但在叙述方法上则仍需分别论述。自然认识及思维科学是通过政治的与社会的实践而出现的,因此,我们应从他们对于墨子社会政治思想的发展与修正方面谈起，然后依次阐述他们的自然科学思想、认识论及逻辑思想。

如果说思、孟学派唯心主义地肿胀了儒学，那么，我们在说明后期墨学对墨子思想的继承关系上也可以这样说：他们唯物主义地把墨学“通约”（借用数学的术语）了。

后期墨学对于墨子学说有所修正、有所发展，并使之更逻辑化，三者都达到古代理论的高级形式。下面就从这三方面依次说明。

后期墨学修正墨子学说的地方，大都重在洗刷其对旧形式的曲解。墨子政治学说的主要内容是在于反对氏族贵族的专政，而其形式则利用着氏族贵族所依托的“先王”，故他不惜把先王“近代”化。墨子学说中的阶级的观点是从国民阶级的立场出发，而其形式则利用“天志”、“明鬼”，故他不惜把天道“规矩”化，把鬼神平等化。墨子学说中的心理研究是从“人之欲富贵而恶贫贱”的自然性出发，所谓欲、恶都是“众人之耳目之情”，而其指导形式，则沿用着西周“天人合一”的观念，“必去喜、去怒、去乐、去悲、去爱、去恶，而用仁义”，手足口鼻耳目都从事于义，才为圣人。这样，圣人的耳目与众人的耳目，其形式与内容便不同了，且圣王乃是天的意志力的代表者，故他的志功相合之说，也发生了矛盾。后期墨者对这些理论都作了重大的修正。

先王观念的修正：后期墨学除《大取》、《小取》偶及先王之外，关于“天志”、“明鬼”之说，不立专说，至少墨辩一派不但不论究此道，而且近于否定上帝。在这方面，他们受了老、庄学派攻击的影响，把三表法仪放弃了。然而更主要的是由于他们在认识论方面发展了墨子的唯物主义。墨子“天志”的规定，叫做法仪，如规矩之方法，但是既然依方法来讲道理，为什么还要什么“天志”呢？故《墨经》把“方”与“法”更理论化了，例如（引文经过校正）：

> 《经上》：“法，所若而然也。”
>
> 《说》：“法，意、规、员（圆），三也（者）俱，可以为法。”

“意”谓观念，“规”谓仪器，“圆”谓图形。又如：

《经下》:“一法者之相与也尽,若方之相合也,说在方。”

《说》:“一,方尽类俱有法而异,或木或石,不害其方之相合也,尽类犹方,他物俱然。”

这即是说,同法的必然同类。关于三表中“本之者”的先王,在墨子思想中为“原”与“用”的附属物。《鲁问篇》已有“焉在矣来”之句,“在”者,察也,“来”者,将来也。然而,这却不是原来“不与先王同”(《庄子·天下篇》)而把先王曲解为新式尧、舜的做法所能察知的。故《墨经》依据墨子“述而且作”的方法,扬弃了尧、舜的旧形式。例如:

《经下》:“在(察)其所然者于未然者,说在推之。”

《说》:“在(察),尧善治,自今在(察)诸古也,自古在(察)之今,则尧不能治也。”

《经下》:“尧之义也,生于今而处于古,而异时。说在所义。”

《说》:“尧霍,或以名视人,或以实视人。举彼唐帝也,是以名视人也;指是霍也,是以实视人也。尧之义也,是声也,于今;所义之实,处于古。”

“义”谓“法仪”之“仪”,所仪之实是古今不同的。若必以古时尧之仪是从,则尧生于今日也是不能治的。这显然推翻了春秋的先王理想,修正了墨子的形式与内容二者间之背离。后来荀子思想相对地接受此一破天荒的理论,韩非子更根据后期墨学的这一理论而反对孔、墨。

人性论的修正:墨子的人性论重“所染”、重“欲恶”,而又主张人性的“损益”,如损欲与恶而益仁与义,如损小己的福利而益众人的福利。《墨经》继承着他的主张,进一步把它理论化了。例如:

《经上》:“任,士损己而益所为也。”

《说》:“任,为身之所恶,以成人之所急。”

这即相似于《大取篇》所谓“圣人恶疾病,不恶危难。正体不动,欲人之利也,非恶人之害也。”墨家是一个有组织的团体,“士”颇类该组织中之成员,圣人颇类领袖(钜子)。领袖与成员皆应比一般人先忧患而后安乐,因此,这里的"任"士就不是对一般人讲的。墨子理论的缺点是明显的,他的"去欲与恶"之说便成了被人攻击的对象,如说"其生也勤,其死也薄,其道大觳。使人忧,使人悲,其行难为也,恐其不可以为圣人之道。反天下之心,天下不堪,墨子虽独能任,奈天下何?"(《庄子·天下篇》)后期墨家,在这一点特别规定圣人和"任"士,正是解答所受攻击的话。

心理学的修正:《墨经》对知、情、意三者,作了明白的规定。它肯定人生离不开知识,肯定情感要从损益上得其所宜,肯定意志把知与情二者联系在一起。

第一,《墨经》以为人生的活动要靠感性知识,离开了感性活动的梦想就没有思维活动的客观根据:

《经上》:"生,刑(形)与知处也。"

规定"形"与"知"相处才合于生,是墨家所独有的见解。在墨家看来,卧以为知是不知,故说:"卧,知无知也";梦以为知是冥知,故说:"梦,卧而以为然也"。"知"的要素是以客观作标准,客观即此派所讲的"平"字,故说,"平,知无欲恶也。"(《经上》)

第二,《墨经》讲感情仍本墨子的损益说。什么叫做损呢?

《经上》:"偏,去也。"

《说》:"偏也者,兼之体也。其体或去或存;谓其存者,损。"

《经下》:"损而不害,说在余。"

《说》:"损,饱者去余。适足不害,饱能害,若伤麇之无脾也。且有损而后益者,若疟病之人于疟也。"

损其余,即损其一部分(偏),损去一部分不但不害于全体(兼),而且有益于全体。故合理的感情,要在于不任情地欲其所欲而恶其所恶,例如:

《经下》:"无欲恶之为益,损也。说在宜。"

《说》:"无欲恶,伤生损寿,说以'少连',是惟爱也。尝多粟,或者欲不有能伤也。若酒之于人也。且恕,人利,人爱也,则虽欲恶弗治也。”

《墨经》的感情(欲恶)论,是有条件的情感观,这是针对氏族贵族的穷欲专恶而发的,我们且称之为“损益感情论”。它既异于孔子之安乐于道德情操(安仁、利仁),也异于老子之绝欲去私,故说,损益在于宜不宜。“少连”据方授楚注解,即《论语》中之“逸民”,似为禁欲论者,禁欲而伤生,即为不宜。饮食可以使人饱,但酒却可以使人损,损酒之欲则益人生,即为宜。又例如知,在于爱利,如果知仅止于卧知或梦知而无感性活动,即不宜之知。《经》中“弗治”之治,即“治,求得也”以及“人有治同此”(《经上》)之治。

第三,墨家注重以知识来调节感情,已如上述。还有一个重要的心理因素——意志,却常为学者所忽略,或虽未忽略而误与知情混同,如梁启超说,“儒家言道德多重动机,墨家言道德多重结果”,这话是不对的。

墨学的精神,注重实践,即所谓“好天下”。墨子曾说劝人兼爱必须有志,其功效虽暂时不能得到,但有他一个人劝人有志,总比没有一个人劝人有志要好些。“志”谓意志,“功”谓结果,故说“合其志功而观焉”。且他的“非命”论的心理因素就重在意志,他说“岂可以为命哉,固以为其力也”。“力”即所谓“强为”的意志力。学者间只知墨子有重实利重结果的主张,而不知其“志功合一”之说。惟墨子语焉不详,后期墨学才在这一点有了明白的规定,并发扬了墨子的精神。

《大取篇》说:“志功不可以相从也。”这即是说,主观的意志和客观的功效是未必相契合的;又说:“义,利;不义,害。志功为辩。”这都是志功合一之说,决不是仅论结果。《经说上》更明言:“志,行为也。”

《经》与《说》及《大取篇》中的“意”字,指“意度”之“意”,如《经下》:“意未可知”,《大取》:“意人之指也,非意人也。”古字今释是要慎断的。《天志》之“志”也有数解。《墨经》中与意志这一概念相当的,有如下几条:

《经说上》:“实,其志气之见也,使人如己,不若金声玉服。”这是指有目的的行为,达到了目的,意志便表现出来。

《经上》:“勇,志之所以敢也。”

《说》:“勇,以其敢于是也,命之(命名);不以其不敢于彼也,害之。(于勇无害)”

这是指意志的能动精神,因为人应该从事于有目的之意志活动,而不应妄动,所以有时不做那种无益的事,并无害于勇。

《经上》:“必,不已也。”

《说》:“必,谓台执者也。……”

这是指有目的之意志的活动,为了达到目的,必须坚持不已。“台”即持,“执”是什么呢?《经上》:“执,所言而意得见,心之辩也。”《大取篇》也说:“利之中取大,害之中取小也。害之中取小也,非取害也,取利也。其所取者,人之所执也。”“取”谓心理学上的选择意志,“执”谓持此意志而不已。故下面又说:“谓陈执既有所为,而我为之陈执。执之所为,因吾所为也。若陈执未有行为,而我为之陈执,陈执因吾所为也,暴人为我为天之以人非为是也。”(此段有错讹,但文义是讲意志之合目的的活动甚明)

然而意“志”之合目的的活动,未必都是正确的,所以“志”要和“功”相合,才能产生“正”确的标准。例如:

《经上》:“合,正;宜,必。”

《说》:“力正反中志功,正也。臧(孙校为“义”)之为,宜也。非彼必不有,必也。圣者用而勿必,必也者可勿疑。”(从诸说校)

“正”、“反”、“中”指什么呢?“正”谓“欲正”,“反”谓“恶正”,“中”指所谓“权”。故《经上》说:“欲正,权利;恶正,权害。”《说》:“正者两而勿必,权者两而勿偏。”“权”即衡量之义。《大取篇》说:“权其轻重之谓权,……利之中取大,害之中取小也。”

“权”之一义,是知情意三者的复合的因素,意志与功利两者相合即谓“正”。“宜”即“欲不欲,在宜不宜”之“宜”,通过“权”来审定的“宜”,就可以必而不疑了。

上面的解释是"合志功而观"的原则。至于对知情而言,意志是统驭知、情二者的。例如:

《经上》:"为,穷知而儒(系)于欲也。"

《说》:"为,欲蕲(斫)其指,智不知其害,是智之罪也。若智之慎之也,无遗于其害也,而犹欲蕲之,则离(罹)之。是犹食脯也,骚之利害未可知也,欲而骚,是不以所疑(知)止所欲(情)也。廧(墙)外之利害未可知也,趋之而得刀(货币),则弗趋也,是以所疑(知)止所欲(情)也。观"为穷知而儒于欲"之理,搔脯而非恕(智)也,蕲指而非愚也。所为与不(否),所与(以)为相疑也,非谋也。"(从诸说校)

这一段话是讲知、情二者之相疑而非相谋;知害于情,或情害于知,则知情二者便不统一。所谓"为"即指意志之表现于外的行为。《经说上》说:"志,行为也",为有六种:"存、亡、易、荡、治、化"。若使知和情不相疑而相谋,那便应统之于意志,故说:"为,穷知而儒于欲。"这里的"为",指合而正之义,可与"权"义互明。

其他修正:除上述修正之外,《墨经》把墨子尚同之义发展而为:

"君,臣萌(宾萌之萌,即民之另一语法)通约也。"(《经上》)

"君,以若(顺)名(民)者也。"(《说》)

通过这样的修正,墨子学说更"无益于人君"了。不但如此,《墨经》作者最早发现了所谓社会契约说,这和马克思主义经典文献所赞美的希腊古代的这样发现,有同样的历史价值。

后期墨学把墨子的"兼相爱,交相利"之说,通约于人们的一切行为与道德。例如:

"利,所得而喜也。"(《经上》)

"利,得是而喜则是利也,其害也,非是。"(《说》)

"害,所得而恶也。"(《经上》)

"害,得是而恶则是害也,其利也,非是。"(《说》)

"所得"言知,"喜恶"言情。此条还是上面说的权正之义。这是就墨子的基本命题"去天下之大害,兴天下之大利"发展出来的人性说。

"仁,体爱也。"(《经上》)

"仁,爱己者,非为用己也,不若爱马者。"(《说》)

这里的"体"即"体分于兼"之"体",故仁是爱的一部分。这就给兼爱无差等的学说下了一个逻辑的定义。

"义,利也。"(《经上》)

"义,志以天下为爱,而能能(善)用之,不必周。"(《说》)

按梁启超将"周"字校改,(旧本"周"字作"用"),甚是。他说:"周,遍也。仁以周爱为鹄,故言兼相爱。义不必以周利为鹄,故言交相利。《小取篇》云:'爱人待周爱人而后为爱人,……乘马不待周乘马然后为乘马。……'此一周而一不周者也。义者其志务欲能善利人而已,利之所及,势固不能周遍。"(《墨经校释》)

"礼,敬也。"(《经上》)

"礼,贵者公,贱者名,而俱有敬慢。等,异伦也。"(《说》)

这条讲礼的话是古代重要的文献。《经》讲的"礼"是平等一义的反对名词。《说》是批评保守派的旧说。此条旧校释家皆未加解释,梁启超也质疑未校,他的解释则是臆说。按"公"乃公族君子的贵族别称,故说"贵者公",古者"氏所以别贵贱",庶人无姓,只称为屠牛坦、寺人貂、徒人费之类,故说"命之'马',类也。命之'臧',私也"(参看"名,达类私"一条)。"马"与"臧"(奴)对称,可以知贱人之所以为贱人的身份。"马"是类名,"臧"是奴隶类名之下的一种,因为古代的奴隶有"臧"和"获"的区别,"臧"主耕,"获"主织,因而"臧"是特定的"私"名。贱者仅有私名,故说"贱者名"。过去如民间称做官的为"老爷",而以称名为不敬;等级低的人自称"小的"或自称微贱的职名,而不敢用第一人称,理亦同此。荀子说墨子"僈(无)差等",即指他反对等级身份的异伦。然而《墨经》却说"等"级是一种区别(异)贵贱的伦理。正因为如此,《墨经》才把"忠"字规定成这样:

"忠,以为利而强低(同之)也"(《经上》)(此条之《说》讹夺

颇多,从略)

利民即忠的命题,在古代是革命的思想,这种思想也有渊源,例如“上思利民,忠也”(《左传·桓公六年》)。

“孝,利亲也。”(《经上》)

“孝,以亲为爱,而能能利亲,不必得。”(《说》)

“功,利民也。”(《经上》)

“功,不待时,若衣裘。”(《说》)

“功”即志功合观之“功”,功不待时即未雨绸缪之义,与曲突徙薪的主观努力有别,因为功要讲利民的客观效果,并且应随时有所措施。

从《墨经》对墨学的修正和发展看来,《墨经》把墨子的世界观和社会理论都推进了一步,特别是对上帝和先王的否定,更是值得我们注意的。

第三节 后期墨家的科学思想

后期墨学所发展墨学的部分,更有自然科学思想。这是最具特色的,并且是和其唯物主义思想分不开的。他们在社会经济领域内,讨论到经济学的“自然价格”,也在生产技术发展的当时,研究到自然科学。按《墨经》共有三百五十余条,由于文法简约,讹夺过多,号为难读之书,其中讲逻辑的最多,占第一位,讲自然科学的占第二位,讲道德定理的占第三位,讲心理学的占第四位,其他如经济政治等理论、对各家学说的批判又次之。这里特就科学思想部分论述如下:

第一,《墨经》中所讲的物质,时间、空间、量、运动诸范畴,不但和当时各派的形而上学的认识,有严格的分别,而且具有古代唯物主义的特点。这些范畴,是哲学的,也是科学的。从因果关系来看,它们是科学的,从理论的还原来看,它们是哲学的。

(一)《墨经》肯定物质是第一性,也是客观的实体。从科学上看来,物是有比较的。

《经下》:“物甚,不甚,说在若是。”

《说》:“物,甚长甚短。是言是也。言是也者,莫甚于是。”其次,物质是可认识的实在,例如:

《经下》:“物之所以然,与所以知之,与所以使人知之,不必同。说在病。”

《说》:“物,或伤之,然也。见之,知也。告之,使知也。”

这是拿病伤之义来说明物质的性质,指一般的自然变化。《墨经》中所讲的科学变化,多指物理变化,而少化学变化。科学的物质(物)对象有了变化(然),其变化的理由即“所以然”。我们要知其所以然,依经验也可能明其大数,如航行于长江三峡的老船夫能预测气候,但这是不可言传的,如果“使人知之”,就须求出其中的因果定律。

(二)《墨经》详细地讲到时、空范畴。

《经上》:“久(时间),弥异时也。”《说》:“久,合古今旦莫(暮)。”

《经上》:“宇(空间),弥异所也。”《说》:“宇,蒙东西南北。”

“弥”指周遍之义。“久”与“宇”即哲学上的时间与空间的范畴。“时”即科学上的时间,“所”即科学上的“空间”。《墨经》讲“时”、“所”,多属于几何学的领域。因此,产生了联结的范畴:

《经上》:“栌,间虚也。”《说》:“栌,虚也者,两木之间,谓其无木也。”

张惠言说:“与夹者相及则谓之‘间’,但就其虚处则谓之‘栌’,例如两点之间的空隙。”

《经上》:“盈,莫不有也。”

“盈”,梁启超解释为“函”,近似。如《经说上》:“异处不相盈,相非,是相外也”。上面讲的物质的盈虚即科学上物质性能的相吸相排。因此,《经上》又说:

“撄,相得也。”

“次,无间而不相撄也。”

“撄”，谓联结。“次”，谓不联结，如所谓“有间，在中也。”（《经上》）墨学就使用了这样盈虚之理，反对了诡辩学派的“坚白同异”之说：

《经下》：“不坚白，说在无久无宇。若坚白，说在因。”

《说》：“无，坚得白，必相虚也。”

（三）《墨经》讲到运动与变化。运动范畴，在《墨经》中是科学的，也是哲学的。例如：

《经上》：“动，或徙也。”《说》：“动，遍际徙……。”

《经下》：“宇，或徙。”《说》：“宇，长徙而有处。……”

“或”字即古“域”字，指方位。“徙”，即移动。“遍际徙”即周遍空间而移动。这里说的运动，偏重科学的对象，与《老子》所谓“反者，道之动”的运动有别。因为《墨经》偏重机械的运动，静便成为动之一部分，例如：

《经说上》：“时，或有久，或无久。”

《经上》：“止，以久也”。《说》：“无久之不止，若矢过楹。有久之不止，若人过梁。”

“久”指时间范畴，“时”指可分割的时间，“止”指静态。所以说静态是从时间分割看出来的。墨家注重科学，故动静的变化在时间上是可计算的，《经说上》所谓“尽，俱止动”。《墨经》又说：

《经下》：“行修以久。说在先后。”

《说》：“行者，行必先近而后远。远近，修也。先后，久也。民行修，必以久也。”

“行”作行路的意思，详见下节解释。这里，如果把“行”作广义的行动或劳动解释，那么劳动过程是积功而成，由近而远；劳动时间便指所谓先后的“久”。从这里，可以看出墨家思想和生产劳动相关联的特征。墨家据此反对诡辩者所谓“今日适越而昔至”的命题。

（四）《墨经》怎样讲变化呢？春秋到战国的思潮中，各家都有变异的观念，这是古代社会变革时期反映在意识上的特征。《墨经》所说的

“变化”不是“大而化之”的神化,也不是“万物以不同形相蝉”的虚化,而是一物到他物的转移或物质不灭的相互损益。生产者看见麦种变化而为新麦,木头变化而为轮与鸢,谁也不会想到麦子和木头是“无”,谁也不会否定他的“手”。墨学就反映了这种意识。“损己而益所为”(《经上》),“死生利若一,无择也”(《大取》),即以“利”的变化而权其损益。

《经上》:“化,征易也。”《说》:“化,若蛙为鹑。”

荀子说:“状变而实无别而为异者,谓之化。有化而无别,谓之一实。”(《正名篇》)这话和这里讲的“化”相似。“化”仅征验其“易”,如虾蟆之变为鹑。这里没有天地、乾坤、贵贱、动静、刚柔、吉凶的易理,故既非“阴阳不测之谓神”,也不至“观变……穷理尽性以至于命”。(《易传》)《墨经》里所说的变化只就损益方面而言:

《经上》:“损,偏去也。”

《说》:“损,偏也者,兼之体也。其体或去或存。谓其存者,损。”

这正反对了“其成也毁也,其毁也成也”(《庄子》)的理论。这仅是说,天下事物,没有的,可以没有算了,而尝有之物,变来变去,不过是损益,永为尝有而不灭。故又说:

《经下》:“可无也;有之而不可去,说在尝然。”

《说》:“可无也;已然则尝然,不可无也。”

这就是说,存在的事物不能说成什么“无”,给《老子》的“无,名天地之始”的命题以有力的打击。不可去而尝然之事物是有变化的。变化的形态有六:

《经上》:“为:存、亡、易、荡、治、化。”

《说》:“为:甲台,存也;病,亡也;买鬻,易也;霄(消)尽,荡也;顺长,治也;蛙鼠,化也。”

这些变化的形态,合而言之,不外成、亡二者,即生存和死亡二者,成、亡之结果谓之“已”。例如:

《经上》:“已:成、亡。”

《说》:“已:为衣,成也;治病,亡也。”

旧校释家对此条的解释都不确切。此条说的是,例如做衣的结果,由布变衣,“成也”;治病的结果,不治而死,“亡也”。不管生成和死亡,其形态是有相对的稳定性的,叫做“已”。《墨经》举例过简,常省略了推论,因此比较难懂。这正如恩格斯指出的,旧唯物论者只解释事物,大都不谈鬼神。这里《墨经》讲的事物变化的道理,好像科学家凡尔离说的:“宇宙间的一切现象,不问它是起于人类的加工或是一般的物理学诸法则,都不是现实的新创造,不过是物材的改变而已。结合——分离。”

(五)《墨经》中有量变与量定之说,例如:

《经下》:“偏去,莫加少,说在故。”

《说》:“俱一,无变。”

这是说,增减物体的一部分,在一定的程度上,并不能变其物性,物性仍“一”而未变化;但是,如果达到了饱和点,就会发生变故,即开始由量变发生质变。

《经下》:“异类不仳(比),说在量。”

《说》:“异,木与夜孰长?智与粟孰多?爵、亲、行、贾,四者孰贵?……”

此条旧校释者不解其意。“异类不仳”,在形式逻辑上讲来,是类概念的规定,因此,“木”和“夜”不是同类,不能比较(长短),“智”和“粟”不是同类,不能比较(多少),推而至于贵族、亲戚、劳动者和商人也不能比较(价格),这是可以理解的。然而何以“说在量”?这就没有人解释了。“一个几何学上的简单例子,便可以说明这个道理。为了决定并比较一切直线形的面积起见,我们把一切直线形分解而为三角形。其次再使这个三角形本身,还原而为与其形态上完全不同的表现——还原而为它的底边和它的高度乘积的一半。”(《资本论》,参看人民出版社版,第一卷页8)这个共通物,便是一个通约出来的量。有这一个共同量，则比较便可能了。同样地，经济学上的同为有使用价值的东西，使用价值与使用价值具有不同的类，是不能比较的，而其所以能比较，是因为它们被还原而为一定的劳动量。数学上的通约也是此一定量还原的道理。

（六）《墨经》关于科学的定理，涉及的范围很广，如几何学、物理学、光学、数学等。兹举几例如下：

"体，分于兼也。"《说》："体，若二之一，尺之端也。"

"端，体之无厚而最前者也。"《说》："端，是无间也。"

"穷，或（域）有前不容尺也。"

"尺，前于区而后于端。"

"区，物一体也。说在俱一惟是。"

"厚，有所大也。"《说》云："区无所大。"

上面所讲的名词，用现代语译出来，"体"指分量，"兼"指全量，"端"指点，"尺"指线，"区"指面，"厚"指体积。这些都是几何学的术语。

"平，同高也。"《说》："一然者一不然者，必不平也；同然，平也。"

"中，同长也。"《说》："中，心，自是往相若也。"

"圜，一中同长也。"《说》："圜，规写交也。"

"方，柱隅四杂也。"《说》："方，矩见交也。"

以上讲的是几何学有关圆和方的定理。

"力，刑（形）之所以奋也。"《说》："力，重之谓。下，举。重，奋也。"

"正而不可摇，说在转。"《说》："正，丸，无所处而不中，县转也。"

以上讲的是力学。

"景迎日，说在转。"

"景之大小，说在杝（斜）正、远近"。《说》："景，木杝，景短大;木正,景长小。光小于木,则景大于木;非独大小也,远近……。"

"临鉴而立,景到(倒),多而若少。说在寡区。"《说》:"临,正鉴,景寡。貌能(态)、白黑、远近、杝正、异于光。"

按《墨经》论光学有八条,皆讹夺而难解,引以上三例作证。

自然科学的发达,是以社会的生产力的发达为前提的。后期墨家参与了生产劳动,他们的自然科学知识的来源,不能不说是因为他们掌握当时生产技术的知识。为要具体地了解此点,我们试以《考工记》当作一个测量的尺度来说明一下。《考工记》今列为《周礼》的冬官,自江永以来即认它是春秋时代齐国的著作。郭沫若曾考证《考工记》是春秋年间的齐国官书:

"《考工记》毫无疑问是先秦古书。且看那开首的叙记里说到'有虞氏上陶,夏后氏上匠,殷人上梓,周人上舆',可知时已不属西周,而书亦非周人所作。又说到'郑之刀、宋之斤、鲁之削、吴越之剑,迁乎其地而弗能为良',郑、宋、鲁、吴、越等国入战国以后都先后灭亡,其技艺亦早已'迁乎其地',可知这所说的还是春秋时代的情形。又说到'粤无镈,燕无函,秦无庐(原注:这个'庐'字也不是'庐舍'的'庐',《考工记》'庐人为庐器',是做戈戟枪矛的杆子,也可以说就是殳。古语说'侏儒扶庐',就是矮子爬棍棒。)胡无弓车',或'燕之角,荆之干,妢胡之笴,吴、越之金锡',作者之国别连燕、秦、荆楚、妢胡都是除外了的。当时重要的国家所没有提到的只有齐和晋。'妢胡',旧注以为'胡子之国在楚旁',这样的小国不应有被举的资格;我疑'妢'是'汾',指晋国,胡仍是'胡无弓车'之胡,如此则只剩下齐国一国了。再看书中所用的度量衡多是齐制,如《冶氏》为杀矢的'重三垸','垸'据郑玄注即东莱称重六两大半两(大半两即三分之二两)的'环';如《栗氏》为量的釜豆等量名都是齐制,又如'梓人为饮器,勺一升,爵一升,觚三升,献以爵,而酬以觚,一献而三酬则一豆矣',即所谓'齐旧四量:

豆、区、釜、钟，四升为豆'(《左传·昭公三年》)。据此我们尽可以断定:《考工记》是春秋年间的齐国的官书。"(《十批判书》，页27—28)

郭氏断定《考工记》为齐国的官书，比江永更详尽了。但"迁乎其地而弗能为良"一语，似尚不足以证明《考工记》作于郑、宋、鲁、吴、越等国未灭亡以前，因为在灭亡以后，其技艺"迁乎其地"，似更可检证其"弗能为良"。并且就上下文的口气来推敲:

"天有时，地有气，材有美，工有巧，合此四者，然后可以为良。材美工巧，然而不良，则不时，不得地气也。橘逾淮而北，为枳;鸜鹆不逾济;貉逾汶则死;地气然也。郑之刀，宋之斤，鲁之削，吴、越之剑，迁乎其地而弗能为良，地气然也。"

因此，与其定《考工记》作于郑、宋、鲁、吴、越等国尚未灭亡的春秋时代，不如定于"其技艺早已迁其地"的战国时期，更合于原文的语意。我们以为，《考工记》颇有可能出于齐稷下学士先生，他们可能依据旧存档案编撰成书;由于其书成于战国，遂为孟子所据，按往旧造说，以成其理想化的井田制度论。若果如此，则后期墨家可能与肿胀孔学的孟子相反，从另一角度上着眼，即依据《考工记》里的农业与手工业的劳动工具的制造与使用的生产经验，提炼出自然科学知识，而完成墨子思想通约的有机的一环。此所谓一环，只是指后期墨家的某种承借关系，如果作全面的考察，那么墨家应该是综合当时自然科学成果的伟大的学派。他们利用自然科学完成了唯物主义的世界观，和那些歪曲自然科学以服务于唯心主义世界观的各派展开斗争。

第四节　后期墨家的认识论和逻辑学

墨家的认识论，第一，承认人类主观意识之外，有客观的物质的存在，而且它是第一性的东西;第二，承认我们主观的官能——所谓"五路"(即五官)和"心""知"——有"貌""拟"外物(即反映外物)的能力;第三,认为主观的官能,不但须与外物接触,并且还须与外物相习,才能认识外物,即是说,承认认识是一种实践的过程;第四,承认客观事物是有真理的基准的,真理须以实践的检证为基准。

从这里,可以证明《墨经》作者的哲学是唯物主义的。这种辉煌的哲学思想,贯彻着全部《墨经》(连同《大取》、《小取》二篇在内),处处表现出它的鲜明的环链。

> 《经下》:"物之所以然,与所以知之,与所以使人知之,不必同。说在病。"
>
> 《说》:"物,或伤之,然也;见之,智(知)也;告之,使智(知)也。"(校注:此章说明是以"病"为例。"智"读为"知"。"告"旧作"吉",依王校改正。《说》"物"字牒经标题,不连下读。)

这一章是说明"物之所以然"的真相、从它所获得的知识和他人由告语所获得的知识,三者不必相同。所谓"物",就是普通所谓的事物。我们观察一种事物,往往不能够如实地知道它的真相,毫无遗漏。比方眼睛有病,就会看朱成碧;片面地观察事物,也会看不见它整个的状貌。这就是"物之所以然,与所以知之,不必同"。我们以所得的知识告诉他人的时候,或因所用语言(文字)不够正确,或因听者(读者)预备知识不够充分等等,以致对方不能完全接受,甚至发生误会。这就是"所以知之,与所以使人知之,不必同"。如果告诉的人所得的知识,本不充分,或谬误,对方就简直没有获得完全知识的可能。这就是"物之所以然,与所以使人知之,不必同"。譬如因负伤而致病,负伤情形就是病的所以然。现在观察伤痕和病象,就可获得病理的知识。告诉人这病是因负伤所致及其病状如何,就是要使人获得同样的病理知识。

因为三者在事实上不必相同,所以墨家一方面要广求真实的知识,另一方面也要研究正确的言辞。(《大取》:"立辞而不明于其所生,妄也。""立辞而不明于其类,则必困矣。")《经上》开宗明义就写下明"故"一章,而《小取》也把"摹略万物之然"放在"论求群言之比"的前面,与本章先举"物之所以然",都是同一用意;都是指示"物之所以然"

为一切知识的基本来源。

《经上》:"故,所得而后成也。"

《说》:"故,小故,有之不必然,无之必不然。体也,若有端。大故,有之(必)无(不)然。若见之成见也。"(校注:《说》"有之无不然",旧作"有之必无然"。鲁大东说:"本书'必'与'不'二字常互讹,此处'不'讹作'必',而又上下错倒,致生歧义。"今依鲁校正。张惠言校移"体也若有端"五字于下章,今依鲁校仍列于此。)

本章所谓"故",就指"物之所以然"。就事物说,它是形成事物变化发展的原因,就"立辞"说,它是构成立论的道理。在第七章里我们曾说墨子书常说到"类"与"故",自墨子提出"类"和"故"这两个概念,先秦"名辩"各家都受其影响。到了后期墨家的《墨经》里,这"故"的概念,更有了发展,不但把"故"分成"大故"与"小故",而且连贯地说明其在认识进程里的作用与价值。

《说》所讲的"故,使为之也",是从另一方面说明"故"。比方加热于水,达到摄氏百度就变成汽。从原因方面说,是"使为之也";从结果方面说,则是"所得而后成也";就事物本身来说,则为"物之所以然"或规律。

一切事物的所以然,一定有若干的"故"。仅为故的一部分而无决定性的故,叫做"小故",诸故中起着决定作用的才叫做"大故"。譬如人之有见,其原因繁多。有外物还要有眼睛,有光线还要有心知,仅有其一,未必能见,但若缺其一,即不能见。故曰:"小故,有之不必然,无之必不然。"而"故"之一部分,实只是"故"之一体,譬如"尺"之有"端"(《墨经》"尺"作"线"解,"端"作"点"解),故说"体也,若有端"。如果众因毕具"大故"形成了,则"见"之事便具备了。故说"大故,有之无不然,若见之成见也"。

关于"体"的意义,应该顺便说明一下。《经上》第二章说:"体,分于兼也。"《说》:"体,若二之一,尺之端也。"所谓"体",就是部分,"兼"就是全体。部分是由全体所分出,故说"体分于兼也。"又《墨经》通例,一切事物未经思维上的分析而作为整个看的谓之“兼”;经过思维上的分析而作为集合的全部看的谓之“二”,例如《经说上》“见,时者,体也;二者,尽也”之“二”。所以,本章《经说》“若二之一”之“二”,与积“端”而成的“尺”对举,如果作数目字的“二”解,便不洽通。就第一章说,“小故”是“体”,“大故”就是“二”了。“大故”是综合众“小故”而成,数字的“二”怎样包括得了?其次说:

“焉摹略万物之然。”(校注:“焉”,“乃”也。《汉书·扬雄传·音义》引《字林》:“摹,广求也。”《淮南子·本经训》高诱注:“略,约要也。”“略”训“界”,见《左传·庄二十一年》“与之武公之略”注;义训“取”,见《广雅释诂》一。“然”即“物之所以然”,《小取》下文也说:“其然也,有其所以然也。”)

这一句表明一切客观事物为知识的直接的来源,以别于“群言”之为间接的知识。《经说上》:“知也者,以其知过物而能貌之”,可以互相发明。从人类主观能动性方面说,谓之“貌”,谓之“摹略”,若从客观对于主观所“貌”的结果说,即是我们说的反映。“摹略”又含有“规摹而略取之”的积极的意义,正和“认识乃是思维对实体的永远的无穷的接近”、“乃是(智力)浸渍无机自然的过程而使其服从主观的权力”这些科学的规定,有相似的意义。

(二)现在再看《墨经》对于认识过程初步阶段的说法。它首先就说到主观的能感觉的官能。

《经上》:“知,材也。”

《说》:“知,材。知也者,所以知也,而不必知,若明。”(校注:“知”读为“智”。孙注引《淮南子·主术篇》高注:“才,智也。才与材通。”又说:“此言智之体也。”梁说:“材者,本能也。”《孟子》“非材之罪”、“不得尽其材”之“材”与本章“材”字同义。“而不必知”句,“不”字原夺,今补。)

人具有能感觉的官能,这是人用以求知识的工具;但仅有官能,未必即能获得知识。譬如眼睛有“明”的功能,才能见物,但仅有明,未必成见。那首先必须客观世界有物,眼的明与物接触,始能成见。官能与物接触,始能获得知识。故说:"所以知也,而不必知,若明。"

《经上》:"知,接也。"

《说》:"知,知也者,以其知过物而能貌之,若见。"(校注:《说》中的"过"字,孙校:"'过'疑当为'遇',与《经》云接同义。"鲁校:"过物者,谓知物之已然;过者犹过从相习而为经验是也。'过'为经中术语,……孙说非是。"按鲁说义长。"接"即"接待",与"过从"义相洽,今从之。《庄子·庚桑楚》篇说:"知,接也。"与此处所讲的相同。)

这是说,人以其"所以知"的才能,去和外物"接"触,"过"从而与之相习,就能够由对象的形色而摄取其仪貌。故说:"以其知过物而能貌之,若见。"从本章中可以看到三点:第一,承认认识是一种过程,对于外物要切实"貌之",并必须与之相习。第二,承认物可以知。第三,人的才能也确能知物。——这属于感性的认识。

但是,我们在认识过程中,不但不限于"物来顺应",像镜子般地只有消极的被动的反映;而绝大部分却是积极的能动的追求。上文所引"摹略万物之然",正是墨家注重认识的积极作用的明证。而这种思想,在写定年代较早的《经上》中就已经表现得很好。

《经上》:"虑,求也。"

《说》:"虑,虑也者,以其知有求也。而不必得之,若睨。"(校注:《说文·心部》:"虑,谋思也。"《目部》:"睨,衺视也。")

"虑"就是有意识地以其"所以知"的才能去有所求索之谓。这与荀子《正名篇》"情然而心为之择谓之虑"微有不同。譬如睨而视物,已含有主观的能动的作用在内。但睨而视之,不必即能得到其所要视的对象。故说:"以其知有求也,而不必得,若睨。"既有能动的作用,即已涉及最简单的谋思,其"有求",就不是漫无目的的寻求。所以,"以其知过物而能貌之"的动作,表示(一)其官能的动向必有所禀受;(二)其所"过"的物是有目的的活动的对象。《墨经》把这一章放在"知,接也”那一章前面，是有用意的。故又于其次章说：

“恕，明也。”

《说》：“恕，恕也者，以其知论物而其知之也著，若明。”

（校注）“恕”旧讹为“恕”，孙从《道藏》本、吴钞本校正。“恕”即“智”字。“论”，即《经说下》“智论之，非智无以也”、《小取》“论求群言之比”之“论”。《释名》：“论，伦也，有伦理也。”《尔雅·释诂》：“著，明也。”《礼记·中庸》：“形则著，著则明”，注：“形之大者也。”《淮南子·兵略训》：“见人所不见，谓之明。”孙校：“此言知之用。”张之锐说：“言以智推求物理。”

在“以其知过物而能貌之”的阶段，有一部分固已进入“表象”的范围，但还未尽脱感觉的色彩。到了本章“以其知论物”这一阶段，才进入高级思维的领域，开始理性的认识。因为以其知过物所貌而得的知，至多能得到个别的较为完全的表象，还不能算做知识；必须更进一步，对于这些由“貌物”得来的知，论次绪理，构成一个明确的概念，才能称为知识。这样，虽然离开感觉更远一点，但对于事物的真相却更接近一步。故说：“以其知论物而其知之也著，若明。”这样的认识为的是可以“见人所不见”。故说：“恕，明也。”

（三）上面说过，以其知过物而能貌之的动作，其官能的动向必有所禀受，以其知有求也，不是漫无目的的寻求。其任指挥引导作用的，荀子归之于“心”。《正名篇》说：“心有（又）征知；征知，则缘耳而知声，可也；缘目而知形，可也。然而征知必将待天官（指感官）之当簿其类，然后可也。”同样的见解，在《墨经》也表现得非常明显。《经上》有连次的四章：

“闻，耳之聪也。

循所闻而得其意，心之察也。”（疑即上章之说。）

“言，口之利也。

执所言而意得见，心之辩也。”（疑即上章之说。）

（校注）张之锐说：“循，顺也。察，明也。”《说文》言部：“直言曰‘言’，论难曰‘语’。”诗：“执竞武王”之“执”，笺：“持也。”《夏小正》：“持养宫事”之“持”，《传》：“操也。”因此，“循所闻而得其意”者，谓顺其所闻之言，以得言者之意；“执所言而意得见”者，谓操持所言而其意谓得以表见。

由此可见，《墨经》一方面重视五官的感觉，另一方面也重视心知的辩察。因为如果没有心知，不但理性的认识的发展没有可能，而且初步的感性的认识也没有保障。

（四）所谓“心之察”和“心之辩”的“心”，在另外几章里，也称做“知”，即“形与知处”之“知”。

《经上》：“生，刑（形）与知处也。”

说：“生，盈之生，商（常）不可必也。”

又说：“卧，知无知也。”（本章之说，有标题而无文字，疑脱失。）

又说：“梦，卧而以为然也。”（本章之说也有标题而无文字，疑脱失。）

（校注）毕说：“‘刑’同‘形’。”曹说：“形，谓四肢百体也。知，谓视听聪明心意知觉也。处，同居也。形与神离则死矣。”《经说》“盈”字旧作“楹”，依张据吴钞本校改。《经上》：“盈，莫不有也。”《广韵》：“商训常。”“卧，知无知也”，伍说：“上‘知’为能知，下‘知’为所知。”

“生，形与知处也”，即是说，形体有知觉则生，否则死。但形体与知觉相盈而得“生”，不是常可必的。人生在世，不但时时有可死的机会，而且长生不死，势不可能。故说：“盈之生，常不可必也。”睡眠时候，知觉之体（即能知）虽尚与形处，但知觉之用（即所知）却暂停其活动。故说：“卧，知无知也。”若在“知无知”之时，犹自以为有所“动作云为”，那就是做“梦”。故说：“梦，卧而以为然也。”

这三章的界说，其重要性不在其心理学上的分析，而在其哲学上的观点。问题是“形”与“知”的关系是怎样？

从所谓“形与知处”的说法看来，“形”与“知”似乎是互相独立而并存的。又从“卧，知无知也”看来，则“知”是统一体，也可无疑。这种“形”、“知”并重的提法，自然不像王充、范缜那样，明确地提出了“神由形生”、“形之于神，犹刃之于利”、“形亡则神灭”的概念，可是墨家唯物主义的认识论却是明显的，这是《墨经》自身的说明可作证明的。

（五）关于知识创获的由来，墨家大体上分为三种。第一为“亲知”，通过自己的亲身经验，由感官的感觉而得来的；第二为“说知”，根据直接间接知识经验，由思维的推论而得来的；第三为“闻知”，由他人的告语传授或阅读文字等而得来的。层次虽然有三，但墨家判断知识的真伪，则以客观事物的真相为标准，同时以实践为真理的检证。

《经上》：“知，闻，说，亲；名，实，合，为。”

说：“知，传受之，闻也。方不庳，说也。身观焉，亲也。所以谓，名也。所谓，实也。名实耦，合也。志行，为也。”

（校注）孙校：“《集韵》四十漾云：‘‘障’或作‘庳’。方，谓方域，言不为方域所限生障碍也。”梁校：“方，犹《史记》‘见垣一方’之方。”

本章充分表现出墨家认识论重客观、贵实践的特点，而这特点就是墨家的成就高出先秦各派知识论的主要精神。《墨经》还有很多章分疏本章所提出的各个概念，很值得仔细领略。兹分别说明如下：

第一，“亲”知——说：“身观焉，亲也。”这里“身”代表五官，指的是由五官亲历所获得的知识。譬如儿童弄火，手触炽炭，觉得灼痛；这即是由亲身经历认识了热。糖要亲吃才晓得怎样的甜；玫瑰花要亲嗅才晓得怎样的香；佳风景要亲看才晓得怎样的美丽；好音乐要亲听才晓得怎样的谐和。这是得到知识的第一条道路。亲身经历得来的感觉的经验是知识的最可靠的基本源泉，一切常识乃至科学，都是在这基础上面建筑起来的。而墨家正是注重这一方面的知识的。

第二，“说”知——“说”，也是墨家常用的一个术语。《经上》：“说，所以明也。”《经上》、《经下》，篇各有说；《经下》每章都有“说在某某”语句;《小取篇》有“以说出故”,这些都是用以指陈“立辞”的缘故的说明。而说明又必须详述原委始末、事实的经过、因果的关系,以及推理的过程等等。《考工记》说:“厚薄之所震动,清浊之所由出,侈弇之所由兴,有说”就是明证。故“说”又包含有“推理”的意思。“说知”之“说”,就是指由推理所得来的知识说的。

身亲所得的知识,固然是最近于真实的,感性的认识,固然是可靠的,但是身所能亲的范围十分狭隘,若事事必待身亲,知识的发展就要发生阻滞。而且现象的本质,简直是感性不能把握的。例如秒速三十万公里的光的运动,感性就不能够把握,但思维却能把握住它。这就非靠“说知”不可。说知就是根据其所已知去推其所未知而达到的知,这就是所以“明”,这就叫做“说”。例如从墙隙看见角,就知隔墙有牛;望见远处有炊烟,就知那里有住户;墙壁和地域都不能范限我们的知识。由此可见,说知是求得知识的第二条道路。自最简单的类推以至最复杂的推理,自概念的构成以至一种哲学体系的建立,都可以说是属于说知的范围。

第三,“闻”知——《经说》:“传受之,闻也。”“受”、“授”古字通。这是说传闻授受所得来的知识。譬如我们承认古时有一位主张兼爱非攻的墨子,但墨子已死去两千多年,不能和我们谋面,也不能因为有了孔子就推知一定有墨子;而且孔子也已死去两千多年,不能面见和推知,与墨子相同。不但时间不同,有这种困难,就是空间的隔绝,也有同样的困难。如果不到江西就不能看到庐山;就是面对庐山,还不一定能知道庐山的真面目。对于这些,靠亲知和说知都办不到。可是有了《墨子》这部书传下来,我们阅读了,就知道古有墨子。根据《墨子》的记载再和其他先秦的书比较考证,我们又可知道墨子生卒的大约年代以及他的兼爱非命等学说的内容。虽然这是得到说知的帮助,但若无这些古书,说知也无能为力。我们可以由地志或游记以及报章的记载或人们的口述,知道江西有庐山,乃至于它最近有怎样的变化。这是获得知识的第三条道路。更重要的是,闻知包含着遗产。哲学思想的洪流都是前波接后波的，恩格斯曾指出，为了思维的发展，我们只有向哲学史学习。

梁启超说："人类最幼稚之智识，多得自亲知；其最精密之智识，亦多得自亲知。人类最博深之智识，多得自闻知；其最谬误之智识，亦多得自闻知。而说知则在两者之间焉。中国秦、汉以后学者，最尊重闻知，次则说知，而亲知几在所蔑焉；此学术之所以日窳下也。墨家则于此三者无畸轻畸重也。"这话是极其糊涂的。人类感性认识不能这样两面论证，而且秦汉前后的思想史也不能这样划分。我们说，墨家自墨子始，最重实践，故在认识论上必然也更重视亲知，而以亲知为求知识的基础。

> 《经下》："闻所不知若所知，则两知之。说在告。"
>
> 说："闻：在外者，所知也，在室者，所不知也。或曰，在室者之色若是其色，是（闻）所不智（知）若所智（知）也。犹白若黑也，谁胜？若是其色也若白者，必白；今也智（知）其色之若白也，故智（知）其白也。夫名，以所明正所不知，不以所不知疑所明，若以尺度所不知长。室外，亲知也，室中，说知也。"
>
> （校注）"所知也在室者"六字旧阙，依梁校补。"犹白若黑也"之"若"，训"与"。"是闻所不智""闻"字旧脱，依伍校补。
>
> 鲁注："室外有人焉，于室内者有所不知也。或告之，室内人之色同于室外人之色，是不知者与所知者相若，则两知之矣。"（《墨辩新注》卷下，页 37）

按这一章说明的是，亲知为说知的基础。"夫名，以所明正所不知，不以所不知疑所明。若以尺度所不知长"云云，尤明显地表现其重亲知与实践。所谓"所明"，即是"所谓"，即是"实"；在本章中即指"室外人之色"和"尺"之长。"名"不过用以唤起对于事物的观念而已。可见墨家对于亲知、说知和闻知三者，并不是"无畸轻畸重"的。

> 《经下》："知而不以五路。说在久。"
>
> 说："知，以目见，而目以火见，而火不见，惟以五路知。久，不

当以目见,若以火见。”

（校注）鲁校:“本章说文各家断属互异,今从梁校”,今仍之。“久”,时间也。“五路”,五官也。荀子谓之“天官”。

本章意义颇为重要,不但对说的文字各家断属互异,而解释也各主一说。鲁大东说:

“‘五路’者,谓五官也。人之知识必由五官之感觉而后得之。时间既久,感觉已频,于是习为经验而记忆之;此时虽其五官未接,亦可明识于心矣。

“知识因官感而觉知,然能见之目,必得所见之火而后可成见,而火固不可以自见;外物之火苟与感觉之目不相接,其人虽具五官诚无由得此知识也。此习验之时间既久,记忆已坚,则其知之也斯不必以目之见当之,若夫火之为物固可自发而见于心也。”（《墨辩新注》卷下,页26）

鲁氏的解释,是以“久”为本章的“知”的成立条件,不以为“知”的对象。依他的见解,这种知识仅是旧时貌物所得的知识,现在因长时反复可以离物而于心(脑)中唤起来的。这可说是旧知识的再现,并非一种新知识的创获。我们认为《墨经》所特立的这一章的用意不是这样。梁启超解释说:

“‘五路’者,五官也。官而名以‘路’者,谓感觉所经由之路。若佛典以眼耳鼻舌身为五入矣。……例如见火,目为能见;火为所见,火与目离,火不能独成见也。此之谓‘惟以五路知’。虽然,亦有不以五路知者,例如‘久’是。久者时间也。吾人之得有时间观念,纯由时间相续而得来。吾人因时间而知有时间,若以火见火也。”（《墨经校释》,页137）

梁说和鲁说最不同的一点,在梁氏以“久”的观念为“不以五路知”的知识的一种,也即认本章所说的知识为创获的,而非再现的。这一点较鲁说为得经旨。但他说:“时间观念,全不恃五官之感受,……纯由时间相续而来。吾人因时间而知有时间”,则显与《墨经》原意不符。

《墨经》关于时间的观念并不如此。《经下》“行脩以久”章可为明证。

《经下》:“行脩以久。说在先后。”

说:“行,行者必先近而后远。远近,脩也。先后,久也。民行脩必以久也。”

(校注)经“脩”旧作“循”,从张校改。说牒经“行”字下旧衍“者”字,从张纯一校删。“脩”均“修”之假字,孙校:“吴钞本并作‘修’。”“民”,鲁臆改为“明”,但不改亦通。

这章是以时间的先后说明道路(空间)的修短。同时,也可说是以空间(道路)的远近,说明时间(“久”)的久暂。故说文于侧重时间之中,仍寓双管齐下之意。尤其重要而值得注意的是,以“行者”的“行”路——即物质的运动——来说明人类获得空间(和时间)观念的由来。这绝对不像梁氏所谓“纯由时间相续而得来”,“因时间而知有时间”的。足见《墨经》的时间观念比梁氏所见的远远进步。

现在言归正传,回转到“知而不以五路”章吧。张纯一也认“久”是“不以五路知”的一种知识,与梁氏相同。不过他是以“唯识”义说《墨经》;以为“因藏识中,具名言种,例如久是。故闻久之名,即知为久。是久固不以五路知,盖由识即名而知。”这种“玄之又玄”的说法,离《墨经》的本旨更远了。

依我们看来,《经》文的“久”,是指获得这类知识的条件说的;但并不妨碍“久”这观念本身也属于这类知识的一种。人类在现实生活中,反复了不知几十万万回的实践,就是使客观实在性概括成为表象的真正基础。只有在实践中,例如在农业上,人们要屡次耕耘土地,砍倒树木,处置木料的时候,“地面”这一表象才会在人们中间构成。同样,在行路上,只有用一定步武行路,或以一定时间行路,行过各式各样的崎岖或平坦的路,反复了千百万回之后,“一日路程”这一表象才会在人们的脑里构成。中国计量耕地的“亩”之用“步”做单位,就是很好例子。而“里”的长短,“亩”的宽狭,各地不同。这也是由于各地地形的差异以及人们体格习惯等等的差异而来。时间的观念也是这样地形成的。这些都可以作"行脩以久"的适切的例证。而由这样的长久的实践所创获的知识,分析至最后,虽和五官的感觉有关,但是它们却不是直接由感觉得来的知识。故说,"知而不以五路。说在久。"而《经说》所谓"久,不当以目见,若以火见"云云,也是以譬喻来说明"久"在创获"不以五路知"的知识中的条件性。不然的话,"不当以目见"的"当",就无着落处,就费解了。

这种"不以五路"而获得的知识,在上述三种知识中,最和亲知接近,但又和亲知的途径不同。所以《墨经》为之特立一章。

(六)上段说明知识的由来,指出墨家于闻、说、亲三种知识中特别重视亲知。其实在同章后半,已经明显地把这一意思表现出来。

在《墨经》中,关于"闻知",有专章详释,而对于"亲知"、"说知"却没有立专章。大概因为"亲知"的绝大部分已包含于实践之中,既有释"为"一章——"为,存,亡,易,荡,治,化"。——详分"求存的为"、"已(亡)病的为"、"交易的为"、"荡涤的为"、"图治的为"、"变化的为"六目,而加以解释,故不特立专章("见,体,尽"章,只说明亲知的一部分)。至于说知,则《经下》及《小取》两篇几乎全部内容都与"说知"有密切的关系,也没有另设专章的必要。

《经上》:"闻:传,亲。"

说:"闻,或告之,传也;身观焉,亲也。"

(校注)鲁说:"梁校'身观'改作'身亲',非是。身所观者,即属亲闻,如读书之所知者,是亲闻也。"

"闻知"有两种:一种是"传"闻,即因人的辗转告语而知的;另一种是亲闻,即由自身的亲观体察而知的。《吕氏春秋》说:"夫得言不可以不察,数传而白为黑。"(《慎行论·察传篇》)本章特把闻知分为传、亲两种,其用意正在指出"亲闻"较"传闻"更能接近于客观的现实性。

关于"名"、"实",《经说上》:"所以谓,名也。所谓,实也。"例如说这本书是《墨经》一句话,其中"这本书"是"所谓";《墨经》是"所以谓"。"所谓"有实可指,故谓之"实";"所以谓"是"以名举实",故谓之

“名”。《经说下》:“举彼尧也,是以名视(示)人也;指是臛也,是以实视(示)人也”,也是同样的意思。如果我们说“《墨经》是难读的古书”一句话,那么,《墨经》就变成“所谓”,“难读的古书”就是“所以谓”了。在上面两例里,都以“是”字把“所谓”和“所以谓”联系起来,以成一辞(即《小取篇》所谓“立辞”)。如果这一联系,恰合于两端即“所谓”与“所以谓”的客观的实在的关系,那就是“名实耦”,就叫做“合”。所谓“耦”者即是二人并耕的“耦耕”之“耦”。耦耕者的动作必须协调一致,是参差不得的。所以,必须名实“耦合”才能成为真正的知识,也就是说,判断才能成立。

但是,问题不在于名实的形成的“耦”,而在于其实在的“耦”。到了名实在实际上不一致的时候,即实在已不相“耦”的时候,怎样地使之相“耦”呢?用名去正实呢?还是用实来正名?前者属于唯心主义,后者属于唯物主义。因为无论哪一家的“名辩”,从来在形式上就没有不主张名实是应该“耦”的。

墨家重实,所以,采取后者,即“用实正名”的态度。因此,我们就要来考察《墨经》中怎样地表现出这种态度。《小取篇》:“以名举实”。关于“举”这个术语,《经下》云:

“举,拟实也。”

说:“举,告以文名,举彼实故也。”

《经上》接着又说:

“言,出举也。”

《说》:“言,言也者,诸口能(态)之出名者也。名若画俿(虎)也,谓言犹石致(緻)也。”

(校注)张纯一说:“‘举’即《礼记·曲礼上》‘主人不问,客不先举’之‘举’,犹概括之词。”栾调甫说:“‘举’即概念。”《说文》:“拟,度也。”栾又说:“拟实,谓比拟其实状。即《易·系辞》‘拟诸形容象其物宜’之义。”梁说:“模拟其实相也。”“举彼实故也”旧倒作“也故”,依曹校改。鲁说:“‘能’即‘态’之假借。”“名”旧作

"民",依孙校改。"虒","虎"字异文。张纯一说:"'致'通'緻'。言如石之坚实致密,不可夺也。"

由这两章看来,可见墨家对于名实的态度,明显的是以"实"为主导,即凡名必须副实,不能副实之名即无意义,能副实才算是确切的名。《经上》:"言,口之利也。"《经说上》:"声出口,俱有名。"声发而为言,故说,"言也者,诸口态之出名者也"。"名"之用在于"举实""见意"(即"执所言而意得见。")。"告"则为"举"。所以,"举"之用也在于"拟实""见意"。《经上》又说:"实,荣也。"说:"实,其志气之见也。"《尔雅·释草》说:"木谓之华,草谓之荣。"所以,名对于实,也像荣为实的"志气之表见"那样,模拟着"实"的真相及其所以然之故,以"告"诸人。因名为实之荣也,故说"文名",故又说"告以文名,举彼实故也"。而世所以有"名",是由于有"实",是由于必需有以辨别诸"实"。《经说上》:"有实,必待文名也。……若实也者,必以是名也。……是名也,止于是实也。"因为名是实,实是主,所以名之用在于"貌物"以"举实"。故说:"名若画虎也。"倩人画虎,若其技艺拙劣,画虎而反类犬,则惟有另请高明,从新再画;必不能反去责虎令其类犬,以肖所画!如果像画虎类虎那样,"拟实"如实,则名称其实,言便正确。这样的言,便可颠扑不破,牢靠如石,故说:"谓言犹石緻也。"《贵义篇》说:"子墨子曰:'吾言足用矣,舍言革(更也)思者,是犹舍获而攈(拾也)粟也。以其言非吾言者,是犹以卵投石也,尽天下之卵,其石犹是也,不可毁也。'"这可说是"谓言犹石緻也"的确诂,也证明墨家自墨子始,"立辞"怎样不苟,对于自宗的立言怎样自信!

由此可见,墨家之所谓"名实耦",是"以名举实"的"耦",不是"强实从名"的"耦"。这样的耦,才能得到事物的客观的联系的保证。见之明,故信之笃,故有根据可以说"尽天下之卵,其石犹是也,不可毁也",而非漫然的自夸。

(七)最后说"为"——《墨经》把"为"放在"知、闻、说、亲;名、实、合、为"章的末尾,其用意是在表明重视实践。这里包含两种意义:一为求知的目的在于联系实际的致用;一为知识的正确与否须靠实践的检证。所以,墨子说:"用而不可,虽我亦将非之;且焉有善而不可用者!"(《兼爱下篇》)这种联系实际的致用的精神,像一根红线似的贯穿于《墨经》全部,使它放出科学的异彩。

《经说》:"志,行为也。"《经上》:"行,为也。"鲁注说:"人类之动作,能有自觉之目的,且有助于意志之主持者,是谓'行为'。行为具有动机与效果二者而兼之,不可因其动机之善或不善而断其效果也。盖有正当之志愿,非徒感情冲动之欲望也。故曰:'志,行为也。'"颇得其解。墨子对于"行为"的估计,虽重效果(上引"用而不可,虽我亦将非之",可见其一斑。)但也未尝忽视动机。例如《耕柱篇》说:"巫马子谓子墨子曰:'子兼爱天下,未云利也;我不爱天下,未云贼也(《广雅释诂》:"云,有也。"张说:"此两'云'字,均当训有")。功皆未至,子何独自是而非我哉?'子墨子曰:'今有燎者(《说文》:"燎,放火也")。于此,一人奉水将灌之,一人掺火(毕校:"'掺'即'操'之异文")。将益之,功皆未至,子何贵于二人?'巫马子曰:'我是彼奉水者之意,而非夫掺火者之意。'子墨子曰:'吾亦是吾意,而非子之意也'。"这段对话,可作墨子未尝忽视动机的证明。这种见解,在《鲁问篇》表现得更具体而明显。鲁君问立太子于墨子,墨子的答语有"未可知也,或所为赏与(孙读'与'为'誉',是。)为是也。㫃(钓)者之恭,非为鱼赐也;饵鼠以虫,非爱之也。吾愿主君之合其志功而观焉。""志"即"志,行为"的"志",即指意志方面的动机;"功"即效果,《墨经》所谓"志,行为也",《大取篇》所谓"义,利;不义,害;志功为辩",都是推衍着墨子的这种思想。

墨家在行为上注重联系实际的效用,因而他们在认识论上注重实践。《贵义篇》说:"子墨子曰:'今瞽曰,皑者白也("皑"旧作钜,依前校改),黔者,黑也。虽明目者,无以易之。兼白黑使瞽取焉,不能知也。故我曰,瞽不知白黑者,非以其名也,以其取也。今天下之君子之名仁也,虽禹、汤无以易之。兼仁与不仁而使天下之君子取焉,不能知

也。故我曰,天下之君子不知仁者,非以其名也,亦以其取也。'"《经下》:

"知其所不知。说在以名取。"

这即是推衍着墨子的这种思想。故本章《说》:

"知,杂所知与所不知而问之,则必曰,是'是所知也',是'所不知也'。取去俱能之,是两知也。"

(校注)《说》文"知",旧并讹作"智",据鲁校改。

说文所谓"取去俱能之"的"取、去",即是选择的"行为",也即是实践。对于知识本身说,也就是"致用"。由墨家看来,一切知识,必须名实悉辨,取去俱能,才算能致用,才可谓为真知识。不然的话,就不算知识,就等于"瞽不知白黑",所以说"天下之君子不知仁"。

其次,知识之正确与否以及其正确的程度,尤须从实践中得到证明。墨子立论,已经有所谓"三表法"。从逻辑的观点说,三表法自然远较《墨经》的方法素朴,但它已经充分地包含着以实践为认识真理的检证的尺度。

三表法,推其究竟,前两表仍然是以实际的经验为基础的。所谓"本之于古者圣王之事",即是根据古时圣王实践所得的经验,所谓"原察百姓耳目之实",即是参酌当时百姓在实践中所获得的经验。至于第三表,所谓"发以为刑政,见其中国家百姓人民之利",即是要在实践中去检证理论是否适合于实际,换句话说,就是以实践来做真理的规准。《墨经》在认识论上,继承了墨子这种见解,更作出了理论的阐扬。

《经上》:"法,所若而然也。"

《说》:"法,意、规、员,三也(者)俱,可以为法。"

(校注)毕校:"'若',顺也。"梁校:"'若',顺也,似也,肖也。《说文》法字下说,'法,刑也。'刑字下说,'刑,从井;井,法也。'型字下说,'型,铸器之法也。'模字下说,'模,法也。'范字下说,'范,法也。'足证法之本义为模型或模范。"张纯一校:"然,如是也,《礼记·大传》'其义然也'注。""员"同"圆"。"也"同"者"。

“法”即模型或模范。“所若而然”,就是说,顺着这模型制作一种物件,而产生出来的物件就和原模一样。例如由一个钱范铸出来的钱,其形状花纹,都和钱范相同;同时,其钱也彼此相同。拿“圆”来做例子吧,脑子里所意(臆)察的圆形的观念、画圆的工具的圆规与画出来的圆形,三者俱备,就可以为作圆的模范。故说:“意、规、圆,三也(者)俱,可以为法。”法是模范,引申起来,就是“法则”的“法”。我们要得出一抽象的法则,第一,必须有“方案”(“意”);其次,又须有可以实现这一理论的工具——方术(“规”);最后,还须能够把这一方案实现为事实(“圆”)。经过这样的实践的检证,然后才能够成为真理,成为法则。这就是《墨经》着重实践检验的明证,也就是《墨经》作者对于理论与实践的关系的见解。这较墨子的三表法,已有很大的进步。因为它已不仅从政治理论的观点立论,而是从法则本身的性质上,从认识的理论上,来阐扬这种见解。

这里,依照次序要从《墨经》的知识论转到逻辑学了。

《墨经》讲思维过程尚未形成概念时,叫做“虑”,例如《经上》:“虑,求也。”说:“虑也者,以其知有求也,而不必得之,若睨。”现在我们先研究概念(名)。《墨经》把“名”分为三类:

> 《经上》:“名,达、类、私。”
>
> 《说》:“名,‘物’达也,有实必得之名也。命之‘马’,类也,若实也者,必以是名也。命之‘臧’,私也,是名也,止于是实也。”

这里讲的是大共名、类名、专有名。何谓实?上面说过,“所谓”即实,在思维中即是判断的对象;依据“所谓”的判断给以名,即为概念,故说“所以谓,名也。”

《墨经》中所讲的“实”,指主词,所讲的“名”,指叙词,故又说:“名实耦,合也。”合即成了“辞”,所谓命题。

《墨经》所讲的命题,皆指事物之外部关联,这是形式逻辑的特点。

战国时的辩者把命题中的个别和一般做了论争的中心。墨家的“坚白樒(盈)”,在命题上统一了个别与一般,而公孙龙的“白马非马”

之论，即分离了个别与一般。

《小取篇》说的“以辞抒意”，指的就是命题，“以说出故”，指的就是推理。何谓“故”？何谓“说”？

说即“经说”之说，说其故也。前人以“说，所以明”的“说”释此句之说，不确。“故”，即理由或前提。这在上面已经有详细的解释，不再重复说明了。

然而真理却不简单，因为认识必须在实践中不断地改正，才能不断地发展出更高的理论。墨子有“合志功而观”和“言足以举行者常之”之说。《墨经》有“志，行为也”；《大取篇》有“志功不相从也”之说。然而只有这一些贫乏的概念，还没有高级的认识，这是古代哲人的局限。《经下》有“以名取”之说，发展了墨子所谓“非以其名也，而以其取”之论，但这些也仅是简单的命题，而没有事物的发展、联结的说明。这也是他们的局限。

> 《经下》：“知其所以不知，说在以名取。”
>
> 说：“我有若视曰知。杂所知与所不知而问之，则必曰，‘是所知也’，‘是所不知也’。去取俱能之，是两知之也。”

“去取”虽有分析与综合的成分，也有选择的实践意义，但其公式却是抽象的。故墨学的推理，又重视形式逻辑的演绎法。

《大取篇》有“语经”之称，语经必注意推理方法，故《小取篇》详言思辨的七法：（一）演绎法的绝对前提，谓之“效”。（二）举他事以明此事之比较法，谓之“辟”。（三）比较两个同一命题的平行法，谓之“侔”。（四）援例拟事的类推法，谓之“援”。（五）盖然判断，谓之“或”。（六）假设命题，谓之“假”。（七）以类取而以类予之归纳法，谓之“推”。（详见原文，不具引）

后期墨家和各派展开了激烈的辩论，特别在认识论和逻辑学上对当时的各派思想给了有力的批判。所以《经说下》说：

> “辩也者，或谓之是，或谓之非，常（当）者胜也。”

《小取篇》说：

"夫辩者,将以明是非之分,审治乱之纪,明同异之处,察名实之理,处利害,决嫌疑。焉摹略万物之然,论求群言之比。"

这是因了和各派斗争而得出的总论。其关于明是非、审治乱、察名实三者,上面已有详述,今就其特别提出的"明同异之处"约述于下,因为这是中国古代社会的重要思想。墨子所争论的"兼"与"别"二义,以"兼"反对儒家之"别"(儒家主张的族类)。庄子在兼别二者之间发为"两行"论。诡辩学派把兼别纳入于命题的同异(个别和一般)。后期墨家在形式逻辑上承继了墨子的传统,得出了归纳法的同异论。这个方法论的优点是,否定先验的类别,而依据客观对象的类别,分析事物的规律,这是墨子理论的发展。此一学术的价值,前人知其然,而未知其所以然。《小取篇》说:

"推也者,以其所不取之同于其所取者,予之也。是犹谓,他者同也,吾岂谓他者异也。夫物有以同,而不率遂同。辞(命题)之侔也,有所至而正,其然也,有所以然也;其然也同,其所以然不必同。其取之也,有所以取之;其取之也同,其所以取之不必同。是故辟、侔、援、推之辞,行而异,转而危,远而失,流而离本,则不可不审也,不可常用也。故言,多方、殊类、异故,则不可偏观也。"

此段后期墨家最珍贵的推理论是墨学理论的综合。《大取》、《小取》、经与说之中的举例,多沿用当时庄子的"有无"与"是非",诡辩者的"坚白"与"马""石",但在《经上》讲"同异交得"的经说中,所举的例子就丰富了。如拿有无的概念讲家族,拿故的概念讲姓氏,拿贵贱的概念讲商业。今就墨子的中心思想,把上面《小取篇》的推理形式在理论上返原一下。

例如墨子的阶级论,对于贵贱贫富展开了一系列的说明(参看《尚贤》诸篇)。他指出了一般人只知道富贵贫贱是"其然也",而不知道为什么其然即"所以然也"。一般人只看到其然的现象,即富者贵者和贫者贱者,而看不到富贵和贫贱的所以然的理由。把这样的现象个别地取为对象来考察,一个一个现象之间可以相同,而对象的理由则不必同,故他主张"以类取"。何谓"类"?西周以来传统的观点,是以氏族的地位来区别的,即"氏所以别贵贱",荀子还有大套"礼"论,说明"始贵"之义,把一个不许怀疑的类范畴,在人类行为方面规定而为序贵贱之礼,所谓"礼者别也"。这是儒家演绎法的大前提,其推论便是:凡人都有贵贱之类(大前提),君子大人为始贵者,小人野人为无天爵者(小前提),故人类社会是治野人(安荣)与养大人(安辱)的富贵与贫贱对立的社会(结论)。墨学的归纳法便不然了。首先我们根据《小取篇》所总结的"取予"推论,来看"非命下"怎样应用方法论以类"取":

取1."王公大人不敢怠倦者何?强必贵,不强必贱,强必荣,不强必辱。"(听政)

取2."农夫不敢怠倦者何?强必富,不强必贫,强必饱,不强必饥。"(耕稼)

取3."妇人不敢怠倦者何?强必富,不强必贫,强必暖,不强必寒。"(纺织)

取4.5.6."百工"、"国中之众"、"四鄙之萌人"……"强必贵,不强必贱"。

上面所"取"各例里,背后有一个客观的类,这类不是先天的氏族,而是后天的"固以其力也"的理由,所谓"赖其力者生,不赖其力者不生"。这在墨子叫做"义",(反之,谓之"不义",)而在方法论上谓之"所以取之者"。

根据这样的类标准,便得出了富贵贫贱的断案,即劳力之"强"者为富者贵者,反之劳力之"不强"者为贫者贱者;而在方法论上谓之"以类予","以其所不取(未举例者)之同于所取者予之"。

基于这命题,便推论出"官无常贵,民无终贱"的结论。

从这种归纳法所得出的人类概念,在社会史讲来,固不是如这样贫乏的内容,但其在古代社会的思想史中却为破天荒的进步思想,因而多方、殊类、异故的归纳法则,同样是人类思维史的进步思想。我们拿这个方法,也可以研究《墨子·兼爱篇》的"兼是别非"论和《非攻篇》的

义与不义论。这里,我们再依据《小取篇》的"取予"论,以《非攻上》为例,说明推理的方法:

取1."窃桃李者",不义之一例。

取2."攘犬豚者",不义之二例。

取3."取牛马者",不义之三例。

取4."杀不辜者",不义之四例。

取5."杀百人者",不义之五例。

取6."攻国者"(?),不义之六例。

前面五例所取者,当时是人人皆知的,故说"天下之君子,皆知而非之,谓之不义";第六例就有问题了,当时人对"所以取之者",则以为殊类异故。因为攻国,正是"远而失,流而离本"的难以认识的事物,所以"天下君子,谓之义,从而誉之"。然而墨子认为六例都是同类、同故的对象,因为类与故皆在"不以其劳获其实,已非其所有取之"。(《天志下》)

"以类予"之断案如何能得出来呢?未取者虽然很多,但同于所取者,只要知类,他者(未取者)亦同。因此,就归纳出凡非其所有而取之者皆为不义(攻国亦然)。

以上所述二例,是墨学反对氏族贵族的对内专政与氏族贵族的对外混战的理论。后期墨学在方法论上发展了墨子的理论,这就是《小取篇》的一段名文。因此,著者前面说"返原"二字,实质上后期墨家的逻辑学是更把墨学系统化了。

《墨经》同异之辩,以明类为其前提。更详言之,同异可从四种性质来区别,如下所说:

> 《经上》:"同:重、体、合、类。"说:"同,二名一实,重同也;不外于兼,体同也;俱处于室,合同也;有以同,类同也。"
>
> 《经上》:"异,二、不体、不合、不类。"说:"异,二,毕异,二也;不连属,不体也;不同所,不合也;不有同,不类也。"
>
> 《经上》:"同异交得,放有无。"(说文错落很多,从略)

以上所讲的同异,都是以四种性质来区别的,但同异交得,要特别注意其"有无","放"即"求放心"之"放",即寻求特性之有无。例如《经说下》言"不偏有,偏无有",即以牛马之类的特性而明牛与马之同异。

墨家反对了庄子的齐物论、惠施的"万物毕同毕异"以及公孙龙的"离坚白"诸说,其主要根据则在类概念之同异。后期墨学基于墨子的传统精神所修正并发展的学说,是中国文化的宝贵遗产,是中国哲学的优良果实。墨学传统之在后世衰微,正由于这一果实本身的意义,因为这在封建社会是"异端"。

墨学不但在实践上"好天下",而且在推理上不脱离现实,所以《尚贤》说"民无终贱",《天志》说"我之仪法",《兼爱》说"兼以易别",《明鬼》说"贵贱同享",都是以人民百姓的利益反对贵族君子的利益。这实在是和中古封建的正统思想相矛盾的。如《贵义篇》载穆贺对墨子说:"子之言则诚善矣,毋乃曰贱人之所为而不用乎!"荀子说墨子是"役夫之道"。实际上问题还不仅在于墨子的贱人和役夫的行为,因为孔子也说过"吾少也贱";而主要在于其"所为"与"道"。墨子的"所为"与"道",又正是所谓"僈差等"、"尊卑无别"、"无益于人君",这是与秦以后封建专制的"名教"适相矛盾的。例如佛学虽然有时作为异端看待,唐韩愈还曾上表主张"人其人,火其书",但佛学也被统治阶级有时作为国教看待。墨学就不同了,直到清代,汪中有《墨子》一序,就竟然被斥为"名教"的罪人!

欧洲中古经院学派只能笺注神学,不能笺注古希腊的自然科学与艺术。后期墨学所发展的是思维方法的科学,与封建社会的黑暗愚昧是适相反对的。注经大师的经今古文学派之争,争乎神秘的专利者有之,未闻要争科学;争乎谶纬迷信者有之,未闻要争判断之合乎科学。名学为言语科学,而不是言语符咒,所以它就必然为中国的注经大师所排斥。所谓定"一尊",是中外封建制社会的共通精神,而墨学在这样的社会可以尊吗?墨学可能如道家被自由解释为"虚者道之常,因者君之纲”(《史记·太史公自序》)吗？墨学可能如佛学之被引申为宋、明理学的佛儒一贯吗？

因此,墨学衰微的原因就在于他的学派性与中古封建制度之不相容。到了汉代,墨子学派发展为农民运动的游侠,这也并不是偶然的。汉以来“杀人者死”这一生命保障的要求,原来早已是“墨者之法”,被农民所拥护的口号。

第 十 五 章

中国古代思想的综合者
——唯物主义思想家荀子

第一节　荀子的时代和荀学

荀子生卒年代无可确考，据汪中《荀卿子年表》，托始于赵惠文王元年（以公子胜为相封平原君），终于赵悼襄王七年（楚李园杀春申君），相当于公元前298—前238年。荀子一生的重要活动大约就在这个时期。这一时期正当战国末叶，也是中国古代社会临终的前夜：奴隶所有制社会即将告终，而封建的土地所有制社会即将取而代之。

孟子在战国中叶，曾有"以德行仁者王，以力假仁者霸"之说，荀子时代不但王霸的形式已经过时，而且他在"德"与"力"之外，还肯定了"以富兼人"的另一形式（《荀子·议兵篇》）；所谓"法令滋章"，正是由此发生的现象。秦以"变法"独早之故，"耕战"之效已见，所以荀子也称其"四世有胜，非幸也，数也"，"类"于"治之至也"，而独惜其"无儒"。这就表示了儒者在当时——尤其在秦国——并不被重视。大约是因为这个缘故吧，荀子没有留在秦国，而终于废居兰陵，著书以殁。

他的弟子也曾透露了这个消息:“孙(荀)卿迫于乱世,鰌(鰌亦迫也)于严刑,上无贤主,下遇暴秦,礼义不行,教化不成,仁者绌约,天下冥冥,行全刺之,诸侯大倾。当是时也,知者不得虑,能者不得治,贤者不得使,故君上蔽而无睹,贤人距而不受。然则孙卿怀将圣之心,蒙佯狂之色,视(示)天下以愚。”(《荀子·尧问篇》)

在过渡的时代,荀子的思想是矛盾的。一方面他对于当世重法术、轻礼义这个现象表示不能容忍。他在《解蔽篇》就批评过慎到和申不害:“慎子蔽于法而不知贤,申子蔽于埶(势)而不知知(智)”。《史记·孟荀列传》又记载着荀子不满意当时的阴阳家和庄周派:“荀卿嫉浊世之政,亡国乱君相属,不遂大道,而营巫祝,信禨祥;鄙儒小拘,如庄周等又滑稽乱俗,于是推儒墨道德之行事兴坏序列,著数万言而卒。”

但另一方面,荀子对诸子的批判,却受了他所批判的对象的影响,因而他又表现为由“礼”到“法”的学术流变的中心一环,表现为集权主义的拥护者。

荀子是后期儒家的伟大的代表,他始终没有离开儒家的立场。他看到当时七雄的斗争日烈,秦国统一中国的倾向日强,所谓礼乐已经扫地无存了。因此,他不能不说明礼的起源(在孔子时代,这是不必要的,只简单说“礼也”或“非礼也”就够了),借以证明,要避免争乱,就必须振兴礼乐以辨明“别”(类别)与“和”(调和);另一方面他又扩大了礼的含义,接近于法。法家所谓的“法”大都从战功来定尊爵地位,军事体制已经渗透于所有制之中,这就适合于封建土地所有者的要求。所以自《礼记》采取他的学说以来,后世的礼乐理论,始终没有超出荀学的范围。由于当时社会变革的结果,商业资本已经突破国境,反映在政治上,就成为这样的情况:君臣之间早已失掉过去的氏族血统的纽带,变成了买卖的关系,《韩非子·外储说》右下记田鲔教其子田章就说到:“主卖官爵,臣卖智力”。既争于力,必重威势;既计利害,必讲法术;这是互为因果的。若在春秋时代,“若立君,则有卿大夫与守龟在”(《左传·定公元年》)。战国中叶,孟子还说:“贵戚之卿,……君有大过则谏,反复之而不听,则易位"(《孟子·万章下》)。在那样的氏族贵族政治之下,人君和臣下的关系,是有宗法的规定的。例如"周巩简公,弃其子弟而好用远人"(《左传·定公元年》),结果呢?是"巩氏之群子弟贼简公"(《左传·定公二年》)。这就是说,宗法关系是利害的。在荀子的时代,这种情况已经变化了,"法术"中的国民地位已经提高了,这里孕育了社会变革的萌芽。明白了这一事实才能理解以继承仲尼、子弓自任的荀卿何以竟会大谈其法术;才能理解亲事荀卿的韩非(李斯也略相似)何以单独继承并发展荀子的法术思想。

荀子的学问兴趣很广泛,哲学、政治、经济以至于文学,都是他所注意研究的对象;在他以前或和他同时的学派,除了仲尼和子弓以外,几乎没有不受到他深刻的批判,就是儒家各派也不能幸免。他的自然天道观就是批判地接受了初期道家学派的思想,奠下了他的学说的基础。还有一件值得注意的事:各派诗学虽经荀子传授,但他自己作起诗来,却采用了民间的形式——"成相"的调子,同时还创造了"赋"这一种新的文体;可见他的作风是怎样和当时的社会息息相关的。

汪中说:"荀卿之学,出于孔氏,而尤有功于诸经。"(《荀卿子通论》)所谓有功于经,是对前人诋毁荀子而说的,而有功于诸子思想的综合,则正是这里所要究明的。

第二节　荀子唯物主义的自然天道观

儒家的天道观,到了荀子手里就变了质,即由有意志的天变为自然的天、物质的天。这中间显然受了道家自然天道观的影响。道家的"道"是指本体而言,那是不可思议并不可言说的,因而是观念的、神秘的。然而,道家的自然史的天道观中含有唯物主义的因素,和孔、墨的天道观比起来是进步的。荀子扬弃了道家的神秘的"道",撷取了其中的自然观点,因此,他所谓的"天",不是孔、墨的有意志的天,而是自然的天;不是道家的观念的天,而是物质的天。他不但不把天当做人格神看待,翻转来还要把天征服,把天“物畜”起来。

如果把宋、尹学派的遗著和荀子的著作,作一番比较的研究,就不难看出荀子思想和宋、尹学派思想的密切关系。不但荀子对于宋子的批判的话特别多,而且荀子还采用了宋、尹学派的许多术语,例如“心术”、“心容”、“大清明”、“虚壹而静”之类(《解蔽》),有时还采用了他们整个的文句,如“心者形之君也”,“心居中,虚以治五官”之类。由于宋、尹学派遗著的发见,儒家天道观的发展,就显得并不突兀,中国古代思想发展史,也因这个中间环节而显得合乎逻辑了。

现在来看荀子的天道观。荀子说:

> “天行有常,不为尧存,不为桀亡;应之以治则吉,应之以乱则凶。强本而节用,则天不能贫;养备而动时,则天不能病;修(循)道而不贰(贷=忒),则天不能祸。故水旱不能使之饥,寒暑不能使之疾,袄怪不能使之凶。”(《天论》)

“行”就是道。“天行有常”云云,即是说,自然有规律,不因人的善恶而变更其运行。天也不能主宰人的吉凶,一切祸福都是人所自取。在他眼里,所谓“天”,不外是一些“水旱”、“寒暑”、“袄怪”之类(所谓袄怪,也不过是“星坠木鸣”等等,无神秘性可言,“是天地之变,阴阳之化,物之罕至者也;怪之可也,而畏之,非也”),或是“列星”、“日月”、“四时”、“阴阳”、“风雨”之类,这些都是客观的自然界的事物。而所谓“人”,也不外是万物中之一物。人的精神又是其形体的产物,它同样是毫无神秘性的。所以他说:

> “列星随旋,日月递炤(照),四时代御,阴阳大化,风雨博施,万物各得其和以生,各得其养以成。……天职既立,天功既成,形具而神生,好恶喜怒哀乐臧(藏)焉,夫是之谓天情。”(同上)

《天论篇》所谓“天职”、“天功”、“天官”、“天君”、“天养”、“天政”等术语中的“天”字,都只有“自然”的含义。荀子的唯物主义观点,不但表现于他对自然实体和自然规律的理解,而且也表现于他对“形具而神生”的“人”的理解。《正名篇》说:“性(生)之和所生,精合感应,不事而自然，谓之性。”他明白地用“自然”二字来形容人类的生性。《非相篇》说：“饥而欲食，寒而欲暖，劳而欲息，好利而恶害，是人之所生而有也，是无待而然者也，是禹、桀之所同也”，“人之所生而有”，“无待而然”，也就是说：人性是自然的。他把“好、恶、欲”称之为“天情”，这就证明了“天”这个形容字，就是“自然”的同义语。于是他强调“天人之分”（与“天人相应”“天人一体”相对立），宣布“明于天人之分，则可谓至人矣”；又说：“惟圣人为不求知天。”（这句话与同篇中“夫是之谓知天”，并不矛盾，说详后。）这样，他一方面斩断了在人格神的天道观方面的迷信的葛藤，另一方面也扬弃了在观念论的天道观方面的神秘因素。所谓批判地扶正宋、尹学派的道体观是就这后一点说的。《史记》说的“荀卿嫉浊世之政，亡君乱国相属，不遂大道，而营于巫祝，信禨祥”，可见他的思想是怎样反迷信的，同时是怎样反抗当时政俗的。

在宋、尹学派的著作里，宇宙的本体——“道”，是玄之又玄、动无方所、超时空、超感觉、不可思议、不可言说的虚无形体。（已见第十章第五节）这样的“道”，是不含有物质因素的。但荀子的唯物观点却从这里吸取了“自然”之义，试拿宋、尹学派的说法和荀子的说法比较一下，便可以看出下面几点：

第一，《心术》、《内业》的作者，说宇宙的本体时，喜欢用“道”字，凡用“天”字，大抵是指与“地”对待的天。但在荀子则相反。他似乎有意专用“天”字去表现宇宙的自然（不是宇宙的本体），其用“道”字，除一二处还含有多少本体的意味（如《天论篇》“万物为道一偏”之类）以外，大抵是用以表现“道理”、“方术”之类的意思。有时还要特别声明：

> “道者，非天之道，非地之道，人之所以道也，君子之所道也。”（《儒效》）

在下面的一段引文里，荀子把“天”的概念表现得特别明晰，认为“天”是可认识的客观存在：

> “圣人清其天君，正其天官，备其天养，顺其天政，养其天情，

以全其天功。如是则知其所为、知其所不为矣,则天地官而万物役矣。其行曲治,其养曲适,其生不伤,夫是之谓知天。故大巧在所不为,大智在所不虑。所志(按:志作知字解)于天者,已(以)其见象之可以期者矣;所志于地者,已其见宜之可以息者矣;所志于四时者,已其见数之可以事者矣;所志于阴阳者,已其见知(和)之可以治者矣。"(《天论》)

既然见象可以期,见宜可以息,见数可以事,见和可以治,所以天地、阴阳、四时的规律是可以认识的;因之天地等等也就是物质的实体。在这一点,他和宋、尹学派的"道"的概念,显出了本质的不同。

第二,荀子是把"天"(宇宙、自然)当做客观的存在去把握(关于"心容"的研究,也采取这样的态度,详后)。这是积习论必然的逻辑。所以他说:"大天而思之,孰与物畜而制(裁)之。……故错(措)人而思天,则失万物之情。"(《天论》)所谓"大天而思之",就是指去想象卜度"见象"、"见宜"等事;所谓"物畜而裁之",就是说要期之、息之、事之、治之,以达到"天地官而万物役"(即官天地而役万物的结果)的地步,以达到"其行曲治,其养曲适,其生不伤"的目的。这就是"知天",这样就能够不"失万物之情"。由后一场合(即"物畜而裁之")来说,他说,"夫是之谓知天";由前一场合(即"大天而思之")来说,他说,"惟圣人为不求知天"。所以,"知天"与"不求知天",前后并不矛盾。因此,他不赞成"从天而颂之"。这句话,大概是针对着《内业篇》"是故此气,杲乎如登于天,杳乎如入于渊,淖乎如在于海,卒乎如在于已。……不可止以力,而可安以德,不可呼以声,而可迎以意"那一类对于"道"的礼赞而说的。这样,就把宋、尹学派天道观的神秘性扬弃了。

第三,《心术》、《内业》诸篇,都以"道"名宇宙的本体,故认为万物及人乃至人之心,都是"道"的显现:

"凡物之精,此(化)则为生。下生五谷,上为列星。流于天地之间,谓之鬼神,藏于胸中,谓之圣人。"(《内业》)

宋、尹学派认为"道"是万物的根源。《心术下》说得更明白,

"道,……至不(读为丕)至无,非人所而(能也)乱。"因此,万物既为本体的显现,就容易陷入唯心主义。荀子的"天"的概念,虽然接受了宋、尹的"道"的概念,但他强调了天地万物的客观性。

第四,《庄子·天下篇》引宋、尹的话说:"君子不为苛察,不以身假物"。"不为苛察",留在后面来说。"不以身假物"的见解,在《心术》、《内业》诸篇则这样地表现:

> "执一不失,能君万物,君子使物,不为物使。"(《内业》)
>
> "执一而不失,能君万物,日月之与同光,天地之与同理。圣人裁物,不为物使。"(《心术下》)

两文对照着看,并按诸"静因之道"的观点看来,"裁物"等于"使物","使物"当是消极的"因"、"应",也即所谓"从物"。其主旨无非要使因应之余,"不以物乱官,不以官乱心",所以又说:"是故圣人与时变而不化,从物而不移。"(在《心术下》中,"从"作"应",尤为明显。)所谓"能正能静,然后能定。"(均见《内业》)这是虚静的本体观必然要导引出来的自我存养论。荀子则不然:他虽也接受了君子役物不役于物的思想,可是他的所谓"役物"是积极的。《劝学篇》说:

> "吾尝终日而思矣,不如须臾之所学也。……假舆马者非利足也,而致千里;假舟楫者非能水也,而绝江河。君子生非异也,善假于物也。"

"善假于物",即善于役物。《修身篇》又说:

> "内省而外物轻矣。传曰:'君子役物,小人役于物',此之谓矣。"

这里所谓"役于物",是指重富贵而轻道义说的,和"能正能静,然后能定"的宗旨都不同,所以他能够发展成为"物畜而用之"那种戡天思想:

> "大天而思之,孰与物畜而制(裁)之!从天而颂之,孰与制天命而用之!望时而待之,孰与应时而使之!因物而多之,孰与骋能而化之!思物而物之,孰与理物而勿失之(也)!愿于物之所以

生，孰与有物之所以成！故错人而思天，则失万物之情。”（《天论》）

这是荀子在认识论上所采取的积极态度。他把“人为”抬到极高的地位——“骋能”、“理物”以至于“制天命”。所以他说：“天有其时，地有其财（材），人有其治，夫是之谓能参。”（《天论》。所谓“错人而思天，则失万物之情”，更包含知识论的唯物主义的见解。）这种积极的思想，就不是主张“静因之道”的宋、尹学派的思想体系所能有的。

荀子就这样地批判了初期道家——宋、尹学派的学说，吸收其形式而注入唯物主义的自然天道观的内容。

第三节 荀子的心术论

“心术”的问题，主要是在《解蔽篇》中讨论的。在这方面，荀子接受宋、尹的影响，尤为显著。《解蔽》这一篇名，无疑地就是所谓“别宥”的对译。（《庄子·天下篇》关于宋、尹说：“接万物以别宥为始”，宥即囿，囿即蔽，别囿即是解蔽。）但在实质上，荀、宋两家关于心术的见解，却完全不同：第一，他们的天道观在本质上是不同的：宋、尹认为心是本体的一种显现，而荀子则把心看做形体的产物。第二，他们治心的目的也是不同的：宋、尹的“修心”，其目的在于道德本体的自我存养，而荀子的“治心”，其目的在于明智，根本和宋、尹主张“去知（智）”相反。所以他们所用的术语虽然相同，但其内容却决然相异。以下就“虚壹而静”这句话的含义，来说明两家持论的本质差异。

《荀子·天论》说：

“天职既立，天功既成，形具而神生，好恶喜怒哀乐臧（藏）焉，夫是之谓天情。耳目口鼻形能（态）各有接而不相能也（按：接，知也），夫是之谓天官。心居中，虚以治五官，夫是之谓天君。”

荀子这样“形具而神生”的看法，和他的唯物主义的天道观，实有逻辑上必然联系。因为他把心看做形体的产物，故其“心容”的分析，便从心的作用出发。因此，他批判宋子“情欲寡少”之说，以为和心理的事实完全不相适合。也正因此，他虽采用了“虚壹而静”的术语，却在这一术语的含义上另作了一番新的规定，而和宋、尹对立起来。

宋、尹治心之道——“心术”，首贵“能虚”。要虚，必须去“欲”、去“知”、“无求”、“无设”（按：设即其下文“其应也，非所设也”之设，大概指成见之类）。从他们的天道观说来，心不外是道的显现。心要能虚，神才能来，本体才能呈现。这样，才算尽了治心的能事。这种唯心主义的理论是一贯而不可割裂的。荀子既批判了他们的天道观，故对于他们的治心之道也就不能不加以批判，其批判即从宋子的“情欲寡少”开始，终于发展到对于“虚壹而静”另作了规定。这种唯物主义的理论也是一贯而不可割裂的。《正论篇》说：

“子宋子曰：‘人之情欲寡，而皆以己之情为欲多，是过也。’……应之曰：‘然则亦以人之情为欲：目不欲綦色（按：綦者极也），耳不欲綦声，口不欲綦味，鼻不欲綦臭，形不欲綦佚？此五綦者，亦以人之情为不欲乎？’曰：‘人之情，欲是已。’曰：‘若是则说必不行矣。以人之情为欲，此五綦者而不欲多，譬之是犹以人之情为欲富贵而不欲货也，好美而恶西施也。’”

这是从心理方面（“人之情”）来批判的。宋子“情欲寡少”之说是从其天道观的“虚”义来的，出于“愿天下之安宁以活民命，人我之养，毕足而止”的主观幻想；故荀子又从政治方面给以批判：

“凡语治而待去欲者，无以道（导）欲而困于有欲者也。凡语治而待寡欲者，无以节欲而困于多欲者也。”（《正名》）

这里所说的，虽未明提宋子，但其为针对宋、尹学派而发，则无可疑。于是，荀子基于他的性恶论的观点，认为欲不可去而求则可节，他说：

“性者天之就也，情者性之质也（按：质，符也），欲者情之所应也（所字依注校补）。以所欲为可得而求之，情之所必不免也。以为可而道（导）之，知所必出也。……欲虽不可去，求可节也。”

(《正名》)

"欲不待可得,而求者从所可。欲不待可得,所受乎天也。求者从所可,受乎心也。……故欲过之而动不及,心止之也。心之所可中理,则欲虽多奚伤于治?欲不及而动过之,心使之也。心之所可失理,则欲虽寡奚止于乱?……凡人之取也,所欲未尝粹而来也;其去也,所恶未尝粹而往也。故人无动而不("不"字衍)可以不与权俱。……道者,古今之正权也。离道而内自择,则不知祸福之所托。"(《正名》)

"欲不可去",故他反对单纯的去私寡欲;"求者从所可",故他极口称道"仁知且不蔽"(《解蔽》)。因为"所可中理"或"失理",要靠理知去决定,"所欲未尝粹而来","所恶未尝粹而往",要靠理知去权衡,所以他对于人性的观点强调知识,"故治之要在于知道。人何以知道?曰:心。心何以知?曰:虚壹而静。"(《解蔽》)因为他强调"知",就不能不重视经验,不能不反对"无藏"。这也是他的积习主义的逻辑的归结。因此,荀子虽然一样地用"虚壹而静"这术语,但他所谓的"虚",已不是宋、尹的"无藏"的"虚",而是"不以所已藏害所将受"的"虚"。所以荀子说:

"心未尝不臧(藏)也,然而有所谓虚。……人生而有知,知而有志(诘)。志也者,臧也。然而有所谓虚,不以所已臧害所将受,谓之虚。"(《解蔽》)

这引文的语气,也带有一种批判的口吻,若把它和《心术》、《内业》诸篇对读起来,格外显得针锋相对,不是单纯的叙述文章了。其所批判的对象,无疑就是宋、尹学说。

关于"壹",在《心术上》中,已看到"精则独,独则明"的语句。在那里,"独"的意义大抵和"壹"相同,它是虚静的结果。在《心术》、《内业》诸篇中,常提到"专"或"一",如"一气能变曰精"(《心术下》),"一物能化谓之神","化不易气","抟(专)气如神,万物备存"(《内业》)。所谓精、气、神等都指本体。道家认为本体是专一的,所以心也须专一,使神入舍；神入舍，则与本体为一，故云“虽远若近”(《心术上》所谓“道……与人并处而难得也，……虚之与人无间也”，意殆相近，盖谓专一则得之)。但是他们提倡“一意专心”的“心术”，目的并不在用智，而在于道德本体之自我存养或道家所谓“养生”、“卫生”之术。

然而荀子则恰恰和这相反。他说：

“心未尝不两也，然而有所谓一。……心生而有知，知而有异。异也者，同时兼知之。同时兼知之，两也，然而有所谓一。不以夫(按：夫，彼也)一害此一，谓之一。”(《解蔽》)

这就是说，心原有同时两面兼知的作用，但也可能使之集中于一面，而“不以夫(彼)一害此一”。这在为学做事上是很重要的。人们必须用心专一，学问事业才能成功。这依然在用知方面着眼，与宋、尹学派专在养心方面着眼不同，故在下文即把能专“壹”而功成名传的仓颉、后稷以至造父等赞颂一番，而归结到“自古及今，未有两而能精者也”，这分明赞颂向外的事功，反对提倡向内的存养。

关于“静”，荀子的见解，也和宋、尹学派不同。宋、尹言静，主张静以制动，静以养心，这是道家的一套唯心观点。如《心术上》说：

“毋先物动，以观其则，动则失位，静乃自得。”

“故物至则应，过则舍矣。‘舍矣’者，言复所于虚也。”

这主旨明显地讲出由静返虚，以达于复性，达于养生。所以说：“彼心之情，利安以宁，勿烦勿扰，和乃自成”；“和乃生，不和不生”；“心静气理，道乃可止”。(《内业》)

荀子的持论和这种说法相反。他还是从心的实际作用出发，认为人的心本来就是无时不动的，恰恰反对了宋、尹学派的“中不静，心不治”(《内业》)的见解。他主张不以“梦剧乱知”，也是反对道家特别是宋、尹学派“不以物乱官，不以官乱心”的见解。同时这也与正面受了宋、尹影响的孟子所谓“耳目之官不思而蔽于物，物交物，则引之而已矣”的见解相对立。而且由于性恶论的立场，荀子认为“人无师法则隆性矣，有师法则隆积矣”(《儒效》)，因而主张“长迁而不返其初，则化矣”(《不苟》),这和宋、尹的“内静外敬,能返其性”(《内业》),刚刚立于相反的对极。所以他对于“静”这个概念,就另作了新的规定:

“心未尝不动也,然而有所谓静。……心,卧则梦,偷则自行,使之则谋。故心未尝不动也,然而有所谓静。不以梦剧乱知,谓之静。”(《解蔽》)

所谓“卧则梦,偷则自行,使之则谋”,正是用“心容”(心理)的事实来说明心的无时不动。所以,在荀子看来,治心之道,只要“不以梦剧乱知”便足,更无须乎向内的静(“内静”),而所谓“使之”,也是心之“自使”,而非被动。故其下文说:

“心者,形之君也,而神明之主也,出令而无所受令。——自禁也,自使也,自夺也,自取也,自行也,自止也。故口可劫而使墨(默)云,形可劫而使诎(屈)伸,心不可劫而使易意,是之则受,非之则辞,故曰心容。其择也无禁,必自见,其物也杂博,其精(原讹作情)之至也不贰。”

荀子认为,心可以自主,可以自律,这种认识是含有唯心主义成分的,或许也受了宋、尹如下的见解的影响。《内业篇》说:“凡心之刑(形),自充自盈,自生自成”,又说:“我心治,官乃治,我心安,官乃安。治之者,心也;安之者,心也。心以藏心,心之中又有心焉。”但是,荀子的“自使也,……”云云的表现,确比“心以藏心,心之中又有心焉”的说法,要高明万倍(这里也证明荀文在后,并非《内业篇》抄袭荀子)。

正因为荀子对于心的规定,达到了基本上唯物主义的认识,所以他对于儒家中的曾子、子思、孟子、有子等那些“静、强、忍、危”的治心方法深致不满,而加以讽刺的批评(见《解蔽篇》自“曾子曰,是其庭可以搏鼠”至“至人也何强何忍何危”一段),而归结到“圣人纵(从)其欲,兼(慊)其情,而制焉者理矣,夫何强、何忍、何危?”“仁者之思也,恭;圣人之思也,乐;此治心之道也。”因此,荀子讲人性是从明智方面立论的。他在这方面只沿用宋、尹学派的“虚壹而静”的术语,并不是无批判地接受了他们的内容,至多不过受了某些强调主观的影响罢了。从他对于心容的分析看来,这无疑地给他自己的认识论增加了不少的光辉。

第四节　荀子的认识论

本节将从三方面——"所以知"和"可以知"的问题、"天官"和"天君"的关系问题以及所谓"正名"的问题,来研究荀子的认识论,同时附带考察他和宋、尹学派的关系。

第一,关于"所以知"及"可以知"的问题。荀子在认识论上具有素朴的唯物主义的观点。这里,先抄他的两段话如下:

"凡以知,人之性也。可以知,物之理也。以(可)以知人之性(可字疑衍,否则为所字之讹,证见下引),求可以知物之理,而无所疑止之(按:疑,定也),则没世穷年不能遍也。"(《解蔽》)

"所以知之在人者,谓之知(智)。知有所合,谓之知(智)。智所以能之在人者,谓之能。能有所合,谓之能。"(《正名》)

这是很明白的,人类所具有的认识(知)事物的能力,荀子称之为"知"(智)。它是自然生就的,故曰"人之性也"。这一点,在别的地方也有说明,如说"人生而有知"或"生而有知"。物质是客观存在的实体,物有"可以知"的规律,他称之为"物之理"。用现代语说,人的认识能力,就是认识的主体;而可以知的事物,就是认识的客体——认识的对象。主观的认识和客观的对象结合(所谓"以(所)以知,人之性,求可以知,物之理"),才有知识,去获得这种知识就叫做"知"。知识必须反映客观事物,才是真正的知识。他说"知有所合,谓之知",就是这个意思。所谓能耐,也必须在把握事物的法则之后,才能够改造自然的事物,用他的话,就是才能够"骋能而化"物。所以他说"能有所合谓之能"。因为他的文字简略,我们就必须花费一番融会贯通的工夫。我们联系他的思想体系来看,他的自然天道观已扬弃了宋、尹学派的神秘因素,他分析了"心容"并重新规定了"虚壹而静"的概念,那么他达到这一素朴的唯物主义的认识论，就不足为奇了。而且他的戡天的思想是足以给予他的认识论以一重保障的。

复次，“知有所合，谓之知”，“能有所合，谓之能”，是否真“有所合”呢？那是必须有实践来做检证的。因此，实践便成为真理的标准。所以荀子的重“行”思想，不是一般的践履笃实之说，而是他的认识论的根据。请看他说：

“不闻，不若闻之，闻之，不若见之，见之，不若知之，知之，不若行之，学至于行而止矣。行之，明也。明之，为圣人。圣人也者，本仁义，当是非，齐言行，不失毫厘，无他道焉，已（止）乎行之矣。”（《儒效》）

这是知识从实践出发而复归于实践的说法。他的“行之，明也”的命题是光辉的。他所谓的“明也”，就指“当是非”，而“不失毫厘”。所以他在《天论篇》也说：“错人而思天，则失万物之情。”反过来说，凡要真正明了万物之情，就非躬自实践——即从事“制天命而用之”、“应时而使之”、“骋能而化之”、“理物而勿失之”等等的“人为”工夫不可（对天而言，谓之“人”）。

由于论“知”重实践，故荀子对于理论也重征验，贵可行。《性恶篇》说：

“故善言古者必有节于今（按：节，验也），善言天者必有征于人。凡论者贵其有辨合（按：辨合即别合，如符契之相合），有符验。故坐而言之，起而可设，张而可施行。”

这些唯物主义的观点，就和宋、尹学派所谓“物至则应，过则舍矣”的“静因之道”相反了。

第二，关于“天官”和“天君”的问题。在这一点，荀子受宋、尹学派的影响，较为显著。孟子虽也区分了“耳目之官”与“心之官”的作用，但都称为“官”。《心术上》说：

“心之在体，君之位也；九窍之有职，官之分也。心处其道，九窍循理。嗜欲充益（盈），目不见色，耳不闻声。故（曰）上离其道，下失其事(以上为经,以下为解)。"

"耳目者,视听之官也。心而无与于视听之事,则官得守其分矣。夫心有欲者,物过而目不见,声至而耳不闻也,故曰:上离其道,下失其事。心术者,无为而制窍者也,故曰:君。"

这里明白地区别了心与九窍为君与官的位职,并指出它们处于怎样的关系。所谓"心处其道,九窍循理",即描述出它们的理想的关系;而"心术者,无为而制窍者也"云云,则提出了治心的要道;因为这样,才能"心静气理"而达到"沦洽在心,此以长寿"。由上面的话看来,这恰是宋子"情欲寡少"的道家学派的说法。

但荀子批判地接受了官与君的区分,而把它们在认识论方面发展了。上面引过:"心者形之君也。……出令而无所受令","心居中,虚以治五官(按:五官也称'天官'),夫是之谓天君。"从表面上看来,这"虚以治五官"的话,好像是《心术上》所谓"无为而制窍"的翻版。但是,如果了解荀子的所谓"虚",是"不以所已藏害所将受谓之虚"的意思,那就容易明白"虚以治五官",决不即等于"无为而制窍"。因此,这又远离开宋子的唯心主义,因此他们之间是貌似而神离的,其思想路数是不相同的。正因为荀子对天官、天君在认识论上重新作了界说,所以他的"天君"——"心",是具"征知"的积极的作用的:

"形、体、色、理以目异。……说、故、喜、怒、哀、乐、爱、恶、欲以心异。心有(又)征知。征知,则缘耳而知声可也,缘目而知形可也。然而征知必将待天官之当簿其类然后可也。五官簿之而不知,心征之而无说,则人莫不然谓之不知。"(《正名》)

既然"征知必将待天官之当簿其类然后可也",那么,在认识过程中,心就不能消极无为地老是等待天官去"当簿其类",势必要积极地指挥天官去"当簿其类",因而它便不能"无与于视听之事"了。不然的话,怎能达到"比方之疑(拟)似而通,是所以共其约名以相期也"(《正名》)这一制名的目的呢?而且,"征知,则缘耳而知声可也"等等,"缘"固属耳、目、口、鼻、形体,"知"却在心,心也就无法完全处于无为。

故在荀子,天君对于天官的作用是积极的,不像宋、尹学派“无为而制窍”那样消极的看法。这是一。

在荀子认识论中,不但感性认识与理性认识因其天官与天君的区分,已有初步的区别;而且已经相当地暗示了理性认识的优越性,因为“五官簿之”只能有知,必“心征之”然后才能有说(理由)。在《解蔽篇》,他还这样说过:

“凡观物有疑(按:疑,定也)。中心不定,则外物不清。吾虑不清,则未可以定然否也。冥冥而行者,见寝石以为伏虎也,见植林以为后人也,冥冥蔽其明也。醉者越百步之沟,以为蹞步之浍也;俯而出城门,以为小之闺也,酒乱其神也。厌目而视者,视一以为两;掩耳而听者,听漠漠而以为哅哅也,势乱其官也。故从山上望牛者若羊,而求羊者不下牵也,远蔽其大也。从山下望木者,十仞之木若箸,而求箸者不上折也,高蔽其长也。水动而景(影)摇,人不以定美恶,水势玄也。瞽者仰视而不见星,人不以定有无,用精惑也。有人焉,以此时定物,则世之愚者也。彼愚者之定物,以疑决疑,决必不当,夫苟不当,安能无过乎?”

这一段话,充分地表现了荀子已经感觉到而且暗示着理性认识对于感性认识的优越性。尤其是“远蔽其大”和“高蔽其长”两个例子,视这一天官本身丝毫无过,而人之所能超越感官认识高远的关系,当然是因为理性认识的作用(概括了过去的经验)。可见荀子深知感性认识不若理性认识深刻,所以,他说:“吾虑不清,则未可以定然否也。……彼愚者之定物,以疑决疑,决必不当,……安能无过乎?”也正因为这一点,他才把“清其天君,正其天官”作为“官天地、役万物”的第一步骤。这是二。

荀子虽然认识了理性认识的优越性,但他同时也强调了感性认识的根本性。他明白地说,“然而征知必将待天官之当簿其数然后可也”,也即是说,理性认识必须依靠感性认识。这自然是有他的唯物主义的天道观做根据,同时也是由于他从心理上分析了心容的结果。这种见解,和孟子所谓"耳目之官不思而蔽于物,物交物,则引之而已矣"那种轻视感官作用的见解相对比,显然就有唯物主义与唯心主义的区别。这是三。

后面这两点,在宋、尹学派遗著里是看不到的;从他们寡欲去知的观点说来,也是不可能有的。所以,荀子在这方面的发展,也可以说是批判了宋、尹学派的心术理论的结果。

第三,关于所谓正名的问题,荀子的见解,有些地方很接近于宋、尹。但这不一定就是荀子完全受了宋、尹的影响。自春秋中叶的社会开始了氏族贵族和显族的财富变革以来,名实的混淆早已成为普遍的现象,大家都感到有"正名"的必要。自孔子提出正名以后,诸子百家几乎没有不涉及这个问题。所以,《心术》、《白心》诸篇也都有关于正名的主张,而荀子竟写了正名的专篇。荀、宋两家的关系,在这个问题上,可能是这样的:调和儒、墨的宋、尹学派,先以道家的立场接受了儒家正名的思想,而后来以承继仲尼、子弓自命的荀子又以儒家的立场受到了宋、尹正名见解的影响。书缺有间,现在还不能从文献上来证明,然而从思想史的脉络看来,可以相信这样说法不至于距离事实太远。这里,先引几段《心术》、《白心》诸篇的话如下:

> "物固有形,形固有名,名当谓之圣人。"(《心术上》,经)
>
> "'物固有形,形固有名',此言名不得过实,实不得延名。姑形以形,以形务(牟)名,督言正名,故曰'圣人'。……因也者,无损无益也。以其形因为之名,此因之术也。名者,圣人之所以纪万物也。"(同上,解。)
>
> "凡物载名而来,圣人因而财(裁)之而天下治;实不伤(爽),不乱于天下而天下治。"(《心术下》)
>
> "是以圣人之治也,静身以待之,物至而名自治之。……名正法备,则圣人无事。"(《白心》)

把这几段话综合起来看,有这样两个特点:第一,他们仍以"静因之道"论正名,因而认为"名"必须有事物的不变的根据,如"以形务

(牟)名”,如“以其形因为之名”,如“凡物载名而来,圣人因而财(裁)之”,都是明证。这一特点,原属宋、尹一派固有的思想。其二,认为正名的目的在于治天下,只要“名正法备,则圣人无事”。这虽然含有一点法家的色彩,但大体是受了儒家孔子正名思想的影响,颇为显明。

荀子的正名思想,并不是绝无因缘的,如《解蔽篇》说:

“为之无益于成也,求之无益于得也,忧戚之无益于几也(按:几者事之微也),则广(旷)焉能(而)弃之矣,不以自妨也,不少顷干之胸中。不慕往,不闵来,无邑怜(悒吝)之心。当时则动,物至而应,事起而辨,治乱可否,照(昭)然明矣。”

这虽然是在“为之无益于成也……”的前提之下说的,但显然是感染了宋、尹思想,其区别在于话语之中带了功利的色彩,不是纯粹的“静因之道”。言归正传,请看荀子自己的正名论:

“异形离(丽)心交喻,异物名实玄(互)纽。贵贱不明,同异不别,如是则志必有不喻之患,而事必有困废之祸。故知者为之分别制名以指实,上以明贵贱,下以辨同异。贵贱明,同异别,如是则志无不喻之患,事无困废之祸。”(《正名》)

“故王者之制名,名定而实辨,道行而志通,则慎率民而一焉。故析辞擅作名(名字衍),以乱正名,使民疑惑,人多辩讼,则谓之大奸,其罪犹为符节度量之罪也。故其民莫敢托为奇辞以乱正名,故其民悫,悫则易使,易使则公(功)。其民莫敢托为奇辞以乱正名,故壹于道法而谨于循令矣,如是则其迹长矣。迹长功成,治之极也。”(同上)

“制名以指实”的思想,不管它是直接地源于“名不得过实,实不得延名”也好,是间接地通过自然天道观也好,它多少是受了宋、尹等派的影响。至于在君子立场上的制名的目的,他发挥得比宋、尹更为积极而详尽,毋宁说这是继承了孔子的正名思想。

然而荀子的正名思想,还有着光辉的一面,那就是他开始阐明名之所以构成的主观因素和社会因素。这在中国古代逻辑学史上是值得大书特书的。《正名篇》说：

“然则何缘而以同异？曰：缘天官。凡同类同情者，其天官之意物也同，故比方之疑（拟）似之而通，是以共其约名以相期也。……心有（又）征知。征知，则缘耳而知声可也，缘目而知形可也。然而征知必将待天官之当簿其类然后可也。”

由此看来，凡“同类同情”的人，对于事物都有相同的感觉，而心的“征知”即以这种感觉为基础而运用理性的作用，“比方之拟似之而通”；如是才能“知异实之异名也，故使异实者莫不异名也，犹使同实莫不同名也”。这就是名之所以构成的主观因素。下面他复讲到名之所以构成的社会因素：

“名无固宜，约之以命，约定俗成谓之宜，异于约则谓之不宜。名无固实，约之以命实（实字衍），约定俗成，谓之实名。名有固善，径易而不拂，谓之善名。”（《正名》）

这一段阐明：名是社会的产物，是具有社会性的。荀子以为必须“约定俗成”，然后名才有名的效用。而“远方异俗之乡”所以能因“曲期”“而为通”，也必须先有其“约定俗成”的名做基础。这就是名之所由构成的社会因素。这一思想是和他的名有“物”的因素分不开的，所谓“可以知，物之理也”。这样的观点是唯物主义的，是宋、尹学派所没有的。

第五节　荀子的逻辑思想

作为古代思想综合的荀子学说的体系，其天道思想为道家唯心主义世界观之唯物的改造；其认识论为孔、墨思想的发展，而兼采道家“心容”的理论与名辩的思想；其人道思想（礼、乐、诗、书之教、文化论、道德论、政治论及社会思潮论等）为儒家传统观点的订正或扩充；所有这些，以上各节已经分别论述。现在，我们进而考察他的逻辑思想。

如前所述，荀子是古代思想的综合者。作为思维规律的逻辑思想，在荀子思想体系中也不例外。所以,我们要以逻辑思想的剔抉作为荀子体系剖解的最末一环。

首先我们要特别指出,正如荀子的天道与人道思想是古代思想的综合一样,其逻辑思想也是古代逻辑思想的综合;又正如荀子站在儒家立场上综合了古代思想一样,其综合古代的逻辑思想,也是儒家立场上的特定的综合。这是荀子逻辑思想的特点,同时也是它的局限。如果用最简约的方法来表现它的特点与局限,我们就可以说,它是从儒家立场出发,吸收了墨家的逻辑成果,通过了诸子思想的批判,就中特别是通过了名辩思潮及道家的诡辩方法的批判所完成的儒家的逻辑体系。就这一点看来,荀子在古代思想史与古代儒学史上的地位,颇类似于希腊古代的亚里士多德。如果说二者之间同中有异,则所异者也即是古典的古代与维新的古代在思想上的差异的反映。

荀子的逻辑体系,就历史发展来看,无疑是在维新的古代社会的一种总结,就其体系的环节来看,可以分成下列五个组成部分:其一,名辩方法上儒家的规定;其二,对于墨家"故"、"类"概念的承借与修正;其三,分类法与定义法的确立;其四,概念论与推理论的成就及其限制;其五,荀子为韩非留下的未完课题。合此五个组成部分即可得荀子逻辑思想的全貌,以下我们叙述荀子的逻辑思想,便是按照这一程序。

(一)名辩方法上儒家的规定

荀子生当战国名辩思潮高涨之际,他所游学的齐之稷下,就是各家名辩的中心。稷下学宫,始自桓公,历威、宣、湣、襄,前后五世。其中学士、先生、先师,除孟子存疑而外,如淳于髡、彭蒙、宋钘、尹文、慎到、接子、季慎、田骈、环渊、王斗、儿说、邹衍、邹奭、田巴、鲁仲连等都是以名辩见称的学者。如当时齐人所颂扬的"谈天衍,雕龙奭,炙毂齐髡"(《史记·孟荀列传》),即可为证。荀子年十五(据《风俗通》及《晁氏读书志》)游学于齐,正当稷下兴盛之时;他经历宣、湣、襄三世,名列稷下;田骈之属死后,最为老师;自襄王六年至十九年,前后十有四年间,

三为稷下祭酒。由于荀子活动于此时此地,所以他对于作为逻辑滥觞的名辩,也不得不持肯定的态度。例如他说:

> “君子絜(杨注:絜,修整也)其辩而同焉者合矣,善其言而类焉者应矣。故马鸣而马应之(卢文昭云:外传此下尚有‘牛鸣而牛应之’六字),非知(智)也,其埶(势)然也。故新浴者振其衣,新沐者弹其冠,人之情也;其谁能以己之潐潐(明察之貌),受人之掝掝(惑惽)者哉?”(《不苟》)

> “君子必辩。凡人莫不好言其所善,而君子为甚焉。是以小人辩,言险;而君子辩,言仁也。言而非仁之中也,则其言不若其默也,其辩不若其呐(讷)也;言而仁之中也,则好言者上矣,不好言者下也。……故君子之行仁也无厌,志好之,行安之,乐言之;故(今本‘故’下有‘言’字,据王念孙校删)君子必辩。”(《非相》)

兹就上引二例来分析:

第一,荀子所说的“马鸣而马应之,牛鸣而牛应之”,无疑地是指百家名辩的同合而类应。在这里,荀子心目中的马牛之士的同类倡和,似乎不仅指名家的“天下之辩者相与乐之”,连把儒学肿胀的思、孟学派,也包含在内。兹以《非十二子篇》为例:

> “案往旧造说,谓之五行。……案饰其辞而祇敬之曰,此真先君子之言也。子思倡之,孟轲和之。世之沟犹瞀儒,谨谨然不知其所非也;遂受而传之,以为仲尼、子游为兹厚于后世。”

此所谓“倡之”、“和之”、“谨谨然不知其所非”、“遂受而传之”云云,不正是恰如其分地描绘出“马鸣而马应之,牛鸣而牛应之”的形势吗?

第二,所谓马牛成群的百家名辩,其所以“非智”,是荀子依据自己的认识论所作的批评,例如他所批评的某人“有见于此而无见于彼”,“蔽于此而不知彼”,“惑于用此以乱彼”等等,都是例证。所谓“言而非仁之中”,又是荀子依据自己的、以继承仲尼、子弓自命的儒家立场所作的批评,例如他所说的“纵情性,安恣睢,禽兽行,不足以合文通治”

的它嚣、魏牟,“忍情性,綦溪利跂,苟以分异人为高,不足以合大众,明大分”的陈仲、史鳝,“不知壹天下,建国家之权称,上功用,大俭约而優差等,不足以容辨异,县君臣”的墨翟、宋钘,“不可以经国定分”的慎到、田骈,“不法先王不是礼义”的惠施、邓析,大都属于此类。

第三,孟子以“予不得已也”来解释自己之所以“好辩”;荀子则以“其谁能以己之潐潐受人之掝掝者哉”为理由,而主张“君子必辩”。这样看来,荀子为了抵御百家的名辩,为了保卫“言仁”、“行仁”的儒家立场,为了发扬儒家理论斗争的力量,才有了肯定名辩的态度。正因为如此,所以荀子用了下列的名辩分类法,以表明自己名辩的立场:

“小辩不如见端,见端不如本分(今本‘本分’上有‘见’字,兹依王引之校删)。小辩而察,见端而明,本分而理,圣人士君子之分具矣。有小人之辩者,有士君子之辩者,有圣人之辩者。不先虑,不早谋,发之而当,成文而类,居错迁徙,应变不穷,是圣人之辩者也。……听其言则辞辩而无统,用其身则多诈而无功,上不足以顺明王,下不足以和齐百姓;然而口舌之(则)均,噡唯则节,足以为奇伟偃却之属,夫是之谓奸人之雄,圣王起所以先诛也,然后盗贼次之,盗贼得变,此不得变也。”(《非相》)

“君子之所谓辩者,非能遍辩人之所辩之谓也;君子之所谓察者,非能遍察人之所察之谓也;有所正(止)矣。相高下,视墝肥,序五种,君子不如农人;通财货,相美恶,辨贵贱,君子不如贾人;设规矩,陈绳墨,便备用,君子不如工人;不恤是非,然不然之情,以相荐撙,以相耻怍,君子不若惠施、邓析。若夫谪(谲,决)德而定次,量能而授官,使贤不肖皆得其位,能不能皆得其官,万物得其宜,事变得其应,慎、墨不得进其谈,惠施、邓析不敢窜其察。言必当理,事必当务;是然后君子之所长也。……若夫充虚之相施易也,坚白同异之分隔也,是聪耳之所不能听也,明目之所不能见也,辩士之所不能言也,虽有圣人之知(智)未能偻指也;不知无害为君子,知之无损为小人;工匠不知无害为巧,君子不知无害为治;王公好之则乱法，百姓好之则乱事；而狂惑戆陋之人，乃始率其群徒，辩其谈说，明其辟称，老身长子不知恶也。夫是之谓上（极）愚，曾不如相鸡狗之可以为名也。”（《儒效》）

据此可知，荀子的名辩立场，是以“士君子之辩者”自居，以“圣人之辩者”为理想，而以“小人之辩者”为论敌。上文所引“小人辩，言险，……其言不若其默也，其辩不若其呐也”云云，也指此义。

第四，“士君子之辩者”，以“言仁”为内容。这样的名辩，据荀子说来，也有其与“小人之辩者”基本不同的名辩方法：

“谈说之术，矜庄以莅之，端诚以处之，坚强以持之，譬称以喻之，分别以明之（今本‘譬称’与‘分别’互倒，据王念孙校改），欣驩芬芗以送之；宝之，珍之，贵之，神之，如是，则说常无不受，虽不说人，人莫不贵。夫是之谓能贵其所贵（今本‘能’上有‘为’字，据王引之校删）。”（《非相》）

“问楛（恶）者，勿告也；告楛者，勿问也；说楛者，勿听也；有争气者，勿与辩也。故必由其道至，然后接之，非其道，则避之。故礼恭而后可与言道之方，辞顺而后可与言道之理，色从而后可与言道之致（极）。”（《劝学》）

这样的名辩方法，无疑地是儒家（士君子）生活态度里“崇德”或“隆礼”意识的反映。所以荀子又说：

“君子宽而不僈，廉而不刿（“廉而不见贵者刿也”），辩而不争（“辩而不说者争也”），察而不激，寡（直）立而不胜（直立而不见知者胜也），坚强而不暴，柔从而不流，恭敬谨慎而容。夫是之谓至文。”（《不苟》）

“君子行不贵苛难，说不贵苛察，名不贵苛传，唯其当之为贵（杨注：‘当，谓合礼义也’。三‘苛’字今本作‘苟’，按文义校改）。”（同上）

这种以“言仁”为内容、以当“礼义之中”为方法的名辩思想，在荀子看来，是非常值得宝贵的。其所以宝贵，在于他人据士君子的名辩方

法发为批评,可以促进自己的进益;自己据士君子的名辩方法发为忠告,也可以合文而通治。例如:

"非我而当者,吾师也;是我而当者,吾友也;谄谀我者,吾贼也;故君子隆师而亲友,以致恶其贼。好善无厌,受谏而能诫,虽欲无进得乎哉? 小人反是。致乱而恶人之非己也,致不肖而欲人之贤己也,心如虎狼,行如禽兽,而又恶人之贼己也;谄谀者亲,谏争者疏,修正为笑,至忠为贼,虽欲无灭亡得乎哉?"(《修身》)

"赠人以言,重于金石珠玉;观(劝)人以言,美于黼黻文章;听人以言,乐于钟鼓琴瑟。故君子之于言,无厌。鄙夫反是。好其实不恤其文,是以终身不免埤污佣俗。……故仁言大矣! 起于上所以道(导)于下,正(政)令是也;起于下所以忠于上,谋(谏)救是也。"(《非相》)

总之,荀子对名辩方法的这种规定,不但用以自别于各家,而且也用以自别于所谓"腐儒"、"俗儒"、"贱儒"等"不好言,不乐言"的卑屈态度。他所谓"君子必辩",实即用大儒之辩以止百家之辩。所以说:

"语曰:流丸止于瓯臾,流言止于知(智)者。此家言邪学之所以恶儒者也。是非疑,则度之以远事,验之以近物,参之以平心;流言止焉,恶言死焉。"(《大略》)

"心合于道,说合于心,辞合于说。正名而期,质请(实)而喻,辨异而不过,推类而不悖。听则合文,辨则尽故。以正道而辨奸,犹引绳墨以持曲直。是故邪说不能乱,百家无所窜。"(《正名》)

荀子名辩方法的规定,虽出于儒家立场,不免有其局限;但他既然肯定了名辩,既然对于儒家立场运用着自己的名辩方法"坚强以持之",对于自己的论敌运用着"矜庄以莅之,端诚以处之"、"譬称以喻之,分别以明之"的方法而投身于名辩的活动,自然也就替自己的逻辑思想开辟了发展的土壤。

(二)对于墨家"类"、"故"两概念的承借与修正

荀子的著作里,"类"字、"故"字均多;其所表示的概念很清楚,其逻辑的性格很明朗,其意义也很重大。凡此等等,如前所述,都是在墨家逻辑思想里早已出现的范畴;但其在荀子逻辑思想里重新出现,在内容与性质上又有不同。荀子虽是"推儒、墨道德之行事",但又是墨学的批判者,所以,荀子的"类"、"故"两概念虽承借墨家,却作了儒家的修正,染上了儒家的色彩,变成了儒家思想有机的一环,并且用"以其人之道还制其人"的方法,转而成为批判墨家的武器。

为了叙述方便,先说荀子逻辑思想里的"类"概念。

我们知道,"类"概念在荀子这里,与在墨家那里同样,都是遵循着判断的重要环节,而成为逻辑思想里首先出现的范畴。因而,荀子在"明贵贱,辨同异",决是非,判正乱,别智愚的逻辑活动上,也以把握"类"概念为首要的前提。所以他说:

> "其言有类,其行有礼,其举事无悔,其持险应变曲当,与时迁徙,与世偃仰,千举万变,其道一也,是大儒之稽也。……其言行已有大法矣,然而明不能齐(济)法教之所不及、闻见之所未至,则知不能类也。……以浅持博,以古持今,以一持万;苟仁义之类也,虽在鸟兽之中,若别白墨;倚(奇)物怪变,所未尝闻也,所未尝见也,卒然起一方,则举统类而应之,无所儗㤳;张法而度之,则晻然若合符节,是大儒者也。"(《儒效》)

似此,他以"其言有类"与"其行有礼"相提并论,二者兼备,才是"大儒"的特征;他认为能"举统类"而解决疑难才是"大儒"的方法;知而"能类"才是"以一持万"的前提;"知不能类"就是"明不能济、法教之所不及、闻见之所未至"的感性局限的原因。总之,荀子以知类为立言之本,这一点是很显然的。所以他又说:

> "若夫志以礼安,言以类使(元刻本'使'作'接'),则儒道毕矣;虽舜不能加毫末于是矣。"(《子道》)

荀子肯定了知类即可打破感性认识的局限,这思想显然是得之于墨家由"知类"而"以往知来"的理论;但荀子又进了一步,阐明了"知类"所以能打破感性认识局限性的最根本的理由或原因,他说:

"欲观千岁则数今日,欲知亿万则审一二,欲知上世则审周道,欲知周道,则审其人所贵君子。故曰:以近知远,以一知万,以微知明,此之谓也。夫妄人曰:'古今异情,其(所)以治乱者异道',而众人惑焉。彼众人者,愚而无说、陋而无度者也。其所见焉,犹可欺也,而况于千世之传也!妄人者,门庭之间犹诬欺(今本作'犹可诬欺'据俞樾校改)也,而况于千世之上乎?圣人何以不可欺(今本作'不欺','可'字据王念孙校增)?曰:圣人者,以己度者也。故以人度人,以情度情,以类度类,以说度功,以道观尽。古今一也(今本'一'下有'度'字,据王校删)。类不悖,虽久同理,故乡乎邪曲而不迷,观乎杂物而不惑。"(《非相》)

"其有法者以法行,无法者以类举,听之尽也。……王者之人(佐),饰动以礼义,听断以类,明振毫末,举措应变而不穷,夫是之谓有原。……以类行杂,以一行万,始则终,终则始,若环之无端也,舍是而天下以衰矣。"(《王制》)

因为在客观上凡同类的事物皆具同理,所以说"类不悖,虽久同理"。从这里出发,荀子的逻辑思想在各方面都有了显著的成就,并打破了他的立场的褊狭的限制。这些我们打算在下文分别论究。现在我们只指出:由于将"类"与"礼"及"法"相结合,荀子使"类"概念成了儒家君子立场上"听断"的工具,使"以近知远,以一知万,以微知明"的演绎方法成了"有原"的思维规律,使"法后王"的复古政治思想取得了方法论上的根据。

在叙述了"类"概念以后,我们进而分析荀子的"故"概念。

荀子与墨家同样,将"故"概念作为"知类"的说明而加以强调。《正名篇》所说的"辨则尽故",与《墨经·小取篇》所说的"以说出故"为同义语。但是,作为儒家的荀子,对于"故"的理解,与墨家也有出

入,或对于墨家的“故”概念有显著的修正。兹为易于明晰起见,特择其言“故”的重要章句分录如下:

“持之有故,言之成理。”(《非十二子》引此句凡五见)

“因其(暴君)忧也,而辨其故。”(《臣道》)

“听则合文,辨则尽故。”(《正名》)

上引“故”字多数与“理”字同义对举,这也是《墨经》的固有文法。《大取篇》所说的“辞以故生,以理长,以类行者也”即为一例。但“故”、“理”二概念在墨家同为判断或命题所从生长的客观根据,在荀子则基于“以辩止辩”的儒家传统,修正成为只有主观意义的范畴。所以,“持之有故,言之成理”的思想,即列入于被批判的对象。

荀子的这一修正,恰和其修正“类”概念同样染上了儒学的色彩;此由其以“辨”与“故”相结合的文法,即可充分说明。因为荀子所说的“辨”,分析到最后,是归结于“隆礼”;所以“辨其故”,或“辨则尽故”,实质上不是在客观存在里找寻“礼”的原因,反而是以“隆礼”为“明故”的前提。例如:

“人之所以为人者,何已(以、故)也?曰:以其有辨也。……夫禽兽有父子而无父子之亲,有牝牡而无男女之别,故人道莫不有辨。辨莫大于分,分莫大于礼,礼莫大于圣王。”(《非相》)

似此,依辨而求故,实即以执礼而限制所以明故之道。在这里,礼是第一义谛,“故”是“礼”的附庸;因而荀子的逻辑思想与墨家以“辨故明类”为首要的方法,就大有分别了,荀子是以逻辑从属于儒家道德的体系的。所以他又说:

“故君子之于礼,敬而安之。……其于天地万物也,不务说其所以然(不以明故为第一),而致善用其材。……故穷则必有名,达则必有功,仁厚兼复天下而不闵,明达周(今本作‘用’,据王念孙校改)天地理万变而不疑。”(《君道》)

反之,如果明故而不以隆礼为本,不能使逻辑受道德的约束,或使逻辑脱离了道德而独立活动,则荀子即以为非君子所应为。所以说:

"凡言不合先王,不顺礼义,谓之奸言;虽辩,君子不听。"(《非相》)

"圣也者,尽伦者也;王也者,尽制者也。两尽者,足以为天下极矣。故学者以圣王为师,案以圣王之制为法,法其法以求其统类,以务象效其人。向是而务,士也;类是而几,君子也;知之,圣人也。故有知非以虑是,则谓之攫(今本作'惧',据王引之校改);有勇非以持是,则谓之贼;察孰(熟)非以分是,则谓之篡;多能非以脩(修)荡是,则谓之知(王校知即智,智谓智故。今按:孟、庄、宋、尹诸人之书皆有以'智'为'智故'之解;《管子·心术篇》'恬愉无为,去知与故',似即为荀子所本);辨利非以言是,则谓之詍。……若夫非分是非,非治曲直,非辨治乱,非治人道,虽能之无益于人,不能无损于人。案直将治怪说,玩奇辞以相挠滑也,案强钳而利口,厚颜而忍诟,无正而恣睢,妄辨而几利,不好辞让,不敬礼节,而好相推挤,此乱世奸人之说也,则天下之治说者方多然矣。《传》曰:'析辞而为察,言物而为辨,君子贱之;博闻强志,不合王制,君子贱之。'此之谓也。"(《解蔽》)

"无用之辩,不急之察,弃而不治;若夫君臣之义,父子之亲,夫妇之别,则日切瑳(今字作'磋')而不舍也。"(《天论》)

从"类"、"故"两概念的儒家观点的修正上来看,我们可以知道,在荀子的思想体系里,减损了墨家的智者气象,而发展了逻辑思想的儒术作风。并且,此不仅儒、墨的分水岭,而且也是亚细亚古代的思想的一般限制。

(三)荀子的分类法与定义法的特点

在第七章里我们曾说,类、故两概念的发现与运用,武装了墨子的思想。这里,"类"、"故"两概念的承借与修正,规定了荀子逻辑思想的具体面貌,这首先表现出分类法与定义法的特点。此所谓特点,一方面指其由于"类"、"故"两概念的把握,在逻辑的分类与定义上有了独特的成就，另方面指其由于儒家立场的修正，在这分类与定义上又有了种种的偏见与限制。兹分别评述于下：

“故”是事物的实质，“类”是事物的属性。人们对于事物有了实质的与属性的知识，当然就可以辨明事物的同异。所以荀子说：

“制名以指实，上以明贵贱，下以辨同异。贵贱明，同异别，如是，则志无不喻之患，事无困废之祸。……同则同之，异则异之。……知异实者之异名也，故使异实者莫不异名也，不可乱也，犹使同（今本作“异”，依杨注改）实莫不同名也。”（《正名》）

此所谓“明贵贱”，是伦理学或政治学上的课题，荀子以此为逻辑思想里的首要课题（“上”），这也就是儒家正名主义的传统；其制名以指实之说，乃是属于知识论或世界观的范围，至于辨别同异，则是逻辑学上的分类问题。他所说的“同则同之，异则异之，……不可乱也”，除有一部分认识论的意义而外，尚有分类法的意义。

就分类法方面的意义来看，荀子所谓“同则同之，异则异之，不可乱也”，首先与孟子的“僻违而无类”的观点相反，其次与庄子的“类与不类，相与为类”的观点相反，最后又与惠施的“合同异”的观点相反，而是从清楚的“类”概念出发；并且强调着思维里“类”概念的真伪正误，不决定于主观自身的“持之有故，言之成理”，而决定于客观上事物的属性的类与不类。这里可以看出荀子对于墨家的客观同异说的承借，同时也可以看出荀子分类方法的客观精神。

但是，荀子在分类法上的成就，主要表现在概念论方面（此点下文另有详述）；其在事物方面的分类法，则充分证明他所受的儒家立场的局限。这一局限，首先在于受了道德观念的支配，其次在于分类的儒术作风。兹举数例如下：

君子小人的分类——“君子小人之反也。君子大心则敬天而道，小心则畏义而节，知则明通而类，愚则端悫而法，见由（用）则恭而止，见闭（舍）则敬而齐，喜则和而治，忧则静而理，通则文而明，穷则约而详。小人则不然，大心则慢而暴，小心则淫而倾，知则攫盗而渐，愚则毒

贼而乱，见由则兑(锐)而倨，见闭则怨而险，喜则轻而翾，忧则挫而慑，通则骄而偏，穷则弃而儑。”(《不苟》)

士的分类——“有通士者，有公士者，有直士者，有悫士者，有小人者。上则能尊君，下则能爱民，物至而应，事起而辨，若是则可谓通士矣。不下比以暗上，不上同以疾下，分争于中，不以私害之，若是则可谓公士矣。身之所长，上虽不知，不以悖君，身之所短，上虽不知，不以取赏；长短不饰，以情(实)自竭(举)，若是则可谓直士矣。庸言必信之，庸行必慎之，畏法流俗而不敢以其所独甚(是)，若是则可谓悫士矣。言无常信，行无常贞，唯利所在，无所不倾(尽)，若是则可谓小人矣。”(《同上》)

勇的分类——“有狗彘之勇者，有贾盗之勇者，有小人之勇者，有士君子之勇者。争饮食，无廉耻，不知是非，不辟死伤，不畏众强，恈恈然唯利饮食之见，是狗彘之勇也。为事利，争货财，无辞让，果敢而振(狠)，猛贪而戾，恈恈然唯利之见，是贾盗之勇也。轻死而暴，是小人之勇也。义之所在，不倾于权，不顾其利，举国而与之不为改视，重死持义而不挠，是士君子之勇也。”(《荣辱》)

名辩的分类——“有小人之辩者，有士君子之辩者，有圣人之辩者(详见本节第一项名辩方法儒家的规定)”。(《非相》)

奸的分类——“劳力而不当民务，谓之奸事；劳知(智)而不律先王，谓之奸心；辩说譬谕，齐(疾)给(急)便利，而不顺礼义，谓之奸说。此三奸者，圣王之所禁也。”(《非十二子》)

儒的分类——“有俗人者，有俗儒者(按《非十二子篇》及《非相篇》尚有沟犹瞀儒、贱儒及腐儒等名)，有雅儒者，有大儒者(其说明从略)。”(《儒效》)

蔽的分类——“昔人君之蔽者，夏桀、殷纣是也。桀蔽于末喜、斯观而不知关龙逢；……纣蔽于妲己、飞廉而不知微子启。……昔人臣之蔽者，唐鞅、奚齐是也。唐鞅蔽于欲权而逐载(戴)子，奚齐蔽于欲国而罪申生。……昔宾孟(俞校：‘孟当读为萌。……宾，客也；萌，民也。

所谓宾萌者,盖当时有此称。战国时游士往来诸侯之国,谓之宾萌')之蔽者,乱家是也。墨子蔽于用而不知文,宋子蔽于欲而不知得,慎子蔽于法而不知贤,申子蔽于势而不知知(智),惠子蔽于辞而不知实,庄子蔽于天而不知人。"(《解蔽》)

据此七例,可知荀子分类的对象,完全是以政治道德为范畴的,而不及于自然现象;其概念的内容,也不出乎善恶、礼义、贤愚、圣暴、君子小人等道德判断,这几乎在逻辑判断上是没有多大价值的。

其次,在定义法方面,荀子虽仍受着儒家立场的局限,但与其事物的分类法比较,却表现出多方面的成就。兹分析如下:

第一,荀子的定义法,与其"类"概念的联系观点相平行,大体上不从孤立的观点着眼,而是从相互联系里找寻事物之所以成为自己而与他物相区别的实质与属性,并以实质与属性的客观情况为基础,而作出该事物或其概念的定义。例如:

"干、越、夷、貉之子,生而同声,长而异俗,教使之然也。……君子生非异也,善假于物也。……故君子居必择乡,游必就士,所以防邪僻而近中正也。"(《劝学》)

这是从个体与环境的联系里,求出了君子所以成为君子的定义。这样的定义法,属于所谓"生起的定义",即从事物的起源或生成经过上来作出事物的定义。关于此点,尚有更具体而更明确的例证:

"材性知能,君子小人一也;好荣恶辱,好利恶害,是君子小人之所同也;若其所以求之之道,则异矣。……君子……穷则不隐,通则大明,身死而名弥白;小人莫不延颈举踵而愿曰:知虑材性,固有以贤人矣。夫不知其与已无以异也,则君子注错之当,而小人注错之过也。故孰(熟)察小人之知能,足以知其有余,可以为君子之所为也。譬之越人安越,楚人安楚,君子安雅(夏)。是非知能材性然也,是注错习俗之节异也。"(《荣辱》)

就上面的发生定义的举例来看,荀子还在人类性能的出发点上肯定了君子小人是同类的。这就和孟子从大体之官和小体之官来区别君子小人的定义,完全相反了。

第二,荀子从事物的起源与成立的条件里而作出发生的定义,不限于君子与小人。他从"物类之起,必有所始"出发,对于一般事物的定义,几乎普遍地采用了发生的方法。例如:

"吾尝跂而望矣,不如登高之博见也。登高而招,臂非加长也,而见者远;顺风而呼,声非加疾也,而闻者彰;假舆马者,非利足也,而致千里;假舟楫者,非能水也,而绝江河。"(《劝学》)

"南方有鸟焉,名曰蒙鸠,以羽为巢,而编之以发,系之苇苕。风至,苕折卵破子死,巢非不完也,所系者然也。西方有木焉,名曰射干,茎长四寸,生于高山之上,而临百仞之渊,木茎非能长也,所立者然也。"(同上)

"蓬生麻中,不扶而直;白沙在涅,与之俱黑。"(同上)

"兰槐之根,是为芷;其渐之滫,君子不近,庶人不服,其质非不美也,所渐者然也。"(同上)

所有这些定义,都是从其起源与成立里举其条件而成。这一观点上的特征,显然来自"类"概念的把握。所以说:

"施薪若一,火就燥也;平地若一,水就湿也;草木畴生,禽兽群焉(居),物各从其类也。是故质的张而弓矢至焉,林木茂而斧斤至焉,树成荫而众鸟息焉,醯酸而蜹聚焉。"(同上)

第三,荀子既然从相互联系与"注错习俗"里举出了事物的发生的定义,所以在"类"、"故"的指引启示之下,又注意到了由量变质的动的观点,在发生的定义里加入了作为"故"(实质)的生成条件的"积"的要素:

"注错习俗,所以化性也;并(併)一而不二,所以成积也。习俗移志,安久移质。……故积土而为山,积水而为海;旦暮积谓之岁;至高谓之天;至下谓之地;宇中六指谓之极;涂之人百姓,积善而全尽,谓之圣人。……故圣人也者,人之所积也。人、积耨耕而为农夫,积斵削而为工匠,积反(贩)货而为商贾,积礼义而为君子。工匠之子,莫不继事,而都国之民,安习其服,居楚而楚,居越而越,居夏而夏,是非天性也,积靡(顺)使然也。故人,知谨注错,慎习俗,大积靡,则为君子矣;纵性情,而不足问学,则为小人矣。”(《儒效》)

此所谓“注错习俗、所以化性”与“习俗移志,安久移质”是同义语。在“积”中求出关于事物实质与属性的发生的定义,在中国逻辑史上的确是光辉的定义法。兹就原文所及,依次提出其定义如下:

1.山是土之所积;

2.海是水之所积;

3.岁是旦暮所积;

4.天是至高所积;

5.地是至下所积;

6.极是宇中六指所积;

7.圣人是积善而全尽之涂之人百姓(或人之所积);

8.农夫是积耨耕之人;

9.工匠是积斲削之人;

10.商贾是积贩货之人;

11.君子是积礼义之人(或谨注错,慎习俗,大积靡之人);

12.小人是积“纵性情而不足问学”之人。

第四,荀子关于定义的制定,曾依据“类”概念,将不同类的事物经过比较对勘以后,使用所谓“差异法”制定了定义。例如:

“水火有气而无生;草木有生而无知;禽兽有知而无义;人有气,有生,有知,亦且有义;故最为天下贵也。(人)力不若牛,走不若马,而牛马为用,何也?曰:人能群,彼不能群也。人何以能群?曰:分。分何以能行?曰:义。故义以分则和,和则一,一则多力,多力则强,强则胜物;故宫室可得而居也。故序四时,裁万物,兼利天下,无他故焉,得之分义也。故人生不能无群,群而无分则争,争则乱,乱则离,离则弱,弱则不能胜物。故宫室不可得而居也,不可

少顷舍礼义之谓也。”(《王制》)

似此,将无机物,植物,动物与人类比较对勘,从人类所独有而他物所皆无的“群”与“分”里,得出了“人”的定义,其以差异法为制定定义的手段,实甚显然。

最后,我们不得不着重指出,荀子究竟是儒学思想家,所以在方法论上虽有着卓越的成就,而由于其社会观的限制,遂使其关于分类法与定义法的结论,都不可避免地归结于“礼义”的说教,把圣王君子的立场置于形而上的合理的地位。

(四)荀子在概念论与推理论上的成就及限制

前面我们曾说,荀子在分类法上的成就主要在于概念论方面。也就是说,荀子在概念论上所作的分类,较其对事物本身的分类有着更高一些的成就。例如:

> “同则同之,异则异之。单足以喻则单,单不足以喻则兼;单与兼无所相避,则共;虽共,不为害矣。……故万物虽众,有时而欲遍(共)举之,故谓之物。物也者,大共名也;推而共之,共则有(又)共,至于无共然后止。有时而欲遍(别)举之,故谓之鸟兽。鸟兽也者,大别名也;推而别之,别则有(又)别,至于无别然后止。”(《正名》)

这里的概念分类,无疑地是承借于墨家所说的“名:达、类、私”的逻辑思想,但荀子的观点又较墨家更向详尽而具体方面发展了一步,因而,其中包含着更多的宝贵遗产。兹择要分述如下:

第一,如果仿照着西洋古代逻辑学家朴尔斐利所制的“朴尔斐利之树”的概念分类法来看荀子的分类,我们可以将“共名”与“别名”之分,改写为如下的形式:

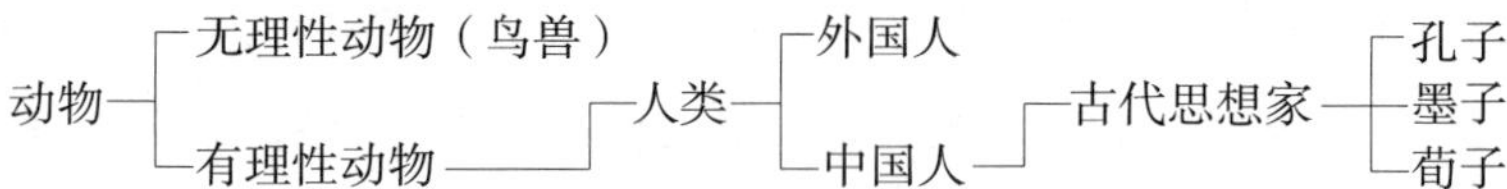

表里的“物”是“大共名”,“孔子”等人是至于无别然后止的最别的“别名”。至若“生物”、“动物”、“人类”、“中国人”等概念,则对上而言谓之“别名”,对下而言谓之“共名”;同为“别名”则因对上对下而分“大”“小”,同为“共名”因对上对下而分“大”“小”,由“别”到“共”,由“大”到“小”,其差异都是相对的,而是可以互为转化的。这一分类法的成就,在于一方面否定庄、惠的相对主义诡辩逻辑的“齐物”思想或“合同异”观点,另方面又否定公孙龙的绝对主义诡辩逻辑的“白马非马”的“别共离异”的孤立观点,而明确地完成了形式逻辑的同异辨别。所以在如此分类以后,荀子即紧接着说道:

“物有同状而异所者,有异状而同所者,可别也。状同而为异所者,虽可合,谓之二实,状变而实无别而为异者,谓之化;有化而无别,谓之一实,此事(逻辑活动)之所以稽实定数(名)也,此制名之枢要也。”(《正名》)

这些话无疑地是针对着惠施、公孙龙而发的。所以又说:

“山渊平,……此惑于用实以乱名者也;验之所缘,(无)以同异,而观其孰调,则能禁之矣。……有(牛)马非马也,此惑于用名以乱实者也;验之名约,以其所受,悖其所辞,则能禁之矣。”(同上)

当然,因为儒家有反墨学的传统成见,所以荀子对于墨家的概念论不免有所误解或曲解。例如,“圣人不爱己”,“杀盗非杀人”,据《大取篇》所释,本质上与荀子的概念分类初无不同,而荀子则指为“此惑于用名以乱名者也,验之所(以)为有名,而观其孰行,则能禁之矣”;并以之与施、龙等相提并论,视为“邪说辟言之离正道而擅作(即孔子述而不‘作’之‘作’)”的三惑之一,即为确证。

第二,“别名”不是“共名”的一部分,“共名”乃是“别名”的一方面或一要素,对于诸多“共名”加以综合,集到最后始能形成一个“别名”;对于一个“别名”施以分析,解到最后则可离为无限“共名”。由“共”到“别”是由“贫乏”到“丰富”,由“别”到“共”是由“充实”到“空虚”,

前者是一连串的具象化,后者是一连串的抽象化;列宁所说“任何个别的东西都是(这样或那样地)一般的东西,……任何一般的东西只是近似地包括着一切个别的对象。任何个别的东西都是不完全地进入一般的东西之中……”(《关于辩证法问题》),就指此义。希腊古代的亚里士多德留下了一个光辉的命题:“在可见的个别房子之外,再也不能有一个房子——一般的房子——的存在”。中国古代的荀子在概念分类上,也留下了一个同等光辉的命题:“单足以喻则单,单不足以喻则兼”。

第三,“朴尔斐利之树”的概念分类法,是以矛盾律为前提而制定的;荀子的概念分类法也有此一倾向。从矛盾律出发,“甲不能是甲而同时又是非甲”,荀子的分类法,同样肯定着“君子不是非君子”、“邪说僻言不是非邪说僻言”之类。所以他曾经明白宣称:

> “治则复经,两疑(拟)则惑矣。天下无二道,圣人无两心。今诸侯异政,百家异说,则必或是或非,或治或乱。……其情(精)之至也不贰,……故曰心枝(歧)则无知,倾则不精,贰则疑惑。……身尽其故则美。类不可两也,故知(智)者择一而壹焉。……故君子壹于道,而以赞稽物。壹于道则正,以赞稽物则察,以正志行察论,则万物官矣。”(《解蔽》)
>
> “并(併)一而不二,所以成积也。……并一而不二,则通于神明,参于天地矣。”(《儒效》)

上面的话,都含有矛盾律的思想。荀子依据矛盾律,在《性恶篇》所作的诸多推理里,有着较为显著的形式,兹摘录其要点,并酌予分析如下:

> 推理式一
>
> (大前提)“孟子曰:人之学者其性善。曰:是不然,是不及知人之性,而不察乎人之性、伪之分者也。凡性者,天之就也,不可学,不可事;礼义者,圣人之所生也,人之所学而能,所事而成者也。不可学,不可事而在人者谓之性,可学而能,可事而成之在人者谓

之伪，是性、伪之分也。”（“可学而能，可事而成”之“伪”不是“不可学不可事”之“性”。）

（小前提）“今人之性，饥而欲饱，寒而欲暖，劳而欲休，此人之情性也。今人饥，见长而不敢先食者，将有所让也；劳而不敢求息者，将有所代也；夫子之让乎父，弟之让乎兄，子之代乎父，弟之代乎兄，此二行者，皆反于性而悖于情也；然而孝子之道，礼义之文理也。”（“伪善”不是“性善”）

（结论）“故顺情性则不辞让矣，辞让则悖情性矣。用此观之，然则，人之性恶明矣；其善者，伪也。”（“辞让”（善）与“情性”相悖。）

推理式二

（事例 A）“檃括之生，为拘木也”；

（事例 B）“绳墨之起，为不直也”；

（事例 C）“立君上，明礼义，为性恶也”；

（结论）“用此观之，然则人之性恶明矣，其善者伪也”。

推理式三

（事例 A）“直木不待檃括而直者，其性直也”；

（事例 B）“拘木必将待檃括烝矫然后直者，以其性不直也”；

（事例 C）“今人之性恶，必将待圣王之治，礼义之化，然后皆出于治，合于善也”；

（结论）“用此观之，然则人之性恶明矣，其善者伪也”。

推理式四

（事例 A）“陶人埏埴而生瓦，然则，瓦埴岂陶人之性也哉？”

（事例 B）“工人斲木而生器，然则器木岂工人之性也哉？”

（事例 C）“夫圣人之于礼义也，辟（譬）则陶埏而生之也。……今将以礼义积伪为人之性邪？然则有（又）曷贵尧、禹，曷贵君子矣哉？凡所贵尧、禹君子者，能化性，能起伪，伪起而生礼义；然则，圣人之于礼义积伪也，亦犹陶埏而生之也。”

(结论)"用此观之,然则,礼义积伪者,岂人之性也哉?"

从上举四个推理式,抛开其所谓绝对人类性概念的"性恶论"的是非正误暂不批判,而单以其形式逻辑思想而论,我们可以看出荀子充分运用着矛盾律的精神,处处以概念的矛盾为知识错误的符验,以无矛盾的概念为真理的确证。荀子思想的矛盾律的精神,在《性恶篇》结尾所说的"涂之人可以为禹"一段,表现得更为鲜明,而且也表现出人性可变的理论:

"凡禹之所以为禹者,以其为仁义法正也。……然而涂之人也,皆有可以知仁义法正之质,皆有可以能仁义法正之具;然则,其可以为禹明矣。今以仁义法正为固无可知可能之理邪?则唯(虽)禹不知仁义法正,不能仁义法正也!将使涂之人固无可以知仁义法正之质,而固无可以能仁义法正之具邪?然则,……今涂之人者,皆内可以知父子之义,外可以知君臣之正;……以其可以知之质,可以能之具,本夫仁义(法正)之可知(可能)之理,……其可以为禹明矣。……涂之人可以为禹,则然;涂之人能为禹,未必然也。虽不能为禹无害可以为禹。足可以遍行天下,然而未尝有能遍行天下者也。夫工匠农贾未尝不可以相为事也,然而未尝能相为事也。用此观之,然则可以为未必能也,虽不能无害可以为;然则能不能之与可不可,其不同远矣。"

荀子在这里,特别强调了"可"与"能"(可能性与现实性)的差别,而以为"可以为"者"未必能",虽"不能"者无害"可以为","能不能之与可不可"不可混为一谈。窥其用意,无疑地是企图解除"性恶论"与"善的起源论"的矛盾,其为依据于矛盾律而成的思维体系,是很容易理解的。

(五)荀子为韩非留下的未完课题

总结以前各项,可知荀子在逻辑学各方面都有着光辉的成就,同时也有其不可讳言的限制与缺陷。他的成就由于后来居上的地位,使他综合了古代名辩思潮而吸取其成果；他的限制则由于儒家的传统立场的约束，使他虽解别人之蔽而不免于自蔽。兹仅就其推理论来看：

第一，如前项所说，从荀子书里，我们可能找出形式完整的演绎推理论式，如推理式一及式二，而不能找出包举周延的归纳推理论式。如推理式三、式四等，都还未能到达成熟的归纳的类比推理，比《墨经》的“以类取”的方法是较有逊色的。

第二，就矛盾律的形成阶段来看，我们只能说荀子有追求矛盾律的精神，而不能认为荀子的思想已经完全符合了矛盾律的思维原理。例如推理式三式四，即已违犯了“异类不比”的原理，而推理式四，则混瓦埴之性为陶人之性，混器木之性为工人之性。他虽反对孟子的“僻违而无类”，但他自己在逻辑上的混乱，却又与孟子(如《告子篇》所载与告子论性等章)相伯仲。

第三，荀子在归纳法上的成就之所以落后于在演绎法上的成就，是由于“圣王”、“君子”的“师法”教条的作祟，是由于“法后王”的复古思想的限制；矛盾律之所以未达成熟，是由于“圣人之知”、“士君子之知”与“小人之知”、“役夫之知”相为区别所致。然而，归纳法的萌芽，矛盾律的追求，已使儒学传统的容量达于饱和，这是以大儒自命的荀子所不能不“止诸至足”的最高限界。

第四，如果接着荀子逻辑思想的“至足”而更向前迈进，那就不是儒学的形式所能容受的。这一未完的课题，后来由他的门人韩非相对地解决了。然而这一解决，已经越出了晚期儒学的樊篱，成了古代法家思想集成里的一个有机的环节。

第六节　荀子的人性论和礼乐法术论

荀子的礼乐法术论是以他的性恶论作基础的；性恶论又是建立在他的唯物主义的自然天道观之上的。因为“性恶”，故须“隆积”(教育)，隆积既然以“学礼”为极，礼乐遂成为重要的教育手段。因为性恶,故须有“分”,也因为性恶,故赏罚可用,这样,礼之蜕化为法,在逻辑发展上是自然的。在战国时代的社会里,“法”、“术”和“势”的思想,已经成为合法的,因此,这种思想渗透进了荀子的理论的体系,自是顺理成章的。社会史的发展是和思想史的发展相平行的。

荀子的人性论是与孔子不同的。孔子只说“性相近”,而荀子则肯定人性是恶的。另一方面,荀子主张重“积靡”,慎注错,又认为人性可以变化,这与孔子所说的“习相远”是一致的。荀子的性恶论,是孟子性善说的反对命题。这种对立,正和他的心术论与宋、尹的见解相对立一样,本质上是唯物主义与唯心主义的对立。

荀子以为天是“自然”的。所以凡是自然的、不是人为的,他都谓之天,如“天君”、“天官”、“天情”之类都是。在他看来,“好恶喜怒哀乐”既是自然的情——“天情”,那么“性”也同样是自然的性了:“生之所以然者,谓之性”(《性恶》);而其逻辑的归结,则为圣凡之人性无异:“饥而欲食,寒而欲暖,劳而欲息,好利而恶害,是人之所生而有也,是无待而然者也,是禹、桀之所同也。”(《非相》)“无待而然”,就是自然。由是而导出他的性恶论,其内容如下:

> “人之性恶,其善者伪(人为)也。今人之性,生而有好利焉,顺是,故争夺生而辞让亡焉;生而有疾恶焉,顺是,故残贼生而忠信亡焉;生而有耳目之欲、有好声色焉,顺是,故淫乱生而礼义文理亡焉。然则,从人之性,顺人之情,必出于争夺,合于犯分乱理而归于暴。故必将有师法之化,礼义之道,然后出于辞让,合于文理,而归于治。用此观之,然则人之性恶明矣,其善者伪也。”(《性恶》)

荀子的这种“性恶论”的社会根源,是在于国民阶级的抬头。当时社会的主要矛盾便是他所说的“以富兼人”,而当时的政治情况便是所谓“争城以战,杀人盈城,争地以战,杀人盈野”(《孟子》),所谓“浊世之政,亡国乱君相属,不遂大道,而营于巫祝,信禨祥,鄙儒小拘,如庄周等又滑稽乱俗”(《史记》)。在这里,我们便会想到十六七世纪资产阶级革命时代代表英国版的唯物论者霍布士的见解。霍布士因为看到当时的“圈地”惨剧，遂将市民社会，看成了“万人对万人的斗争”，而关于人性也得出了“人类对于人类是豺狼”的命题。代表古代世界变革时代亚洲版的荀子与霍布士的相似，不仅在于性恶论，即关于政治主张上，也都在不同的时代拥护中央专制。

荀子的性恶论中之唯物主义的要素，在于否定先天良知的存在，而以“善”为社会关系所积习之经验范畴。所以，他批评孟子的性善说为“不及知人之性而不察乎性伪之分”。在荀子看来，“不可学，不可事，而在人者谓之性；可学而能，可事而成之在人者，谓之伪（‘伪’字释人为之义）。”由此可知，所谓“性”，就是生理的机能，如目可以见，耳可以听，心可以思等，他认为“性”是人类共同具有的才能；所谓“伪”，是社会的范畴，他谓之注错积习。这不是说荀子的学说是完整的，相反地，他的理论和霍布士相似，是有矛盾的。他关于“伪”的内容，把后天的积习划分出顺礼义与安力役的绝对鸿沟，即把人类划分成两个阶级，一种人（君子）是安荣的，另一种人（小人）是安辱的，“域是城（国）是君子”，而处野鄙则为庶民。这种观点为他的落后政治观点作了基础。荀子的方法论的特征，也具备了唯物主义的要素，在《劝学篇》说：“干、越、夷、貉之子，生而同声，长而异俗，教使之然也。”这好像 18 世纪法国唯物主义者的“人类依于教育”的命题。在《儒效篇》又说：“故积土而为山，积水而为海，旦暮积谓之岁，至高谓之天，至下谓之地，宇中六指谓之极，涂之人——百姓，积善而全尽谓之圣人。彼求之而后得，为之而后成，积之而后高，尽之而后圣。故圣人者，人之积也。”这又和唯物主义者费尔巴哈所谓“事物的对象决定事物的本质”的命题相似。

荀子的思想中最突出的是“礼”。《劝学篇》说：“学恶乎始，恶乎终，曰：其数，则始乎诵经，终乎读礼。”又说：“礼者，法之大分，类之纲纪也。故学至乎礼而止矣。夫是之谓道德之极。”可见他是怎样重视礼了。一般说来，荀子的礼的思想，源于儒家的孔子，然而他的天道观和所处的时代不同于孔子，因而他的礼论，也就变成了由礼到法的桥梁。这首先表现在他对礼的起源的论点：

“礼起于何也？曰：人生而有欲，欲而不得则不能无求，求而无度量分界则不能不争，争则乱，乱则穷。先王恶其乱也，故制礼义以分之，以养人之欲，给人之求，使欲必不穷乎物，物必不屈于欲。两者相持而长，是礼之所（以）起也。故礼者，养也。”（《礼论》）

这一段话所说的虽是礼的起源，但他所注视的却是法——“物”的“度量分界”。如果把引文中的“礼”字换成“法”字，不就成为法的起源论吗？这就反映了土地私有的事实在战国末叶已是一般的现象，所谓“分”者正是权利思想的表现。这种思想，与孟子求“礼之端”于“辞让之心”——在《告子篇》索性改为“恭敬”——的观念论，是一个鲜明的对照！

荀子扩大了礼的范围，在他看来，礼不但包括法的因素，甚至包举天地日月等自然现象，礼成为社会和自然的共同准则：

“天地以合，日月以明，四时以序，星辰以行，江河以流，万物以昌，好恶以节，喜怒以当，以为下则顺，以为上则明，万（物）变（而）不乱（按：物、而两字衍），贰（按：当作贠，忒也）之则丧也，礼岂不至矣哉！……故……礼者，人道之极也。”（《礼论》）

这样地无所不包的“礼”，不就等于宋、尹的“道”吗？这显然和他在《天论篇》严辨“天人之分”的思想是不调和的。在他或许为了挽救礼的已经失坠的威信，而不自觉地夸大了礼的作用。然而，对于当时新兴的统治阶级说来，西周以来的所谓天命，已不足以维系人心，自须乞灵于另一权威，如像天尊地卑的自然现象之类，拿社会的不平等来附会物性的不齐，所以他在另一方面有等级制的“维齐非齐”的说法。这是儒家思想的限界，同时在客观上也适合于封建统治阶级的要求。所以，汉人编纂《礼记》，就大量地采用了他的理论。自此以后，儒家的礼论，只能做些注疏的工作，再没有新的发展了。

荀子的教育思想，注重“习俗注错”而“终乎读礼”。这在他的学说体系中是不调和的。由前者而言，人人是平等的，由后者而言，人和人又是不平等的，因此，他的礼的理论最后扩展成为“法之大分，类之纲纪”。这就是他受他的阶级观点限制的地方，请看他对于当时初期法家所给的批判吧：

“慎子蔽于法而不知贤。申子蔽于势而不知智。……由法谓之，道尽数矣。由势谓之，道尽便矣。”(《解蔽》)

“慎子有见于后无见于先。老子有见于诎(屈)无见于信(伸)。墨子有见于齐无见于畸。宋子有见于少无见于多。有后而无先则群众无门。有诎而无信则贵贱不分。有齐而无畸则政令不施。有少而无多则群众不化。”(《天论》)

从荀子对于初期法家慎、申二子的批判看来(《天论篇》于批判慎子之后，也批判老子、墨子、宋子，虽指出他们的“偏”，连类而及；但也都侧重政治的观点)，可见他是站在儒家亲亲和尊贤的立场上，建立了治人者阶级的政治思想。但由于他有卓越的天论和人性论，故其政治理想，又截然不同于孟子的“仁政”，而接近于重智的法术思想。《性恶篇》说：

“人之性恶。故古者圣人以人之性恶，以为偏险而不正，悖乱而不治，故为之立君上之执(势)以临之，明礼义以化之，起法正(政)以治之，重刑罚以禁之，使天下皆出于治而合于善也。是圣王之治而礼义之化也。今当(尝)试去君上之执(势)，无礼义之化，去法正(政)之治，无刑罚之禁，倚而观天下之民之相与也，若是，则夫强者害弱而夺之，众者暴寡而哗之(俞樾谓‘哗’当作‘华’；华，分裂之也)，天下之悖乱而相亡，不待顷矣。”

在他看来，法律上的赏罚，是由于人之性恶，由于生而有“好利而恶害”之性。这种为统治阶级辩护的赏罚理论，其基础正是他的性恶论。性恶论是他的法术论的基础，同时也是一般法家理论的基础。他的弟子韩非，便把它发展到极端，成为反对“德治”的理论了。

为了说明荀子的法术思想，此处先对《成相篇》作一题解。荀子晚年废居兰陵，曾经利用了民歌的形式写过一篇长诗——《成相篇》。在这诗篇中,荀子把他的思想做了一个纲要式的总结。这篇东西,包含五十六章歌辞,分为三部分,前两部分各二十二章,后一部分只有十二章。从第四十四章歌辞——“观往事,以自戒,治乱是非亦可识,□□□□、托于‘成相’以喻意”看来,本篇文字已准备结束,但又增加了十二章,可见这一部分是后作的。而这后一部分的内容,集中地表现着他的法术思想,在全书中处处可以发现和它们平行的思想。由于《成相篇》的内证可以确定此篇是荀子的著作,因此,我们可以放心来引用他散见于各篇的表达他的这一思想的语句。

荀子在政治方面主张“法后王”。他认为“礼莫大于圣王”,但“文久而息”,故“欲观圣王之迹,则于其粲然者矣,后王是也。……欲知上世,则审周道”。(《非相》)这一思想在《成相篇》中则表现为:“至治之极复后王”(《成相》第十四章)。其实,他所谓的“后王”,就是孟子所谓的“先王”,不过因为文献可征的关系,他侧重周道,这也是孔子“郁郁乎文哉!吾从周”(《论语》)的意思。所以荀子说:“道过三代谓之荡,法贰后王谓之不雅”(《王制》)。所谓“后王”,指文、武而言,所以他说:“文、武之道同伏羲”(《成相》第十三章)。这是针对当时道家提倡伏羲、黄帝来讲的,故称文、武为“后王”,然而文、武在儒家,原称先王,因而无意中透露了一个“复”字(至治之极复后王)。在这一点上,荀子完全保持着儒家的固有的立场,主张“贵贱有等、明君臣”(《成相》第四章),而他的所谓“贤”者,就是“上能尊君、下爱民”者(同上书,第五章)。由此,他非难墨翟、宋钘“大俭约而僈差等,曾不足以容辨异、县君臣”(《非十二子》)。于是他在人性论上所承认的人类的先天平等(《性恶》:“凡人之性者,尧、舜之与桀、跖,其性一也;君子之与小人,其性一也”),遂被他在社会思想上所区别的人类的后天差等所取消。例如《王制篇》说,“分齐则不偏(遍),执(势)齐则不壹,众齐则不使。有天有地而上下有差。……《书》曰:‘维齐非齐’,此之谓也。”这是儒家阶级思想的本质,也是荀子的思想的局限。

《成相篇》第四十六和第四十七两章,讲了些“足国之道”:

"臣下职，莫游食，务本节用财无极，事业听上，莫得相使一民力。"（第四十六章）

"守其职，足衣食，厚薄有等明爵服，利往（唯）卬（仰）上，莫得擅与孰私得。"（第四十七章）

《富国篇》又有一段约略和这段平行的文字：

"足国之道，节用裕民而善臧（藏）其余。节用以礼，裕民以政。……上以法取焉，而下以礼节用之，……夫君子奚患乎无余！……礼者，贵贱有等，长幼有差，贫富轻重皆有称者也。……德必称位，位必称禄，禄必称用。由士以上则必以礼乐节之，众庶百姓则必以法数制之。量地而立国，计利而畜民，度人力而授事。使民必胜事，事必出力，利足以生民，皆使衣食百用出入相揜，必时臧（藏）余，谓之称数。故自天子通于庶人，事无大小多少，由是推之。故曰，'朝无幸位，民无幸生，'此之谓也。轻田野之税，平关市之征，省商贾之数，罕兴力役，无夺农时，如是则国富矣。夫是之谓以政裕民。"

"上以法取焉"，表示上下须有法的关系存在，"朝无幸位，民无幸生"，也含有法家循名责实的倾向。所谓"务本"，所谓"轻田野之税，省商贾之数，无夺农时"云云，已含有封建制社会重农思想的意味。但所谓"礼者，贵贱有等，长幼有差，贫富轻重皆有称者也"，所谓"由士以上则必以礼乐节之，众庶百姓则必以法数制之"云云，犹是儒家原有的"礼不下庶人，刑不上大夫"的旧思想。我们前面已指出，荀子学说的体系是不调和的。仅从一点而言，他和霍布士有类似之处：在世界观上是唯物的、进步的，在政治思想的结论上是唯心的、反动的。

然而他又和霍布士不十分相似，因为他的法律思想已有新的因素。例如在《成相篇》第四十八、第四十九、第五十及第五十五章，法家的思想，就浓厚起来：

"君法明，论有常，表仪既设民知方，进退有律，莫得贵贱孰私王。"（第四十八章）

"君法仪(义),禁不为,莫不说(悦)教名不移,脩(循)之者荣,离之者辱,孰它师(师它)。"(第四十九章)

"刑称陈(按:陈,道也),守其银(垠),下不得用轻私门,罪祸有律,莫得轻重威不分。"(第五十章)

"君教出,行有律,吏谨将之无铍滑,下不私请,各以□宜舍巧拙。"(第五十五章)

这四章,在其他各篇中也可看到平行的文句。分开来说,第四十八章,言用人之法。"表仪既设民知方",即《君道篇》所谓"尚贤使能则民知方",这虽然还是儒家尊贤的思想,但"尚贤使能"是墨家的用语,而且"论有常"、"进退有律,莫得贵贱孰私王"(即《君道篇》所谓"稽之以成","校之以功","明主有私人以金玉珠宝,无私人以官职事业"),则已很类似法家的思想了。这里又含有反对氏族贵族政治的思想。第四十九章言法禁的道理。"君法义"之"义",即《王制篇》所谓"分,义"之"义",也即"物之度量分界"(《礼论》)。这样的"法",谓之"义法"(《王制》),这样的法,"禁"则"不为","循之则荣,离之者辱,孰师它"。这是法行禁止使民莫不以法为师的意思。(《君子篇》也有和这平行的文字。)第五十章言刑罚的道理:"下不得用轻私门,罪祸有律,莫得轻重威不分",即《王制篇》所谓"无功不赏,无罪不罚","刑罚不过";《君子篇》所谓"古者刑不过罚,赏不逾德,……是以为善者劝,为不善者沮,刑罚綦省而威行如流,政令致明而化易如神"。这确是法家"信赏必罚"的思想,"轻私门"尤为法家所致意,是"为政不难,不得罪于巨室"(《孟子》)的时代所没有的。第五十五章言教令的道理,其大意是:官吏传达君的教令,必须谨慎将事,毋敢因"私请"而上下其手,只看合不合于教令,除此之外,无所谓巧拙。——这几章,总起来说,其要旨是这样的一套:君权要尊,君法要明,教要行,禁必止,庆赏不逾功,刑罚不过罪,臣守职,民悦教,尚贤使能,信赏必罚,私请不行,进退有律,借以完成一个君主集权的专制政治和以法为准则的官僚制度。(所谓律,虽不必即指法律的律,但指赏罚进退须有一种客观的准则,那是无疑的。)这种思想,与其说是儒家的,毋宁说是法家的。

荀子也常言“术”,但不很重“势”。故他批判“慎子蔽于法而不知贤”,却忽略了他的论“势”;批判“申子蔽于势而不知智”,而不及于他的论“术”。

关于荀子怎样言术,现在从《君道篇》抄出两段为例:

“故古之人……其取人有道,其用人有法。……校之以礼,而观其能安敬也,与之举措迁移,而观其能应变也,与之安燕,而观其能无流淫(原作慆)也,接之以声色权利忿怒患险,而观其能无离守也。彼诚有之者与诚无之者,若白黑然,可诎邪哉?故伯乐不可欺以马,而君子不可欺以人,此明王之道也。”

用人而至于要“接之以声色权利忿怒患险,而观其能无离守也”,那就已经超出了考绩的范围而涉及用术(手段)了。另外一段是说人主有利用“便嬖左右”去窥察臣下的必要:

“墙之外,目不见也;里之前,耳不闻也;而人主之守司,远者天下,近者境内,不可不略知也。天下之变,境内之事,有弛易齵差者矣,而人主无由知之,则是拘胁蔽塞之端也。耳目之明,如是其狭也,人主之守司,如是其广也,其中不可以不知也,如是其危也。然则人主将何以知之?曰:便嬖左右者,人主之所以窥远收众之门户牖嚮(向)也,不可不早具也。故人主必将有便嬖左右足信者然后可;其知惠(智慧)足以规(窥)物、其端诚足使定物然后可,夫是之谓国具。……故人主无便嬖左右足信者谓之暗,无卿相辅佐足任者谓之独,所使于四邻诸侯者非其人谓之孤,孤独而晻(暗)谓之危。国虽若存,古之人曰:‘亡矣!’”

这样,把“便嬖左右”和“卿相辅佐”及“使”臣,等量齐观地视为“国具”,即“不可不早具”的官僚机构,可见荀子是怎样重视用“术”了。《成相篇》第五十二至五十三章的歌辞,正是和《君道篇》这些文字相平行的。不过荀子在《解蔽篇》说过,“周而成,泄而败,明君无之有也;宣而成,隐而败,暗君无之有也”;反对人君故意“周隐”,不露辞色,这是他和申、韩不同的地方。

荀子对于“势”，确不重视。他虽也说过，“大儒者善调一天下者也，无百里则无以见其功”(《儒效》)；虽也承认“人主者天下之利势也”；但认为势之为物，若“不得道以持之，则大危也，大累也，有之不如无之，及其綦也，索为匹夫而不可得也”(《王霸》)。在《彊国篇》也说，“处胜人之埶(势)，行胜人之道，天下莫忿，汤、武是也。处胜人之埶(势)，不以胜人之道，厚于有天下之埶，索为匹夫而不可得也，桀、纣是也。然则得胜人之埶者，其不如胜人之道远矣”；所以又说，“明主急得其人，暗主急得其埶”(《君道》)。这些思想也表现于《成相篇》：“治之志，后富执”。这是他的尊贤主义的结果，因为他认为“君子者法之原也”(《君道》)，“礼义法度者，是圣人之所生也”。荀子之所以未成为纯粹的法家，这也是其中的原因之一。

第七节　荀子对诸子的批判

我们在第一节里，说荀子是中国古代思想的综合者，并指出他的诸子批判往往是恰当的。因为没有批判就不能综合，没有批判也就没有发展。但没有到一定的时代也就没有综合的可能。战国末叶，已是奴隶制社会的结束阶段，故学术思想也到了可以总结的时候。荀子识力超拔，态度谨严，足以负担这一总的批判的任务；也正因为他实践了这一任务，所以他才能贯彻其积习的主张，充实了自己，建立起那样规模宏大的学说体系。

批判并总结先秦诸子的这一活动，在战国末叶，几乎是各家共同的一种思潮倾向，例如《庄子·天下篇》、《荀子·非十二子篇》以及《韩非·显学篇》，都是这种学术批判的专著。然在《荀子》书中这种批判的精神更显得有系统，不但《非十二子篇》，即《不苟》、《儒效》、《富国》、《王霸》、《天论》、《正论》、《乐论》、《解蔽》等篇，都有对于诸子的批判。对于荀子来说，由于批判诸子，他的学说思想更加丰富了；对于

思想史来说,由于他的那些批判,使先秦的学说思想遗留下总括的迹象。因此,我们在下面应详举荀子对于诸家的评语,并略加按释:

一、它嚣、魏牟——

“纵情性,安恣睢,禽兽行,不足以合文通治。”(《非十二子》)

按:荀子书每以“文”代“礼”,此由儒家的立场,非难它嚣、魏牟脱略礼仪。

二、陈仲、史鳅——

1.“忍情性,綦谿利跂,苟以分异人为高,不足以合大众、明大分。”(同上)

2.“夫(彼)富贵者则类(率)傲之,夫(彼)贫贱者则求(务)柔之;是非(仁)人之情也,是奸人将以盗名于晻(暗)世者也,险莫大焉;故曰‘盗名不如盗货’,田(陈)仲、史鳅不如盗也。”(《不苟》)

按:这是站在贵族君子的立场,非难陈仲、史鳅不明贵贱。这里所谓的“人”是没有“贫贱者”在内的,害怕人心离上,故认为“险莫大焉”。

三、墨翟、宋钘——

1.“不知壹天下建国家之权称,上功用,大俭约,而僈(无)差等,不足以容辨(别)异,县(悬)君臣。”(《非十二子》)

按:这段话比较适合于墨子的思想,因为“兼以易别”是墨子的平等思想,荀子站在儒家立场非难墨子的阶级论。

2.“墨子有见于齐,无见于畸。……有齐而无畸,则政令不施。”(《天论》)

3.“墨子蔽于用而不知文。……由用谓之,道尽利矣。”(《解蔽》)

4.“人不能不乐,乐则不能无形,形而不为导,则不能无乱。先王恶其乱也,故制雅、颂之声以道(导)之,使其声足以乐而不流,使其文足以辨(别)而不諰(息),使其曲直繁省廉肉节奏足以感动人之善心,使夫邪汙之气无由得接焉,是先王立乐之方也;而墨子非之,奈何?……先王之道,礼乐正其盛者也;而墨子非之。故曰:墨子之于道也,犹瞽之于白黑也,犹聋之于清浊也,犹欲之楚而北求之也。"(《乐论》)

5."夫天地之生万物也,固有余足以食人矣;麻葛茧丝鸟兽之羽毛齿革也,固有余足以衣人矣。夫(有余)不足,非天下之公患也,特墨子之私忧过计也。天下之公患,乱伤之也。……我以墨子之非乐也,则使天下乱;墨子之节用也,则使天下贫;非将堕(毁)之也,说不免焉。墨子,大有天下,小有一国,将蹙然衣粗食恶忧戚而非乐,若是则瘠,瘠则不足欲,不足欲则赏不行。墨子,大有天下,小有一国,将少人徒,省官职,上功劳苦,与百姓均事业、齐功劳。若是则不威,不威则罚不行。……墨术诚行,则天下尚俭而弥贫,非斗而日争,劳苦顿萃(悴)而愈无功,愀然忧戚非乐而日不和。"(《富国》)

6."大有天下,小有一国,必自为之然后可,则劳苦秏悴莫甚焉。如是,则虽臧获不肯与天子易埶(势)业。以是县天下,一四海;何故必自为之?为之者,役夫之道也,墨子之说也。"(《王霸》)

以上五则(二—六)专评墨子,大致不出《非十二子篇》所论的范围。从此可以看出儒墨到了最后还是对立的,特别在政治思想方面。

7."宋子有见于少,无见于多。……有少而无多,则群众不化。"(《天论》)

8."宋子蔽于欲而不知得。……由欲谓之,道尽嗛(慊)矣。"(《解蔽》)

9."子宋子曰:'明见侮之不辱,使人不斗。人皆以见侮为辱,故斗也;知见侮之为不辱,则不斗矣。'应之曰:'然则亦以人之情为不恶侮乎?'曰:'恶而不辱也。'曰:'若是,则必不得所求焉。凡人之斗也,必以其恶之为说,非以其辱之为故也。今俳优侏儒狎徒詈侮而不斗者,是岂钜知见侮之为不辱哉!然而不斗者,不恶故也。今人或入其央渎,窃其猪彘,则援剑戟而逐之,不避死伤，是岂以丧猪为辱也哉！然而不惮斗者，恶之故也。虽以见侮为辱也，不恶则不斗；虽知见侮而不辱，恶之则必斗。然则斗与不斗邪（也），亡于辱之与不辱也，乃在于恶之与不恶也。’……”（《正论》）

10.“子宋子曰：‘人之情，欲寡；而皆以己之情，为欲多；是过也。’故率其群徒，辨其谈说，明其譬称，将使人知情之欲寡也。应之曰：‘然则亦以人之情为（欲）目不欲綦色，耳不欲綦声，口不欲綦味，鼻不欲綦臭，形不欲綦佚；此五綦者，亦以人之情为不欲乎？’曰：‘人之情欲是已。’曰：‘若是，则说必不行矣。以人之情为欲此五綦者而不欲多，譬之是犹以人之情为欲富贵而不欲货也，好美而恶西施也。古之人为之不然：以人之情为欲多而不欲寡，故赏以富厚而罚以杀损也，是百王之所同也。故上贤禄天下，次贤禄一国，下贤禄田邑，愿悫之民完衣食。今子宋子以是之情为欲寡而不欲多也，然则先王以人之所不欲者赏，而以人之所欲者罚邪？乱莫大焉。’”（同上）

以上四则（7—10），专评宋子。集中批判以下二点：

“见侮不辱”和“情欲寡少”是宋子的学旨。9 项评前者，7、8、10 三项评后者。前者与“禁攻寝兵”有关，所以荀子把墨、宋放在一起，非墨子必非宋子。后者即《天下篇》所谓“以情欲寡少为内”，是宋子的根本主张之一，故荀子也用全力对此加以批评。10 项后半指出，如果人之情真要寡少，则赏罚便失其效用，“乱莫大焉”。这和他对于陈仲、史䲡的批判一样，都是从同一的政治立场出发，而且同样以性恶论为其理论的根据。《正名篇》还有这样一段话：“凡语治而待去欲者，无以道（导）欲而困于有欲者也。凡语治而待寡欲者，无以节（适）欲而困于多欲者也。有欲无欲异类也，生死也，非治乱也。欲之多寡异类也，情之数也，非治乱也。欲不待可得，而求者从所可。欲不待可得，所受乎天也；求者从所可，受乎心也。……心之所可中理，则欲虽多奚伤于治；……心之所可失理，则欲虽寡奚止于乱。故治乱在于心之所可，亡于情之所欲,不求之其所在而求之其所亡,虽曰我得之,失之矣。”这虽没有明白表示批判谁,好像是一般的评论,实则“凡语治而待寡欲者,无以适欲而困于多欲者也”云云,分明是批判宋子。因为这一大段“欲”“求”论,正是“宋子蔽于欲而不知得”的详释。

四、慎到、田骈——

1.“尚法而无法,下脩(不循)而好作,上则取听于上,下则取从于俗,终日言,成文典,反紃察之则倜然无所归宿,不可以经国定分。”(《非十二子》)

2.“慎子有见于后,无见于先。……有后而无先,则群众无门。”(《天论》)

3.“慎子蔽于法而不知贤。……由法谓之,道尽数矣。”(《解蔽》)

五、申不害——

“申子蔽于埶(势)而不知知(智)。……由势谓之,道尽便矣。”(《解蔽》)

这些话是批判法家的思想,所谓先后的分别正是儒法不同道的一重要环节。

六、惠施、邓析——

1.“不法先王,不是礼义,而好治怪说,玩琦(奇)辞,甚察而不惠(急),辩而无用,多事而寡功,不可以为治纲纪。”(《非十二子》)

2.“山渊平,天地比,齐、秦袭,入乎耳,出乎口,钩有须,卵有毛,是说之难持者也,而惠施、邓析能之;然而君子不贵者,非礼义之中也。”(《不苟》)

3.“不恤是非然不(否)(然)之情,以相荐撙,以相耻怍,君子不如惠施、邓析。”(《儒效》)

荀子批评名家的话多中肯,特别他提出了邓析,值得注意。

七、子思、孟轲——

1."略法先王而不知其统,然而犹(依宋本)材剧志大,闻见杂博,案往旧造说,谓之五行,甚僻违而无类,幽隐而无说,闭约而无解,案饰其辞而只敬之曰:'此真先君子之言也!'子思唱之,孟轲和之,世俗之沟犹瞀儒嚾嚾然不知其所非也,遂受而传之,以为仲尼、子游为兹厚于后世,是则子思、孟轲之罪也。"(《非十二子》)

八、子张、子夏、子游——

1."弟佗其冠,衶禫其辞,禹行而舜趋,是子张氏之贱儒也。"(同上)

2."正其衣冠,齐其颜色,嗛然而终日不言,是子夏氏之贱儒也。"(同上)

3."偷儒惮事,无廉耻而耆饮食,必曰'君子固不用力',是子游氏之贱儒也。"(同上)

荀子对儒家的批判,除了仲尼、子弓而外,都不能幸免,在《解蔽篇》对于曾子都有微辞。本篇(《非十二子篇》)对于子张、子夏、子游,都斥之为"贱儒";《儒效篇》讥斥"俗儒"颇有具体的形容,虽没有指名,似乎也是指他们。《性恶篇》讥孟子之言"性善",为"不及知人之性而不察人之性、伪之分者",因为荀子是以继承儒家正统自任的,他虽盛称孔子,但他和孔子也有颇大的距离。

九、老子、庄子——

1."老子有见于诎(屈),无见于信(伸)。……有诎而无信,则贵贱不分。"(《天论》)

2."庄子蔽于天而不知人。……由天谓之,道尽因矣。"(《解蔽》)

荀子虽然吸取了道家的自然天道观,但他对于道家、特别是庄子的天人思想的批判是有分寸的。

以上九点,是荀子对于诸子的批判的梗概。诸子之学"有见"之处,他都相对地予以接受,而有蔽之处,也都遭到他的反对。他在批判诸子时所作的分析虽然因其阶级立场而有时代的限制,甚至有曲解的缺点,但是在当时说来是精密的。因此,他的批判的总结具有划时代的意义。从这里,我们不但可以看出思想发展的痕迹,而且也可以知道学说继承的条贯。

第 十 六 章

法家的悲剧历史和韩非子的思想

第一节　前期法家及其历史的觉醒(上)

在希腊、罗马,“法”是随着氏族灭亡、显族土地私有者的出现而发生的;在中国的古代,没有典型地形成梭伦式的变法,最初只是在氏族血缘纽带中出现了区别贵贱的礼制,所谓“礼不下庶人”。“一之于法”的制度,在土地非私有的条件之下既难出现,在氏族贵族专政的政体上,也不容出现。到了春秋时代,郑国的刑书,才出现对于氏族贵族专政的一个改革运动。

“礼”是古代的法权形式,“法”也是古代的法权形式,二者所显示的财产所有关系和阶级关系的形式则有性质上的区别。郑铸刑书,晋叔向曾贻书于子产,表示反对。他所反对的就是财产关系和阶级地位的变革。因为“礼”是讲上下尊贱之别的,是不能在所谓一个标准之下来“齐”的,然而“法”却不然,“法”是要讲一个标准的,所谓“范天下之不一,而归之于一”(《说文》)。所以,礼在于“别”,而法在于“齐”。中国古代社会的刑是与礼对立的;而古代末期的法与其说是对于贵族

“刻薄少恩”，毋宁说把贵族的“别”、“分”降低了。因为“礼，国之干也……礼不行则上下昏，何以长世?”(《左传·僖公十一年》)以法代礼，岂不是把氏族贵族置于与国民同等的地位了么?

叔向所争的在于前者之“别”，所以他说“昔先王议事以制，不为刑辟”，而“惧民之有争心也，……严断刑罚，以威其淫”，“民于是乎可任使也，……民知有辟，则不忌于上”。有了刑书则上下不别，“民知争端矣，将弃礼而征于书(刑书)；锥刀之末，将尽争之；乱狱滋丰，贿赂并行。……国将亡，必多制”。所谓“多制”，即指区别上下的礼以外，又有上下无别的“刑书”。《左传·正义》这样写道：“古者分地建国，作邑命家(即国家的起源)，诸侯则奕世相承，大夫亦子孙不绝。皆知国为我土，众实我民，……故得设法以待刑，临事而议罪。……自令常怀怖惧。”这确实说明了叔向之所以必争的阶级成见。

子产答复叔向的书，承认了这个道理，对于公族子孙有点抱歉，他说他只是想“救世”，通过妥协的政策使将要没落的贵族世祀不能一旦而亡罢了！他说：

> “若吾子之言。侨不才，不能及子孙，吾以救世也！既不承命，敢忘大惠?”(《左传·昭公六年》)

这可与叔向别处的话相证：“晋之公族尽矣。肸闻之，公室将卑，其宗族枝叶先落，则公从之。肸之宗十一族，唯羊舌氏在而已。肸又无子，公室无度，幸而得死，岂其获祀!”(《左传·昭公三年》)

但是，客观的形势发展是阻挡不住的。历史总是走着自己的路，才经过23年，叔向自己的祖国——晋国，也铸起刑鼎来了。

《左传·昭公二十九年》记载晋赵鞅、荀寅“遂赋晋国一鼓铁以铸刑鼎，著范宣子所为刑书”，孔子也曾表示反对，孔子说：

> “晋其亡乎，失其度矣。夫晋国将守唐叔之所受法度(《唐诰》)，以经纬其民，卿大夫以序守之，民是以能尊其贵，贵是以能守其业。贵贱不愆，所谓度也。……今弃是度也，而为刑鼎；民在鼎矣，何以尊贵?贵何业之守?贵贱无序，何以为国?”

这话是非常明白的，指出了礼是以氏族组织为标准来区别贵贱的，如果以法与刑"齐之"，便破坏了古旧的阶级制度。

到了战国，土地财产关系已由公有向私有转化，因而发生了财产法上的身份平等的思想。这是和商品生产的发展相适应的。法家的法的定义即借用商品等价交换的术语，例如慎到说："有权衡者不可欺以轻重，有尺寸者不可差以长短，有法度者不可巧以诈伪。"(《意林》卷二引)由此看来，法的平均观念是商品等价交换关系在权利义务关系上的反映，法家可以说是中国古代商品关系的理论完成者，他们和亚里士多德的商品论有同等的价值。

一、李悝据说曾为魏文侯相(《汉书·艺文志》)，一说为文侯师(《晋书·刑法志》)，或许兼而为之。他的生平事迹已不可详悉。《汉书·艺文志》法家类，首列《李子》三十二篇，注云："名悝，相魏文侯，富国强兵"；儒家类著录《李克》七篇，注云："子夏弟子，为魏文侯相"；又《史记·货殖列传》及《平准书》，均记"李克务尽地力"。故章太炎断李悝、李克"当是一人"(《检论·原法》注)。因他曾著《法经》，故列入法家，曾师子夏，故列入儒家。由儒入法，本无足奇，后有荀、韩师弟关系可证。

现在先说他的尽地力之教：

> "魏用李克，尽地力，为强君，自是之后，天下争于战国。贵诈力而贱仁义，先富有而后推让。故庶人之富者或累巨万，而贫者或不厌糟糠。有国强者或并群小以臣诸侯，而弱国或绝祀而灭世。"(《史记·平准书》)

这说明了财产关系的变化和阶级地位的转变。《汉书·食货志》说："李悝为魏文侯作尽地力之教，以为地方百里，提封九万顷，除山泽邑居，叁分去一，为田六百万亩。治田勤谨，则亩益三升(臣瓒曰：当言三斗)，不勤则损亦如之。地方百里之增减，辄为粟百八十万石矣。"这说明了生产条件的进步，因此，分配关系也有了变化。又说：

> "籴，甚贵伤民，甚贱伤农。民伤则离散，农伤则国贫。故甚

贵与甚贱,其伤一也。善为国者使民无伤而农益劝。今一夫挟五口,治田百亩。岁收,亩一石半,为粟百五十石。除十一之税十五石,余百三十五石。食,人月一石半,五人终岁为粟九十石,余有四十五石。石三十,为钱千三百五十。除社闾尝新春秋之祠用钱三百,余千五十。衣,人率用钱三百,五人终岁用千五百,不足四百五十,不幸疾病死丧之费及上赋敛,又未与此。此农夫所以常困,有不劝耕之心,而令籴至于甚贵者也。是故善平籴者必谨观岁,有上中下熟。上熟,其收自四(四倍,收六百石),余四百石。中熟,自三(三倍,收四百五十石),余三百石。下熟,自倍(收三百石),余百石。小饥,则收百石。中饥,七十石。大饥,三十石。故大熟,则上籴三而舍一。中熟,则籴二。下熟,则籴一。使民适足,价平则止。小饥则发小熟之所敛,中饥则发中熟之所敛,大饥则发大熟之所敛,而粜之。故虽遇饥馑水旱,籴不贵而民不散,取有余以补不足也。行之魏国,国以富强。”

这几段记载,从文字看来,显然经过后人的润色,粟价恐怕也是经过汉人换算的。但其主要内容,则颇可靠。这时上距鲁宣公十五年“初税亩”时,已一百九十余年,下距商鞅入秦不过数十年,古代经济可能已发展到需要“尽地力”的政策的阶段。贫富阶级已有变化,旧贵族已趋没落,《法经》得以产生的物质的条件也已具备了。

李悝的书——《李子》三十二篇、《李克》七篇及《法经》,都已佚失。关于《法经》的详细内容已不可确考,幸赖《晋书·刑法志》的记载,还给我们保存了它的篇目:

“秦、汉旧律,其文起自魏文侯师李悝。悝撰次诸国法,著《法经》。以为王者之政莫急于盗贼,故其律始于《盗》、《贼》。盗贼须劾捕,故著《网》、《捕》二篇。其轻狡越城、博戏、借假不廉、淫侈逾制,以为《杂律》一篇。又以其律‘具’其加减。是故所著六篇而已。然皆罪名之制也。商君受之以相秦。汉承秦制,萧何定律,除参夷连坐之罪,增部主、见知之条,益事律《兴》、《厩》、《户》三篇,

合为九篇。”(《晋书·刑法志》)

据《唐律疏议》,李悝“造《法经》六篇,即一《盗法》、二《贼法》、三《囚法》、四《捕法》、五《杂法》、六《具法》”。“商鞅传受,改法为律”。“汉相萧何更加悝所造《户》(户婚律)、《兴》(擅兴律)、《厩》(厩库律)三篇,谓‘九章之律’”。“魏因汉律为一十八篇,改汉《具律》为《刑名》第一”。“晋命贾充等增损汉、魏律为二十篇,于魏《刑名律》中分为《法例律》。”由其《盗法》、《贼法》(《唐律疏议》原注谓:“《盗法》,今《贼盗律》是也。”“《贼法》,今《诈伪律》是也。”)篇名所指看来,《法经》的主要目的在于保护私有财产。而其《杂法》中包含“淫侈逾制”项目,可见“尽地力”的结果,已有不少暴发户了。所以说:“行之魏国,国以富强。”

这样,李悝的《法经》,实为秦、汉以后法律的滥觞;而按照“著书定律为法家”之说(章太炎语,见《检论·原法》),李悝是可以当法家的开山祖而无愧的。

因此战国时代的政治家,就不是开明的,而是革新的,不但有作有为,而且敢作敢为。然而在这些国家,如三晋,进步的思想家虽敢作敢为,但受制于贵族,不能为所欲为。这就表现出新旧交错的矛盾。例如韩非子评申不害:“申不害,韩昭侯之佐也,韩者,晋之别国也。晋之故法未息,而韩之新法又生;先君之令未收,而后君之令又下。申不害不擅其法,不一其宪令,则奸多。故利在故法前令则道之,利在新法后令则道之。新故相反,前后相悖。”(《韩非子·定法》)

这样的矛盾便是新的和旧的相拮抗而新的束缚于旧的。大事变法的还是秦、楚。

二、吴起和商鞅是秦、楚变法的两位主角。他们都获得君主的信任,都敢作敢为地实行自己的主张,也都遭受法家的悲剧的运命,或被杀害,或遭车裂。但是商鞅因用秦久而成功,吴起因用楚暂而失败,在效果上说来是不同的。

吴起是卫国人,司马迁《史记》虽曾替他立传,但关于他的身世记述不详,并有不少错误。吴起被楚国的氏族贵族杀害于楚悼王殁的那一年,即悼王二十一年,当公元前 381 年,其生年可就说法不一了。据说他曾学于曾子,师事过子夏。他曾事魏文侯,为魏守西河,后被谗走楚,为楚谋改革,即以法家的政治家姿态出现。但他的兵学家的声名却掩盖了法家的地位,可惜兵权谋家所列《吴起》四十八篇也失传了。

吴起是一个战国时代扬弃了管仲、子产思想的政治家。他舍身与楚国公族为敌,越过了“惠人”阶段而走向“不别亲疏,不殊贵贱,一断于法,亲亲尊尊之恩绝”(司马迁语)的“刻暴少恩”阶段。他敢废公族之疏远者,敢收封君之爵禄,敢令贵族开荒。“吴起教楚悼王以楚国之俗曰:‘大臣太重,封君太众。若此则上逼主,而下虐民,此贫国弱兵之道也。不如使封君之子孙三世而收爵禄,绝减百吏之禄秩,损不急之枝官,以奉选练之士。’”(《韩非子 · 和氏》)“吴起谓荆王曰:‘荆所有余者地也,所不足者民也。今君王以所不足,益所有余,臣不得而为也。’于是令贵人往实广虚之地,皆甚苦之。”(《吕氏春秋 · 贵卒》)这样,他没有像子产享受“舆人之诵”,而反被贵戚所害。《史记》本传也很扼要地说:

> “楚悼王素闻起贤,至则相楚。明法审令,捐不急之官,废公族疏远者,以抚养战斗之士,要在强兵,破驰说之言纵横者。”

他的思想见解可以考见的只有这一些片断,然由此也可见他和商鞅是走着同一的励耕战与变法的路线。

商鞅的身世,比吴起清楚得多。《史记 · 商君列传》说:“商君者,卫之诸庶孽公子也。名鞅,姓公孙氏,其祖本姬姓也。鞅少好刑名之学,事魏相公叔痤,为中庶子。……公叔既死,公孙鞅闻秦孝公下令国中求贤者,……乃遂西入秦。”(时在秦孝公元年,公元前 361 年)相秦二十余年,孝公殁,为反动贵族所车裂。《商君书》不传,现存者都是后世法家所假托的记载,但间也留着当时的史影。

商鞅的口诀是“治世不一道,便国不法古”,一开始就和秦国的贵族甘龙、杜挚展开斗争。他主张“内不私贵宠,外不偏疏远”,站在先王之度(礼)的反对地位。他的要政见于《史记》者有以下几点:民有二男以上不分异者,倍其赋(小生产者)。大小僇力耕织,致粟帛多者复其身(半自由农民)。令民父子兄弟同室内息者为禁(农民身份)。有军功者各以率受上爵,为私斗者各以轻重被刑;明尊卑爵秩等级各以差次,名田宅臣妾衣服以家次。宗室非有军功,论不得为属籍(财产关系的军事编制)。有功者显荣,无功者虽富无所芬华。为田开阡陌封疆,而赋税平,集小都乡邑聚为县(废公族组织)。平斗桶权衡丈尺(废公族的单行法)。这些政策表现出奴隶社会的发展,同时也显露出封建所有制的萌芽。所以《史记》称他,"行之十年,秦民大悦。道不拾遗,山无盗贼。家给人足。民勇于公战,怯于私斗,乡邑大治!"

然而这反映社会发展的进步政策,却被贾谊《新书》斥为"违礼义,弃伦理,并心于进取,行之三岁,秦俗日败"。他的政策不利于旧贵族的专政,历史也证明反动的旧贵族并不客气,"秦怨毒商鞅之法,甚于私仇。故孝公卒之日,举国而攻之,东西南北,莫可奔走,……卒车裂族夷。"(《盐铁论·非鞅》)为什么有这样的仇恨呢?原来因为他"刑公族以立威,无恩于百姓,无信于诸侯,人与之为怨,家与之为雠。"(同上)这就看出贵"人"以及大"家"和国民阶级的矛盾来了。

司马迁说他"天资刻薄""少恩","卒受恶名于秦,有以也夫",这些话还是旧传统的说法,不从当时历史的发展去分析,而只归诸个人的"天资";其实,商鞅的"变法",在古代历史上确是进步的,他主张的严刑峻法,也还是出于法家的"以刑去刑"的理论:

> "公孙鞅之法也,重轻罪。重罪者,人之所难犯也,而小过者,人之所易去也。使人去其所易,无离(罹)其所难,此治之道。夫小过不生,大罪不至,是人无罪而乱不生也。
>
> 一曰:公孙鞅曰:'行刑,重其轻者;轻者不至,重者不来,是谓以刑去刑。'"(《韩非子·内储说上·七术》)

由此看来,中国古代的法家的政治斗争是阶级斗争的表现形式。氏族贵族和国民阶级所展开的悲剧性的历史斗争是激烈的,古代法家是中国历史上富有优良传统的战斗人物。近代章太炎为商鞅辩诬的话,也具有反封建的民主主义的精神。

前期法家,有的从儒家的理论发展而来,也有的从道家的理论发展而来,申不害、慎到、韩非就是例子。而且法家和道家的关系密切,也不是偶然的,尤其涉及"术"的思想,所谓"君人南面之术"(《汉书·艺文志》),正是两者相结合的产物。

三、申不害,与商鞅同时,迟商鞅一年死。《史记》说:

"申不害者,京人也。故郑之贱臣,学术以干韩昭侯,昭侯用为相;内修政教,外应诸侯,十五年(自昭侯八年至二十二年,公元前351年至前337年——引者注),终申子之身,国治兵强,无侵韩者(王邵以为不确)。申子之学,本于黄、老,而主刑名;著书二篇(《汉书·艺文志》作六篇),号曰《申子》。"

因为"术"不离"势",故荀子批评他说:"申子蔽于势而不知知(智)。"《韩非子》之《定法篇》也说:

"今申不害言术,而公孙鞅为法。术者,因任而授官,循名而责实,操杀生之柄,课群臣之能者也,此人主之所执也。法者,宪令著于官府,刑赏必于民心,赏存乎慎法,而罚加乎奸令者也,此人臣之所师也。君无术则蔽于上,臣无法则乱于下,此不可一无,皆帝王之具也。"

因为韩非认为"术"与"法"不可分离,故他批评申子有术而无法,但申子也给了韩非思想不少的影响。他说:

"申不害虽十使昭侯用术,而奸臣犹有所谲其辞矣。故托万乘之劲韩,十七年而不至于霸王者,虽用术于上,法不勤饰(饬)于官之患也。"(《定法》)

荀子说申子"不知智",或许也指此而言。但这却正反映了当时社会新旧递嬗的现象。

《申子》书已佚,现被保存于《群书治要》中的《大体篇》,较为完整,充分表现了"黄老道德"思想的气息,全引如下:

"夫一妇擅夫，众妇皆乱，一臣专君，群臣皆蔽，故妒妻不难破家也，乱臣不难破国也。是以明君使其臣并进辐辏，莫得专君。今人君之所以高为城郭而谨门闾之闭者，为寇戎盗贼之至也。今夫弑君而取国者，非必逾城郭之险而犯门闾之闭也，蔽君之明，塞君之听，夺之政而专其令，有其民而取其国矣。今使乌获、彭祖负千钧之重而怀琬琰之美，令孟贲、成荆带干将之剑卫之，行乎幽道，则盗犹偷之矣。今人君之力非贤乎孟获、彭祖而勇非贤乎孟贲、成荆也，其所守者非特琬琰之美，千钧之重也，而欲勿失，其可得耶？

明君如身，臣如手。君若号，臣如响。君设其本，臣操其末。君治其要，臣行其详。君操其柄，臣事其常。为人君者操契以责其名，名者天地之纲，圣人之符；张天地之纲，用圣人之符，则万物之情无所逃之矣。故善为主者，倚于愚，立于不盈，设于不敢，藏于无事；窜端匿疏，示天下无为。是以近者亲之，远者怀之。

示人有余者，人夺之；示人不足者，人与之。刚者折，危者覆，动者摇，静者安，名自正也，事自定也。是以有道者，自名而正之，随事而定之也。鼓不与于五音而为五音主，有道者不为五官之事而为治主。君，知其道也，官人，知其事也。十言十当，百为百当者，人臣之事，非人君之道也。

昔者尧之治天下也以名，其名正则天下治；桀之治天下也亦以名，其名倚而天下乱；是以圣人贵名之正也。主处其大，臣处其细。以其名听之，以其名视之，以其名命之。镜设，精，无为而美恶自备。衡设，平，无为而轻重自得。凡因之道，身与公无事，无事而天下自极也。"

通篇就君人之术立言。如"善为主者，倚于愚，立于不盈，设于不敢，藏于无事；窜端匿疏，示天下无为"，纯是道家的见解。而"其名正则天下治"，"其名倚而天下乱"，与宋、尹"正名自治，奇名自废，名正法备，则圣人无事"（奇即倚，废即乱义），完全是同一路数。从韩非子所引申子的话看来，《大体篇》为申子所作是很可靠的：

"申子曰:'上明见,人备之。其不明见,人惑之。其知见,人饰之。("饰",通行本作"惑",依迂评本、赵本、凌本校改)不知见,人匿之。其无欲见,人司(伺)之。其有欲见,人饵之。故曰:吾无从知之,惟无为可以规(窥)之。'"

"一曰:申子曰:'慎尔言也,人且知汝("知"当作"和")。慎而(汝)行也,人且随汝。尔有知见也,人且匿汝。尔无知见也,人且意汝。汝有知也,人且藏汝。汝无知也,人且行汝。故曰:惟无为可以规之。'"(《外储说右上》)

既知用术,术便不能为君上所独擅,而臣下也能用之。"治不逾官,虽知不言",虽说守分,也是不欲"其知见"的。申子自己也曾以此事试探过昭侯:

"韩昭侯谓申子曰:'法度甚不易行也。'申子曰:'法者见功而与赏,因能而受官。今君设法度而听左右之请,此所以难行也。'……一日申子请仕其从兄官。昭侯曰:'非所学于子也。听子之谒,败子之道乎,亡其用子之谒。'申子辟舍请罪。"(《韩非子·外储说左上》)

《战国策·韩策》在末尾还加了一句:"曰:'君真其人也!'"在商业资本已相当壮大的时代,贸易之道自然要反映于政治,君臣上下于讨价还价时,也就可能有了一种类似商人投机的揣度。

但是申子也言法,例如:

"尧之治也,善明法察令而已。圣君任法而不任治,任数而不任说。黄帝之治天下,置法而不变,使民安乐其法也。"(《艺文类聚》五十四、《太平御览》六三八所引)

"君必有明法正义,若悬权衡以至轻重,所以一群臣也。"(《艺文类聚》五十四、《文选》颜延年《谳华林诗》李注及邹阳《狱中上书》吴王注、《太平御览》六二八所引)

这是纯粹的法家之言,后人称他为法家者以此。惜原书散佚,无从确知申子怎样处理法与术的关系罢了。

四、慎到，赵人，曾为齐稷下先生，学黄、老道德之术，因发明序其指意，著十二论(《史记·孟荀列传》)。又《汉书·艺文志》法家类有《慎子》四十二篇，注云："名到，先申、韩，申、韩称之。"大约是观察的角度不同吧，《天下篇》把他和彭蒙、田骈等放在关尹、老聃之前，作为道家看：

"公而不当(党)，易而无私，决然无主(马叙伦《庄子义证》云："决"疑借为"窦"。"窦"，穿也，穿有空义。"决然无主"，谓心虚无所主——引者注)，趋物而不两，不顾于虑，不谋于知，于物无择，与之俱往。古之道术有在于是者，彭蒙、田骈、慎到闻其风而悦之。齐万物以为首(道)，曰：天能覆之而不能载之，地能载之而不能覆之，大道能包之而不能辩(平)之。知万物皆有所可有所不可。故曰：选则不遍，教则不至，道则无遗者矣。是故慎到弃知去己，而缘不得已。冷汰(隆替)于物，以为道理。曰：知不知，将薄(迫)知而后(复)邻伤之者也。谿髁(懈惰)无任，而笑天下之尚贤也。纵脱无行，而非天下之大圣。椎拍輐断，与物宛转。舍是与非，苟可以免。不师知虑，不知前后，魏(巍)然而已矣。推而后行，曳而后往，若飘风之还(旋)，若羽之旋，若磨石之隧(回)。全而无非，动静无过，未尝有罪。是何故？夫无知之物，无建己之患，无用知之累，动静不离于理，是以终身无誉(与)。故曰：至于若无知之物而已，无用圣贤。夫块不失道。豪桀(杰)相与笑之曰：'慎到之道，非生人之行，而至死人之理。'适得怪焉。……彭蒙、田骈、慎到不知道，虽然，概乎皆尝有闻者也。"(《庄子·天下》)

这分明是在描写着一个道家的慎到。所谓"弃知去己，而缘不得已，隆替于物，以为道理"，所谓"无用圣贤"，正是宋、尹所谓"静因之道"、"舍己而以物为法者也"。《史记》说他"学黄、老道德之术"，是有根据的。

然而荀子却把他作为一个法家去批判：

"尚法而无法，下脩(不循)而好作，上则取听于上，下则取从

于俗,终日言,成文典,反紃察之,则倜然无所归宿,不可以经国定分,……是慎到、田骈也。"(《荀子·非十二子》)

"慎子蔽于法而不知贤。…… 由法谓之,道尽数矣。"(《解蔽》)

"慎子有见于后,无见于先。……有后而无先,则群众无门。"(《天论》)

由这些话看来,荀子所不满的,主要还是慎子的道家的态度,证明了慎子确是《天下篇》所描写的那样的道家的慎子。

《慎子》书早佚,现在的"通行本,分《威德》、《因循》、《民杂》、《德立》、《君人》五篇,严可均(四录堂本)、钱熙祚(守山阁本)、缪荃孙(四部丛刊本)从《群书治要》辑出《知忠》、《君臣》二篇,并旧有者为七篇。书虽非伪,而断简残编,亦非秦、汉旧观。"(罗根泽:《慎懋赏本慎子辨伪》,《燕京学报》第六期)

慎子是由道到法的过渡人物,他的思想具有道法两方面,但其法家思想却是由道家的天道观导出的,故他不仅言"法",也兼言"势"。所以说:

"天道,因则大,化则细。因也者,因人之情也。人莫不自为也,化而使之为我,则莫可得而用矣。"(《慎子·因循》)

这显然是从道家的天道观出发而推及于人事。《天下篇》所谓"齐万物以为首(道)。曰:天能覆之而不能载之,地能载之而不能覆之,大道能包之而不能辩(平)之",恰好是"天道,因则大,化则细"的注脚。天地的"覆"、"载",只能各以其一德而及物,故说"化则细"。"大道能包之而不能辩(平)之",故须"因","因则大",故"能包之"而"无遗",一任物之自然。

应用于人事,就是一任人之自为,不欲"化而使之为我"。所以说:"选则不遍,教则不至,道则无遗者矣","齐万物以为首(道)"。因此,其所谓"齐",就不是机械的齐,而是"斩而齐"(《荀子·荣辱篇》,"斩"读如"儳","儳",互不齐也)之"齐",也即是"差差然而齐"(同上书,

《正名》)之“齐”,故曰“维齐非齐”(《荀子·王制》)。物万不齐,不能强之使齐,所以主张“因”,而反对“化”。

“因”,就要承认客观的现实。所以必须“弃知去己,而缘不得已,冷汰于物,以为道理”。他的“法”“势”理论,大抵是由此出发的。

> “法制礼籍,所以立公义也。凡立公所以弃私也。明君动事分功必由慧,定赏分财必由法,行德制中必由礼。”(《威德》)
>
> “法虽不善,犹愈于无法,所以一人心也。”(同上)
>
> “大君任法而弗躬,则事断于法矣。法之所加,各以其分。”(《君人》)
>
> “为人君者不多听,据法倚数以观得失。无法之言不听于耳,无法之劳不图于功,无劳之亲不任于官。官不私亲,法不遗爱,上下无事,唯法所在。”(《君臣》)
>
> “法之功莫大使私不行。君之功莫大使民不争。今立法而行私,是私与法争,其乱甚于无法。”(《艺文类聚》五十四、《太平御览》六三八所引)
>
> “故治国无其法则乱,守法而不变则衰,有法而行私谓之不法。以力役法者百姓也,以死守法者有司也,以道变法者君长也。”(《艺文类聚》五十四所引)
>
> “礼从俗,政从上,使从君。”(《艺文类聚》三十八、《太平御览》五二三所引)

在以上数则中,值得注意的有如下几点:第一,所谓“定赏分财必由法”,“法虽不善,犹愈于无法”,“事断于法,……法之所加,各如其分”,“据法倚数以观得失;……官不私亲,法不遗爱,上下无事,唯法所在”云云,可见慎子怎样的重法,并怎样把法和财产关系联系在一起,荀子说他“尚法”,确有根据。第二,慎子一方面“尚法”,另一方面也言“礼”。可是,“法不遗爱”,便可以“刑上大夫”;“礼从俗”,便等于“礼下庶人”。从他说的“礼从俗,政从上,使从君”讲来,他的理论是矛盾的。一方面看到贵族的没落,显族的抬头,肯定君臣上下的秩序,承认

“君长”“以道变法”的地位;另一方面又不抹杀在下者“莫不自为”的“人之情”,反对“化而使之从我”。这大概就是荀子所指称的“不循而好作,上则取听于上,下则取从于俗”,也就是荀子所指斥的“尚法而无法”、“不可以经国定分”。第三,所谓“凡立公所以弃私”,“立法而行私,……其乱甚于无法”,这正是“公而不党,易而无私”,“弃知去己而缘不得已”的精神。而所谓“弃知去己”,即是法家的大公无私论。其主旨在于克服旧贵族的偏爱成见——私情私智;引而推之,得出了“笑天下之尚贤”的结论。在这里他又主张“无贤不可以无君”,而一君之智也不足尽赡天下:

“多贤不可以多君,无贤不可以无君。”(《荀子·解蔽》注所引)

“君之智未必最贤于众也。以未最贤而欲以善尽被下,则不赡矣。若使君之智最贤,以一君而尽赡下则劳,劳则有倦,倦则衰,衰则复反于不赡之道也。”(《慎子·民杂》)

慎子所处的时代,正是他所谓“诸侯力政(征),人欲独行以相兼”(《文选》东方朔《答客难》注所引)的时代,富力“相兼”,正是当时社会变革的特征。于是他就认为“人莫不自为也”,而主张“定赏分财必由法”,即以法定“分”,而承认私有财产权。这一点,李悝在《法经》上给以条文的保障,而慎子则在思想上给以理论的根据:

“慎子曰,今一兔走,百人逐之,非一兔足为百人分也,由未定。由未定,尧且屈力,而况众人乎!积兔满市,行者不顾,非不欲兔也,分已定矣。分已定,人虽鄙不争。故治天下及国,在乎定分而已矣。”(《吕氏春秋·慎势》)

《意林》引《尹文子》有类似上面的文字,是作为彭蒙的话记述的。后来荀卿论礼的起源也说是起于定分息争;可见这是一种反映时代的思想,不是彭蒙、慎到一派所独有的。

明慎懋赏伪作《慎子》内外篇,并为作传,谓“慎子专言法”,其实不确,慎子除言法外,也讲到礼及势。其主张势治的文字,韩非子曾引了他的一段话如下：

“慎子曰：飞龙乘云，螣蛇游雾。云罢，雾霁，而龙蛇与螾蚁同矣，则失其所乘也。故贤人而诎于不肖者，则权轻位卑也；不肖而能服于贤者，则权重位尊也。尧为匹夫，不能治三人；而桀为天子，能乱天下，吾以此知势位之足恃，而贤智之不足慕也。夫弩弱而矢高者，激于风也；身不肖而令行者，得助于众也。尧教于隶属，而民不听，至于南面而王天下，令则行，禁则止。由此观之，贤智未足以服众，而势位足以诎贤者也。”(《韩非子·难势》)

这一议论，出于“弃知去己而缘不得已”，“笑天下之尚贤”的慎子，是很自然的。因为他注意古代公权制度的现实，自然会注意到“势位”、“威势”以及“权”、“柄”，因而不重视贤智或反对尚贤用智（所谓“知不知，将薄知而复邻伤之也”）。他的主“因”反“化”的前提，又必然导出势治主义的结论，以与德治主义相对抗。这种主张，后来为韩非所接受，他特地写了《难势》一文替慎子辩护，就是明证。

第二节　前期法家及其历史的觉醒（下）

从春秋中叶以来，“法”与“礼”的思想斗争已经开始。

孔子说：“道之以政，齐之以刑，民免而无耻；道之以德，齐之以礼，有耻且格。”儒墨也在这“齐”的意义上展开斗争。因为儒家主张的“齐之以礼”的“齐”，是以先天类别来作贵贱的标准，墨子主张的“兼以易别”的“兼”（“齐”的另一规定），是以后天的智能来作贵贱的标准。礼、法的思想斗争即由此演变而来。如果以先天的“氏姓”为区别贵贱的标准，则在氏所以别贵贱的社会，“齐之以礼”的形式规范，即根据先天的不齐来规定后天的不齐，后天的制度（礼）便合于先天的阶级划分。因此，阶级的不平等是合理的，不齐亦齐，故曰“斩而齐”，又曰“维齐非齐”。如果以后天的智愚贤不肖为区别贵贱的标准，则人类便没有先天的身份上的不齐，可以“法”的形式“一之”。此所谓“一”仅就形式上的身份而言,而实质上的不齐则非所问及。法家即强调了破除氏族鸿沟的形式的“齐”,而把“一”作为绝对的平等看待。上面引文“有耻”与“无耻”之分,即认为先天的身份存在与不存在可能在财产所有方面有不可争与可争之别。法家从尽地利与土地私有出发,原则上承认争其可争,方法上主张制定“私法”的权利义务关系,因此,“齐”便成了古代形式平等的民主思想。在“亚细亚的古代”中国社会,由于过时的氏族约束,这一“法”的建立的历史形成长期的斗争史(中古封建由于保存了古代的氏族遗制,私有的法律观念仍然薄弱)。

从吴起之“废公族”和商鞅之“刑公族”以及吴起之遭公族射死和商鞅之遭公族车裂,可以看出古代秦、楚的法家和公族之间的矛盾。现实的历史悲剧使法家成为古代悲剧历史的主角,他们代表了古代社会的历史觉醒的人物。

这种新旧势力的斗争,恐怕要继续到秦的统一六国时新的完全胜利为止。书缺有间,现在尚不能作详细的系统的叙述;不过,在不完全的文献上,秦、楚之后,我们还可以看到赵武灵王胡服骑射的喜剧(武灵王十九年,公元前 307 年)。胡服骑射,不仅涉及“礼”的问题,而且也涉及军制以至赋税的问题,在旧氏族贵族看来,是很重大的一种变革。这次变革的特点,在于不用刑罚而以说服,并且在说服中应用了法家的理论,这也表示出法家理论已经相当地普及了。

主张胡服骑射的主角是赵武灵王,赞成方面有楼缓,还有“先王贵臣”肥义;反对方面则为氏族贵族公子成,而“群臣皆不欲”,“赵文、赵造、周祒(《战国策》作周绍)、赵俊皆谏止王毋胡服”(《史记·赵世家》)。胡服骑射这事本身虽告成功,但公子成后来利用宫廷的纠纷,囚主父(武灵王)于沙丘而饿死之,可见氏族贵族残余的势力还是不可侮的。兹从武灵王主张胡服骑射的史料摘引几段他的理论于下:

> “夫服者,所以便用也;礼者,所以便事也。圣人观乡而顺宜,因事而制礼:所以利其民而厚其国也。……故(瓯越大吴)礼服莫同,其便一也。乡异而用变,事异而礼易。是以圣人果可以利其

国,不一其用,果可以便其事,不同其礼。儒者一师而俗异,中国同礼而教离,况于山谷之便乎?故去就之变,智者不能一;远近之服,贤圣不能同。穷乡多异,曲学多辨(辩);不知而不疑,异于己而不非者,公焉而众求尽善也。”(《史记·赵世家》、《战国策》略同)

所谓“儒者一师而俗易”以下,是针对公子成所谓“中国者……贤圣之所教也,仁义之所施也,诗、书、礼、乐之所用也……”而说的。由此可以看出了儒、法的斗争。武灵王又对赵文等说:

“先王不同俗,何古之法?帝王不相袭,何礼之循?虑戏、神农教而不诛,黄帝、尧、舜诛而不怒,及至三王,随(《战国策》作“观”)时制法,因事制礼;法度制令,各顺其宜,衣服器械,各便其用;故礼也不必一道(《战国策》作“礼世不一其道”),而便国不必古。圣人之兴也,不相袭而王,夏、殷之衰也,不易礼而灭;然则反古未可非,而循礼未足多也。‘服奇者志淫’(《战国策》赵造语,此引用作驳论案),则是邹、鲁无奇行也;‘俗辟(僻)者民易’(亦赵造语,《战国策》‘民易’作‘乱民’),则是吴、越无秀士也。且圣人利身谓之服,便事谓之礼。夫进退之节、衣服之制者,所以齐常民也,非所以论贤者也。故齐民与俗流,贤者与变俱;故谚曰,‘以书御者,不尽马之情’,以古制今者,不达事之变;循法之功,不足以高世,法古之学,不足以制今;子不及也(《战国策》作‘子其勿反也’)。”(同上)

《战国策》还有“三代不同服而王,五伯不同教而政。……故势与俗化,而礼与变俱,圣人之道也”等语,都是法家的理论。而他所用以说服公子成的具体的“先王”,只是赵之先王——简子和襄王,这确是法后王的传统。

荀子已经在荡与雅的区分上否定了文王以前的理想,故“先王”经荀子的剥抉,已如薄纸之待破。韩非子师承荀子,继承了他的势变论,进一步否定了“先王”,而得出古代的历史论。《韩非子·五蠹篇》说:

“上古之世,人民少而禽兽众,人民不胜禽兽虫蛇。有圣人

> 作,构木为巢,以避群害,而民悦之,使王天下,号曰有巢氏。民食果蓏蚌蛤,腥臊恶臭而伤害腹胃,民多疾病。有圣人作,钻燧取火以化腥臊,而民说之,使王天下,号曰燧人氏。中古之世,天下大水,而鲧、禹决渎。近古之世,桀、纣暴乱,而汤、武征伐。”

这种历史发展的观点颇有传说性的价值,这当然不是科学的分析,但把历史从先王观念史解放出来而还诸社会的历史,则是一大进步。他依据历史的发展,企图寻求其中的经济原因,他讲的人口和生产的关系是不正确的,但已经注意到人类的再生产与物质的再生产二事,并注意到历史的客观形势,他又说:

> “古者丈夫不耕,草木之实足食也。妇人不织,禽兽之皮足衣也。不事力而养足,人民少而财有余,故民不争。……今人有五子不为多,子又有五子,大父未死而有二十五孙,是以人民众而货财寡,事力劳而供养薄,故民争。……是以古之易财,非仁也,财多也;今之争斗,非鄙也,财寡也。轻辞天子,非高也,势薄也;重争土橐,非下也,权重也。”(《韩非子·五蠹篇》)

他又基于历史进化的朴素观点,一方面反对复古,一方面主张“因世适事”:

> “今有构木钻燧于夏后氏之世者,必为鲧、禹笑矣,有决渎于殷、周之世者,必为汤、武笑矣。然则今有美尧、舜、禹、汤之道于当今之世者,必为新圣笑矣。是以圣人不期脩(循)古,不法常可,论世之事,因为之备。……故圣人议多少,论薄厚,为之政,……故事因于世,而备适于事。”(同上)

因此,他把称道先王的儒、墨斥为“非愚则诬”。他说:

> “无参验而必之者愚也,弗能必而据之者诬也。故明据先王必定尧、舜者,非愚则诬也。”(同上书,《显学》)

《商君书》真伪颇有问题,而其内容确含有晚期法家的思想,故在此可引为证件。《开塞篇》分别历史为上世、中世、下世,其论此三世之历史内容如下:

“上世亲亲而爱私,中世上贤而说仁,下世贵贵而尊官。上贤者以道相出也;而立君者使贤无用也。亲亲者以私为道也;而中正者使私无行也。此三者非事相反也,民道弊而所重易也,世事变而行道异也。”

这上中下三世颇相当于西周、春秋、战国三个阶段。西周为严密的氏族贵族之古代奴隶制,故以“氏”来分别城市的君子与农村的鄙野小人,故云“亲亲而爱私”,然而“亲亲则别,爱私则险,民众而以别险为务,则民乱”。在春秋时代,经界破坏,一方面要维持氏族制而他方面则要适应自由民(国人)的要求,管仲、子产的惠人政治,便处于两面都受夹攻的地位,这正是所谓“上贤而说仁”的调和局面,企图以改良政策,使“族大多宠”的贵族有所觉悟,对人民实施些所谓“仁政”,故曰“贤者立中正,而民说仁”。在战国时代,显族的地位发展了,以土地私有为基础的国民富族正代替着以土地国有为基础的氏族贵族,贵者应以财产的多寡为标准,所谓“贵贵”,因此基于财产形态便有如希腊梭伦时代的公权制度的设立,即所谓“尊官”。尽管氏族制仍然残存,而当时的社会已基本上转化为不完全典型的显族社会。《开塞篇》对这一阶段说:“故圣人承之,作为土地货财男女之分。分定而无制不可,故立禁。禁立而莫之司不可,故立官。官设而莫之一不可,故立君。”这就说明了土地私有与公权制度以及法律相为联结的关系。

法家从历史的观点,反对了“无变古,无易常”(《韩非子》)的先王观念,这是古代社会阶级斗争的反映,也是古代思想的光荣终结。了解中国古代社会历史转变的长期性,才能知道法家的这一历史观的价值。

如果说墨子的尚贤思想是迎接“国民”显族的斗争,则法家的智法之士与贵重者的矛盾对立,便是反映显族与氏族贵族的实际冲突,我们从韩非子的《孤愤篇》便可知道这一冲突的内容。

第三节 韩非子的思想传统

韩非子是战国思想家中的一位后起人物，如《史记》所说，“观往者得失之变，故作……十余万言”(《老庄申韩列传》)。他的思想渊源是相当复杂的，即他源于前期法家如申不害、商鞅、慎到者有之，源于墨家、老、庄者有之，源于其师荀子者又有之。他以前的法家多是政治家，如吴起、商鞅、申不害等，他们的悲剧，在他的《孤愤》、《说难》二篇中表现得最明显。他实在是惮于变法事业家(能法之士)的前途，而宁愿作为一个变法的思想家(智术之士)。然而问题并不简单，他虽然把智术之士与能法之士区别开来，但法术在当时也是干忌的，结果他并没有逃出法家的命运，依然被药死于秦。这一结局和吴起、商鞅之死，并没有性质上的区别。由此可以理解，没落氏族贵族在临终时是怎样的专横，阶级斗争是怎样的难以协调。《孤愤篇》曾道破了这个悲剧：

> “智术之士，必远见而明察；不明察，不能烛私。能法之士，必强毅而劲直；不劲直，不能矫奸。人臣循令而从事，案法而治官，非谓重人也。重人也者，无令而擅为，亏法以利私，耗国以便家(家谓公族之巨室)，力能得其君，此所谓重人也。智术之士明察，听用且烛重人之阴情；能法之士劲直，听用且矫重人之奸行。故智术能法之士用，则贵重之臣必在绳之外矣。是智法之士与当途之人，不可两存之仇也。……夫以疏远与近爱信争，其数不胜也；以新旅与习故争，其数不胜也；以反主意与同好恶争，其数不胜也；以轻贱与贵重争，其数不胜也；以一口与一国争，其数不胜也。……故资必不胜，而势不两立，法术之士，焉得不危！其可以罪过诬者，以公法而诛之，其不可被以罪过者，以私剑而穷之，是明法术而逆主上者，不僇于吏诛，必死于私剑矣！”

智法之士和贵重阶级“势不两立”之说，乃是法家对于历史的清醒的总结。

现在我们再来看韩非子的思想渊源。

一、韩非子的思想是法家的集成，这是容易知道的。在前节里，我们已经看到申不害言“法”，但颇重视“术”；慎到言“法”，同时也重视“势”。韩非的法术论，就把法、术、势三者结合起来，认为三者是不可分离的东西。在《定法篇》，韩非批判了申、商而论证了术与法之不可偏废。他认为，“申不害言术”，“公孙鞅为法”，术者，“人主之所执也”；法者，“臣之所师也。君无术则弊于上，臣无法则乱于下。此不可一无，皆帝王之具也。”苟“徒术而无法”，势必至如申不害“托万乘之劲韩，十七年而不至于霸王者，虽用术于上，法不勤饰于官之患也”，反之，若公孙鞅“徒法而无术”，虽使“其（秦）国富而兵强，然而无术以知奸，则以其富强也资人臣而已矣。……战胜则大臣尊，益地则私封立，主无术以知奸也。……故乘强秦之资，数十年而不至于帝王者，法虽勤饰于官，主无术于上之患也”。

上面说的“战胜则大臣尊，益地则私封立”，在韩非以为是由于无术，实际上这是历史的必然，已进入封建制的社会形态了。法、术之外，法家还有一种“势”论（“势”谓政权）；慎到即前期法家中以言“势”见称的人。慎子设喻“飞龙乘云，螣蛇游雾。云罢，雾霁，而龙蛇与螾蚁同矣，则失其所乘也”，而归结到“贤智未足以服众，而势位足以诎贤者”（《难势》，详见前引）。韩非赞同慎子的势论，所以特作《难势》专篇为他辩护，借以明“抱法处势”，不恃尧、舜而治，以此论证法治优于人治，而法与势相得益彰。

为什么法家有此崇拜权力的思想呢？这不仅是尚贤思想的反对潮流，而且正如《韩非子·孤愤篇》的论旨，是因为当时氏族贵族的权力难胜（所谓五不胜之数），谋胜之者则非死于吏诛，必死于私剑。因此，法家的崇拜权力论，实由于法术之士与贵重氏族“不可两存”的道理。韩非子基于慎子的传统思想，更发展为“贤势不相容”之说，而主张以法绳势：

“夫贤之为势不可禁，而势之为道也无不禁；以不可禁之贤与无不禁之势,此矛盾之说也。夫贤势之不相容,亦明矣。且夫尧、舜、桀、纣,千世而一出,……世之治者,不绝于中。吾所以为言势者,中也;中者上不及尧、舜,而下亦不为桀、纣。抱法处势则治,背法去势则乱,今废势背法而待尧、舜,尧、舜至乃治,是千世乱而一治也。抱法处势而待桀、纣,桀、纣至乃乱,是千世治而一乱也。……相去亦远矣。"(《难势》)

慎到重权力(势)诎贤者之论,是针对权力为没落氏族的不肖者所把持而发的。当时一般儒者期待尧、舜到来,只知道景慕上世。然而在法家看来,势与贤虽然是矛盾的,但是作为权力手段的势又是不可缺少的。韩非子更进一步,提出"抱法处势"的命题,他以为有了这一专制政权,一个中主也可以使天下大治,说"中主守法术,拙匠守规矩,则万不失矣","势者,胜众之资也"。因此,他居然得出这样的结论,只要"抱法处势",政权巩固,那就不待尧、舜也可以致治。荀子说"慎子蔽于法而不知贤",《庄子·天下篇》说"齐万物以为首……无建己之患,无用知之虑,……无用圣贤,夫块不失道",即指这样的理论。

二、韩非的思想不仅源于法家,而且源于墨子、老子与荀子。源于老子者,主要是自然天道观、先王的否定论、仁义无是非论,《史记》说他"归本于黄、老",是有道理的。他的《解老》、《喻老》二篇,发展了老子的思想。例如《解老篇》说:

"道者万物之所然也,万理之所稽也。理者成物之文也。道者万物之所以成也,故曰道,理之者也。物有理不可以相薄。物有理不可以相薄,故理之为物之制。万物各异理,而道尽稽万物之理,故不得不化。"

"理者方圆短长粗靡坚脆之分也,故理定而后可得道也。"

他基于这样改造了的自然天道观,为他的法理具备了充足的理由,叫做"理定而物易割",他说,"欲成方圆而随其规矩,则万事之功形矣。而万物莫不有规矩,议言之士,计会规矩也,圣人尽随于万物之规矩"。规矩便是法家的逻辑根据。

因此,在韩非子那里,老子的“无为而治”,转而为“中主守法而治”;老子的“去私抱朴”,转而为“去私”“抱法”;老子的非仁义的思想,转而为“言先王之仁义无益于治,明吾法度,必吾赏罚”,“不乘必胜之势,而务行仁义则可以王,是求人主之必及仲尼”(《五蠹》);老子的对立物同一的观念,转而为“执一以静”。总之,老子玄学的方法论,韩非子都倒转来用之于明功求利的耕战方面。最妙的是他把老子所谓“国之利器不可以示人”,转用之以颂扬利器,所谓“势重者,人主之渊也”,“权势不可以借人”。(《内储说下》)

三、韩非子思想源于墨子者,不仅在于名理之承继,如墨子名理之法仪与法家法度之法术,就有类似之点。更重要的是,韩非接受了墨家所具有的显族贵族的阶级意识。墨子“兴利除害”与“富国利民”的学说,其中心论点在于非命强力,贵贱无常。然而这在墨子只是教义的宣传,而到了法家手里便发展而为实际运动的政策,例如韩非子说:

“力多则人朝,力寡则朝于人,故明君务力。”(《显学》)

韩非子与其他法家一样,把墨子的“非命”的观点接受下来,而把其非攻主张否定。因此,法家“耕战”之说(即所谓“礼堕而修耕战”),就和墨子的思想有了区别。《商君书·慎法》也说:“国之所以重,主之所以尊者,力也。”从历史发展讲来,是力非命的思想,在墨子是以国民为形式,以显族为内容(如富之贵之的贤者),在法家则赤裸裸地在形式与内容上为显族贵族讲话。

复次,《墨子·尚贤》与《非命》二篇,在理论上同情了国民阶级,主张赖劳力以生,反对旧氏族的“非所学而能”之“面目美好”者所谓“亲戚”,而到了法家,以“尽地力”出发,倡“利民萌,便众庶”之道,在政治实践上和氏族贵族形成所谓“不可两立”的矛盾。《韩非子·问田》明白地说出了以上二点。

“堂溪公谓韩子曰:‘臣闻服礼辞让,全之术也;修行退智,遂之道也。今先生立法术,设度数,臣窃以为危于身而殆于躯。何以效之?所闻先生术曰,楚不用吴起而削乱,秦行商君而富强。二子之言已当矣，然而吴起支解而商君车裂者，不逢世遇主之患也。逢遇不可必也，患祸不可斥也。夫舍乎全遂之道，而肆乎危殆之行，窃为先生无取焉。'"

这说明了法家以显族贵族身份和氏族贵族斗争的危殆途径。为什么在中国古代社会有这样的激烈斗争呢？非常显明，因为西周是"维新"的奴隶制社会，不是古典的奴隶制社会。维新历史所不可避免的长期内乱，即因为维新历史的统治者是旧的。中国古代社会——从西周以至战国，就支配于这样的历史法则。它没有王政时代与显族土地私有时代的严格的交替，而是把王政时代的氏族组织保存下来，在土地国有的制度上，实行城市（国）与农村（野）的分裂，并以城市统治农村（古代社会的特征）。古代法家即感于"活的发展不足"而主张尽地力、便众庶；感于"死的束缚"而主张贵贱皆齐之于法。韩非在这一点不过是一个综合法家思想的集成人物。

法家走着堂溪公所指出的危殆的途径，而且走了二百年之久。道家"全遂之道"正反映了在这一斗争史中的另一侧面，所谓"逍遥游"正是古代东方神秘主义的一种表现。我们看了托尔斯泰——俄国19世纪上半叶革命的镜子——最后求之于"东方制度的不动性"，而向宗教寻找安慰，也可以理解建立自然天道观而反映氏族制灭亡的老、庄的复古思想在中国古代维新史上的地位（参看《老子》章）。韩非子便不同了，他答覆堂溪公说：

"明先生之言矣。夫治天下之柄，齐民萌之度，甚未易处也。然所以废先王之教，而行贱臣之所取者，窃以为立法术，设度数，所以利民萌便众庶之道也。故不惮乱主暗上之患祸，而必思以齐民萌之资利者，仁智之行也；惮乱主暗上之患祸，而避乎死亡之害，知明夫身而不见民萌之资利者，贪鄙之为也。"（《问田》）

这段话显然依据贱臣民萌的实际主张，发展了墨子反对氏族贵族的原则。

韩非子这一贱臣所取的"齐民萌、便众庶"之道，其说在"齐"（字见上释），实质上是显族贵族的古代的“平均思想”。这是中国文化的优良传统，我们不能以其有专制君主的权力思想而否定其积极的因素。

四、韩非思想源于荀子者，不仅在于韩非子是他的直接弟子，而且更在于荀子的唯物论思想影响了韩非。韩非归本黄、老而超出老、庄，实非偶然。

荀子谓“古今异情，其以治乱者异道”（《非相》），斥责那些高谈千古而欺骗人者为妄人。他朴素地把先王还元于文王、周公，同时说明了文王、周公的制度在于“以类分”。韩非子更进而把历史归还历史，否定了荀子的“师法”，主张“事异而备异”。荀子还承认分、辨、别、养之“礼”，韩非子则转而否认分、辨、别、养，而大谈“法”。因为在实际上，荀子的“礼”的历史理论，已经接近于“法”的观点了。

《韩非子·显学篇》所谓“无参验而必之者愚也，弗能必而据之者诬也”，显然是荀子学说的传统，但韩非也学荀子理想先王的方法，倒过来反讲先王不羞贫贱，不左亲族，贵在明法，借以为“重言”（庄子语）。

> “尧有丹朱，而舜有商均，启有五观，商有太甲，武王有管、蔡，五王之所诛者，皆父兄子弟之亲也，而所杀亡其身，残破其家者何也？以其害国伤民败法圮类也。观其所举，或在山林薮泽岩穴之间，或在囹圄缧绁缠索之中，或在割烹刍牧饭牛之事，然明主不羞其卑贱也，以其能为可以明法，便国利民，从而举之，身安名尊。”（《韩非子·说疑》）

韩非居然能在先王历史中寻出什么亲族不如卑贱之论，这可以说是学于荀子而背荀子的大胆言论，这个反对命题，实在是历史变革时代有所为而发的名论。

复次，荀子的性恶论和积习说，已与功利主义相接近，他评论各学派之所蔽皆从政治的利害观点出发，韩非子的狭隘的功利思想正是荀子传统的发展，例如：

> “夫言行者，以功用为之的彀者也。……今听言观行，不以功

用为之的彀,言虽至察,行虽至坚,则妄发之说也。是以乱世之听言也,以难知为察,以博文为辩,其观行也,以离群为贤,以犯上为抗。……是以儒服带剑者众,而耕战之士寡,坚白无厚之词章,而宪令之法息。”(《问辩》)

这种以功利观点而批判儒、墨与辩者的话,颇近于荀子非十二子之说。但韩非又和荀子不同,更以“富者”的立场而批评各家,很素朴地代表了私有土地的显族的功利观(力与俭),他说:

“墨者之葬也,冬日冬服,夏日夏服,桐棺三寸,服丧三月,世主以为俭而礼之。儒者破家而葬,赁子而偿,服丧三年,大毁扶杖,世主以为孝而礼之。夫是墨子之俭,将非孔子之侈也;是孔子之孝,将非墨子之戾也。今孝、戾、侈、俭,俱在儒、墨,而上兼礼之。漆雕之议,不色挠,不目逃,行曲则违于臧获,行直则怒于诸侯,世主以为廉而礼之。宋荣子之议,设不斗争,取不随仇,不羞囹圄,见侮不辱,世主以为宽而礼之。夫是漆雕之廉,将非宋荣之恕也;是宋荣之宽,将非漆雕之暴也。今宽、廉、恕、暴,俱在二子,人主兼而礼之。……今兼听杂学缪行同异之辞,安得无乱乎?……今世之学士语治者,多曰:‘与贫穷地,以实无资。’今夫与人相若也,无丰年旁入之利,而独以完给者,非力则俭也。与人相若也,无饥馑疾疚祸罪之殃,独以贫穷者,非侈则惰也。侈而惰者贫,而力而俭者富。今上征敛于富人,以布施于贫家,是夺力俭而与侈惰也,而欲索民之疾作而节用,不可得也。……夫吏之所税,耕者也;而上之所养,学士也。……所养者非所用,所用者非所养,此所以乱也。”(《显学》)

韩非不但反对征富施贫,而且主张“侈而惰者贫,力而俭者富”。他就基于这一富者功利的竞争心,来批判诸家,非议养士。这固然是由于战国末养士制度所激起的反对理论,但从社会根源说来,则赞美了小生产性的土地私有制,这便和荀子相反了。

第四节　韩非子的人性论和社会论

韩非学说的历史进化观点和社会思想的富者功利说，已略见以上二节所述。这里，更把他的人类性的理论和社会的理论阐明如下。

荀子的性恶论显然影响了韩非的思想，但荀子和韩非在这一点也有区别。荀子主张忍性情、慎积习，最后说到人们要规之以礼义的王制；韩非在性恶论的出发点虽然继承了荀子，而在其主张上则重性情之"自为"，最后范之以当世的法度。他说：

"人为婴儿也，父母养之简，子长而怨。子盛壮成人，其供养薄，父母怒而诮之。子父至亲也，而或谯或怨者，皆挟相为，而不周于为己也。夫卖庸（佣）而播耕者，主人费家而美食，调布而求易钱者，非爱庸客也；曰，如是，耕者且深，耨者且熟云也。庸客致力而疾耘耕，尽功而正畦陌者，非爱主人也；曰，如是，羹且美，钱布且易云也。此其养功力有父子之泽矣，而心周于用者，皆挟自为心也。故人行事施予，以利之为心，则越人易和；以害之为心，则父子离且怨。"（《外储说左上》）

墨子有"兼相爱、交相利"之说，韩非的这段话和墨子的思想不同，好像主张"兼相为、交相利"。因此，墨子有损小己而益大我的思想，韩非子反是，他继承了慎子"因人之情"、"人莫不自为也"的思想传统，主张人皆自为自利，在一种社会契约的合法保证之下，各阶级（地主和佣客）各为其利益而增加生产。所谓"自为心"，用现代语说明，即自由竞争心。他以为，人类各以自己的自为自私心，或出卖劳动力求生，或购买劳动力致富，就能达到各自的生存目的。在他看来，为人忠者即为己忠者。人类的社会关系只是交易行为，而没有阶级的裂痕。上面我们曾指出，法家继老子发现了商品的理论，韩非更把这一理论引申成为人类社会关系的合理的规律。他以为，在合理的劳动与所得的社会关系上，经济的等价报偿法则是占支配的地位的，劳动的价值高者报酬就厚,劳动的价值低者报酬就薄,所谓“力而俭者富,侈而惰者贫”,社会所以有贫富贵贱,仅在于个人善不善于自为。《韩非子·六反篇》所谓“各用计算之心相待”,即指人各以自私自为的本性而相互交易。这是最露骨的一种人类性的抽象。

基于这种抽象的自私人性论,他引申出他的社会学说——耕战在力论。他所设计的“计算社会”,好像是最理想的王国。他说:

“无功而受事,无爵而显荣,有政如此(无报酬法则),则国必乱。……斩敌者受赏,而高‘慈惠’之行;拔城者受爵禄,而信‘兼爱’之说;……富国以农,拒敌恃卒,而贵‘文学’之士。……今境内之民皆言治,藏商、管之法者家有之,而国愈贫,言耕者众,执耒者寡也。境内皆言兵,藏孙、吴之书者家有之,而兵愈弱,言战者多,被甲者少也。故明主用其力,不听其言,赏其功,必禁无用,故民尽死力以从其上。夫耕之用力也劳,而民为之者,曰可得富也。战之为事也危,而民为之者,曰可得以贵也。……故明主之国,无书简之文,以法为教;无先王之语,以吏为师;无私剑之捍,以斩首为勇。是以境内之民,其言谈者必轨于法,动作者归之于功,为勇者尽之于军。是故无事则国富,有事则兵强,此之谓王资。……超五帝,侔三王者,必此法也。”(《五蠹》)

这段话是韩非的社会思想的基本观点,其形式是富国强兵,其内容是富贵阶级基于报酬的法则。他的社会观点之所以拿农战二者为例,是因为它们是“计算社会”取得富贵的重要途径。人性既然都在各自“计算”,社会也应该按照其“计算”给以报酬。人类的交易既然用斗尺权衡,社会的报酬就应该用所谓“法”。这里,他的思想的积极要素是反对氏族礼制以及超报偿法则的身份制;至于他所以要对于当时学士之“无耕之劳而有富之实,无战之危而有贵之尊”痛加攻击,不过是因为用批判的方法以显其说罢了。

然而,韩非的社会论是新的财产关系之下绝对的不平等的阶级社会论。他把战功作为统治阶级的爵禄的标准,已含有军事体制渗入财产所有制形式的因素。他把佣客劳动力作为增进国富的条件,已含有挽救劳动力危机的因素。这些思想,反映着封建社会已在开始形成。所谓"超五帝,侔三王"的原则,即报偿依劳力和战功。如何衡量报偿的多寡厚薄呢？他以为,这种衡量不能用秤或斗作具体的度量,而是依赖于"法"。法的标准没有先天的身份,故他说"齐一以静"。在他看来,法的举措没有阶级的成见或主观的好恶,故他说"治强生于法,弱乱生于阿"(《外储说右下》)。因此,他以权衡来比喻:

> "故明主使其群臣不游意于法之外,不为惠于法之内,动无非法。峻法所以凌过外私也,严刑所以遂令惩下也。……故曰巧匠目意中绳,然必先以规矩为度;上智捷举中事,必以先王之法为比。故绳直而枉木斲,准夷而高科削,权衡县而重益轻,斗石设而多益少。故以法治国,举措而已矣。"(《有度》)

韩非子这个"法衡社会功利"的原则,其出发点是人类的自私心,而其结论又是最公平的制度。在这原则之下,富贵者得权度而偿,贫贱者得权度而罚,没有西周以来君子小人的先天的分类了。他说:

> "法不阿贵,绳不挠曲。法之所加,智者弗能辞,勇者弗敢争。刑过不避大臣,赏善不遗匹夫。故矫上之失,诘下之邪,治乱决缪,绌羡齐非,一民之轨莫如法。属官威民,退淫殆,止诈伪,莫如刑。刑重则不敢以贵易(慢)贱,法审则上尊而不侵。……人主释法用私,则上下不别矣。"(同上)

这种以功业劳动来区别富贵贫贱的说法,显然是针对礼所以别贵贱之论而发的。因此,他第一反对复古,他说,"今欲以先王之政,治当世之民,皆守株之类也"(《五蠹》),"故治民无常,惟法为治。法与时转则治,治与世宜则有功。故民朴而禁之以名则治,世智而维之以刑则从。时移而法不易者乱,能众而禁不变者削。……能趋力于地者富,能趋力于敌者强。"(《心度》)第二反对仁德,他说,"夫圣人之治国,不恃人之为吾善也,而用其不得为非也。……国可使齐,为治者用众而舍寡,故不务德而务法。"(《显学》)

他的社会论引向历史的观点，所谓“不务循古，不法常可，论世之事，因为之备”，得出了历史进化的理论。这虽然在内容上是贫乏的，但在古代社会实为特识。他的社会论引向法律方面，把阶级社会的“法”绝对地客观化了，因此他把“仁政”或“德治”都否定了：“以法行刑，而君为之流涕，此以效仁，非以为治也。……先王胜其法，不听其泣，则仁之不可以为治，亦明矣。”(《五蠹》)这一论点的积极因素虽然反对了当时氏族贵族的阿私，但其结果，则有利于一种“刻暴少恩”的专制主义。

由此看来，韩非子的法术论，按照他的定义而言，主观上好像要使身份齐一，而客观上却使社会愈不齐一；他虽然否定了“礼”的政权形式之下的专政，但同时却肯定了“法”的政权形式之下的专政。他的理论已经是显族得“势”时代的思潮了。

> “法者，编著之图籍，设之于官府，而布之于百姓者也。术者，藏之于胸中，以偶众端而潜御群臣者也。故法莫如显，而术不欲见。是以明主言法，则境内卑贱莫不闻知也。……用术则亲爱近习莫之得闻也。”(《难三》)

> “法者，宪令著于官府，刑罚必于民心(自为心)，赏存乎慎法，而罚加乎奸令者也。”(《定法》)

“法”是公开的，表面看来，它奖励一切社会成员(包括卑贱者)的自为心，实质上则是保护私有财产利益的阶级压迫的工具。韩非从古代的形式平等观念出发达到内容上财富不平等的结论。“术”是秘密的，表面上是防止氏族亲近人物的反“自为心”，实际上却是专制主义的代名词。因此，这一理论在渊源上是自由民的显族意识，而其倾向则含有封建主义的成分。

韩非所理想的社会的纯粹形式是一个平等报酬的人类关系，好像人类在“法”的天秤之下都公平合理地以自己的劳力获得自己的所得。然而这种情形在现实中却是没有的。不论鲁滨逊孤岛上第一次的劳力，抑或经济学的遏欲说(如西尼尔的“最后一小时”)，都不是人类社会的现实的关系。韩非以力与俭而讲述的财富的关系,正是这样的纯粹形式。

在古代希腊,阶级关系由于债权者对债务者的奴役,由于富的权力手段而产生大土地所有与自由民的扫灭,暴露出悲剧的矛盾。它是社会的产物,而不是人与人间的契约的产物。中国古代到了战国末世,土地私有的现象逐渐普遍,复经商鞅的变法,阶级关系已经形成"富者田连阡陌,贫者无立锥之地"的现象,商业在书同文、车同轨的情况之下发展起来,都市经济的形成代替了所谓诸侯营垒(经济上的赘瘤)的旧国都。《史记·货殖列传》所讲的当时的巨万富人大都是由经营战国的新劳动手段——"铁"而致富的。这样富的权力手段的集中与货币经济的凯旋进军所产生的社会关系,不是韩非的纯粹的交易形式,反而是非法的暴夺。《史记》言吕不韦营商致富,家僮万人,他颇了解富的权力,故以耕田之利为十倍,营商之利为百倍,而因子楚得到政权则利无数倍。复次,《史记》与《国策》同载孟尝君为一大高利贷业者,他收债于薛的故事足资佐证。因此,韩非子不能不离开他的纯粹形式而说出这种社会关系。例如:

"长袖善舞,多钱善贾,此言多资之易为工也。"(《五蠹》)

"国利未立,封土厚禄至矣;主人虽卑,人臣尊矣;国地虽削,私家富矣。事成则以权长重,事败则以富退处。"(同上)

"群臣为学,门子好辩,商贾外积,小民内困者,可亡也。……饕贪而无厌,近利而好得者,可亡也。……私门之官用,马府之世绌,乡曲之善举,官职之劳废,贵私行而贱公功者,可亡也。公家虚而大臣实,正户贫而寄寓富,耕战之士困,末作之民利者,可亡也。……无功贵而劳苦贱,如是则下怨,下怨者,可亡也。"(《亡征》)

在韩非看来,这好像是社会的例外,然而正是这一历史的现实讽刺了韩非的理想,正如近代英国的圈地讽刺了亚当·斯密的鲁滨逊孤岛一样。

韩非批评当时的“文学之士”,说他们只尚空谈,无功而取得富贵。这些人和吕不韦等商业家比较,其阶级地位是不同的。因为“文学之士”大多是自由民,他们之取得富贵的统治阶级的地位,是适应当时社会变动应有的自然结果。韩非也说“中牟之人,卖田园,弃耕耘,而随文学者,邑之半”,这当是中原一带经济都市发展的结果。因此,显族的新封邑,虽不同于旧氏族的旧采邑,但其阶级关系并不是反乎韩非子的“自为心”,反而正是所谓“自为心”。因此,他也就不能不说:

> “穰侯越韩、魏而东攻齐,……乃成其陶邑之封;应侯攻韩八年,成其汝南之封。自是以来,诸用秦者,皆应、穰之类也。故战胜则大臣尊,益地则私封立。”(《定法》)

这样看来,法家理想中的重耕战的社会和历史的现实发展是矛盾的,社会没有因为重耕战而形成公平合理,反而由此产生所谓“战胜则大臣尊,益地则私封立”的现象。

这里,我们要对于韩非子的社会观点,作一简要的总结。在过去社会激变的时代,学者往往用古老的言语,说着他所要求的新世界,当人类能够说他自己的新言语时,社会的真实内容便作弄了他的理想。古今中外的近代以前的思想,大都有这一趋向。春秋人喜爱穿着禹、稷的古衣裳,后来更套上尧、舜的衣冠,战国人更穿上黄帝、神农的渔装狩服,来讲说他们的理想,形式的服装愈穿愈古,而所说的内容则愈讲愈近。形式和内容成反比例。到了荀子,朴素地还原于二王,与西周人称文王相合,形式已和内容不远,韩非子最后索性把古装脱去,用战国的“现代”语讲战国的“现代”内容,他的公式是“公平交易”或他说的“背私谓之公”(《五蠹》)。然而正当他能够这样做的时候,历史便变得更复杂了,它将以另外的社会形态代替氏所以别贵贱的社会形态了。

荀子《非十二子》的内容,一方面是对诸子学说的批判的发展,但另一方面也附带了“息十二子”的因素。韩非子继承了这一传统,一方面批判了诸子学说,然而另一方面,他主张拒贤士、停辞说,同样也附带了反对“不治而议论”的相对民主的因素。李斯奏“别黑白而定一尊,以古非今者族”,古代的服装被脱去了,《诗》、《书》被焚烧了,但同时批判《诗》、《书》而发展《诗》、《书》的“百家语”,却遭受了打击。古代语言被废弃了,而批判古代语言的自由思想也同时遭到了打击。因此,韩非的法术论有封建专制主义的因素,也有封建正宗思想的因素。关于秦始皇焚书的历史,后人辩论不绝,有的认为焚书仅及《诗》、《书》古文,有的认为焚书遍及百家今文,这都没有触及问题的本质。我们以为,焚诗书是始皇绝古的历史手笔,然而“绝古”的手笔如此残暴,百家思想也就在“一尊”道理之下,连类而被禁了。因此,秦代的焚《诗》、《书》,废古语,和汉代的注《诗》、《书》,尊经师,其形式虽相反,而其实质则相一致,都是把活的自由思想斩绝。

法家的历史命运之所以有悲剧的结果,是因为他们一方面以法术之士的资格和贵族斗争,但他方面又以接近权势者的资格和贵族妥协。他们的“术”的机会主义的性质,不但减低了理论的价值,而且限制了国民阶级的人格发展。这种“法”、“术”平行不废的政策,到了汉代,便转变成酷吏的惟“术”是用的统治政策,法家的优良传统在“内法外儒”的形式之下被斩断了。

第五节 韩非子的世界观、知识论和逻辑学

韩非的世界观接受了老子、荀子的传统,因而在天道思想方面富有唯物主义的因素。如果我们剥去法家所谓“主道”或“君道”的阶级偏见,就不难看出韩非的朴素的唯物主义的自然天道思想比前人更有新的积极因素。

韩非所规定的“天”承借于荀子天道思想的自然之义。例如:

> “天有大命(宋乾道本注:“昼夜四时之候,天之大命”)。……四海既藏,道阴见阳,左右既立,开门而当。勿变勿易,与二俱行,行之不已,是谓履理也。夫物者有所宜,材者有所施,各处其宜,故上下无为。”(《扬搉》)

“聪明睿智，天也；动静思虑，人也。人也者，乘于天明以视，寄于天聪以听，托于天智以思虑。”（《解老》）

这里说的“天”是不因人类主观意识而改变的自然，它是有规律性的。人类只能寄托于自然的物理而认识自然。

韩非关于“道”的范畴和“德”的范畴虽然采取老子的术语，但超出了老子的“道”的唯心主义的樊篱。例如：

“道者，弘大而无形；德者，核理而普至。……道者，下周于事，因稽而命，与时死生，参名异事，通一同情。故曰：道不同于万物，德不同于阴阳。”（《扬搉》）

这里说的“道”相似于“无限”这一范畴，在《解老篇》说得更明白：

“道者，万物之所（以）然也，万理之所稽（寄）也。理者，成物之文（法则）也。道者、万物之所以成也，故曰：道，理之者也。物有理，不可以相薄。物有理不可以相薄，故理之为物之制，万物各异理。万物各异理，而道尽万物之理，故不得不化。不得不化，故无常操，是以死生气禀焉，万物斟酌焉，万事兴废焉。天得之以高，地得之以藏，维斗得之以成其威，日月得之以恒其光，五常得之以常其位，列星得之以端其行，四时得之以御其变气。……道譬诸若水，溺者多饮之即死，渴者适饮之即生；譬之若剑戟，愚人以行忿则祸生，圣人以诛暴则福成。”

这样讲来，客观的外物有各种各样的规律，“道”就是万理的总汇。什么叫做“德”呢？在韩非的思想中，这一范畴也没有老子的神秘主义的因素。按《解老篇》说：“德者，内也；得者，外也。……凡德者，以无为为集，以无欲成，以不思安，以不用固。”又说：“道有积，而积有功，德者道之功。”因此，从思维和存在的关系上讲来，“德”这一范畴相当于人类对于“物自身”的认识，换言之，相当于人类对于自然规律可以认识和可以媒介的作用。自然有阴阳对立的关系，但对于这种普遍的关系的认识，却是另外一种范畴，所以“德不同于阴阳”。“德”和“道”是不同的，他说：“夫物有常容，因乘以导之。因随物之容，故静则建乎德，动则顺乎道。”(《喻老》)这意味着从有限到无限的认识。

韩非思想里的新颖的概念是“道理”这一术语。上面我们已举出他的“道，理之者也”的命题，这已经显示出自然是可认识的实在。《解老篇》更说：

> “理定而物易割也。……故欲成方圆而随其规矩，则万事之功形矣。而万物莫不有规矩，议言之士计会规矩也。圣人尽随万物之规矩。”

> “凡理者，方圆、短长、粗靡、坚脆之分也。故理定而后可得道也。”

这样看来，从万物异理的把握，可以通向道的把握。“道理”在韩非的学说中是统一的，比老子的思想前进了一步。因此，“道理”二字便相似于哲学这一范畴了。

韩非的天道思想也有庸俗的弱点，即他把道理完全规定为手段性的东西，如上引《解老篇》的饮水和剑戟的比喻，便是好例；特别是他把道理和君主联结在一起，那就更显得庸俗了。

韩非的知识论是和他的唯物主义天道观分不开的。他反对不按照事物的道理而只按照主观设想来认识事物的真相，他说，这种认识表面上是“道之华”，实质上是“愚之首”。在这一点上，他虽然是解释老子，但无异于批判老子。《解老篇》有一句名言：

> “先物行、先理动之谓前识；前识者、无缘而妄意度也。”

因此，韩非的知识论，正是后物行、后理动的唯物主义认识论。

韩非知识论的特点，不但在于依其政治的功利观点批判儒、墨、道、纵横及诡辩学派的知识正误，而且在于依据实践的检证来确定知识的真伪。例如：

> “澹台子羽，君子之容也，仲尼几(赏识)而取之；与处久，而行不称其貌。宰予之辞，雅而文也，仲尼几而取之；与处，而智不充其辩。故孔子曰：‘以容取人乎？失之子羽！以言取人乎？失之宰予！’故以仲尼之智，而有失实之声。今之新辩滥乎宰予，而世主

之听眩乎仲尼，为悦其言，因任其身，则焉得无失乎？是以魏任孟卯之辩而有华下之患，赵任马服之辩而有长平之祸，此二者，任辩之失也。夫视锻锡而察青黄，区冶不能以必剑；水击鹄雁，陆断驹马，则臧获不疑钝利。发齿吻，相形容，伯乐不能以必马；授车就驾，而观其末涂，则臧获不疑驽良。观容服，听辞言，则仲尼不能以必士；试之官职，课其功伐，则庸人不疑于愚智。故明主之吏，宰相必起于州部，猛将必发于卒伍。”（《显学》）

韩非这一段话指明了应从官职与功伐的实践效果上来判别愚智，而否定从言辞上来判别价值。这一思想，是承借于儒、墨的。墨子判别“义与不义”，“不以其名”而“以其取”；孔子从“所试”以定“所誉”，荀子论知识也以“行”为指归。到了韩非，这一义旨更得到了发展。

韩非的知识真伪判断论，不但是墨、荀知识论里功利观点的更进一步的发展，而且源于荀子反对“无用之辩”的精神。这在《韩非子》书里，明证甚多，如前引《五蠹篇》“今人主之于言也”一章，便是好例。

以实践而判别知识的真伪与以功利而止辩黜智，二者互相交织，形成了荀、韩知识论的共同特征，而韩持之尤坚于荀。所谓“止辩黜智”不一定是一种思想统制。此中秘密，乃在于荀、韩之世氏族的清算已到了决定的阶段，批判的武器将转变为武器的批判。荀子虽已觉察到智辩活动的过时，而仍不免为儒家传统的先王（后王）所约束，韩非则发展了荀子与前期法家正视现实的改革精神，由武器的批判，强调实践而否定无用之辩，进而把清算氏族的斗争，列入于现实的日程。所以他说：

“智术之士，必远见而明察，不明察不能烛私；能法之士，必强毅而劲直，不劲直不能矫奸。人臣……无令而擅为，亏法以利私，耗国以便家，力能得其君，此所谓重人也。智术之士明察，听用且烛重人之阴情；能法之士劲直，听用且矫重人之奸行；故智术能法之士用，则贵重之臣必在绳之外矣。是知智法之士与当涂之人，不可两存之仇也。”（《孤愤》）

从这里我们可以看出，韩非面对着与“当涂”的“贵重之臣”的变革斗争，丝毫未提倡国民阶级的自己幻想，反而对于作为反氏族先锋的“智术能法之士”，提出了“远见而明察”、“强毅而劲直”的必具条件，以求解决其所谓“不可两存之仇”。所以，韩非的止辩黜智，实不能和思想统制混同起来，其实际意义，在于拒绝反氏族斗争的空谈。实际上当时的谈辩，已经有大部分隳落成为替氏族贵族辩护的御用工具，例如：

“当涂之人擅事要，则外内为之用矣。是以诸侯不因，则事不应，故敌国为之讼(颂)；百官不因，则业不进，故群臣为之用；郎中不因，则不得近主，故左右为之匿；学士不因，则禄薄礼卑，故学士为之谈也。此四助者，邪臣之所以自饰也。”(《孤愤》)

氏族贵族一面御用了学士的谈辩作为统治阶级的工具，一面又凭其“当涂”的势位，扼杀贤能，阻挠着智辩与文化的发展。韩非对于此事，则具有火烈的敌意。所以他说：

“凡法术之难行也，不独万乘，千乘亦然。人主之左右，不必智也，人主于人有所智而听之，因与左右论其言，是与愚人论智也。人主之左右，不必贤也，人主于人有所贤而礼之，因与左右论其行，是与不肖论贤也。智者决策于愚人，贤人程行于不肖，则贤智之士羞，而人主之论悖矣。人臣之欲得官者，其修士且以精洁固身，其智士且以治辩进业，不能以货赂事人；恃其精洁治辩，而更不能以枉法为治，则修智之士，不事左右，不听请谒矣。人主之左右，行非伯夷也，求索不得，货赂不至，则精辩之功息，而毁诬之言起矣。治辩之功，制于近习；精洁之行，决于毁誉，则修智之吏废，而人主之明塞矣。不以功伐决智行，不以参伍审罪过，而听左右近习之言，则无能之士在廷，而愚污之吏处官矣。”(同上)

在这里，韩非以精辩与毁诬相对立，以治辩与近习相对立，以修智与无能相对立，以智行与愚污相对立，处处强调前者而抨击后者，其不能与思想统制混为一谈，殊为明显；其所止之辩，所黜之智，固别有所指,其主要目的在于由政权改革而清除反动思想与隳落思想。此中变革思想的光芒,恐只有《墨子》的《尚贤篇》可与伦比。

当时古代社会的矛盾,已经提出了基于排中律的历史选言判断:或者向氏族贵族投降,让旧的绞杀了新的;或者向氏族贵族抗争,将新的从旧的约束里解放出来;在投降与抗争、生与死之间,再也没有第三条路可走。韩非的知识论,正是这一古代历史悲剧(《孤愤》)的选言判断里的合理产物。他无疑问地是走着抗争的前进的路,其批判"无参验而必之"的"愚诬"知识,其唾弃"微妙之言"、"恍惚之辞",其否定"先王"传统而"不期循古,不法常可",其背逆师法而主张"论世之事,因为之备"等等,所有这些知识论上的光辉命题,皆由此产生。

韩非的和知识论相连的逻辑思想,也是以这一历史的选言判断为基础而出现的。如前所述,选言判断以排中律为前提;而排中律则为同一律与矛盾律的综合。这就是说,战国末年的古代历史的选言判断,是古代社会矛盾发展的最高阶段。因此,在韩非的逻辑思想里,首先普遍地出现了有历史为背景的排中律命题。

立于礼的儒家,在历史的矛盾前面,要求调和矛盾,而从"礼"的传统解放出来的韩非,以"智术能法之士"自任,"强毅而劲直"地致力于矛盾的解决。墨子面对着这一矛盾,还是循着维新的逻辑,在先王观念的约束里,仅仅提出了"尚贤"的解答;而韩非却在历史已经提出选言判断的阶段,面对着这一矛盾,提出他自己的解答。因此,他的悲剧的色彩更为显著。兹分别说明如下:

第一,韩非在唾弃"微妙之言"的抽象知识的同时,已经复活了孔、墨的知识论,因而,韩非思想里所反映的矛盾,是非常具体的现实的历史矛盾,而不是纯概念的有无、异同、行止等事。例如:

"夫立名号,所以为尊也;今有贱名轻实者,世谓之高。设爵位,所以为贱贵基也;而简(慢)上不求见者,世谓之贤。威利,所以行令也;而无(蔑)利轻威者,世谓之重。法令,所以为治也;而不从法令为私善者,世谓之忠。官爵,所以劝民也;而好名义,不进仕者,世谓之烈士。刑罚,所以擅威也;而轻法,不避刑戮死亡之罪者,世谓之勇夫。……故世之所以不治者,非下之罪,上失其道也,常贵其所以乱,而贱其所以治;是故下之所欲,常与上之所以为治相诡也。今下而听其上,上之所急也;而惇悫纯信,用心怯言,则谓之窭。守法固,听令审,则谓之愚。敬上畏罪,则谓之怯。言时节,行中适,则谓之不肖。无二心私学,听吏从教者,则谓之陋。难致,谓之正。难予谓之廉。难禁,谓之齐。有令不听从,谓之勇。无利于上,谓之愿。宽惠行德,谓之仁。重厚自尊,谓之长者。私学成群,谓之师徒。闲静安居,谓之有思。损仁逐利,谓之疾。险躁反覆,谓之智。先为人而后自为类名,号言泛爱天下,谓之圣。言大不称而不可用,行而乖于世者,谓之大人。贱爵禄,不挠上者,谓之杰。下之渐行如此,入则乱民,出则不使也。上宜禁其欲灭其迹,而不止也;又从而尊之,是教下乱上以为治也。"(《诡使》)

这里的矛盾,韩非叫做"常贵其所以乱而贱其所以治"、"下之所欲与上之所以为治"的"相诡";即上之所以为治者在于名号、爵位、威利、法令、官爵、刑罚等,而下之所贵者,则在于虚伪的高、贤、重、忠、烈士、勇夫,以及所谓圣、杰、长者、师徒、大人等,其相反相诡,殊为明白。

客观的历史要清算氏族贵族,而主观的政治思想却要保存氏族贵族,这二者之间就发生了矛盾。韩非十分明确地肯定了这一点:清算氏族是上之所以为治的前提,而保存氏族则是世之所以必乱的原因,不解决二者之间的矛盾,便是"上失其道","是教下乱上以为治",便是自陷于矛盾之中。所以他说:

"凡上所以治者,刑罚也;今有私行义者尊。社稷之所以立者,安静也;而噪险谗谀者任。四封之内,所以听从者,信与德也,而陂知倾覆者使。令之所以行,威之所以立者,恭俭听上也;而岩居非世者显。仓廪之所以实者,耕农之本务也;而綦组锦绣、刻画为末作者富。名之所以成,地之所以广者,战士也;今死之孤饥饿乞于道,而优笑、酒徒之属乘车衣丝。赏禄,所以尽民力,易下死也;今战胜攻取之士劳而赏不沾,而卜筮视手理、狐蛊为顺辞于前者日赐。上握度量,所以擅生杀之柄也;今守度奉量之士欲以忠婴上而不得见,巧言利辞、行奸轨以幸偷世者数御。据法直言,名刑相当,循绳墨,诛奸人,所以为上治也,而愈疏远;谄施顺意从欲以危世者近习。悉租税,专民力,所以备难,充仓府也;而士卒之逃事伏匿,附托有威之门,以避徭赋,而上不得者万数。夫陈善田利宅者,所以利战士也,而断头裂腹,播骨乎原野者,无宅容身,身死田夺;而女妹有色,大臣左右无功者,择宅而受,择田而食。赏利一从上出,所以擅制也;而战介之士不得职,而闲居之士尊显。上以此为教,名安得无卑?位安得无危?夫卑名危位者,必下之不从法令,有二心、私学,反逆世者也;而不禁其行,不破其群,以散其党,又从而尊之,用事者过矣!上之所以立廉耻者,所以厉(励)下也;今士大夫不羞汙泥丑辱而宦,女妹私义之门不待次而宦。赏赐,所以为重也;而战斗有功之士贫贱,而便辟优徒超级。名号诚信,所以通威也;而主掩障,近习女谒并行,百官主爵迁人,用事者过矣!大臣官人,与下先谋,比周不法,威利在下,则主卑而大臣重矣。"(《诡使》)

以氏族贵族与国民阶级的矛盾为时代的危机,这是诸子的共同看法。但儒家把危机的责任委之于破坏礼乐的小人,而法家则以危机的罪过归之于亏法擅为的氏族贵族;儒家以礼乐为调和矛盾的平衡器,而法家则以法术为解决矛盾的手段。古代社会思想的主潮之由礼到法的递变,正是历史的逻辑。

由于调和矛盾的维新路线所遗留下来的氏族贵族与国民阶级之间的矛盾,到了战国末期已成了社会危机的枢纽。韩非坚持着国民阶级的同一律立场,洞察了历史所提出的现实的选言判断,在清算氏族制的斗争里,明察而径直地主张矛盾律的逻辑原理:

"夫冰炭不同器而久,寒暑不兼时而至,杂反之学不两立而治。"(《显学》)

“故不相容之事,不两立也。”(《五蠹》)

“楚人有鬻楯与矛者,誉之曰:‘吾楯之坚,物莫能陷也。’又誉其矛曰:‘吾矛之利,于物无不陷也。’或曰:‘以子之矛陷子之楯,何如?’其人弗能应也。夫不可陷之楯与无不陷之矛,不可同世而立;今尧、舜之不可两誉,矛楯之说也。”(《难一》)

“人有鬻矛与楯者,誉其楯之坚,物莫能陷也;俄而又誉其矛曰:‘吾矛之利,物无不陷也。’人应之曰:‘以子之矛陷子之楯何如?’其人弗能应也。以不可陷之楯与无不陷之矛为名,不可两立也。夫贤之为势不可禁,而势之为道也无不禁,以不可禁之贤与无不禁之势,此矛楯之说也,夫贤势之不相容亦明矣。”(《难势》)

从“矛楯之说”之与先王观念的否定及任贤不如任势的思想相连来看,可知韩非的矛盾律实是基于清算氏族制的原理,主张古代社会成为国民阶级的同一社会,而不容氏族贵族仍作为“当涂之人”混迹其间。这不但是韩非逻辑思想的精髓,而且也是其整个体系的灵魂,其思想的与现实的批判,也从这一方法出发。

古代逻辑史上的矛盾律,肇端于孔子的“攻乎异端”或“叩其两端”,形成于墨子的“明故”与“知类”,混乱于庄、惠的齐一同异,僵化于公孙龙的“两明而道丧”,复活于《墨经》作者,发展于荀子的“类不可两”,而完成于韩非的“矛楯之说”。其间的迂回曲折,固然是螺旋式的发展的范例,但其形式的晚成,则为维新古代的特征之一。

第 十 七 章

中国古代思想的没落倾向

第一节　纵横家思想

一

战国时代的纵横家,自社会的背景而言,是在"礼堕而修耕战"的环境之下,是在商业资本发展之下兴起来的。本来游说诸侯的风气,并不源自战国,在春秋战国之交已经有孔、墨倡之在先;但他们犹在"兴灭国继绝世"或"存小国之礼"的形势之下,或主张"以礼为国",或主张弭兵"非攻",还没有如后来纵横策士的那样风气。到了战国中叶,孟子就有"处士横议"之讥,而和孟子同时的张仪、惠施也都先后说梁惠王,故《史记·孟荀列传》说:

> "孟轲,……适梁,梁惠王不果所言,则见以为迂远而阔于事情。当是之时,秦用商君,富国强兵;楚魏用吴起,战胜弱敌;齐威王宣王用孙子田忌之徒,而诸侯东面朝齐。天下方务于合纵连横,以攻伐为贤,而孟轲乃述唐、虞三代之德,……退而……序诗、书,述仲尼之意,作《孟子》七篇。"

战国中叶以后,文学之士起自田亩市廛,大都自称"贱人"、"鄙臣"、"微芥"、"羁旅之臣","蹑跻担簦"而显于诸侯,受封受土。他们或号称"智士",或被推崇为"智囊"(樗里子),以左右时局,翻云覆雨,于是身荣名显,"贵极富溢"。这种风气如韩非子所说"中牟之人,弃其田耘,卖宅圃,而随文学者,邑之半"(《韩非子·外储说左上》),这里所谓文学之士,即指出言谈不劳动而取得富贵的人。或又如苏秦不从习俗,"治产业,力工商,逐什二以为务","释本而事口舌"(《史记·苏秦列传》),以取尊荣;更如吕不韦本来是"阳翟大贾人也,往来贩贱卖贵,家累千金"(《史记·吕不韦列传》)的商业资本家,反认为做商人利不过百倍,不如立国定主,其利无穷,舍本行而做"奇货可居"的大买卖。

我们由此知道,所谓纵横策士的支配风气,约在战国末世。《说苑》所记荀卿痛恶纵横游士(见前引)以及韩非子斥责不事耕战而仅以说干主之人,可为佐证。苏秦其人,现考大有问题,大约合纵之说,在战国末年是六国抗秦的一个原则,主张者并非一人,后人才把此一原则认为一大发明,推归于苏秦,司马迁便早说:"世言苏秦多异,异时事有类之者,皆附之苏秦。"(《史记·苏秦列传》)至于连横之说,后人也归功于张仪,而司马迁则说:"三晋多权变之士,夫言纵横强秦者,大抵皆三晋之人也。"(《史记·张仪列传》)我们不必认为有了鬼谷子的秘传,才有纵横弟子横议天下。还是司马迁说得好:"方秦之强时,天下尤趋谋诈哉。"

顾亭林《日知录·周末风俗》条,值得参考。他说:

> "春秋时犹尊礼重信,而七国绝不言礼与信矣;春秋时犹宗周王,而七国绝不言王矣;春秋时犹严祭祀,重聘享,而七国则无其事矣;春秋时犹论宗姓氏族,而七国则无一言及之矣;春秋时犹宴会赋诗,而七国则不闻矣;春秋时犹赴告策书,而七国则无有矣。邦无定交,士无定主。"

所谓"邦无定交",正是战国末叶的特征,这原因归结于氏族制的破坏,历史不再由宗子支配,而走向"以富兼人",然这也要在如秦、楚之国内部条件能够消化其他氏族的时候，才打破了“存小国之礼”，借耕战而兼并。所以春秋霸主的盟约还有其相对的神圣性，而战国诸侯的“人质”便成了危机的标志了。在这样氏族纽带正遭割断而地域财富的代表阶级称雄之时，权利义务在国际范围内就要改观，强者兼人而弱者图存。因此当时的外交关系的外部条件被人看得超过于内部条件，似乎只要讲求好了与国或敌国的权利条约，就可以生存发展，于是机会主义的心理栽植于君臣之间，使游士食客取得了发言的地位。实在讲来，内部应该是“尽地力”，外部应该是讲谋策，故秦人谚曰：“力则任鄙，智则樗里”（《史记·樗里子甘茂列传》）。由于当时政治风云不能不着眼在外部关系或各国的不平衡发展，这便使所谓谋策在均衡力的破坏与重建之间寻到均衡论的机械力的对消关系。

所谓“士无定主”，说明了国民阶级脱出氏族的羁绊，不再是“工商食官”了。随着商业交通的发达，所谓“多财善贾”，所谓“车同轨”，国际间宗族的鸿沟便在货币行军之前填平（这自然是适应于废井田开阡陌的土地关系的），使当时亲亲尊尊的礼制在经济城市建立之下趋于崩坏；于是一群被新现实教养的国民，必然代替无能的旧贵族，而脱出旧氏族的国籍，不别亲疏，惟智谋是尊。策士是以富贵名位之取得为条件的，如果没有财富商业的关系交流于七国之间，那么纵横家的国际政治买卖是难以想象的，故当时“贩贱卖贵”的交换关系就反映为谋诈任权的策士思想。这样看来，他们是代表着古代的商人阶级的利益，请看下面一段吕不韦的话：

> “吕不韦贾于邯郸，见秦质子异人，归而谓父曰：‘耕田之利几倍？’曰：‘十倍。’‘珠玉之赢几倍？’曰：‘百倍。’‘立国家之主赢几倍？’曰：‘无数。’曰：‘今力田疾作，不得暖衣余食，今建国立君，泽可遗后世，愿往事之！’”（《战国策·秦策》）

就是这位大贾吕不韦，后来说秦成功，果然封为文信侯，食河南洛阳十万户，家僮万人。就他占有家僮而言，他是一个奴隶主，但就他“食户”而论，他已经具备了封建主的条件。

商业资本必然伴同着高利贷资本，这在希腊古代更有特别的地位，中国到了战国末年自然也不例外。《史记》、《战国策·齐策》记载着私家富累万金的孟尝君，就是一个高利贷主：

“冯驩……至薛，召取孟尝君钱者皆会，得息钱十万。乃多酿酒，买肥牛，召诸取钱者，……齐为会日，杀牛置酒，酒酣，乃持券如前合之。能与息者与为期，贫不能与息者，取其券而烧之。……冯驩（谓孟尝君）曰：……‘有余者为要期，不足者虽守而责之十年，息愈多，急即以逃亡。……焚无用虚债之券，捐不可得之虚计，令薛民亲君，而彰君之善声也。’”（《史记·孟尝君列传》）

假定冯驩收债息十万只做了酒食宴客之费，而大部分利息则只有另想办法的话，那么，十万之数至多不过占利息的十分之一，全数当在百万以上，推算其本钱恐在千万之谱，足以称得上一位高利贷主，剥削得“贷钱者多不能与其息”，有逃亡的危机。孟尝君在失势时，食客皆去，其后复位，深恨食客之无常，有辱客之意，这位姓冯的说服他，就用了商业高利贷意识的一套理论，如《史记》所记：

“生者必有死，物之必至也；富贵多士，贫贱寡友，事之固然也。君独不见夫朝趣市者乎，平明侧肩争门而入，日暮之后，过市朝者掉臂而不顾，非好朝而恶暮，所期物亡其中。……今君……不足以怨士。”（同上）

利润与利息的意识，反映到政治生活，正灌注了策士的作风。所谓朝秦暮楚，并不能从信义堕地来解释，而是商业投机的市民行为在周末政治上的观念证件而已。因此，策士活动颇与故旧贵族之无故富贵不同，而一如自由交易，合则结交，不合则去而之他。如乐毅弃燕归赵，报书燕王说：

“贤圣之君不以禄私其亲，功多者授之，不以官随其爱，能当之者处之；故察能而授官者成功之君也，论行而结交者，立名之士也。……君子交绝不出恶声，忠臣之去也不洁其名。臣虽不佞，数奉教于君子矣；恐侍御者之亲左右之说，而不察疏远之行也。”

(《战国策·燕策》)

"论行结交"的君臣关系,还没有后世封建天定之义。"立名之士"好像拿他的智能辩说出卖,"成功之君"好像识货的购主,交易而成,结为君臣,交易不成,离为路人,这好像完全在一种经济关系的等价交换上论行结交,这里面不过把普通商业行为还原到富贵交易上面罢了。

因此,在这样关系之下,人君就可比为买玉的贾人,看他识货不识货,就能判定他明与不明,下面是一段材料:

"应侯曰:'郑人谓玉未理者璞,周人谓鼠未腊者朴。周人怀朴过郑贾曰:'欲买朴乎?'郑贾曰:'欲之。'出其朴,视之乃鼠也,因谢不取。今平原君自以贤显名于天下,然降其主父沙丘而臣之,天下之王尚犹尊之,是天下之王不如郑贾之智也,眩于名不知其实也。'"(《战国策·秦策》)

同理,"策士"这一名词,就成了难以再生产的宝玉。大家都求善价而沽,当做商品出卖于列国诸侯,只要贴上宝玉的商标,就与和氏之璧一样为列国所争取了。下面也是一段材料:

"苏代伪谓齐王曰:'甘茂贤人也,今秦与之上卿以相迎之,茂德王之赐故不往,愿为王臣,今王何以礼之?王若不留,必不德王。彼以甘茂之贤得擅用强秦之众,则难图也!'齐王曰:'善。'赐之上卿命而厚处之。"(同上)

如果我们把上面的"贤"字改成价格的"价"字,不更明了了吗?这样例子很多,不胜引证。当时把道德律还原而为交易评价律,可以说是极其普遍的。例如忠孝观念在纵横家的思路里,就是利息观念的引申。任职于一国而接受别国重贿的人臣,似乎是最不忠的逆臣,但人君问他是否受某国重贿时他竟直认不讳,并说:这有什么关系?对于你的大事并无不利,而我可以得点好处,何乐而不为呢?居然这位人君答曰"善"。下面我们再引用陈轸的例子作证。张仪忌劾他,欲他离秦,对秦惠王说他想跑到楚国。秦王问他是否有此意向,他说:

"'然。'王曰:'仪之言果信也。'曰:'非独仪知之也,行道之人皆知之。'曰:'孝己爱其亲,天下欲以为子;子胥忠乎其君,天下欲以为臣。卖仆妾售乎闾巷者良仆妾也,出妇嫁乡曲者良妇也,吾不忠于君,楚亦何以轸为忠乎?忠且见弃,吾不之楚,何适乎?'秦王曰:'善,乃必之也。'"(《战国策·秦策》)

这是一个诡辩,问题在大前提假定忠孝是可以出卖的。然而这在战国末叶贤君贤相的脑海里,好像并不以为反常。甚至有人把政治商业看得更比吕不韦投资还要捷径些,完全采取赌博的方式,卖空买空。张仪曾说他有一张嘴在,博取荣贵便无问题。苏秦曾把赌注押在秦国,没有获中,便又把赌注押到齐国,居然取得六国相印。策士们有时本来是一手杂牌,但绝不认输,在大王面前最后常能用性命投机拿死在面前表示有"同花顺"在手,于是就能博得富贵。因为"富贵则亲戚畏惧,人生世上,势位富贵岂可忽乎哉"!(同上书,苏秦语)

机会主义是有理论前提的,所谓"时势者百事之长也",一切立国的条件皆建立在机会上面,得机便成尧、舜,失时便成桀、纣,这是他们的口头禅。

二

纵横家的思想学派性,颇相似于希腊的诡辩派。从他们误用形式逻辑的推理方法,为人们解决困难的问题看来,其思想脉络是相同的。惟中国古代的纵横家游说的对象偏重在国君,而希腊古代的诡辩派则偏重在一般的市民。这是因为西洋文明史一开始就以地域财富为单位,而财富的人格化者是"国民";中国文明史则走了维新路径,财富的人格化者是"宗子",战国末年才在氏族贵族的破衣中产生了国民的大变革运动,而兼并者仍然不能脱去氏族桎梏,所谓"以富兼人"也并非表里如一的纯国民式的。

纵横家和法家不同,法家的重点针对了社会内部的中心问题,主张土地财产国民化的法制,反对富贵尊卑天定的氏族宗法制度,而纵横家不然,他的重点针对了均衡势力的运用,把问题中心移向力的矛盾与抵消,故国际的外交敌与关系便成了解决时务的不二法门。《战国策》中所谓"为君计,莫若安民无事,且毋庸有事于民也。安民之本,在于择交,择交而得则民安。""善说者,陈其势,言其方人之急也,……岂用强力哉?"因此,策士常把注意点摆在外交力量的排拒与结合方面,例如:

"天下之势不得不事齐也,故秦得齐,则权重于中国,赵、魏、楚得齐,则足以敌秦。故秦、赵、魏得齐者重,失齐者轻,齐有此势不能以重于天下者也,其用者过也。"(《齐策》)

策士把时势力量的机械均衡放在时中的地位,例如:

"臣闻用兵而喜先天下者忧,约结而喜主怨者孤。夫后起者藉也,而远怨者时也。是以圣人从事必藉于权,而务兴于时。夫权藉者万物之率也,而时势者百事之长也。故无权藉倍时势而能成事者寡矣。"(同上)

纵横家与名家在辩说方面是有血缘关系的,如公孙龙曾与邹衍辩于平原君之门,又如惠施说魏赵诸国。惠施好像更注重计策之所以然,而不仅言其当然,他反对以魏合于秦、韩,他说:

"以魏合于秦、韩而攻齐、楚,大事也,而王之群臣皆以为可,不知是其可也如是其明耶?而群臣之知术也如是其同耶?是其可也未如是其明也。而群臣之知术也又非皆同也,是有其半塞也。所谓劫主者,失其半者也。"(《魏策》)

然而纵横家更是时务主义者,他们把转祸为福、转危为安的国势变化,看得非常容易,唯一的先决问题便是主观至上的谋策。只要诡诈得售,一切现实都可以由一个智辩者任意翻改,这叫做策略决定一切,其中毫无客观原则性。他们依此便"荧惑诸侯,以是为非,以非为是",反复于国际之间。如果没有策略,便是"无妄"。例如:

"朱英谓春申君曰:'世有无妄之福,又有无妄之祸。今君处无妄之世,以事无妄之主,安不有无妄之人乎?'"(《楚策》)

反之,策略决定一切的前提,是策士的普遍思想。陈轸说:

"计者事之本也,听者存亡之机。计失而听过,能有国者寡

也。故曰:计有一二者难悖也,听无失本末者难惑。”(《秦策》)

苏代说:

“夫无谋人之心而令人疑之,殆;有谋人之心而令人知之,拙,谋未发而闻于外则危。”(《燕策》)

所以纵横捭阖者好像把天下事的得失祸福都能运用于主观的一心,如张仪被人恭维作“谋约不下席,言于尊俎之间,谋成于堂上,而魏将以禽于齐矣,冲櫓未施,而西河之外入于秦矣”。(《齐策》)

复次,纵横家的辩术,主要采用的是逻辑上所忌的法吏诱人法。他们和诸侯执政者的问答法,总是诱人深入自己所假定的前提之下,然后迫之承认合乎自己目的的推论,不管前提怎样有问题,这前提总是伏在对话者间的心理中不能怀疑。

例如个别类例是特称的命题,而纵横家常列举些例子,作为全称的命题,立为前提,然后诱人承认合乎自己所欲得出的结论。蔡泽欲应侯把相位让他,应侯自然不肯,蔡泽说服他的道理,就是使用上面所讲的推论方法。他举了一些功成名就而善让得有善果之人物,又举了一些功成名就而不善让不得善果之人物,随即以特称肯定代替了全称肯定,他的大前提是,凡成功而终其年不夭伤的人都善让;他的小前提是,应侯是一个功成名就而欲终其年的人;故结论是应侯必须让位。

这一推论方法,极其普及于纵横家之间。例如有人要取得国君的信任而不遭疑忌,便拿曾参杀人,告其母三次,母亦怀疑的例子,反面得出取信的结论。有人要使国君听谤议而不信私誉,便拿亲近者美我乃出于私畏,或有所求的例子,反面得出听谏的结论。这种推论非常简单,在逻辑上是“以偏概全”的谬误方法。除了这种方法,他们又常使用两刀论法,即两面皆有理的说法,如燕国弱小,对于秦、齐、楚、韩、魏,敌哪一国都不合理,附托于哪一国都合理,因此苏代说燕王:“凡天下战国七,而燕处弱焉,独战则不能,有所附则无不重,南附楚则楚重,西附秦则秦重,中附韩、魏则韩、魏重,且苟所附之国重,此必使王重矣。”(《燕策》)这就是一种两刀论法,实际上是从谬误的逻辑推理立论的,正如希腊古代的一个故事,因为先有"凡教人打官司必胜诉"的诡辩前提,于是当师徒之间打官司时,徒弟便对先生说:"不给你束修;你胜诉了我亦胜诉,你败诉了我亦胜诉",这也是两刀论法。

最后,纵横家的行事,颇能发挥老、庄的游戏思想到政治的"揣摩"上面。他们常引申老子的"虚"义,变成虚诈的谋策,引申老子的"几"义,变成机会的运用,甚至巧辩于有无之间,而企图为穷士进身。例如:

"譬之如张罗者,张于无鸟之所,则终日无所得矣,张于多鸟处,则又骇鸟矣,必张于有鸟无鸟之际,然后能多得鸟矣。今君将施于大人,大人轻君,施于小人,小人无可以求又费财焉。君必施于今之穷士,不必且为大人者,故能得欲矣。"(《东周策》)

他们效法庄子的寓言,在制造史例有穷时,就托为寓言,以傅会事理,其例甚多,如孟尝君欲闻鬼事,苏秦便乘机拿寓言说他,止他去秦,故事如下:

"臣之来也,固不敢言人事也,固且以鬼事见君。……臣来过于淄上,有土偶人与桃梗相与语。桃梗谓土偶人曰:'子西岸之土也,挺子以为人,至岁八月,降雨下,淄水至,则汝残矣!'土偶曰:'不然,吾西岸之土也,吾残则复西岸耳。今子东国之桃梗也,刻削之以为人,降雨下,淄水至,流子而去,则子漂漂者将何如耳?'今秦四塞之国,譬若虎口,而君入之,则臣不知君所出矣!'孟尝君乃止。"(《齐策》)

世称纵横家出奇策异智,"扶急持倾"(刘向语,见《校战国策书录》),实则这种谋士智囊,正是诡辩者的实际活动,反映了中国古代社会没落时期的一种是非黑白任意造说的一面,宋曾巩颇说出纵横家的辩说观点,他说:

"战国之游士,……不知道之可信,而乐于说之易合,其设心注意,偷为一切之计而已。故论诈之便而讳其败,言战之善而蔽其患,其相率而为之者,莫不有利焉,而不胜其害也,有得焉,而不胜其失也。"(《元丰类稿·战国策目录序》)

我们以为纵横思想是时务主义热衷的老前辈，这在中国史上一直到近代政学系的政客还继承他们的诡辩思想的传统。

第二节　阴阳五行思想和易传思想

我们在第十一章里，曾详细说明《荀子·非十二子篇》所称："略法先王而不知其统，然而材剧志大，闻见杂博，案往旧造说，谓之'五行'，甚僻违而无类，幽隐而无说，闭约而无解；案饰其辞而只敬之曰：'此真先君子之言也！'子思唱之，孟轲和之，世俗之沟犹瞀儒嚾嚾然不知其所非也，遂受而传之，以为仲尼、子游为兹厚于后世，是则子思、孟轲之罪也。"现在我们要进一步说明思、孟和邹衍的关系。

五行说在春秋时代是一种进步的思想。到了战国时代这种思想则被唯心主义者所剽窃。唯心主义的五行说出于子思、孟轲所唱和，因此思、孟学派更加重了它的神秘的色彩。这一造说在"受而传之"之中，遂至"附庸蔚为大国"，产生了邹衍的阴阳五行学派。大概就以这派为契机，构成了五行思想与阴阳（八卦）思想的合流，遂成为所谓形而上学的易学及荒唐无稽的谶纬的先河。

邹衍（公元前305年至前240年）所代表的阴阳五行学派，在战国末期本来不是显学，故荀子、韩非都没有直接对它加以批判（如《非十二子篇》及《显学篇》等都没有提到它）。然而，它似乎很快就受到了人们的注意，例如吕不韦所"集论"的《吕氏春秋》就受了它不小的影响，并替它保存了所谓"五德终始说"（详后）；而且自汉代以降，它对于中国哲学思想的影响，也十分重大；梁启超也说："阴阳五行说为二千年来迷信之大本营，直至今日，在社会上犹有莫大势力。"（《古史辨》第五册《阴阳五行说之来历》）我们几乎可以说：如果不理解阴阳五行学派的世界观、知识论和逻辑学，则对于自汉以下的儒家哲学，也不能够有充分理解。所以这里特辟一节，来探讨思、孟学派到董仲舒之流的阴阳儒学这个中间环节——邹衍的阴阳五行思想。

首先使人感到困难的，就是文献的不足。《汉书·艺文志》所著录《邹子》四十九篇和《邹子终始五德》五十六篇两种著作，均已散佚。现在所可凭借的资料，只是一些间接的断片。关于邹衍的生平行事及其学术渊源，也因它不是显学，先秦各家大都略而不述，后世史籍也语焉不详（如《史记·孟荀列传》及《平原君列传》等）；又因这派具有神秘的因素，故关于邹衍其人的记载，涂上了一些神话的色彩，使人难于置信。例如《后汉书·刘瑜传》所记："邹衍事燕惠王尽忠，左右谮之，王系之。（衍）仰天而哭，五月天为之下霜"。又如伪《列子·汤问篇》言"邹衍之吹律"，张湛注说："北方有地，美而寒，不生五谷。邹子吹律暖之，而禾黍滋也"。现在只好从《史记》等书钩稽出一个比较可信的轮廓：

"齐有三驺子。其前驺忌，……先孟子。其次驺衍，后孟子。……是以（因其学说——作者）驺子重于齐。适梁，惠王郊迎，执宾主之礼。适赵，平原君侧行襒席。如燕，昭王拥彗先驱，请列弟子之座而受业；筑碣石宫，身亲往师之。作《主运》。其游诸侯，见尊礼如此。……自驺衍与齐之稷下先生，如淳于髡、慎到、环渊、接子、田骈、驺奭之徒，各著书言治乱之事，以干世主。……驺奭，……亦颇采驺衍之术以纪文，于是齐王嘉之。自如淳于髡以下，皆命曰列大夫，为开第康庄之衢，高门大屋，尊宠之。……驺衍之术，迂大而闳辨；奭也，文具难施；淳于髡，久与处，有得善言。故齐人颂曰：'谈天衍，雕龙奭，炙毂过髡。'"（《孟子荀卿列传》）

"驺衍之所言：五德终始、天地广大，尽言天事，故曰'谈天'。驺奭修衍之文饰，若雕镂龙文，故曰'雕龙奭'。"（《史记集解》引刘向《别录》）

"惠王数被于军旅，卑礼厚币以招贤者，邹衍、淳于髡、孟轲皆至梁。"（《魏世家》）

"燕昭王于破燕之后即位，卑身厚币以招贤者。……乐毅自魏往，邹衍自齐往，剧辛自赵往，士争趋燕。"（《燕召公世家》）

“平原君厚待公孙龙，公孙龙善为坚白之辩。及邹衍过赵，言至道，乃绌公孙龙。”（《平原君虞卿列传》）

“齐使邹衍过赵，平原君见公孙龙及其徒綦毋子之属，论白马非马之辩，以问邹子。”（《史记集解》引刘向《别录》）

邹衍事迹之可知者，大略如此。或以为邹衍大概与公孙龙同时，不可能与梁惠王为宾主，《史记》于此或有错误，不过它的注意在表明“其游诸侯，见尊礼如此”而已。这里，我们只要明白邹衍所倡导的五德终始说，在当时发展不平衡而骤致强盛的诸侯中间，有过一个时期曾很吃香就够了（《孟荀列传》说：“王侯大人初见其术，惧然顾化，其后不能行之”），其他因文献不足，只可阙疑。

关于邹衍的思想学说，《孟子荀卿列传》有如下的记载：

“驺衍睹有国者益淫侈，不能尚德，若大雅，整之于身，施及黎庶矣。乃深观阴阳消息，而作怪迂之变，终始大圣之篇，十余万言。其语闳大不经，必先验小物，推而大之，至于无垠。先序今，以上至黄帝，学者所共术；大并世盛衰（按‘并’读若‘并海上’之‘并’，《史记索隐》所谓‘言其并大体，随代盛衰，观时而说事’）。因载其禨祥度制，推而远之，至天地未生，窈冥不可考而原也。先列中国名山、大川、通谷、禽兽，水土所殖，物类所珍，因而推之，及海外，人之所不能睹。称引天地剖判以来，五德转移，治各有宜，而符应若兹。以为儒者所谓中国者，于天下，乃八十一分居其一分耳。中国名曰赤县神州。赤县神州内，自有九州，禹之序九州是也，不得为州数。中国外，如赤县神州者九，乃所谓九州也。于是有‘稗海’环之，人民禽兽莫能相通者，如一区中者，乃为一州。如此者九，乃有‘大瀛海’环其外，天地之际焉。——其术皆此类也。然要其归，必止乎仁义节俭，君臣上下六亲之施，始也滥耳。”

《史记集解》于《平原君虞卿列传》“及邹衍过赵言至道，乃绌公孙龙”下，又引刘向《别录》以释之：

“齐使邹衍过赵。平原君见公孙龙及其徒綦毋子之属，论白马非马之辩,以问邹子。邹子曰:'不可!彼天下之辩有五胜三至,而辞正为上(原讹作"下")。辨者,别殊类使不相害,序异端使不相乱,抒意通指,明其所谓,使人与知焉,不务相迷也。故胜者不失其所守,不胜者得其所求,若是,故辩可为也。及至烦文以相假,饰辞以相悖,巧譬以相移,引人声使不得及其意,如此,害大道。夫缴纷争言而竞后息,不能,无害君子。'坐皆称善。"

由此可以窥见,邹衍的基本思想无疑是"五德终始"论。这是他"深观阴阳消息"而得的理论,也是他轰动当世"王公大人"的主张。在探讨这一"五德终始"论之前,我们须先考察他的观点和方法。

邹衍的观点是儒道混合的,而更偏畸于思、孟学派。其持论的动机,在于"睹有国者益淫侈,不能尚德,若大雅,整之于身,施及黎庶矣"。"尚德"是儒家的思想,"整之于身,施及黎庶",宛然修身齐家治国平天下的儒家路数。而"要其归,必止于仁义节俭,君臣上下之施","仁义"、"君臣上下"固为儒家所常谈,而"节俭"则带有道家的风味,所以"大并世盛衰,因载其禨祥",要上溯至黄帝,"五德转移"即自黄帝始(详后)。邹衍批评公孙龙辩者之徒以"辞正为上",是儒家的见解,而不事苛察(所谓"不能,无害君子"),则稷下道家学派(宋、尹)也有同样的主张(道家老、庄也轻视辩者)。他的方法是从经验开始,而转向扩充式的主观的类推逻辑,如"必先验小物,推而大之,至于无垠","先序今,以上至黄帝,推而远之,至天地未生,窈冥不可考而原","先列中国名山、大川……因而推之,及海外,人所不能睹",这些都是思、孟学派的作风。更不消说,他的五行思想,是继承思孟的"造说";所谓"五德推移,治各有宜,而符应若兹"所依据的"天人合一"这一根本思想,更符合于思、孟学派的精神。

邹衍的五德终始说,在《吕氏春秋》中还保存了比较完整的一段:

"凡帝王者之将兴也,天必先见祥乎下民。黄帝之时,天先见大螾大蝼。黄帝曰:'土气胜'!土气胜,故其色尚黄,其事则土。及禹之时,天先见草木,秋冬不杀。禹曰:'木气胜'!木气胜,故其色尚青,其事则木。及汤之时,天先见金刃生于水。汤曰:'金气胜'! 金气胜,故其色尚白,其事则金。及文王之时,天先见火,赤乌衔丹书,集于周社。文王曰:'火气胜'! 火气胜,故其色尚赤,其事则火。代火者必将水,天且先见水气胜。水气胜,故其色尚黑,其事则水。"(《应同篇》)

这段话,简直就是"五德转移,治各有宜,而符应若兹"的详悉申说。证以下列后人的注释,可以确定它是引自邹衍的著作:

"自齐威宣之时,邹子之徒,论著终始五德之运。及秦帝而齐人奏之,故始皇采用之。……邹衍以阴阳主运显于诸侯,而燕、齐海上之方士传其术不能通,然则怪迂阿谀苟合之徒自此兴,不可胜数也。"(《史记·封禅书》)

《史记集解》引如淳云:

"今其书有《五德终始》,五德各以所胜为行。"("论著终始五德之运"句下注)

"今其书有《主运》,五行相次转用事,随方面为服。"(同上书,"邹衍以阴阳主运显于诸侯"下注)

从"及秦帝而齐人奏之,故始皇采用之"看来,邹衍的学说在秦必甚显赫,五德终始说见采于《吕氏春秋》是很自然的,说不定还有他的信徒参加了《吕氏春秋》的"论集"。所谓"随方面为服",即是"其事则土"(木、金、火、水等)。"则土"也者,即以土德为法,为后来"改正朔,易服色"的主张的张本。又《文选·魏都赋》注引《七略》说:

"邹子有终始五德,从所不胜;木德继之,金德次之,火德次之,水德次之。"

把"终始"、"转移"的次序,说得很明白,也和《应同篇》所说一致。这一"从所不胜"的次序,即五行相胜的序列,也应用于"递兴废,胜者用事"(《吕氏春秋·荡兵篇》语,或许也是邹氏的遗说)的历史观。

然而邹衍同时似也注意于五行的相生,因为相胜是五行彼此间的一种关系,而相生是它们的另一种关系;只要从关系上着眼,发见其一,

自然也就会发现其他。下列《周礼·夏官·司爟》郑玄注引鄹(邹)子的话,可为旁证:

“春取榆柳之火,夏取枣杏之火,季夏取桑柘之火,秋取柞楢之火,冬取槐檀之火。”(《论语·阳货篇》何晏《集解》,马融引《周书》同。贾公彦《周礼疏》云:“《鄹子》书出于《周书》,其义是一,故各引其一”)

不管是否“《邹子》书出于《周书》,总归邹子已经有过这种见解;而这一见解则与《吕氏春秋》的十二纪一样,是五行相生的序列,即是加季夏于四时之“中”以配五行的。

邹衍对于五行的序列抱有两种相反的见解,即对于自然的季节的转移,抱着相生的见解,对于历史上政权的兴废,则抱着相胜的见解。这也毫不奇怪。因为在惯用无限制的类推法的邹衍看来,是不会觉得有矛盾的。

邹衍的五德终始论,是一种循环的命定论:“五行相次转用事”,就是“土德后木德继之,金德次之,火德次之,水德次之”这样“终而又始”地循环着。“凡帝王者之将兴也,天必先见祥于下民。……水气至而不知,数备将徙于土”;它们的“转移”,虽没有一定整齐的期间,但其“递兴废”总是命定的。《中庸》说:“国家将兴,必有祯祥,国家将亡,必有妖孽,见乎蓍龟,动乎四体;祸福将至,善必先知之,不善必先知之,故至诚如神”(第二十四章);《孟子》说:“五百年必有王者兴,其间必有名世者。由周而来,七百有余岁矣;以其数,则过矣;以其时考之,则可矣。夫天,未欲平治天下也,如欲平治天下,当今之世,舍我其谁也?吾何为不豫哉!”(《公孙丑下》)于此,可见邹衍的五德终始说和思、孟学派的思想,确是一脉相承的。

总而言之,邹衍的五德终始说,其基础建筑在天人合一——天人感应的思想上。若把它抽象化起来,便可以构成“天垂象,圣人则之”这一个公式。例如“黄帝之时,天先见大螾大蝼”,是为天垂象;“黄帝曰:‘土气胜!’土气胜,故其色尚黄,其事则土”,是为圣人则之。而这公式,正是《易传》所构成的基本思想,至少是《系辞传》的基本思想。所以说:“天生神物,圣人则之;天地变化,圣人效之;天垂象,见吉凶,圣人象之;河出图,洛出书,圣人则之。”(《系辞上》)我们认为五行思想与阴阳(八卦)思想,在邹衍手里开始合流,至少《易传》是成于思、孟学派和邹衍学派之手。它们既有共同的基本思想,则后世五行阴阳八卦搅成一团便不是偶然的。我们且在下面把这一假定略予展开。

中国古代的五行思想和阴阳八卦思想,原来是各自独立的两个不同的系统。它们初期都是素朴的唯物思想。所谓五行,指的是宇宙间五种重要的基本元素,例如《大禹谟》(东周时人伪托)还把它们与“穀”并列在一起。后来又从日常生活中发现它们在物理化学性质上有某些关系,遂勉强地排列成相胜相生的系列。进一步又把它们看成五种“气”,认为在相胜的系列中,它们依次各有一个时期当令(“从所不胜”,“相次转用事”),构成宇宙不断的循环变化,并支配着各色各样的事物。到了战国,“案往旧造说”的思想家把五行思想变质,邹衍更把它们附会于“帝王”之“递兴废”胜者用事的现象(《吕氏春秋·荡兵篇》云:“黄炎故(固)用水火矣,共工氏固次作难矣,五帝固相与争矣,递兴废,胜者用事。”这些话可能是邹氏的遗说),创为五德终始之说,便形成了“天人合一”的循环历史观。

阴阳八卦说的情形也一样。考阴阳原义,“阴”为云覆日,“阳”为日出;引申为暗和明,暖和寒,北和南,表和里等一切对待或相反的事象。故在自然,天为阳,地为阴;在人类,男为阳,女为阴;在性情,刚为阳,柔为阴,依此类推。后来抽象化了,把阴阳看做推动宇宙万物生成变化的两种基本元气,因而支配着一切的事物。更进一步就把它神秘化了。《易》的作者乃创造奇偶的符号“--”“—”,以代表阴(--)阳(—)(这大概是由男女性别和关系上着想)。《系辞传》中还留着这样的痕迹,如“夫乾,其静也专,其动也直,是以大生焉;夫坤,其静也翕,其动也辟,是以广生焉”,以及“天地细缊,万物化醇,男女媾精,万物化生”等等,演而成八卦,又重之为六十四卦。演卦重卦本身,原基于一种数理,并无什么神秘,所以宋叶适说:“《易》之作也,自画而始,不三之,则无以为八也;不六之,则无以为六十四也。”(《习学记言》卷四)八卦的名称为乾、兑、离、震、巽、坎、艮、坤;它们代表着八种自然现象,即天、泽、火、雷、风、水、山、地;它们也被用以代表八种情性事为,即健、说(悦)、丽、动、入、陷、止、顺等等;这种作风,同样应用于六十四卦。“天”、“地”等等其数虽有八,但它根本原理还是阴阳,所以说:“乾坤其易之门邪!乾、阳物也,坤、阴物也;阴阳合德,而刚柔有体;以体天地之撰(数也),以通神明之德,其称名也杂而不越。”(《系辞》下)

就八卦所代表的自然现象说,比五行多了“天”、“雷”、“风”,而无“金”、“木”(“泽”、“山”可归于“地”;巽为“风”,一说为“木”,若这样看,便只缺少“金”了)。这就和印度的地、水、火、风的四大更为接近。又由其用“地”字不用“土”字看来,这一系统应比原始五行说后起。但当它被用作占筮时大概已经到了重卦阶段,它的间架构造也比五行说复杂得多了。这时候,卦数计六十四,八卦包含在内;卦各六爻(卦系由阴爻“--”和阳爻“—”配合而成),合计三百八十四爻。卦有卦辞,爻有爻辞,合卦辞爻辞,构成《周易》经的部分。在卦爻辞中,包含有许多故事,使占得者可以关联着所要占筮的事物去辨吉凶。就其性质而言,卦爻辞即是后世神庙里的签诗的前辈,故所谓卦者,也就等于签诗的号码;所不同者,只是号码的排列和占筮的方法不同罢了。《周易》的占筮方法,比殷代的龟卜,自然简单明了,但因它基于阴阳刚柔动静的原理,所以变化特多,同时要于变化中看取不变的法则,所以说易有三义:简易、变易和不易。因此《周易》渐渐代替了龟卜的地位,到了签诗之类更简单方法的产生,它又从占筮舞台退出了。

《周易》经部的形成,据近来学者的研究,最早决不能在春秋中叶以前(郭沫若:《周易之制作时代》),而《易传》即所谓“十翼”(《彖传》上、下,《系辞传》上、下,《文言》,《序卦》,《说卦》,《杂卦》等十篇)当更在其后,如《系辞传》有些部分,可能成于汉武以后(李镜池《易传探源》)。所谓“人更三圣,世历三古”(《汉书·艺文志》语,指伏羲画卦,文王重卦,孔子作《十翼》),是儒家要把《周易》摆在六经之首而故神其说的。总而言之,《易传》作者不止一人,也不是一时写成,故其中所代表的思想也不一致。其基本思想大抵和思、孟学派——邹、衍阴阳五行学派相符合,无疑地多半出于他们后学之手。如果说它与荀学有关,只有《彖传》还有点可说。

首先第一,是"天垂象,圣人则之"这一基本思想是相同的。这在《彖传》已开其端。《彖传》说:"天行健,君子以自强不息"(《乾卦》);"地势坤,君子以厚德载物"(《坤卦》);这样在每卦之下以"君子以……"或"后以……"的方式,输进了许多政治哲学和人生哲学的见解。这里就表现了"天垂象,圣人则之"思想的因素。但最明显的,还要算《系辞下》的圣人观象制器这一段:

> "古者包牺氏之王天下也,仰则观象于天,俯则观法于地,观鸟兽之文与地之宜,近取诸身,远取诸物,于是始作八卦,以通神明之德,以类万物之情。作结绳而为罔(网)罟,以佃以渔,盖取诸《离》。
>
> 包牺氏没,神农氏作。斲木为耜,揉木为耒,耒耨之利以教天下,盖取诸《益》。日中为市,致天下之民,聚天下之货,交易而退,各得其所,盖取诸《噬嗑》。
>
> 神农氏没,黄帝、尧、舜氏作。通其变,使民不倦;神而化之,使民宜之。易穷则变,变则通,通则久,是以自天佑之,吉无不利。黄帝、尧、舜垂衣裳而天下治,盖取诸《乾坤》。刳木为舟,剡木为楫,舟楫之利以济不通,致远以利天下,盖取诸《涣》。服牛乘马,引重致远以利天下,盖取诸《随》。重门击柝以待暴客,盖取诸《豫》。断木为杵,掘地为臼,臼杵之利,万民以济,盖取诸《小过》。弦木为弧,剡木为矢,弧矢之利以威天下,盖取诸《睽》。
>
> 上古穴居而野处;后世圣人易之以宫室,上栋下宇以待风雨,盖取诸《大壮》。古之葬者厚衣之以薪,葬之中野,不封不树,丧期无数;后世圣人易之以棺椁,盖取诸《大过》。上古结绳而治,后世

圣人易之以书契，百官以治，万民以察，盖取诸《夬》。”

这样地或直接“观象于天”或间接“取”法于卦（那是“观象于天”所画成的），而制作出许多的器，以利济天下万民的说法，都可说是出于“天垂象，圣人则之”这一公式。这一思想，像一根红线似的贯通着《系辞》上下传。而“通其变，使民不倦，神而化之，使民宜之。……是以自天祐之，吉无不利”，也和邹子所谓“治各有宜，而符应若兹”相合。拿这段文字去和上引《应同篇》邹衍遗说比较，我们可以断定是《系辞》仿效《邹子》，不是《邹子》抄袭《系辞》，因为《邹子》的历史系统始自黄帝，而《系辞》却上推到伏羲、神农去了。

其次，邹子深观“阴阳消息”，而《易传》的思想尤重“阴阳消息盈虚”。《周易》重变化，而邹子也有循环变化的思想。《汉书·严安传》引邹子的话说：“政教文质者，所以云救也。当时则用，过则舍之，有易则易之。故守一而不变者，未睹治之至也。”从他的“五行相次转用事”的宇宙观，当然要引导出这样的变易的“政教文质”论。

最后，邹子五德终始说，是一种循环的变化观；而《易》的思想也是循环的变化观（六十四卦殿以《未济》，表示“终则有始”；而《乾》的《彖传》也说：“大明终始”）。所以，《复》的《彖传》说：“复，其见天地之心乎”！《蛊》的《彖传》说：“终则有（又）始，天行也”！《丰》的《彖传》说：“日中则昃，月盈则食，天地盈虚，与时消息，而况于人乎？况于鬼神乎？”《节》的《彖传》说：“天地节而四时成”。不但《彖传》如此，《乾》上九的爻辞也说：“亢龙有悔”，其《象传》说：“亢龙有悔，盈不可久也。”这些都是循环论的见解。

《革卦》的《彖传》虽然曾说过：“天地革而四时成。汤、武革命，顺乎天而应乎人。革之时大矣哉！”但和“天地节而四时成”联系起来看，这里所谓“革”，不指变革，还是循环，并不是发展前进，因为“四时”本来就是循环的，所谓“寒往则暑来，暑往则寒来，寒暑相推而岁（四时）成焉”（《系辞》下），这是最好的傍证。

《周易》还有一种显著的思想，那就是“时中”主义。清惠栋《易汉学》说:“易道深矣!一言以蔽之曰:时中。孔子作《彖传》言时者二十四卦,言中者三十五卦。《象传》言时者六卦,言中者三十八卦。”这在邹衍,只言“治各有宜”,“当时则用,过则舍之”,强调“时”,尚未明白强调“中”。《易传》这一思想,应该是直接上承于思、孟学派的。所以惠栋接着便说:“子思作中庸,述孔子之意曰:‘君子而时中。’孟子亦曰:‘孔子圣之时。’……知时中之义,其于《易》也,思过半矣。”这就是《易》所以由“变易”出发而终止于“不易”的缘故。

第三节　杂家言之作始者吕不韦和《吕氏春秋》

《汉书·艺文志》著录杂家言二十家四百三篇,《吕氏春秋》当是其中的巨擘,也是此类纂书的滥觞。汉初成书的《淮南子》,体制就是仿效它的。《汉书》说:

> “杂家者流,盖出于议官。兼儒、墨,合名法,知国体之有此,见王治之无不贯,此其所长也;及荡者为之,则漫羡而无所归心。”(《艺文志》)

所谓“出于议官”,自然是不可靠的(“盖”之云者,也表示作者不敢肯定)。至于所谓“兼儒墨,合名法”,是合于事实的话。《吕氏春秋》,确是“兼”“合”以前各派的学说编集而成的一部书。《史记》记此书缘起,就这样说:

> “当是时,魏有信陵君,楚有春申君,赵有平原君,齐有孟尝君,皆下士,喜宾客,以相倾。吕不韦以秦之强,羞不如,亦招致士,厚遇之,至食客三千人。是时诸侯多辩士,如荀卿之徒,著书布天下。吕不韦乃使其客人人著所闻,集论以为八览六论十二纪,二十余万言。”(《吕不韦列传》)

这是近实的叙述。因为“集论”得来,所以“杂”是免不了的(但因此保存了不少遗闻佚事,则属意外的收获)。汪中代毕沅序《吕氏春秋》说得好:

> “周官失其职而诸子之学以兴，各择其术以明其学，莫不持之有故，言之成理。及比而同之，则仁之与义，敬之与和，犹水火之相反也。最后《吕氏春秋》出，则诸子之说兼有之。故《劝学》、《尊师》、《诬徒》、《善学》四篇，皆教学之方，与《学记》表里；《大乐》、《侈乐》、《适音》、《古乐》、《音律》、《音初》、《制乐》，皆论乐，……凡此诸篇，则六艺之遗文也；十二纪发明明堂礼，则明堂阴阳之学也；《贵生》、《情欲》、《尽数》、《审分》、《君守》五篇，尚清净养生之术，则道家流也；《荡兵》、《振乱》、《禁塞》、《怀宠》、《论威》、《简选》、《决胜》、《爱士》八篇，皆论兵，则兵权谋、形势二家也；《上农》、《任地》、《辨土》三篇，皆农桑树艺之事，则农家者流也；其有牴牾者：《振乱》、《禁塞》、《大乐》三篇以墨子非攻救守及非乐为过，而《当染篇》全取《墨子》，《应言篇》司马喜事，则深重墨氏之学。……司马迁谓不韦使其客人人著所闻，以为备天地万物古今之事，然则是书之成，不出于一人之手，故不名一家之学，而为后世《修文》、《御览》、《华林》、《编略》之所托始。《艺文志》列之杂家，良有以也。”（《述学·吕氏春秋附考》）

在西欧，“古代社会的哲学的崩溃的显明表现，是折中主义的哲学；这种哲学已没有什么力量提出新的特别的东西了。折中主义的最大的代表者是罗马著名的演说家西塞罗（Marcus Tullius Cicero B. C. 106—43）。折中主义者企图调和诸敌对的哲学思潮：柏拉图派、亚里士多德派、伊壁鸠鲁派和斯多葛派。但他们没有创立任何体系。”（薛格洛夫主编：《西洋哲学史简编》，王子野译本，页72）在中国“古代”末期（秦末），产生《吕氏春秋》那样的一部书，也不是偶然的。所谓“诸子……各择其术以明其学，莫不持之有故”，就是企图创立自己独特体系；而所谓“《吕氏春秋》，……则诸子之说兼有之”，就是走向调和折中的路径。“兼”字，于古义即为杂，如“兼金”即杂金，杂多是与纯一相对的，故杂有诸说，正是折中的没落思想。复次，吕氏的作风，和稷下的作风实有显著的区别。因为稷下先生的治学精神是兼容并包，让各家独立自见;而《吕氏春秋》的编制则是“兼听杂学”的糅合,而没有创造精神,颇倾向于统一思想的路数。

这和吕不韦的身世行动也是颇相称的。他在政治投机买卖成功之后(即他所认为“奇货可居”的子楚立为秦王之后),便做了十余年秦国宰相(自庄襄王元年至始皇十年,公元前 249 年至前 237 年)。在他执政期间,虽然大权在握,但除了执行秦国耕战拓地的传统政策之外,并没有什么新的政绩留下来,唯一值得注意的只有这部《吕氏春秋》。那么,在这书里于调和折中之中,是不是也有所偏爱呢?如果有的话,与其说是偏爱儒家,毋宁说是兼畸儒、道。在吕不韦的主观上,比较是有意畸重于道家,所以《吕氏春秋》的注者高诱也在序文里说:

“不韦乃集儒者(原讹作书字)使著其所闻,为十二纪、八览、六论,合十余万言。……然此书所尚,以道德为标的,以无为为纲纪,以忠义为品式,以公方为检格,与孟轲、孙卿、《淮南》、扬雄相表里也。”

可见吕书作者虽有“儒者”在内,而其书则以“道德”、“无为”(道)为内容,以“忠义”、“公方”(儒)为形式。因为道家持盈保泰之术,对于这位投机起家的阳翟巨贾是更协调的。最好的证据,就是不韦的原序,这序意的残文如下:

“维秦八年,岁在涒滩,秋,甲子朔,朔之日,良人请问十二纪。文信侯(高注:‘吕不韦封洛阳,号文信侯’)曰:尝得学黄帝之所以诲颛顼矣,爰(曰):‘有大圜在上,大矩在下,汝能法之,为民父母。’盖闻古之清世,是法天地。凡十二纪者,所以纪治乱存亡也,所以知寿夭吉凶也。上揆之天,下验之地,中审之人。若此,则是非可不可无所遁矣。天曰顺,顺维生;地曰固,固维宁;人曰信,信维听(圣),三者咸当,无为而行。行也者,行其理也。行数循其理,平其私。夫私视使目盲,私听使耳聋,私虑使心狂,三者皆私设精(甚),则智无由公;智不公,则福日衰,灾日隆。”(以下疑是他篇的错简。)

尽管《吕氏春秋》这部书，是“使其客人人著所闻”而“集论”成功的，但序文既冠以“文信侯曰”，纵不出于他自己的手笔，也必经过他的同意。因此，书中有他的见解无疑。故就这段残文看来，其“法天地”的思想，“天曰顺，顺维生；地曰固，固维宁；人曰信，信维圣，三者咸当，无为而行”的思想，以及“行数循其理，平其私”，以达到其崇“公”的思想，都是所谓黄老道德思想（即使除开首引“黄帝之所以诲颛顼”的话，和采用“私视使目盲，私听使耳聋，私虑使心狂”这类道家“五色令人目盲……”的想法句法，不去说它）。这一思想，在全书中，有更详悉的展开。例如《闻道篇》，不啻是其所谓“法天地”的注脚：

“天道圜，地道方，圣王法之，所以立上下。……精气一上一下，圜周复（复）杂，无所稽留；故曰天道圜，……万物殊类殊形，皆有分职，不能相为；故曰地道方。主执圜，臣处方，方圜不易，其国乃昌。”

其下文说：“黄帝曰：‘帝无常处也，有处者乃无处也。’以言不刑（形）蹇，圜道也。”又说：“一也齐（者）至贵，莫知其原，莫知其端，莫知其始，莫知其终，而万物以为宗”，都是不折不扣的道家思想。

其次，除汪中所举几篇及上引《圜道》之外，如《贵公》（“……故老聃则至公矣。天地大矣，生而弗子，成而弗有”）、《论人》（“凡彼万形，得一后成。……故知知一则复归于朴”）等篇，甚至如《大乐篇》也掺杂着道家的思想（“有本于太一”）。总而言之，通读全书，处处感到道家的气氛极重，初不让于儒家的味道。本来黄、老道德家言，尤其是初期的宋、尹，是很富于调和儒、墨的倾向；而儒家如孟、荀也或多或少地受了道家的影响。所以，有些用语乃至思想，如“无为而治”之类，儒道都在主张，如果不联系其整个思想来看，往往不易判定它们的本质。

《吕氏春秋》因为它是“诸子之说兼有之”，即调和折中的缘故，所以任何一说都没有彻底，不能创立一个体系，《察今篇》就是最具体的例子。这一篇的主旨，在于“世易时移，变法宜矣”，这是法家的思想。这种变法思想，自孝公以来已成为秦国的传统。吕不韦以秦相的身份

自然不能忽略这个传统,所以通篇大部分属法家言,例如:

“上胡不法先王之法,〔先王之法〕非不贤也,为其不可得而法。先王之法,经乎上世而来者也;人或益之,人或损之,胡可得而法?虽人弗损益,犹若不可得而法。东(夷?)夏之命,古今之法,言异而典殊;故古之命(名?)多不通乎今之言者,今之法多不合乎古之法者。殊俗之民,有似于此,其所为欲同,其所为异。……荆人欲袭宋,使人先表澭水。澭水暴益,荆人弗知,循表而夜涉,溺死者千有余人。……今世之主,法先王之法也,有似于此;其时已与先王之法亏矣,而曰:‘此先王之法也’,而法之以此为治,岂不悲哉!故治国,无法则乱,守法而弗变则悖;悖乱不可以持国。世易时移,变法宜矣。……故凡举事必循法以动,变法者因时而化。……夫不敢议法者,众庶也;以死守法者,有司也;因时变法者,贤主也(此论似慎子)。是故有天下七十一圣,其法皆不同,非务相反也,时势异也。”

这些话都属于法家的思想,然而它不像《韩非子·五蠹篇》“圣人不期脩(循)古,不法常可,论世之事,因为之备”那样的彻底,因为这里是和儒家的思潮调和折中起来,所以讲到方法时又说:

“时不与法俱至,法虽今而至,犹若不可法;故择(释)先王之成法,而法其所以为法。先王之所以为法者何也?先王之所以为法者,人也,而己亦人也。故察己则可以知人,察今则可以知古。古今一也,人与我同耳(此段议论有似《荀子·非相篇》‘类不悖,虽久同理’、‘欲观千岁则数今日,……欲知上世,则审周道’等)。有道之士,贵以近知远,以今知古,以所见,知所不见。”(《察今篇》)

同样的见解,也见于《长见篇》:

“今之于古也,犹古之于后世也;今之于后世,亦犹今之于古也。故审知今,则可知古,知古则可知后,古今前后一也。故圣人上知千岁,下知千岁也。”

因此,它只能止于"不期脩古",而不能是"不法常可,论世之事,因为之备"。因为从"察己可以知人","古今一也,人与我同耳",便隐然有一种"常可"在,所谓抽象的"人同此心,心同此理"者是也。又从"先王之所以为法者,人也,而己亦人也"出发,便和法家韩非所谓"论世之事,因为之备"的从世之"事"出发者大不相同,故不能贯彻法家的观点——进化的历史观。

上引汪中文指出"其有牴牾者,《振乱》、《禁塞》、《大乐》三篇以墨子非攻、救守、及非乐、为过;而《当染篇》全取《墨子》,《应言篇》司马喜事,则深重墨氏之学"。其实,这一牴牾,也由于在另一方面和秦国传统的攻伐政策调和。为了拥护秦国的攻伐政策(即与秦国的现实调和),遂不惜把战争("兵")的概念无限地扩大,至于"疾视"、"作色"、"傲言"、"援推"、"连反"、"侈斗"都是"兵"(《荡兵篇》)。这样,"非攻"的言论也成为"兵"了("今世之以偃兵疾说者,终身用兵而不自知悖"),甚至在一篇之中,不惜自相矛盾,以达其妥协现实的目的。例如《禁塞篇》,一方面说:"兵苟义,攻伐亦可,救守亦可;兵不义,攻伐不可,救守不可。"但另一方面却武断地说:"夫救守之心,未有不守无道而救不义也。守无道而救不义,则祸莫大焉,为天下之民害莫深焉。"如果不是有所顾忌,乃至妥协,当不至于在三数百字之间,表现出这样的显而易见的矛盾。

这种与现实政策调和的色彩,也见于汪中所谓"农家者流"的一组——《上农》、《任地》、《辩(辨)土》。其后二篇(《任地》、《辩土》),才是言"农桑树艺之事",而前一篇(《上农》)则全系与"耕战"政策调和拍合的理论:

> "古先圣王之所以导其民者,先务于农。民农,非徒为地利也,贵其志也。民农则朴,朴则易用,易用则边境安,主位尊。民农则重,重则少私义,少私义则公法立,力专一。民农则其产复(複),其产复则重徙,重徙则死其处而无二虑。民舍本而事末则不令(善也),不令则不可以守;不可以战。民舍本而事末,则其

产约，其产约则轻迁徙，轻迁徙则国家有患，皆有远志，无有居心。

民舍本而事末则好智，好智则多诈，多诈则巧法令，以是为非，以非为是。”(《上农篇》)

不待言，这里显然含有道家“贵食母”、“常使民无知无欲”、“古之善为道者，非以明民，将以愚之”的思想。“凡民自七尺以上属诸三官，农攻(治也)粟，工攻器，贾攻货”(同上)，这样，对于以投机起家的阳翟大贾，也甚合算。

其次，所谓“重徙则死其处而无二虑”，又正是中古自然经济的思想。在劳动力危机时代，为了挽救劳动力的危机，必须向土地方面束缚。农奴之所以比奴隶能爱惜土地，即在于不轻迁徙，因而增加了农业的生产，所谓“非徒为地利，贵其志也”。

《吕氏春秋》成于众人之手，必然不免有所牴牾，有所重复。重复之明显者，除了吴起去西河事两见于《长见》、《观表》两篇外，还有《节表》与《安死》，《去尤》与《去宥》，《应同》与《召类》等，都是一意而分成两篇。现在拿其最明显的《应同》与《召类》为例来讲。这两篇原来连篇名都相同，一样地名为《召类》(《吕氏春秋》孙校本总目《应同》下注说：“旧本俱作《名类》，注云：‘一作《应同》’，今案《名类》乃《召类》之讹，然与卷二十内名复，今故即以《应同》题篇。”)，其作《名类》或《应同》，都是后人嫌其重复而改的。今《应同篇》，开首“凡帝王者之将兴也，天必先见详乎下民。……水气至而不知，数备将徙于土”一段，保留了邹衍的五德终始之说，言天人之相应，似与下文言物理人事者殊科。末尾“解在乎史、墨来而辍不袭卫，赵简子可谓知动静矣”，其故事(所谓“解”)即在《召类》篇末。而中间“类固(同)相召，气同则合，声比则应”以下，文字与《召类篇》大同小异，而显见其杂凑的痕迹，这或者是《召类》的初稿，为了篇数整齐的关系，故加上开首那样一段，连篇名都来不及改了。可见《艺文志》把《吕氏春秋》著录于杂家，一点也没有冤枉了它。

上面我们说过,《吕氏春秋》保存了不少古代的遗文佚事,最值得注意的,其中关于农业技术的记载是宝贵的文献。但这种文献载在书里,对于尽地力的秦国来说,也不是偶然的。

责任编辑:李之美

图书在版编目(CIP)数据

中国思想通史(第一卷)/侯外庐 赵纪彬 杜国庠 著. —北京:人民出版社,2011.8(2021.4 重印)

(人民文库)

ISBN 978-7-01-008960-7

Ⅰ.①中… Ⅱ.①侯… ②赵… ③杜… Ⅲ.①思想史-中国-古代 Ⅳ.①B2

中国版本图书馆 CIP 数据核字(2010)第 110322 号

中国思想通史

ZHONGGUO SIXIANG TONGSHI

(第一卷)

侯外庐 赵纪彬 杜国庠 著

人民出版社 出版发行

(100706 北京市东城区隆福寺街 99 号)

天津文林印务有限公司印刷 新华书店经销

2011 年 8 月第 1 版 2021 年 4 月北京第 2 次印刷

开本:710 毫米×1000 毫米 1/16 印张:38.25

字数:478 千字 印数:2,001-4,000 册

ISBN 978-7-01-008960-7 定价:96.00 元

邮购地址 100706 北京市东城区隆福寺街 99 号

人民东方图书销售中心 电话 (010)65250042 65289539